DIRECTION : 35, RUE DE LILLE, A PARIS.

NOBILIAIRE DE

NORMANDIE

PUBLIÉ PAR UNE SOCIÉTÉ DE GÉNÉALOGISTES

SOUS LA DIRECTION DE

E. DE MAGNY

En vente :

LE PREMIER VOLUME. Prix, 20 fr.

Sous presse :

LE SECOND VOLUME. Prix, 20 fr.

Ce bel ouvrage, dont le premier volume vient de paraître, est édité avec un grand luxe, sur beau papier jésus, (format grand in-8° de 800 pages), orné de blasons gravés.

Beaucoup de familles nobles de la province ayant bien voulu nous prêter leur concours pour mener à bonne fin la tâche laborieuse que nous avons entreprise, nous espérons que celles qui n'ont pas répondu à notre premier appel ne nous feront pas défaut pour le SECOND VOLUME, qui est commencé depuis un mois.

LE PREMIER VOLUME contient :

1° La liste des compagnons de Guillaume le Conquérant en 1066 ;

2° Celle des 119 défenseurs du mont Saint-Michel en 1423 ;

3° Le catalogue des Maintenues de MM. Chamillart, de Marle et autres intendants de la province ;

4° La liste des gentilshommes qui ont pris part ou envoyé leur procuration aux Assemblées de la noblesse pour l'élection des députés aux États Généraux en 1789 ;

Enfin les notices généalogiques d'un grand nombre de familles qui ont communiqué leurs documents.

LE SECOND VOLUME comprendra :

1° La liste des gentilshommes normands qui ont pris part aux croisades (1096-1291) ;

2° Celle des gentilshommes qui ont fait leurs preuves devant CHÉRIN pour monter dans les carrosses du roi ;

3° Celle de toutes les familles anoblies depuis la dernière Maintenue de noblesse (1701 jusqu'en 1789) ;

4° Enfin une notice sur toutes les familles nobles de la province, sans exception.

CONDITIONS DE LA SOUSCRIPTION :

Prix du volume : 20 fr.

Les frais d'impression sont calculés en raison de l'étendue de l'insertion, et au prix de 20 fr. pour chaque page.

Tout souscripteur a droit, moyennant **40 fr.**, à une page d'insertion et à un exemplaire du volume. — *Prix du blason gravé, en sus, 10 fr.* — Le montant des frais de souscription doit être acquitté *lors de la communication de l'épreuve à correction* de la notice.

Vous êtes prié, Monsieur, si vous êtes désireux de voir figurer dans cet ouvrage une notice détaillée sur votre Maison, de vouloir bien, afin d'éviter toute erreur, nous communiquer au plus vite vos documents filiatifs, généalogiques et nobiliaires.

Recevez, Monsieur, l'assurance de ma considération distinguée,

Le Directeur de la publication,

E. DE MAGNY.

NOTA. *Tous les paquets ou lettres doivent être adressés franco à M. DE MAGNY, 35, rue de Lille, à Paris.*

NOBILIAIRE

DE

NORMANDIE

PARIS
IMPRIMERIE DE AD. R. LAINÉ ET J. HAVARD
RUE DES SAINTS-PÈRES, 19

NOBILIAIRE

DE

NORMANDIE

PUBLIÉ PAR

UNE SOCIÉTÉ DE GÉNÉALOGISTES.

AVEC LE CONCOURS

DES PRINCIPALES FAMILLES NOBLES DE LA PROVINCE

SOUS LA DIRECTION
DE

E. DE MAGNY

TOME I

PARIS

CHEZ L'AUTEUR, 35, RUE DE LILLE

A LA LIBRAIRIE HÉRALDIQUE D'AUGUSTE AUBRY

RUE DAUPHINE, 16.

ROUEN   CAEN

LEBRUMENT, LIBRAIRE   A MASSIF, LIBRAIRE
Quai Napoléon, 55.   111, rue Notre-Dame.

INTRODUCTION

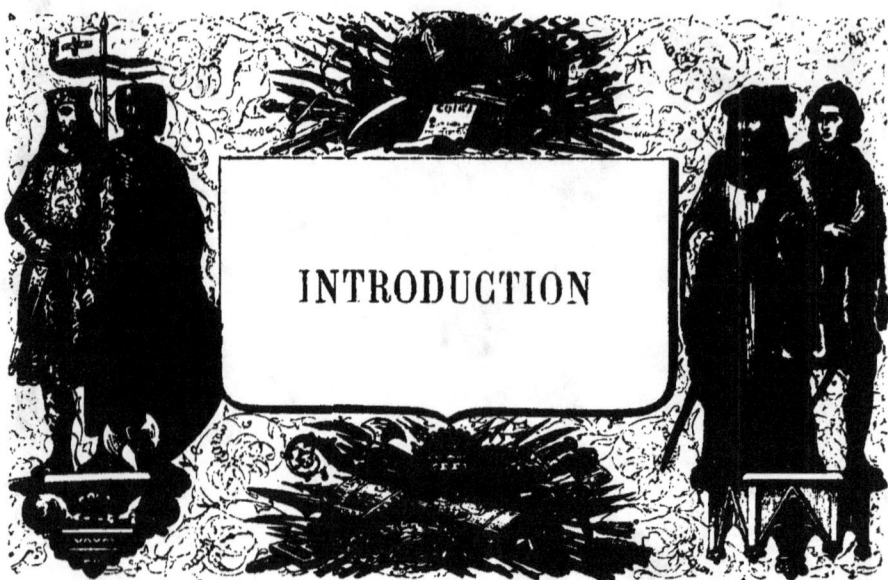

n publiant le **NOBILIAIRE DE NORMANDIE**, nous croyons répondre à ce désir légitime qu'éprouve le public de connaître quelles sont les maisons qui ont véritablement le droit de se compter au nombre des familles anciennes de cette province, et de s'enorgueillir de leur illustration.

De plus, nous croyons rendre un important service aux gentilshommes qui ont négligé jusqu'ici de faire reconstituer leur état nobiliaire, en établissant leur généalogie, puisque nous leur offrons les moyens de réparer cette négligence, qui peut, en se prolongeant, devenir préjudiciable à l'authenticité de leur nom, et être pour leurs descendants une source d'embarras.

La noblesse des familles est une chose trop précieuse pour que les chefs de maison négligent d'en fixer la réalité, d'autant plus qu'en prenant ce soin légitime, ils rendent service, non-seulement à eux-mêmes, mais encore à leurs enfants, toujours heureux de jouir sans conteste de l'héritage de haute considération laissé par leurs aïeux.

a

Or, il faut que le monument destiné à le conserver et à le transmettre soit digne de ce but ; aussi, n'avons-nous rien négligé pour donner ce caractère à un ouvrage qui s'adresse aux descendants de ces fiers Normands, qui ont mérité à juste titre une si belle page dans l'histoire.

Le NOBILIAIRE DE NORMANDIE est divisé en deux parties ; la première comprend :

1° La liste des Compagnons de Guillaume le Conquérant en 1066.

(Voir la note que nous avons mise en tête de cette liste, page 1.)

2° La liste des 119 défenseurs du Mont-Saint-Michel.

Lors de l'invasion anglaise en Normandie, le Mont-Saint-Michel, un des points les plus importants de la province, fut souvent attaqué. En 1423, cent dix-neuf Gentilshommes se sont immortalisés par leur courageuse défense contre 15,000 Anglais qui n'ont pu s'emparer de cette place forte.

Ce fait mémorable a été consacré par des plaques en marbre posées au-dessous du maître-autel de la chapelle du Mont, et sur ces plaques ont été inscrits les noms de ces 119 valeureux Chevaliers. Les divers auteurs qui ont écrit sur la Normandie en ont donné les noms, mais on y trouve beaucoup de dissemblances, de sorte qu'il était difficile de savoir à quel auteur on devait ajouter foi.

Pour remédier à cet inconvénient, qui ne pouvait qu'égarer l'opinion publique, nous avons été au Mont-Saint-Michel, et nous avons copié *textuellement* les noms qui s'y trouvent.

3° Le catalogue des *Maintenues* de Noblesse.

Plusieurs Maintenues de Noblesse ont eu lieu en Normandie, notamment en 1463, par Raymond de Montfaut, général des monnaies, commissaire-juge de la Noblesse, départi par le Roi pour la recherche des usurpateurs.

Je n'ai pas donné cette maintenue parce que j'ai trouvé, avec d'autres auteurs (le savant Gilles La Roque entre autres), que le procès-verbal de ce commissaire, en date du 1er janvier 1463, est un ouvrage imparfait (1) et sans preuves, et qu'il est établi de telle manière, que beaucoup de personnes ne peuvent l'interpréter.

Montfaut, dans sa recherche, outre qu'il confond toutes les catégories, a favorisé

---

(1) Du reste cette maintenue a été publiée en 1818 par M. Labbey de La Roque, député du Calvados. (Caen, 1848, — in-8°. — Poisson, imprimeur.)

quelques familles et en a traité trop rigoureusement quelques autres. Cette recherche, si défectueuse sous tant de rapports, contient 1,019 Nobles, parmi lesquels 32 seulement avaient le titre de Chevalier. 159 furent renvoyés et 66 classés comme douteux.

Dans tous les cas, cette publication aurait été de peu d'utilité à la Noblesse, attendu que les familles qu'elle renferme se retrouvent dans les recherches de Chamillard, de Marle et autres intendants, d'après lesquelles nous avons établi notre Catalogue des Maintenues, en nous inspirant, bien entendu, de l'armorial de Chevillard. Dans ce catalogue, j'ai corrigé toutes les erreurs que j'ai reconnues; malgré cela, je ne me dissimule pas qu'il doit en exister encore, parce qu'un travail qui n'est établi que sur des noms propres de personnes ou de lieux, sera toujours sujet à des réclamations. Nous les accueillerons avec empressement, et le SUPPLÉMENT DU NOBILIAIRE DE NORMANDIE (*actuellement sous presse*) comprendra toutes les rectifications que les familles nous enverront.

Dans ce VOLUME SUPPLÉMENTAIRE, nous rectifierons toute erreur que nous découvrirons ou qu'on pourra nous indiquer. Ces avis, venus des familles, seront même reçus par nous avec reconnaissance.

Il y a encore eu dans la province, à diverses époques, d'autres recherches de noblesse, mais qui n'ont compris que les familles de quelques *Généralités*. Nous citerons dans ce genre, la recherche de M. de Roissy, en 1598 et 99; celle de M. d'Aligre, en 1634, etc..... Nous les donnerons dans notre prochain volume.

4° Les listes des Gentilshommes qui ont comparu aux États généraux de 1789.

Pour l'établissement de ces listes, nous avons consulté les registres établis sur les minutes des procès-verbaux des assemblées, déposées aux Archives impériales. Les familles qui n'y figurent pas ne doivent donc point s'en prendre à nous, qui avons fait, nous en sommes certain, un travail très-exact.

Ces minutes ont été établies par les greffiers de chaque élection, qui ont commis beaucoup de fautes dans les noms propres; aussi, bien que nous le sachions, nous nous sommes fait un devoir de conserver l'orthographe des originaux.

La DEUXIÈME PARTIE comprend les notices généalogiques des maisons qui nous ont envoyé leurs documents filiatifs. Malgré nos appels réitérés, beaucoup de familles nous ont adressé leurs documents trop tard pour qu'ils pussent figurer dans ce volume; beaucoup d'autres ne nous ont pas fait parvenir les leurs. Nous sommes donc obligé de mettre sous presse, dès à présent, un VOLUME SUPPLÉMENTAIRE, et nous engageons de nouveau MM. les Gentilshommes, s'ils désirent figurer dans le NOBILIAIRE DE NORMANDIE, à nous communiquer leur mémoire, afin d'éviter toute erreur, car ce *Volume supplémentaire* comprendra toutes les familles nobles, sans exception.

Nous donnons à la fin de ce volume la liste des Maisons sur lesquelles nous avons déjà des documents.

Nous ne voulons pas clore cette introduction sans exprimer toute notre reconnaissance aux familles nobles dont la haute faveur est venue donner à nos efforts de puissants encouragements, et surtout à celles qui ont bien voulu nous laisser fouiller dans leurs précieux chartriers.

Remercions aussi les personnes érudites qui, en nous éclairant de leurs recherches dans les Archives locales, nous ont aidé à faire de ce recueil un ouvrage que MM. les Gentilshommes Normands trouveront sans doute digne de leur bienveillance.

Paris, le 26 décembre 1862.

E. DE MAGNY.

LISTE DES COMPAGNONS

DE

GUILLAUME, DUC DE NORMANDIE,

QUI ONT PRIS PART

A LA CONQUÊTE DE L'ANGLETERRE, EN 1066

.J'ai annoncé, depuis plus d'une année, le Nobiliaire de Normandie que je livre aujourd'hui au public. Dans mon programme, j'ai dit que je donnerais, entre autres listes, celle des Compagnons de Guillaume en 1066, liste à laquelle je travaille depuis longtemps, aidé, je me plais à le reconnaître, par plusieurs Archéologues distingués de la province. Pour arriver à un résultat aussi exact que possible, nous avons compulsé les divers auteurs qui ont écrit l'histoire de Normandie, et les différents documents authentiques déposés aux Archives historiques, tant en France qu'en Angleterre (1).

Le résultat de nos recherches n'est pas tout à fait d'accord avec la Liste que la Société française d'Archéologie a inaugurée à Dives, le 17 août de cette année. Cette liste, telle qu'elle est gravée dans l'Église de Dives, est classée d'après l'ordre alphabétique des noms proprement dits; cependant, comme la plupart des familles portaient dès lors, à la suite de leur nom patronymi-

---

(1) Musæum britannicum, bibliothèque Harléienne, n° 293, p. 35. — Le livre Pelut. — Histoire et chroniques de Normandie, par Dumoulin. — Histoire d'Angleterre, par Holingsheard. — Augustin Thierry, *Histoire de la Conquête*. — André du Chesne. — Brompton. — Le Domesday-Book. — Collectionnea de rebus Britannicis, ad Hearne. — *Histoire de Normandie*, par Depping. — Rotuli Normaniæ in turri Londinensi, etc., etc.

1

que, des surnoms qui sont devenus leurs noms de famille, il résulte de ce classement que, pour retrouver les noms tels qu'ils ont été portés depuis, il faut quelquefois parcourir la Liste entière. C'est pour obvier à cet inconvévient que nous en donnons ici une nouvelle, d'après l'ordre alphabétique des surnoms, quand il y en a; toutes les additions que nous y avons faites sont imprimées dans le texte en *italique*.

ROBERT, comte DE MORTAIN, frère utérin de Guillaume.
Bernard, fils de Hervé, duc d'Orléans.
GUILLAUME, comte D'ÉVREUX.
Alain Fergent, comte de Bretagne.
EUDES, comte de CHAMPAGNE.
EUSTACHE, comte de BOULOGNE.
GEOFFROI, comte du PERCHE.
ROBERT, comte de MEULAN.
ROBERT, comte D'EU.
Le comte ROBERT D'AUMALLE.
GUILLAUME, comte D'ARQUES.
Néel, vicomte du Cotentin.
Odon, évêque DE BAYEUX.
AMAURI DE DREUX.
HERMAN DE DREUX.
GUILAUME DE FALAISE.
—   DE FÉCAMP.
—   DE PONT-DE-L'ARCHE.
MATHIEU DE MORTAGNE.
PIERRE DE VALOGNE.
ROGER DE LISIEUX.
SIMON DE SENLIS.
ANQUETIL DE CHERBOURG.
DAVID D'ARGENTAN.

ABBETOT (d') Ours.
ABERNON (d') Roger.
ACHARD.
ADOURÉ (l') Ruaud.
ADRECI (d') Normand.
AIGLE (de l') Engenouf.

AIOUL.
Aigneaux (d') Herbert.
ALENÇON (d') Bernard.
ALIS, Guillaume.
ALSELIN, Geoffroy.
Ambleville (d') Eustache.
ANDELI (d') Richer.
ANE (l') Hugue.
ANNEVILLE (d').
ANSGOT, *alias : Angot.*
ANSLEVILLE (d') Guillaume. — Honfroi.
APPEVILLE (d') Gautier.
ARCHER (l') Guillaume.
ARDRE (d') Arnoul.
ARGOUGES (d').
ARMENTIÈRES (d') Robert.
ARQUES (d') Osberne.
ARUNDEL (d') Roger.
AUBERVILLE (d') Robert. —Roger.—Séri.
AUBIGNY (d') Néel.
AUDRIEU (d') Guillaume.
AUFAI (d') Goubert.
AUNE (de l') Guillaume.
AUNOU (d') Raoul.
AURAY (d').
AUVRECHER D'ANGERVILLE.
Avenel des Biards.
AVRANCHES (d') Hugue.
AVRE (d') Rahier.
AZOR.

Bacqueville (de) Martel.
BAIGNARD, Raoul.

BAILLEUL (de) Renaud.

BAINARD Geoffroi.

BALON (de) Guineboud. — Hamelin.

BANS (de) Raoul.

Banville (de) Guillain.

BARBES (de) Robert.

Barville (de).

BASSET Guillaume. — Raoul. — Richard.

BASTARD (le) Robert.

BAVENT.

Baynce (de).

BEAUCHAMP (de) Hugue.

BEAUFOU (de) Guillaume. — Raoul.

Beaujeu (de) Eude.

BEAUMAIS (de) Richard.

BEAUMONT (de) Henri. — Robert. — Roger.

BEAUVAIS (de) Goubert.

BEC (du) Geoffroi *et Toussaint.*

BELET, Guillaume.

BERNAI (de) Raoul.

BERNIÈRE (de) Hugue.

BERCHÈRES (de) Ours.

BERRUIER (le) Hervé.

BERTRAN, Guillaume.

BERVILLE (de) Néel.

BEUVRIÈRES (de la) Dreu.

BIENFAITE (de) Richard.

BIGOT, Roger *et Hue.*

BIVILLE (de) Guillaume. — Honfroi.

BLANGI (de) Guimond.

BLOND (le) Gilbert. — Guillaume. — Robert. .

BLOSSEVILLE (de) Gilbert.

BLOUET, Raoul. —Robert.

BOHON (de) Honfroi.

BOISSEL, Roger.

BOIS-HÉBERT (du) Hugue.

BOLBEC (de) Hugue.

BONDEVILLE (de) Richard.

BONVALET, Guillaume.

BOSC (du) Guillaume.

BOSC-NORMAND (de) Roger.

BOSC-ROARD (du) Guillaume. — Roger.

BOTIN, Raoul.

BOURDET, Hugue.— Robert.

, BOURGUIGNON (le) Gautier.

BOURNEVILLE (de) Guillaume.

BRAI (de) Guillaume.

Bréauté (de).

BRÉBEUF (de) Hugue.

Brécey (de).

BRETEUIL (de) Roger.

BRETON (le) Auvrai.

BRETTEVILLE (de) Gilbert.

BREUIL (du) Osberne.

BRIMON (de) Renier.

BRIOUSE (de) Guillaume.

BRIQUEVILLE (de).

BRIX (de) Robert.

BRUIÈRE (de la) Raoul.

BUCI (de) Robert.

BUDI (de) Gilbert.

BULLI (de) Roger.

BURCI (de) Serlon.

BURON (de) Erneis.

BURSIGNI (de) Guillaume.

CAEN (de) Gautier. — Maurin.

CAHAIGNES (de) Guillaume.

CAILLI (de) Guillaume.

CAIRON (de) Guillaume.

CAMBRAI (de) Geoffroy.

CANOUVILLE (de).

CARBONNEL.

CARDON, Guillaume.

CARNET (de) Guillaume.

CARTERET (de) Honfroi. — Mauger. — Roger.

CASTILLON (de) Guillaume.

Cayeu (de) Hamon.

CÉAUCÉ (de) Guillaume.

Chambray (de).

CHANDOS (de) Robert. — Roger.

CHARTRES (de) Raoul.

CHÈVRE (la) Guillaume.

CIOCHES (de) Gonfroi. — Sigar.

CLAIR (de Saint-) Richard.

CLAVILLE (de) Gautier.

CLINCHAMPS (de).

COLLEVILLE (de) Gilbert. — Guillaume.

COLOMBELLES (de) Renouf.

COLOMBIÈRES (de) Baudouin. — Raoul.

CONTEVILLE (de) Raoul.

CORBET, Robert. — Roger.

CORBON, Guillaume.

CORBON (de) Hugue.

CORMEILLES (de) Ansfroi. — Goscelin.

COUCI (de) Aubri.

COURBÉPINE (de) Raoul.

COURCELLES (de) Roger.

COURCI (de) Richard.

COURÇON (de) Robert.

Courtenay (de).

Coville (de).

CRAON (de) Gui.

CRESPIN, Mile.

Creuilly (de), issu de la race des ducs de Normandie.

CROC, Renaud.

CUL-DE-LOUP Eudes.

CULAI (de) Honfroi.

CUSSY (de).

DANIEL.

DESPENSIER (le) Guillaume. —Robert.

DIVE (de) Beuzelin.

DOL (de) Hugue.

DOUAI (de) Gautier. — Goscelin.

Doynel.

DURVILLE (de) Guillaume.

ECALLES (d') Hardouin.

ECOUIS (d') Guillaume.

ECOULAND.

ENGAGNE (d') Richard.

Érard, Étienne.

ESPAGNE (d') Auvrai. — Hervé.

ESPÉE (d') Guillaume.

Espinay (d').

ESTOURMI (l') Raoul. — Richard.

Estouteville (d').

EU (d') Guillaume. — Osberne.

EVREUX (d') Roger.

FERRIÈRES (de) Henri.

FLAMAND (le) Baudouin. — Eude. — Gerboud. — Guinemar. — Hugue. — Josce.

FLAMBARD, Renouf.

FOLET, Guillaume.

Folleville (de).

FONTENAI (de) Étienne.

FORÊT (de la) Guillaume.

FOSSARD, Néel.

FOUGÈRES (de) Guillaume. — Raoul.

FOURNEAUX (de) Eude.

FRAMAN, Raoul.

FRESLE, Richard.

FRIBOIS (de).

FROISSART, Guillaume.

FROMENTIN.

Gacé (de).

GAEL (de) Raoul.

GAND (de) Gilbert.

GEROUD (fils de) Robert.

GIRARD, Gilbert.

GIFFARD Bérenger. — Gautier. — Osberne.

GLANVILLE (de) Robert.

Gouhier.

GOULAFRE, Guillaume.

GOURNAI (de) Hugue. — Néel.

GRAI (de) Anquetil.

GRANDCOURT (de) Gautier.

Grante, Robert.

GRENTEMESNIL (de) Hugue.

GRENTEVILLE (de) Turold.

GRESLET, Aubert.

Gruel, Robert.

GUERNON, Robert.

GUERON (de) Turstin.

GUIDEVILLE (de) Hugue.

GUIERCHE (de la) Geoffroi.

HACHET Gautier.

Harenc (tige de la maison de Gauville).

HARCOURT (de) Robert.

HAUVILLE (de) Raoul, *alias Hauteville.*

Haye (de la) Robert.

Haye-Malherbe (de la).

HÉLÈNE (de Sainte) Renaud. — Turstin, fils de Rou.

HÉLION (d') Hervé.

Hercé.

Héricy (d').

HÉRION (de) Tihel.

HESDIN (de) Arnoul.

HEUSÉ, Gautier.

HODENG (de) Hugue.

HOTOT (de) Hugue.

HOUDETOT (d').

Houel.

ILE (de l') Honfroi. — Raoul.

INCOURT (d') Gautier.

IVRI (d') Achard. — Hugue. — Roger.

Janville (de).

LACY (de) Gautier. — Hugue. — Ilbert. —
   Roger.
LANFRANC.
LANGUETOT (de) Raoul.
LÉGER (de Saint-) Robert.
LÊTRE (de) Guillaume.
LIMESI (de) Raoul.
LISORS (de) Fouque.
LOGES (de) Bigot.
LORZ (de) Robert.
LOUCELLES (de) Guillaume.
LOUVET, Guillaume.

MACI (de) Hugue.
MALET, Durand. — Gilbert. — Guillaume.
   — Robert.
Malherbe (de).
Mallebranche (de).
MALLEVILLE (de) Guillaume.
MAMINOT, Gilbert. — Hugue.
MANDEVILLE (de) Geoffroi.
MANNEVILLE (de) Hugue.
MANTEL, Turstin.
MARCI (de) Raoul.
MARE (de la) Guillaume. — Hugue.
MARÉCHAL (le) Geoffroi.
MARTEL, Geoffroi.
MATHAN (de).
MAUBENG, Guillaume.
MAUDUIT, Gonfroi. — Guillaume.
MAUROUARD, Geoffroi.
MAUTRAVERS, Hugue.
Mauvoisin (de).
MERI (de) Richard.
MERLE (du).
MERTEBERGE, Auvrai.
MEULES (de) Baudouin. — Roger.
MOBEC (de) Hugue.
MOION (de) Guillaume.
MONCEAUX (de) Guillaume.
MONTAIGU (de) Ansger. — Dreu.
MONTBRAI (de) Geoffroi. — Robert.
MONT-CANISI (de) Hubert.
MONTFIQUET (de).
MONTFORT (de) Hugue. — Robert.
MONTGOMMERI (de) Hugue. — Roger.
Montier (du) Payen.
MORTEMER (de) Raoul.
MOUTIERS (des) Robert.
MOYAUX (de) Roger.

MUCEDENT (de) Gautier.
MUNNEVILLE (de) Néel.
MURDAC, *alias Meurdrac.*
MURDAC Robert.
MUSARD Hascouf. — Hugues.
MUSSEGROS (de) Roger.

Néel de Saint-Sauveur.
NEUFMARCHÉ (du) Bernard.
NEUVILLE (de) Richard.
NORON (de) Raoul.
NOYERS (de) Guillaume.

OISTREHAM (de) Roger.
OMONTVILLE (d') Gautier.
ORBEC (d') Roger.
ORGLANDE (d').
OSBERNE (fils de) Guillaume.
OSMOND.
OUEN (de Saint-), Bernard.
OUILLI (d') Raoul. — Robert.

PAINEL, Raoul.
PANCEVOLT, Bernard.
PANTOU, Guillaume.
PAPELION (de) Turold.
PARIS (de) Foucher.
PARTHENAY (de) Guillaume.
PASTFOREIRE, Osberne.
PAUMERAI (de) Guillaume.
PÉCHÉ, Guillaume.
PEIS (de) Guernon.
PERCY (de) Arnoul. — Guillaume.
PEVREL, Guillaume. — Renouf.
PICOT.
PICOT, Roger.
PICQUIGNI (de). Anscoul. — Guil-
   laume.
PIERREPONT (de) Geoffroi. — Renaud. —
   Robert.
PINEL, Raoul.
PIPIN, Raoul.
PISTRES (de) Roger.
POIGNANT, Guillaume. — Richard.
POILLEL (de) Guillaume.
POINTEL, Thierri.
POITTEVIN (le) Guillaume. — Roger.
POMERAIE (de la) Raoul.
PONTCHARDON (de) Robert.
PORT (de) Hubert. — Hugue.

QUENTIN (de Saint-) Hugue.
QUESNAY (du) Osberne. — Raoul.
QUESNEL, Guillaume.

RAIMBEAUCOURT (de) Enguerrand. — Guy.
RAINECOURT (de) Guy.
RAMES (de) Roger.
RAVENOT.
RENNES (de) Hugue.
REVIERS (de) Guillaume. — Richard.
RHUDDLAN (de) Robert.
RISBOU (de) Gautier.
RIVIÈRE (de la) Goscelin.
ROMENEL (de) Robert.
ROS (de) Anquetil. — Ansgot. — Geoffroy. — Serlon.
ROSAI (de) Vauquelin.
Roumare (de).
ROUX (le) Alain.
RUNEVILLE (de) Geoffroi.
Rupierre (de).
Russel, alias : Rozel.

SACQUENVILLE (de) Richard.
SAINT-GERMAIN (de) Roger.
SAINTE-MARIE (de).
SANSON (de Saint-) Raoul.
SAUSSAY (du) Osberne. — Raoul.
SAVIGNY (de) Raoul.
SENARPONT (de) Ausger.
SÉNÉCHAL (le) Eude. — Hamon.
SEPT-MEULES (de) Guillaume.
SILVESTRE, Hugue.
SOMMERI (de) Roger.
SOURDEVAL (de) Richard.

TAILLEBOIS (de) Guillaume. — Ive. — Raoul.
TALBOT, Geoffroi. — Richard.
Tancarville (de).
TANIE (de) Auvrai.
TESSEL (de) Guimond.
Tesson, Raoul.
THAON (de) Robert.
THEIL (du) Raoul.
Thouars (de) Amaury.
TILLEUL (du) Honfroi.
Tillières (de).
TILLY (de) *Ernaud ou Arnaud.*
TINEL, Turstin.

TIREL, Gautier.
TISON, Gilbert.
TOENI (de) Bérenger. — Guillaume. — Ilbert. — Juhel. — Raoul. — Robert.
TORTEVAL (de) Renaud.
TOUCHET (de).
TOURLAVILLE (de) Raoul.
TOURNAI (de) Geoffroi.
TOURNEBUT (de).
TOURNEVILLE (de) Raoul.
TOUSTAIN.
Tracy (de).
TRANCHARD, Raoul.
TRELLI (de) Geoffroi.
TUROLD.

Unfraville (d').
UNSPAC (fils d') Raoul.

VALERI (de Saint-) Gautier.
VATTEVILLE (de) Guillaume. — Richard. — Robert.
VAUBADON (de) Ansfroi. — Osmont. — Renouf.
VAUVILLE (de) Guillaume.
VAUX (de) Aitard.
VAUX (des) Robert.
VECI (de) Robert.
VENABLES (de) Gilbert.
VENOIX (de).
VER (de) Aubri. — Guillaume.
VERDUN (de) Bertran.
VERNON (de) Gautier. — Huard. — Richard.
VESCI (de) Ive.
VESLI (de) Guillaume. — Hugue. — Robert.
VICONTE (le).
Vieux-Pont (de) Guillain.
VILLON (de) Robert.
VIS-DE-LOUP, Honfroi. — Raoul.
VITAL.
VIVILLE (de). — Hugue.

WADARD.
WALERI (de Saint-) Renouf.
WANCY (de) Osberne.
WARENNE (de) Guillaume.
WISSANT (de) Gilbert.

LISTE

DES

CENT DIX-NEUF GENTILSHOMMES

QUI DÉFENDIRÈNT LE MONT SAINT-MICHEL CONTRE LES ANGLAIS

EN 1423.

Le Sieur Louis D'ESTOUTEVILLE (capitaine).
JEAN PAISNEL.
Le Sieur DE CRÉQUY.
— DE GUYMÉNÉ.
— DE LA HAYE.
ANDRÉ DE PUIS.
C. DE MANNEVILLE.
Le Sieur DE BRIQUEVILLE.
— DES BIARDS.
G. DE LA LUZERNE.
Le Sieur DE FOLLIGNY.
M. DE BRECÉ.
(Le Bâtard) D'AUSSEBOSC.
C. HÉ.
R. ROUSSEL.
Le Sieur DE COLOMBIÈRES.
G. DE SAINT-GERMAIN.
Le Sieur D'AUSSAY.
— DE VERDUN.
C. DE HELQUILLY.
Le Sieur DE LA HAYE DE HARRA.
C. PIGACE.
LOUIS PIGACE.
Le Sieur DE GRAVILLE.
ROBERT DU HOMME.
T. DE PERCY.
NEL.
Le Sieur DE VEYR.
DE LA HAYE-HÜE.
T. DE NOCEY.
Le Sieur DE BRIQUEVILLE.
JEAN D'ESPAS.
G. DE PRESTEL.
G. DE CRUX.
C. DE LA MOTTE.
J. DE LA MOTTE.
M. DE PLOMB.

Le Sieur P. LE GRIS.
T. DE LA PALUELLE.
JEAN GUITON.
Le Sieur DE NAUTRET.
H. LEGRIS.
Le Sieur DE HALLY.
F. DU MERLE.
CH. DE FONTENAY.
G. LE VICOMTE.
Le Sieur DE TOURNEBU.
THOMAS HOUËL.
H. THÉSARD.
F. HÉRAULT.
T. DE LA MOTTE.
Le Sieur PIGACE.
R. DES LONGNES.
L. DES LONGNES.
Le Sieur DE FOLLIGNY.
— AUXÉPAULES.
(Le Bâtard) DE CROMBEUF.
ROBERT DE BRIQUEVILLE.
G. BENOIST.
PIERRE DE LA VIETTE.
CHARLES HAMON.
THOMAS HARTEL.
RICHARD DE CLINCHAMPS.
C. DES MONTIERS.
G. D'ESPAS.
ÉTIENNE AUBERT.
F. DE MARCILLÉ.
ÉTIENNE D'ORGEVAL.
JEAN MALSIRE.
Le Sieur DE LA MARRE.
ROBERT DE NAUTRET.
P. BASCON.
(Le Bâtard) DE THORIGNY.
JEAN DE LA CHAMPAGNE.

Le Sieur DE BRUILLY.
P. DU MOULIN.
T. GOUHIER.
R. DE REGNIER.
ROBERT LAUBART.
R. DE BAILLEUL.
P. D'AULCEYS.
THOMAS GUÉRIN.
GUILLAUME DE LA BOURGUENOBLE.
YVES PRIEUR-VAGUE-DE-MER.
G. DE LA MARE.
F. FLAMBART.

JEAN DE CRIQUEBEUF.
ROBERT DE BEAUVOIR.
P. DE TOURNEMINE.
C. DE CARROUGES.
ROBERT DE LA BROISE.
N. DE SAINTE-MARIE.
ROBERT DE BREZÉ.
HENRI MALLARD.
GUILLAUME ARTIER.
L. DE CANTILLY.
HENRI DE GRIPEL.

B. DU MONT.
Le Sieur DE CRULLÉ.
(Le Bâtard) DE COMBRE.
P. ALLARD.
R. DU HOMME.
F. DE SAINT-GERMAIN.
C. DE CHARPENTIER.
L. DE PONTFOUL.
G. DE SEMILLY.
L. DE SEMILLY.
R. DE LA MOTTE-VIGOR.
JEAN LE BRUN.

JEAN HAMON.
T. DE LA BRAYEUSE.
Le Sieur DE MOYON.
— DE LA HUNAUDAYE.
— DE CARROUGES.
— DU GRIPEL.
— COLIBEAUX.
— DE THORIGNY.
— DE QUENTIN.
— DE TILLY.

NOTA. Cette liste a été copiée textuellement sur les tables de marbre qui existent au Mont-Saint-Michel ; ces tables ne contenant que quatre-vingt-dix-neuf noms, en y comptant celui du roi Charles VII, qui est porté en tête par honneur, nous donnons en plus les noms qui manquent, et, par suite de nos recherches, nous les croyons aussi exacts que possible.

CATALOGUE

LES GENTILSHOMMES NORMANDS

DISPOSÉ PAR ORDRE ALPHABÉTIQUE ET PUBLIÉ D'APRÈS CHEVILLARD
SUR LES RECHERCHES DE MM. DE CHAMILLARD, DE MARLE ET AUTRES INTENDANTS
DE LA PROVINCE, DEPUIS L'ANNÉE 1666 ET SUIVANTES

Revu, Corrigé et Augmenté

A

ABANCOURT (D'). — Écuyer, sieur de Héloy, Élection de Chaumont et Magny, maintenu le 18 juillet 1668 : *De gueules, à l'aigle d'argent.*

ABANCOURT (D'). — Écuyer, sieur de la Bellière, Élection de Neufchâtel, maintenu le 11 mars 1669 : *D'argent, à l'aigle de gueules, becquée et membrée d'or.*

ABBADIE (D'). — Écuyer, sieur de Lattes et d'Abbadie, Élection de Montivilliers, maintenu le 11 juillet 1667 : *Écartelé : au 1, d'argent, au chef de gueules, chargé d'un heaume d'or ; au 2, d'azur, au croissant d'argent ; au 3, d'azur, au dextrochère armé de toutes pièces, d'argent, tenant une épée du même ; au 4, de gueules au lion d'or.*

ABBÉ (L'). — Écuyer, sieur de Soquenne, Élection de Bernay, maintenu le 31 août 1666 : *D'argent, au sautoir de sinople.*

ABBÉ (L'). — Écuyer, sieur de Rozières, Élection de Pont-l'Évêque, maintenu le 4 mars 1668 : *D'azur, au sautoir d'argent, accompagné de trois rayons de soleil d'or, issants du chef.*

ABBEY (L'). — Écuyer, sieur de Héroussart, Élection de Pont-l'Évêque, maintenu le 30 janvier 1668 : *D'argent, au sautoir de sinople.*

ABEY (L'). — Écuyer, sieur d'Ussy, Élection de Falaise, maintenu le 11 juillet 1667 : *D'argent, au sautoir alésé de sinople.*

ABOS. — Écuyer, sieur de Follainville, Palletière, etc., Élection de Bernay et de Verneuil, maintenu le 22 juin 1667 : *De sable, au chevron d'or, accompagné de trois roses d'argent.*

ABOT. — Sieur de Champs, Élection de Mortagne, maintenu le 4 juillet 1666 : *Écartelé : aux 1 et 4, d'azur, à une coquille d'argent ; aux 2 et 3, d'argent.*

ABOT. — Écuyer, sieur de la Métruinière, généralité d'Alençon, maintenu le 3 juillet 1667 : *Écartelé : aux 1 et 4, d'azur, à une coquille d'argent ; aux 2 et 3, d'argent, à un arbre arraché de sinople posé en bande.*

ABOVILLE (D'). — Élection de Valognes, maintenu en 1666 : *De sinople, au château flanqué de deux tours couvertes et girouettées, le tout d'argent, ouvert, ajouré et maçonné de sable.*

ACHARD. — Écuyer, sieur de Hautenoe, Élection de Domfront, maintenu le 2 août 1666 : *D'azur, au lion d'argent, armé et lampassé de gueules; à deux fasces alésées du même, brochantes sur le tout.*

ACHÉ. — Chevalier, seigneur d'Aché, baron de Larrey, Bresolles, Congé, etc., généralité d'Alençon, maintenu le 1er septembre 1667 : *Chevronné d'or et de gueules.*

ACHÉ. — Écuyer, sieur de Monteil, du Mont-de-la-Vigne, de Marbœuf, d'Aché et de Cerquigny, Élection de Pont-l'Évêque, maintenu le 23 décembre 1668 : *Écartelé : au 1, d'argent, à la bande d'azur, accompagnée de six tourteaux de gueules posés en orle; au 2, d'or, à trois tourteaux de gueules; au 3, échiqueté d'or et d'azur, à la bordure de gueules; au 4, d'argent, à trois tourteaux de sable; sur le tout écartelé; aux 1 et 4, chevronné d'or et de gueules; aux 2 et 3, de gueules à deux fasces d'or.*

ACHEU. — Écuyer, sieur de Saint-Maximien, de Plovich, Élection de Neufchâtel : *Parti d'argent, à la croix ancrée de sable et d'azur, à l'aigle éployée de sable.*

ACHEY. — Sieur du Mesnilbité, Élection de Bayeux, maintenu en 1668 : *D'azur, à une fasce d'argent, accompagnée de trois écussons d'or.*

ACQUEVILLE (D'). — Écuyer, sieur dudit lieu, Élection de Falaise, maintenu le 27 juin 1667 : *D'argent, au gonfanon d'azur, frangé de gueules.*

ACRES (DES). — Sieur de l'Aigle, diocèse d'Évreux : *D'argent, à trois aiglettes de sable.*

ADAM. — Écuyer, sieur de Bonnemare, Élection de Caudebec, maintenu le 20 mai 1670 : *D'azur, à trois maillets d'argent, surmontés chacun d'une rose d'or.*

ADAM. — Écuyer, sieur de Darville, Chastel, Mouseboscq, Fontaine, etc., Élection de Bayeux, maintenu en 1666 : *D'argent, au chevron de gueules, accompagné de trois roses du même.*

AFFAGART. — Généralité de Rouen, maintenu le 16 mars 1667 : *De gueules, à trois diamants taillés à facettes d'argent, posés en fasce 2 et 1.*

AGIES. — Écuyer, sieur de Longprez, de Saint-Denis et du Mesnil-Rousset, Élection de Bernay, maintenu le 11 avril 1666 : *De gueules, à trois besants d'or, au lambel du même.*

AIGNEAUX, *alias* **AGNEAUX (D').** — Écuyer, sieur de la Rivière, de l'Isle-d'Auval, etc., Election de Falaise, maintenu le 1er septembre 1667 : *D'azur, à trois agneaux d'argent.*

AIGREMONT (D'). — Écuyer, sieur de Pépinvars, Bonneville, etc., généralité de Caen, maintenu en 1666 : *D'or, à la fasce échiquetée d'argent et de gueules, de trois tires, sommées d'un lion naissant de gueules.*

AILLY (D'). — Chevalier, seigneur d'Annery, Élection de Gisors, maintenu le 3 décembre 1668 : *De gueules, à une couronne de deux branches de laurier d'argent; au chef échiqueté d'argent et d'azur de trois tires.*

ALENÇON. — Écuyer, sieur de Survie, de Séran et de Lacy, Élection d'Argentan, maintenu le 4 novembre 1667 : *D'argent, au chevron de gueules, accompagné de trois aiglettes de sable.*

ALEXANDRE. — Écuyer, sieur du Vivier, Élection des Andelys, maintenu le 4 septembre 1668 : *D'argent, à l'aigle éployée de gueules.*

ALEXANDRE. — Écuyer, sieur de la Londe, Élection de Carentan, maintenu en 1666 : *Tiercé en fasces, au 1, d'azur, à trois croissants d'or; au 2, d'argent; au 3 de gueules, à un trèfle d'argent.*

ALIGARD. — Écuyer, sieur du Bois, généralité de Caen, maintenu en 1666 : *D'argent, à trois gamma grecs de sable.*

ALLAIN. — Écuyer, sieur de Barbières, généralité de Caen, maintenu en 1666 : *D'argent, à trois merlettes de gueules; au chef d'azur, chargé de trois étoiles d'or.*

ALLAIN. — Écuyer, sieur de la Bertinière, généralité de Caen, maintenu le 16 février 1666 : *D'azur, au chevron d'argent, accompagné en pointe d'un besant d'or.*

ALLAIN. — Écuyer, sieur d'Amontant, du Castel, du Vigné, etc., généralité de Caen, maintenu en 1666 : *De gueules, au chevron d'argent, accompagné de trois coquilles du même.*

ALLARD. — Écuyer, sieur de la Houssaye, Élection de Conches : *D'azur, à trois étoiles d'or, et trois croissants mal ordonnés d'argent.*

ALLEAUME. — Écuyer, sieur de la Romée et du Bois, généralité d'Alençon : *D'azur, au chevron d'or, accompagné en chef de deux étoiles d'argent, et en pointe d'une colombe, la tête contournée d'or, surmontée d'une étoile du même.*

ALLEMAND (L'). — Sieur de Chercheville, généralité de Rouen : *D'argent, semé de billettes de sable ; sur le tout, un écusson de gueules, chargé d'une étoile d'or ; au chef du même.*

ALLIET. — Écuyer, sieur de Saint-Pierre, généralité de Rouen, maintenu le 7 février 1667 : *D'azur, au lion d'or.*

ALLONVILLE (D'). — Écuyer, seigneur dudit lieu, Élection de Verneuil, maintenu le 22 mai 1667 : *D'argent, à deux fasces de sable.*

ALLORGE. — Sieur de Pintevillée et des Isles, généralité de Rouen : *D'or, au croissant d'azur ; au chef de sable, chargé d'une étoile du champ.*

ALORGE. — Écuyer, sieur de la Hérappe, de Méville, de Gueffe, d'Auville, de Brémont, de Malicorne, etc., Élection de Mortagne, maintenu le 12 août 1666 : *De gueules, à trois gerbes d'or, accompagnées de sept molettes d'éperon du même, trois rangées en chef, une en cœur et trois en pointe, deux et une.*

AMBOISE (D'). — Généralité de Rouen : *Palé d'or et d'azur.*

AMFERNET (D'). — Baron de Contrebis, seigneur du Val-d'Amfernet, etc., Élection de Verneuil, maintenu le 15 juin 1667 : *De sable, à l'aigle éployée d'argent, becquée et armée de gueules ; à la bordure du même.*

AMIOT. — Écuyer, sieur de Boisroger et de la Grandière, Élection de Mortagne, maintenu le 6 avril 1666 : *D'argent, à quatre burelles de sable ; au lion du même, brochant.*

AMMEVAL (D'). — Écuyer, sieur de Cerfontaine, Élection de Gisors et Pontoise, maintenu le 10 août 1668 : *D'azur, au croissant d'argent, accompagné de trois molettes d'éperon d'or.*

AMONVILLE (D'). — Écuyer, sieur de Groham et du Plessis, Élection d'Andely, maintenu le 24 août 1666 : *D'azur, au chevron d'argent, accompagné de trois tours du même, maçonnées de sable.*

AMOURS. — Écuyer, seigneur de Courcelles, Élection de Gisors et Pontoise, maintenu le 15 février 1669 : *D'argent, au porc de sable, accompagné en chef d'un lambel de gueules, et en pointe de trois clous de la Passion rangés du second émail.*

AMOURS. — Écuyer, sieur de Saint-Martin Lizon, etc., Élection de Bayeux, maintenu en 1666 : *D'argent, à trois lacs d'amour de sable.*

AMOURS. — Écuyer, sieur de Londe, génér. d'Alençon : *D'argent, à trois étoiles de sable.*

ANCEAU. — Écuyer, sieur de la Forge, Élection de Neufchâtel, maintenu le 6 février 1668 : *D'azur, à la tour d'or, chargée d'un lion naissant couronné d'argent, tenant une épée du même.*

ANCTRUILLE. — Généralité de Caen, maintenu en 1666 : *De sable, au lion couronné d'argent.*

ANDAME. — Écuyer, sieur de Neuvillette, Saint-Martin-la-Campagne, etc., Élection d'Arques, maintenu le 3 août 1668 : *D'azur, à trois lions d'argent, tenant chacun une palme du même.*

ANDRAY. — Sieur de Bodienville et de Silleris, Élection de Carentan, maintenu en 1666 : *De sable, au sautoir d'argent, cantonné aux 1 et 4, d'un croissant du même ; et aux 2 et 3, d'une molette d'éperon d'or.*

ANDRÉ. — Élection de Bayeux, maintenu en 1666 : *De sinople, à la fasce d'or, accompagnée en chef de deux flanchis, et en pointe d'une molette du même.*

ANFERNET (D'). — Chevalier, seigneur, baron de Montchauvet, du Pontbellenger, etc., Élection de Vire, maintenu en 1666 : *De sable, à l'aigle éployée, au vol abaissé d'argent, becquée et membrée d'or.*

ANFRAY. — Seigneur du Mesnil, Élect on de Lisieux, maintenu le 29 juin 1666 : *De gueules, à huit besants d'or en orle ; à l'écusson de sable, chargé de trois croissants du second émail et bordé du même.*

ANFRIE. — Sieur de Chaulieu, généralité de Rouen : *D'azur, à trois triangles d'or ; au chef cousu de gueules, chargé de trois têtes de licorne du second émail, accostées de deux croisettes du même.*

ANGENNES. — Chevalier, seigneur d'Angennes, la Louppe, la Motte, du Bois Sainte-Co'ombe, Fontaineriant, etc., généralité d'Alençon, maintenu le 4 janvier 1668 : *De sable, au sautoir d'argent.*

ANGERVILLE (D'). — Écuyer, sieur de Grainville, Élection de Pont-l'Évêque : *D'or, au léopard de sable, posé au canton dextre de l'écu, et à deux quintefeuilles du même, posées l'une en canton sénestre, l'autre en pointe.*

ANGLOIS (L'). — Écuyer, seigneur de Buranville, Vieuville, Bourgay, Briencourt, Petitville, etc., Élection de Neufchâtel : *D'argent, à trois têtes de loup arrachées de sable.*

ANGLOIS (L'). — Écuyer, Élection de Pont-Audemer, maintenu le 6 juin 1666 : *Écartelé : aux 1 et 4, d'or ; à l'aigle éployée, au vol abaissé de sable ; aux 2 et 3, de gueules, au lion d'or.*

ANGLOIS (L'). — Écuyer, seigneur de la Chaize, Élect. d'Argentan, maintenu le 31 janvier 1666 : *D'azur, au hevron d'or, accompagné de trois annelets du même.*

ANGOT. — Écuyer, sieur de Poterel, Élection d'Argentan : *D'azur, au chevron d'or, accompagné en chef de deux croix de Malte du même, et en pointe d'un écusson d'argent.*

ANGOT. — Seigneur, marquis de Lezeau, comte de Flers, généralité de Rouen : *D'azur, à trois annelets d'or.*

ANGUETIN. — Écuyer, sieur du Bois, Élection de Bernay : *D'azur, au chevron d'or, accompagné de trois aiguières à anses du même.*

ANISY (D'). — Élection de Bayeux, maintenu en 1666 : *D'argent, semé de billettes de sable, au lion du même, armé et lampassé de gueules, brochant.*

ANNEBAUT. — Seigneur de Retz et de la Hunaudaye : *De gueules, à la croix de vair.*

ANNEVAL (D'). — Écuyer, sieur de la Fontaine, Élection de Gisors, maintenu le 10 août 1668 : *D'azur, au croissant d'argent, accompagné de trois molettes d'or.*

ANNEVILLE (D'). — Écuyer, sieur de Chifrevast, Tamerville et le Waast, Élection de Valognes, maintenu en 1666 : *D'hermine, à la fasce de gueules.*

ANNEVILLE (D'). — Écuyer, sieur de Merville, généralité de Caen, maintenu en 1666 : *D'hermine, au sautoir de gueules.*

ANQUETIL. — Écuyer, Élection de Valognes, maintenu en 1666 : *D'or, à trois feuilles de chêne de sinople.*

ANTHENAISE (D'). — Écuyer, sieur de Rouilly, du Douet et d'Anthenaise, Élection de Lisieux : *Bandé d'argent et de gueules.*

ANZERAY. — Écuyer, sieur de Courvaudon, de la Gogne, etc., Élection d'Avranches, maintenu en 1666 : *D'azur, à trois têtes de léopard d'or.*

AOUSTIN. — Généralité de Rouen : *D'azur, à la fasce d'argent, accompagné en chef d'un léopard d'or, et en pointe de trois coquilles du même.*

APPAROC. — Écuyer, sieur de Sainte-Marie, Élection de Pont-l'Évêque, maintenu le 16 février 1669 : *D'argent, à deux fasces dentelées de sable.*

APRIX. — Écuyer, sieur de Morienne, de Gruchet et de Vimont, Élection d'Arques, maintenu le 21 juillet 1667 : *Écartelé : aux 1 et 4, d'azur, à la tour d'argent maçonnée de sable ; aux 2 et 3, d'argent, à trois merlettes de sable.*

ARANDE. — Écuyer, seigneur d'Emanville, Élection de Conches : *Coupe d'argent, à l'aigle issante de sable ; et de gueules, à une fleur de lis florencée d'or.*

ARANDEL. — Écuyer, sieur de Guemicourt, Élection de Neufchâtel : *D'argent, au chevron de gueules, accompagné de trois pies de sable.*

ARCHAIS. — Écuyer, sieur de Maubosq, Élection de Bayeux, maintenu en 1666 : *De gueules, à trois molettes d'eperon cousues de sable ; au franc-quartier du même, chargé d'une bande cousue d'azur, surchargée d'une molette d'eperon d'argent.*

ARCHIER (L'). — Écuyer, sieur de Gonneville, la Chesnaye, etc., Élection d'Andely, maintenu le 14 octobre 1666 : *De sable, au porc hérissé d'or.*

ARCHIER (L'). — Sieur de Turqueville, Élection de Carentan.

ARCOURT. — Écuyer, sieur de Taynemare, Élection de Montivilliers, maintenu le 14 juillet 1667 : *De gueules, à un arc tendu et armé d'une flèche encochée en bande d'argent ; à la bordure du même.*

ARCYE (D'). — Écuyer, sieur de Fouceaux, Élection de Montivilliers, maintenu le 6 juillet 1667 : *Coupé d'azur, au soleil d'or ; et d'or, à une aigle de sable.*

ARGENCES (D'). — Écuyer, sieur de la Ruffaudière, Élection de Bernay, maintenu le 31 janvier 1667 : *De gueules, à la fleur de lis d'argent.*

ARGENCES. — Sieur d'Origny, Diocèse d'Évreux : *D'azur, à trois fermaux d'or.*

ARGENNES (D'). — Sieur de Montmirel, Élection d'Avranches, maintenu en 1666 : *De sable, à la croix d'or, cantonnée de quatre aiglettes éployées du même.*

ARGOUGES (D'). — Écuyer, sieur de Boussigny, Grastot, seigneur de Granville, Élections de Bernay et de Coutances, maintenu en 1666 : *Écartelé d'or et d'azur, à trois quintefeuilles de gueules ; celle du deuxième quartier cousue ; celle en pointe brochante sur les deux quartiers.*

ARLANGES (D'). — Seigneur de Marigny et Beuvrier, Élection de Mortagne, maintenu le 3 septembre 1667 : *D'argent, à trois merlettes de sable, accompagnées de six annelets du même, trois rangés en chef, et trois en pointe, deux et un ; le tout surmonté d'une divise ondée de sable.*

ARNOIS. — Écuyer, sieur de Saint-Martin, généralité de Rouen, maintenu le 8 janvier 1668 : *De gueules, au chevron d'argent, accompagné en pointe d'un heaume du même.*

ARQUEMBOURG. — Seigneur de Flottemanville, Élection de Valognes, maintenu en 1666 : *D'argent au chevron de gueules, accompagné de trois roses du même.*

ARRAGON. — Seigneur de Nehou, de Granchamp, généralité de Caen, maintenu en 1666 : *D'or, à quatre pals de gueules.*

ARRIÈRES. — Écuyer, seigneur du Thuit, Élection d'Andely, maintenu le 17 janvier 1668 : *D'azur au sautoir dentelé d'or.*

ARTUR. — Élection d'Avranches : *De gueules, à la coquille d'or ; au chef d'argent.*

ASSELIN. — Sieur de Frévolles, généralité de Rouen : *D'azur, au chevron d'argent, accompagné en chef de deux étoiles d'or, et en pointe d'un croissant du même.*

ASSY (D'). — Généralité de Rouen : *D'argent, à la croix de sable, chargée de cinq coquilles d'or, et cantonnée de douze merlettes du second émail.*

ASSYE. — Écuyer, sieur du Buisson, marquis d'Assye, Élection de Mortagne, maintenu le 11 août 1666 : *D'argent, à deux lions léopardés de sable, lampassés de gueules.*

AUBER. — Écuyer, sieur de Caudemouve, du Mesnil, de Gonville, Champfleury, etc., Élection de Falaise, maintenu le 13 février 1667 : *Palé d'argent et de gueules ; au chef d'azur.*

AUBERT. — Seigneur d'Aubeuf, de Vertot, Theuville, Élection de Montivilliers, maintenu le 18 mars 1667 : *D'argent, à trois fasces de sable, accompagnées de quatre roses de gueules ; deux en chef, une entre les deux premières fasces, et l'autre en pointe.*

AUBERT. — Baron d'Aunay, sieur de Grandmesnil, Hénouville, etc., Élection d'Avranches, maintenu le 12 août 1668 : *De gueules, à trois trèfles d'or ; au chef cousu de sable, chargé d'un croissant du second.*

AUBERT. — Seigneur de Tourny : *De sable, à l'aigle d'or, fixant une étoile du même.*

AUBERT. — Sieur de Montigny : *D'argent, à trois roses de gueules, pointées d'or et tigées de sinople.*

AUBERY. — Écuyer, sieur de Bellegarde, généralité de Rouen, maintenu le 8 mars 1667 : *D'argent, à la fasce d'azur, chargée d'une aigle éployée d'or, accostée de deux écrevisses du champ.*

AUBERY. — Sieur de Cauverville, Diocèse de Lisieux : *De gueules, à trois têtes de lévriers d'argent.*

AUBŒUF (D'). — Généralité de Rouen : *D'azur, fuselé d'argent.*

AUBOURG. — Seigneur de Chavançon, Élection de Gisors, maintenu le 14 décembre 1669 : *D'azur, à trois fasces d'or.*

AUDOUIN. — Écuyer, sieur d'Espinay, Élection de Neufchâtel, maintenu le 1er juillet 1670 : *D'argent, à l'aigle éployée de sable.*

AUDRIEU. — Écuyer, sieur de Gestrancourt, Élection d'Évreux, maintenu le 2 avril 1667 : *D'argent, à la fasce de sable, chargée de trois molettes d'éperon d'or.*

AUFFREY. — (*Voy.* ANFRAY).

AUGÉ. — Écuyer, seigneur de Brumare, Soquence, Benneval, des Ifs, Branville, etc., Élection de Pont-l'Évêque, maintenu le 25 janvier 1668 : *D'argent, semé de billettes de gueules, au lion de même, brochant sur le tout.*

AUGER. — Élection de Carentan, maintenu en 1666 : *D'azur, au phénix sur son immortalité d'or, fixant un soleil du même.*

AUMESNIL (D'). — Écuyer, sieur de Bretteville, généralité de Caen, maintenu en 1666 : *De gueules, à la fleur de lis d'argent.*

AUPOIX. — Écuyer, sieur du Parc, Geville, etc., Élection de Falaise, maintenu le 1er août 1667 : *D'azur, à trois croix recroisetées, au pied fiché d'argent.*

AUREVILLE. — Écuyer, sieur de la Frambroisière, Chastellière, la Vannetière, la Louverie, Pillette, Langerais, etc., Élection de Bayeux, maintenu le 1er mai 1667 : *De sable, au lion d'argent, armé et lampassé de gueules.*

AUTEVILLE (D'). — Écuyer, sieur de Launay, de Cornuroy, de Roncelly, etc., généralité de Rouen : *D'argent à trois fasces de sable ; au sautoir de gueules, brochant sur le tout ; à la bordure du même.*

AUTHIN. — Généralité de Rouen : *D'azur, à trois coquilles d'or ; au lion léopardé de gueules : à la fasce échiquetée d'argent et de gueules, brochant sur le tout.*

AUVERGNE. — Écuyer, sieur de Fondval, la Motterie, etc., Élection de Gisors, maintenu le 18 mars 1669 : *D'argent, à la fasce de gueules, chargée de trois coquilles du champ, et accompagnées de six merlettes de sable.*

AUVET (D'). — Sieur des Marais, d'Auvillars, etc., Diocèse d'Évreux : *Bandé d'argent et de gueules, la première bande chargée d'un lion de sable.*

AUVRAY. — Écuyer, sieur de Dymanville, Élection de Lisieux, maintenu le 3 décembre 1666 : *De gueules, au chevron d'or, accompagné de trois croisettes du même.*

AUVRAY. — Écuyer, sieur du Roque, Élection de Coutances, maintenu en 1666 : *Palé d'or et d'azur ; au chef de gueules, chargé d'un léopard du second émail.*

AUVRAY. — Écuyer, sieur de Gondonnière, Élection de Bernay, maintenu le 20 mai 1666 : *De gueules, à fasce d'or, accompagnée en chef de deux étoiles d'argent, et en pointe de deux lions léopardés et affrontés du second émail.*

AUVRAY. — Écuyer, sieur des Monts, de Mainteville et d'Imanville, Élection d'Argentan, maintenu le 31 décembre 1666 : *D'argent, au chevron d'azur, chargé de trois fleurs de lis d'or, et accompagné de trois pommes de pin de sinople.*

AUVRAY. — Élection de Carentan, maintenu en 1666 : *D'azur, à trois coquilles d'argent.*

AUVRAY. — Élection de Bayeux : *De gueules, à trois coquilles d'argent, bordées de sable.*

AUVRAY. — Écuyer, sieur des Poix, Élection d'Avranches, maintenu en 1666 : *Losangé d'or et d'azur.*

AUVRECHER. — *D'or, à deux quintefeuilles de sable, posées l'une au canton sénestre, et l'autre en pointe de l'écu, un lionceau du même au premier canton.*

AUXAIS (D'). — Écuyer, sieur de Bosc, de Tautte, d'Auxais, de Beauprey, de la Couture, du Mesnil, etc., Élection de Bayeux : *De sable, à trois besants d'argent.*

AUX-ÉPAULES. — Élection de Carentan, maintenu en 1666 : *De gueules, à la fleur de lis d'or.*

AVANNE (D'). — Seigneur de Montquesu, Élection de Montivilliers, maintenu le 8 mars 1667 : *D'argent, à la fasce de sable.*

AVENEL. — Seigneur de Cordouzières, des Fontaines, de la Touche, etc., Élection de Mortain, maintenu en 1666 : *De gueules, à l'aigle d'argent.*

AVERHOUT. — Écuyer, sieur de Montaine et de Crosmesnil, Élection de Lions, maintenu le 6 août 1668 : *D'or, à trois fasces de sable ; au franc canton d'hermine.*

AVESGO. — Écuyer, sieur de Saint-Jacques, généralité d'Alençon, maintenu le 25 décembre 1666 : *D'azur, à un bâton d'or, écoté, posé en fasce, accompagné de trois gerbes de blé du même ; à la bordure de gueules, chargée de huit besants d'argent.*

AVICE. — Écuyer, sieur de Goltot, Élection de Valognes, maintenu en 1666 : *D'azur, à une épée d'argent, garnie d'or, posée en pal, accompagnée de trois pommes de pin du même.*

AVICE. — Sieur de Tourville, Élection de Valognes, maintenu en 1666 : *D'azur, à neuf pommes de pin d'or.*

AVISARD. — Écuyer, sieur de la Chapelle, Élection de Falaise, maintenu le 6 septembre 1666 : *De gueules, au chevron d'argent.*

AVOINE. — Écuyer, sieur dudit lieu, Élection d'Arques, maintenu par arrêt du 21 avril 1672 : *D'argent, à quatre burelles de sable, la première chargée de cinq besants d'or.*

AVOINE. — Écuyer, sieur de Mandeville, Élection de Conches, maintenu le 16 janvier 1668 : *De gueules, à trois gerbes d'avoine d'or.*

B

BACHELIER. — Écuyer, sieur du Mesnil, du Boistet, Élection de Gisors et d'Andely, maintenu le 14 juillet 1668 : *D'argent, à la fasce de gueules, chargée de trois flanchis d'or.*

BACHELIER. — Écuyer, seigneur de Saon et du Breuil, etc., Élection de Bayeux, maintenu en 1666 : *D'azur, au cygne d'argent ; au chef d'or, chargé de trois coquilles de gueules.*

BACON. — Élection de Bayeux : *De gueules, à six quintefeuilles d'argent ; alias, d'argent, à six quintefeuilles de gueules.*

BAFFARD. — Écuyer seigneur de Fresney, Élection de Pont-l'Évêque, maintenu le 17 septembre 1668 : *D'argent, au palmier de trois feuilles arrachées de sinople, à deux lions affrontés de sable, s'appuyant sur le fût de l'arbre.*

BAIGNARD. — Écuyer, sieur du Gerrier, Élection de Conches, maintenu le 16 juillet 1667 : *D'argent, à la fasce de gueules, chargée de trois fers de cheval du champ, et accompagnée de trois molettes d'éperon de gueules.*

BAILLE. — Écuyer, généralité de Rouen : *D'azur, à la croix dentelée d'or, chargée d'une étoile de sable, bordée et dentelée de gueules.*

BAILLÉ (DU). — Écuyer, sieur dudit lieu, Élection d'Évreux, maintenu le 5 décembre 1666 : *D'azur, à deux chevrons d'or, accompagnés en chef de deux étoiles d'argent, et en pointe d'une rose du même.*

BAILLEHACHE. — Écuyer, sieur de Longueval, de Bapeaume, de Biéville, etc., Élection de Pont-l'Évêque, maintenu le 10 avril 1668 : *De gueules, au sautoir d'argent, cantonné de quatre merlettes du même.*

BAILLEHACHE. — Écuyer, sieur de Longueval, Élection de Pont-l'Évêque, maintenu le 22 juillet 1670 : *De gueules, à la croix d'argent, cantonnée de quatre merlettes du même.*

BAILLEU. — Écuyer, sieur de la Règlerie, Élection de Domfront, maintenu le 28 avril 1668 : *D'or, à trois écussons de gueules.*

BAILLEUL (DE). — Élection de Montivilliers, maintenu le 5 mai 1667 : *D'argent, à la fasce de gueules, accompagnée de trois mouchetures de sable.*

BAILLEUL (DE). — Chevalier, seigneur de Bellengreville, Cressenville, des Ventes, etc., Élection d'Argentan, maintenu le 30 avril 1666 : *Parti d'hermine et de gueules.*

BAILLEUL. — Seigneur de Cantelou, Élection de Lisieux, maintenu le 16 avril 1666 : *D'hermine, à la croix de gueules.*

BAILLY. — Élection de Neufchâtel : *D'azur, à trois annelets d'or.*

BAILLY. — Écuyer, sieur de Petitval, Élection de Pont-l'Évêque, maintenu le 10 août 1667 : *D'azur, à la fasce d'or, accompagnée en chef de deux croissants d'argent, et en pointe de deux molettes d'éperon du même.*

BALANDONNE. — Généralité de Rouen, maintenu le 16 juillet 1666 : *D'argent, au lion de sable, armé et lampassé de gueules ; au chef d'azur, chargé de trois molettes d'éperon d'or.*

BALLEUR. — Écuyer, sieur de Mesnil, Élection de Caudebec, maintenu le 4 octobre 1669 : *D'azur, à trois besants d'argent.*

BANASTRE (DE). — Écuyer, sieur de Routtes, du Mesnil, d'Arcauville, etc., Élection de Caudebec, maintenu le 25 novembre 1668 : *De gueules, à la bande d'argent, accompagnée de deux molettes d'éperon d'or.*

BANNOIS. — Écuyer, sieur de Pontfont, généralité de Caen, maintenu en 1666 : *Fascé ondé d'or et d'azur, la première fasce chargée de trois merlettes de gueules.*

BANNOIS. — Élection d'Avranches : *D'azur, à la fasce d'argent ; au chef d'or, chargé de trois merlettes de gueules.*

BANVILLE (DE). — Écuyer, sieur de Trutemne, seigneur de la Pierre-du-Moulin, Élection de Vire, maintenu en 1666 : *De menu vair plein.*

BAPAUME (DE). — Généralité de Rouen : *De gueules, à deux chevrons d'or.*

BARASTRE. — Écuyer, sieur du Mesnil, Élection de Caudebec, maintenu le 28 janvier 1668 : *De gueules, à une épée d'argent, accompagnée de trois étoiles du même, une en chef et deux en flancs.*

BARAT. — Écuyer, sieur de Beauvais, Élection de Mortain, maintenu le 4 avril 1667 : *D'argent, à la croix ancrée et anillée de sable.*

BARATTE. — Écuyer, sieur de Vergenette, Élection de Falaise : *D'azur, à l'épée d'argent, en pal, garnie d'or, surmontée d'une couronne royale et accostée de deux fleurs de lis, le tout du même.*

BARBERIE (DE). — Seigneur de Saint-Contest, Élection de Bayeux : *D'azur, à trois têtes d'aigle d'or.*

BARBEY. — Élection de Montivilliers : *Coupé, au 1 fascé d'or et d'azur ; au 2 de gueules, au lion d'or.*

BARBEY. — Écuyer, sieur de Fontenailles, Élection de Bayeux, maintenu en 1666 : *D'azur, au chevron d'or, accompagné de trois fers de lance du même, ceux du chef renversés.*

BARBIER. — Écuyer, sieur de Vanerelles, généralité d'Alençon, maintenu le 31 août 1667 : *D'azur, au chevron d'or, accompagné de trois trèfles du même.*

BARBOU. — Seigneur de Quierqueville, Élection de Valognes : *D'or, à la bande de sable.*

BARDOUF. — Seigneur de Beaulieu, Élection de Verneuil : *D'argent, à la croix fichée de sable, chargée en cœur d'une molette d'éperon du champ.*

BARDOUIL. — Écuyer, sieur de Surville, seigneur de la Bichardière, Élection d'Andely, maintenu le 26 août 1668 : *D'azur, à la croix ancrée d'argent, anglée de quatre rayons ondoyants du même.*

BARDOUIL. — Écuyer, sieur de la Bardouillière, Saint-Lambert, etc., Élection de Verneuil, maintenu le 22 juin 1667 : *De sable, à la fasce d'or, accompagnée de trois tridents d'argent, à la bordure du second émail.*

BARDOUIL. — Écuyer, seigneur de Neufville de Vaux, Charleval, Magny, de Bardouil, etc., Élection d'Argentan, maintenu le 30 avril 1666 : *Parti d'argent et de gueules, au léopard de l'un à l'autre.*

BARDOUIL. — Écuyer, sieur de la Lande, Pevense, etc., Élection de Lisieux : *D'or, à trois écrevisses de sable.*

BARIL. — Élection d'Avranches : *Coupé au 1, d'argent, à l'épervier de gueules ; au 2, d'azur, au lion léopardé d'argent.*

BARNIOLLES. — Écuyer, sieur du Mesnil, Élection de Neufchâtel, maintenu le 28 janvier 1668 : *De gueules, à une épée d'argent, accompagnée de trois étoiles du même, une en chef et deux en flancs.*

BAROIS. — Écuyer, sieur de Beaubuisson, Élection d'Arques, maintenu le 12 janvier 1668 : *D'argent, au lion de sable, armé et lampassé de gueules, au chef d'azur, chargé de trois couronnes triomphales d'or.*

BARON. — Généralité de Rouen : *Écartelé : aux 1 et 4, de gueules, au dauphin d'argent ; aux 2 et 3, d'azur, au lion d'or ; sur le tout de gueules, à la croix d'argent.*

BARON. — Écuyer, sieur de Thibouville, Valvit, etc., Élection de Pont-Audemer, maintenu le 16 janvier 1668 : *De gueules, à cinq besants d'or, trois et deux.*

BARQUES (DU). — Seigneur du Bourg, Élection d'Argentan, maintenu le 17 février 1667 : *De sable, à trois croissants d'argent.*

BARRE (LA). — Écuyer, sieur du Plessis, de Verdigny, Bermenil, Gilbesnard, etc., Élection d'Évreux, maintenu le 23 janvier 1667 : *D'azur, à trois croissants d'or.*

BARRE (DE LA). — Écuyer, sieur de Nanteuil, Élection d'Andely, maintenu le 13 décembre 1668 : *D'argent, à trois merlettes de sable.*

BARRE (DE LA). — Écuyer, seigneur de Gouverville, Élection de Montivilliers, maintenu le 14 février 1670 : *D'azur, au chevron d'or, accompagné en chef de deux éperviers du même, et en pointe d'une étoile d'argent.*

BARRÉ. — Écuyer, seigneur des Autieux, Élection de Bernay, maintenu le 31 janvier 1667 : *D'azur, à trois fusces d'or, la première surmontée de trois têtes d'aigle d'argent.*

BARRÉ. — Écuyer, sieur de Montfort, Cousture, Laval, etc., Élection de Bernay : *D'azur, à trois bandes d'or, au chef d'argent, chargé de trois hures de sanglier de sable.*

BARRÉ. — Écuyer, sieur de Pierrepont, Élection de Domfront, maintenu le 1er août 1667 : *D'azur, à la fasce d'or, chargée d'un lion naissant de gueules, et accompagnée en chef de trois croisettes d'argent, et en pointe d'une petite croisette du même, surmontée d'une tour aussi d'argent, accostée de deux trèfles d'or.*

BARVILLE (DE). — Écuyer, seigneur de Nocey, Élection de Mortagne, maintenu le 16 janvier 1667 : *D'or, au sautoir de gueules, cantonné de quatre lionceaux de sable.*

BARVILLE (DE). — Écuyer, sieur de Saint-Germain, etc., Élection de Mortain, maintenu le 28 février 1667 : *D'argent, à la bande de gueules.*

BAS (LE). — Vicomte de Pont-Audemer, généralité de Rouen, maintenu le 21 novembre 1667 : *D'argent, au chevron d'azur, accompagné de trois roses de gueules, tigées et feuillées de sinople, celle en pointe surmontée d'un croissant du second émail.*

BAS (LE). — Écuyer, sieur du Bourg, du Castelet, du Hamel, etc., généralité de Caen, maintenu en 1666 : *De gueules, à la croix ancrée d'or, cantonnée de quatre croissants du même.*

BASIRE (DE). — Écuyer, sieur de Raseguillaume, généralité de Rouen, maintenu le 25 juillet 1666 : *D'azur, à la bande ondée d'argent.*

BASIRE. — Écuyer, sieur de Villodon, généralité de Caen, maintenu en 1666 : *D'azur, à une patte de griffon d'or en pal, accostée de deux feuilles de chêne du même.*

BASONNIÈRE. — Élect. de Bayeux, maintenu en 1666 : *D'hermine, au lion de gueules.*

BASSET. — Élect. de Coutances : *D'argent, au chef de sable, chargé de trois rameaux d'or.*

BASSET. — Généralité de Rouen : *D'azur, à trois épieux de gueules.*

BASTIER (LE). — Écuyer, sieur de Quesnoy, Élection de Neufchâtel, maintenu le 17 décembre 1669 : *D'argent, au chevron d'azur, accompagné de trois roses de gueules.*

BAUCHES. — Écuyer, sieur de His, généralité de Caen, maintenu en 1666 : *D'azur, à une main tenant une épée en pal, accostée de deux étoiles et surmontée d'un nuage, le tout d'argent, le nuage issant du chef et entourant un soleil d'or.*

BAUDART. — Généralité de Caen, maintenu en 1666 : *D'azur, à trois fasces ondées d'argent.*

BAUDOT. — Écuyer, sieur d'Ambenay, Élection de Conches : *De sable, au chevron d'or, accompagné de trois molettes d'éperon, du même.*

BAUDOT. — Écuyer, sieur de Frementel, Élection de Conches : *D'azur, à l'aigle au vol abaissé d'argent, surmontée à dextre d'un soleil du même, et à senestre d'une épée d'or, la pointe en bas.*

BAUDOUIN. — Seigneur de Boissey, sieur de la Guinsue, du Prey, Beauvrèche, la Caye, etc., généralité de Rouen, maintenu le 1er septembre 1667 : *D'argent, à la croix de sable, cantonnée aux 1 et 4, d'une croix de Malte d'azur; aux 2 et 3, d'une tente girouettée de gueules.*

BAUDOUIN. — Écuyer, sieur de Grandouit, du Fresne, Élection de Falaise, maintenu le 16 mai 1667 : *D'azur, au chevron d'argent, accompagné en chef de deux roses et en pointe de trois trèfles, le tout du même, le chevron surmonté d'une fleur de lis d'or.*

BAUDRE. — Écuyer, sieur de la Vallée, Élection de Vire, maintenu en 1666 : *D'argent, au croissant de gueules, accompagné de six merlettes du même, trois en chef, deux en flancs et l'autre en pointe.*

BAUDRY. — Écuyer, sieur de Sannally, Neufvillette, Boiseaumont, Fonteney, etc., généralité de Rouen, maintenu le 12 mars 1667 : *D'azur, au chevron d'or, accompagné en chef de deux croix de Malte, du même, et en pointe d'un trèfle d'argent.*

BAUDRY. — Écuyer, sieur de Bretteville, généralité de Rouen, maintenu le 28 décembre 1666 : *D'argent, au chevron d'azur, accompagné en chef de deux roses de gueules, et en pointe d'un cœur du même.*

BAUDRY. — Écuyer, sieur de Canrost, Élection d'Arques, maintenu le 30 janvier 1668 : *D'azur, au chevron d'argent, accompagné en chef de deux levrons affrontés, et en pointe d'une tête de Maure, tortillée et contournée, le tout du même.*

BAUDRY. — Chevalier, seigneur de Thensy, Piencourt, Teilleur, etc., Élection d'Evreux, maintenu le 28 janvier 1668 : *De sable, à trois mains dextres d'argent.*

BAULMER. — Écuyer, sieur de Chantelon et de la Coudraye, généralité de Rouen.

BAUPTE. — Sieur de Chanly et de Jaganville, Élection d'Avranches : *D'azur, au pal d'or, chargé d'une flèche de gueules, la pointe en bas.*

BAUQUEMARE. — Seigneur de Vitot, Élection de Conches, maintenu le 3 janvier 1668 : *D'azur, au chevron d'or, accompagné de trois têtes de léopard, du même.*

BAUQUET. — Écuyer, sieur de la Roque, d'Huberville, Creully, Moon, Granval, Mauny, Élection d'Arques, maintenu le 28 novembre 1667 : *D'azur, au chevron d'or, accompagné de trois oranges du même, tigées et feuillées de sinople.*

BAUQUET. — Seigneur de Turqueville, Élection de Valognes : *D'argent, au chevron de gueules, accompagné de trois losanges du même?*

BAUQUET. — Élection de Bayeux : *De gueules, au chevron d'or, accompagné de trois losanges d'argent.*

BAUSSAIN. — Écuyer, sieur du Désert, Élection de Caen, maintenu en 1666 : *D'azur, à l'agneau pascal d'or; le panonceau d'argent, croisé de gueules.*

BAUSSY. — Élection de Bayeux : *D'argent, à trois râteaux de gueules.*

BAUTOT. — Écuyer, sieur de la Rivière, Élection de Pont-l'Évêque : *D'argent, à trois coqs de sable, crétés, barbés et membrés de gueules.*

BAZAN. — Marquis de Flamanville, Élection de Valognes, maintenu en 1666 : *D'azur, à trois jumelles d'argent, surmontées d'un lion léopardé du même, armé et lampassé d'or.*

BAZIN DE BEZONS. — *D'azur, à trois couronnes ducales d'or.*

BAZONNIÈRE (DE LA). — Généralité de Caen, Élection de Bayeux : *D'hermine, au lion de gueules.*

BÉATRIX. — Écuyer, sieur des Pierrelles, Bellecroix, de Beauchamp, Moranville, etc., Élections de Bayeux et de Carentan, maintenu en 1666 : *D'argent, au lion de sable, armé et lampassé de gueules, couronné d'or et chargé à l'épaule de cinq croisettes d'argent.*

BEAUCOURT (DE). — Écuyer, sieur de la Bellière, Élection de Neufchâtel, maintenu le 11 mars 1669 : *D'argent, à l'aigle au vol abaissé de gueules.*

BEAUDENYS. — Écuyer, sieur des Maury, Élection de Carentan, maintenu en 1666 : *D'argent, au sautoir engrêlé de gueules, cantonné de quatre têtes de lion de sable.*

BEAUDRAP. — Écuyer, sieur du Mesnil, La Prunerie, etc., Élection de Valogne, maintenu en 1666 : *D'azur, au chevron d'argent, accompagné en chef de deux étoiles d'or, et en pointe d'un croissant du même.*

BEAUFLEURY (DE). — Élection de Mortain.

BEAUGENDRE. — Écuyer, sieur des Essarts, de la Vaucelle, de Beaumont, de Secqueville, etc., Élection de Carentan et de Valognes, maintenu en 1666 : *De gueules, à deux chevrons d'argent, accompagnés de trois coquilles d'or.*

BEAULIEU. — Chevalier, marquis de Becthomas, de Richebourg, etc., Élection de Pont-l'Arche, maintenu le 26 janvier 1668 : *D'argent, à six croisettes patées de sable.*

BEAULIEU. — Écuyer, sieur de Rochefort, Élection de Verneuil, maintenu le 18 mai 1667 : *D'argent, au croissant de sable, accompagné de six croisettes ancrées du même, rangées trois en chef et trois en pointe.*

BEAUMAIS. — Écuyer, sieur de Marolles, de Cissay, Joret, etc., Élection d'Evreux, maintenu le 21 juin 1667 : *D'azur, au chevron d'or, accompagné de deux molettes d'éperon, et en pointe d'un membre de griffon, le tout du même.*

BEAUNAY (DE). — Écuyer, sieur d'Imanville, Vilainville, etc., Élection de Montivilliers, maintenu le 17 février 1667 : *Fascé d'or et d'azur de six pièces.*

BEAUREPAIRE. — Écuyer, sieur de Louvagny, de Jort, etc., Élection de Bernay : *De sable, à trois gerbes d'argent.*

BEAUSIRE. — Écuyer, sieur de Bréguigny, Élection de Neufchâtel, maintenu le 9 mars 1667 : *D'azur, à la fasce d'argent, chargée d'une étoile cousue d'or, et accompagnée de cinq étoiles du même, trois en chef et deux en pointe.*

BEAUVAIS (DE). — Écuyer, sieur des Angles, de Soret, Élection de Lions, maintenu le 31 décembre 1667 : *De gueules, à cinq coquilles d'or, trois et deux.*

BEAUVAIS (DE). — Écuyer, sieur de Maury, Élection d'Évreux : *De gueules, à deux lances d'argent, fûtées d'or et posées en chevron, accompagnées de trois hausse-cols du même.*

BEAUVAIS (DE). — Généralité de Rouen : *D'argent, à la croix de gueules, chargée de cinq coquilles d'or.*

BEAUVAIS. — Élection de Vire, maintenu en 1666 : *Écartelé : aux 1 et 4, de gueules, à la rose d'argent; aux 2 et 3, de gueules, au lion d'argent.*

BEAUVAIS. — Écuyer, sieur dudit lieu et du Taillis, Élection de Mortagne, maintenu le 30 juin 1666 : *D'azur, à trois fasces d'or.*

BEAUVAIS. — Écuyer, sieur de la Gaillardière, Élection de Mortagne, maintenu le 26 juillet 1667 : *D'argent, au chevron de sable, au chef de gueules.*

BEAUVALET. — Élection de Valognes.

BEAUVOISIN. — Écuyer, sieur de la Beauvoisinière, Élection de Falaise, maintenu le 7 juin 1666 : *De sable, fretté d'argent.*

BEC (DU). — Chevalier, seigneur de la Brosse, Boury, marquis de Vardes, Élection de Magny, maintenu le 27 septembre 1669 : *Losangé d'argent et de gueules.*

BEC DE LIÈVRE (DE). — Chevalier, seigneur d'Hocqueville, marquis de Quevilly, Fresné, Saint-Georges, Basilly, etc., généralité de Rouen, maintenu le 3 juin 1668 : *De sable, à deux croix tréflées au pied fiché d'argent; une coquille du même en pointe.*

BECHEVEL. — Écuyer, sieur du Castel, seigneur de la Motte-Blasgny, Élection de Bagneux, maintenu en 1666 : *De gueules, à trois quintefeuilles d'argent.*

BECQUEL. — Écuyer, sieur du Mesle, généralité de Rouen, maintenu le 2 janvier 1668 : *D'azur, à trois tours d'or.*

BEDEL (DE). — Écuyer, sieur des Londes, généralité de Caen, maintenu en 1666 : *D'azur, au chevron d'argent, chargé de trois tourteaux de sable, et accompagné de trois glands d'or.*

BEDEY. — Élection de Bayeux, maintenu en 1666 : *D'azur, à trois losanges d'argent; au chef cousu de gueules, chargé de trois roses du second émail.*

BEL (LE). — Élection de Valognes : *D'azur, à trois besants d'argent, à la bordure d'or.*

BEL (LE). — Écuyer, sieur du Hommel, Élection de Carentan, maintenu en 1666 : *D'azur, à trois besants d'argent.*

BELHOMME. — Écuyer, sieur de Granlay, généralité d'Alençon, maintenu le 31 janvier 1667 : *D'azur, au chevron d'or, accompagné de trois molettes d'éperon du même.*

BELIN. — Écuyer, sieur de la Rivière, Élection de Carentan, maintenu en 1666 : *D'or, à une flamme de gueules; au chef d'azur, chargé de trois étoiles du champ.*

BELLEAU. — Écuyer, sieur de Bouillonné, du Parc, de la Jumelière, etc., maintenu le 2 juin 1667 : *D'hermine, à deux fasces d'azur.*

BELLEAU. — Écuyer, sieur dudit lieu, Élection de Lisieux, maintenu le 22 avril 1667 : *D'hermine, à trois fasces d'azur.*

BELLEAU. — Seigneur de Frères, Jumelure, Élection de Verneuil, maintenu le 2 juin 1667 : *D'argent, à deux fasces d'azur, accompagnées de cinq moucheture de sable, quatre en chef et l'autre en pointe.*

BELLÉE. — Élection de Domfront, maintenu le 1er juin 1667 : *De sable, à trois quintefeuilles d'argent.*

BELLEMARE (DE). — Écuyer, sieur dudit lieu et de Valhebert, de Saint-Cyr, de Saterne, de Duranville, de Gaignerie, Élection de Pont-Audemer, maintenu le 22 janvier 1669 : *De gueules, à la fasce d'argent, accompagnée de trois carpes contournées du même, 2 et 1.*

BELLEMARE (DE). — Écuyer, sieur du Buquet, Élection de Conches, maintenu le 22 juillet 1666 : *De sable, à la fasce d'argent, accompagnée de trois carpes d'or, une en chef et deux l'une sur l'autre en pointe, celle du milieu contournée.*

BELLENGER. — Écuyer, sieur de Cressanville, Fontaine, Grivagne, Élection de Pont-l'Évêque, maintenu le 1er mars 1666 : *De gueules, à deux aigles éployées d'or.*

BELLENGER (DE). — Écuyer, sieur de la Gervais, de Messey, etc., Élection d'Argentan, maintenu le 29 janvier 1667 : *D'azur, au chevron d'argent, accompagné de trois glands versés d'or.*

BELLENGER. — Écuyer, sieur de la Brière, Élection de Falaise, maintenu le 22 mai 1667 : *D'azur, à deux épées d'argent, garnies d'or, passées en sautoir, accostées de deux poignards d'argent, la pointe en bas.*

BELLET. — Sieur de Petit-Mont, généralité de Rouen.

BELLEVAIS. — Écuyer, sieur de la Chevalerie, Élection de Mortagne, maintenu le 16 juillet 1666 : *De sable, à trois losanges d'or.*

BELLEVAL (DE). — Écuyer, sieur de Bois-Robin, Neufville, Élection de Neufchâtel, maintenu le 25 octobre 1668 : *De gueules, à la bande d'or, accompagnée de sept croix recroisettées au pied fiché du même, quatre en chef et trois en pointe.*

BELLEVILLE. — Écuyer, sieur dudit lieu, de Guetteville, de Fauches, Élection d'Arques, maintenu le 28 novembre 1668 : *D'azur, au sautoir d'argent, cantonné de quatre aiglettes au vol abaissé du même.*

BELLEVILLE. — *De gueules, semé de mouchetures d'argent, à une fleur de lis du même.*

BELLIARD. — Sieur des Fosses, Élection de Falaise.

BELLIÈRE (DE LA). — Écuyer, sieur de Vaufray, Chavoy, Laurie, Élection d'Avranches, maintenu en 1666 : *D'argent, au chef de sable, chargé de trois molettes d'éperon du champ.*

BELLOT. — Écuyer, sieur de Callouville, Franqueville, etc., Élection de Carentan, maintenu en 1666 : *D'azur, au chevron d'or, accompagné en chef de deux lions affrontés, et en pointe d'un fer de lance, le tout du même.*

BELLOY (DE). — Écuyer, sieur de Prouvemont, Élections de Gisors et Pontoise, maintenu le 18 juin 1668 : *D'or, à quatre cotices de gueules.*

BELLOZENNE. — Écuyer, sieur dudit lieu, Élection de Neufchâtel, maintenu le 4 juin 1668 : *D'argent, au chevron de gueules, accompagné de trois losanges d'azur.*

BENARD. — Sieur de Beauséjour, généralité de Rouen.

BENARD. — Écuyer, sieur de la Morandière, Guitterville, Élection de Pont-l'Évêque, maintenu le 1er janvier 1669 : *D'argent, à une feuille de varech de gueules, accostée de deux croissants d'azur.*

BENARD. — Écuyer, sieur de Premare, Poussy, Vauville, Tattat, généralité de Caen, maintenu en 1666 : *D'azur, au chevron d'or, accompagné de trois croisettes tréflées du même.*

BENARD. — Élection de Caen : *D'azur, à trois fleurs de lis d'argent, florencées d'or.*

BENARD. — Écuyer, sieur de Guilleberville et de Monville, généralité de Caen, maintenu en 1666 : *D'azur, à trois feuilles de chêne d'or.*

BENARD. — Écuyer, sieur de Coulonvel, Élection d'Argentan, maintenu le 27 septembre 1666 : *D'azur, à trois lis de jardin, d'argent.*

BENCE (DE). — Écuyer, sieur du Buisson et de Garembourg, Élection d'Évreux, maintenu le 9 août 1666 : *De gueules, à trois molettes d'éperon d'or.*

BENCE. — Écuyer, généralité de Rouen : *De gueules, à la fasce d'argent, accompagnée de trois molettes d'éperon d'or.*

BENNES (DE). — Écuyer, sieur de la Bretonnière, généralité d'Alençon, maintenu le 22 avril 1667 : *D'argent, au chevron de gueules, accompagné de trois têtes de cerf de sable, ramées d'argent.*

BENNEVILLE (DE). — Élection d'Évreux : *D'azur, au lion d'or.*

BENOIST. — Écuyer, sieur de Blaru et de la Mare, Élection de Pont-l'Évêque, maintenu le 8 octobre 1668 : *D'argent, à l'aigle au vol abaissé de sable, becquée et membrée de gueules.*

BENSERADE (DE). — Élection de Lions : *D'or, à quatre vergettes de gueules.*

BÉRANGER. — Écuyer, sieur de Fontaines et de Montaigu, Élection de Coutances : *De gueules, à deux aigles en pal d'argent.*

BERAULT. — Seigneur du Mesnil et du Boisbaril, Élection de Valognes, maintenu en 1666 : *D'azur, au chevron d'or, accompagné en chef de deux roses d'argent, et en pointe d'un coq d'or, crêté et barbé de gueules.*

BERAUVILLE (DE). — Écuyer, sieur de Saint-André, Montigny, etc., Élection de Valognes, maintenu en 1666 : *Coupé d'argent et de sable; le premier chargé d'un léopard de sable, le deuxième de cinq besants d'argent en orle.*

BERBISY. — Chevalier, seigneur d'Hérauville, Élections de Gisors et Pontoise, maintenu le 9 décembre 1668 : *D'azur, à une brebis d'argent, paissante sur une terrasse de sinople.*

BERCEUR (LE). — Seigneur de Saint-Marcoy et de Fontenay, Élection de Vire, maintenu en 1666 : *D'azur, au croissant d'argent, abaissé sous une fleur de lis d'or.*

BERCHER. — Écuyer, sieur de Montchevrel et de Saint-Germain, Élection de Mortagne, maintenu le 6 avril 1666 : *D'azur, au cheval d'or, cabré sur une lance du même.*

BERENGER (DE). — Écuyer, sieur de Grandmesnil, Fontaine-les-Bessets, Cressenville, etc., Élection d'Argentan, maintenu le 1er mars 1668 : *De gueules, à deux aigles d'argent au vol abaissé, becquées, membrées et couronnées d'or, rangées en fasce.*

BERNARD. — Écuyer, sieur de Courmesnil, Saint-Arnoult, d'Avernes, etc., Élection d'Argentan, maintenu le 12 mai 1667 : *D'argent, au chevron de sable, accompagné de trois flèches de sinople.*

BERNARD. — Écuyer, sieur de Saint-Martin et de Saint-Hellan, Élection de Conches : *De gueules, à deux fasces d'argent, accompagnées de trois molettes d'éperon du même.*

BERNARD. — Élection de Saint-Lô et de Vire : *Écartelé d'or et d'azur, à trois roses de gueules.*

BERNARD. — Écuyer, sieur de Bernard, Magigny, la Motte, Bernardville, Élection d'Argentan, maintenu le 12 mai 1667 : *D'azur, à trois fasces ondées d'or.*

BERNARD. — Élection de Valognes : *Écartelé : aux 1 et 4, d'azur, à la fasce d'or, accompagnée de trois quintefeuilles d'argent; aux 2 et 3, d'azur, à trois membres d'épervier d'or.*

BERNIÈRES (DE). — Écuyer, sieur de Louvigny et de Venoix-Vaubenard, généralité de Caen, maintenu en 1666 : *Tiercé en fasces, au 1, de gueules, à une étoile d'or ; au 2, d'azur, à trois croissants d'or rangés en fasce; au 3, d'argent, au léopard naissant de sable.*

BERNIÈRES. — Écuyer, sieur de Vaux, chevalier, seigneur de Coudmanne, Boiscesde, Depercy, Élection de Lisieux, maintenu le 6 avril 1666 : *D'azur, à deux bars adossés d'argent, sommés d'une fleur de lis d'or.*

BERNIÈRES. — Écuyer, sieur de Sainte-Honorine, Élection de Falaise, maintenu le 5 avril 1666 : *D'or, à la bande d'azur, chargée de trois croisettes d'argent, et accostée de deux filets de gueules.*

BERNIÈRES (DE). — Élection de Caen : *D'argent, à la fasce d'azur, chargée de trois croissants d'or.*

BERQUERIE. — Écuyer, sieur de Graville, Noirmarc et de Saint-Simon-Catigny, etc., Élection d'Arques, maintenu le 20 février 1668 : *D'azur, à trois étoiles d'or.*

BERROLLES (DE). — Élection de Bayeux, maintenu en 1666 : *D'azur, à trois épées d'argent, garnies d'or, la pointe en bas.*

BERRIER (DE). — *D'argent, au chevron de gueules, accompagné en chef de deux quintefeuilles d'azur, et en pointe d'une aiglette du même.*

BERRY. — Écuyer, sieur du Sablon, Élection de Pont-Audemer, maintenu le 12 avril 1669 : *De gueules, chaussé d'hermine.*

BERTHERIE (LA). — Écuyer, sieur de la Vaugnyon, Élection d'Argentan, maintenu le 21 juin 1661 : *D'azur, à cinq coquilles d'or, 2, 2 et 1.*

BERTHERIE (LA). — Sieur des Mothes, Élection de Bayeux.

BERTIER (DE). — Élection de Carentan.

BERTIN. — Écuyer, sieur de Montabar, Vaudeloges, etc., Élection d'Argentan, maintenu le 14 avril 1667 : *D'azur, à trois chevrons d'or.*

BERTON (DE). — *De gueules, à six annelets d'argent.*

BERTRAND. — Écuyer, sieur du Haistray, de Longré, etc., Élection de Pont-Audemer : *D'or, à la bande de sable, chargée de trois fusées d'argent, et accompagnée de six annelets de gueules en orle.*

BERTRAND. — Écuyer, sieur de Chaumont, Élection d'Avranches, maintenu en 1666 : *Palé d'argent et d'azur.*

BERTRAND. — *D'or, au lion de sinople, armé, lampassé et couronné d'argent.*

BESU. — Écuyer, sieur de Saint-Julien, d'Oncourt, Monthois et d'Incourt, etc., Élection d'Arques, maintenu le 14 novembre 1668 : *D'azur, au chevron d'or, accompagné de trois molettes d'éperon du même.*

BETHENCOURT (DE). — Écuyer, sieur du Quesnoy, Élection d'Arques, maintenu le 12 mars 1669 : *D'argent, au lion de sable, armé et lampassé de gueules.*

BETHON. — Écuyer, sieur de la Fontaine, de Sorel, etc., Élection de Bernay, maintenu le 26 mai 1666 : *D'hermine, à six roses de gueules.*

BEUF (LE). — Seigneur d'Osmoy, Élection d'Evreux, maintenu le 7 février 1667 : *D'or, au bœuf de gueules.*

BEUVILLE. — Écuyer, sieur de la Seraulte, Élection de Bernay, maintenu le 27 avril 1668 : *De gueules, semé de mouchetures d'argent; à la fleur de lis du même.*

BEUZELIN. — Sieur du Bois-Mellet, généralité de Rouen : *D'argent, au trèfle de sinople accompagné de trois roses du même.*

BEUZELIN. — Sieur de Maresquet, Élection de Bayeux.

BEUZEVILLE (DE). — Élection de Bayeux, maintenu en 1666 : *D'azur, à trois fleurs de lis,* alias, *trois étoiles d'or.*

BEZANCOURT (DE). — Élection d'Andely, maintenu le 11 mars 1669 : *D'argent, à l'épervier de gueules, becqué et membré d'azur.*

BIARD. — Écuyer, sieur de Saint-Georges, Élection de Bernay : *D'argent, fretté de sable.*

BICHOT (DU). — Écuyer, sieur de Montreny, Élection de Carentan, maintenu en 1666 : *D'azur, au chevron d'or, accompagné en chef, à dextre, d'un soleil; à sénestre, d'un croissant, et en pointe d'une biche paissante, le tout d'argent.*

BIDON. — Écuyer, sieur de Posse, généralité d'Alençon, maintenu le 1er juin 1668 : *D'azur, semé de lionceaux d'or, au fretté de six lances du même.*

BIENCOURT (DE). — Seigneur de Poutricourt, Élections de Gisors et Pontoise, maintenu le 17 juillet 1668 : *De sable, au lion d'argent, armé, lampassé et couronné d'or.*

BIENVENU. — Écuyer, sieur de Saint-Pierre, du Bourg, d'Aubermont, etc., Élections de Pont-Audemer et Bernay, maintenu le 8 mai 1669 : *D'azur, au sautoir engrêlé d'argent, cantonné de quatre fers de cheval du même.*

BIENVENU. — Généralité de Rouen : *D'azur, à trois fers de cheval d'argent.*

BIERVILLE (DE). — Écuyer, sieur dudit lieu, généralité de Rouen, maintenu le 21 mai 1670 : *D'argent, au cœur de gueules, accompagné de trois molettes d'éperon de sable.*

BIGANS. — Écuyer, sieur de Nalleval, Élection d'Evreux, maintenu le 17 novembre 1670 : *D'azur, à trois besants d'or et trois coquilles du même, deux en chef et l'autre en pointe en cœur.*

BIGANT. — Écuyer, sieur de Bermesny, Élection de Neufchâtel : *D'argent, à trois tourteaux d'azur, accompagnés de sept croix recroisettées au pied fiché de gueules, trois en chef, trois en fasce, une en pointe.*

BIGARDS. — Écuyer, sieur de Saint-Aubin, la Fardouillère, Élection de Lisieux, maintenu le 16 avril 1666 : *D'argent, à deux fasces de gueules.*

BIGAUT. — Écuyer, sieur d'Hiblauville, Élection de Lions, maintenu le 17 novembre 1670 : *Écartelé : aux 1 et 4, d'azur, à la fasce d'argent, chargée de trois coquilles de sable et accompagnée de trois besants d'or ; aux 2 et 3, d'or, à la croix ancrée de gueules, chargée d'un écusson d'argent, surchargé d'un lion de sable.*

BIGNE (DE LA). — Écuyer, seigneur de la Rochelle, Élection de Bayeux, maintenu en 1666 : *D'argent, à trois roses de gueules.*

BIGOT (DE). — Écuyer, sieur des Parquets, de Courcelles, généralité de Rouen, maintenu le 26 février 1667 et 25 septembre 1670 : *D'argent, au chevron de sable, accompagné de trois roses de gueules.*

BIGOT. — Écuyer, sieur du Boullay, maintenu le 10 août 1667, généralité de Rouen : *D'azur, à deux palmes mises en pal et adossées d'or.*

BIGOT. — Généralité de Rouen : *D'azur, au chevron d'or, accompagné de trois besants d'argent, et au-dessus du chevron à sénestre une fleur de lis du second émail.*

BIGOT. — Seigneur de Fontaines, Élection d'Évreux, maintenu le 9 août 1667 : *De sable, à trois têtes de léopard d'or.*

BILLARD. — Écuyer, sieur de Champeaux, Hallaines, Élection d'Argentan, maintenu le 20 juin 1666 : *D'azur, au chevron d'argent, accompagné de trois morlettes d'éperon du même, 2 et 1.*

BILLEHEUST — Écuyer, sieur de Gourgoux, du Manoir, Beaumanoir, Élection de Mortain : *D'azur, au chevron d'argent, accompagné de trois roses du même.*

BILLES. — Écuyer, sieur du Foye et de Lesguillon, Élection de Pont-l'Évêque : *Fascé de vair et de gueules.*

BINET (DE). — Élection de Valognes, maintenu en 1666 : *De gueules, à deux barres d'argent, la première surmontée d'une rose d'or, accostée de deux besants du même ; la seconde côtoyée, à dextre, d'une feuille de chêne d'or, et à sénestre d'une rose du même.*

BINOLAYE (DE LA). — Écuyer, sieur du Tray, du Gast, des Vallers, etc., Élection d'Avranches, maintenu en 1666 : *D'argent, à la fasce ondée d'azur, chargée d'un cygne d'or et accompagnée de trois pattes de lion de sable en pal.*

BISAYE (DE LA). — Élection d'Avranches.

BISSOT. — Écuyer, sieur du Tenney, de la Sondière, Élection de Pont-Audemer, maintenu le 23 mai 1670 : *D'argent, à trois roses de gueules.*

BIVILLE (DE). — Chevalier, seigneur de Saint-Lucian, Élection de Lions, maintenu le 1er juillet 1670 : *D'argent, à trois étaies de gueules, surmontées de deux couples de chiens de sable.*

BLAIS (DE). — Seigneur du Quesnay, de Cateletz, Longuemare, La Vallée, Élection de Bayeux, maintenu en 1666 : *De sinople, au chevron d'or, accompagné de trois tiges de trois glands de chêne du même.*

BLANC (LE). — Écuyer, sieur de Malvoisin, Élection d'Arques, maintenu le 28 décembre 1666 : *D'azur, à une étoile de huit raies d'or.*

BLANC (LE). — Écuyer, sieur de Closchâtelain et du Roscy, Élection de Lions, maintenu le 28 décembre 1666 : *D'azur, au chevron d'or, accompagné de trois lionceaux d'argent.*

BLANC (LE). — Écuyer, sieur de la Croisette, généralité de Caen, maintenu en 1666 : *D'azur, à trois licornes saillantes d'argent.*

BLANCBATON (DE). — Écuyer, seigneur de Grége et de Pelleto, Élection d'Arques, maintenu le 9 novembre 1668 : *De gueules, au bâton, écoté en pal d'argent, accosté de quatre fleurs de lis d'or.*

BLANCHARD. — Écuyer, sieur d'Angerville, Élection de Rouen, maintenu le 13 juillet 1667 : *D'azur, à trois croissants d'argent.*

BLANCHARD. — Élection de Carentan, maintenu en 1666 : *D'or, à la bande d'azur, accompagnée de cinq merlettes de sable, deux en chef et trois en pointe.*

BLANCHARD. — Écuyer, sieur de Fresnes et des Aunes, généralité d'Alençon, maintenu le 1er juillet 1666 : *D'azur, au chevron d'or, accompagné en chef d'une croisette et en pointe de trois molettes d'éperon, le tout du même.*

BLANCHE. — Écuyer, sieur de Beston, Élection de Conches, maintenu le 28 janvier 1668 : *D'azur, à trois têtes de lion d'argent, lampassées de gueules.*

BLANVILLAIN. — Écuyer, sieur de la Fontaine, généralité de Caen, maintenu en 1666 : *D'azur, au chevron d'or, surmonté d'un croissant du même et accompagné de trois fers de lance d'argent.*

BLIN. — Écuyer, sieur de Beaufort, Élections de Gisors et Pontoise : *D'azur, à huit glands d'argent, 3, 2 et 3.*

BLOND (le). — Seigneur de Gousseauville et de Platemare, Élection d'Arques, maintenu le 17 janvier 1668 : *D'argent, à deux chevrons d'azur, accompagnés de trois merlettes de sable.*

BLONDEL. — Écuyer, sieur de Saint-Manvieux, généralité de Caen, maintenu en 1666 : *D'azur, semé de trèfles d'or, au lion issant du même.*

BLONDEL. — Généralité de Rouen : *D'azur, à quatre soleils d'or.*

BLONDEL. — Seigneur de Saint-Fromond, Élection de Carentan, maintenu en 1666 : *De gueules, au sautoir d'argent, chargé de cinq moucheture de sable.*

BLONDEL. — Écuyer, sieur de Rye, Élection de Bayeux, maintenu en 1666 : *D'azur, à la fasce d'or, accompagnée en chef de deux glands du même, et en pointe d'un croissant du second, soutenant une moucheture de sable.*

BLONDEL. — Écuyer, sieur du Castel et de Billi, Élection de Valogne, maintenu en 1666 : *D'argent, à la fasce d'azur, chargée d'un cœur adextré d'un fermail, et senestré d'un croissant, le tout d'or ; la fasce accompagnée de neuf mouchetures de sable, quatre rangées en chef et cinq en pointe, celle du milieu abaissée.*

BLOTTEAU. — Écuyer, sieur du Roussel, Élection de Verneuil, maintenu le 1er août 1667 : *De sable, au chevron d'or, chargé de trois roses de gueules et surmonté d'une jumelle du second émail.*

BLOUET. — Écuyer, sieur de Camilly et de Thon, généralité de Caen, maintenu en 1666 : *D'azur, au lion d'or ; au chef cousu de gueules, chargé d'un cœur du second, accosté de deux croissants d'argent.*

BOCAGE (du). — Seigneur de Bleville, sieur de Gainneville : *D'azur, à trois arbres arrachés d'argent.*

BOCQUENSEY. — Écuyer, sieur de Tanney et de Vermondière, Élection de Bernay, maintenu le 8 avril 1666 : *D'argent, au tronc d'arbre arraché de sinople, supportant deux colombes l'une sur l'autre de gueules.*

BOCQUET (du). — Écuyer, sieur de Villiers, Élection de Verneuil, maintenu le 28 mai 1667 : *D'argent, à la fasce de gueules, chargée d'une étoile, accostée de deux croissants, le tout d'or, et accompagné de trois croisettes de sable, 2 et 1.*

BOCTEY (le). — Écuyer, sieur de la Houssaye et de Glatigny, Élection de Lisieux, maintenu le 9 avril 1666 : *D'argent, au chevron d'azur, accompagné de trois grives de gueules.*

BODINS. — Seigneur de Fresnay, généralité d'Alençon, maintenu le 31 janvier 1668 : *D'azur, à la levrette rampante d'argent, colletée de gueules, bouclée d'or.*

BOHIER. — *D'or, au lion d'azur ; au chef de gueules.* Cette famille est originaire de Bretagne.

BOIS (du). — Écuyer, sieur de Corval, Élection de Pont-l'Évêque, maintenu le 1er mars 1668 : *D'or, à l'aigle éployée de sable, languée, becquée et membrée de gueules.*

BOIS (DU). — Écuyer, sieur des Anges, Élection de Falaise, maintenu le 10 avril 1666 : *D'or, à l'aigle de sable, becquée et membrée de gueules.*

BOIS (DU). — Écuyer, sieur de Dangy et de Saint-Quentin, Élection d'Avranches, maintenu en 1666 : *D'or, à l'aigle de sable, becquée et membrée de sinople.*

BOIS (DU). — Généralité de Caen, maintenu en 1666 : *D'azur, à l'aigle d'or.*

BOIS (DU). — Écuyer, sieur de l'Estang, de Jaujuppe et de Belhostel, Élection de Verneuil, maintenu le 8 mai 1667 : *De sable, à l'aigle au vol abaissé d'or.*

BOIS (DU). — Écuyer, sieur du Ham, Élection de Falaise, maintenu le 12 mars 1666 : *D'azur, à trois trèfles d'argent.*

BOIS (DU). — Écuyer, sieur du Val, de Bretteville, généralité de Caen, maintenu en 1666 : *D'argent, à la croix fleuronnée de sable.*

BOIS (DU). — Écuyer, Élection de Verneuil, maintenu le 24 juin 1667 : *D'azur, au croissant d'or, abaissé sous deux étoiles du même.*

BOIS (DU). — Écuyer, sieur de la Ville, Élection de Bernay, maintenu le 3 juin 1667 : *D'argent, au chevron d'or, accompagné de trois lionceaux de gueules ; ceux du chef affrontés, celui de la pointe contourné ; au chef d'azur, chargé d'une rose d'or.*

BOISADAM. — Élection de Vire : *De gueules, à la bande d'hermine, côtoyée de six molettes d'éperon d'argent.*

BOISDEL. — Élection de Bayeux : *D'azur, à trois bandes d'argent.*

BOISDEL. — Élection de Bayeux : *D'azur, à trois bandes d'or.*

BOISDEL. — Écuyer, sieur de la Fontaine, Cautraine, etc., Élection de Bayeux, maintenu en 1666 : *D'azur, à trois fasces d'argent.*

BOIS-DES-COURS (DU). — Écuyer, sieur du Beaumanoir, chevalier, seigneur de Favier, Élection de Verneuil, maintenu le 1er juillet 1667 : *D'argent, à cinq coquilles de gueules en orle.*

BOISEY (LE). — Écuyer, Élection de Pont-l'Évêque, maintenu le 23 février 1668 : *D'argent, au chevron d'azur, accompagné de trois grives de gueules.*

BOISGUYON (DE). — Écuyer, sieur de l'Estang, Élection de Mortagne, maintenu le 16 juillet 1666 : *D'argent, à la fasce d'azur, surmonté d'un lambel du même, à la bordure du second.*

BOISLEVESQUE. — Écuyer, sieur de Rochers, de Faverolles, etc., Élection de Pont-Audemer, maintenu le 22 avril 1668 : *D'azur, au chevron d'argent, accompagné de trois trèfles d'or.*

BOISLUMIER. — Élection d'Évreux : *D'or, au chevron d'azur, accompagné en chef de deux roses de gueules, et en pointe d'un frène terrassé de sinople.*

BOISMILLON-MONTENAY. — Écuyer, sieur de Boscroger, chevalier, seigneur et baron de Garentières, Élection d'Évreux, maintenu le 8 juillet 1668 : *D'argent, à la bande de sable chargée d'un lion léopardé d'or, accosté de deux coquilles du même.*

BOISSEL. — Élection d'Arques : *D'azur, semé de œillettes d'or ; au lion du même.*

BOISSEY. — Écuyer, sieur de Sallon, Élection de Montivilliers, maintenu le 12 septembre 1667 : *D'hermine, au lion de gueules.*

BOISSIÈRE (LA). — Chevalier, seigneur de Chambors, Élection de Chaumont : *Écartelé : aux 1 et 4, de sable, au sautoir d'or ; aux 2 et 3, d'azur, à la fasce d'or, accompagné en chef de trois molettes d'éperon d'argent.*

BOISSIMON (DE). — Sieur de Claquerel, Élection d'Avranches.

BOISTARD. — Sieur des Portes, généralité de Caen.

BOISVIN. — Écuyer, sieur de Saint-Ouen et de Tourville, maintenu le 29 août 1668 : *D'azur, à trois croix d'or.*

BOISYVON (DE). — Écuyer, sieur de la Chapelle, du Mesnil, etc., Élection de Mortain : *Palé d'argent et d'azur.*

BOITEUX. — Écuyer, sieur des Landes, Élection de Verneuil : *D'azur, au chevron d'or, accompagné en chef d'une étoile, et en pointe d'un croissant ; le tout du même.*

BOMMY. — Écuyer, sieur de la Fontaine, Élection d'Arques, maintenu le 9 mars 1669 : *D'azur, à une rose d'or, cantonnée de quatre besants du même.*

BOMPAR (DE). — Élection de Caen, (famille originaire du Languedoc) : *D'azur, à deux tourterelles affrontées d'argent ; au chef cousu de gueules, chargé de trois étoiles d'or.*

BONCHAMPS. — Écuyer, sieur de la Londe et de Berengerville, Élection de Falaise, maintenu en 1666 : *D'azur, au lion d'or, armé et lampassé de gueules.*

BONENFANT. — Écuyer, sieur de Magny, de Montfreville et d'Annibault, Élection de Falaise, maintenu le 28 novembre 1667 : *De gueules, à la fasce d'argent, accompagnée de six roses rangées d'or.*

BONENFANT. — Écuyer, sieur de Challoué, Chautemesle, Facillerie, Moisière, etc., généralité d'Alençon, maintenu le 20 avril 1666 : *D'argent, à la fasce de sable, accompagnée de six roses rangées de gueules.*

BONGARDS. — Écuyer, sieur du Londel, Élection d'Arques, maintenu le 13 février 1669 : *D'azur, à deux mouchetures d'hermine, accompagnées en chef de deux têtes de lion affrontées, et en pointe de trois molettes d'éperon rangées ; le tout d'or.*

BONIFACE. — Seigneur de Bolhart, généralité de Rouen, maintenu le 21 janvier 1669 : *D'argent, à trois fasces de sinople.*

BONISSENT. — Écuyer, sieur de Roncherolles, Élection de Lions, maintenu le 8 avril 1669 : *D'argent, au cor de chasse de sable, lié de gueules, accompagné de trois molettes d'éperon du même.*

BONNECHOSE (DE). — Écuyer, sieur de Fleurielle, Sadencourt, Baugis, Bellouet, Boulay, du Fay, Taunay, de la Larde, Folainville, Vaudemont, etc. : *D'argent, à trois têtes de léopard de sable.*

BONNEFONDS. — Écuyer, sieur de Launay, généralité de Caen, maintenu en 1666 : *D'azur, au griffon d'or, accosté de deux étoiles du même et accompagné de deux jumelles ondées d'argent.*

BONNEFOY. — Écuyer, sieur de la Rocque et de Bertheauville, Élection de Caudebec, maintenu le 13 février 1669 : *De sable, à trois mains senestres d'argent.*

BONNET. — Écuyer, sieur de Saint-Martin, Élection d'Arques, maintenu le 2 janvier 1667 : *D'argent, au lion de gueules, accompagné de huit billettes de même, posées 2,2,2 et 2.*

BONNET. — Écuyer, sieur de Montgommery et de Néausche, Élection d'Argentan, maintenu le 22 janvier 1667 : *D'argent, à la fasce de gueules, chargée de trois besants du champ et accompagnée de trois bonnets d'azur.*

BONNET. — Écuyer, sieur de Vau et de Vieux, Élection de Falaise, maintenu le 9 avril 1666 : *D'argent, au chevron d'azur, surmonté de cinq vergettes retraites de gueules.*

BONNEVILLE. — Écuyer, sieur du Bocage et de la Boullaie, généralité d'Alençon, maintenu le 31 août 1667 : *D'argent, à deux lions léopardés de gueules.*

BONS (DE). — Élection de Coutances : *D'azur, au chef d'or.*

BONSENS (DE). — Écuyer, sieur des Épines et des Haulles, etc., Élection de Pont-Audemer, maintenu le 11 août 1666 : *D'argent, à la fasce de gueules, chargée de trois croisettes d'or, et accompagnée de six merlettes rangées de sable.*

BONTAMPS. — Écuyer, sieur d'Osmonville, Élection d'Arques, maintenu le 8 juillet 1667 : *De gueules, à la croix de vair.*

BONVOUST (DE). — Écuyer, sieur d'Aulnay, Souvelles, Malassize, etc., généralité d'Alençon, maintenu le 11 février 1667 : *D'argent, à deux fasces d'azur, accompagnées de six merlettes de sable.*

BONVOUST (DE). — Écuyer, seigneur de Pruslé, Élection de Mortagne, maintenu le 3 janvier 1667 : *D'argent, à deux fasces d'hermine, accompagnées de six merlettes de sable en orle.*

BORAN. — Écuyer, sieur de Castilly, Semilla, Ragny, etc., Élection de Bayeux, maintenu en 1666 : *D'argent, à trois têtes de maures de sable, tortillées du champ; au lion du second, posé en abime.*

BORDE (LA). — Écuyer, sieur dudit lieu, Élection de Mortagne, maintenu le 27 juillet 1666 : *De sable, au léopard lionné d'argent.*

BORDEAUX (DE). — Écuyer, sieur du Buisson, Élection d'Andely, maintenu le 14 août 1666 : *D'or au pal d'azur, chargé de trois fleurs de lis du champ et accosté de deux lions affrontés de gueules.*

BORDEAUX (DE). — Écuyer, sieur de Paracheux et de Contieux, vicomte d'Auge, Élection de Chaumont : *De gueules, au lion d'argent, accompagné de cinq croisettes d'or en orle.*

BORDEAUX (DE). — Baron de Coulonces, Élection de Vire : *De gueules, à trois merlettes d'argent.*

BORDES (DES). — Écuyer, sieur de Folligny, Élection de Conches : *Écartelé, aux 1 et 4, d'or, au lion de gueules; aux 2 et 3, d'argent, à deux chevrons d'azur.*

BORDES DE BEAUCHÊNE (DES). — Élection d'Avranches : *D'or, à la tour de gueules.*

BORDET. — Généralité de Rouen : *Écartelé, aux 1 et 4, de gueules, à la tête de licorne d'argent; aux 2 et 3, d'azur, à la sirène d'argent.*

BORDIN. — Écuyer, sieur du Parc, Tanche, Laubinière, du Buisson, etc., généralité d'Alençon, maintenu le 13 mai 1667 : *D'azur, à la fasce d'or, chargée de deux roses de gueules et accompagnée de trois coquilles d'argent.*

BOREL. — Écuyer, sieur de Bouillon, Manerbes, Laissaud, etc., Élection d'Évreux, maintenu le 14 janvier 1668 : *De gueules, à la bande cousue d'azur, chargée de quatre écussons d'argent et accompagnée de trois lionceaux d'or.*

BOREL. — Écuyer, généralité de Caen, maintenu en 1666 : *De gueules, à la bande de vair, côtoyée de deux lions d'or.*

BORGNE (LE). — Écuyer, sieur de la Lande-Regnault, Élection d'Évreux, maintenu le 14 août 1666 : *D'or, à l'aigle de sable.*

BOS (DU). — Écuyer, sieur du Thil, Élection de Neufchâtel, maintenu le 23 juillet 1667 : *D'argent, à trois frênes arrachés de sinople.*

BOSC (DU). — Écuyer, sieur d'Ermival, généralité de Rouen, maintenu le 24 février 1668 : *D'hermine, au lion de sable, armé, lampassé et couronné d'or.*

BOSC (DU). — Écuyer, sieur de Jourdemare, de la Londe, de Francmanoir, des Vaux d'Houville, chevalier, seigneur de Coquereaumont, d'Espreville, de Sourdeval, de la Cour et de Bourneville, Élections de Rouen et de Pont-Audemer, maintenu le 17 décembre 1667 : *De gueules, à la croix échiquetée d'argent et de sable de trois tires, cantonnée de quatre lionceaux d'or.*

BOSC (DU). — Élections de Valogne, de Mortain, etc. : *De gueules, à la croix fleurdelisée; au pied fiché d'argent.*

BOSC (DU). — Écuyer, sieur de la Marc, Élection de Caudebec, maintenu le 19 février 1669 : *D'argent, à la bande de gueules.*

BOSC (DU). — Écuyer, sieur de la Brerye, Élection de Falaise, maintenu le 17 avril 1667 : *D'hermine, à trois fasces ondées de gueules; au chevron d'or, brochant sur le tout.*

BOSCHENRY. — Seigneur et baron de Drocouet, des Marets, de Plainville, de la Lecqueraye, Élection de Bernay, maintenu le 1er janvier 1667 : *D'azur, à la fasce d'argent, accompagnée en chef d'un léopard d'or, et en pointe d'une croix de Malte du même.*

BOSCREGNOULT (DU). — Écuyer, sieur de Boscregnoult et de Valsec, Élection de Pont-de-l'Arche et généralité d'Alençon, maintenu le 9 mars 1667 : *De gueules, à la bande d'or.*

BOSMER (DE SAINT-). — Écuyer, seigneur du Mesnil, Cravan, la None, Élection d'Évreux : *Losangé d'or et de gueules; au franc-quartier du second émail (alias d'azur ou d'or).*

BOSQUET. — Écuyer, seigneur de Saumont, de la Poterie, du Bosc-Asselin, etc. : *D'argent, à la fasce de gueules, accompagnée en chef d'un cœur du même, accosté de deux molettes d'éperon de sable, et en pointe d'une rose du second émail.*

BOSSEY (DU). — Élection de Valogne.

BOSSOREL. — Écuyer, sieur du Pertuis, Élection de Verneuil, maintenu le 6 septembre 1667 : *D'azur, à la bande d'argent, chargée de trois mouches de sable, et accompagnée en pointe d'une tête de lion d'or; au chef échiqueté d'argent et de sable, de deux tires.*

BOTTEY (LA). — Écuyer, sieur de Marolles, Élection de Lisieux, maintenu le 26 mai 1666 : *D'argent, au chevron d'azur, accompagné de trois poulettes de gueules.*

BOUCARD. — Écuyer, sieur du Mesnil, Élection de Carentan, maintenu en 1666 : *De sinople, à trois têtes de bouc arrachées d'or.*

BOUCHARD. — Écuyer, sieur de Plainville, Élection d'Arques, maintenu le 21 décembre 1668 : *D'azur, au senestrochère d'argent, paré d'or, mouvant de l'angle dextre du chef, et tenant une ancre en barre d'argent, la trabe d'or; en chef, une nuée d'argent mise en arc.*

BOUCHARD. — Écuyer, sieur de Lavarende et de la Saussaye, Élection de Lisieux, maintenu le 15 avril 1666 : *D'argent, à la bande d'azur, chargée de trois annelettes d'or; au chef d'azur.*

BOUCHARD. — Écuyer, sieur de Rougemer, d'Émanville, de Douet, etc., Élection de Falaise, maintenu le 3 juin 1667 : *Coupé d'azur, à deux coquilles d'or, et d'argent, à une rose de gueules.*

BOUCHARD. — Écuyer, sieur d'Englesqueville et du Mesnil-Val, Élection d'Arques, maintenu le 7 mai 1669 : *De gueules, au lion d'or.*

BOUCHAULD. — Écuyer, sieur de Plaineville, élection d'Arques, maintenu le 21 novembre 1667 : *D'azur, à l'ancre d'argent en barre empoignée d'une main de même avec son bras vêtu d'or sortant d'une nue d'azur éclairée en haut d'or.*

BOUCHER (LE). — Écuyer, sieur de Verdun, généralité de Caen, maintenu en 1666 : *D'azur, à la fasce d'argent, accompagnée en chef d'une aigle d'or, accostée de deux merlettes du même, et en pointe de trois roses du second.*

BOUCHER. — Écuyer, sieur de Boisgirard et de Gohière, Élection de Mortagne, maintenu le 12 juillet 1667 : *De gueules, à la bande d'argent, chargée de trois cloches de sinople, bataillées de sable.*

BOUCHER. — Écuyer, sieur dudit lieu, de Resencourt et de Malley, Élection de Bernay, maintenu le 12 juin 1666 : *D'argent, à un demi-chevron de gueules, adextré d'un lion-léopardé de sable.*

BOUCHER (LE). — Écuyer, sieur d'Hérouville, maintenu le 11 novembre 1707 : *De gueules, au chevron d'or, accompagné de trois roses d'argent.*

BOUDIER. — Écuyer, sieur de la Vastine, Élection de Caudebec, maintenu le 16 décembre 1667 : *De sable, à trois molettes d'éperon d'or.*

BOUDIER. — Écuyer, sieur de Rafoville, Élection de Carentan, maintenu en 1666 : *D'or, au pal d'azur, chargé d'un croissant d'argent entre deux étoiles du champ.*

BOUFAY. — Écuyer, sieur de Cauptepis, Élection de Lisieux, maintenu le 12 avril 1666 : *D'hermine, à un vol de sable.*

BOUFFIER. — Chevalier, seigneur de Château-d'Assy, Élection de Verneuil, maintenu le 4 août 1667 : *Gironné d'hermine et de gueules de seize pièces.*

BOUGRAN. — Écuyer, sieur de Boishairon, Élection de Bayeux : *D'azur, au griffon d'or; mantelé dentelé d'argent, chargé en chef de deux roses de gueules.*

BOUHON. — Élection de Caudebec : *D'azur, au chevron d'or, accompagné de trois molettes d'éperon du même.*

BOUILLÉ (DE). — Comte de Créances, généralité de Caen, maintenu en 1666 : *D'argent, à la fasce de gueules, frettée d'or, accompagnée de deux burelles du même.*

BOUILLÉ. — Écuyer, sieur de Longbuisson, Élection de Mortagne, maintenu le 29 juillet 1667 : *D'argent, à l'aigle au vol abaissé d'azur, becquée, membrée et couronnée d'or.*

BOUILLON. — Écuyer, sieur dudit lieu, Élection de Coutances : *D'argent, à trois aigles de sable.*

BOUILLONNAY (DE). — Chevalier, seigneur de Montenon, Bois-Roger, la Boutonnière, etc., Élection de Caudebec, maintenu le 11 août 1668 : *D'azur, au chevron d'argent, accompagné de trois roses d'or,* alias : *D'azur, à dix croix d'argent,* 4, 3, 2.

BOUILLONNAY (DE). — Chevalier, seigneur dudit lieu et de Montchamp, Aubert, Caupus, etc., Élection d'Argentan, maintenu le 11 août 1668 : *D'azur, à neuf croisettes patées d'argent.*

BOUJU (DE). — Écuyer, sieur de Boc-le-Borgne, seigneur de la Croix des Mallets, du Hesté-Alain, de Fonteny, etc., Élection de Lions, maintenu le 20 août 1668 : *D'or, à trois chevrons d'azur.*

BOUJU (DE). — Écuyer, sieur de Marigny, Élection de Mortagne, maintenu le 10 mars 1667 : *D'or, à la fasce d'azur, accompagnée en chef de deux molettes d'éperon de gueules.*

BOULLAINVILLIERS (DE). — Chevalier, comte de Saint-Saire, Beaubec, etc., seigneur de Nesle, Bouhiers, Feuguerolles, etc., Élection de Neufchâtel, maintenu le 18 avril 1668 : *Fascé d'argent et de gueules de huit pièces.*

BOULLAYE (DE LA). — Écuyer, sieur dudit lieu, Élection de Bernay, maintenu le 4 mars 1667 : *D'argent, à la bande de gueules, accompagnée en chef d'une molette de sable, et en pointe de trois croisettes du même.*

BOULLAYE (LA). — Seigneur de Fressenvilliers, Élection de Verneuil, maintenu le 20 décembre 1666 : *D'azur, au sautoir alesé d'argent.*

BOULLAYE (LA). — Écuyer, sieur de la Londe, Élection de Bernay, maintenu le 12 août 1666 : *D'or, au chevron de gueules, accompagné de trois cottes d'armes d'azur.*

BOULLEMER. — Écuyer, sieur de Larre, généralité d'Alençon, maintenu le 13 janvier 1667 : *D'or, au chevron d'azur, accompagné de trois aiglettes au vol abaissé de sable.*

BOULLENC. — Écuyer, sieur du Val, la Graisserie, Élection de Lions, maintenu le 25 novembre 1668 : *D'azur, à trois épis feuillés d'or,* alias : *à la fasce d'or, chargée de trois tourteaux de gueules et accompagnée de trois épis d'or.*

BOULLENC. — Sieur de Garambouville et de Bailleul, baron de Saint-Remy, Élection et ville d'Évreux : *De gueules, à la fasce d'argent, chargée de trois tourteaux d'azur et accompagnée de trois pommes de pin d'or.*

BOULLENGER (LE). — Écuyer, sieur de Glatigny, Élection de Montivilliers, maintenu le 21 janvier 1667 : *D'argent, à la bande d'azur, chargée de trois coquilles d'or.*

BOULLEUR (LE). — Écuyer, sieur de la Marcest, d'Estaville, etc., Élection de Carentan : *D'azur, à trois besants d'or, et une étoile du même en abime.*

BOULLEUR. — Écuyer, sieur dudit lieu, Cambinière, Bellenoc, Viday, Malnoc, Élection de Mortagne, maintenu le 23 novembre 1667 : *D'azur, au chevron d'argent, accompagné de trois boulets suspendus à trois chaînes d'or.*

BOUQUE (DE LA). — Écuyer, sieur de Meuray, Élection de Pont-Audemer, maintenu le 21 janvier 1669 : *Écartelé : de gueules et d'azur, à la croix d'argent sur le tout, cantonnée aux 1 et 4, d'un lion d'or; aux 2 et 3, d'une aigle éployée d'argent;* la branche de Gastines porte l'écartelure dans la croix.

BOUQUETOT (DE). — Écuyer, sieur du Mesnilthison, Élection de Pont-Audemer, maintenu le 19 sept. 1668 : *De gueules, à la fasce d'or; au franc-quartier d'hermine.*

BOURBEL. — Écuyer, sieur de Montpinçon, Élection d'Arques, maintenu le 12 janvier 1668 : *D'azur, à trois besants d'or.*

BOURDON. — Écuyer, sieur de Gruchy, généralité de Caen, maintenu en 1666 : *D'azur, au bourdon de pèlerin d'or en pal, accosté de deux lions affrontés du même, armés et lampassés de gueules.*

BOURDONNAY (DE). — Écuyer, sieur de Champigny, Élection d'Évreux, maintenu le 12 septembre 1668 : *D'azur, à trois chevrons d'or, accompagnés en chef de trois colombes d'argent, et en pointe d'une étoile du même.*

BOURG (DU). — Écuyer, sieur dudit lieu, Élection de Bernay, maintenu le 1er avril 1666 : *D'azur, au chevron d'argent, accompagné de trois flanchés d'or.*

BOURGEOIS (LE). — Écuyer, sieur de la Varende, du Hamel, généralité de Caen, maintenu en 1666 : *D'azur, à la fasce d'or, accompagnée de trois besants du même.*

BOURGEOIS (LE). — Écuyer, sieur d'Atteville, Gruchu, Heauville, Élection de Valogne, maintenu en 1666 : *D'hermine, au croissant de gueules.*

BOURGEOIS (LE). — Élection de Valogne : *D'azur, au chevron d'or, accompagné de trois molettes d'éperon du même.*

BOURGET (DE). — Généralité de Caen, maintenu en 1666 : *D'azur, au chevron d'or, accompagné de trois molettes d'éperon d'argent.*

BOURGOISE (DE). — Chevalier, baron de Manneville, seigneur de Pommereval, Verdier en la Forest d'Eavy, généralité de Rouen, maintenu le 19 août 1668 : *D'argent, au lion de sable, lampassé de gueules.*

BOURGUET (DU). — Écuyer, sieur de Berville, la Garde, d'Ausouville et d'Auberville, Élection de Caudebec, maintenu le 27 août 1668 : *D'azur, au chevron d'argent, accompagné de trois roses d'or.*

BOURIAN. — Marquis de Catilly, de Morsalines, etc. : *D'argent, au lion de sable, accompagné de têtes de Maures du même, tortillées d'argent.*

BOUSQUET. — Écuyer, sieur de la Malle, Élection de Bayeux, maintenu en 1666 : *De gueules, à trois carreaux d'or.*

BOUSSARDIÈRE. — Écuyer, sieur de la Vardière, Élection de Mortagne, maintenu le 3 février 1667 : *D'argent, au chevron de gueules, accompagné en pointe d'un croissant du même ; au chef d'azur, chargé de trois colombes d'or.*

BOUSSEL. — Écuyer, sieur de Parfouru, généralité de Caen, maintenu en 1666 : *D'azur, semé de billettes d'or ; au lion du même brochant.*

BOUSSEL. — Généralité de Caen, maintenu en 1666 : *De gueules, à trois croissants d'argent.*

BOUTEILLER (LE). — Écuyer, sieur de Maigremont : *D'azur, au chevron de cinq pièces d'argent, accompagné en pointe d'un cerf saillant d'or, alias, au cerf rampant sur une terrasse d'or.*

BOUTEILLER (LE). — Sieur de Sainte-Geneviève, généralité de Rouen : *Écartelé d'or et de gueules.*

BOUTILLIER. — *D'hermine, à la fleur de lis de gueules.*

BOUTIN. — Seigneur de Villerville : *D'argent, au chevron d'azur, accompagné de trois roses de gueules.*

BOUTON. — Chevalier, baron de Ferrares, maintenu en 1667 : *De gueules, à la fasce d'or.*

BOUTREN. — Seigneur de Flassingues, Mélamare et Franqueville, Élection de Montivilliers, maintenu le 25 février 1667 : *De gueules, mantelé d'argent.*

BOUVIER. — Élection de Bayeux, maintenu en 1666 : *D'argent, au rencontre de bœuf de sable, accorné d'or ; au chef de gueules.*

BOUVILLE (DE). — *D'argent, à la fasce de gueules, chargée de trois annelets d'or.*

BOUYER. — Écuyer, sieur de Saint-Gervais, Élection de Mortagne, maintenu le 24 août 1667 : *D'or, à trois têtes de lion d'azur, lampassées de gueules ; au chef du même.*

BOYER DE CHOISY. — *D'azur, au chevron d'or, accompagné de trois lis au naturel.*

BOYVIN. — Seigneur de Tourville, de Saint-Ouen, Élection de Caudebec, maintenu le 29 août 1669 : *D'azur, à trois croisettes d'or.*

BRACQUET. — Écuyer, sieur de Pressigny, du Bourg, Miguillaume, etc., généralité d'Alençon : *De sable, à trois croissants d'argent.*

BRANDIN DE SAINT-LAURENS. — *D'azur, à une flamme d'argent, accompagnée de trois molettes du même.*

BRAQUEMONT (DE). — *De sable, au chevron d'argent.*

BRAQUE (DE). — Écuyer, sieur de Montdavid, de Chastillon, Guichardière, généralité de Rouen, maintenu le 22 janvier 1669 : *D'azur, à la gerbe d'or.*

BRASART. — Écuyer, sieur du Quesne, Élection de Bayeux, maintenu en 1666 : *Coupé, dentelé d'azur et de gueules.*

BRASDEFER (DE). — Écuyer, sieur de Maineville, Élection d'Évreux, maintenu le 20 août 1667 : *De gueules, à trois mains sénestres d'argent.*

BRAY (DE). — Écuyer, seigneur de Haultquesnay, d'Arsy, Coullardière, Élection de Carentan, maintenu en 1666 : *D'argent, au chef de gueules, chargé d'un lion-léopardé d'or.*

BRÉANT. — Écuyer, sieur de Longchamp, Bertouville : *De sable, à la fasce d'or, accompagnée en chef de deux molettes d'éperon et en pointe d'une merlette, le tout du même.*

BRÉARD (DE). — Écuyer, sieur de la Motte, de l'Isle, Élection de Pont-l'Évêque, maintenu le 27 février 1669 : *Écartelé : aux 1 et 4, d'azur, au besant d'or; aux 2 et 3, d'argent, à une moucheture de sable.*

BRÉARD. — Écuyer, sieur du Manoir, Platière, Longuemare, etc., Élection de Carentan, *D'azur, à trois molettes d'éperon d'argent.*

BREAUTÉ (DE). — Généralité de Rouen : *D'argent, à la quintefeuille de gueules.*

BREBEUF (DE). — Élection de Bayeux, maintenu en 1666 : *D'azur, au bœuf furieux de sable, accorné et onglé d'or.*

BREBISSON (DE). — Élect. de Bayeux, maintenu en 1666 : *De gueules, au lion d'argent.*

BRECEY (DE). — Seigneur d'Isigny, Élection de Mortain : *D'or, à la croix de sable, cantonnée de quatre merlettes de gueules.*

BRECEY. — Élection d'Avranches : *De gueules, à deux badelaires en sautoir d'argent.*

BREHIER D'ARQUEVILLE. — Diocèse de Rouen : *D'or, à trois merlettes de sable.*

BREIL (DU). — Chevalier, seigneur de Belleville, Pontbriant, Fabry, Élection de Chaumont : *Écartelé : aux 1 et 4, d'azur, au lion d'argent, armé et lampassé de gueules, aux 2 et 3, au puits d'argent muraillé de sable sur une rivière passante de même.*

BREMOY (DE). — Seigneur de Morissière : *D'azur, à l'épée en pal d'or, accompagnée de trois couronnes de deux branches de laurier du même.*

BRESMES (DE). — Généralité de Rouen : *D'azur, au chevron d'or.*

BRESNARD. — Écuyer, sieur de Jarriez, Élection de Verneuil : *D'argent, fretté de gueules de huit pièces.*

BRESNES (DE). — Écuyer, sieur de Vassouy, à Rouen.

BRESSELANGE. — Élection de Carentan.

BRESSY. — Écuyer, sieur de Sablon, Élection de Montivilliers, maintenu le 12 septembre 1667 : *De gueules, chaussé d'hermine.*

BRET (LE). — Élection de Gisors, maintenu le 5 décembre 1667 : *D'or, au sautoir de gueules, chargé en cœur d'un écusson d'argent, surchargé d'un lion de sable, et aux extrémités de quatre coquilles d'argent et cantonné de quatre merlettes du second.*

BRET (LE). — Écuyer, sieur de Brevarts, la Heberdière et la Vallée, Élections de Verneuil et Bayeux, maintenu en 1666 : *D'azur, au chevron d'or.*

BRETEL. — Écuyer, seigneur et marquis de Lanquetot, Gremonville, sieur de Saint-André, d'Auberbosc, généralité de Rouen, maintenu le 8 mai 1668 : *D'or, au chevron de gueules, chargé d'une fleur de lis du champ, et accompagné de trois molettes d'éperon d'azur; au chef du même, chargé d'une couleuvre contournée d'argent.*

BRETHON. — Écuyer, sieur de Saint-Pierre du Mouthier, Caudemvehé, Élection de Pont-l'Évêque, maintenu le 23 janvier 1668 : *De gueules, à six annelets d'argent.*

BRETIGNIÈRES (DE). — *D'or, à trois roses de gueules ; au chef d'azur, chargé d'un soleil du champ.*

BRETON (LE). — Écuyer, sieur de la Valette, de la Mare, etc., Élections de Coutances, de Bayeux, etc., maintenu en 1666 : *D'argent, à trois mouchetures rangées de sable, accompagnées de trois écussons de gueules.*

BRETON (LE). — Écuyer, sieur de Saint-Paul, Élection de Valogne, maintenu en 1666 : *D'hermine, au chef de gueules.*

BRETON (LE). — Généralité de Caen, maintenu en 1666 : *D'argent, au chevron de sable, accompagné de trois mouchetures du même.*

BRETON (LE). — Écuyer, sieur de la Guérippière, de Catins, Resseantise, etc., Élection de Coutances, maintenu en 1666 : *D'argent, à deux chevrons de gueules, accompagnés de trois coquilles du même.*

BRETON (LE). — Sieur de Berolles et du Perrey, Élection de Bayeux, maintenu le 26 mai 1667 : *D'argent, au lion de sable, lampassé de gueules et couronné d'or.*

BRETON (LE). — Écuyer, sieur de Cissay, Viel, Bèlesme, Mangerie, Élection de Montivilliers, maintenu le 20 juin 1666 : *D'argent, à trois roses de gueules.*

BRETON (DE). — Écuyer, sieur de Saint-Pierre et du Moustier, Élection de Pont-l'Évêque, maintenu le 24 janvier 1668 : *De gueules, à six annelets d'argent, posés 3, 2 et 1.*

BRETTEVILLE (DE). — Écuyer, sieur de Francourt, généralité de Rouen.

BRETTEVILLE (DE). — *D'azur, à trois glands d'or.*

BREUIL (DU). — Élections de Gisors et Pontoise, maintenu le 12 mai 1669 : *Écartelé : aux 1 et 4, d'azur, au lion d'argent, armé et lampassé de gueules ; aux 2 et 3, d'azur, au pont de deux arches d'argent, maçonné de sable.*

BREUIL (DU). — Chevalier, seigneur de Belleville, Élection de Chaumont, maintenu le 18 mai 1669 : *D'azur, au lion d'argent, armé et lampassé de gueules.*

BREUIL (DU). — Écuyer, sieur des Caulombes, Réauté, Élection de Coutances, maintenu en 1666 : *D'argent, à la fasce d'azur, accompagné de six merlettes rangées de sable.*

BREUIL (DU). — Généralité de Rouen : *De gueules, au chevron diapré d'argent, accompagné de trois aiglettes éployées du même.*

BREUIL (DU). — Écuyer, sieur de la Fontenelle, Élection de Verneuil : *De gueules, au chevron d'argent, accompagné de trois étoiles du même.*

BREUIL (DU). — Écuyer, sieur de Lingueures, généralité de Caen, maintenu en 1666 : *Losangé d'argent et d'azur ; au chef de gueules, chargé de deux têtes de léopard d'or.*

BREUIL (DU). — Écuyer, sieur de Marguelière, Élection de Mortagne : *D'azur, au chevron d'or, accompagné de trois croissants du même.*

BREUILLY (DE). — Élection de Valogne, maintenu en 1666 : *D'azur, au chef cousu de gueules, au lion d'or, couronné, armé et lampassé du second émail, brochant.*

BRÉVEDENT (DE). — Écuyer, sieur d'Oissel, de Giverny, de Sahurs et de Bernières, généralité de Rouen, maintenu le 21 juillet 1666 : *D'argent, à trois anilles de sable ; au chef d'azur, et chargé de trois besants d'or.*

BREVEDENT. — Écuyer, sieur de Saint-Nicol, de Montrabu, de Valbrun et du Plessis, Élection de Pont-l'Évêque : *D'azur, à la croix ancrée d'or ; au chef d'argent, chargé de trois anilles de sable.*

BREVEDENT. — Élection de Lisieux, maintenu le 24 mai 1667 : *D'azur, à la croix ancrée d'or.*

BREVILLE (DE). — Élection de Bayeux, maintenu en 1666 : *De gueules, au chef cousu de sable ; à trois roses d'argent, deux sur le chef et l'autre en pointe.*

BRÉVOLLES (DE), alias Colas de Saint-André. — Élection de Valogne : *D'azur, au soleil d'or, accompagné en chef de trois étoiles du même.*

BREZAIS. — Écuyer, sieur de Boisannes, Élection de Mortagne, maintenu le 10 avril 1666 : *De gueules, à trois losanges d'or.*

BRÉZÉ (DE). — Écuyer, sieur de Guignonville, Élection de Montivilliers, maintenu le 30 mars 1669 : *D'azur, à l'écusson d'argent, enclos dans un trécheur d'or ; à l'orle de huit croisettes du même.*

BRICE. — Généralité de Rouen : *Écartelé · aux 1 et 4, d'or, au chevron d'azur, accompagné de trois brosses de sable ; aux 2 et 3, de gueules, à une molette d'éperon couronnée d'argent.*

BRICQUEVILLE (DE). — Écuyer, sieur des Coulombières, comte de la Luzerne, Élection de Bayeux, maintenu en 1666 : *Palé d'or et de gueules.*

BRIDEL. — Écuyer, sieur du Bosc, du Chesne, etc., Élection de Montivilliers, maintenu le 19 novembre 1669 : *De sable, à la fleur de lis d'argent.*

BRIÈRE (DE LA). — Élection de Pont-Audemer : *De gueules, au chevron d'or, accompagné en chef de deux molettes d'éperon d'argent, et en pointe d'une rose du même.*

BRIHON (DE). — Écuyer, sieur de Houppeville, Élection de Montivilliers, maintenu le 9 juillet 1667 : *D'azur, au chevron d'or, accompagné de trois ruches d'argent, alias trois éventails.*

BRILLY (DE). — Écuyer, sieur du Hamel, de Bellengreville, du Bocage, Élection de Montivilliers, maintenu le 16 février 1668 : *De sable, à la fleur de lis d'argent.*

BRINON (DE). — Sieur de Vilaines, d'Authueil et Mulers, généralité de Rouen : *D'azur, au chevron d'or, accompagné en pointe d'un croissant d'argent ; au chef denché du second émail.*

BRIQUEVILLE (DE). — Écuyer, seigneur de Bretteville, Élection de Valogne, maintenu en 1666 : *D'argent, à six feuilles de chêne de sinople.*

BRIROY. — Écuyer, sieur de la Couté-Goucy, Élection de Valogne : *D'azur, au chevron d'or.*

BRISARD. — Écuyer, sieur de Mousetière, du Mesnil-Mesleray, Élection de Mortagne, maintenu le 12 mai 1667 : *Fascé d'azur et d'argent ; les fasces d'azur chargées chacune de trois médaillons avec leur chaine d'argent, et les fasces d'argent de trois mouchetures de sable.*

BRISE (LA). — Écuyer, sieur de la Geffardière, Villenière, Chapelle, etc., généralité de Caen, maintenu en 1666 : *D'azur, à deux fasces d'argent ; à deux chevrons d'or, accompagnés de trois molettes d'éperon du même, brochant sur le tout.*

BRIX (DE). — Écuyer, sieur de Maresque, d'Arlot, de Bremont, du Broc, etc., Élection de Valogne, maintenu en 1666 : *D'argent, à trois molettes d'éperon de sable.*

BRIZELANCE. — Élection de Carentan, maintenu en 1666 : *D'azur, au phénix d'or.*

BROC (DE). — Élection de Coutances.

BROCHARD. — Écuyer, sieur du Désert, Élection de Falaise, maintenu le 11 juin 1667 : *D'argent, au chevron renversé d'azur, chargé de trois annelets d'or ; au chef du second émail.*

BROISSE (DE LA). — Élection de Vire : *D'azur, à deux fasces d'or ; au chevron brochant, accompagné de trois molettes, le tout du même.*

BROON. — Seigneur des Fourneaux, Élection de Falaise, maintenu le 7 juillet 1667 : *D'azur, à la croix d'argent, frétée de gueules.*

BROSSARD (DE). — Écuyer, sieur de Maisoncelles, de Saint-Martin, Fremont, du Part et Sainte-Croix, Élection de Neufchâtel et de Domfront, maintenu le 1ᵉʳ septembre 1667 : *D'azur, à trois fleurs de lis d'or ; à la cotice d'argent, brochante sur le tout.*

BROSSARD. — Écuyer, sieur de la Louvetière, des Iles, Bardet, Élection de Vire : *De sable, au chevron d'or, accompagné en chef de deux besants et en pointe d'une molette d'éperon, le tout du même.*

BROSSES (DES). — Écuyer, seigneur de Batigny, baron du Boulet, Banteleu, Élection d'Évreux, maintenu le 12 août 1666 : *D'argent, au lion de sable, armé et lampassé de gueules.*

BROSSÉT. — Écuyer, sieur de la Chevalerie, généralité d'Alençon, maintenu le 12 août 1666 : *De gueules, à trois chevrons d'argent, accompagnés de trois merlettes d'or.*

BROSSET. — Écuyer, sieur de la Chaux, Houssardière, généralité d'Alençon, maintenu le 25 août 1667 : *De gueules, à trois chevrons d'argent, accompagnés de neuf merlettes du même en orle.*

BROUAULT. — Écuyer, sieur de la Motte, Élection d'Avranches, maintenu en 1666 : *Coupé d'azur et d'argent, à la bande de gueules brochante sur le tout, accompagnée de deux étoiles, l'une d'or en chef, l'autre de gueules en pointe.*

BROUILHAC. — Écuyer, sieur de la Mingre, Élection de Mortagne, maintenu le 29 juillet 1667 : *Coupé au 1 d'argent, à cinq mouchetures en sautoir de sable; au 2 losangé d'argent et de gueules.*

BRUCAN. — Élection de Valogne : *De gueules, à un champion armé de toutes pièces d'argent, tenant une hallebarde d'or.*

BRUCOURT (DE). — Écuyer, sieur de Douville, Élection de Falaise, maintenu le 5 avril 1666 : *Fascé d'or et de gueules, à vingt et une fleurs de lis de l'une en l'autre, quatre, trois, quatre trois, quatre trois.*

BRUILLE (DE). — Écuyer, sieur de Fontenelle, Élection de Verneuil : *De gueules, au chevron d'argent, accompagné de trois étoiles du même.*

BRUMENT (LE). — Écuyer, sieur du Bois-Flamel, généralité de Rouen, maintenu le 4 juin 1668 : *D'argent à trois flammes de gueules, à la bordure engrelée du même.*

BRUN (LE). — Écuyer, sieur de Saint-Gervais, du Mesnil Angot, Manducage, Putot, etc., Élection de Pont-l'Évêque, maintenu le 25 septembre 1669 : *Coupé de gueules et d'or, au lion de l'un à l'autre.*

BRUNEAULIEU (DE). — Sieur de Beaumont, Élection de Chaumont, maintenu en 1666 : *De gueules, au château de trois tours d'or.*

BRUNET. — Écuyer, sieur de Saint-Maurice, Élection de Carentan, maintenu en 1666 : *D'azur, à une épée d'argent, garnie d'or en pal, couronnée à la royale de même, et accostée de deux fleurs de lis du troisième émail.*

BRUNET. — Écuyer, sieur de Courcières, Élection de Falaise, maintenu le 11 mai 1666 : *D'azur, à trois croissants adossés et enlacés d'argent, accostés de deux étoiles d'or et surmontés d'un soleil du même.*

BRUNET. — Écuyer, sieur des Rigoux, généralité d'Alençon, maintenu le 4 juin 1668: *Gironné d'argent et de sable, le premier giron chargé d'une étoile d'azur.*

BRUNVILLE (DE). — Élection de Mortain, maintenu le 27 mars 1667 : *De sable à trois râteaux d'argent; au chef cousu d'azur, chargé d'un soleil d'or.*

BUAT (DU). — Écuyer, sieur de Prethon, Élection de Vire, maintenu en 1666 : *D'argent, à trois fasces de gueules.*

BUAT (DU). — Écuyer, sieur dudit lieu, Élection de Mortain : *D'argent, à la bande denchée de gueules, accompagnée de six merlettes en orle du même.*

BUAT (DU). — Écuyer, sieur de Bazoches, Élection de Mortagne, maintenu le 22 avril 1667 : *Écartelé : aux 1 et 4, d'azur, à l'escarboucle pommetée et fleurdelisée d'argent; aux 2 et 3, d'azur, à trois bandes d'or.*

BUAT (DU). — Écuyer, sieur de Reville, Élection de Bernay, maintenu le 5 octobre 1667 : *Écartelé : aux 1 et 4, d'azur, à trois barres d'or; aux 2 et 3, d'azur, à l'escarboucle pommetée et fleurdelisée d'or.*

BUATS (DES). — Écuyer, sieur de Fontaine, de la Cousture, du Monsel et de Sarasinière, Élection de Falaise, maintenu le 5 avril 1667 : *De sable, à une moucheture d'argent, surmonté d'un croissant d'or; au chef du même, chargé d'une quintefeuille entre deux mouchetures, le tout du champ.*

BUCAILLE (DE LA). — Élection de Bayeux : *D'or, au chevron d'azur, accompagné de trois flammes de gueules.*

BUCY (DE). — Écuyer, sieur d'Henouville et de Berville, Élections de Gisors et de Pontoise, maintenu le 20 mars 1666 : *D'or, à neuf billettes de gueules.*

BUFFES (DE). — Écuyer, seigneur de la Haule, Élection de Caudebec, maintenu le 1er juillet 1670 : *De sable, à deux lions rangés d'or.*

BUFFRESNIL (DE). — Écuyer, sieur de Saint-Vincent, Élection de Montivilliers, maintenu le 2 mars 1671 : *D'azur, à trois colombes d'argent.*

BUGARD (DE). — Élection de Caudebec, maintenu le 3 décembre 1668 : *De gueules, à trois pierriers d'argent.*

BUILLY. — Écuyer, sieur de Guerrame, généralité d'Alençon : *De sinople, à deux poissons d'argent, accompagnés de deux roses du même.*

BUISSON (DU). — Écuyer, sieur de Roqueville, Élection d'Évreux, maintenu le 6 mars 1669 : *De gueules à trois bandes d'or; au chef cousu d'azur, chargé d'un lion léopardé d'argent.*

BUISSON (DU). — Écuyer, sieur de la Lissondière, Élection de Verneuil, maintenu le 15 janvier 1668 : *De sable, à trois quintefeuilles d'or.*

BULLY (DE). — Élection de Falaise : *D'azur, à deux barbeaux adossés d'argent, sommés d'une fleur de lis d'or.*

BULTEAU. — Sieur de Franqueville, généralité de Rouen.

BUNEL (DE). — Écuyer, sieur de Tissy, Élection de Bayeux, maintenu en 1666 : *D'azur, au chevron d'argent, accompagné de trois bunettes (oiseaux) du même.*

BUNODIÈRE (DE LA). — Écuyer, sieur de Quiévremont et de Bellevue, généralité de Rouen, maintenu le 12 septembre 1710 : *D'azur, à la bande d'or, chargé de trois têtes de lion de gueules, posées en barre.*

BURES (DE). — Écuyer, sieur d'Espinay, Brusly, Bethencourt, Sailly, généralité de Rouen, maintenu le 15 février 1668 : *D'azur, à la frète de six pièces d'or posées en bande, accompagnée en chef d'une merlette et en pointe de deux molettes d'éperon, le tout d'or.*

BURES (DE). — Sieur de Panthou, Élection de Vire : *D'argent, à trois fasces d'azur.*

BURES (DE). — Élect. de Bayeux, maintenu en 1666 : *De sable, à deux jumelles d'argent.*

BURET. — Écuyer, sieur d'Agon, Élection de Coutances : *D'argent, à trois tourteaux de sable.*

BUSC (DU), *alias* DU BUSC RICHARD. — Écuyer, sieur de Saint-Germain, de Fresnay, Flexanville, Élection d'Évreux, maintenu le 14 avril 1668 : *D'argent, à la bande d'azur.*

BUSC (DU). — Écuyer, sieur de la Mare, généralité de Rouen, maintenu le 9 février 1669 : *D'argent, à la bande de gueules.*

BUSNEL. — Écuyer, sieur de Fougy, d'Ouilly, généralité d'Alençon, maintenu le 15 juillet 1667 : *De gueules, à deux fasces d'argent, accompagnées de sept merlettes du même.*

BUSQUET. — Sieur de Cany et de Champ-d'Oysel, généralité de Rouen : *D'argent, à la fasce de gueules, accompagnée en chef d'un cœur du même, accosté de deux étoiles de sable, et en pointe d'une macle du second émail.*

C

CABAZAT. — Élection de Bayeux, maintenu en 1666 : *D'azur, à trois bustes de jouvenceau de profil d'argent.*

CABOURG. — Seigneur de Bassille, Élection de Valogne, maintenu en 1666 : *De sable, à la bande d'argent, chargée de trois tourteaux de gueules.*

CACHEUX (LE). — Généralité de Rouen : *D'argent, au chevron de gueules, accompagné de trois écrevisses du même.*

CADOT. — Marquis de Gerville et de Sebbeville, Élections de Carentan et de Valogne, maintenu en 1666 : *De gueules, à la hure de sanglier, cousue de sable, défendue d'argent, couronnée d'or, accompagnée de trois étoiles du même.*

CAHAGNES. — Écuyer, sieur de Fierville, généralité de Caen, maintenu en 1666 : *D'azur, au chevron d'or, accompagné en chef de deux roses d'argent, et en pointe de trois mains rangées, tenant chacune une épée, le tout du même.*

CAIGNON (DE). — Élection de Falaise : *D'argent, à trois bandes d'azur.*

CAILLEBOT. — Marquis de la Salle : *D'or, à six annelets de gueules 3, 2 et 1.*

CAILLOT DE COQUEREAUMONT. — A Rouen : *D'argent, à deux clefs adossées d'or, accostées de huit croissants de gueules, et accompagnées de trois fleurs de lis du second émail.*

CAILLOUEY (DE). — Écuyer, sieur de la Conté, généralité de Caen, maintenu en 1666 : *D'azur, à trois aigles éployées d'or.*

CAIRON (DE). — Écuyer, sieur de Garande, Saint-Léger, La Fontaine, d'Auclair, Cardouville, Élection de Falaise, maintenu le 1er août 1667 : *De gueules, à trois coquilles d'argent.*

CALENGE (DE). — Généralité de Rouen : *De gueules, à trois soleils d'or.*

CALENGE. — Seigneur de la Liègue, Élection d'Andely, maintenu le 26 mars 1666 : *D'azur, à la croix d'argent, cantonnée de quatre hures de sanglier d'or.*

CALF. — Écuyer, sieur de Manneville, Élection de Lisieux, maintenu le 14 septembre 1666 : *D'azur, à trois bœufs d'or; à la bordure de gueules.*

CALLÉVILLE (DE). —Généralité de Rouen : *D'argent, à trois molettes d'éperon d'or.*

CALLOUÉ. — Écuyer, sieur de Coudray, Élection de Verneuil, maintenu le 9 avril 1666 : *D'argent, à trois aiglettes de sable.*

CALMESNIL (DE). — Écuyer, sieur de Gonneville, d'Orval, la Roque, Champeaux, Berneville, du Costis, du Prey, etc., Élection d'Arques, maintenu le 27 septembre 1669 : *D'azur, à trois coquilles d'argent, surmontées d'une fasce ondée d'or.*

CALVIMONT (DE). — Seigneur d'Harmanville et d'Esseville, généralité de Rouen, maintenu le 22 novembre 1669 : *Écartelé : aux 1 et 4, de gueules, à la tour d'argent, maçonnée de sable, ajourée de gueules; aux 2 et 3, d'azur, au lion d'or.*

CAMPGRAIN. — Sieur d'Épinay, Élection de Carentan.

CAMPION. — Écuyer, sieur de Montpoignant, Feuguery, Limare, Saint-Amand et Boisfre, Élection de Pont-de-l'Arche, maintenu le 14 septembre 1666 : *D'or, à deux bandes de gueules; au lion d'azur, brochant.*

CAMPROGER (DE). — Écuyer, sieur de la Brosse, Élection d'Andely, maintenu le 25 juillet 1667 : *D'argent, à trois fasces de gueules, accompagnées de cinq annelets du même.*

CAMPROGER. — Écuyer, sieur de Favières, Élection de Falaise, maintenu le 17 mars 1667 : *D'azur, à la fasce d'or, chargée de trois œillets de sinople, fleuris de gueules, et accompagnée en chef de trois croissants d'argent, et en pointe de deux flèches passées en sautoir du même.*

CAMPROND. — Écuyer, sieur de Saint-Loup, des Denièmes, la Porte, Glatigny, du Buisson, etc., Élection de Carentan, maintenu en 1666: *D'argent, à une quintefeuille de gueules.*

CAMPSERUEUR. — Écuyer, sieur de Becqueville, Élection de Valognes, maintenu en 1666 : *D'azur, à trois fasces d'argent; au chevron de gueules, brochant.*

CAMPULLÉ (DE). — Élection d'Andely, maintenu le 12 avril 1667 : *De gueules, semé de trèfles d'or.*

CAMUS. — Chevalier, seigneur de Pont-Carré, généralité de Rouen : *D'azur, à trois croissants d'argent, à l'aigle d'or en abîme.*

CANCHY (DE). — Écuyer, sieur de Contieux, Élection de Chaumont, maintenu le 30 mars 1669 : *De gueules, au lion d'argent, accompagné de cinq croisettes d'or en orle.*

CANDAL (DU). — Généralité de Rouen : *D'azur, à trois colombes d'argent, membrées d'or, portant chacune au bec une branche d'olivier du même.*

CANIVET (DE). — Écuyer, sieur de Colleville, du Molley et Rouge-Fosse, Élection de Montivilliers, maintenu le 26 juillet 1667 : *De gueules, à trois canifs d'argent, emmanchés d'or.*

CANONVILLE (DE). — Seigneur de Gros-Mesnil, marquis de Raffetot, Élection de Caudebec, maintenu le 21 juillet 1668 : *De gueules, à trois molettes d'or.*

CANTEL. — Écuyer, sieur de la Mauduitte, Élection d'Arques, maintenu le 1er décembre 1669 : *D'azur, à la fasce d'or, accompagnée de douze besants du même, huit en chef, quatre et quatre en croix, et quatre de même en pointe.*

CANTEL. — Écuyer, sieur de Parcfontaine et Caumont, Élection de Rouen, maintenu le 13 décembre 1666 : *D'azur, à la fasce d'or, accompagnée de trois têtes de faunes de même.*

CANTEL. — Élection de Valogne : *De gueules, à trois croisettes d'argent ; au chef du même, chargé de trois mouchetures de sable.*

CANU (LE). — Écuyer, sieur de Froiderue, d'Estrimont, Savière, etc., généralité de Rouen, maintenu le 18 février 1667 : *D'azur, à trois têtes de lion d'or, et une molette d'éperon du même en cœur.*

CANU (LE). — Écuyer, sieur de la Chillardière, Boismarest et du Perron, Élection de Coutances, maintenu le 29 septembre 1669 : *De gueules, au léopard lionné d'or ; au chef du même.*

CAPELAIN. — Écuyer, sieur de Berquery, Élection de Valogne, maintenu le 23 mars 1670 : *D'azur, à deux chevrons d'or.*

CAPON (LE). — Écuyer, sieur de Saussaye, Élection de Valogne, maintenu en 1666 : *D'argent, à trois carreaux rangés de gueules, surmontés de trois mouchetures du même.*

CAQUERAY (DE). — Écuyer, sieur des Landes, Élection de Caudebec, maintenu le 19 février 1669 : *D'or, à la fasce de gueules, accompagné de trois roses du même.*

CAQUERAY (DE). — Écuyer, sieur des Landes, de la Salle, de Fontaine, etc., généralité de Rouen, maintenu le 16 juin 1667 : *D'or, à trois roses de gueules.*

CAQUERAY (DE). — Écuyer, sieur de Saint-Imes, Élection de Caudebec : *D'azur, au chevron d'or, accompagné de neuf annelets entrelacés du même.*

CARADAS (DE). — Seigneur du Héron, généralité de Rouen : *D'azur, à trois croissants d'argent.*

CARBONNEL (DE). — Chevalier, Marquis de Canisy, Élection de Coutances, maintenu en 1666 : *Coupé de gueules et d'azur, à trois besants d'hermine, 2 et 1.*

CARBONNIER (LE). — Écuyer, sieur de Framboisier, Élection de Pont-Audemer, maintenu le 14 décembre 1668 : *D'argent, au chevron de sable, accompagné de trois flammes de gueules.*

CARDONNAY (DU). — Écuyer, sieur de Courtières, Bellevoix, Longaulnay, etc., Élection de Pont-l'Évêque, maintenu le 25 juin 1668 : *De gueules, au chevron d'argent, accompagné de trois chardonnets d'or.*

CARDOSNE. — Écuyer, sieur de Savigny, Élection de Valogne, maintenu en 1666 : *D'azur, à une épée en pal d'argent, garnie d'or, accompagnée de trois molettes d'éperon du même, une en chef et deux en chaque flanc.*

CARMONE. — Généralité de Rouen : *D'azur, à trois coquilles d'or ; à la bordure engrêlée de gueules.*

CARNET (DU). — Sieur de la Renaudaye, Élection d'Avranches et de Bayeux.

CAROUGES (DE). — Généralité d'Alençon : *De gueules, semé de fleurs de lis d'argent.*

CARPENTIER (LE). — Généralité de Rouen : *D'argent, au chevron de sable, chargé en pointe d'une molette d'éperon du champ.*

CARPENTIER. — Élection de Rouen : *D'azur, à la croix alésée d'or, accompagnée aux extrémités de quatre palmes du même posées en pal.*

CARPENTIER (LE). — Écuyer, sieur de Beaucarme, de l'Épiney, de Marcilly et de Pineville, Élection de Pont-Audemer et de Lisieux, maintenu le 6 mars 1668 : *D'argent, à la croix d'azur, chargée d'une molette d'éperon d'or, et cantonnée de quatre fourchettes de fantassin de sable à l'antique.*

CARRÉ. — Écuyer, sieur de la Bretesque, Élection de Lisieux, maintenu le 7 avril 1666 : *D'azur, à la bande d'or, accompagnée de deux molettes d'éperon du même ; au chef d'argent, chargé de trois carreaux de gueules.*

CARREL. — Sieur de Mercey, Élection de Pont-l'Évêque, maintenu en 1666 : *D'hermines, à trois carreaux d'azur.*

CARREL. — Écuyer, sieur de Creseveulle, Élection de Pont-l'Évêque, maintenu le 7 avril 1668 : *D'hermine, à trois carreaux de gueules.*

CARREY. — Écuyer, sieur de Saint-Gervais et de Gouville, généralité de Rouen : *D'azur, à trois carreaux d'or.*

CARREY DE BELLEMARE. — *D'azur, à la bande d'or, chargée de trois carreaux de sable et accompagnée de deux molettes d'éperon du même.*

CARRUYER (LE). — Écuyer, sieur de Muchedent, de Bruquedalle, de Bonneval, de Launay, etc., Élection d'Arques, maintenu le 25 juillet 1667 : *D'azur, à trois gerbes d'argent.*

CARUEL. — Seigneur de Merey, la Pannière, etc., Élection d'Évreux, maintenu le 17 août 1666 : *D'argent, à trois molettes d'éperon de sable, à la bordure de gueules, alias d'argent, à la merlette de sable, à la bordure de gueules.*

CARVILLE (DE). — Seigneur de Ners, Élection de Falaise, maintenu le 28 décembre 1666 : *De gueules, à trois écussons renversés d'or.*

CARVOISIN (DE). — Écuyer, sieur de Sassey, Élection d'Évreux, maintenu le 18 septembre 1667 : *D'or, à la bande de gueules; au chef d'azur.*

CASSAGNEAU (DE). — Écuyer, sieur de Sandouville, Élection de Montivilliers, maintenu le 19 février 1667 : *De gueules, à la fasce denchée d'or, accompagnée en chef de deux croisettes d'argent, et en pointe d'une tête de lion arrachée du même.*

CASTEL (DU). — Écuyer, sieur de Neufvillette et du Rosel, Élection d'Arques, maintenu le 10 juillet 1670 : *D'argent, à trois chevrons de gueules, sommés d'une merlette de sable.*

CASTEL. — Seigneur dudit lieu et de Saint-Martin-de-Blagny, Élection de Bayeux, maintenu en 1666 : *De gueules, à trois châteaux d'argent; au chef d'or, chargé d'un lambel du champ.*

CASTEL. — Marquis de Saint-Pierre, Élection de Valogne, maintenu en 1666 : *De gueules, au chevron d'argent, accompagné de trois roses d'or.*

CASTEL. — Écuyer, sieur de Benneville, Élection de Carentan, maintenu en 1666 : *D'or, au château de sable.*

CASTEL. — Écuyer, sieur d'Azeville, Élection d'Avranches et de Valogne : *D'azur, à deux fasces d'argent, accompagnées de trois étoiles du même.*

CATTEY. — Écuyer, sieur de Saint-Ouen, Élection de Falaise, maintenu le 3 août 1666 : *D'azur, à six..... d'argent, percés du champ.*

CAUCHOIS (LE). — Écuyer, sieur de Bois-Hierome, Élection d'Andely, maintenu le 3 août 1666 : *De gueules, au chevron d'or, accompagné en pointe d'un tronc d'arbre de même d'où sortent deux rameaux secs de sinople, entrelacés dans le chevron.*

CAUCHOIS (LE). — Écuyer, sieur de Thibermont et de Ribœuf, Élection d'Arques, maintenu le 10 août 1667 : *D'argent, à trois houx arrachés de sinople.*

CAUCHOIS (LE). — Élection de Lions, maintenu le 7 février 1667 : *D'azur, au croissant d'or, accompagné de six étoiles du même.*

CAUCHOIS (LE). — Écuyer, sieur de la Neuville, Élection de Lions, maintenu le 26 mars 1669 : *D'argent, à trois mouchetures de sable.*

CAULLIÈRES (DE). — Écuyer, sieur de Beaufresne, seigneur de Bienfay, Élection de Neufchâtel, maintenu le 18 août 1668 : *D'argent, à la bande de gueules, accompagnée de six merlettes de sable en orle.*

CAUMONT (DE). — Écuyer, sieur de Boismont, Élection de Neufchâtel, maintenu le 24 janvier 1667 : *D'argent, à trois fasces de gueules; la première chargée d'une étoile d'or, accostée de deux besants du même.*

CAUMONT (DE). — Seigneur de Gauville et du Bout-du-Bois, généralité de Rouen, maintenu le 22 février 1669 : *D'argent, à trois fasces de gueules; la première surmontée de trois tourteaux du même.*

CAUMONT (DE). — Élection de Montivilliers, maintenu le 8 juillet 1669 : *D'azur, à trois annelets d'or, au chef d'argent, chargé de trois mouchetures de sable.*

CAUMONT (DE). — Élections de Caen et de Saint-Lô : *Écartelé : aux 1 et 4, d'argent, à trois merlettes de sable; aux 2 et 3, d'argent, à une quintefeuille de gueules.*

CAUMONT. — Écuyer, sieur de la Paindrie, Élection de Coutances, maintenu en 1666 : *Écartelé : aux 1 et 4, d'argent, à six merlettes de sable; aux 2 et 3, d'argent, à six quintefeuilles de gueules.*

CAUQUIGNY (DE). — Écuyer, sieur dudit lieu, Élection de Montivilliers, maintenu le 21 février 1668 : *D'azur, à trois trèfles d'or.*

CAUVET (DE). — Écuyer, sieur de Guehebert, Élection de Bayeux, maintenu en 1666 : *D'azur, au chevron d'or, accompagné de trois roses du même.*

CAUVIGNY. — Écuyer, sieur de Clinchamp, généralité de Rouen, maintenu en 1666 : *D'argent, au chevron de sable, accompagné de trois merlettes du même, au chef du second, chargé de trois coquilles du champ.*

CAVELANDE (DE). — Seigneur de Caudemuche, Élection de Pont-l'Évêque, maintenu en 1666 : *D'or, à trois chouettes de sable.*

CAVELET. — Seigneur d'Houquetot, de Verbosc, de Roudemare, etc., Élection de Montivilliers, maintenu le 2 janvier 1667 : *De gueules, à deux chevrons d'or; au chef du même, chargé de trois tourteaux du champ.*

CAVELIER. — Écuyer, sieur de Saint-Jacques, généralité de Rouen, maintenu en 1667 : *D'argent, à la bande d'azur, accompagnée de six losanges en orle du même.*

CAVELIER. — Écuyer, sieur d'Auberville, généralité de Rouen : *D'azur, au croissant d'argent, accompagné de trois étoiles d'or.*

CAVELIER. — Écuyer, sieur de Maucomble, de Carville, etc., généralité de Rouen : *D'azur, à trois croissants d'or, posés 2 et 1.*

CAVEY. — Écuyer, sieur de Villedieu, du Buisson, d'Hommay et de Fonteny, Élection d'Argentan, maintenu le 1er avril 1709 : *D'argent, à trois coqs de sable, crêtés, barbés, becqués et membrés de gueules; au chef du champ, chargé de trois mouchetures du second émail.*

CAVIGNY (DE). — Élection de Coutances.

CECIRE (DE). — Écuyer, sieur du Bage, du Moucel, etc., Élection de Pont-Audemer, maintenu le 4 juin 1666 : *D'argent, à un écusson d'azur, accompagné d'un orle de huit merlettes du même.*

CERF (LE). — Écuyer, sieur du Breuil, Élection de Pont-Audemer, maintenu le 9 janvier 1668 : *D'argent, au chevron de gueules, accompagné de trois cœurs du même.*

CERVELLE (DE LA). — Seigneur dudit lieu et du Désert, Élection d'Avranches, maintenu en 1666 : *De sable, à trois losanges d'or.*

CESNE (LE). — Chevalier, seigneur de Menilles, Élection d'Évreux, maintenu le 9 août 1666 : *Écartelé d'argent et de gueules.*

CHABERT (DE). — Écuyer, sieur de Pontauvart, Élection de Coutances, maintenu en 1666 : *Écartelé : aux 1 et 4, d'azur, à la bande d'argent, chargée de trois couronnes ducales de gueules; aux 2 et 3, d'argent, à trois rocs d'échiquier de sable.*

CHALANGE (DE). — Écuyer, sieur du Mesnil, Élection de Pont-de-l'Arche, maintenu le 11 août 1666 : *De gueules, à trois soleils d'or.*

CHALLARD. — Écuyer, sieur de Bourgimière, Élection de Mortagne, maintenu le 12 juillet 1667 : *De sable, à trois pals alésés d'argent.*

CHALLOU. — Écuyer, sieur du Coudray, Élection de Falaise, maintenu le 1er avril 1668 : *D'azur, à la fasce d'or, chargée de trois coquilles de gueules.*

CHALONS (DE). — Sieur de Maigremont, généralité de Rouen : *Écartelé par une croix patée d'or ; au 1, de sinople à deux tours pyramidées et pannoncées d'argent ; au 2, d'azur à 13 étoiles d'argent et deux croissants de même cantonnés l'un sur l'autre ; au 3, d'argent au lion de gueules ; au 4, d'argent, à l'arbre de sinople traversé au pied par un ours passant de sable sur une terrasse de sinople, à la bordure d'or, chargée de 13 coquilles d'azur.*

CHALOPIN. — Écuyer, sieur de la Galopinière, Élection de Mortagne : *D'azur, à trois rameaux d'or, posés en pairle.*

CHALUET (DE). — Généralité de Caen : *Écartelé, aux 1 et 4, de gueules, à la bande d'or, chargée de trois croisettes du champ et accompagnée en chef d'une tête de lion arrachée du second émail, et en pointe d'une quintefeuille du même ; aux 2 et 3, d'azur, à trois demi-vols d'argent.*

CHAMBRAY (DE). — Baron dudit lieu, Élection de Conches, maintenu le 16 février 1668 : *D'hermine, à trois tourteaux de gueules.*

CHAMBRE (DE LA). — Écuyer, sieur de la Fortaye et du Vauborel, maintenu le 1er avril 1670 : *De sable, à la fasce d'or, frettée de gueules et accompagnée de trois roses d'or.*

CHAMPAGNE (DE LA). — Sieur du Mesnil, Heudegrain, Élection de Rouen : *D'azur au chevron, accompagné en chef de deux molettes et en pointe d'un panache, le tout d'or.*

CHAMPIN. — Écuyer, sieur de Gesnay, Élection de Lisieux, maintenu le 18 janvier 1667 : *D'argent, à trois hures de sanglier de sable.*

CHAMPION (DE). — Écuyer, Élection de Coutances, maintenu en 1666 : *D'or, au lion d'azur, à la bordure de gueules.*

CHAMPION. — Écuyer, sieur de St-Martin, de la Laydes, etc., Élection de Coutances, maintenu en 1666 : *D'or, au lion d'azur ; au lambel de gueules.*

CHAMPION. — Écuyer, sieur de Tilly, Élection de Conches, maintenu le 16 août 1666 : *De gueules, à trois losanges d'argent.*

CHAMPREPUS. — Élection de Coutances : *Coupé, au 1, d'azur, à la fasce d'or, accompagnée en chef d'une levrette d'argent, colletée et bouclée du second émail ; au 2, d'argent, à une moucheture de sable.*

CHAMPS (DES). — Écuyer, sieur de la Londe, du Mesnil-Richard et de Saint-Marc, Élections de Gisors et Pontoise, maintenu le 19 mars 1669 : *D'argent, à la bande d'azur, chargée de trois toupins d'or.*

CHAMPS (DES). — Écuyer, sieur de Cutreval, d'Arquemont, etc., Élection de Montivilliers, maintenu le 28 janvier 1667 : *D'azur, à trois roses d'argent.*

CHAMPS (DES). — Écuyer, sieur du Réel, généralité de Rouen : *De gueules, à la bande d'argent, chargée d'une cotice de sable, surchargée de trois toupins d'or.*

CHAMPS (DES). — Écuyer, sieur de Saint-Victor, de Cretenville, de Fourmetour, etc., Élection de Caudebec, maintenu le 23 juillet 1668 : *D'or, à l'épervier essorant de sable ; au chef d'azur, chargé de trois tours couvertes, du champ.*

CHAMPS (DES). — Écuyer, sieur de la Motte, du Chouqué, etc., Élection de Montivilliers, maintenu au mois de juillet 1667 : *D'argent, à la fasce de gueules, chargée de trois molettes d'éperon d'or et accompagnée de trois merlettes de sable.*

CHAMPS (DES). — Écuyer, sieur d'Esnitot, Boishébert, Beureville, Saint-Laurens, d'Escures, Cabourg, les Chateaux, etc., Élection de Montivilliers, maintenu le 12 août 1667 : *D'argent, à trois perroquets de sinople, becqués et membrés de gueules.*

CHAMPS (DES). — Écuyer, sieur de Perriers, des Planchettes, de la Croix, etc. : *D'azur, au delta d'or, accompagné de trois besants d'argent, deux en chef et l'autre en cœur.*

CHAMPS (DES). — Seigneur de Boisfouques, généralité d'Alençon, maintenu le 31 octobre 1667 : *D'hermine, à la fasce de gueules, chargée de trois otelles d'argent.*

CHAMPS (DES). — Écuyer, sieur de Caudeyne, Élection de Lisieux, maintenu le 18 septembre 1666 : *D'azur, à trois besants d'or.*

CHANDEBOIS. — Écuyer, sieur de la Haye, généralité d'Alençon : *De gueules, à trois croissants d'argent ; au chef cousu de gueules, chargé d'un demi-vol d'or, accosté de deux membres de griffon adossés du même.*

CHANDELIER (LE). — Généralité de Rouen : *De sable, au chandelier d'or.*

CHANNES (DE). — Élection de Mortain, maintenu en 1666.

CHANTELOU (DE). — Généralité de Rouen : *D'argent, à la bande de sable.*

CHANTELOUP (DE). — Écuyer, sieur de la Rivière, Élection de Bayeux, maintenu en 1666 : *D'argent, au loup de sable, armé et lampassé de gueules.*

CHANTELOUP (DE). — Sieur de la Morignière, Élection de Pont-l'Évêque : *D'argent, au loup courant de sable.*

CHANTELOUP. — Écuyer, sieur de la Vallée, la Lande, Élection de Carentan : *D'argent, au loup de sable ; à l'orle de huit tourteaux d'azur.*

CHANTEPIE. — Écuyer, sieur de Finel, Élections de Coutances et de Bayeux, maintenu en 1666 : *D'azur, à la croix d'argent, chargée en cœur d'une pie de sable et cantonnée de quatre besants d'or.*

CHANTEUR (LE). — Écuyer, sieur des Isles, Élection d'Argentan, maintenu le 27 juillet 1667 : *De gueules, au chevron d'or, accompagné de trois larmes d'argent.*

CHAPELET. — Généralité de Caen : *D'azur, au chevron d'or, accompagné de trois patenôtres d'argent.*

CHAPELET. — Écuyer, sieur dudit lieu, de la Charmoys, du Valet, Saint-Laurens, Élection de Bernay, maintenu le 3 mars 1667 : *D'azur, au chevron d'or, accompagné de trois chapelles d'argent.*

CHAPELLE (LA). — Écuyer, sieur du Buisson, Élection de Valogne, maintenu en 1666 : *D'azur, au chevron d'or, accompagné en chef de deux molettes d'éperon du même et en pointe d'un croissant d'argent.*

CHARDON. — Écuyer, sieur de la Mauvoisinière, du Gast, etc., Élection d'Argentan, maintenu le 11 mai 1667 : *De gueules, au chevron d'argent, accompagné de trois colombes du même.*

CHARLES. — Écuyer, sieur de Gruchet, Élection d'Arques : *D'argent, à la fasce d'azur, chargée de trois couronnes ducales d'or.*

CHARLEMAGNE. — Écuyer, sieur du Boulay, Élection de Pont-Audemer, maintenu le 14 décembre 1668 : *D'azur, au chevron accompagné en chef de deux croissants en pointe d'une molette d'éperon, le tout d'or.*

CHARMONT (DE). — Écuyer, sieur de Hennecourt, Élections de Gisors et Pontoise, maintenu le 21 mai 1669 : *D'or, à la fasce de gueules, accompagnée de six merlettes de même, au chef d'azur.*

CHARMONT. — Écuyer, sieur de Hequencourt, Élections de Gisors et Pontoise, maintenu le 16 mars 1670 : *D'argent, au chevron d'azur, accompagné en chef de deux étoiles de gueules, et en pointe d'une tête de Maure de sable, au tortil du champ.*

CHARON (DE). — Écuyer, sieur de Montcheron, Élection de Pont-l'Évêque : *D'or, au sautoir de gueules, accompagné de trois merlettes de sable, deux en flanc et l'autre en pointe ; au chef dentelé d'azur.*

CHARTIER (LE). — Écuyer, sieur de l'Enclos, Élection de Pont-l'Évêque : *D'azur, au dextrochère d'or, mouvant d'une nuée d'argent, armé d'une épée du même, garnie du second et accompagnée de trois étoiles du même.*

CHARTIER (LE). — Élection de Coutances, maintenu en 1666 : *D'azur, au chevron d'argent, accompagné en chef de deux trèfles d'or, et en pointe d'un croissant du même.*

CHARTIER (LE). — Écuyer, sieur du Mesnil, de Saint-Denis, Élection de Vire : *D'azur, à une fasce alésée d'or accompagné en chef de deux perdrix du même et en pointe d'un tronc d'olivier feuillé de chaque côté de trois feuilles aussi d'or.*

CHARTIER (LE). — Élection de Bayeux, maintenu en 1666 : *D'argent, à la bande d'azur, chargée de trois coquilles d'or et accompagnée de trois roses de gueules, une en chef et deux en pointe ; au chef du second, chargé de trois étoiles d'or.*

CHASLON. — Écuyer, sieur de la Chaslonnière, la Chesnée, la Feuillée, etc., Élection de Valogne, maintenu en 1666 : *De sinople, à trois levrettes d'argent.*

CHASLOT. — Écuyer, sieur de Montjulle, Élection de Falaise, maintenu le 17 avril 1667 : *D'argent, à trois aiglettes éployées au vol abaissé de sable.*

CHASTEL (DU). — Écuyer, sieur de Gribouval, le Mesnil, de la Bucaille, Élection de Rouen, maintenu en 1668 : *D'argent, à trois tours de gueules.*

CHATEAU-THIERRY. — Sieur de Monthean, du Breuil, la Motte, généralité d'Alençon, maintenu le 1er juillet 1667 : *De gueules, à la devise abaissée d'argent, surmontée d'un faucon tenant un rameau de huit feuilles, le tout du même.*

CHATEAU-THIERRY. — Écuyer, sieur de la Noue, généralité d'Alençon, maintenu le 25 mai 1667 : *Parti, au 1, d'azur, à trois chevrons d'argent ; au 2, de gueules, au tronc d'arbre, terrassé d'argent, soutenant un faucon d'or.*

CHATEL (DU). — Seigneur de Lison, de Castillon, Rampan, Élection de Bayeux, maintenu le 29 juillet 1667 : *D'azur, à trois châteaux d'or.*

CHATEL (DU). — Écuyer, sieur de Carbonnet, Plauprey, la Moinerie, Toutelière, du Val, etc., Élections de Falaise et Bayeux, maintenu le 29 juillet 1667 : *De gueules, à la tour donjonnée de trois pièces d'or.*

CHATEL (DU). — Sieur de la Bouardois, de Longrosny, etc., Élection de Coutances : *De gueules, au château d'or.*

CHASTELIER (DU). — Écuyer, sieur de Saint-Germain, généralité de Rouen : *D'azur, à trois croissants d'argent, surmontés de trois losanges rangées en chef d'or.*

CHAUFFOURT (DE). — Élect. de Gisors, maintenu en août 1666 : *D'azur, à trois biches passantes de gueules navrées au travers du col d'une flèche de même mise en barre, la pointe vers le flanc droit de l'écu ; au chef d'azur, chargé d'une étoile d'or.*

CHAULIEU (DE). — Écuyer, sieur de Miramonde, Lesigneul, Élection de Bernay, maintenu le 11 juin 1666 : *De sable, à la bande dentelée d'argent, chargée en chef d'un croissant du champ, et accompagnée de six merlettes du second, mises en orle ; au chef cousu d'azur, chargé de trois coquilles d'or.*

CHAUMONT-BOISSY. — Généralité de Rouen : *Fascé d'argent et de gueules de huit pièces.*

CHAUMONTEL (DE). — Écuyer, sieur du Haultchemin et d'Huit-Mesnil, Élection de Falaise, maintenu le 24 janvier 1668 : *D'argent, à la fasce de sable, accompagnée de trois merlettes de gueules.*

CHAUSSÉE (DE LA). — Écuyer, sieur dudit lieu et de la Casière, Élection de Mortain, maintenu le 12 juillet 1666 : *D'azur, à la fasce d'or, accompagnée en chef d'un lion léopardé d'argent, et en pointe de trois losanges du même.*

CHAUVEL (DE). — Élection de Bernay, maintenu le 9 avril 1666 : *D'azur, au chevron d'or, accompagné en chef, à dextre, d'un croissant d'argent, à sénestre, d'une molette d'éperon du second émail, et en pointe, d'une rose du même.*

CHAUVIGNY (DE). — Généralité de Caen : *D'argent, à cinq fusées de gueules en fasce.*

CHAUVIN. — Écuyer, sieur de Varengueville et Offranville, généralité de Rouen, maintenu le 8 juillet 1667 : *D'azur, à la fasce d'or, soutenue d'un demi-cercle d'argent, chargée de trois oiseaux de sable, becqués et onglés de gueules.*

CHAVAGNAC (DE). — Élection de Montivilliers, maintenu le 24 juillet 1667 : *D'or, à trois roses de gueules.*

CHEMIN (DU). — Seigneur de La Tour et du Mesnil-Durand, Élection de Saint-Lô, maintenu en 1666 : *De gueules, au lion d'hermine.*

CHEMIN (DU). — Écuyer, sieur de Bedroc, Élection de Caudebec, maintenu le 7 septembre 1667 : *D'azur, à la fleur de lis d'argent.*

CHEMIN (DU). — Écuyer, sieur du Bourg, Chesnaudière, etc., Élection de Falaise, maintenu le 2 mai 1667 ; le sieur de la Courcière, maintenu le 7 août 1666 : *D'hermine, au chevron d'azur.*

CHENNEVAS (DE). — Écuyer, sieur de Jeucourt, Élection d'Andely, maintenu le 7 juillet 1669 : *D'argent, au chêne arraché de sinople, au chef de gueules, chargé de trois lances naissantes d'argent.*

CHENNEVIÈRES (DE). — Écuyer, sieur de Boisgentière, généralité de Caen, maintenu en 1666 : *D'argent, à une merlette de sable; à l'orle de huit étoiles d'azur.*

CHENNEVIÈRES (DE). — Écuyer, sieur de Londelle, Élection d'Argentan, maintenu le 1er avril 1667 : *D'azur, à un écusson d'argent, chargé d'une molette de sable; à l'orle de huit étoiles du second.*

CHERIE. — Écuyer, sieur de Beauval, Villencourt, etc., Élection de Neufchâtel, maintenu le 7 septembre 1668 : *D'or, à deux lions affrontés de sable, soutenant un cœur de gueules.*

CHÉRON. — Écuyer, sieur du Fresnay et de Montchéron, Élection de Pont-l'Évêque : *D'or, à la croix de gueules, chargée de trois molettes d'éperon d'argent, rangées en fasce ; aliàs : d'or, au sautoir de gueules, accompagné de trois merlettes d'azur, au chef dentelé de même, brochant sur le sautoir.*

CHERVILLE (DE). — Élection d'Évreux : *Coupé, d'azur, au cerf au naturel sur une terrasse de sinople; d'argent, à un aigle de sable.*

CHESNART. — Écuyer, sieur de Beauregard, des Gast, Élection d'Évreux, maintenu le 26 octobre 1666 : *D'azur, à trois marmites d'or.*

CHESNAY (DU). — Écuyer, sieur dudit lieu, et de Villepandue, Élection de Mortagne, maintenu le 1er juin 1666 : *De sable, à trois roses d'argent.*

CHESNAYE (DE LA). — Écuyer, sieur de Montval, généralité de Rouen, maintenu le 12 août 1666 : *D'argent, à la bande d'azur, chargée de trois croissants d'or, et accompagnée de trois glands versés de sinople, deux rangés en chef et l'autre en pointe.*

CHESNE (DU). — Écuyer, sieur de Châteliers, Élection de Pont-de-l'Arche, maintenu le 8 décembre 1666 : *D'azur, au chevron d'or, accompagné de trois glands du même.*

CHESNE (DU). — Écuyer, sieur de Saint-Marc, de Préaux, etc., Élection d'Évreux, maintenu le 13 août 1666 : *D'azur, au croissant d'argent, accompagné de trois molettes d'éperon, aliàs, de trois étoiles d'or.*

CHESNELONG. — Écuyer, sieur de Loinville, Élection de Mortagne, maintenu le 20 avril 1667 : *De gueules, à trois croissants d'argent.*

CHESNU. — Écuyer, sieur de Merceville, Élection de Rouen : *D'argent, au chêne de sinople.*

CHEUX (DE). — Écuyer, sieur de Benneville, généralité de Caen, maintenu en 1666 : *D'argent, à la croix ancrée de sable, chargée en cœur d'une losange du champ.*

CHEVALIER (LE). — Écuyer, sieur du Bosc, Élection de Lions, maintenu le 7 septembre 1667 : *D'azur, au sautoir d'argent, cantonné de quatre étoiles du même.*

CHEVALIER (LE). — Écuyer, sieur de Ber, de Buvère, Parc, etc., généralité de Caen, maintenu en 1666 : *De gueules, au cavalier armé de toutes pièces, combattant un sauvage d'or, le tout sur une terrasse de sinople.*

CHEVALIER (LE). — Élection de Bayeux, maintenu en 1666 : *D'azur, à trois chevaliers d'argent, (oiseaux) membrés et becqués de gueules.*

CHEVALIER (LE). — Seigneur d'Engreville, Élection de Bayeux : *D'azur, à trois chevaliers d'argent, becqués et membrés de gueules, au chef d'or.*

CHEVALIER (LE). — Sieur de Boisherout, généralité de Rouen : *D'or, au pal d'argent.*

CHEVALIER (LE). — Seigneur de Sainte-Marine, la Roberte, du Mesnil, etc., Élection d'Argentan, maintenu le 29 mai 1667 : *De sable, au chevron d'or, accompagné en chef de deux éperons, les molettes cantonnées, et en pointe d'une épée en pal, le tout du même.*

CHEVALIER (LE). — Écuyer, sieur de Curetot, Élection de Montivilliers : *D'azur, à trois fers de lance d'argent.*

CHEVESTRE. — Écuyer, seigneur de Cintray, Élection de Verneuil, maintenu le 26 août 1666 : *D'azur, à trois chouettes d'or.* Les sieurs de Beauchêne, Élection de Gisors, portent de même.

CHIVRÉ (DE). — Chevalier, marquis de la Barre, Élection de Valogne, maintenu en 1666 : *D'argent, au lion de sable, armé et lampassé de gueules, couronné d'or.*

CHOASNAYT (DE). — Écuyer, sieur de Mariée, Élection de Caudebec, maintenu le 20 avril 1669 : *D'azur, à trois genettes d'or.*

CHRESTIEN. — Élection de Mortagne : *D'azur, à la fasce d'argent, chargée de trois roses de gueules, et accompagnée de trois fleurs de lis au pied nourri du second émail.*

CHRESTIER. — Élection de Mortagne : *Gironné de gueules et d'argent ; à l'écusson du dernier émail, chargé d'une croix de gueules.*

CIGONGNE. — Écuyer, sieur de Bois, de Mayenne, etc., Élection de Domfront, maintenu le 1er juin 1667 : *D'azur, à trois fleurs de lis d'or ; à la bande échiquetée de gueules et d'argent de deux tires, brochante sur le tout.*

CILLEUR (LE). — Écuyer, sieur de Saint-Bris, du Pissot, etc., Élection de Domfront, maintenu le 12 mai 1667 : *D'azur, à la bande d'or, accostée en chef de trois molettes d'éperon du même, et en pointe de trois coquilles contournées d'argent.*

CINGAL. — Écuyer, sieur de Sainte-Marguerite, généralité de Caen, maintenu en 1666 : *D'azur, à trois mains sénestres d'argent.*

CINTRAY (DE). — Écuyer, sieur de Grandprey, Élection de Pont-Audemer, maintenu le 3 décembre 1666 : *De gueules, à trois coquilles d'or.*

CIRESME (DE). — Écuyer, sieur de la Ferrierre, de Sillanne, de Barville et du Colombier, Élection de Bayeux : *De sinople, à trois faulx d'argent, emmanchées d'or.*

CIVILLE. — Écuyer, sieur de Saint-Mars, de Villers, de la Ferté, de Hugueville, etc., généralité de Rouen, maintenu le 11 février 1667 : *D'argent, au chef d'azur, chargé d'une fleur de lis d'or, accostée de deux molettes d'éperon du même.*

CLAMORGAN (DE). — Seigneur de Carmenil, Élection de Valogne, maintenu en 1666 : *D'argent, à l'aigle éployée de sable, languée, becquée et membrée d'or.*

CLAMORGAN (DE). — Écuyer, sieur de Grosdeches et d'Angoville, Élection de Carentan, maintenu en 1666 : *D'argent, à l'aigle de sable, languée, becquée et membrée d'or ; à la bordure de gueules.*

CLERAY. — Écuyer, sieur de Grandpré de Mezière, des Marinières, etc., généralité d'Alençon, maintenu le 16 avril 1666 : *Coupé d'or et d'argent, au lion de gueules sur le tout.*

CLERC (LE). — Écuyer, seigneur de Croisset, du Grand-Quevilly, de Bouville, etc., généralité de Rouen : *D'azur, à trois lions naissants d'or, armés et lampassés de gueules.*

CLERC (LE). — Élection d'Arques, maintenu le 16 décembre 1667 : *D'argent, à la bande dentelée de sable, accostée en chef d'une merlette, et en pointe de trois étoiles, le tout du même.*

CLERC (LE). — Écuyer, sieur des Marets, de Huppy, Élection de Neufchâtel, maintenu le 3 octobre 1670 : *D'azur, à trois croissants d'or.*

CLERC (LE). — Généralité de Rouen : *D'argent, à la fasce d'azur, diaprée d'or.*

CLERCY (DE). — Chevalier, seigneur d'Angiens, Silecron, Brumesnil, Élection de Caudebec, maintenu le 15 juillet 1667 : *De sinople, à la fleur de lis d'or.*

CLEREL. — Écuyer, sieur de Rampan, du Breuil, de Tocqueville, etc., Élection de Valogne, maintenu en 1666 : *D'argent, à la fasce de sable, accompagnée en chef de trois merlettes rangées du même, et en pointe de trois tourteaux d'azur.*

CLERGERIE (DE LA). — Écuyer, sieur du Parc, des Tenveries, etc., Élection de Mortagne, maintenu le 4 janvier 1669 : *D'argent, à trois fasces de sable ; à quatre cotices d'or, brochantes sur le tout.*

CLERMONT-TONNERRE (DE). Chevalier, seigneur et baron de Courcelles, Élection de Lions, maintenu le 16 juin 1669 : *D'azur, à deux clefs adossées et passées en sautoir d'argent.*

CLERONDE (DE). — Élection de Bayeux, maintenu en 1666 : *De gueules, au donjon d'argent sur une terrasse du même, accosté de deux lions affrontés d'or.*

CLÉRY (DE). — Écuyer, sieur de Serans, de Pienne, etc., Élection de Chaumont, maintenu le 19 juillet 1666 : *Écartelé : aux 1 et 4, de sable, à l'aigle éployée d'or ; aux 2 et 3, d'argent, à la fasce de gueules, accompagnée de trois clefs de sable ; sur le tout d'hermine, au franc canton de gueules, chargé de trois fermaux d'argent.*

CLINCHAMP (DE). — Seigneur dudit lieu, de Donnay, Élection de Falaise, seigneur de Bellegarde et de Launay, Élection de Pont-l'Évêque, maintenu le 30 juin 1666 : *D'argent, au gonfanon de gueules, frangé de sinople.*

CLINCHAMPS (DE). — Élection d'Avranches : *D'argent, à trois fanons de gueules, doublés et frangés de sinople.*

CLOS (DU). — Écuyer, sieur de Bosheullin, Élection de Bernay, maintenu le 11 juin 1666 : *D'or, au chevron de gueules, surmonté d'une molette d'éperon du même, et accompagné de trois coquilles de sable.*

CLOUET. — Sieur de Buguemare, généralité de Rouen.

CLOUSTIER (LE). — Seigneur de Mézières, de Monts, Élection d'Évreux, maintenu le 9 mars 1669 : *D'azur, à deux lions affrontés d'argent, armés et lampassés d'or ; au chef d'or, chargé d'un léopard de sable ; aliàs : d'un lion passant.*

COCHART. — Écuyer, sieur de Soulle, Saint-Sauveur, etc., Élection de Coutances, maintenu en 1666 : *De gueules, à trois fasces d'argent.*

COCQ (LE). — Écuyer, sieur de Mézières, de Sainte-Croix et de Plancheville, Élection d'Arques : *D'azur, à la croix de neuf losanges d'or.*

COCQ (LE). — Écuyer, sieur du Rocher, Beaurobert, etc., Élection de Carentan, maintenu en 1666 : *D'azur, au sautoir d'argent ; au chef du même, chargé d'une molette d'éperon, accostée de deux flanchis, le tout de gueules.*

COCQ (LE). — Élection de Coutances : *Coupé d'argent et d'azur ; au sautoir de l'un en l'autre, accompagné en chef d'une molette d'éperon de gueules.*

COCQ DE HUMBEECK ET DE DIEVALLE (LE). — *D'argent, au coq de sable, crété, becqué et membré de gueules.*

COCQUET. — Écuyer, sieur de Bévigny, généralité de Rouen, maintenu le 4 juin 1668 : *D'azur, à dix monts d'or : 4, 3, 2 et 1.*

COETLOGON (DE). — Écuyer, sieur de Tratours, généralité de Gisors, maintenu le 5 juillet 1660 : *De gueules, à trois écussons d'hermine.*

COEURET. — Écuyer, sieur d'Estry et de Nesle, Élection de Vire, sieur des Groiseillers, Élection de Pont-l'Évêque, maintenu en 1666 : *D'argent, à trois cœurs de gueules.*

COFFARD. — Écuyer, sieur de Closmartin, Élection de Bernay, maintenu le 1er novembre 1667 : *D'azur, au chevron d'or, accompagné en chef de deux étoiles d'argent, et en pointe d'un demi-vol du même.*

COGNY. — Écuyer, sieur de Vaux, Élection de Conches, maintenu le 5 juillet 1667 : *D'argent, à la fleur de lis de gueules, accostée de deux membres d'aigle du même, celui à dextre contourné, et accompagné de trois loups de sable, ceux du chef affrontés.*

COIGNEUX (LE). — Généralité de Rouen : *D'azur, à trois porc-épics d'or.*

COINTE (LE). — Écuyer, sieur de Vais et de Braye, Élection de Coutances, maintenu en 1666 : *D'or, au sautoir d'azur, chargé de cinq maillets d'argent.*

COINTE (LE). — Écuyer, sieur des Loges, de Quetreville, etc., généralité de Caen, maintenu en 1666 : *De gueules, à la fasce d'or, chargée de cinq mouchetures de sable, et accompagnée de trois étoiles d'argent.*

COLAS. — Écuyer, sieur de Saint-André, Élection de Valogne, maintenu en 1666 : *D'azur, au soleil d'or, surmonté de trois étoiles du même.*

COLAS. — Écuyer, sieur de Tenax, de Gouyères, de Gasse, Chaumont, etc. : *D'argent, à la givre de sable, issante de gueules ; au chef du même, chargé de trois roses du champ.*

COLIBERT. — Écuyer, sieur de la Croix, Élection de Coutances, maintenu en 1666 : *D'argent, au cor de chasse contourné de sable, lié de gueules, enguiché et virolé d'or ; au chef d'azur, chargé de deux roses d'or.*

COLLARDIN (DE). — Seigneur de Bois-Olivier, Élection de Vire, maintenu en 1666 : *De sable, à la fasce d'or, chargée à sénestre d'un tourteau de gueules, et surmontée au canton dextre d'une fleur de lis du second émail.*

COLLART. — Écuyer, sieur de Rouillard, de Saint-Léger, Élection de Pont-l'Évêque, maintenu le 6 septembre 1668 : *D'argent, à quatre burelles de sable.*

COLLAS. — Écuyer, sieur de Baronval, Élection de Verneuil, maintenu le 7 septembre 1667 : *D'azur, à trois fasces d'or ; écartelé : d'azur, à la bande échiquetée du champ et d'or de deux tires.*

COLLESSON. — Écuyer, sieur des Coutures, chevalier, seigneur de Baronne, Chevreuse, Saint-Marc, etc., élection de Bernay, maintenu le 14 août 1668 : *D'argent, à la coquille de gueules, accompagnée de trois flanchis de sable.*

COLLET. — Écuyer, sieur de Longchamp, Élection de Montivilliers, maintenu le 12 septembre 1667 : *D'azur, à la bande d'argent, chargée de trois étoiles de gueules.*

COLLET. — Écuyer, sieur d'Avillières, du Cormier, de la Touche, etc., Élection de Mortagne, maintenu le 16 avril 1666 : *D'azur, à trois fasces d'argent.*

COLLET. — Écuyer, sieur des Bonnes, Élection de Falaise, de la Ruaudière et Boismont, Élection de Pont-l'Évêque, maintenu le 24 août 1666 : *D'azur, au chevron d'or, accompagné en chef de deux molettes d'éperon du même, et en pointe d'une main d'argent.*

COLLIN (DE). — *Tiercé en fasce, au 1, de sinople, au croissant d'argent, surmonté d'un aigle d'or ; au 2, d'argent ; au 3, de sable, au lion d'or.*

COLLIN (DE). — *D'azur, à trois colonnes d'or.*

COLLIN. — Écuyer, sieur de Bousabbé, généralité de Rouen, maintenu le 12 avril 1668 : *De gueules, à la hure de sanglier d'or, défendue d'argent ; au chef du second, chargé de quatre étoiles du champ.*

COLOMBEL (DE). — Élection de Pont-Audemer, maintenu le 4 février 1667 : *D'azur, à la fasce d'or, accompagné en chef de deux colombes affrontées d'argent et en pointe d'une bisse en fasce du même.*

COMBES (DE). — Chevalier, seigneur de Pouilly, Élection de Chaumont, maintenu le 5 mars 1669 : *D'azur, à une ancre d'argent en pal, sur une mer du même, accostée de deux étoiles d'or.*

COMTE (LE). — Écuyer, sieur du Mesniltison, de Vaux, etc., Élection d'Évreux : *D'azur, à trois bars rangés d'argent, le museau et les nageoires de gueules, au chef d'or.*

COMTE (LE). — Écuyer, sieur de Cressanville, la Potorie, etc., Élection d'Andely, maintenu le 20 janvier 1669 : *D'azur, à trois molettes d'éperon d'argent.*

COMTE (LE). — Élection de Coutances, maintenu en 1666 : *D'argent, à l'écusson d'azur chargé d'une bande d'or, surchargé de trois anilles de sable et accompagné de trois cœurs de gueules.*

COMTE (LE). — Écuyer, sieur de la Richardière, du Bourg, Gissay, Forest, etc., Élection de Bernay, maintenu le 12 février 1669 : *D'azur, au chevron d'argent, accompagné de neuf besants d'or, six en chef, trois à dextre, et trois à sénestre, 2 et 1, et 3 de même en pointe.*

COMPAINS (DE). — Sieur du Boulhart, Élection de Montivilliers, maintenu le 27 janvier 1667 : *D'azur, au lion léopardé d'argent ; au chef du même, chargé de trois croisettes de gueules.*

CONAIN (DE). — Écuyer, sieur de Radiolles, Élection d'Arques, maintenu le 14 septembre 1667 : *D'argent, à trois mouchetures de sable.*

CONFLANS (DE). — Chevalier, seigneur de Nancourt-le-Secq, Élection de Chaumont, maintenu le 21 septembre 1668 : *D'azur, semé de billettes d'or ; au lion du même.*

CONSEIL. — Écuyer, sieur du Mesnil, Élection de Bayeux, maintenu en 1666 : *De gueules, à la croix fleurdelisée, accompagné en chef, à dextre d'une rose, et à sénestre d'une coquille, le tout d'argent.*

CONSTANCES (DE). — Écuyer, sieur du Mesnil-Vasse, Élection de Rouen, maintenu le 29 avril 1668 : *D'azur, à la fasce d'or, accompagnée de trois merlettes d'argent.*

CONTE (LE). — Écuyer, sieur de Tibermont, marquis de Pierrecourt, comte de Nonant, Élection de Pont-Audemer, maintenu le 27 septembre 1669 : *D'azur, au chevron d'argent, accompagné en pointe de trois besants d'or posés 1 et 2.*

CONTE (LE). — Écuyer, sieur de Dracqueville, généralité de Rouen : *D'azur, à trois molettes d'éperon d'or.*

CONTE (LE). — Écuyer, sieur de Boisroger, d'Espinay, de Launay, etc., généralité de Caen, maintenu en 1666 : *D'or, à l'épervier s'essorant au naturel, becqué et membré de gueules.*

CONTE DES FLORIS (LE). — *D'argent, à l'écusson d'azur, chargé d'une bande d'or, surchargé de trois merlettes de sable et accompagné de trois cœurs de gueules.*

CONTREMOULINS (DE). — *De gueules, au lion d'argent, accompagné de trois roses d'or.*

CONTY (DE). — Sieur de Mesnillet, Élection de Caudebec, originaire de Picardie : *De gueules, au lion d'or.*

COQ (LE). — Écuyer, sieur de Mesières, Élection de Pont-Audemer : *D'azur, à la croix losangée d'or de neuf pièces.*

COQUET. — Écuyer, sieur de la Bignetières, Rolleville, Élection de Pont-l'Évêque, maintenu le 4 juin 1668 : *D'azur, à dix rocs d'échiquier d'argent : 4, 3, 2 et 1.*

CORDAY (DE). — Écuyer, sieur dudit lieu, Élection d'Argentan : *D'argent, à trois chevrons de gueules.*

CORDAY (DE). — Écuyer, sieur du Fay, Élection d'Argentan, maintenu le 27 mai 1667 : *De sable, au lion d'argent, armé et lampassé d'or.*

CORDAY (DE). — Écuyer, sieur de la Roque, Élection de Pont-l'Évêque, maintenu le 18 novembre 1668 : *D'argent, au lion de gueules.*

CORDAY. — Écuyer, sieur de Lizoère, seigneur de Corday, Élection d'Argentan : *D'azur, à trois chevrons d'or.*

CORDIER (LE). — Chevalier, seigneur du Tronc, de Varaville, de la Pile, etc., généralité de Rouen : *D'azur, à la bande d'argent, chargée de cinq losanges de gueules et accostée de deux molettes d'éperon d'or.*

CORDIER (LE). — Écuyer, sieur de Maloisel : *D'azur, au chevron d'or, accompagné de trois étoiles de même.*

CORDIER (LE). — Écuyer, sieur du Crux, Élection de Valogne, maintenu en 1666 : *De gueules, à trois lances d'or.*

CORDIER (LE). — Écuyer, sieur de Berissard et de Saint-Gin, généralité de Rouen : *D'or, au croissant d'azur; au chef de sable, chargé d'une etoile du champ.*

CORDIER (LE). — Écuyer, sieur de Maur, Fredouil, des Moulins, de Maresques, etc., Élection de Vire, maintenu en 1666 : *D'azur, à la fasce d'or, accompagnée de trois coquilles du même.*

CORDOME (DE). — Généralité de Caen, maintenu en 1666 : *D'azur, à une épée en pal d'argent, accompagnée de cinq molettes d'éperon, 1 en chef et 2 en chaque flanc.*

CORDON (DE). — Élection de Mortain : *D'azur, à trois cordelières d'or.*

CORDOUEN (DE). — Écuyer, sieur de Fagny, Élection de Falaise, maintenu le 16 juillet 1666 : *D'or, en chef à dextre, un léopard sans tête de sable, à sénestre et en pointe deux quintefeuilles du même.*

CORMEILLES (DE). — Écuyer, sieur de Tendos, de Gouy et de Vielbourg, généralité de Rouen, maintenu le 20 mars 1669 : *De gueules, à la tour d'argent fenestrée et hersée d'or.*

CORMIER (LE). — Écuyer, sieur de la Bindelière, généralité de Rouen, maintenu en 1666 : *De gueules, au chevron d'or, accompagné de trois croissants du même.*

CORMIER (LE). — Généralité de Caen : *De gueules, au chevron d'or, accompagné de trois croissants d'argent.*

CORNEILLE. — Sieur de Coste, généralité de Rouen : *De gueules, à deux fasces d'or et au chef d'argent, chargé de trois corneilles de sable.*

CORNEILLE. — Écuyer, Élection de Rouen : *D'azur, à la fasce d'argent, chargée de trois têtes de lion de gueules, accompagnée de trois molettes d'or.*

CORNET. — Écuyer, sieur de la Chesnaye, de la Bretonnière, de Bussy et Bresquesart, etc., Élection de Bayeux, maintenu en 1666 : *De gueules, à la fasce vivrée d'or, accompagnée en chef de deux roses d'argent.*

CORNIER (LE). — Écuyer, sieur de Sainte-Hélène, généralité de Rouen, maintenu le 17 janvier 1667 : *D'azur, à la tête et cou de licorne d'argent, surmontée de deux molettes d'éperon d'or.*

CORNU (LE). — Écuyer, sieur de Ry, du Belloy, et du Beauchamp, Élection d'Arques : *De gueules, à l'orle d'argent.*

CORNU (LE). — Écuyer, sieur de Bimorel, généralité de Rouen : *D'argent, à deux fasces de sable.* Jean le Cornu, sieur de Bimorel, conseiller aux requêtes, mort en 1641, portait : *D'azur, à l'ogneau pascal d'argent.*

CORNU (LE). — Sieur du Coudray, de Ballivière et de Belloy, Élection de Pont-Audemer, maintenu le 19 septembre 1668 : *D'azur, au chevron d'argent, accompagné de trois cops d'or, liés de gueules.*

CORNU (LE). — Écuyer, sieur de la Chastière, la Bressière, de Ballivière, la Rougemaison, la Blotière; seigneur du Bats, de Racouvale, de Bellemare, etc., Élection de Bernay, maintenu le 1er avril 1666 : *D'azur, à trois cors de chasse d'argent, liés, enguichés et virolés d'or.*

CORNU (LE). — Écuyer, sieur de Beauvais, Élection de Conches, maintenu le 2 janvier 1667 : *D'azur, au cor de chasse d'argent, lié de sable, et enguiché du champ.*

CORNU (LE). — Diocèse d'Évreux : *D'or, au massacre de cerf de gueules, sommé d'une aigle éployée de sable.*

CORNU (LE). — Écuyer, sieur de Bimorel, Élections de Rouen et d'Évreux : *D'argent, à deux fasces de sable.*

COSSART. — Élections de Gisors et Pontoise, maintenu le 6 mars 1669 : *D'argent, au chevron d'azur, accompagné en chef de deux cosses de genets de sinople, et en pointe d'une tête de Maure de sable, bandée du champ.*

COSTART ou COTTARD. — Écuyer, sieur de Thennay, de Saint-Perrière, etc., Élection de Pont-Audemer, maintenu le 9 janvier 1668 : *Burelé d'argent et de sable.*

COSTART (DE). — Écuyer, sieur de Voisin, de Belleau, de Bursard, d'Ifs, etc., Élection de Lisieux, maintenu le 29 juillet 1666 : *D'argent, semé de billettes de sable ; au lion du même, armé et lampassé de gueules, brochant.*

COSTART (DE). — Écuyer, sieur de la Chapelle, Élections de Caen et de Bayeux, maintenu en 1666 : *D'argent, au lion de sable, armé et lampassé de gueules.*

COSTART (DE). — Généralité de Caen : *De gueules, à deux chevrons d'or, accompagnés en pointe d'une fleur de lis d'argent.*

COSTÉ. — Écuyer, sieur du Mesnil, Saint-Suplix, généralité de Rouen : *D'azur, au chevron brisé d'argent, accompagne de trois coquilles d'or.*

COTENTIN, *alias* JAQUET. — Écuyer, sieur dudit lieu et de Tourville, Élections de Valogne et de Coutances, maintenu en 1666 : *De gueules, au dextrochère, tenant une épée d'argent, surmontée d'un heaume du même.*

COTONNIER (LE). — Écuyer, sieur de la Rue, Élection de Caudebec, maintenu le 28 novembre 1669 : *D'argent, à la croix de gueules, chargée de cinq coquilles d'or.*

COTTON. — Écuyer, sieur du Trembley, généralité de Rouen, maintenu le 4 juillet 1667 : *D'azur, au chevron d'or, accompagné de trois coussinets d'argent.*

COUDRAN. — Écuyer, sieur du Bois et de Fontaine, Élection de Carentan, maintenu en 1666 : *D'argent, au chevron d'azur, chargé de cinq fleurs de lis d'or, et accompagné de trois lionceaux de gueules, ceux en chef affrontés.*

COUDRAY (DU). — Écuyer, sieur de Froville, généralité de Rouen : *D'argent, au chevron de gueules, accompagné de trois feuilles de coudrier de sinople.*

COUDRE (DE LA). — Écuyer, sieur de Martinière, généralité de Caen, maintenu en 1666 : *D'argent, à l'aigle éployée de sable, becquee, languée, membrée et couronnée d'or.*

COUDRY (DE). — Généralité de Rouen : *De gueules, à la croix de vair, cantonnée de quatre dragons d'or.*

COUÉ (DE). — Seigneur de Chevreuse et de Lusignan, Élection de Lions, maintenu en 1677 : *Écartelé : d'or et d'azur, à quatre merlettes de l'un en l'autre.*

COUESPEL (DE). — Écuyer, sieur de Bruers, Élection de Vire, maintenu en 1666 : *D'azur, à trois besants d'argent, rangés en fasce, celui du milieu accompagné en chef et en pointe de deux têtes de lion du même.*

COUCHE. — Écuyer, sieur de Lusignan, chevalier, seigneur de Chevreuse, Élection de Lions : *Écartelé d'or et d'azur, à quatre merlettes de l'une en l'autre.*

COUILLARD. — Écuyer, sieur de Bomprey, de Hautmesnil, de Lacques, etc., Élection de Carentan, maintenu en 1666 : *D'azur, à la croix d'argent, cantonnée, aux 1 et 4, d'une fleur de lis d'or ; aux 2 et 3, d'une coquille du même.*

COUILLARD. — Élection de Carentan : *De gueules, à la fasce d'argent, accompagnée de trois trèfles d'or.*

COUILLARVILLE (DE). — Écuyer, sieur de Plainville, Élection de Bernay : *D'azur, à trois croisettes d'or.*

COULLIBEUF (DE). — Seigneur de Beaumais, la Martinière, de Marteaux, Élection d'Argentan, maintenu le 5 janvier 1667 : *D'azur, à la tête de bœuf d'argent, accornée d'or.*

COULONCHES. — Écuyer, sieur dudit lieu, Élection de Falaise, maintenu le 7 avril 1667 : *D'argent, au chevron d'argent, accompagné de trois feuilles de chêne de sinople.*

COULOMBIÈRES (DE). — *De gueules, au chef d'argent.*

COUR (DE LA). — Écuyer, sieur de Fredebis, Élection de Domfront : *D'argent, à l'aigle au vol abaissé de sable, languée, becquée et membrée de gueules ; à la fasce d'or, brochante sur le tout.*

COUR (DE LA). — *D'argent, à trois bandes de sable, celle du milieu chargée de trois étoiles du champ.*

COUR (LA). — Écuyer, sieur du Marais, de Grainville, etc., Élection de Vire, maintenu en 1666 : *D'argent, à la bande de gueules, accompagnée de six coquilles de sable en orle.*

COUR (LA). — Écuyer, sieur du Tourp, Élection de Valogne, maintenu en 1666 : *Écartelé : de gueules et d'azur, à la croix d'or sur le tout, cantonnée, aux 1 et 4, d'un lion ; aux 2 et 3, d'une aigle éployée, le tout du même.*

COUR (DE LA). — Écuyer, sieur de Longueville, la Maillardière, la Rossière, de Bretteville, etc., Élection de Bayeux, maintenu en 1666 : *D'azur, à la barre d'or, accostée de deux besants du même.*

COUR (LA). — Sieur de Saint-Mallat, d'Auval, marquis de Balleroy, etc., Élection de Falaise, maintenu le 3 janvier 1666 : *D'azur, à trois cœurs d'or, posés 2 et 1.*

COURCOL (DE). — Écuyer, sieur de Belleface, Élection de Lions, maintenu le 21 octobre 1666 : *D'argent, à l'arbre terrassé de sinople, accosté de deux lions affrontés de gueules, s'appuyant sur le fût de l'arbre ; au chef d'or, chargé de deux hures de sanglier, affrontées de sable, allumées de gueules.*

COURCY (DE). — Sieur du Plessis, de Ferrières, de Boismorin, d'Englesqueville, Élection d'Évreux, de Pont-de-l'Arche, de Pont-l'Évêque et de Bernay : *D'azur, fretté d'or.*

COURDEMANCHE (DE). — Écuyer, sieur du Baspré, la Potrie, Élection de Verneuil, maintenu le 7 mai 1667 : *De gueules, à trois lacs d'amour en pals d'or.*

COURGENOUIL. — Écuyer, sieur de Saint-Friphrien, Élection de Falaise : *Fretté de lances d'or, semé de lionceaux du même dans les claires-voies.*

COURSEULLES (DE). — Écuyer, sieur dudit lieu, Élection de Falaise, sieur de Gonneville, des Landes, de Brocottes et du Ham, Élection de Pont-l'Évêque, maintenu le 6 juillet 1667 : *Écartelé d'azur et d'argent.*

COURT (LE). — Écuyer, sieur de la Couture, Élection de Pont-Audemer, maintenu le 14 juillet 1667 : *D'hermine, à trois quintefeuilles de gueules.*

COURTELAIS (DE). — Élection de Bayeux, maintenu en 1666 : *D'argent, à cinq roses de gueules.*

COURTEUVRE. — Écuyer, sieur de Boisheurel et de Bigottière, etc., Élection de Bernay, maintenu le 30 mai 1667 : *D'argent, à la fasce de cinq fusées de gueules.*

COURTOIS (LE). — Écuyer, sieur d'Éroudeville, des Haulles, de Montissy, etc., Élection de Valogne, maintenu en 1666 : *De gueules, à la fasce ondée d'or, accompagnée de trois cannettes d'argent, membrées du second émail.*

COURTOIS (LE). — Écuyer, sieur de Chauffraye, du Tertre, etc., Élection de Mortagne, maintenu le 28 mai 1666 : *D'argent, au croissant de gueules, surmonté de cinq mouchetures de sable.*

COUSIN. — Écuyer, sieur de la Ruvère, des Roches, du Boscq, de Cougpray, etc., Élection d'Argentan : *D'azur, à trois molettes d'éperon d'or.*

COUSTELLIER (LE). — Écuyer, sieur de Beaumont, Élection de Bayeux, maintenu en 1666 : *D'argent, à trois hures de sanglier couronnées de sable, défendues du champ.*

COUSTRE (LE). — Seigneur de Bourville, Élection de Caudebec, maintenu le 12 novembre 1670 : *De gueules, à trois molettes d'éperon d'argent.*

COUSTUMEL (DE). — Seigneur de Jarcy, Élection d'Évreux, maintenu le 13 août 1666 : *D'azur, à cinq cotices d'or.*

COUSTURIER (LE). — Écuyer, sieur d'Armenouville, Élections de Gisors et de Pontoise, maintenu le 12 août 1667 : *De gueules, au lion d'or, adextré en chef d'un croissant d'argent.*

COUSTURIER. — Écuyer, sieur de la Motte - Freneuse, Élection de Pont-Audemer, maintenu le 11 juin 1670 : *D'azur, à trois croissants d'argent.*

COUSTURIER (LE). — Écuyer, sieur de Saint-James, de Chesnelong, de Beaumer, etc., Élection de Mortagne, maintenu le 4 mars 1667 : *D'argent, à trois merlettes de sable.*

COUTRANCES. — Seigneur du Mesnil et de Vaasse, généralité de Rouen, maintenu le 29 avril 1666 : *D'azur, à la fasce d'or, accompagnée de trois merlettes d'argent.*

COUVAINS. — Écuyer, sieur de la Danoisière, Geffardière, etc., Élection de Bayeux, maintenu en 1666 : *D'argent, au lion de gueules, tenant un rameau de laurier de pourpre, accompagné de trois croissants d'azur.*

COUVERT (DE). — Écuyer, sieur de Coulon, Élection de Bayeux, maintenu en 1666 : *D'hermine, à la fasce de gueules, chargée de trois fermaux d'or.*

COUVEY. — Écuyer, sieur de la Touche et de Bonnamer, Élection de Mortagne : *D'azur, au chevron d'or, accompagné de trois quintefeuilles du même.*

CRÉMAINVILLE (DE). — Écuyer, sieur de Pincelières, Élection de Pont-Audemer, maintenu le 28 août 1668 : *D'azur, au besant d'or ; au chef du même, chargé de deux tourteaux du champ.*

CRÉNY (DE). — Écuyer, sieur de Linemare, de Bailly, du Mancel, de Frémontier, de Riberpré, de la Motte, etc., Élection d'Arques, maintenu le 25 novembre 1668 : *D'argent, à la fasce d'azur ; à la bordure engrélée de gueules.*

CRÉQUY (DE). — Marquis du lieu et d'Auffeu, comte de Cléry, Élections de Rouen et de Caudebec, maintenu en 1666 : *D'or, au créquier de gueules.*

CRESPEL. — Sieur de la Mare, Élection de Bayeux : *D'azur, au chevron d'or, accompagné de trois trèfles du même.*

CRESTOT. — Écuyer, sieur de Cherfay, Élection de Mortagne : *D'azur, au chevron d'or, accompagné de trois étoiles d'argent, celle de la pointe surmontant un lion léopardé du second.*

CREULLY (DE). — Élection de Bayeux, maintenu en 1666 : *D'argent, à trois lionceaux de gueules.*

CRÈVECŒUR (DE). — Écuyer, sieur de Gerville, Élection d'Andely, maintenu le 14 août 1666 : *De gueules, au sautoir d'or.*

CROC (DU). — Généralité de Rouen : *D'argent, au chevron de gueules, accompagné de trois merlettes d'azur.*

CROC (DU). — Sieur de Limerville à Rouen.

CROC (DU). — Écuyer, sieur de Villemoyenne, Élect. de Mortagne : *D'azur, au lion d'or.*

CROCHET (DU). — Écuyer, sieur de Maison-Maugis, Élection de Mortagne, maintenu le 15 février 1667 : *D'argent, à trois fasces de sable.*

CROISILLES (DE). — Écuyer, sieur de Caumont, de la Fontaine, de Préville, de Breteville, Élection de Pont-Audemer, maintenu le 3 février 1667 : *De sable, à trois croisettes recroisettées d'or.*

CROISMARE (DE). Écuyer, sieur de Portivor et de Lasson, Élections d'Andely et de Caen, maintenu le 13 août 1666 : *D'azur, au lion léopardé d'or.*

CROISY (DE). — Écuyer, sieur dudit lieu et de Vattachy, Élection de Bernay, maintenu le 7 avril 1666 : *D'azur, au chevron d'or, accompagné de trois croisettes d'argent.*

CROISY (DE). — Écuyer, sieur de Bougy et du Theil, Élection de Bernay, maintenu le 1er août 1667 : *D'argent, à la croix de gueules.*

CROIX (DE LA). — Écuyer, sieur dudit lieu et des Jardues, Élection de Pont-l'Évêque, maintenu le 10 avril 1668 : *D'azur, à trois cœurs d'or.*

CROIX (DE LA). — Écuyer, sieur de Nuillemont, généralité de Rouen, maintenu le 16 décembre 1667 : *D'azur, à la croix d'or.*

CROIX (DE LA). — Sieur de la Cricque, généralité de Rouen, maintenu le 24 février 1668 : *De sable, au chevron d'argent, accompagné de trois croisettes d'or.*

CROIX (DE LA). — Écuyer, sieur de Lesserie, de Boucherie, du Mesnil, etc., Élection de Valogne, maintenu en 1666 : *D'azur, à la croix d'argent, cantonnée de quatre roses d'or.*

CROSVILLE (DE). — Seigneur de Gouberville, Élection de Valogne : *D'argent, à la croix losangée de gueules de huit pièces.*

CROTTAY (DU). — Écuyer, sieur d'Espinay, seigneur de Blainville, Élection d'Arques, maintenu le 2 septembre 1667 : *De gueules, à trois paons rouants d'argent.*

CROUTELLES (DE). — Élection d'Arques, maintenu le 31 août 1667 : *D'azur, à l'aigle éployée d'argent, becquée et membrée de gueules; au chef cousu du même, chargé d'un croissant du second, accosté de deux étoiles d'or.*

CRUX (DE). — Chevalier, seigneur de Carboyer, de Monceaux, des Loges, etc., Élection de Verneuil, maintenu le 12 avril 1667 : *D'azur, à deux bandes d'or, accostées de sept coquilles d'argent, 1, 3 et 3.*

CUSSY (DE). — Élections de Valogne, de Coutances et de Bayeux, maintenu en 1666 : *D'azur, à la fasce d'argent, accompagnée en chef de deux étoiles et en pointe d'une molette d'éperon, le tout du même.*

CUVERVILLE (DE). — Écuyer, sieur de Sainte-Colombe, Élection de Caudebec, maintenu le 19 novembre 1670 : *De gueules, à trois chevrons d'or.*

CUVES (DE). — Écuyer, sieur de Saint-Gabriel, des Deffends, de la Blanche, etc., Élection de Bayeux, maintenu en 1666 : *D'argent, à trois quintefeuilles de sinople.*

D

DAGIER. — Écuyer, sieur des Mares, Élection de Valogne, maintenu en 1666 : *Écartelé : aux 1 et 4, d'azur, au lion d'argent; aux 2 et 3, d'azur, à l'aigle d'argent.*

DAIN (LE). — Écuyer, sieur de la Bouessazé, Élection de Falaise : *De gueules, à un chevron d'or, accompagné de trois besants du même.*

DALLIBERT. — Élection d'Avranches : *D'azur, à trois têtes de loup d'or.*

DALLIDAN. — Écuyer, sieur de Launay, de Frenechet, du Fresne, etc., Élection de Carentan, maintenu en 1671 : *De gueules, à l'aigle éployée d'argent, becquée et membrée d'or.*

DAMBRAY. — Généralité de Rouen : *D'azur, à trois tours d'argent; au lionceau d'or en abîme.*

DAMIENS. — Écuyer, sieur de Saint-Martin : *D'azur, à trois panaches d'or.*

DAMPIERRE (DE). — Écuyer, sieur de Montlandrin, de Valmeret, de Grainville, de Thiboutot, seigneur d'Imbleville, de Biville-la-Baignard, du Mont, etc., Élection d'Arques, maintenu le 19 mars 1667 : *D'argent, à trois losanges de sable.*

DAMPONT (DE). — Chevalier, seigneur de Jouville, Garennères, etc., Élections de Gisors et Pontoise, maintenu le 12 avril 1668 : *D'argent, à la fasce de sable, accompagnée en chef d'un lion léopardé du même.*

DANCEL. — Écuyer, sieur du Rocher, Élection de Valogne, maintenu en 1666 : *D'or, à la fasce de gueules, sommée d'un lion naissant du même, et accompagnée en pointe de trois trèfles de sinople.*

DANDASNE. — Écuyer, sieur de Tourville et Neufvillette, Élection d'Arques, maintenu en 1666 : *D'azur, à trois lionceaux d'argent, tenant un bâton d'or (ou d'argent).*

DANDEL. — Écuyer, sieur de la Fontaine, de Goville, du Plessis, du Homme, de Belleau, de Souligny, etc., généralité de Rouen : *D'azur, à trois quintefeuilles d'or.*

DANET. — Écuyer, sieur de Bosc-Roger, Élections de Chaumont et Magny, maintenu le 9 janvier 1669 : *D'argent, à la fasce de gueules, accompagnée de trois roses du même, tigées et feuillées de sinople.*

DANGIE. — Élection de Carentan : *D'hermine, au chef d'azur, chargé de trois pommes de pin d'argent.*

DANIEL. — Élection d'Arques, maintenu le **23 juillet 1668** : *D'azur, à la fasce échiquetée d'or et de gueules de trois tires, accompagnée en chef d'un lion leopardé du premier émail, et en pointe de deux épées passées en sautoir d'argent, garnies d'or.*

DANIEL. — Écuyer, sieur du Mesnil-Gaillard, Élection d'Arques, maintenu le **17 janvier 1668** : *D'azur, au chevron d'or accompagné en chef de deux étoiles et en pointe d'un lionceau, le tout du même; à la champagne ondée d'argent.*

DANIEL. — Écuyer, seigneur de Boisdenemets, du Viennois, de Veneur, de Guerny, etc., Élection d'Andely, maintenu le **23 juillet 1667** : *De gueules, à la bande d'argent, chargée de trois molettes d'eperon de sable, et accompagnée de deux lions d'or, l'un en chef et l'autre en pointe.*

DANIEL. — Écuyer, sieur de Moult, de Grangue et de Martagny, généralité de Caen, maintenu le **16 février 1676** : *Écartelé : aux 1 et 4, d'argent, au pal de losanges de sable; aux 2 et 3, d'argent, au. . . .*

DANOIS (LE). — Écuyer, sieur du Gal, Élection de Caudebec, maintenu le **14 mars 1668** : *De sable, à deux épées passées en sautoir d'argent, garnies d'or.*

DANS. — Écuyer, sieur de Bosroger, Élections de Chaumont et Magny, maintenu le **9 janvier 1669** : *D'argent, à la fasce de gueules, accompagnée en chef de trois roses rangées du même, tigées et feuillées de pourpre.*

DANTIGNAC. — Seigneur de Courlon, généralité d'Alençon : *D'azur, au lion d'argent, chargé de deux cotices de gueules et adextré en chef d'une fleur de lis d'or.*

DANVIRAY. — Écuyer, sieur de Machonville, généralité de Rouen : *De gueules, à une fasce d'or, chargée de trois croisettes du premier émail, accompagnée en chef d'un croissant d'argent.*

DAROT. — Écuyer, sieur de Vaugoubert, Élection de Carentan.

DARIE. — Écuyer, sieur des Fanceaux, Élection de Montivilliers, maintenu le **6 juillet 1667** : *De sable, à l'aigle d'or; au chef cousu d'azur, chargé d'un soleil du second émail.*

DARGOULE. — Sieur de Loudemare, généralité de Rouen.

DASSY. — Écuyer, sieur de Davilly, Élection de Falaise, maintenu le **1er mai 1667** : *Écartelé : au 1, d'argent, à trois tourteaux de sable, à la bordure de gueules, chargée de huit besants du champ; au 2, mi-parti de France et de N...; au 3, parti échiqueté d'or et de gueules, et d'azur, à deux fasces d'argent; au 4, parti, au 1, coupé d'or et d'azur; au 2, fuselé de gueules et d'or.*

DAUMONT. — Écuyer, sieur du Couldray, Élection d'Argentan : *D'argent, à la croix de gueules, cantonnée de quatre merlettes du même.*

DAUSSY. — Sieur de la Garenne, généralité de Rouen.

DAUVET. — Marquis d'Arigny, seigneur d'Auvillers, Élection de Pont-l'Évêque : *Bandé de gueules et d'argent au lionceau de sable sur la première bande d'argent.*

DAVERNE. — Écuyer, sieur de la Vallée, généralité de Caen, maintenu en **1666** : *De gueules, à deux fasces d'argent, à un cœur d'or posé en abime.*

DAVOINE. — Écuyer, sieur de Saint-Martin, généralité de Caen, maintenu en **1666** : *De gueules, à la fasce d'or, surmontée d'une aigle éployée du même.*

DAVY. — Écuyer, sieur de Toufreville, Picaigny, etc., généralité de Rouen, maintenu le **10 avril 1670** : *D'azur, a trois aigles au vol abaissé d'or, soutenant un annelet du même posé en cœur.*

DAVY. — Seigneur de Fortasville, marquis de Monfeuger, de Montinet, d'Amfreville, de l'Isle, de Rochefort, de Saint-Malo, de Bois-Davy, de Creteville, de Freville, de Pommeray, etc., Élection de Carentan, maintenu en **1666** : *D'azur, au chevron d'or, accompagné de trois harpes du même, celles en chef adossées.*

DAVY. — Écuyer, sieur de Bourgueil, de Vesille, de Bermisson, Élection de Mortain : *D'azur, fretté d'or; au chef cousu de gueules, chargé d'un lion léopardé du second.*

DEAUGS. — Seigneur de Saint-Martin, Élection de Lisieux, maintenu le 4 avril 1666 : *D'azur, à l'arbre terrassé d'or, à un dogue d'argent, attaché au fût de l'arbre par une chaîne de sable.*

DELUX. — Écuyer, sieur des Rousseaux, Élection de Pont-de-l'Arche, maintenu le 12 avril 1668 : *Écartelé : au 1 d'or, à deux pals de gueules ; au 2, d'azur, à la tête de cheval coupée et animée d'argent, licollée de gueules ; au 3, d'azur, à une aigle au vol abaissé d'argent ; au 4, de gueules, au lion léopardé d'or, couronné d'argent.*

DEMANDE (LE). — Écuyer, sieur de la Haye, de la Lettrie, de la Croix, etc., Élection de Carentan, maintenu en 1666 : *D'or, à trois merlettes de gueules.*

DEMVILLE. — *D'or, à la fasce de gueules, chargée de trois fleurs de lis du champ.*

DENIS. — Écuyer, sieur du Ponchet, des Cours, de Martel, etc., Élection de Bayeux, maintenu en 1666 : *D'azur, au chevron d'argent, accompagné en chef de deux trèfles, et en pointe d'une coquille, le tout d'or.*

DENIS. — Écuyer, sieur du Parc, du Bois, de la Barre, etc., Élection d'Arques : *D'argent, à trois aigles au vol abaissé de sable.*

DERNEVILLE. — Seigneur de Launay, du Barguet, etc., Élection de Bernay, maintenu le 27 mai 1667 : *D'argent, au chevron de gueules, accompagné de trois merlettes de sable.*

DÉRICQ. — Élection de Rouen : *Tranché d'or et d'azur à deux ancres de l'un en l'autre en pal, les trabes affrontées.*

DERY. — Généralité de Rouen : *D'argent, au chevron d'azur, chargé d'un croissant et de deux étoiles d'argent, accompagné de deux aigles affrontées de sinople avec une rose ; au chef de gueules, chargé de trois besants d'argent.*

DESANGUES. — Généralité de Caen, maintenu en 1666 : *D'argent, à deux fasces de sable.*

DESIGNE. — Écuyer, sieur de Maigny, Élection de Mortain, maintenu en 1666 : *D'azur, au faucon d'argent empiétant une colombe du même.*

DESMINIÈRES. — Sieur de Brabette, généralité de Rouen.

DESSON. — Écuyer, sieur du Torp et de Douville, Élection de Pont-Audemer, maintenu le 26 mai 1668 : *D'azur, à la tour crénelée d'or, accompagnée de trois croissants d'argent.*

DESSUS-LE-PONT (DE). — Écuyer, sieur du Ru, Élection des Andelys, maintenu le 22 décembre 1666 : *D'argent, à trois hures de sanglier arrachées de sable, dentées d'argent.*

DESTANGER. — Écuyer, sieur de Heussay, des Brossiers, etc., Élection de Mortain, maintenu en 1666 : *D'azur, à trois croisettes d'argent.*

DEUVE. — Écuyer, sieur des Valasses, Élection de Pont-l'Évêque, maintenu le 11 mai 1668 : *D'azur, à trois molettes d'or, au chef cousu de gueules, chargé d'une merlette d'argent.*

DEVIN (LE). — Écuyer, sieur de Manbaye, Élection de Mortain, maintenu en 1666 : *De gueules, à la fasce d'argent, accompagnée de trois molettes d'or.*

DIACRE (LE). — Écuyer, sieur du Mesnil, des Essarts, de Martinbosc, Vandrimare, Élection de Pont-de-l'Arche, maintenu le 2 décembre 1667 : *Écartelé : aux 1 et 4, d'or, à la croix patriarcale de gueules ; aux 2 et 3, d'or, au chevron d'azur.*

DIACRE (LE). — Écuyer, sieur de la Moissière et de Jouy, généralité d'Alençon, maintenu le 3 avril 1667 : *D'argent, à l'aigle au vol abaissé de sable, adextrée en chef d'une abeille de pourpre.*

DIEU. — Écuyer, sieur de la Héricière, Élection de Valogne : *D'azur, au sautoir d'argent, accompagné en chef d'une fleur de lis et en pointe d'un croissant, le tout du même.*

DIEULEVEULT. — Écuyer, Élection de Coutances : *D'azur, à six croissants contournés d'argent.*

— 56 —

DIEUVAVANT.—Écuyer, sieur de Saint-Nicolas, de Montenay, etc., généralité de Caen, maintenu en 1666 : *D'argent, fretté de gueules; au franc canton de sable, chargé d'un cygne du champ, becqué et onglé d'or, brochant.*

DIN (LE). — Écuyer, sieur de la Chaslerie, généralité de Rouen, maintenu le 2 janvier 1667 : *D'azur, à la fasce d'or, accompagnée en chef de trois étoiles rangées, et en pointe d'un cœur, le tout du même.*

DODEMAN. — Écuyer, sieur de Placy, Élection de Falaise, maintenu le 2 avril 1667 : *D'azur, au hibou perché sur un écot de sable.*

DOINVILLE. — Baron de la Ferté-Fresnel, Élection de Pont-l'Évêque, maintenu le 6 février 1667 : *D'or, à cinq bandes de gueules.*

DONON (DE). — Écuyer, sieur du Fort, de Mongueroult, etc., Élections de Gisors et Pontoise, maintenu les 20 juin et 24 octobre 1668 : *D'or, à trois hures de sanglier de sable.*

DORGITTE. — Écuyer, sieur de Clinchamps, généralité de Caen, maintenu en 1666 : *D'azur, au chevron d'or, accompagné de neuf losanges du même, six en chef, trois en chaque canton, posés 2 et 1, et 3 de même en pointe.*

DORVANT. — Écuyer, sieur des Valles, généralité d'Alençon, maintenu le dernier février 1667 : *De gueules, à la tour d'or, sommée d'une autre tour du même.*

DOUAULT. — Seigneur du Bois-d'Aunay, Élection de Verneuil, maintenu le 5 août 1667 : *De gueules, à trois besants d'argent.*

DOUESSEY.—Élections de Valogne et d'Avranches : *D'azur, à six merlettes d'argent.*

DOUEZY. — Écuyer, sieur de Caumont, Élection de Falaise : *D'azur, à une épée en pal, couronnée à la royale, accostée de deux fleurs de lis, le tout d'or.*

DOUEZY. — Seigneur d'Ollendon, Élection de Falaise, maintenu le 11 avril 1667 : *De gueules, au chevron d'or, accompagné de trois besants d'argent.*

DOULCET (LE). — Seigneur de Pontécoulant, de Cloucy, etc., Élection de Bayeux, maintenu en 1666 : *D'argent, à la croix fleurdelisée de sable.*

DOULLÉ. — Chevalier, seigneur de Neufville, des Fréfossés, etc., Élection de Neufchâtel, maintenu le 23 février 1667 : *D'azur, à trois oignons de lis d'or.*

DOULLEY. — Écuyer, sieur de Rully, de la Tour, etc., Élection de Bayeux, maintenu en 1666 : *D'argent, à la croix fleurdelisée de sable.*

DOULX (LE). — De Melleville, Écuyer, sieur de Branville, Élection d'Évreux, maintenu le 11 août 1667 : *D'azur, à trois têtes de perdrix d'or, becquées et œillées de gueules, au lambel d'argent.*

DOUVILLE. — Écuyer, sieur du Val, Élection de Lisieux, maintenu le 18 septembre 1668 : *D'or, au lion issant de gueules.*

DOUVILLE.—Écuyer, sieur dudit lieu, Élect. de Valogne : *D'azur, à trois étoiles d'argent.*

DOUVRENDEL. — Écuyer, généralité de Rouen : *De gueules, à trois fasces d'or.*

DOYARD. — Écuyer, sieur de Blancourt, Élection de Valogne, maintenu en 1666 : *De gueules, à la fasce d'argent, accompagnée de trois merlettes du même.*

DOYEN (LE). — Écuyer, sieur du Coudray, Lery, seigneur d'Ablon, de Monroly, etc., Élection de Pont-Audemer, maintenu le 5 septembre 1666 : *D'or, à trois têtes de Maure de sable, œillées et tortillées d'argent.*

DOYNEL. — Écuyer, sieur de la Sausserie, de Montécot, etc., Élection de Domfront, maintenu le 3 avril 1667 : *D'argent, au chevron de gueules, accompagné de trois merlettes de sable.*

DOZOUVILLE. — Écuyer, sieur du Parc, Belle-Fontaine, etc., Élection de Valogne, maintenu en 1666 : *De gueules, à une épée dégarnie d'argent en pal, accostée de six losanges du même.*

DRAMARD (DE). — Écuyer, sieur de Gonneville, Élection de Pont-l'Évêque, maintenu le 11 mars 1668 : *De gueules, au lion d'or, tenant de sa patte sénestre une flèche en bande d'argent, et accompagné, aux deuxième et troisième quartiers, de deux étoiles du second.*

DRAMARD (DE). — Écuyer, sieur du Chassin, Élection d'Argentan, maintenu le 6 juillet 1667 : *De gueules, au lion d'or, tenant une flèche en bande de sable, et accompagné aux trois premiers cantons de trois étoiles du second émail.*

DRIEU. — Écuyer, sieur du Chesnère, Élection de Falaise, maintenu le 16 janvier 1667 : *D'argent, à trois canettes de gueules.*

DROSSEY. — Écuyer, sieur de Beaucoudré, Élection de Coutances, maintenu en 1666 : *D'azur, au chevron d'argent, chargé de six coquilles de sable et accompagné de trois croissants d'or.*

DROULLIN. — Écuyer, sieur de Rochefort, Élection de Pont-Audemer, maintenu le 26 août 1666 : *D'azur, à deux pals alésés et fichés d'argent.*

DROULLIN. — Seigneur d'Urigny, de Saint-Christophe, de Fay, des Genetrières, de Mesnil-Glaise, Coulandon, de Bois-d'Avoine, de Vaux, etc., généralité d'Alençon, maintenu le 3 avril 1667 : *D'argent, au chevron de gueules, accompagné de trois quintefeuilles de pourpre.*

DRUEL. — Écuyer, sieur de Portevoye, du Thuit, du Bosc, généralité de Rouen, maintenu le 23 juillet 1667 : *D'azur, au chevron d'argent, accompagné en chef de deux molettes d'éperon d'or, et en pointe d'une coquille du même.*

DUC (LE). — Écuyer, sieur de Saint-Sulpice, Élection d'Arques : *D'azur, à la bande d'argent, chargée de trois ducs et accostée de deux cotices, le tout d'or.*

DUC (LE). — Écuyer, sieur de la Fontaine, de Saint-Clair, la Fallaise, etc., Élection de Pont-l'Évêque, maintenu le 9 janvier 1668 : *D'azur, au duc d'or, perché sur une branche d'olivier de même.*

DUC (LE). — Écuyer, sieur du Buisson, d'Angé, la Ducquerie, etc., Élection de Bayeux, maintenu en 1666 : *De gueules, au dauphin d'argent.*

DUC (LE). — Écuyer, généralité de Rouen : *D'argent, à trois cœurs de gueules.*

DUC (LE). — Écuyer, sieur de Langevinière, Élection de Valognes, maintenu en 1666 : *D'azur, à l'aigle d'or.*

DURAND. — Écuyer, sieur de Nettreville, de la Herpignière, la Roche, Élection d'Évreux, maintenu le 13 janvier 1668 : *D'azur, à trois têtes de levrier d'argent, colletées de gueules.*

DURAND. — Élection de Bayeux : *D'azur, à la palme d'or, accostée de deux roses d'argent.*

DURAND. — Chevalier, seigneur de Bondeville, Élection de Montivilliers, maintenu le 31 janvier 1667 : *D'azur, à trois chevrons d'or, accompagnés en chef de deux besants d'argent.*

DURAND. — Écuyer, sieur de Littetot et du Gaillon, Élection de Pont-Audemer, maintenu le 14 juillet 1667 : *De sable, à l'aigle éployée au vol abaissé d'or, surmontée d'une couronne du même, alias, de gueules à trois coquilles d'argent.*

DURAND. — Élection de Valogne, maintenu en 1666 : *D'azur, à trois pals d'argent; au lion léopardé d'or, brochant.*

DURET (DE). — Élection de Verneuil : *D'azur, à une marguerite tigée et feuillée d'or, accompagnée de trois triangles renversés d'argent.*

DURSUS. — Écuyer, sieur de Lestre, de Courcy, Élection de Valogne, maintenu en 1666 : *D'or, à trois pies au naturel; au soleil de gueules, posé en abîme.*

DURVIE. — Écuyer, sieur d'Avarville, d'Atteville, Saint-Giéart, etc., Élection de Valogne, maintenu en 1666 : *D'azur, au cygne d'argent, becqué et membré de gueules; au chef d'or, chargé de trois merlettes de sable.*

DYEL. — Écuyer, sieur de Perdeville, Vaudrocque, de la Fosse, d'Anneval et de Clermont, etc., Élection de Caudebec, maintenu le 31 juillet 1667 : *D'argent, au chevron de sable, accompagné de trois trèfles d'azur.*

E

ÉCHAUFFOURT (D'). *Voir* DE CHAUFFOURT.

ÉDOUART. — Écuyer, sieur de Vaux, Élection d'Argentan : *D'argent, au chevron surmonté d'un croissant, et accompagné en chef de deux étoiles, et en pointe d'une merlette, le tout de gueules.*

ELBŒUF (D'). — Écuyer, sieur de Sainte-Geneviève, Élection de Neufchâtel : *D'azur, à trois couteaux en pal d'or.*

ELBŒUF (D'). — Écuyer, sieur de Livarot, Élection de Pont-Audemer, maintenu le 22 mars 1668 : *D'argent, à une fasce de gueules, accompagnée de six merlettes de sable, 3 en chef, 3 en pointe.*

ÉMERY (D'). — Écuyer, sieur de Villers, Lignebec, etc., Élection de Pont-l'Évêque, maintenu le 6 mars 1669 : *De sable, au croissant d'or, accompagné de cinq molettes d'éperon de même ; deux en chef, deux en flancs, et l'autre en pointe.*

EMPEREUR (L'). — Écuyer, sieur de Caulière, Élections de Gisors et Pontoise : *D'or, à l'aigle éployée de sable, surmontée d'un soleil de gueules.*

ÉNAULT. — Élection d'Avranches.

ENFANT (L'). — Écuyer, sieur du Pont, Élection de Valogne, maintenu en 1666 : *D'argent, au cor de chasse contourné de sable, enguiché et virolé d'or, lié de gueules, et accompagné de trois molettes d'éperon du même.*

ÉRARD (D'). — Écuyer, sieur de Fontaine, Badouère, Belle-Isle, etc., généralité d'Alençon, maintenu le 28 février 1668 : *D'or, à une tige de trois feuilles de laurier de sinople, accompagnée de trois merlettes de sable.*

ÉRARD LE GRIS (D'). — Écuyer, sieur d'Échauffour, baron de Montreuil, chevalier, seigneur d'Érarville, du Tertre, du Buat, des Hayes, de Médavy, de Launery, de Ray, etc., généralité d'Alençon, maintenu le 9 janvier 1666 : *D'azur, à trois pieds de griffon d'or, perchés chacun sur un tronc d'argent.*

ÉRARD LE GRIS. — Généralité de Caen : *Parti d'azur, à trois pieds de griffon d'or, perchés d'argent ; et de gueules, à la fasce d'or.*

ERNAULT. — Écuyer, sieur de Chanderis, généralité de Caen, maintenu en 1666 : *D'argent, à la croix ancrée de sable.*

ERNAULT. — Écuyer, sieur de Tocquancourt, du Hardouin, de Nerve, etc., généralité de Caen, maintenu en 1666 : *D'azur, au chevron d'or, accompagné de trois roses d'argent.*

ESCOLLIER (L'). — Écuyer, sieur de Sainte-Marie, Élection de Caudebec, maintenu en 1666 : *D'azur, au lion d'or, accompagné d'une croix de même en chef.*

ESCAJEUL (D'). — Écuyer, sieur de Bretonnière, du Pierre, Élections d'Arques et d'Alençon, maintenu en 1667 et le 18 novembre 1669 : *D'azur, à cinq cotices d'argent ; alias, d'or.*

ESCALLES (D'). — Écuyer, sieur de la Rivière, Bois-Hébert, de la Fontaine, Ramée, de Vaux, etc., Élection de Pont-Audemer, maintenu le 31 août 1668 : *De gueules, au chevron d'argent, accompagné de trois coquilles du même.*

ESCORCHES (D'). — Écuyer, sieur de la Sauvignière, seigneur de Sainte-Croix, Bisogneret, etc., Élection d'Arques, maintenu le 11 avril 1666 : *D'argent, à la bande d'azur, chargée de trois besants d'or.*

ESCORCHES (D'). — Écuyer, seigneur de Sainte-Croix : *D'argent, à la bande d'azur.*

ESCOULANT (D'). — Écuyer, sieur de la Martinière-Fontenelle, Élection de Coutances, maintenu en 1666 : *Écartelé : aux 1 et 4, d'argent, à une merlette de sable ; au 2, d'azur, à la rose d'argent ; au 3, de gueules, au lion d'or.*

ESCUYER (L'). — Écuyer, sieur de Chauvel, de la Popotière, etc., Élection de Mortagne, maintenu le 2 août 1667 : *D'argent, à la fasce d'azur, chargée de trois coquilles d'or, et accompagnée de six merlettes rangées et contournées de sable.*

ESMALLEVILLE (D'). — Seigneur de Panneville, Carville, baron de Fréville, Élection de Caudebec, maintenu le 16 décembre 1667 : *D'azur, au chef endenté d'argent, chargé d'un lion léopardé de gueules.*

ESMALLEVILLE (D'). — Sieur de la Fosse, Élection d'Arques, maintenu le 20 janvier 1669 : *De gueules, à trois molettes d'or.*

ESNEVAL (D'). — *Palé d'or et d'azur, au chef de gueules.*

ESPAIGNE (D'). — Écuyer, sieur de Lucheray, Élection d'Évreux : *D'azur, au chevron d'or, accompagné en chef de deux pieds de griffon de même, et en pointe, d'un vaisseau d'argent, au griffon de même sur la pointe du chevron.*

ESPARBÈS DE LUSSAN. — Écuyer, sieur de Brazais, Élection d'Évreux : *D'argent, à la fasce de gueules, accompagnée de trois éperviers de sable.*

ESPÉE (L'). — Élection de Falaise, maintenu le 28 janvier 1667 : *D'azur, à deux épées passées en sautoir d'argent, garnies d'or.*

ESPÉE (L'). — Seigneur des Autieux, du Breuil, etc., généralité de Rouen, maintenu le 24 novembre 1668 : *De gueules, à deux épées en sautoir d'argent, la pointe en bas, accompagnées en pointe d'un lion léopardé d'or.*

ESPERON (L'). — Écuyer, sieur d'Anfreville, généralité de Rouen, maintenu le 26 juin 1666 : *D'azur, au chevron d'argent, accompagné en chef de deux molettes d'éperon couronnées d'or, et en pointe d'une merlette du même.*

ESPEZ (D'). — Élection de Pont-l'Évêque, maintenu le 18 avril 1668 : *D'azur, à la bande d'or, accompagnée en chef d'une fleur de lis du même.*

ESPINACE (D'). — Élection de Bayeux : *Écartelé : aux 1 et 4, d'azur, au croissant d'argent ; aux 2 et 3, d'azur, à l'étoile d'argent.*

ESPINASSE (DE L'). — Écuyer, sieur de la Motte, de Langlecherie, etc., à Mortain : *Fascé d'argent et de gueules.*

ESPINAY (L'). — Écuyer, seigneur de Lignery, Mesnil-David, Bouzincourt, des Vallées, de Bosgueroult, Saint-Paër, etc., Élection d'Andely, maintenu le 31 janvier 1666 : *D'argent, au chevron d'azur, chargé de onze besants d'or.*

ESPINAY (D'). — Écuyer, sieur dudit lieu, Élection d'Arques, maintenu le 15 juillet 1669 : *Palé d'or et d'azur de quatre pièces, au chef de gueules, chargé de quatre croisettes d'argent, posées en deux bandes.*

ESPINAY (D'). — Écuyer, sieur du Mosley, généralité de Caen, maintenu en 1666 : *d'argent, au lion coupé de gueules et de sinople, couronné d'or.*

ESPINAY (D'). — Écuyer, sieur de Champigny, la Halbourdière, etc., de Lisieux, maintenu le 16 avril 1666 : *D'azur, à trois croissants d'or.*

ESPINAY (D'). — Sieur de la Crovillerie, Élection de Montivilliers, maintenu le 20 mai 1667 : *D'argent, à deux chevrons de gueules, accompagnés de trois merlettes de sable.*

ESPINOSE. — Élection de Bayeux, maintenu en 1666 : *D'argent, à l'épervier de sable, empiétant un dragon ailé du même.*

ESQUETOT (D'). — Écuyer, sieur du Plessis, généralité de Rouen : *D'or, à trois bandes écotées de sable, surmontées chacune d'une merlette du même.*

ESSARTS (DES). — Chevalier, seigneur du Hamelot, du Pommier, de Brullemaise, Guiseniers, Magneux, etc., Élection d'Arques, maintenu le 21 novembre 1670 : *De gueules, à trois croissants d'or, 2 et 1.*

ESSARTS (DES). — Élection de Bayeux : *De gueules, au chevron d'or, accompagné de trois croissants d'argent.*

ESSARTS (DES). — Écuyer, sieur de Genetay, Élection de Pont-Audemer, maintenu le 1er juillet 1670 : *De gueules, au sautoir denché d'or, cantonné de quatre croissants d'argent.*

ESSILLARD. — Écuyer, sieur de la Flaque, généralité de Caen.

ESTAMPES (D'). — Baron de la Ferté-Imbault, marquis de Mauny, Élection de Pont-Audemer : *D'azur, à deux girons d'or, appointés en chevron, au chef d'argent, chargé de trois couronnes ducales de gueules.*

ESTAMPES (D'). — Écuyer, sieur de Beaulière, Élections de Verneuil et de Bayeux : *De gueules, à trois roses d'argent.*

ESTANG (DE L'). — Écuyer, sieur de la Pelletière, Élection d'Évreux, maintenu le 4 décembre 1666 : *De gueules, au chevron d'or, accompagné de trois roses d'argent.*

ESTARD (D'). — Écuyer, sieur de Boistardon, Élection de Carentan, maintenu en 1666 : *D'azur, au lion d'argent, armé et lampassé d'or.*

ESTENDART (DE L'). — Écuyer, sieur de Moy, Gruchy, de Villers, seigneur de Roncherolles, de Liffremont, de Guenouville, baron de Bully, etc., généralité de Rouen, maintenu le 30 août 1668 : *D'argent, au lion de sable, armé et lampassé de gueules, chargé à l'épaule d'un écusson bandé d'argent et de gueules.*

ESTERVILLE (D'). — Généralité de Caen, maintenu en 1666 : *Echiqueté d'or et d'azur; à la fasce du premier émail.*

ESTIENNE. — Écuyer, sieur du Mesnil, Élection de Caudebec, maintenu le 20 novembre 1668 : *D'or, à trois molettes d'éperon de gueules; à la bande d'azur, brochante sur le tout; alias, à la fasce d'azur.*

ESTIENNE. — Écuyer, sieur de Caillis, de Longchamp, etc., Élection de Falaise, maintenu le 17 avril 1667 : *De gueules, au sautoir d'argent, cantonné de quatre coquilles d'or.*

ESTIMAUVILLE. — Écuyer, sieur dudit lieu, Élection de Pont-l'Évêque, maintenu en 1669 : *De gueules, à trois merlettes d'argent.*

ESTIN (D'). — Sieur des Coulombiers : *De sable, à deux bandes d'or.*

ESTOC (D'). — Élection de Bayeux, maintenu en 1666 : *D'argent, à trois molettes d'éperon de gueules.*

ESTRAC (D'). — Écuyer, sieur de Blagny, Élection de Bayeux : *D'azur, au lion couronné d'argent, armé et lampassé de gueules et couronné d'or.*

ESTREPAGNY (D'). — Écuyer, sieur du Mesnil-Raoult, Élection d'Arques, maintenu le 2 septembre 1668 : *D'azur, au rencontre et cou de cerf d'argent, surmontant un croissant du même.*

ESTOUTEVILLE (D'). — Généralité de Rouen : *Fascé d'argent et d'azur; au lion de sable, armé, lampassé et couronné d'or, brochant sur le tout.*

EUDEMARE. — Écuyer, sieur du Basset, généralité de Rouen, maintenu le 23 janvier 1668 : *D'azur, à une croisette d'or, accompagnée de trois besants du même; celui de la pointe surmontant une levrette, colletée de gueules.*

EUDES. — Écuyer, sieur de Tourville, Élection de Pont-l'Évêque, maintenu le 24 février 1668 : *D'argent, au chevron de sable, accompagné de trois molettes du même.*

EUDES. — Écuyer, sieur de Mirville, de Catteville et de Soqueville, Élection d'Arques, maintenu le 16 novembre 1668 : *D'or, au lion coupé d'azur et de gueules.*

EUDES. — Écuyer, sieur de Launay, Élection de Falaise, maintenu le 25 juillet 1666 : *D'azur, à la fasce d'or, accompagnée en chef de trois feuilles, et en pointe d'un croissant, le tout du même.*

EUDES. — Écuyer, sieur de la Cahaigne, de Carbonel, etc., Élection de Pont-Audemer, maintenu le 2 mars 1669 : *D'azur, à la fasce d'or, accompagnée en chef de trois pommes de pin du même, et en pointe d'un croissant d'argent.*

EUDES. — Écuyer, sieur de Frémont, Élection de Caudebec, maintenu le 16 février 1669 : *D'azur, au sautoir d'argent, accompagné d'un croissant et de trois étoiles du même.*

EURRY. — Écuyer, sieur de Pérelles, du Bur, etc., Élection de Vire, maintenu en 1666 : *De gueules, à trois bandes d'argent, accompagnées en chef d'un lion léopardé et en pointe d'une étoile, le tout du même.*

EUSTACHE. — Sieur d'Omonville, Élection de Valogne, maintenu en 1666 : *D'azur, à la fasce d'or, accompagnée de trois roses d'argent, une en chef et deux en pointe.*

ÉVÈQUE (L'). — Élection de Bayeux : *D'or, à trois bandes de gueules.*

F

FABIEN. — Élection de Valogne : *De gueules, à la fasce d'argent, chargée d'un croissant de sable, et accompagnée en chef de deux fermaux d'or, et en pointe d'une hure de sanglier d'argent.*

FAÉ. — Écuyer, sieur du Mestillon, Élection d'Arques, maintenu le 18 janvier 1666 : *D'or, à trois feuilles de houx de sinople.*

FAGE (DE LA). — Élection de Bayeux.

FAGUET. — Écuyer, sieur de Montbert, Élection de Lisieux : *De gueules, à trois flèches d'argent, deux en sautoir et l'autre en pal.*

FAMUCHON ou FUMICHON. — Écuyer, sieur de Boisroger et de Breville, Élection de Coutances, maintenu en 1666 : *De gueules, à trois fasces d'or.*

FANU (LE). — Écuyer, sieur de Cresserons, généralité de Caen, maintenu en 1666 : *D'azur, au cygne d'argent ; au chef d'or, chargé de trois roses de gueules.*

FAOULQ (DE). — Écuyer, sieur de Jacoville, de Rochefort, de Garnetot, de Courland, etc., Élection de Bayeux, maintenu en 1666 : *D'azur, à trois faux d'argent emmanchées d'or.*

FARGEOL. — Écuyer, sieur de Villers, généralité de Rouen, maintenu le 12 mars 1667 : *De gueules, à un fer de cheval d'or, accompagné de trois molettes d'éperon du même.*

FAROUIL. — Écuyer, sieur de Bondeville, Élection de Pont-de-l'Arche, maintenu le 4 décembre 1666 : *D'azur, à la fasce d'argent, chargée de trois coquilles de sable, et accompagnée de trois membres de griffon d'or.*

FATIN. — Écuyer, sieur d'Orcher et de Villers, Élection des Andelys : *D'or, au chevron d'azur, accompagné de six flèches de même mises deux à deux en sautoir, 4 en chef et 2 en pointe.*

FATOUVILLE. — Écuyer, sieur du Val, de la Rue, de la Mare, de Quièze, du Mesnil, etc., Élection de Pont-Audemer, maintenu le 24 février 1668 : *De gueules, à la bande d'argent, chargée de trois tourteaux de sable en chef, et en pointe de deux mouchetures du même, le tout dans le sens de la bande.*

FAUCHERIE (DE LA). *Voir* CORDON.

FAUCON. — Écuyer, sieur de Cerval et de Bacteville, Élection de Rouen : *D'argent, au chevron d'azur.*

FAUCON. — Écuyer, sieur de la Grave, Élection de Mortagne, maintenu le 1er novembre 1667 : *D'azur, au faucon perché sur une divise, le tout d'or.*

FAUCON. — Écuyer, sieur de Champvallon, Élection de Falaise, maintenu le 7 avril 1667 : *D'argent, au sautoir de gueules, cantonné d'une aiglette de sinople en chef et de trois molettes de gueules aux flancs et en pointe.*

FAUCONNIER (LE). — Écuyer, sieur du Mesnil, de Fuguerolles, de Courdome, etc., Élection de Bayeux, maintenu en 1666 : *D'argent, à six macles de gueules.*

FAULCON. — Sieur de Rys, marquis de Charleval, généralité de Rouen : *Écartelé : aux 1 et 4, de gueules, à la patte de lion posée en bande d'or ; aux 2 et 3, d'argent, au taureau furieux de sable, chargé au cou d'un écusson d'argent, surchargé d'une croix de gueules.*

FAUTEREAU (DE). — Chevalier, marquis de Maynières, baron de Villers, Mouchy-le-Chastel, seigneur de Retonval, Nolleval, Sainte-Geneviève, Garambouville, Cretot, etc., Élection de Neufchâtel, maintenu le 22 novembre 1668 : *D'azur, à trois croissants d'or.*

FAUVEL. — Sieur de Doudeauville, généralité de Rouen : *D'or, à trois merlettes de sable ; au chef du même.*

FAVERIES (DE). — Écuyer, sieur du Bars, Chesnay, Rosière, des Hayes, etc., Élections de Coutances et d'Alençon, maintenu le 1er septembre 1666 : *D'azur, au chevron d'argent, accompagné de trois losanges du même.*

FAVERIES (DE). — Élection de Carentan, maintenu en 1666 : *D'azur, à deux chevrons d'argent, accompagnés de trois losanges du même.*

FAY (DU). — Chevalier, comte de Maulevrier, du Bosc, Grainbouville, des Tillayes, etc., marquis de la Haye, baron de Bonnebosc, sieur des Terriers, de Saint-André, seigneur de Mezancourt, de Saint-Léger, du Taillis, etc., Élection de Pont-Audemer, maintenu le 30 décembre 1667 : *De gueules, à la croix d'argent, cantonnée de quatre molettes d'éperon du même.*

FAY (DU). — Écuyer, sieur de la Sauvagère, Élection de Falaise, maintenu le 12 août 1666 : *D'argent, à l'aigle éployée de sable ; au chef d'azur, chargé de trois besants d'or.*

FAY (DU). — *D'argent, à huit merlettes de gueules ; au croissant du même en cœur.*

FAYE (DE LA). — Élection de Pont-Audemer, maintenu le 12 juillet 1667 : *De gueules, à la fasce d'or, accompagnée en chef d'une croisette fleuronnée et en pointe d'une tour couverte, le tout du même ; la tour maçonnée de sable et ajourée du champ.*

FAYE (DE LA). — Écuyer, sieur de Mallon, Élection de Lisieux, maintenu le 10 mai 1666 : *D'argent, au lion contourné de sable.*

FAYEL (DU). — Écuyer, sieur des Marais, Fontaine, Bernay, etc., Élection de Bayeux, maintenu en 1666 : *De gueules, au chevron d'or, accompagné en chef de deux molettes d'éperon du même, percées d'argent, et en pointe d'une rose du second.*

FAYEL (DU). — Écuyer, sieur de Marigny, Élection de Verneuil, maintenu le 9 août 1666 : *De gueules, au chevron d'or, accompagné de trois annelets du même.*

FEBVRE (LE). — Écuyer, sieur de Beauval, la Touche, Beautot, etc., généralité de Rouen, maintenu le 20 janvier 1667 : *D'argent, à trois fasces ondées et denchées par le bas de gueules, accompagnées de six fleurs de lis d'azur, 3 en chef, 2 et 1 en pointe.*

FEBVRE (LE). — Écuyer, sieur du Mouchel, généralité de Rouen, maintenu le 23 juin 1667 : *De sable, au chevron d'argent, brisé par le flanc droit, accompagné de trois croissants du même.*

FEBVRE (LE). — Généralité de Rouen : *De gueules, à trois têtes de léopards d'or.*

FEBVRE (LE). — Écuyer, sieur de Graffart, Élections d'Argentan et de Valogne : *D'argent, à deux chevrons de gueules, accompagnés de cinq étoiles du même, deux en chef, deux entre les chevrons, l'autre en pointe.*

FEBVRE (LE). — Écuyer, sieur de Braintainville, Hupitors, Bordière, Harronnière, Élection de Valognes maintenu en 1666 : *D'azur, à la fasce d'or, accompagnée en chef de deux croix fleuronnées d'argent et en pointe d'une rose du même.*

FEBVRE (LE). — Élection de Valogne, maintenu en 1666 : *D'azur, à trois maillets d'or, emmanchés d'argent.*

FEBVRE (LE). — Écuyer, sieur du Gruchet, des Vallées, etc., Élection d'Argentan, maintenu le 12 avril 1666 : *D'azur, au chevron d'or, accompagné de trois croissants d'argent.*

FELIE. — Écuyer, sieur des Loges, Élection de Coutances, maintenu en 1666 : *De gueules, au chevron d'argent, accompagné en chef de deux roses d'or, et en pointe d'une coquille du même.*

FELINS (DE). — Chevalier, seigneur de Bauteleu, Tournepré, Cabin, Boismerelle, etc., Élections de Chaumont et Magny, maintenu le 18 septembre 1669 : *D'or, à la fasce de gueules, accompagnée de sept merlettes de sable, 4 en chef, 3 en pointe.*

FERAULT. — Écuyer, sieur de Valandrey, de Falandres et de Beaulieu, généralité d'Alençon, maintenu le 1er avril 1667 : *D'azur, à une carpe d'argent posée en fasce; au chef d'or, chargé de trois roses de gueules.*

FÉREN (DE). — Chevalier, seigneur de Saint-Loup et Beuzeval, Élection de Pont-l'Évêque : *D'azur, à trois croissants d'or.*

FERET. — Écuyer, sieur de Villers, Mahommet, Betencourt, Braquemont, etc., Élection d'Arques, maintenu le 29 août 1668 : *D'argent, à trois bandes de gueules.*

FERMANEL. — Écuyer, sieur du Mesnil, de l'Espinay, etc., généralité de Rouen, maintenu le 14 juin 1670 : *D'azur, à trois fers de lance rangés, d'or.*

FÉRON (LE). — Écuyer, sieur de la Heuse, Élection de Pont-Audemer, maintenu le 5 juin 1668 : *D'azur, au chevron d'or, accompagné de trois fers de lance d'argent, au chef du même, chargé de trois trèfles de sable.*

FERRAND. — Écuyer, sieur des Mares, Rouville, etc., Élection de Coutances : *De sable, à la fasce ondée d'argent, accompagnée de trois fers de flèche tombants du même.*

FERRÉ. — Sieur des Ferris, Élection de Mortain : *D'argent, à trois fers de cheval de sable.*

FERRIÈRE. — Sieur de Gastine : *D'argent, à trois fers de mulet de sable.*

FERRIÈRE. — Écuyer, sieur de la Tresbosnelière, généralité de Caen, maintenu en 1666 : *D'or, à six fers de cheval d'azur.*

FERRIÈRE (DE LA). — Écuyer, sieur de Gaillepré, Élection de Mortain, maintenu en 1666 : *De sable, à six fers de cheval d'argent.*

FERRIÈRES (DES). — Généralité de Rouen : *D'hermine, à l'orle de gueules, chargé de huit fers de cheval d'or.*

FESQUES (DE). — Écuyer, sieur de la Gauberdière, Élection de Verneuil, maintenu le 22 août 1666 : *D'or, à l'aigle au vol abaissé et éployée de gueules.*

FEUARDENT (DE). — Élection de Valogne, maintenu en 1666 : *D'argent, à l'aigle de sable, au vol éployé, membrée et becquée d'or.*

FEUDRIX. — Élection de Neufchâtel : *D'azur, au chevron d'or, accompagné de trois gerbes du même, liées de gueules.*

FEUGERETS (DES). — Écuyer, sieur dudit lieu, d'Orceau, des Touches, etc., Élection de Mortagne, maintenu le 16 mai 1667 : *D'argent, à trois rameaux de trois branches de fougère de sinople, posés en pairle.*

FEUGEROLLES (DE). — Écuyer, sieur du Bus, Élection de Lisieux, maintenu le 31 août 1668 : *D'argent, à une tige de fougère de pourpre.*

FEUGEROLLES-CANTELOU. — Généralité de Rouen : *D'or, à la branche de fougère de sinople en bande; au chef de sable.*

FÈVRE (LE). — Écuyer, sieur de Moussy, de Jouy, de la Fontaine, etc., Élections de Gisors et Pontoise, maintenu le 14 mars 1669 : *D'azur, au chevron d'or, accompagné en chef de deux molettes et en pointe d'une rose, le tout du même.*

FÈVRE (LE). — Généralité de Rouen : *D'or, à trois cornillots de sable, armés de gueules.*

FÈVRE (LE). — Écuyer, sieur de la Roche, Élection de Montivilliers, maintenu le 7 juillet 1667 : *D'azur, à la fasce d'argent, chargée de trois croissants de gueules.*

FÈVRE (LE). — Écuyer, sieur de Marpalut, etc., Élection de Carentan, maintenu en 1666 : *D'azur, à un croissant d'argent; chappé d'or, à deux ombres de soleil de seize rais de gueules.*

FÈVRE (LE). — Écuyer, sieur de Caumartin, généralité de Caen, maintenu en 1666 : *D'azur, à cinq triangles d'argent.*

FILLASTRE (LE). — Écuyer, sieur du Buisson, Élections de Pont-Audemer et de Valogne : *D'argent, au hêtre de sinople, soutenu d'un croissant de gueules.*

FILLASTRE. — Écuyer, sieur de Marcouville, de Prays, de Lyonnière, du Pont, etc., Élection de Carentan, maintenu en 1666 : *D'or, au chevron abaissé d'azur, accompagné de trois têtes de salamandre de gueules; au lambel d'azur.*

FILLEUL (LE). — Écuyer, sieur de la Foletière, de la Hélinière, etc., Élection de Rouen, maintenu le 6 février 1669 : *D'azur, à trois bandes d'or chargées d'un lion passant au quartier, le tout d'or.*

FILLEUL. — Généralité de Rouen : *D'argent, à la bande de gueules, chargée de trois coquilles d'or.*

FILLEUL. — Écuyer, sieur de la Freneuse et de la Fresnaye, Élection de Caudebec, maintenu le 22 janvier 1667 : *D'or, au frêne arraché de sinople de sept branches.*

FILLEUL (LE). — Écuyer, sieur de la Chapelle et de la Mare-Auger, Élection de Bernay : *D'azur, au lion d'or, à la tierce en fasce du même, brochante sur le lion, et au franc canton d'or, brochant sur la première pièce de la tierce.*

FILLEUL. — Écuyer, seigneur d'Orville, Élection de Bernay, maintenu le 29 août 1669 : *Contrepalé de sinople et d'argent de seize pièces.*

FILLEUL (DE). — Écuyer, sieur d'Orville et des Chesnets, généralité d'Alençon, maintenu le 20 juillet 1667 : *Coupé, palé, contre-palé d'or et d'azur, à l'orle de gueules, chargé de onze besants d'or.*

FIZET. — Écuyer, sieur de Vieil-Rouen, Élection d'Évreux, maintenu le 21 août 1668 : *D'azur, à la fasce d'argent, accompagnée en chef de deux étoiles d'or, et en pointe d'une tête de lion du même.*

FLAMBARD (DE). — Écuyer, sieur de Saint-Martin, Élection de Bayeux, maintenu en 1666 : *De sable, à trois chevrons d'or; au chef du même.*

FLAMBARD. — Écuyer, sieur de la Chapelle et de Guitot, Élection de Lisieux, maintenu le 10 avril 1666 : *D'azur, à la fasce de cinq flammes d'or, surmontée de deux étoiles du même.*

FLÈCHE (DE LA). — Élection de Falaise.

FLOQUET (DE). — Chevalier, seigneur dudit lieu et d'Auricher : *Contrebarré d'argent et de gueules.*

FOL (LE). — Écuyer, sieur de Tronquay, des Champs, de la Vallée, de la Marre de Creutel, etc., Élection de Carentan, maintenu en 1666 : *D'azur, à trois flèches d'argent empoignées de gueules et accostées de deux fleurs de lis au pied nourri du second émail.*

FOLIE (LA). — Écuyer, sieur des Chars, Théonville, etc., Élection de Bayeux, maintenu en 1666 : *D'azur, au chevron d'or, surmonté d'un écusson d'argent et accompagné en chef de deux étoiles du second, et en pointe d'une croisette du même.*

FOLLEVILLE (DE). — Écuyer, sieur de Boisdavid, Élection de Pont-Audemer, maintenu le 12 janvier 1668 : *D'azur, à la fasce coupée, émanchée d'or et de gueules, accompagnée en pointe d'une quintefeuille du second émail.*

FONTAINE (LA). — Écuyer, sieur de Boisears, Élection d'Évreux, maintenu le 1er mars 1667 : *D'argent, au chevron de sable, accompagné de trois mouchetures du même.*

FONTAINE (DE LA). — Généralité de Rouen : *De gueules, à la croix dentelée d'argent, cantonnée de quatre aiglettes d'or.*

FONTAINE (LA). — Écuyer, sieur de Lesseville, Élections de Chaumont et de Magny, maintenu le 12 avril 1668 : *De gueules, à trois pattes de griffon d'or; au chef de vair.*

FONTAINE (LA). — Écuyer, sieur de Saint-André, Élection de Bayeux, maintenu en 1666 : *D'azur, à la croix alésée d'or, accompagnée de trois coquilles du même.*

FONTAINE (LA). — Écuyer, sieur de Lynières, du Bourgneuf, etc., généralité d'Alençon, maintenu le 4 mars 1667 : *D'hermine, à la bande de gueules, chargée de deux annelets d'or.*

FONTAINE (DE LA). — Généralité de Rouen : *D'azur, au chevron d'or, accompagné de trois étoiles du même.*

FONTAINE (DE LA). — Généralité de Rouen : *D'argent, au sautoir de gueules, dentelé de sable, chargé en cœur d'une croisette d'or et cantonné de quatre têtes de Maures de sable.*

FONTAINE (DE LA). — Généralité d'Alençon : *De sinople, à trois fleurs de lis d'argent; au chef d'or, chargé d'un léopard de sable.*

FONTAINES (DE). — Écuyer, sieur de Mauconduit, la Londe, etc., Élection d'Arques, maintenu le 19 mars 1669 : *D'or, à trois écussons de vair, bordés de gueules.*

FONTAINES (DE). — Écuyer, sieur de la Fage et de la Buhotterie, Élection de Valogne, maintenu en 1666 : *De gueules, à trois bandes retraites d'or, mouvantes de la pointe de l'écu, surmontées de trois fermaux du même; au chef d'argent, chargé de trois mouchetures de sable.*

FONTAINES (DE). — Écuyer, sieur de la Poudrière, de Beauvais, de la Bigotière, etc., généralité d'Alençon : *D'azur, à la croix ancrée d'argent.*

FONTENAY (DE). — Écuyer, sieur de Besaude et du Bois, Élection de Mortain, maintenu en 1666 : *D'argent, à la fasce de gueules, chargée de trois merlettes d'or et accompagnée de quatre mouchetures de sable.*

FONTENAY (DE). — Chevalier, seigneur de Telligny, de Soisay, d'Hilaire, de Chatelenie, de Ridays, de Tarannière, de Resnière, etc., Élection de Mortain, maintenu le 26 mai 1667 : *D'argent, à deux lions léopardés de sable, passant l'un au-dessus de l'autre, armés, lampassés et couronnés de gueules.*

FONTENAY (DE). — Écuyer, seigneur du Mesnil-Touffray : *Écartelé, dentelé d'or et de gueules.*

FONTENAY (DE). — *D'hermine, à la fasce de gueules, chargée de trois fermaux d'or. Les seigneurs de Goupillières portaient trois annelets au lieu des fermaux.*

FONTENAY (DE). — Élection de Vire : *D'argent, à la fasce de gueules, chargée de trois merlettes d'or et accompagnée de quatorze mouchetures de sable, sept en chef, quatre et trois, et sept du même en pointe.*

FONTETTES (DE). — Seigneur de Vaumain, Élection de Chaumont et Magny, maintenu le 15 mars 1669 : *D'azur, à trois fasces d'or.*

FORESTIER (LE). — Écuyer, sieur du Buisson, de Villeneuve, généralité de Caen, maintenu en 1666 : *D'argent, à trois cors de chasse de sable, liés de gueules, 2 et 1.*

FORESTIER (LE). — Écuyer, sieur de Foucrainville, Élection d'Évreux : *D'argent, à trois cors de chasse contournés de sable, liés de gueules; à la bordure engrêlée du même.*

FORESTIER (LE). — Écuyer, sieur d'Hérouville et de Maresceqs, Élection de Bayeux, maintenu en 1666 : *Écartelé : aux 1 et 4, d'azur, à trois gerbes d'or; aux 2 et 3, d'azur, à une épée couronnée à la royale d'or, accostée de deux fleurs de lis du même.*

FORESTIER (LE). — Écuyer, sieur d'Osseville et de Jamberville, Élection de Carentan, maintenu en 1666 : *D'argent, au lion de sable, armé, lampassé et couronné de gueules.*

FORESTIER (LE). — Écuyer, sieur d'Imbermais, Élection de Valogne, maintenu en 1666 : *D'argent, à trois feuilles de houx de sinople.*

FORESTIER (LE). — Écuyer, sieur de la Forestière et de la Métairie, Élection de Falaise, maintenu le 3 avril 1667 : *D'argent, à cinq palmes de sinople, empoignées de gueules.*

FORESTIER (LE). — Écuyer, sieur de Milley, de Longpray, du Boulay, Élection de Bernay, maintenu le 10 janvier 1667 : *D'or, au chevron de gueules, chargé de trois molettes d'éperon d'argent, et accompagné de trois feuilles de noisetier de sinople.*

FORGE (DE LA). —Élection de Caudebec, maintenu le 6 juillet 1667 : *D'azur, au chevron d'or, accompagné en chef de deux haussecols, et en pointe d'un trèfle, le tout du même.*

FORT (LE). — Écuyer, sieur de Montfort, de Carneville, d'Hazeraiville, etc., Élection de Valogne, maintenu en 1666 : *D'argent, au croissant de gueules, accompagné de trois merlettes de sable.*

FORT (LE). — Écuyer, sieur de Bonnebosc. Élection de Pont-Audemer, maintenu le 12 avril 1668 : *De gueules, au chevron d'or, accompagné de trois croissants d'argent.*

FORTECU (DE). — Élection de Valogne : *D'azur, à trois bandes d'argent.*

FORTESVE. — Écuyer, sieur dudit lieu, du Chesne, du Taillis, de Beauregard, de Launay, etc., Élection de Bayeux, maintenu en 1666 : *D'argent, à trois bandes de gueules.*

FORTIN (DE). — Écuyer, sieur des Champs et des Borgneries, Élection de Pont-Audemer : *D'or, à la bande d'azur, accompagnée de trois croisettes mal-ordonnées de gueules.*

FORTIN (DE). — Généralité de Rouen, maintenu en 1666 : *D'azur, au chevron d'or, accompagné de trois molettes d'éperon du même.*

FORTIN (DE). — Élection de Mortain, maintenu en 1669 : *D'azur, à la fasce denchée d'argent, accompagnée de six merlettes rangées du même.*

FORTIN. — Écuyer, sieur du Sablon, Élection de Mortagne, maintenu le 10 avril 1666 : *Écartelé : aux 1 et 4, d'argent, à trois mouchetures de sable ; au 2, d'argent, à trois chevrons de gueules ; au 3, de gueules, à trois annelets d'or.*

FORTIN (DE). — Écuyer, sieur dudit lieu, du Prey et de Saint-Étienne, Élections de Falaise et de Vire, maintenu le 3 janvier 1667 : *De gueules, à trois tours d'argent, maçonnées de sable.*

FORTIN. — Écuyer, sieur de la Motte et de Tostes, Élection de Falaise, maintenu le 4 mai 1666 : *D'argent, au chevron de sable, accompagné de trois molettes d'éperon du même ; au chef d'argent, chargé d'un croissant d'azur, accosté de deux étoiles de gueules, et soutenu d'une divise du second émail.*

FOSSE (DE LA). — Sieur de Saint-Laurent, de Vieil-Manoir, du Grand-Pré, généralité de Rouen : *D'azur, au chevron d'or, accompagné de trois étoiles du même.*

FOSSÉ (DU). — Écuyer, sieur de Canappeville, Élection de Pont-Audemer, maintenu le 28 juillet 1666 : *De sable, au chevron d'argent, accompagné de trois besants d'or ; au chef du second, chargé d'un lézard de sinople.*

FOUBERT (DE). — Écuyer, sieur de Beuzeville, Élection de Valogne, maintenu en 1666 : *D'argent, à la fasce d'azur, chargée d'un léopard d'or.*

FOUCAULT (DE). — Élection de Verneuil : *D'argent, à trois feuilles de palmier, accostées de deux mains au naturel, tenant chacune une épée d'or en pal, celle à sénestre chargée sur la garde d'une merlette du second et accompagnée en chef de trois coupes couvertes d'argent.*

FOUCQUES (DE). — Écuyer, sieur de la Pillette, Élection de Lisieux, maintenu le 21 mai 1666 : *De sable, au lion contourné d'or, lampassé de gueules, affrontant une cigogne d'argent.*

FOUCQUES. — Écuyer, sieur du Mesnil, Élection de Bernay, maintenu le 9 juin 1666 : *De sable, au lion contourné d'or, lampassé de gueules, affrontant une cigogne d'argent.*

FOUILLEUSE (DE). — Chevalier, seigneur de Boispréaux, Élection de Lions, maintenu le 3 mai 1666 : *D'argent, fretté de gueules, semé de fleurs de lis du même dans les claires-voies.*

FOUILLEUSE (DE). — Écuyer, seigneur de Flavacourt, généralité de Rouen : *D'argent, papelonné de gueules, semé de trèfles renversés du même dans les claires-voies.*

FOULLONGUES (DE). — Écuyer, sieur de Saint-Jean, de Damteville, de Castillon, etc., généralité d'Alençon, maintenu le 20 août 1668 : *D'azur, à trois fasces d'or ; à la bande de gueules, chargée de trois coquilles d'argent.*

FOULON (DE). — Élection de Falaise, maintenu le 3 mars 1667 : *D'azur, à la fasce d'or, surmontée d'un levrier d'argent.*

FOUQUET. — Écuyer, sieur de Sainte-Geneviève, Élection de Valogne, maintenu en 1666 : *De gueules, à la croix alésée et pommelée de douze pièces d'argent.*

FOUQUEVILLE (DE). — Élection de Pont-l'Évêque, maintenu le 7 août 1669 : *D'azur, au chevron d'or, accompagné de trois cigognes d'argent.*

FOUR (DU). — Seigneur de Longuerue, de Croisy, de Fontaine-le-Chastel, de Cottemont, etc., généralité de Rouen, maintenu le 27 juillet 1667 : *D'azur, à trois croissants d'or ; une étoile de même, posée en abîme.*

FOUR (DU). — Écuyer, sieur de Courgeron, du Gast-Marchet, de la Thuiserie, de Udeux, etc., Élection de Bernay, maintenu le 1er avril 1666 : *D'argent, au chevron de gueules, accompagné de trois roses du même, tigées et feuillées de pourpre.*

FOURNIER (LE). — Écuyer, sieur de Vargemont et d'Eauville, Élection d'Arques, maintenu le 17 février 1668 : *D'argent, à trois roses de gueules.*

FOURNIER (LE). — Écuyer, sieur de Bernarville, Bonneville, la Chevalerie, etc., Élection de Valogne, maintenu en 1666 : *D'azur, au sautoir d'argent, cantonné de quatre roses du même.*

FOURRE. — Écuyer, sieur de Beaupré, Pillière, du Bourg, etc., Élection de Vire, maintenu en 1666 : *De gueules, à trois chevrons renversés d'argent.*

FOURRET. — Écuyer, sieur de Campigny, Élection de Falaise, maintenu le 1er avril 1666 : *D'azur, à deux flèches, passées en sautoir d'argent ; au chef du même.*

FOURS (DE). — Chevalier, seigneur de Saint-Clair, Élection d'Andely, maintenu le 20 février 1669 : *D'azur, à la croix engrélée d'or.*

FOVILLE (DE). — Seigneur d'Escrainville, de la Mare, des Champs, de Saint-James, de Saint Omer, etc., généralité de Rouen, maintenu le 18 mars 1667 : *D'azur, au sautoir engrêlé d'argent, cantonné de quatre dragons ailés d'or.*

FRALLAIN (LE). — Seigneur de Larrey, généralité de Caen.

FRANC (LE). — Écuyer, sieur de la Haye, Franville, baron de Clos-Morin, Élection d'Évreux, maintenu le 14 août 1666 : *D'argent, à la fasce d'azur, accompagnée de trois cœurs de gueules.*

FRANC (LE). — Écuyer, sieur d'Argentel, Dufayel, Davy, etc., généralité d'Alençon, maintenu le 16 octobre 1666 : *D'argent, à trois cœurs de gueules.*

FRANÇOIS (LE). — Écuyer, sieur des Manoirs et de la Chesnaye, Élection de Pont-Audemer : *D'azur, à trois cygnes d'argent.*

FRANÇOIS (LE). — Écuyer, sieur de Saint-Germain-la-Plesse, de Saint-Denis, de Saint-Nicolas, etc., Élection de Pont-l'Evêque : *D'argent, à deux pals de sable ; au chef de gueules.*

FRANÇOIS (LE). — Élection de Carentan : *D'azur, à la croix alésée d'argent, accompagnée de trois losanges d'or.*

FRANÇOIS (LE). — Écuyer, sieur de Billy, Élection de Bernay : *De gueules, à la croix d'argent, semée de coquilles de sable, et cantonnée de quatre lionceaux d'or.*

FRANÇOIS (LE). — Écuyer, sieur de Pommière, Élection de Verneuil, maintenu le 15 mai 1666 : *D'azur, à cinq vergettes d'argent.*

FRANQUETOT, *alias* GUILLOTE. — Seigneur de Carquebut et de Tourtaville, Élection de Mortagne et de Carentan : *De gueules, à la fasce d'or, chargée de trois étoiles d'azur, et accompagnée de trois croissants du second.*

FRANQUEVILLE (DE). — Écuyer, sieur de Couillarville et de la Gallitrelle, Élection de Pont-Audemer, maintenu le 4 mars 1670 : *De gueules, au chef d'or.*

FRANQUEVILLE (DE). — Écuyer, sieur de Diannerye, de Cable, la Vallée, etc., Élection de Bernay, maintenu le 20 juin 1666 : *Écartelé : aux 1 et 4, de gueules, au chef d'or ; aux 2 et 3, de sable, à la croix ancrée d'or.*

FRÉARD. — Écuyer, sieur de Beaumarais et de la Chesnaye, Élection de Pont-l'Évêque, maintenu le 17 mars 1668 : *D'azur, au chevron d'or, surmonté d'un croissant du même, et accompagné de trois fers de dard d'argent.*

FRÉARD. — Écuyer, sieur de Chicheboville, généralité de Caen, maintenu en 1666 : *D'azur, au chevron d'or, surmonté d'une étoile du même, et accompagné de trois fers de dard d'argent.*

FREAUVILLE (DE). — Généralité de Rouen : *Semé de France, au chef d'or, au lion de gueules, brochant sur le tout.*

FREBOURG. — Écuyer, sieur de la Houdairye, Élection de Mortagne : *D'argent, à trois aigles au vol abaissé de sable, becquées et membrées d'or.*

FREDET (DU). — Écuyer, sieur du Tison, Élection d'Évreux, maintenu le 10 septembre 1666 : *D'argent, à trois chevrons de gueules.*

FREMIN. — Écuyer, sieur de Poissy, généralité de Rouen, maintenu le 30 juillet 1666 : *D'argent, à la fasce d'azur, chargée de trois besants d'or.*

FREMONT (DE). — Écuyer, sieur de Viendois, Élection de Mortagne : *D'argent, au chevron de gueules, accompagné de trois trèfles de sinople.*

FRERET. — Élection de Carentan, maintenu en 1666 : *D'or, à une colonne d'azur ; au chef du même, chargé de trois étoiles du champ.*

FRESNAY (DU). — Écuyer, sieur de Saint-Aignan, généralité de Caen, maintenu en 1666 : *De gueules, à trois fresnes arrachés, ondés d'or.*

FRESNE (DU). — Écuyer, sieur de la Vallée, Élection d'Avranches : *D'argent, au lion de gueules, couronné, armé et lampassé d'or.*

FRESNE (DU). — Écuyer, sieur de la Rouillière, Élection d'Argentan, maintenu le 14 mai 1667 : *D'azur, à la fasce d'argent, accompagnée de trois fers de cheval tournés d'or.*

FRESNEL. — Écuyer, sieur de Saint-Ouen et de Pipardière, généralité de Caen, maintenu en 1666 : *D'argent, au chevron d'azur, chargé de trois besants d'or, et accompagné en chef de deux lions affrontés de gueules, et en pointe d'un arbre terrassé de sinople.*

FRETEL (LE). — Élection de Coutances, maintenu en 1666 : *D'azur, à trois écussons d'or, frettés du champ et bordés d'argent ; à la bordure componée d'argent et de gueules de seize pièces.*

FRETEL. — Généralité de Rouen : *D'argent, fretté de gueules.*

FREVAL (DE). — Écuyer, sieur de Fresnes, Élection de Vire, maintenu en 1666 : *D'azur, au dextrochère gantelé d'argent, tenant un épervier longé du même.*

FREVILLE (DE). — Écuyer, sieur de Tannières, Élection de Lions, maintenu le 8 avril 1670 : *De gueules, à deux dauphins adossés d'argent.*

FREVILLE (DE). — Écuyer, sieur de la Haye, de Rouel, du Désert, etc., Élection de Pont-Audemer, maintenu le 10 juillet 1667 : *D'argent, à trois flèches tombantes et rangées de gueules, surmontées de trois trèfles du même.*

FREVILLE (DE). — Élection de Pont-Audemer, maintenu le 18 juillet 1667 : *D'azur, à deux roses qu'il nomme fleurs d'épine d'argent, en chef et en pointe, un fer de flèche du même.*

FREVILLE (DE). — Écuyer, sieur de La Haye, Élection d'Argentan, maintenu le 4 mai 1666 : *D'argent, à trois trèfles rangés de gueules, surmontés de trois fers de flèche mal ordonnés du même.*

FRIBOIS (DE). — Écuyer, sieur des Autieux, Élection de Falaise, maintenu le 25 juillet 1666 : *D'azur, à trois fasces d'argent ; la première surmontée de trois roses d'or, la seconde de deux, la troisième d'or.*

FROLLAND. — Écuyer, sieur de Genestel, Élection de Valogne : *D'azur, à la fasce d'or, accompagnée en chef de deux roses d'argent, et en pointe d'un croissant du même.*

FRONTIN. — Écuyer, sieur de Hauteville, Clarmont, du Tot, etc., généralité de Rouen, maintenu le 23 juillet 1668 : *D'argent, au chevron de gueules, accompagné de trois branches de houx de trois feuilles, de sinople.*

FROTTÉ (DE). — Écuyer, sieur de Tonterne, Vieux-Pont, Préaux, etc., Élection de Falaise, maintenu le 7 septembre 1666 : *D'azur, au chevron d'or, accompagné en chef de deux molettes d'éperon du même, et en pointe d'un besant d'argent.*

FROU (DU). — Écuyer, sieur d'Écouville : *D'or, à la fasce d'azur, chargée d'une fleur de lis d'argent.*

FROUILLÉ. — Écuyer, sieur de la Mastelière, Élection de Mortagne, maintenu le 26 juin 1666 : *De sable, à la bande d'or, accostée de deux lions du même.*

FROULLAY. — Écuyer, sieur du Tessé, généralité de Caen, maintenu en 1666 : *D'argent, au sautoir de gueules, denché de sable.*

FRY (DE). — Écuyer, sieur du Val, de Boisle, généralité de Rouen, maintenu le 2 février 1668 : *D'azur, au chevron d'or, accompagné en chef de deux étoiles, et en pointe d'une hure de sanglier, le tout du même.*

FRYE (DE LA). — Sieur des Aulnes et du Hay, généralité de Rouen.

FUMÉE (DE). — Généralité de Rouen : *D'azur, à deux burèles d'or, accompagnées de six besants du même, trois rangés en chef, et trois en pointe, 2 et 1.*

G

GAALON (DE). — Écuyer, sieur de Préaux, Élection de Bayeux, maintenu en 1666 : *De gueules, à trois rocs d'échiquier d'or.*

GADES DE RENICOURT. — Généralité de Rouen : *De gueules, au sacre d'or.*

GAGER (LE). — Élection de Vire, maintenu le 6 décembre 1667 : *D'azur, au chevron d'or, accompagné de trois aiglettes au vol abaissé du même.*

GAIGNON. — Écuyer, sieur de la Poterie, Élection de Falaise, maintenu le 16 juillet 1666 : *D'azur, à trois bandes d'or.*

GAILLARD LE BOIS (DE). — Écuyer, sieur de Marcouville, Fresnay, seigneur de Saint-Denis, Fermont, etc., Élection d'Andely : *D'argent, à six annelets de sable.*

GAISSART (DE). — Écuyer, sieur du Clé, vicomte de Neufchâtel, généralité de Rouen, maintenu le 3 janvier 1669 : *D'argent, à trois chevrons de gueules.*

GAL (DU). — Écuyer, sieur des Noyers, Moliencourt et de Mons, Élection d'Andely, maintenu le 23 septembre 1670 : *D'azur, à trois trèfles d'argent.*

GALENTINE. — Généralité de Rouen : *Écartelé : aux 1 et 2, d'azur, à trois annelets d'or ; au chef d'argent, chargé de trois têtes de lions arrachées de gueules.*

GALLERY. — Écuyer, sieur de Quefourches, des Granges, du Tremblay, etc., Élection de Domfront : *De gueules, à une épée d'argent en pal, garnie d'or, accostée de deux croix de Lorraine du même.*

GALLET (DE). — Écuyer, sieur dudit lieu et des Vallières, généralité de Rouen, maintenu le 10 mai 1667 : *Écartelé d'argent, aux 2 et 3, chargé d'un tourteau de sable.*

GALLY. — Écuyer, sieur de Brare, Romagrau, d'Hybouville, Élection d'Arques, maintenu le 1er décembre 1667 : *De sable, à une galère équipée d'or.*

GAMBIER. — Écuyer, sieur de Forest, Élection de Pont-l'Évêque, maintenu le 3 juin 1670 : *De gueules, à la fasce d'or, accompagnée de trois merlettes de sable.*

GANDILLE (DE LA). — Écuyer, seigneur d'Oudeauville, Élection de Gisors, maintenu le 17 juillt 1668 : *D'argent, au sautoir de gueules, à la molette de sable en chef, chargé de cinq besants d'or.*

GARABY. — Sieur de la Besnardières et de l'Isle, Élection de Coutances : *De gueules, au lion d'argent.*

GARABY. — Écuyer, sieur de la Luzerne, Élection de Coutances, maintenu en 1666 : *D'azur, à trois pals d'or ; au chef cousu de gueules, chargé d'un lion léopardé d'argent.*

GARANCIÈRES (DE). — Écuyer, sieur de Loraille, Thibouville, seigneur de Courcelles, Élection de Bernay, maintenu le 9 avril 1666 : *De gueules, à trois chevrons d'or.*

GARDEUR (LE). — Écuyer, sieur d'Amblée, de la Vallette, de Croisilles, etc., généralité de Caen, maintenu en 1666 : *De gueules, au lion d'argent, tenant une croix haute recroisettée d'or.*

GARDIN (DU). — Seigneur de Biville : *D'azur, à l'aigle d'argent, becquée et armée d'or, adextrée d'un soleil du même.*

GARDIN (DU). — Élection de Carentan : *D'azur, à deux fleurs d'épine d'or, et un croissant du même.*

GARENNE (DE LA). — Écuyer, sieur de Saint-Vincent, Élection de Chaumont, maintenu le 23 janvier 1669 : *D'argent, à deux chevrons brisés à droite et à gauche de deux pièces de sable, accompagnés de trois coquilles de gueules.*

GARIN. — Écuyer, sieur de Fatouville, Élection d'Arques, maintenu le 30 janvier 1668 : *De gueules, à trois coquilles d'or.*

GARNIER. — Écuyer, sieur de la Perrière, Élection de Domfront : *D'or, à trois losanges de sable.*

GARRAULT. — Écuyer, sieur de Blainville, Élection de Verneuil : *D'azur, au lion d'or, armé et lampassé de gueules.*

GARRO. — Écuyer, sieur de la Salle, généralité de Rouen, maintenu le 12 août 1669 : *D'argent, à la croix de gueules, cantonnée de quatre loups ravissants et affrontés de sable.*

GARSALLES. — Écuyer, sieur de la Poulardière, Vacquerie, Chesne, etc., Élection de Bayeux, maintenu en 1666 : *De gueules, à trois croissants d'argent, alias d'argent, au croissant de gueules.*

GASCOIN (DE). — Écuyer, sieur de la Motte, Launay, Tere, Valencey, etc., Élection de Coutances, maintenu en 1666 : *D'argent, à trois feuilles de laurier en pairle de sinople, accompagnées de trois molettes d'éperon de gueules.*

GASTEBLÉ. — Écuyer, sieur de la Courmarin, du Clos, etc., généralité de Caen, maintenu en 1666 : *D'azur, au chevron d'or, accompagné de trois épis de blé feuillés du même.*

GASTEL. — Écuyer, sieur de Mellicourt, de Bullardière, etc., Élection de Bayeux, maintenu le 28 mai 1667 : *D'argent, à trois chevrons de sable.*

GASTEL. — Écuyer, sieur de Longprey, de Lestang, de la Motte, des Annois, d'Hérissay, etc., Élection de Verneuil, maintenu le 24 mai 1667 : *D'argent, à deux chevrons de gueules, accompagnés de trois molettes d'éperon de sable.*

GASTINEL (DE). — Seigneur et baron de Saint-Nicolas, d'Alhez, etc., Élection de Conches, maintenu le 26 mars 1668 : *D'azur, à trois colonnes d'or.*

GAUDIN. — Écuyer, sieur de la Gaude-Fraye, Élection d'Avranches, maintenu en 1666 : *D'azur, au chevron d'or, accompagné de trois aiglettes éployées au vol abaissé d'argent ; au chef cousu de gueules, fretté du troisième émail.*

GAUGY (DE). — Écuyer, verdier de la forêt de Brotonne, etc., généralité de Rouen, maintenu le 26 novembre 1670 : *D'azur, à trois roses rangées en chef d'or, et trois croissants d'argent, rangés de même en pointe.*

GAULTIER. — Écuyer, sieur de la Rancerie, des Reaux, etc., Élection de Coutances, maintenu en 1666 : *D'azur, au chevron d'or, accompagné de trois poignards d'argent, garnis du second, la pointe en bas.*

GAULTIER. — Écuyer, sieur de Lespaignerie, de Durand, de Carville, etc., Élection de Bayeux, maintenu le 30 août 1666 : *De sable, à une fasce d'argent, accompagnée en chef de trois trèfles de même, et en pointe de trois besants, aussi d'argent posés, 2 et 1.*

GAULTIER. — Écuyer, sieur de Chiffreville, de Montreul, de Basille, de Fontaine, etc., Élection d'Andely, maintenu le 30 septembre 1667 : *De gueules, à la croix ancrée d'argent, sénestrée d'un croissant du même, et nouée en cœur d'un sautoir de pourpre.*

GAUVILLE (DE). — Chevalier, seigneur d'Orbec et autres lieux : *De gueules, au chef d'hermine.*

GAY (LE). — Généralité de Rouen : *D'argent, au chevron d'azur, accompagné de trois hures de sanglier de sable.*

GEOFFROY. — Écuyer, sieur de la Mare, Élection de Vire, maintenu en 1666 : *D'argent, à trois mains sénestres de gueules.*

GEMARE (DE). — Écuyer, sieur de Vallery, Élection de Pont-l'Évêque, maintenu le 3 février 1668 et le 8 août 1669 : *D'azur, au chevron d'or, surmonté d'un cœur du même, et accompagné de trois étoiles d'argent.*

GENDRE (LE). — Écuyer, sieur de Montenol, d'Onsenbray, etc., généralité de Rouen : *D'azur, au chevron d'or accompagné en chef de deux molettes d'éperon, et en pointe d'un rencontre de cerf, le tout du même ; alias : D'azur, à la bande dentelée d'or, chargée de trois papillons de sable.*

GENDRE (LE). — Écuyer, seigneur de Saint-Martin : *D'azur, à la fasce d'argent, accompagné de trois bustes de jeunes filles du même, chevelées d'or.*

GENNES (DE). — Écuyer, sieur de Montmartin, Élection de Pont-de-l'Arche : *D'or, au chevron d'azur, chargé de quatre étoiles d'argent, accompagné de quatre roses de gueules.*

GENTIL (LE). — Écuyer, sieur de la Rozère, de Montperreux, Élection de Lisieux, maintenu le 9 janvier 1668 : *D'azur, au dragon d'or volant, lampassé de gueules.*

GEORGES. — Écuyer, sieur de Marest, de Thieuville, Saint-Gilles, etc., Élection de Pont-l'Évêque, maintenu le 7 janvier 1669 : *De gueules, à trois besants d'or.*

GIFFARD. — Écuyer, sieur de la Pierre, Élection de Pont-l'Évêque, maintenu le 13 août 1666 : *D'azur, à trois fasces ondées d'or ; à la bande de gueules, chargée de trois lionceaux du second, brochante sur le tout.*

GIFFARD. — Seigneur d'Escalle, Élection de Neufchâtel, maintenu le 3 janvier 1669 : *D'argent, à trois chevrons de gueules.*

GIGAULT. — Écuyer, sieur de Bellefond, marquis d'Inteville, généralité de Rouen, maintenu le 5 septembre 1666 : *D'azur, au chevron d'or, surmonté d'un croissant du même, et accompagné de trois losanges d'argent.*

GIGAULT. — Écuyer, sieur de Hainneville, Élection de Valogne, maintenu en 1666 : *D'azur, au chevron d'or, accompagné de trois losanges d'argent.*

GILLEBERT. — Écuyer, sieur du Vivier, généralité de Rouen, maintenu le 22 juillet 1670 : *D'or, à trois merlettes de sable.*

GIRARD. — Écuyer, sieur de la Rivière, Élection de Coutances, maintenu le 1er février 1668 : *D'argent, au chevron de gueules, accompagné de trois branches d'arbre de sinople.*

GIRARD. — Écuyer, sieur de Meubouton, Élection de Conches, maintenu le 8 juin 1667 : *De gueules, à un roc d'échiquier d'argent, surmonté de trois ... du même.*

GIRARD. — Écuyer, sieur de la Ghrise, Élection de Verneuil, maintenu le 8 juin 1668 : *D'argent, à deux jumelles de sable, la première surmontée d'un léopard du même.*

GIROULT. — Écuyer, sieur d'Antot, Élection d'Avranches.

GISLAIN (DE). — Écuyer, sieur de Benouville, généralité de Caen, maintenu en 1666 : *De sable, au chevron d'or, surmonté d'un croissant, accompagné en chef de deux étoiles, et en pointe d'un lionceau, le tout d'argent.*

GISLAIN (DE). — Écuyer, sieur de Saint-Mars, Élection de Mortagne, maintenu le 7 juin 1667 : *D'azur, au cerf d'or.*

GIVERVILLE (DE). — Écuyer, seigneur dudit lieu, sieur d'Argences, Élection de Bernay, maintenu le 24 août 1668 : *D'or, à la fasce d'azur, chargée d'un croissant d'argent, et accompagnée de quatre molettes d'éperon cantonnées de sable.*

GLACY. — Élection de Vire, maintenu en 1666 : *D'argent, à la croix de gueules, cantonnée de quatre mouchetures de sable.*

GLADAT. — Chevalier, seigneur, baron de Gacé : *D'argent, au chevron de sable, accompagné de trois tourteaux du même.*

GLAPION (DE). — Écuyer, sieur de Rosnay, de Boitron, du Mesnil, de Gaultier, de Huardière, etc., Élection d'Évreux, maintenu le 24 juillet 1667 : *D'azur, à trois fasces d'or; à la bordure de gueules.*

GLATIGNY (DE). — Écuyer, sieur de Villodon, de Juvigny, etc., Élection de Valogne, maintenu en 1666 : *D'or, à un mur pignonné d'azur.*

GLATIGNY (DE). — Généralité de Rouen : *D'azur, à trois annelets l'un dans l'autre d'argent.*

GODARD. — Écuyer, sieur de Saint-Sulpice, Guillonville, etc., Élection de Neufchâtel, maintenu le 6 avril 1666 : *De gueules, au sautoir d'argent, cantonné de quatre alérions du même.*

GODARD. — Écuyer, sieur de Mezangleville, Élection de Lions, maintenu le 12 juillet 1667 : *Coupé d'azur et de gueules, à l'aigle désarmée d'or, brochante sur le tout.*

GODARD. — Écuyer, sieur de Belbeuf, généralité de Rouen : *D'azur, au chevron d'argent, accompagné en chef de deux molettes d'or, et en pointe d'une rose d'argent, tigée et feuillée de sinople.*

GODEFROY. — Écuyer, sieur de Saint-Laurent, Élection de Montivilliers, maintenu le 24 juillet 1667 : *D'azur, à la fasce endentée de gueules et d'argent de quatre pièces, accompagnée en chef de deux croissants d'or, et en pointe d'une étoile du même.*

GODEFROY. — Écuyer, sieur de Lingreville, Élection de Valogne, maintenu en 1666 : *D'azur, au chevron d'argent, accompagné en chef de deux molettes d'éperon d'or, et en pointe d'une rose du même.*

GODEFROY. — Écuyer, sieur de Bordage, Élection de Carentan : *De sable, au ...... d'argent, lié autour d'une ancre avec sa gumène du même, et accompagné de trois étoiles d'or.*

GODESCART (DE). — Généralité de Rouen, maintenu le 16 juillet 1666 : *D'argent, au pal de sable; au chef d'azur, chargé de trois besants d'or.*

GODET. — Écuyer, sieur du Parc, de Recouvretz, etc., Élection d'Argentan : *De gueules, à trois coupes couvertes d'argent, aliàs, d'argent, à trois godets de gueules.*

GOESLARD. — Écuyer, sieur de Longprey, Élection de Coutances, maintenu en 1666 : *De gueules, au sautoir d'argent, cantonné de quatre maillets du même.*

GOGUÉ (DE). — Écuyer, sieur de Maussonvillière, Élection de Verneuil : *D'azur, au cygne d'argent; au chef d'or, chargé de trois croisettes de gueules.*

GOHIER. — Écuyer, sieur de la Turinière, de Prequairt, etc., Élection de Bayeux, maintenu en 1666 : *D'or, au chevron de gueules, surmonté d'un cœur du même et accompagné en chef de deux trèfles de sinople, et en pointe d'un fer de lance du second émail, fretté d'argent.*

GOMBAULT. — Généralité de Rouen : *De gueules, à la tour d'argent.*

GONNELIEU (DE). — Seigneur de Radepont, de Grainville, de Bouillencourt et d'Autréches : *D'or, à la bande de sable.*

GONNIVIÈRE (DE LA). — Écuyer, sieur de Beràgny, du Mesnil, de la Françoiserie, etc., maintenu le 3 janvier 1667 : *Palé d'argent et de gueules, au chef d'or.*

GORREN. — Écuyer, sieur de la Grimonnière, de Fresneuse et de Fresnaye, Élection de Mortagne, maintenu le 7 juillet 1666 : *D'argent, à deux chevrons faillis à sénestre de gueules, abaissés sous une tierce du même.*

GORRON (DE). — Écuyer, sieur des Nots, Élection d'Andely, maintenu le 20 avril 1667 : *D'argent, à la fasce de sable, accompagnée de trois trèfles de sinople.*

GOSSE. — Écuyer, sieur de la Mortraye, vicomté d'Auge, Élection d'Argentan, maintenu le 30 juillet 1667 : *D'azur, à neuf croisettes d'or, 3, 3 et 3.*

GOSSE. — Écuyer, sieur des Casteaux, Élection de Pont-l'Évêque, maintenu le 3 septembre 1669 : *D'azur, à neuf croisettes d'or, 4, 3 et 2.*

GOSSELIN. — Écuyer, sieur de Moulineaux, de la Vacherie, de Saint-Pierre, etc., généralité de Rouen, maintenu le 10 août 1667 : *D'argent, au chevron d'azur, chargé de sept besants d'or, et accompagné en chef de deux molettes d'éperon de sable, et en pointe d'une aiglette éployée du même; au chef de gueules.*

GOSSELIN (DE). — Écuyer, sieur de Martigny, Élection d'Arques, maintenu le 9 août 1667 : *D'azur, à trois fasces ondées d'argent, surmontées d'un vol du même.*

GOSSELIN. — Écuyer, sieur d'Anisy, de Villons, de Silly, de la Bretonnière, de Noyers, de Courdonne, etc., généralité de Caen, maintenu en 1666 : *D'azur, à deux fasces ondées d'argent, surmontées d'un besant d'or.*

GOSSELIN. — Écuyer, sieur de la Rougerye, Élection de Bayeux, maintenu en 1666 : *De gueules, à trois pommes tigées et feuillées d'or.*

GOSSELIN. — Généralité de Rouen : *Écartelé : au 1 d'azur, à trois fleurs de lis d'or; au 2 de gueules, à deux léopards d'or; au 3 de gueules, à cinq châteaux d'or; au 4 palé d'or et d'azur.*

GOT (DE). — Écuyer, sieur de Bray, généralité d'Alençon, maintenu le 31 janvier 1667 : *D'azur, à l'aigle éployée au vol abaissé d'or, becquée et couronnée de gueules.*

GOUBERT (DE). — Écuyer, sieur de Ferrières, de Saint-Cheron, etc., Élection d'Évreux : *De gueules, au cor de chasse contourné d'or, lié de gueules, surmontant une molette du second.*

GOUBERVILLE (DE). — Écuyer, sieur de Saint-Quentin, de Quelot, de Lambert, etc., maintenu le 6 juillet 1667 : *D'azur, à trois faucons d'argent, chaperonnés de gueules.*

GOUBERVILLE (DE). — Écuyer, sieur d'Ectot, Élection de Neufchâtel, maintenu le 1er août 1669 : *D'azur, au chevron d'or, accompagné de trois molettes d'éperon du même.*

GOUBERVILLE (DE). — Écuyer, sieur de la Chelanderie, Élection de Valogne, maintenu en 1666 : *De gueules, à la croix ancrée d'argent.*

GOUEL. — Écuyer, sieur de Bellefosse et de la Porte, Élection de Caudebec, maintenu le 8 juillet 1667 : *D'or, au lion de sable, armé et lampassé de gueules.*

GOUEL. — Seigneur de Posville, généralité de Rouen : *De sinople, à trois roses d'argent.*

GOUESLARD. — Écuyer, sieur de la Pellonnière, de Coutances, des Landes, etc., Élection d'Arques, maintenu en 1666 : *De gueules, au sautoir d'argent, cantonné de quatre maillets du même.* (Voy. *Goeslard.*)

GOUESLIER (LE). — Écuyer, Sieur de Vaudoré, du Buisson, de Moncarel, etc., généralité de Rouen, maintenu le 28 novembre 1668 : *D'argent, à trois molettes d'éperon de sable.*

GOUET (DE). — Écuyer, sieur de Vieuxpont, du Mesnil, de Lespine, etc., Élection de Bayeux, maintenu en 1666 : *D'argent, à la bande d'azur, chargée de trois demi-vols d'or, et accostée de deux têtes de lévriers de sable, colletées de gueules.*

6

GOUETZ (LE). — Écuyer, sieur de Lamberville, seigneur d'Ils, de Ginardière, de Saint-Vast, de Gerrost, etc., Élection de Falaise, maintenu le 13 juillet 1667 : *D'azur, à trois soleils d'or.*

GOUEY. — Écuyer, sieur de Bonrenom, généralité de Caen, maintenu en 1666 : *Tierce en fasces, au premier, de gueules, à deux lions affrontés d'argent ; au second, d'or ; au troisième d'azur, à la sirène d'argent.*

GOUGES (DE). — Généralité de Caen.

GOUGEUL *alias* DE ROUVILLE. — *D'azur, semé de billettes d'or, à deux goujons adossés du même, brochants.*

GOUHIER. — Écuyer, sieur de Fresnay-le-Samson, de Royville, de Lignières, des Champeaux, de Charencey, de Fontenay, de Petiteville, etc., Élections d'Argentan et de Falaise, maintenu le 3 mars 1667 : *De gueules, à trois roses d'argent.*

GOUJON. — Écuyer, sieur du Mesnil, Élection de Falaise.

GOUJON. — Chevalier, seigneur de Gasville : *D'azur, à deux goujons d'argent en sautoir, surmontant une rivière du même.*

GOULANDE. — Écuyer, sieur de Chancegray, Élection de Domfront : *D'azur, au lion léopardé d'or.*

GOULU (DE). — Sieur de Saulnette, Élection de Falaise.

GOUPIL DU MESNILDOT (LE). — Chevalier, seigneur de Vierville, d'Orglandes, de Flottemanville, etc., Élections de Carentan et de Valogne : *D'azur, au chevron d'or, bordé de gueules, et accompagné de trois croisettes du second émail.*

GOURFALEUR. — Écuyer, sieur du Mesnil, Élection de Carentan, maintenu en 1666 : *D'azur, au château d'or, ouvert et ajouré de sable.*

GOURMONT (DE). — Baron de Giel et du Mesnil-Courfay, Élection de Carentan, maintenu en 1666 : *D'argent, au croissant de sable, au chef de gueules, chargé de trois roses d'or.*

GOURNAY (DE). — Élection de Bayeux : *De gueules, à trois tours d'argent, en bande, maçonnées de sable.*

GOUSTIMESNIL (DE). — Écuyer, sieur de la Mare, de Saint-Michel, de la Chesnaye, de Roménerie, de Brelly, etc., maintenu le 17 février 1668 : *D'or, à trois marteaux de gueules.*

GOUVAIS. — Écuyer, sieur du Parc, Élection de Pont-l'Évêque, maintenu le 11 février 1669 : *D'azur, au chevron d'or, accompagné en chef de deux croisettes, et en pointe d'un lionceau, le tout du même.*

GOUVEST. — Écuyer, sieur de Clinchamp, du Port, de Loiselière, de Fleurière, de Rogemare, etc., Élection de Vire, maintenu en 1666 : *D'azur, au lion d'argent, armé et lampassé de gueules ; au chef du second.*

GOUVIS (DE). — Écuyer, sieur de Haquelon, Élection de Pont-l'Évêque, maintenu le 8 mai 1669 : *De vair plein.*

GOUYE (DE). — Écuyer, sieur de Mongiron, Élection de Pont-Audemer : *Parti d'or et d'azur, à trois fleurs de lis de gueules, celle à sénestre cousue, celle en pointe brochante sur le parti.*

GOUYÉ. — Élection de Bayeux, maintenu en 1666 : *D'argent, au chevron de gueules, accompagné de trois lionceaux couronnés de sable, armés et lampassés du second émail.*

GOYON-MATIGNON (DE). — (Maison originaire de Bretagne) : *D'argent, au lion couronné de gueules.*

GRAFFARD. — Écuyer, sieur du Parc et de Mellemont, généralité de Rouen, maintenu le 20 décembre 1666 : *Coupé : au 1 d'or, à trois merlettes rangées de sable, surmontées de deux roses de gueules ; au 2 d'azur, à trois brebis d'argent.*

GRAFFARD. — Écuyer, sieur de Painevet, de Manville, de Tourainville, etc., Élection de Mortagne, maintenu le 29 août 1667 : *D'argent, à trois pattes de lion de sable.*

GRAFFART. — Écuyer, sieur de Mailly, Élection de Pont-de-l'Arche, maintenu le 4 juin 1668 : *De sinople, au griffon d'argent; chappé du même, à deux merlettes de sable; au chef cousu de gueules, chargé d'un lion léopardé d'or.*

GRAINDOR. — Écuyer, sieur de Fremontier, de la Brière, de la Motte, etc., Élection de Caudebec, maintenu le 23 novembre 1667 : *D'azur, à trois épées d'or en pal, la pointe en bas.*

GRAINDORGE. — Écuyer, sieur du Rocher, Élection de Falaise, maintenu le 23 mars 1667 : *D'azur, au chevron d'argent, accompagné en chef de deux lions affrontés d'or, et en pointe, d'une gerbe de trois épis d'orge du même, liés de gueules.*

GRAINVILLE (DE). — Écuyer, sieur du Bosnormand, généralité de Rouen, maintenu le 4 décembre 1666 : *D'azur, à la fasce d'argent, accompagnée de six croisettes rangées d'or.*

GRAND (LE). — Écuyer, sieur de la Coste, Élection de Montivilliers, maintenu le 28 novembre 1670 : *D'azur, à la croix d'or dentelée de sable, cantonnée de quatre tours d'argent; au chef cousu de gueules, chargé de deux coquilles du second.*

GRAND (LE). — Écuyer, sieur de Montroty, Élection de Lisieux, maintenu le 24 juillet 1667 : *D'argent, à la bande de sable, accompagnée en chef d'un écusson du champ, chargé d'une croix du second émail; au chef de gueules.*

GRAND (LE). — Écuyer, sieur de Sainte-Marie d'Hébertot, de Mélamare, de Questeville, de Moyaux, de Bremare, de Souchey, etc., Élection de Pont-Audemer, maintenu le 15 mars 1668 : *D'hermine, au chevron de gueules, chargé de trois molettes d'éperon d'or.*

GRAND (LE). — Écuyer, sieur du Petit-Bosc et Vittenval, Élection de Montivilliers, maintenu le 6 février 1667 : *Écartelé de gueules et d'azur, à la croix engrêlée sur le tout, cantonnée : aux 1 et 4, d'une tour couverte d'argent; aux 2 et 3, d'une coquille d'or.*

GRAND (LE). — Écuyer, sieur de Pelletot, généralité de Rouen, maintenu le 18 juillet 1668 : *D'azur, à trois perdrix d'or.*

GRAND (LE). — Écuyer, sieur de Cresson, généralité de Caen, maintenu en 1666 : *D'azur, à trois ducs perchés d'or.*

GRAND (LE). — Écuyer, sieur de Monliri, généralité de Caen, maintenu en 1666 : *D'argent, à la fasce d'azur, accompagnée de trois coqs mal-ordonnés de gueules, celui du chef tenant un rameau d'olivier de pourpre.*

GRAND (LE). — Écuyer, sieur de Souches, Élection de Verneuil, maintenu le 31 mars 1666 : *D'hermine à la bande de gueules, chargée de trois molettes d'éperon d'or.*

GRAND (LE). — Élection d'Arques : *D'azur, à la fasce d'or, accompagnée de trois chouettes du même.*

GRANDERIE (DE LA), *alias* DE LA GRANDIÈRE. — Seigneur de Grimonval, Élection d'Andely, maintenu le 6 décembre 1666 : *D'azur, au lion couronné d'argent.*

GRANDIN. — Écuyer, sieur de Saint-Martin, de la Gaillonnière, etc., généralité de Rouen, maintenu le 26 novembre 1670 : *D'azur, à trois fers de flèches tombants, d'argent.*

GRANDIN. — Généralité de Caen : *D'azur, à la barre d'or, accostée de deux molettes d'éperon du même.*

GRANDOIT. — Écuyer, sieur du Petitval, Élection de Neufchâtel, maintenu le 12 septembre 1668 : *D'or, au sautoir de gueules, chargé de cinq roses d'argent.*

GRAS (LE). — Écuyer, sieur de Bardouville, généralité de Rouen, maintenu le 2 décembre 1666 : *Écartelé : aux 1 et 4, de gueules, au lion d'argent; aux 2 et 3, d'argent, au sautoir alésé de gueules, cantonné de quatre croisettes ancrées du même.*

GRAS (LE). — Élection de Pont-Audemer, maintenu le 20 janvier 1669 : *D'or, au rencontre de cerf de gueules, accompagné de trois étoiles mal-ordonnées d'azur.*

GRAS (LE). — Écuyer, sieur du fief Aublanc, Chonquetier, etc., Élection de Bernay, maintenu le 24 mai 1667 : *De gueules, au lion d'argent.*

GRAVELLE (DE). — Écuyer, sieur des Fourneaux, Élection de Verneuil, maintenu le 1er septembre 1667 : *D'azur, au chevron d'or, accompagné de trois croissants d'argent.*

GRAVERON (DE). — Écuyer, sieur de La Haye, Élection de Bernay, maintenu le 1er mars 1668 : *De gueules, à la fasce d'or, surmontée d'un bar en fasce du même ; alias, d'une branche d'arbre de même, écotée et posée en fasce.*

GREARD. — Élection de Pont-de-l'Arche, maintenu le 11 septembre 1666 : *D'azur, au chevron d'argent, accompagné en chef de deux croissants d'or, et en pointe d'un coq du même, crété, barbé et membré de gueules.*

GREMARE. — Écuyer, sieur des Valses, Élection de Lisieux, maintenu le 8 mars 1668 : *D'azur, au chevron d'or, surmonté d'un croissant du même et accompagné de trois étoiles d'argent.*

GRENIER. — Écuyer, seigneur de Cauville et d'Ernemont, Élection de Montivilliers, maintenu le 4 janvier 1667 : *De gueules, à trois épis de blé d'or ; au chef cousu du premier, chargé de trois étoiles du second.*

GRENIER. — Chevalier, seigneur et baron d'Olleron, de Pellonière, du Pin, etc., Élection de Mortagne, maintenu le 9 juin 1667 : *D'or, au lion de gueules.*

GRENTE (DE).—Écuyer, sieur de Saint-Pierreazifs, de Sahurs, Élection de Pont-l'Évêque, maintenu le 11 février 1669 : *D'argent, à la fasce d'azur, à une croix ancrée de gueules brochant sur le tout.*

GRÉSILLES (DE). — Écuyer, sieur de Sainte-Honorine, Élection de Vire, maintenu en 1666.

GRET (LE). — Élection d'Arques : *D'azur, à un poisson d'argent, accompagné de trois étoiles d'or.*

GRIEU (LE). — Écuyer, sieur de Launoy, de Montval, de Saint-Gilles, des Marets, du Castel, de Laillet, d'Estimauville, etc., Élection de Pont-Audemer, maintenu le 16 décembre 1670 : *D'argent, à trois grues de sable.*

GRIEU (LE). — Écuyer, sieur de Papirottes, Élection de Lisieux, maintenu le 28 avril 1667 : *De sable, à trois grues d'argent, leurs vigilances d'or.*

GRIMOULT. — Écuyer, sieur de Lamotte, d'Hablaville, d'Amion, etc., Élection de Bayeux, maintenu le 3 avril 1667 : *De sable, fretté d'argent, semé de grillets d'or dans les claires-voies.*

GRIMOUVILLE (DE). — Écuyer, sieur dudit lieu, de la Lande, d'Hauteville, du Mesnil, de Vaux, etc., Élection de Falaise, maintenu le 27 mai 1667 : *De gueules, à trois étoiles d'argent.*

GRIP (LE). — Écuyer, sieur de Savigny, Élection de Valogne : *D'azur, à la foi d'argent ; au chef du même, chargé d'une étoile de sable, accostée de deux croissants du même.*

GRIPEL (DU). — Écuyer, sieur de Perrigny, de Beauvais, de la Landelle, etc., Élection de Domfront, maintenu le 1er décembre 1667 : *D'azur, à trois fasces d'or.*

GRIPIÈRE (DE LA). — Écuyer, sieur du Quesnay, Élection de Pont-Audemer : *De gueules, à la croix d'argent, cantonné de quatre molettes d'éperon d'or.*

GRIS (LE). — Seigneur et baron de Montreuil, bailliage d'Alençon : *D'argent, à la fasce de gueules.*

GRISELAINE. — Écuyer, sieur de Carbonnel, Élection de Valogne, maintenu en 1666 : *D'azur, à une ancre d'or.*

GRIX (LE). — Écuyer, sieur de Neuville, Élection de Pont-Audemer, maintenu le dernier février 1668 : *D'azur, au chevron d'or, accompagné de trois membres d'aigle d'argent, ceux du chef affrontés.*

GROIGNAUX. — Écuyer, sieur de Courtoisnon et de Rouilles, Élection de Mortagne, maintenu le 5 août 1666 : *D'argent, à la croix de gueules, cantonnée en chaque canton de trois mouchetures de sable.*

GROSMENIL (DE). — Bailliage de Caux : *De gueules, à trois fermaux d'argent.*

GROSOURDY. — Seigneur de Saint-Pierre et du Chastel, Élection de Pont-Audemer, maintenu le 25 juillet 1669 : *De gueules, à la fasce d'argent, accompagnée d'un croissant et de deux roses du même.*

GROSOURDY. — Écuyer, sieur de la Verderie, de Saint-Jores, des Fresnes, de Rouye-rue, etc., Élection de Bayeux, maintenu en 1666 : *De gueules, à la fasce d'argent, accompagnée en chef d'un lambel, et en pointe de deux roses, le tout du même.*

GROSPARMY. — Diocèse d'Évreux : *De gueules, à deux jumelles d'hermine ; au lion léopardé du même en chef.*

GROSSIN. — Écuyer, sieur du Breuil et de Saint-Thurien, généralité de Rouen.

GROUCHES. — *D'or, à trois fasces de gueules.*

GROUCHY (DE). — Écuyer, sieur de Greny et de Robertot, généralité de Rouen : *D'or, fretté d'azur ; sur le tout un écusson d'argent, chargé de trois trèfles de sinople.*

GROULART. — Chevalier, seigneur et marquis du Grand-Torcy, Élection d'Arques, maintenu le 1er mars 1668 : *D'azur, à trois châteaux d'or.*

GRUCHET (DE). — Écuyer, sieur de Soquence, vicomté de Caudebec : *De gueules, au chevron d'or, accompagné de trois cigognes d'argent ; au chef cousu d'azur, chargé d'une croisette d'or accostée de deux étoiles d'argent.*

GRUEL (DE). — Chevalier, seigneur de Barenton, de Thonnois et de Digny, marquis de la Frette et d'Overty, généralité d'Alençon, maintenu le 1er octobre 1668 : *D'argent, à trois fasces de sable.*

GRUEL (DE). — Écuyer, sieur des Fossés et de Launay, Élection d'Argentan, maintenu le 14 avril 1666 : *D'azur, à trois grues d'argent.*

GRUYN. — Écuyer, sieur des Bordes, marquis de Préaux, seigneur de Boislevergne, la Pommeraye : *D'argent, au chevron de gueules, accompagné de trois hures de sanglier de sable, armées et œillées d'or.*

GUARIN ou mieux GARIN. — Élection d'Arques : *D'azur, au dextrochère tenant une épée d'argent garnie d'or, couronnée à la royale, et accostée de deux fleurs de lis du même.*

GUÉDIER. — Écuyer, sieur de Vienne, Élection de Pont-Audemer, maintenu le 2 septembre 1667 : *De gueules, au lion d'or, adextré en chef d'une molette d'éperon d'argent, et senestré d'un croissant du même.*

GUELLONÉ. — Écuyer, sieur de Manneville, Élection d'Argentan, maintenu le 12 mai 1667 : *D'azur, à trois cœurs d'or ; à la bordure de sable.*

GUEMON. — Écuyer, sieur des Angles, généralité d'Alençon, maintenu le 1er février 1667 : *D'azur, à un .... d'or, surmonté de deux molettes d'éperon du même.*

GUENET (DE). — Écuyer, sieur de Blardière, Élection de Bernay, maintenu le 3 janvier 1667 : *D'azur, au chevron d'or, accompagné de trois dauphins d'argent.*

GUENNIER. — Écuyer, sieur de la Marre, Élection de Pont-Audemer, maintenu le 1er mars 1668 : *De sable, à la croix écotée d'or, cantonnée, au premier, d'une tête de léopard d'argent, et aux trois autres cantons d'une molette d'éperon du second émail.*

GUÉRARD (DE). — Écuyer, sieur de Boscheron, du Bourg, etc., Élection de Caudebec, maintenu le 7 juillet 1667 : *D'azur, au Pégase d'argent blessé de gueules à l'aile gauche et ferré de même.*

GUÉRARD. — Écuyer, sieur de la Crique, Belmesnil, Sauquentot, etc., généralité de Rouen, maintenu le 9 juillet 1667 : *D'azur, à trois fusées accolées en fasce d'or.*

GUERCHOIS (LE). — Généralité de Rouen : *D'azur, au lion d'argent, lampassé de gueules.*

GUERÉ (DE). — Écuyer, sieur des Motelles, d'Acqueville, etc., Élection de Lions, maintenu le 13 février 1667 : *D'azur, au chevron d'or, accompagné de cinq croissants d'argent, deux en chef versés, chargés chacun d'une merlette du second, et trois mal-ordonnés en pointe.*

GUÉRET (DE). — Élection de Vire, maintenu en 1666 : *D'azur, au chevron d'or, accompagné de trois pommes de pin versées du même.*

GUÉRIN. — Écuyer, sieur de Tourville, Vaujours, etc., Élection de Pont-Audemer, maintenu le 16 mars 1667 : *D'or, à trois lions de sable armés, lampassés et couronnés de gueules.*

GUÉRIN. — Écuyer, sieur de la Vidure, Élection de Lisieux, maintenu le 12 mai 1667 : *D'azur, à trois palmes rangées d'or ; au chef cousu de gueules, chargé de trois roses d'argent.*

GUÉRIN-D'AGON. — Généralité de Caen : *D'azur, à trois molettes d'éperon d'or ; au chef de sable, chargé d'un lion naissant d'argent.*

GUERNON (DE). — Écuyer, sieur de la Fosse, Ranville, Falligny, etc., Élection de Bayeux, maintenu en 1666 : *D'azur, à un leurre d'or, accompagné en chef de deux molettes d'éperon du même.*

GUÉROULT. — Écuyer, sieur du Manoir, Grouville, etc., Élection de Pont-de-l'Arche : *D'azur, au chevron d'argent, accompagné de trois aiglettes éployées d'or ; au chef du même, chargé de trois têtes d'ours de sable lampassées de gueules.*

GUÉROULT. — Écuyer, sieur de Saint-Étienne du Puis, etc., Élection d'Arques, maintenu le 17 août 1668 : *D'azur, à une épée d'argent en bande, côtoyée en chef d'un lion d'or.*

GUÉROULT (DE). — Élection d'Arques : *D'argent, à trois fers de pique de sable surmontant une branche de laurier, couchée et terrassée de sinople ; au chef de gueules, chargé de trois étoiles d'or.*

GUÉROULT. — Écuyer, sieur du Mesnil-Méry, Élection de Bayeux, maintenu en 1666 : *D'azur, au chevron d'argent, accompagné de trois glands versés d'or.*

GUÉROULT. — Écuyer, sieur de Bellée, Riquesne, etc., Élection de Carentan, maintenu en 1666 : *De gueules, à trois lionceaux d'argent.*

GUÉROULT. — Écuyer, seigneur de Saint-Aubin et du Verdray, généralité de Rouen : *De gueules, à la fasce d'or, accompagnée de trois fermaux du même.*

GUÉROULT. — Écuyer, sieur de la Ferrière, Gohière, etc., Élection de Mortagne, maintenu le 12 avril 1666 : *D'argent, au chevron de gueules, accompagné de trois glands tigés et feuillés de sinople, ceux en chef affrontés.*

GUÉROULT. — Écuyer, sieur du Vermanoir, Élection d'Arques, maintenu en 1666 : *D'azur, au lion rampant d'or.*

GUÉROULT. — Écuyer, sieur de Vassonville : *D'argent, à trois abeilles de gueules la tête en bas, becquetant une branche de thym, sortant d'une terrasse en pointe de sinople ; au chef de gueules, chargé de trois étoiles d'or.*

GUERPEL (DE). — Écuyer, sieur du Val, de Louvières, de Bar, du Mesnil, Montchauvel, de Perleville, etc., Élection d'Arques, maintenu le 2 juin 1666 : *D'or, à la croix ancrée de gueules, cantonnée de quatre mouchetures de sable.*

GUERPEL (DE). — Seigneur d'Avernes, Élection d'Arques, maintenu le 15 avril 1666 : *D'or, à la croix ancrée de sable, cantonnée de quatre mouchetures du même.*

GUERRIER. — Écuyer, sieur de la Mare, d'Estray, Palaisier, etc., Élection de Pont-Audemer, maintenu le 1er mars 1668 : *De sable, à la croix, écôtée de seize écots d'or, cantonnée au premier d'un écusson d'argent, chargé de trois coqs du champ, et aux trois autres cantons de trois molettes d'éperon du second émail.*

GUERSENT (DE). — Écuyer, sieur d'Aigremont, Roulle, etc., Élection d'Andely : *D'argent, à trois fusées accolées en bande de gueules ; aliàs, à la bande fuselée d'argent de cinq pièces.*

GUERVILLE (DE). — Écuyer, sieur de Rapilly, Élection de Falaise, maintenu le 3 mai 1667 : *De gueules, à trois .... d'or.*

GUERVILLE (DE). — Élection de Pont-de-l'Arche, maintenu le 6 mars 1666 : *De gueules, au lion d'argent, au chef d'azur, chargé de trois roses d'or.*

GUESNON (DE). — Écuyer, sieur de Fontenelles, Beaulieu, etc., Élection de Coutances, maintenu en 1666 : *De gueules, au chevron d'argent, accompagné en chef de deux lionceaux affrontés, et en pointe d'un cœur, le tout du même.*

GUESNON. — Sieur de Monthuchon, de Pontsanson, etc., Élection de Coutances : *D'azur, au chevron d'argent, accompagné en chef de deux étoiles du même, et en pointe d'une rose d'or.*

GUESTIN (DE). — Écuyer, sieur de Touraille, généralité d'Alençon.

GUESTRUS (DE). — Écuyer, sieur de Travailles, Élection de Gisors, maintenu le 7 septembre 1667 : *D'azur, à la croix ancrée et alésée d'or, accompagnée en chef de deux molettes d'éperon d'argent, et en pointe d'un croissant du même.*

GUETZ (DES). — Écuyer, sieur de la Patinière, de la Pommeraye, de Ruel, de la Pinardière, de Beaumarchais, etc., Élection de Verneuil, maintenu le 15 mai 1667 : *D'argent, au chevron de gueules, chargé de cinq besants du champ ; à la bordure du second émail.*

GUEUDEVILLE (DE). — Généralité de Rouen.

GUEVET. — Élection de Vire : *D'azur, au chevron d'or, accompagné de deux pommes de pin du même.*

GUEY (DU). — Écuyer, sieur de la Fleurière, la Fresnée, etc., Élection de Vire, maintenu en 1666 : *De gueules, à la rose d'argent.*

GUILBERT (DE). — Élection de Bayeux, maintenu en 1666 : *De sable, au chevron failli à sénestre d'or, accompagné en chef de trois molettes d'éperon du même et en pointe d'un lac-d'amour d'argent.*

GUILBERT. — Écuyer, sieur de la Rivière, Élection de Bayeux, maintenu en 1666 ; *De gueules, à deux bandes d'argent.*

GUILBERT. — Écuyer, sieur de Secqueville, généralité de Caen, maintenu le 13 février 1663 : *De gueules, à trois bandes d'argent.*

GUILBERT. — Écuyer, sieur de Gouen et de la Croix, Élection de Bayeux, maintenu en 1666 : *D'azur, à un lacs-d'amour de sable accompagné de trois molettes d'éperon du même.*

GUILLARD (DE). — Écuyer, sieur de la Garenne, Élection de Vire : *De gueules, à deux bâtons de pèlerin d'or posés en chevron, accompagnés de trois monts d'argent.*

GUILLAUME. — Écuyer, sieur de la Villette et de Montreuil : *D'azur, à la tour d'argent, au chef de même, chargé de trois étoiles de sable.*

GUILLAUME ou DE GUILLAUMEY. — Écuyer, sieur de Saint-Germain, Élection d'Arques : *Tranché de gueules et d'or à deux lions de l'un en l'autre.*

GUILLEBERT. — Écuyer, sieur du Vivier, de Rouville et de Villette : *D'or, à trois merlettes de sable.*

GUILLEBERT. — Écuyer, sieur des Essarts, Élection de Caudebec : *De gueules, à la fasce d'argent.*

GUILLOTS (DES). — Seigneur de Touffreville-sur-Ailly, généralité de Rouen.

GUIOT (DE). — Élection de Lisieux, maintenu le 6 avril 1667 : *D'azur, au chevron d'or, accompagné de trois champignons d'argent.*

GUISCHARD (DE). — Écuyer, sieur de Tilliers, généralité de Caen, maintenu en 1666 : *De gueules, à trois grenades tigées d'or.*

GUIRAN (DE). — Chevalier, seigneur de Dampierre, Petiteville, Meules, etc., Élection d'Arques, maintenu le 20 avril 1671 : *D'azur, à la bande d'or, accompagnée de deux colombes d'argent, becquées et membrées de gueules; à la bordure engrêlée du même.*

GUIRY-LE-PERCHEY (DE). — Écuyer, sieur d'Ancourt, de Monneville, seigneur de Roussières, d'Incourt, etc., généralité d'Alençon, maintenu le 20 février 1668 : *D'argent, à trois quintefeuilles de sable.*

GUISENCOURT (DE). — Écuyer, sieur de Travailles, du Handel, etc., Élection d'Andely, maintenu le 18 février 1668 : *D'or, à trois merlettes de sable.*

GUITON (DE). — Écuyer, sieur de la Villeberge, généralité de Caen, maintenu en 1666 : *D'azur, à trois angons d'argent posés 2 et 1.*

GUYENNO. — Écuyer, sieur de la Fresnée, de Cerisy, des Bois, de Cully, etc., Élection de Bayeux, maintenu en 1666 : *D'or, à trois rocs d'échiquier de gueules.*

GUYON (DE). — Écuyer, sieur de Saussay, de Villers, de Fossaux, de la Vauguyon, etc., Élection d'Argentan, maintenu le 27 août 1666 : *D'argent, au cep de vigne pampré et terrassé de sinople, fruité de gueules, soutenu d'un échalas de sable.*

H

HABEL. — Écuyer, sieur de Saint-Mérel, Élection de Saint-Lô, maintenu en 1666 : *D'or, à trois sangliers de sable.* Les sieurs d'Eslermarque portent le champ d'argent.

HACHE (DE LA). — Écuyer, sieur de la Hacherie, généralité de Caen, maintenu en 1666 : *D'azur, à trois rocquets d'argent, chargés chacun de trois mouchetures d'hermine de sable.*

HAIS (DES). — Écuyer, sieur de la Cauvignière, Élection de Lisieux, maintenu le 15 avril 1666 : *D'azur, à trois fasces d'argent.*

HAISTE (DE). — Écuyer, sieur de la Glassonnière, la Fortinière, etc., Élection de Bernay, maintenu le 30 octobre 1666 : *D'azur, au lion d'argent.*

HALLÉ. — Écuyer, sieur du Thuit, de la Haulle, de Montflames, etc., Élection de Lions, maintenu le 3 septembre 1666 : *D'azur, à trois trèfles d'or.*

HALLÉ. — Écuyer, sieur d'Orgeville : *D'azur, à la fasce d'argent, chargée de deux étoiles de sable, et accompagnée de quatre autres étoiles d'or, trois en chef et une en pointe.*

HALLÉ. — Écuyer, sieur de Clerbourg, Élection d'Andely, maintenu le 16 décembre 1670 : *De gueules, treillissé d'argent.*

HALLEBOULT. — Écuyer, sieur du Buisson, Tourville, etc., Élection de Conches, maintenu le 28 février 1667 : *D'azur, à trois coquilles d'or.*

HALLEY. — Élection de Pont-l'Évêque, maintenu le 13 septembre 1669 : *D'azur, à la croix ancrée d'argent, cantonnée de quatre coquilles du même.*

HALLEY. — Élection de Vire : *D'azur, au chevron d'argent, accompagné de trois trèfles d'or.*

HALLOT. — Écuyer, sieur de Saint-Bertenin, Ponthus, etc., Élection de Mortagne, maintenu le 22 février 1668 : *D'argent, à deux fasces de sable, la première surmontée de trois annelets du même.*

HALLY (DE). — Comte de la Ferrière, seigneur de la Chapelle-Bayel, Élection de Domfront, maintenu le 3 avril 1667 : *De sable, à deux fasces d'argent, au pal d'or brochant sur le tout.*

HAMEL (DU). — Écuyer, sieur du Vigner, généralité de Caen, maintenu en 1666 : *De sinople, à trois roses d'argent.*

HAMEL (DU). — Généralité de Rouen : *Parti : au 1, d'argent, au lion de sable ; au 2, d'hermine, au chevron de gueules.*

HAMEL (DU). — Écuyer, sieur de Cothan, Campion, etc., Élection de Bayeux, maintenu en 1666 : *De sable, à la croix échiquetée d'or et d'azur de deux tires, cantonnée de quatre têtes d'aigle d'argent.*

HAMEL (DU). — Écuyer, sieur de Rochefort, Élection de Saint-Lô, maintenu en 1666 : *D'azur, à la fasce d'or, accompagnée en chef de deux étoiles d'argent, et en pointe d'un croissant du même.*

HAMEL (DU). — Écuyer, sieur des Verrières, Fontaines, Préaux, etc., Élection de Bayeux, maintenu en 1666 : *D'azur, au chevron d'or, accompagné en pointe d'un croissant d'argent.*

HAMEL (DU). — Écuyer, sieur des Saussaies, Élection de Coutances, maintenu en 1666 : *Écartelé : aux 1 et 4, d'or, au chevron de gueules, accompagné de trois têtes de limier de sable ; aux 2 et 3, de gueules, au sautoir échiqueté d'azur et d'or de deux tires, cantonné de quatre fleurs de lis du dernier émail.*

HAMEL (DU). — Écuyer, sieur de Boisferrand, la Fosse de Villechier, etc., Élection de Mortain, maintenu en 1666 : *D'azur, au chevron d'argent, accompagné de trois roses du même.*

HAMEL (DU). — *D'azur, au chevron d'or, accompagné de trois croissants d'argent.*

HAMEL (DU). — Écuyer, sieur de Héron, la Ridollière, Resvintes, Beaufort, Savery, etc., Élection de Verneuil : *D'argent, au chevron de gueules.*

HAMEL (DU). — Écuyer, sieur de Boisgroulay, Beaufort, maintenu le 4 mai 1718 : *D'argent, au chevron de gueules, à la bordure de même.*

HAMELIN. — Écuyer, sieur d'Épinay, généralité de Rouen, maintenu le 13 mars 1667 : *D'argent, au chevron losangé d'or et de gueules.*

HAMELIN. — Généralité de Caen, maintenu en 1666 : *D'azur, à la fasce cousue de gueules, chargée d'un poignard, la garde en haut d'argent, et accompagnée en pointe d'un lièvre du même ; au chef d'argent, chargé de trois merlettes de sable.*

HANIVEL (DE). — Écuyer, marquis de Crévecœur, seigneur de Mannevillette : *De gueules, à un saumon d'argent ; au chef cousu d'azur, chargé de trois étoiles d'or.*

HANTIER (LE). — Écuyer, sieur de la Barre, de Bractier, de Raveton, de Bizière, etc., généralité d'Alençon, maintenu le 20 avril 1666 : *D'azur, à deux chevrons d'argent, accompagnés de trois molettes d'éperon du même.*

HARCOURT (D'). — Ducs et comtes, sieurs d'Aloude et de Cosseville, Élection de Valogne, maintenu en 1666 : *De gueules, à deux fasces d'or.*

HARDELAY. — Écuyer, sieur de la Motinière, Élection de Bernay : *D'azur, à trois mains sénestres d'or, et une rose du même, posée en cœur.*

HARDEN (DE). — Écuyer, sieur de la Chopillard, Bellemont, Marebroc, seigneur du Landin, Bonneval, etc., Élection de Pont-Audemer, maintenu le 7 mars 1668 : *D'azur, au cor de chasse contourné d'or, lié de gueules, et suspendu à un rencontre de cerf du second.*

HARDI. — Écuyer, sieur de Vicques et des Loges, généralité d'Alençon, maintenu le dernier janvier 1667 : *D'argent, au lion d'azur, surmonté de trois étoiles du même.*

HARDIER. — Généralité de Rouen : *D'azur, au chevron d'argent, accompagné de trois flammes d'or.*

HARDOUIN. — Écuyer, sieur de Beaumont, Élection de Coutances, maintenu en 1666 : *D'argent, au sautoir d'azur, cantonné de quatre mouchetures de sable.*

HARDOUIN. — Écuyer, sieur de Saint-Quentin, Élection de Bernay : *D'argent, au chevron d'azur, accompagné en chef de deux étoiles de gueules et en pointe d'un cœur du même.*

HARDY. — Écuyer, sieur de Champvallon, Élection de Lisieux, maintenu le 2 octobre 1667 : *De gueules, au chevron d'or, accompagné de quatre lions affrontés d'argent.*

HARIVEL (LE). — Écuyer, sieur de Beaumanoir, de Hongny, du Boscagnes, Élection de Vire, maintenu en 1666 : *De gueules, à trois roses d'or.*

HARNOIS (D'). — Sieur de Blangues, de Hottot, de Bornembusc, généralité de Rouen : *De gueules, au chevron d'argent, accompagné en pointe d'un casque, posé de front, fermé et grillé de même.*

HASTES. — Écuyer, sieur de Susay, généralité de Rouen : *D'azur, au lion d'or ; à la fasce d'argent et de gueules, brochante sur le tout.*

HATTES (DE). — Écuyer, sieur de La Haye, Élection de Bernay : *D'azur, au lion coupé de gueules et d'argent.*

HAUCHEMAIL. — Écuyer, sieur des Hommes, Élection de Carentan, maintenu en 1666 : *D'azur, au chevron d'argent, accompagné en chef de deux maillets d'or, et en pointe d'un croissant du même.*

HAULLE (LA). — Élection de Valogne, maintenu en 1666 : *D'argent, au chevron de gueules, accompagné de trois roses du même.*

HAULLES (DES). — Écuyer, sieur de la [Rue, de Bourjoie, de la Chapelière, etc., élection de Conches, maintenu le 6 juillet 1666 : *D'argent, au chevron d'azur, accompagné de trois lionceaux de gueules.*

HAUMONT (DE). — Écuyer, sieur du Boulé, Élection de Pont-de-l'Arche : *D'azur, au chevron d'or, accompagné de trois croisettes du même; au chef d'argent, chargé de trois couronnes d'épine de sinople.*

HAUSSAYE. — Écuyer, sieur de la Touche, Élection de Falaise, maintenu le 30 juin 1666 : *Ecartelé, aux 1 et 4, d'argent, à trois coquilles de sable; aux 2 et 3, de gueules, à cinq losanges d'or.*

HAUTONNIÈRE (DE LA). — Écuyer, sieur de l'Étang et des Quatre-Mazures, Élection de Mortain.

HAUTEVILLE. — Élection de Coutances, maintenu en 1666.]

HAUVEL. — Écuyer, sieur de la Morsanglière et d'Heudreville, Élection de Pont-Audemer, maintenu le 23 janvier 1668 : *D'azur, à une colonne d'argent semée de mouchetures d'hermine.*

HAYE (DE LA). — Généralité de Rouen : *D'or, au sautoir d'azur.*

HAYE (DE LA). — Écuyer, sieur de la Picotière, de Lespinay, des Landes, de la Coste, du Mont, etc., Élection de Pont-Audemer, maintenu le 13 septembre 1666 : *Porte cinq points d'argent équipollés à quatre de gueules ; au chef de sable, chargé de trois besants d'or.*

HAYE (DE LA). — Écuyer, sieur du Tertre, de la Lande, de Mehudin, etc., Élection d'Arques, maintenu le 12 septembre 1668 : *D'azur, à la bande bretessée d'or, cotoyée en chef de trois merlettes d'argent, une sur chaque merlon.*

HAYE (DE LA). — Écuyer, sieur de Lintot, Élection de Caudebec, maintenu le 19 juillet 1667 : *De gueules, au chevron d'or, accompagné de trois coquilles d'argent.*

HAYE-MAGNEVILLE (DE LA). — *De gueules, à l'aigle éployée d'argent, becquée et membrée d'or.*

HAYE (DE LA). — Écuyer, sieur du Tertre, généralité de Rouen : *D'azur, au chevron d'argent, accompagné de trois étoiles d'or.*

HAYE (DE LA). — Écuyer, sieur d'Amfreville, Élection de Montivilliers, maintenu le 13 mars 1667 : *Parti, d'argent et de gueules, au chef de sable, chargé de trois besants d'or.*

HAYE (LA). — Écuyer, sieur de la Porte, seigneur de Senoville, Élection de Valogne, maintenu en 1666 : *D'hermine, à un cœur de gueules, au chef d'azur, chargé de deux flanchis d'or.*

HAYE (LA). — Écuyer, sieur dudit lieu, de Coloncet, de la Barre, du Hommet, du Mesnil-Imbert, généralité d'Alençon, etc., maintenu le 13 avril 1666 : *D'argent, à six losanges de gueules.*

HAYER (LE). — Écuyer, sieur du Perron, généralité d'Alençon, maintenu le 30 novembre 1669 : *D'or, au chevron de gueules, chargé de trois croissants d'argent.*

HAYER (LE). — Écuyer, sieur de Semally, généralité d'Alençon, maintenu le 31 janvier 1666 : *Ecartelé : aux 1 et 4, d'or, au chevron de gueules, chargé de trois croissants d'argent, aux 2 et 3, d'argent, à la bande de gueules, cotoyée en chef d'une canette de sable.*

HAYES (DES). — Écuyer, sieur de Gassart, Élection de Pont-l'Évêque : *D'azur, à trois haies d'argent mises en fasce.*

HAYES (DES). — Écuyer, sieur des Orgeries, Élection de Lisieux, maintenu le 6 avril 1666 : *D'argent, à une tige de sinople fleurie de trois roses de gueules.*

HAYES (DES). — Écuyer, sieur de Fissemont, Élection de Bernay, maintenu le 3 février 1667 : *D'azur, à une rose tigée d'or, surmontée d'un soleil du même.*

HAYES (DES). — Écuyer, sieur de Gauvinière, de Launay, de Saint-Clair, de Bonneval, etc., généralité de Rouen, maintenu le 13 novembre 1699 : *De gueules, à la croix d'argent, chargée d'un croissant de sable et de quatre merlettes du même.*

HAYS (DES). — Écuyer, sieur de Sacy, de Beaulieu, de Lozier, etc., généralité d'Alençon, maintenu le 6 avril 1666 : *De sable, à trois lances d'argent.*

HAZARDIÈRE (DE LA). — Écuyer, sieur de Saint-Aubin, de la Pierre, du Creuril, etc., Élection de Carentan, maintenu en 1666 : *D'hermine, au chef de gueules, chargé d'un léopard d'or.*

HAZEVILLE (D'). — Chevalier, seigneur dudit lieu, Élection de Chaumont, maintenu le 16 mars 1669 : *D'azur, à la fasce d'argent, chargée de trois quintefeuilles d'azur.*

HÉBERT. — Écuyer, généralité de Rouen, maintenu le 16 juillet 1666 : *D'argent, à la bande de sable, chargée de trois chouettes du champ.*

HÉBERT. — Écuyer, sieur de Rully, Élection d'Évreux, maintenu le 7 septembre 1667 : *D'azur, au chevron d'or, accompagné de trois molettes d'éperon du même.* Les sieurs des Angles et de la Heumière brisaient le chevron *d'une molette de sable.*

HÉBERT. — Élection de Valogne, maintenu en 1666 : *D'argent, au lion de sable, armé et lampassé de gueules.*

HÉBERT. — Écuyer, sieur du Boulon, Élection de Pont-l'Évêque, maintenu le 13 février 1668 : *D'argent, à trois fasces de gueules ; à la bande du même, chargée de trois besants d'or, brochante sur le tout.*

HÉBERT. — Élection de Caen, maintenu en 1666 : *D'argent, à deux fasces de gueules ; à la bande du même, chargée de trois besants d'or, brochante sur le tout.*

HÉBERT. — Écuyer, sieur de Commes et du Bosc, etc., Élection de Bayeux, maintenu en 1666 : *D'argent, au lion de gueules.*

HÉBERT. — Écuyer, sieur du Breuil, Élection de Bayeux, maintenu en 1666 : *De gueules, à trois grenades d'or.*

HECQUET (DU). — Écuyer, généralité de Caen, maintenu en 1666 : *Coupé, d'or et de gueules ; à deux cors de chasse contournés de l'un en l'autre.*

HECQUET (DU). — Écuyer, sieur de Hauteville, du Mesnil, etc. : *Coupé, de gueules et d'or, à trois huchets de l'un en l'autre.*

HELAINE. — Écuyer, sieur de la Chanterie, généralité de Caen, maintenu en 1666 : *D'azur, à une molette d'éperon d'or.*

HELLANDE. — Bailliage de Caux : *D'argent, à la bande de gueules, chargée de trois merlettes d'or.*

HELLENVILLIERS (D'). — Écuyer, sieur d'Aurilly, Élection de Verneuil, maintenu le 1er septembre 1667 : *D'argent, à la fasce de gueules, accompagné de trois merlettes d'azur.*

HELLOUIN. — Écuyer, sieur de Menibus, de Revilly, de Boscage, etc., Élection de Caudebec : *D'azur, au chevron d'or, accompagné en chef de deux étoiles du même et en pointe d'un fer de pique renversé d'argent.*

HELYES (D'). — Écuyer, sieur de Sables, de Lyserne, de Hautville, etc., Élection de Bayeux, maintenu en 1666 : *D'azur, au chevron d'argent, accompagné de trois glands d'or.*

HEMERY. — Écuyer, sieur de Villiers, Élection de Pont-l'Évêque, maintenu le 6 mars 1669 : *De sable, au croissant d'or, et accompagné de cinq croissants du même.*

HEMONT (DE). — Chevalier, seigneur de Rothois, Élection de Neufchâtel, maintenu le 22 avril 1669 : *D'azur, à la tour d'argent, maçonnée de sable, accostée de deux lions affrontés d'or, tenant chacun une hallebarde du même.*

HENNEQUIN (D'). — Écuyer, sieur de la Fugue, de Saint-Aubin, de Vassy, etc., Élection d'Évreux, maintenu le 16 août 1666 : *D'argent, à la bande componnée d'azur et d'or de six pièces.*

HENNEQUIN. — Écuyer, sieur de Boismorin, Élection d'Évreux, maintenu le 8 janvier 1667 : *D'argent, à la bande componnée d'azur et d'or de six pièces, surmontée d'un lambel du second.*

HENNOT. — Écuyer, sieur de Brillevast, de Themeli, le Rosel, etc., généralité de Caen, maintenu en 1666 : *De gueules, au croissant d'argent, accompagné de trois étoiles d'or.*

HENNOT. — Écuyer, sieur de la Champagne et de Houssaye, Élection de Valogne, maintenu en 1666 : *D'or, à l'aigle de sable, becquée et membrée d'azur.*

HENRIQUES. — De Renneville : *D'argent, à deux clefs adossées d'azur, accostées de huit croissants appointés quatre à quatre, et accompagnées de trois fleurs de lis mal ordonnées d'or.*

HENRY. — Seigneur de Troy, Élection de Vire, maintenu en 1666.

HÉRAULT. — Écuyer, sieur de Bassecourt, des Croix, de Roulidier, etc., généralité de Caen, maintenu en 1666 : *D'argent, à trois canards de sable, becqués et membrés d'or.*

HERBOUVILLE (D'). — Chevalier, marquis de Saint-Jean, généralité de Rouen, maintenu le 20 avril 1667 : Écuyer, sieur du Hacquet, Élection de Caudebec, maintenu le 4 janvier 1668 : *De gueules, à la fleur de lis d'or.*

HERCÉ. — Écuyer, sieur dudit lieu, Élection de Domfront, maintenu le 4 août 1667 : *D'azur, à trois herses d'or.*

HERCENT. — Écuyer, sieur de Mesniltoupied, généralité de Rouen.

HÉRICHÉ (LE). — Écuyer, sieur de Vigny, généralité de Rouen.

HÉRICY (LE). — Chevalier, seigneur d'Estrehan, baron de Montbray, de Fierville, etc., Élection de Bayeux, maintenu en 1666 : *D'argent, à trois hérissons de sable.*

HÉRIS (DE). — Écuyer, sieur du Mesnil, Élection d'Arques, maintenu le 6 juillet 1670 : *D'argent, à la bande d'azur, chargée de trois molettes d'éperon d'or.*

HEMEREL. — Sieur de Belleval et de Couvert, Élection de Bayeux, maintenu en 1668 : *D'azur, à l'épervier d'or, longé, grilleté et membré de gueules.*

HERMITE (L'). — Écuyer, sieur de la Prée et du Petit-Roquemont, généralité de Rouen, maintenu en 1666 : *D'azur, à la tour d'or.*

HERMITE (L'). — Seigneur de Saint-Denis, Élection de Mortagne, maintenu le 29 juin 1667 : *Écartelé : aux 1 et 4, d'azur, à trois gerbes d'or ; aux 2 et 3, d'argent, au rencontre de sable.*

HERMITE (L'). — Écuyer, sieur et baron de Fresnay, Élection de Falaise, maintenu le 9 juin 1666 : *Tiercé en fasce, au 1er d'argent, à la fasce alésée et crénelée de deux pièces d'azur ; au 2, de gueules, à trois croisettes réunies d'argent ; au 3, d'hermines.*

HERMITE (L'). — Écuyer, sieur de la Morissière, Élection de Mortagne, maintenu le 4 janvier 1666 : *D'azur, à la fasce d'or, accompagnée en chef de trois étoiles d'argent, et en pointe d'un croissant du m...*

HÉRON (DE). — Écuyer, sieur de Neuville, de B...court, de Pommereuil, etc., maintenu le 8 juillet : *Écartelé : aux 1 et 4, d'azur, à la bande d'argent, chargée de trois hérons volants de sable ; aux 2 et 3, d'azur, à trois pals d'or ; au chef cousu de gueules, chargé d'une bande d'argent.*

HÉROUVILLE (D'), autrefois LE LANDAIS. — ...tion de Bayeux, maintenu en 1666 : *De gueules, à deux jumelles d'argent.*

HERVIEU. — Écuyer, sieur de Faux-Menil et de Cleret, Élection de Valogne, maintenu en 1666 : *D'azur, au chef d'argent, chargé d'un lion léopardé de gueules.*

HERVIEU. — Écuyer, sieur des Grands-Ifs, Élection de Montivilliers, maintenu le 22 janvier 1667 : *De gueules, au chevron d'or, accompagné de trois glands du même.*

HERVIEU. — Écuyer, sieur de la Hague, généralité de Caen, maintenu en 1666 : *D'azur, à trois glands d'or.*

HESBERT. — Écuyer, sieur des Angles, Élection d'Arques : *D'azur, au chevron d'argent, chargé d'une coquille de sable, et accompagné de trois molettes d'éperon d'or.*

HESBERT (DE). — Écuyer, sieur de Boishimont, Élection de Pont-l'Évêque, maintenu le 13 février 1668 : *D'argent, à deux fasces de gueules, à la bande de même brochant sur le tout.*

HESCHAMP. — Écuyer, sieur d'Ypreville, généralité de Rouen.

HETTEHOU. — Écuyer, sieur du Saussay et de Noirval, Élection de Bernay, maintenu le 9 avril 1666 : *De sable, à trois croissants d'argent.*

HEUDEY. — Sieur de Roquence et de Pommainville, Élection de Bernay, maintenu le 10 août 1667 : *D'argent, au lion d'azur, armé et lampassé du champ, chargé à l'épaule d'une fleur de lis de gueules.*

HEURTAULT. — Généralité de Rouen : *D'argent, à la fasce d'azur, chargée de trois couronnes ducales d'or.*

HEURTAULT. — Écuyer, seigneur de Lammerville, généralité de Rouen : *D'azur, à trois têtes d'aigles arrachées d'or.*

HEUSE (DE LA). — Chevalier, seigneur de Gouy et de Bellencombre, généralité de Rouen : *D'or, à trois houssettes de sable.*

HEUSEY. — Écuyer, sieur de la Vallée, des Fontaines, de Noé, du Taillis, etc., Élection de Valogne, maintenu en 1666 : *D'argent, à une houssette de sable, éperonnée d'or, et posée en pol.*

HEUSEY. — Généralité de Rouen : *De gueules, à la fasce d'argent, accompagnée en chef d'une croissette d'or et en pointe de trois sonnettes du même.*

HEUSTE. — Sieur de la Motte, généralité de Rouen.

HEUZARD. — Écuyer, sieur du Ménil, Élection d'Arques, maintenu le 8 juillet 1667 : *D'argent, à la croix de gueules, cantonnée de quatre aigles de sable, posées en bande et en barre.*

HOCQUELUS (DE). — Écuyer, sieur de Hautplessis, Élection d'Arques, maintenu le 16 septembre 1667 : *D'argent, au sautoir de gueules, denché de sable.*

HOMME (DU). — Écuyer, sieur de Chailly, Élection d'Avranches, maintenu en 1666 : *D'azur, au léopard d'argent, accompagné de six besants rangés d'or.*

HOMMET (DU). — Écuyer, sieur de Sartilly et de Cocqueville, Élection d'Arques, maintenu en 1666 : *D'argent, au sautoir d'azur.*

HOMMETS (DES). — Sieur de Martainville, généralité de Rouen : *D'azur, à trois flammes d'or.*

HONCOURT (D'). — Écuyer, sieur de Beaumont, Élection d'Andely, maintenu le 9 septembre 1668 : *D'azur, à trois pals de sable.*

HOOKE. — *Écartelé d'argent et de sable, à la croix de l'un en l'autre, cantonné, aux 1 et 4, d'une coquille de sable; aux 2 et 3, d'une coquille d'argent; à la fleur de lis d'or posée en cœur.*

HOQUELIS. — Écuyer, sieur des Is, Élection d'Arques : *D'argent, au chevron denché de gueules.*

HOSTINGUE (D'). — Écuyer, sieur de l'Isle, de Lonchamps, de la Brosse, etc., Élection de Carentan, maintenu en 1666 : *D'argent, à trois feuilles de sinople, et au croissant d'azur, posé en cœur.*

HOTOT (DE). — Bailliage de Caen : *D'azur, semé de molettes d'éperon d'or, au lion du même, armé et lampassé d'argent, brochant.*

HOTOT (DE). — Écuyer, sieur de Moron, d'Ouville, du Quesne, etc., Élection de Bayeux, maintenu en 1666 : *D'argent, à la fasce d'azur, accompagnée de quatre aiglettes de sable.*

HOUDETOT (D'). — Chevalier, seigneur châtelain de Charville et de Boisgribout, Élection de Caudebec, maintenu le 16 juillet 1667 : *D'argent, à la bande d'azur, bordée d'or et chargée d'une chaîne de trois médaillons du même, celui du milieu chargé d'un lion, et les deux autres d'une aiglette.*

HOUEL. — Écuyer, sieur de la Pommeraye, baron de Morainville, Élection de Pont-l'Évêque, maintenu le 2 mars 1671 : *D'azur, à trois pals d'or.*

HOUEL. — Écuyer, sieur de Valleville, Élection de Caudebec : *D'azur, à trois pals d'or, accostés de quatre roses d'argent, 2 et 2.*

HOUEL. — Écuyer, sieur du Tremblay et de la Commune, Élection de Rouen, maintenu en 1666 : *D'argent, au lion de sable, rampant sur un bâton de gueules.*

HOUETTEVILLE (DE). — Seigneur du Ménil-Hardrey, Élection de Conches, maintenu le 1er mars 1668 : *D'argent, à la fasce de sable.*

HOULAY (DU). — Généralité de Rouen : *D'azur, à trois lis de jardin d'or, fleuris d'or.*

HOULAY (DU). — Écuyer, sieur de Goumy et de Frisal, Élection d'Arques, maintenu le 19 février 1667 : *D'azur, à trois soleils d'or.*

HOULAY (DU). — Écuyer, sieur de Labbraye, Élection de Bernay, maintenu le 28 juin 1667 : *D'azur, à trois coquilles d'argent.*

HOULLET. — A Rouen : *D'azur, au cœur d'or, enflammé de gueules, percé de deux flèches d'argent en sautoir, et terminé d'une croisette florencée du second émail.*

HOUPPEVILLE DE NEUVILLETTE. — *D'argent, au chevron de gueules, accompagné en chef de deux merlettes de sable, et en pointe d'une ville du même, bâtie sur un tertre de sinople.*

HOURDEL. — Écuyer, sieur de la Londe, Élection de Bernay, maintenu le 5 avril 1666 : *D'or, au lionceau de gueules, accompagné de trois trèfles de sinople.*

HOUSSAYE (DE LA). — Écuyer, sieur de la Maillardière, Élection de Lisieux, maintenu le 16 avril 1668 : *De gueules, à trois feuilles de houx d'or.*

HOUSSAYE (DE LA). — Écuyer, sieur du Ménil, de Rancfroy, de Deron, etc., Élection de Mortain, maintenu en 1666 : *D'argent, à trois feuilles de houx de sinople.*

HOUSSAYE (DE LA). — Écuyer, sieur de la Bisserye, de Bosjovin, de la Croix, etc., Élection de Pont-Audemer, maintenu le 8 juillet 1670 : *D'argent, à trois feuilles de houx de sable, et trois bâtons du même, pommetés de gueules, appointés en cœur.*

HOUSSAYE (DE LA). — Écuyer, sieur de Tourville, de Bascouen, de la Croix-Rouge-montier, etc., Élection de Pont-Audemer, maintenu le 9 juin 1670 : *D'argent, à un houx de sinople sur une terrasse de même, traversé d'un lion passant de sable et accompagné de 3 merles de sable 2 et 1; les deux en chef adossés.*

HOUSSAYE (DE LA). — Écuyer, sieur d'Auville, du Bosc, de Saint-Ouen, Élection de Valogne, maintenu en 1666 : *D'argent, à trois feuilles de houx de sable, chargées chacune d'une croisette d'or.*

HOUSSAYE (DE LA). — Écuyer, sieur dudit lieu, Élection de Lisieux, maintenu le 20 avril 1668 : *D'azur, à trois feuilles de houx d'or.*

HOUSSAYE (DE LA). — Écuyer, sieur du Plessis et de Montreux, Élection de Lisieux, maintenu le 12 avril 1667 : *D'azur, au houx arraché et terminé de trois feuilles d'or.*

HOUSSAYE (DE LA). — Écuyer, sieur de Couldray, Élection de Lisieux, maintenu le 12 avril 1667 : *D'azur, au houx arraché et terminé de trois feuilles d'or.*

HOUSSAYE (DE LA). — Écuyer, sieur de Couldray, Élection de Lisieux, maintenu le 6 août 1667 : *D'azur, à trois branches de houx de six feuilles chacune, d'or.*

HOUSSU (LE). — Élection de Coutances, maintenu en 1666.

HOUTTEVILLE. (D'). — Écuyer, sieur de la Motte, Élection d'Andely, maintenu le 14 juin 1670 : *Coupé, de sable et d'or.*

HUBERT. — Élection de Rouen : *D'azur, au chevron d'or, accompagné de trois lions de même lampassés de gueules.*

HUDEBERT. — Élection de Bayeux, maintenu en 1666 : *D'argent, à deux palmes adossées et posées au chevron renversé de sinople ; au chef d'azur, chargé de trois roses du champ.*

HUDEBERT. — Écuyer, sieur de Blanchuisson et du Val, Élection de Lisieux, maintenu le 30 juin 1666 : *De sable, à l'anille d'argent.*

HUE. — Sieur de Montaigu et de Laugoinière, Élections de Bayeux et de Saint-Lô : *D'azur, à la colombe d'argent, tenant en son bec un rameau d'olivier du même.*

HUE. — Écuyer, sieur de Montrecy et de Launay, généralité de Caen, maintenu en 1667 : *D'azur, à trois fasces d'or ; à la bande de gueules, chargée d'une coquille d'argent, accostée de deux molettes d'éperon du même, brochante sur le tout.*

HUE. — Écuyer, sieur de Caligny, de Luc, de Langrune, seigneur d'Hermanville, généralité de Caen, maintenu en 1666 : *D'azur, à l'aigle d'argent, accompagnée en chef de deux étoiles du même.*

HUE. — Écuyer, sieur de Tournelot, généralité de Caen, maintenu en 1666 : *D'azur, à la fasce d'argent, accompagnée en chef de trois étoiles rangées d'or, et en pointe de trois croissants du même, posés 2 et 1.*

HUE. — Généralité de Caen : *De gueules, au cœur d'argent, accompagné de trois molettes d'éperon du même.*

HUE. — Écuyer, sieur de Chalembert et de Mathan, généralité de Caen, maintenu en 1666 : *D'argent, à la bande de gueules, chargée de trois hermines du champ ; à la bordure d'azur, chargée de huit coquilles d'or en orle.*

HUE. — Écuyer, sieur de Miroménil, de la Roque, Vermanoir, de Boscdroit, de Cernières, etc., Élections de Saint-Lô et de Bernay, maintenu le 7 août 1666 : *D'argent, à trois hures de sanglier de sable.*

HUE. — Écuyer, sieur Dufresnay, Élection d'Argentan, maintenu le 17 juillet 1666 : *D'azur, à la fasce d'or.*

HUET. — Généralité de Caen : *D'azur, à deux mouchetures d'argent en chef, à trois grillets du même en pointe.*

HUET. — Écuyer, sieur de Montbrun : *D'azur, au cerf d'or, issant d'une rivière d'argent ; au chef de gueules, chargé de trois molettes d'or.* Cette famille s'est transplantée dans l'Orléanais.

HUGLEVILLE (D'). — Écuyer, sieur dudit lieu, généralité de Rouen, maintenu le 20 juin 1666 : *D'or, à deux fasces de gueules.*

HUILLARD. — Généralité de Rouen : *De gueules, au mouton d'hermine.*

HUILLIER (L'). — Généralité de Rouen : *D'argent, à trois quintefeuilles de gueules.*

HULLIN. — Écuyer, sieur de Neufbourg, Élection d'Arques : *D'argent, à la fasce d'azur, chargée de trois coquilles du champ, et accompagnée de trois croix de Malte de gueules.*

HURARD. — Écuyer, sieur de Catillon, généralité de Rouen :

HURE. — Écuyer, sieur de Boisdriet, Élection de Bernay, maintenu le 7 avril 1666 : *D'argent, à trois hures de sanglier de sable.*

HUREL. — Écuyer, sieur de Grainville-sur-Fleury et de Canteloup-le-Bocage, généralité de Rouen : *D'argent, à la hure de sanglier de sable, accompagnée de trois besants d'or.*

HUREL. — Écuyer, sieur du Hugues et de la Londe, Élection de Carentan, maintenu en 1666 : *D'argent à la fasce de gueules, accompagnée de trois trèfles de sinople.*

HUYARD. — Écuyer, sieur de Montagny, Élection de Lions, maintenu le 23 décembre 1670 : *D'argent, à trois trèfles de sable.*

I

ILLES (DES). — Écuyer, sieur de la Vallée, du l'lessis, de Bretanville, etc., Élection de Coutances, maintenu en 1666 : *D'argent, au lion de sable, armé et lampassé de gueules, ayant à l'extrémité de la queue une étoile du champ; à la bordure engrêlée de gueules.*

ILLIERS (D'). — Écuyer, sieur des Tanges et de Vimel, Élection de Verneuil, maintenu en 1666 : *D'or, à six annelets de gueules.*

IMBERT. — Élection de Valogne, maintenu en 1666 : *De gueules, à trois aiglons d'or.*

IMBLEVAL (D'). — Écuyer, sieur dudit lieu et de Bretel, Élection d'Arques, maintenu le 16 novembre 1671 : *De gueules, à trois quintefeuilles d'or.*

IRLANDE (D'). — Écuyer, Seigneur d'Abernon, Élection de Lisieux, maintenu le 12 avril 1666 : *D'azur, au chevron d'or, accompagné en chef de deux merlettes d'argent et en pointe d'une coquille du même.*

ISLES (DES). — Écuyer, sieur de la Liberdière, Élections de Carentan et de Coutances, maintenu en 1666 : *D'argent, au lion de sable, armé et lampassé de gueules.*

ISNEL (D'). — Chevalier, seigneur de Saint-Gilles de Cretot, de Saint-Sevestre et du Marais, Élection de Caudebec, maintenu le 24 juillet 1667 : *De gueules, au lion d'or.*

J

JACQUESON. — Généralité de Caen, maintenu en 1666 : *De sable, à l'aigle d'or.*

JALLOT. — Écuyer, sieur de Saint-Remy et de Suzanne, seigneur de Chastelans et de Beaumont, Élection de Valogne, maintenu en 1666 : *D'azur, au chevron d'argent, chargé de trois merlettes d'azur, et accompagné de trois trèfles d'or.*

JAMBON. — Élection de Lisieux, maintenu le 14 mai 1666 : *D'argent, à un rameau de laurier de deux branches de sinople; au chef d'azur, chargé de trois molettes d'éperon d'or.*

JAMES. — Écuyer, sieur de la Meilleraye, Élection de Falaise, maintenu le 27 août 1666 : *De sable, à la bande d'or, accompagnée de six coquilles du même, posées en orle.*

JAMES (DE). — Écuyer, sieur de Saint-Martin, généralité de Rouen : *D'or, à trois tourteaux de gueules.*

JAMET. — Écuyer, sieur de Bassecourt, généralité de Rouen.

JAMOT. — *D'azur, à trois fleurs de lis, au pied nourri, mal ordonnées d'argent; à l'épée du même en pointe, couronnée d'or.*

JARDINS (DES). — Écuyer, sieur de Saint-Remy et de La Haye, vicomte de Lions, Élection de Lions, maintenu le 18 juillet 1668 : *De gueules, à un écot, de six branches d'or, posé en pal, chaque branche chargée d'une merlette de sable.*

JEAN. — Écuyer, sieur de Montjéan, Élection de Falaise, maintenu le 23 juin 1666 : *D'azur, à la fasce d'argent, chargée d'un corbeau de sinople, tenant une branche de laurier du même, et accompagnée de trois étoiles d'or.*

JEAN. — Écuyer, sieur de Versainville, Élection de Falaise, maintenu le 3 janvier 1667 : *D'azur, à trois glands versés d'or.*

JEANNE (LE). — Écuyer, sieur du Rocher, Élection de Falaise, maintenu le 1er janvier 1668 : *D'azur, à une montagne alésée d'argent, surmontée de deux étoiles du même.*

JOIGNY (DE). — Chevalier, seigneur de Bellebrune, du Parc, de Blondel, etc., Élection de Lions : *De gueules, à l'aigle d'argent, becquée et membrée d'azur.*

JOLIVET (DE). — Écuyer, seigneur d'Andouville et de Colomby, Élection de Falaise, maintenu en 1667 : *D'azur, à un chevron d'or, chargé de trois besants de sable et accompagné de trois glands de gueules.*

JOLIS (LE). — Écuyer, sieur de Neudy, de Villiers, de Rochefort, du Jonquay, etc., Élection de Carentan, maintenu en 1666 : *D'azur, au chevron d'or, accompagné de trois aiglettes d'argent.*

JOLY. — Écuyer, sieur de Scavarel, Élection de Verneuil : *D'azur, à l'arbre arraché d'or, chargé sur la cime d'une canette du même.*

JORTS. — Seigneur de Geutteville, Élection de Pont-l'Évêque, maintenu le 4 mai 1670 : *D'azur, au chevron d'or, accompagné de trois coqs d'argent.*

JOSEL. — Élection d'Arques, maintenu le 17 janvier 1668 : *D'azur, à la bande d'or.*

JOSET. — Écuyer, sieur de Vieux, Élection de Carentan, maintenu en 1666 : *D'argent, à douze mouchetures de sable, 4, 4 et 4.*

JOUANNE. — Écuyer, sieur de la Bonneterie, Élection de Falaise : *D'azur, au cœur d'argent, accompagné de trois croisettes d'or.*

JOUENNE (DE). — Généralité de Rouen : *De gueules, à la fasce d'argent, accompagnée de trois étoiles d'or.*

JOUENNE (DE). — Seigneur d'Esgrigny, du Mesnil, d'Hervilly, de la Fontenelle, etc., maintenu en 1667 : *D'azur, à trois croisettes potencées d'or.*

JOUHAN (DE). — Écuyer, sieur de la Porte, Bauduenville, Vercugène, la Roque, etc., Élection de Valogne, maintenu en 1666 : *D'argent, à six roses de gueules.*

JOURDAIN. — Écuyer, sieur de Saint-Sauveur, Élection de Bayeux, maintenu en 1666 : *D'argent, à la bande d'azur, chargée de trois flanchis du champ et accostée de deux tourteaux du second émail.*

JOURDAN. — Élection de Valogne : *D'azur, à la masse d'or en bande, cotoyée en chef d'une cigale du même.*

JUBERT (DE). — Chevalier, seigneur de Brecourt, Senancourt, etc., généralité de Rouen, maintenu le 13 août 1666 : *Écartelé : aux 1 et 4, d'azur, à la croix alésée d'or ; aux 2 et 3, d'azur, à cinq fers de pique d'argent, posés 3 et 2.*

JUCHEREAU DE SAINT-DENIS. — *De gueules, à une tête de saint Denis d'argent.*

JUCTEL. — Élection de Carentan, maintenu en 1666.

JUCHARD. — *De gueules, à la croix florencée d'argent.*

JUHÉRY. — Écuyer, sieur de Vaufleury, Élection de Mortain, maintenu en 1668 : *D'azur, au chevron d'or, accompagné de trois coquilles du même.*

JULIEN. — Écuyer, sieur d'Arpentigny, Élection de Valogne, maintenu en 1666 : *D'azur, à une épée d'argent en pal, garnie d'or, la pointe en haut, accostée de deux lions affrontés du même.*

JULIOTTE. — Écuyer, sieur de Roussillon, généralité d'Alençon, maintenu le 31 janvier 1667 : *D'azur, au chevron d'or, accompagné de trois étoiles du même.*

JUMEL (LE). — Baron de Lisors, Élection de Pont-l'Évêque, maintenu le 8 septembre 1666 : *De gueules, à l'aigle éployée au vol abaissé d'argent ; au chef cousu de sinople, chargé de trois molettes d'éperon du second émail.*

JUMILLY (DE). — Écuyer, sieur dudit lieu, Élection de Domfront : *D'or, à trois trèfles de sinople, et une rose de gueules en cœur.*

JUVIGNY (DE). — Écuyer, sieur de Saint-Nicolas, de Galle, etc., Élection de Coutances, maintenu en 1666 : *D'argent, à la croix ancrée de gueules.*

L

LABBÉ. — Écuyer, sieur des Offieux, généralité d'Alençon, maintenu le 27 juillet 1667 : *D'or, au chevron d'azur, accompagné en chef de deux molettes d'éperon de sable, et en pointe d'une rose de gueules.*

LAIGNEL (DE). — Écuyer, sieur de Marbœuf.

LAILLET. — Écuyer, sieur de Saint-Pierre, généralité de Rouen : maintenu le 7 février 1667 : *D'azur, au lion d'or.*

LAILLIER. — Écuyer, sieur d'Engneville, généralité de Caen, maintenu en 1666 : *De gueules, à trois alérions d'argent.*

LAISNE. — Sieur de Tintot, généralité de Rouen.

LAISNÉ. — Seigneur de Torchamps, Élection de Domfront, maintenu le 13 août 1666 : *D'azur, au chevron d'argent, accompagné en chef de deux étoiles d'or, et en pointe d'un croissant du même.*

LAISNÉ. — Élection de Valogne, maintenu en 1666.

LAISTRE (DE). — Élection de Neufchâtel : *D'azur, à trois couteaux d'argent emmanchés d'or.*

LALLOGNY (DE). — Écuyer, sieur de Durville et du Mesnil-Troussay, Baron de Coutteville, Élection de Falaise et généralité de Caen, maintenu en 1666.

LAILLOUEL. — Sieur de Champeaux et de Beauvreuil, généralité de Rouen.

LAMBERT. — Écuyer, sieur de Fourmentin, d'Herbigny, du Mont-Saint-Jean, etc., généralité de Rouen : maintenu le 16 janvier 1668 : *D'azur, au lion d'or ; au chef cousu de gueules, chargé de trois étoiles d'argent.*

LAMBERT. — Écuyer, sieur de Lambermont, du Buisson, etc., Élection d'Andely, maintenu le 27 août 1668 : *D'argent, à trois bandes de sable.*

LAMBERT. — Écuyer, sieur de Fresne, Élection de Bayeux, maintenu en 1666 : *De gueules, au chevron d'argent, accompagné en chef de deux croissants d'or, et en pointe d'une étoile du même.*

LAMPERIÈRE (DE). — Écuyer, sieur de Montigny, Élection de Valogne, maintenu le 15 janvier 1667 : *D'azur, à deux lampes d'or, allumées de gueules, surmontant un lion léopardé d'or.*

LAMY. — Chevalier, baron de Tubœuf, seigneur et patron de Saint-Michel de la Forest, généralité de Rouen : *D'or, à trois étoiles de gueules.*

LANCESSEUR. — Écuyer, sieur de la Pollivière, Élection d'Avranches, maintenu en 1666 : *D'argent, à trois tourteaux d'azur.*

LANCIZE (DE). — Écuyer, sieur du Hamel, la Jussinière, etc., Élection d'Avranches, maintenu en 1666 : *D'argent, à trois canards de sable, becqués et membrés de gueules.*

LANDE (DE LA). — Écuyer, sieur dudit lieu, de Serquex, Saudrancourt, Élection d'Évreux, maintenu le 31 octobre 1668 : *De sable, à trois molettes d'éperon d'or.*

LANDE (DE LA). — Écuyer, sieur de St-Jean du Corail, Élection d'Avranches, maintenu en 1666 : *Coupé, au 1, d'argent, au lambel de gueules ; au 2, d'azur.*

LANDE (DE LA). — Écuyer, sieur des Costils, d'Ouilly, etc., Élection de Falaise, maintenu le 3 mai 1667 : *D'argent, au sautoir de gueules.*

LANDES (DES). — Écuyer, sieur de la Heuserie, Blanville, etc., Élection de Domfront : *D'azur, au chevron d'or.*

LANDOIS (LE). — *Voyez* D'Hérouville.

LANFERNANT. — Élection de Verneuil : *D'azur, à trois losanges d'or.*

LANGEVIN. — Écuyer, sieur de la Planquère, Élection de Carentan, maintenu en 1666 : *De gueules, à la croix d'or, cantonnée de huit molettes d'éperon d'argent.*

LANGLE (de). — Écuyer, sieur de Mesny, d'Ardez, etc., Élection d'Évreux : *D'azur, à la fasce d'or, accompagnée en chef de deux glands, et en pointe d'une rose, le tout du même.*

LANGLOIS. — Écuyer, sieur de Beauvais, Élection d'Arques, maintenu le 26 décembre 1666 : *De gueules, à trois épieux d'argent.*

LANGLOIS. — Écuyer, sieur de la Cour, de Mauteville, Tournethuit, la Cour-Chapelle, d'Estaintot, Haumont, etc., Élection de Caudebec, maintenu le 21 juillet 1668 : *D'azur, à deux croisettes rangées d'or, accompagnées de trois molettes d'éperon d'argent.*

LANGLOIS. — Élection de Pont-de-l'Arche, maintenu le 6 juin 1668 : *D'or, à l'aigle éployée de sable, écartelé de gueules au lion rampant d'or.*

LANGLOIS. — Élection de Valogne, maintenu en 1666 : *D'or, au chevron de gueules, accompagné de trois cosses de pois anglais de sinople.*

LANGLOIS. — Écuyer, sieur de la Chaise, Élection d'Argentan, maintenu le 31 janvier 1666 : *D'azur, au chevron d'or, accompagné de trois annelets du même.*

LANGLOIS. — Chevalier, seigneur de Courmoulins et de Motteville : *D'or, à deux lions léopardés de gueules; au chef d'azur, chargé de trois besants du champ.*

LANGLOIS. — Sieur de la Bouderie, Élection d'Avranches : *D'azur, au chevron d'argent, accompagné en chef de deux aiglettes d'or, et en pointe, d'une étoile du même.*

LANGLOIS. — Sieur de Jainville, généralité de Rouen.

LANGLOIS de CRIQUEBEUF. — *D'argent, au lion de gueules, au chef d'azur, chargé de trois molettes d'éperon d'or.*

LANGLOIS. — Écuyer, sieur de Ferville, des Fontaines, etc., Élection d'Argentan, maintenu le 8 mars 1667 : *D'azur, au chevron d'or, accompagné en chef de deux aiglettes au vol abaissé, et en pointe d'un croissant, le tout d'or.*

LANGLOIS. — Écuyer, sieur de la Métairie, Élection de Falaise, maintenu le 30 mai 1667 : *D'argent, à trois cœurs surmontés d'une divise, le tout de gueules; à trois roses du même, rangées en chef.*

LANNOY (de). — Seigneur de Criqueville, de Clermont, etc. : *D'argent, à l'aigle de sable.*

LANTERNIER. — Écuyer, sieur de Saint-Amand, Élection de Caudebec, maintenu le 4 juin 1668 : *D'azur, à trois lanternes d'or.*

LARCHER. — Écuyer, sieur de Courperon, Élection de Bayeux, maintenu en 1666 : *D'argent, au porc-épic de sable.*

LARCHER. — Écuyer, sieur du Goulet, d'Auberville, etc., Élection de Bayeux, maintenu en 1666 : *De gueules, au porc hérissé d'argent.*

LARCHIER. — Sieur de Lalonde, Élection de Bayeux, maintenu en 1666 : *De gueules, au porc-épic d'argent; au chef cousu d'azur, chargé de trois arcs d'or.*

LARCHIER. — Écuyer, sieur de Gonneville, la Chesnaye, Muttot, Martainville, Courturelle, etc., Élection de Pont-Audemer, maintenu le 23 août 1668 : *De sable, au porc hérissé d'or.*

LARGE (le). — Écuyer, sieur de Goustanville, généralité de Caen, maintenu en 1666: *D'or, à l'aigle éployée de sable.*

LARREY. — Écuyer, sieur de Lizermont, de Crasmesnil, de Vaufouquet, etc., Élection de Montivilliers : *De sable, au chevron d'argent, accompagné en pointe d'une molette d'éperon d'or; au chef du même, chargé de trois croissants d'azur.*

LARREY. — *D'or, à neuf losanges d'azur.*

LASSEUR (le). — Écuyer, sieur de la Coquardière, la Mauvaisinière, la Baudrière, Viganière, etc. : *De gueules, au chevron d'argent, accompagné de trois coqs d'or.*

LASTES (de). — Élection de Montivilliers : *Écartelé: au 1, de gueules, à la tour d'or; au 2, d'azur, au croissant d'argent; au 3, d'azur, au dextrochère d'or, tenant une épée du même; au 4, de gueules, au lion d'or.*

LASTRES. — Chevalier, seigneur de Mondeville, généralité de Rouen : *D'or, à la fasce d'azur, au lambel du même.*

LAT (LE). — Écuyer, sieur de Hautecourt, Élection de Lions : *D'argent, à la bande de gueules, chargée de trois besants d'or.*

LAUBERIE (DE). — Écuyer, sieur du Mesnil-Rioul, Élection de Saint-Lô : *De gueules, à trois moutons d'or.*

LAUDIER. — Écuyer, sieur de Beauvais, la Cochardière, etc., généralité d'Alençon, maintenu le 22 février 1668 : *D'azur, au chevron d'or, accompagné de trois pommes de grenade du même.*

LAUNAY (DE). — Écuyer, sieur de Ristay-du-Brière, Buisson, Cochet, la Gujon, Belle-Fontaine, généralité d'Alençon, maintenu le 7 septembre 1666 : *Fascé de vair et de gueules, à la champagne d'argent.*

LAUNEY (DE). — Écuyer, sieur de Villarmois, Courcy, etc., Élection de Carentan, maintenu en 1666 : *D'hermine, à trois pots à anse de gueules.*

LAUNOY (DE). — Écuyer, sieur de Mont-David, Petiteville, etc., Élection de Pont-L'Évêque, maintenu le 30 janvier 1668 : *D'argent, à l'aigle de sable, becquée et membrée de gueules.*

LAVAL. — Chevalier, marquis de Tartigny, Gournay, etc., Élection de Verneuil, maintenu le 3 novembre 1666 : *D'or, à la croix de gueules, chargée de cinq coquilles d'argent, et cantonnée de seize alérions d'azur.*

LAVAL (DE). — Écuyer, sieur dudit lieu, Élection de Falaise : *De contre-hermine.*

LEAU (DE). — Écuyer, sieur de Fay, Élections de Gisors et Pontoise : *D'or, à la fasce d'azur, accompagnée de trois roses de gueules, et de trois molettes d'éperon mal ordonnées de sable.*

LEDO. — Écuyer, sieur du Val, Élection de Pont-Audemer : *D'argent, à trois fasces de gueules, à la bordure d'azur, chargée de huit besants d'or.*

LEMPERIÈRE (DE). — Élection de Valogne, maintenu en 1666 : *De gueules, à un pot de fleurs composé de deux roses d'argent, tigées et feuillées de sinople, surmontées d'une rose sans tige du second émail.*

LENFANT. — Généralité de Caen, maintenu en 1666 : *D'azur, à un croissant d'or ; au lambel d'argent.*

LENTRIN. — Écuyer, sieur de la Rivière, la Couronne, etc., Élection de Bayeux, maintenu en 1666 : *De gueules, au croissant d'or, au lambel d'argent.*

LÉONARD. — Élection de Bayeux, maintenu en 1666 : *D'azur, au lion d'or, accompagné de trois flammes cousues de gueules.*

LÉPÉE (DE). — Sieur de Cauvigny, Élection de Falaise.

LEPEINTEUR DE MARCHÈRE. — Maintenu le 14 mai 1666 : *D'argent, au chef de gueules, chargé de trois roses d'or.*

LESCALLÉ. — Écuyer, sieur de Longlée, généralité d'Alençon : *Coupé, au 1, d'or, à l'aigle éployée de sable ; au 2, de gueules, à la herse d'argent.*

LESCALLEY. — Élection de Bayeux, maintenu en 1666 : *D'azur, à trois casques ou heaumes d'or.*

LESCHAMPS. — Écuyer, sieur dudit lieu, Élection de Mortagne, maintenu le 12 août 1666 : *D'argent, à la croix d'azur, chargée d'une coquille d'or, et cantonnée de douze merlettes de gueules.*

LESDO. — Seigneur de Valiquerville et de Saint-Vallery, généralité de Rouen, maintenu le 19 octobre 1666 : *D'azur, à la fasce d'argent, chargée d'un croissant de gueules.*

LESGUET. — Élection de Lions, maintenu le 30 septembre 1669 : *D'argent, à trois loups de sable.*

LESNERAC. — Écuyer, sieur de Bavillon, généralité de Caen, maintenu en 1666 : *De gueules, à trois aigrettes d'argent.*

LESNÉRAC. — Écuyer, sieur du Bouillon, de Carrey, Mesniville, etc., Élection de Bayeux, maintenu en 1666 : *De gueules, au chevron d'or, accompagné de trois aigrettes du même.*

LESPERON. — Écuyer, sieur d'Amfreville, généralité de Rouen, maintenu le 26 janvier 1666 : *D'azur, au chevron d'argent, accompagné de trois molettes d'éperon d'or.*

LESPINASSE (DE). — A Bayeux (famille originaire de Guyenne) : *Écartelé : D'azur, à un croissant, accompagné de deux étoiles, le tout d'argent.*

LESQUET. — Écuyer, sieur de Saint-Sauveur des Ifs, Élection de Pont-l'Évêque, maintenu le 29 février 1669 : *D'argent, à trois loups passant de sable.*

LESSÉ (DE). — Élection de Pont-Audemer : *De gueules, à la fasce d'argent, accompagnée de quatre merlettes du même.*

LESSELINE. — Élection de Bayeux, maintenu en 1666 : *D'azur, au chevron d'or, accompagné en chef de six billettes, et en pointe de trois épées la pointe en bas, le tout du même.*

LESTRE (DE). — Élection de Gisors : *D'azur, à trois mains dextres renversées d'or.*

LÉTABLIE (DE). — Élection de Carentan, maintenu en 1666.

LETTRE (DE). — Écuyer, sieur de Saint-Martin-du-Manoir, Élection de Montivilliers: *Palé d'argent et d'azur; au chevron de gueules, brochant sur le tout; alias, d'or, à la bande denchée de gueules.*

LEVEMONT. — Écuyer, sieur de la Tourelle, de la Marche, de Sainte-Marie-des-Champs, Élections de Gisors, de Pontoise et d'Andely, maintenu le 23 décembre 1666 : *D'azur, à trois fasces d'argent; à une manche mal taillée de gueules, brochante sur le tout.*

LEZEAUX (DE). — Écuyer, sieur du Mesnil, Élection d'Avranches, maintenu le 17 juillet 1666 : *D'azur, au chef d'or, chargé de trois merlettes de gueules.*

LHOSTE. — Écuyer, sieur et patron de Livry et de Caumont, Élection de Bayeux.

LIBERGE (DE). — Écuyer, sieur des Prandes, vicomte de Chauffray, Élection de Bernay : *Écartelé : aux 1 et 4, d'azur, au lion d'or; aux 2 et 3, d'or, mi-parti de gueules, à l'aigle éployée d'or.*

LIEPVRÉ (LE). — Écuyer, sieur de Houssière, Élection de Pont-Audemer, maintenu le 14 avril 1660 : *D'azur, au chevron d'or, accompagné en chef de deux croissants d'argent, et en pointe d'un lièvre du même.*

LIESSELIN. — Élection de Bayeux, maintenu en 1666 : *D'azur, à la fasce d'argent, accompagnée en chef d'un levron courant du même, et en pointe d'un croissant d'or; au chef du même, chargé d'une rose de gueules.*

LIEUR (LE). — Écuyer, sieur de Sainte-Catherine, Élection de Pont-de-l'Arche : *D'or, à la croix endentée d'argent et de gueules, cantonnée de quatre têtes de léopard d'azur, lampassées de gueules.*

LIEURAY. — Écuyer, sieur d'Omonville, seigneur du Cormier, Élection de Conches, maintenu le 1er décembre 1667 : *D'azur, à la bande d'or, chargée de deux roses d'argent, et en pointe de deux molettes d'éperon du second émail.*

LIÈVRE (LE). — Écuyer, sieur de Commune et de Chantereyne, généralité de Caen, maintenu en 1666 : *De gueules, à la croix ancrée et alésée d'argent, accompagnée de trois croissants du même.*

LIÈVRE (LE). — Écuyer, sieur de Fontenay, du Raoul, Lessay, Élection de Carentan, maintenu en 1666 : *De gueules, à une fleur de lis d'or, abaissée sous deux croisettes du même.*

LIMOGES (DE). — Écuyer, sieur du Fayel, Saint-Just, seigneur de Saint-Saens, Saccanville, Beuzeville, etc., Élection de Neufchâtel, maintenu le 13 janvier 1668 : *D'argent, à six tourteaux de gueules.*

LINTOT (DE). — Écuyer, sieur de Sauqueville, du Bois-Hulin, Élection d'Arques, maintenu le 25 juillet 1667 : *D'azur, au sautoir d'argent, cantonné de quatre aiglettes au vol abaissé de même.*

LISLE (DE). — Écuyer, sieur de Verdière, seigneur de Marivaux et d'Ambourville, Élection de Pont-Audemer, maintenu le 6 avril 1669 : *De gueules, à la fasce accompagnée de sept merlettes, quatre rangées en chef et trois en pointe, le tout d'argent; au lambel du même.*

LITTEHAIRE. — Élection de Carentan : *De gueules, à deux fasces d'or, accompagnées de six croisettes du même; aliàs, d'argent, à la tierce en fasce de gueules.*

LIVET (DE). — Écuyer, sieur de Beuzeville, Élection de Pont-Audemer, maintenu le 21 septembre 1668 : *De gueules, à trois pals abaissés d'argent ; au chef cousu d'azur, chargé d'une molette d'éperon d'or, accostée de deux merlettes du même.*

LIVET (DE). — Écuyer, sieur de Saint-Léger, Caillouet, de Barville, Élection de Pont-Audemer, maintenu le 14 décembre 1667 : *D'azur, à trois molettes d'éperon d'or.*

LIVET (DE). — Écuyer, sieur d'Arantot, généralité de Rouen, maintenu le 21 juillet 1668 : *D'argent, à la croix d'azur, engrêlée de sable ; à la bordure du second émail.*

LIVRE (DE). — Écuyer, sieur de Villeneuve, Élection de Pont-l'Évêque, maintenu le 7 août 1668 : *D'azur, au chevron d'argent, accompagné de trois molettes d'éperon du même.*

LIVRÉE. — Sieur de la Fontaine, Élection de Carentan, maintenu en 1666 : *De gueules, à deux croissants d'argent, et une fleur de lis d'or en pointe.*

LOEUVRE (DE). — Sieur de Vidal, Élection de Valogne, maintenu le 19 octobre 1672: *D'argent, à la fasce de gueules.*

LOGÉ (DE). — Écuyer, sieur du Plessis, Élection de Falaise, maintenu le 27 juillet 1667 : *D'argent, à trois quintefeuilles de sinople.*

LOIR (DU). — Écuyer, sieur du Lude, de Noiremare, etc., Élections de Valogne et de Montivilliers, maintenu le 1er février 1667 : *D'or, à trois fasces ondées de sinople.*

LOISEL (DE). — Écuyer, sieur de Saint-Léger, du Plessis, Élection de Mortagne, maintenu le 4 avril 1667 : *De sable, à trois croissants d'argent.*

LOMBARDS (DES). — Chevalier, baron de Richemont, Élections de Chaumont et Magny : *D'or, à trois arbustes de sinople.*

LOMBART. — Écuyer, sieur du Moustier et de Malmains, Élection d'Arques, maintenu le 1er février 1668 : *De sable, à trois mains sénestres d'argent.*

LOMBELON. — Chevalier, seigneur des Essarts, Élection de Conches, maintenu le 22 août 1666 : *De gueules, au chevron d'or.*

LONG (LE). — Écuyer, sieur du Longfain, Cottentré, du Mesnil, Élection d'Arques, maintenu le 27 août 1668 : *D'or, au sautoir dentelé de sable, cantonné de quatre têtes de léopard de gueules.*

LONG (LE). — Élection de Valogne, maintenu en 1666.

LONGAUNAY. — Seigneur de Franqueville, Élection de Bayeux : *D'azur, au sautoir d'argent.*

LONGCHAMPS (DE). — Chevalier, seigneur d'Ernouville, généralité de Rouen : *D'azur, à trois croissants d'or.*

LONGUEIL (DE). — Écuyer, seigneur de Vitrole, baron de Rissé, marquis de Maisons, etc. : *D'azur, à trois roses d'argent; au chef d'or, chargé de trois roses de gueules.*

LONGUEJOUE (DE). — Généralité de Rouen : *De gueules, à trois grappes de raisin d'or ;* famille originaire de Paris.

LONLAY (DE). — Écuyer, sieur de Lignières, des Buats, de Launay, d'Estay, du Mesnil-Broust, de Sainte-Catherine, de Villepaille, etc., généralité d'Alençon, maintenu le 22 avril 1667 : *D'argent, à trois porcs de sable, et une fleur de lis de gueules au cœur.*

LORGET. — Généralité de Rouen : *De gueules, à la gerbe d'or; au chef d'argent.*

LORMONE. — Écuyer, sieur du Bois-de-la-Pierre, Barre, Griffonnière, Normandière, etc., Élection de Verneuil, maintenu le 8 octobre 1666 : *D'argent, à trois girons appointés en chef de gueules ; au chef d'azur, chargé de trois glands d'or.*

LOSQUET. — Écuyer, sieur de Saint-Sauveur, Élection de L'ons, maintenu le 3 septembre 1669 : *D'argent, à trois loups de sable.*

LOUBERT (DE). — Écuyer, sieur de Martainville, Longuehaye, Revilly, Élection d'Évreux, maintenu le 18 août 1666 : *De sable, à cinq épis de blé d'or, 3 et 2.*

LOUCELLES (DE). — Écuyer, sieur de Mauny, du Fournet, Élection de Bayeux, maintenu en 1666 : *De gueules, à une quintefeuille d'argent; au chef d'hermine.*

LOUET (LE). — Écuyer, sieur de Beauchamps, Élection de Valogne, maintenu en 1666 : *De sable, à trois œillets d'or.*

LOUIS. — Sieur de Perlée, généralité de Rouen.

LOUIS. — Écuyer, sieur de Grosdière, Élection de Lisieux, maintenu le 24 août 1666 : *D'azur, à la croix d'argent, cantonnée de quatre aiglettes au vol abaissé du même.*

LOUP (LE). — Écuyer, sieur du Jardin, Élections de Gisors et Pontoise, maintenu le 15 novembre 1668 : *De gueules, à deux épées d'argent, garnies d'or, passées en sautoir, accompagnées de trois molettes d'éperon d'argent.*

LOUP (LE). — Écuyer, sieur de Limarest, Élection de Carentan, maintenu le 17 octobre 1666 : *D'argent, au chevron d'azur, chargé d'une croix d'or et de deux mouchetures du champ, et accompagné de trois roses de gueules.*

LOUPIÈRES (DE). — Élection de Bayeux, maintenu en 1666 : *Échiqueté d'or et de gueules; au chef d'argent, chargé d'un loup de sable.*

LOUREUX (LE). — Écuyer, sieur de Pierrefitte, Élection de Mortagne, maintenu le 9 juin 1666 : *D'argent, à trois losanges de gueules.*

LOUTREL (LE). — Écuyer, sieur de Saint-Aubin sur Rille, de la Hermeraye, du Pommier, Hautmesnil, etc., Élection de Bernay, maintenu le 29 juin 1666 : *D'azur, à deux loups cerviers d'or.*

LOUVEL. — Écuyer, sieur de Noiremare, Limpiville, Élection de Montivilliers, maintenu le 18 septembre 1667 : *D'azur, au chevron d'argent, accompagné en chef de deux coquilles d'or, en pointe d'un griffon du même.*

LOUVEL. — Écuyer, sieur de Coûtrières, de Monceaux, de Novemaur, Élections de Valogne et de Coutances, maintenu en 1666 : *De gueules, au griffon d'or.*

LOUVEL. — Écuyer, sieur de Montmartin, de Fourneaux, Élection de Coutances, maintenu en 1666 : *De gueules, au léopard d'argent.*

LOUVEL. — Écuyer, sieur de Lezeau, Brequignet, Élection de Coutances, maintenu en 1666 : *De gueules, au léopard d'argent ; au lambel du même.*

LOUVETEL. — Élection de Valogne, maintenu en 1666 : *D'argent, à neuf croisettes palées de sable.*

LOUVIGNY (DE). — Écuyer, sieur de la Martinière, de Marette, Élection de Bernay, maintenu le 14 août 1666 : *D'argent, au chevron de sable, accompagné de trois têtes de loup du même.*

LOVASTRON (DE). — Écuyer, sieur dudit lieu, Élection de Mortagne : *D'or, à la fasce de gueules, accompagnée de trois merlettes de sable.*

LUCAS. — Écuyer, sieur de Gonneville, de Clermont, etc., Élection d'Évreux, maintenu le 27 décembre 1667 : *D'azur, à l'aigle d'or.*

LUCAS. — Chevalier, seigneur de Boucourt, généralité de Rouen : *D'or, à la fasce d'azur, accompagnée de six trèfles de gueules, 3 en chef et 3 en pointe.*

LUCAS. — Écuyer, sieur de la Chesnée, d'Ozeville, de Rosière, de La Haye, de Long-champs, Noé, etc., Élection de Bayeux, maintenu en 1666 : *De gueules, à trois chevrons d'argent.*

LUGERIE. — Écuyer, sieur de Rozat, généralité d'Alençon : *De gueules, au pélican d'or ; au chef du même, chargé de trois trèfles de sable.*

LUISIÈRE. — Écuyer, sieur de Chateplais, Élection de Mortagne, maintenu en 1666 : *D'azur, à la croix d'or.*

LUISIÈRE. — Écuyer, sieur dudit lieu, Élection de Falaise : *D'azur, au gonfanon d'or, frangé de gueules.*

LUTHUMIÈRE (LA), *alias* LE TELLIER. — Baron dudit lieu, seigneur d'Yvetot, de Gatteville, de La Haye, de Vareville, de Cray, de Marescernier, etc., Élection de Valogne, maintenu en 1666 : *D'argent, à la croix de gueules, cantonnée de quatre lionceaux de sable.*

LUZERNE (DE LA). — Écuyer, sieur de Beuzeville, Lorcy, d'Ouilly, etc., Élection de Carentan, maintenu en 1666 : *D'azur, à la croix ancrée d'or, chargée de cinq coquilles de sable.*

LYDE (DE). — Écuyer, sieur de la Fosse, chevalier, seigneur de Tournancourt, de Heur-tevent, de Belleau, etc., Élection de Lisieux, maintenu le 14 mai 1667 : *D'argent, au lion de sable, armé et lampassé de gueules.*

LYONS (DES). — Seigneur de Theuville, Élections de Gisors et Pontoise, maintenu le 12 mars 1669 : *D'azur, à trois têtes de léopard d'or ; alias, d'argent, à quatre lionceaux de sable.*

M

MABREY (DE). — Généralité de Caen, maintenu en 1666 : *D'azur, au chevron d'or, accompagné en chef de deux couronnes ducales, et en pointe d'une merlette, le tout du même.*

MACAIRE. — Écuyer, sieur de Launay, Rosures, Élection d'Argentan, maintenu le 3 janvier 1667 : *Écartelé : au 1, d'azur, à une molette d'éperon d'or ; au 2, de gueules, au lambel d'argent ; au 3, d'argent, au lion de sable ; au 4, de sable, à trois fuseaux rangés d'argent.*

MACÉ. — Écuyer, sieur de la Besnardière, d'Orglandes, etc., Élection de Carentan, maintenu en 1666 : *De gueules, à trois massues renversées d'argent.*

MACHAULT. — Écuyer, sieur de Tierceville, Élection de Gisors, maintenu le 5 octobre 1668 : *D'or, au tronc d'arbre à cinq racines de sable ; au chef d'azur, chargé de trois croissants d'argent.*

MACHE (LA). — Élection de Valogne, maintenu en 1666 : *D'azur, au chevron d'argent, accompagné en chef de deux étoiles d'or, et en pointe d'une main armée d'une massue du même.*

MAGNEVILLE (DE). — Chevalier, seigneur dudit lieu, de Charlesmesnil, etc., Élection d'Arques, maintenu le 2 mars 1668 : *De gueules, à l'aigle éployée d'argent, becquée et membrée d'or.*

MAGNY (DE). — Écuyer, sieur de la Motte-Magny, Élection de Mortagne, maintenu le 26 juin 1667 : *De gueules, au croissant d'or, abaissé sous une rose tigée d'argent, accostée de deux fleurs de lis du même.*

MAGNY (DE). — Élection de Falaise, maintenu le 1er décembre 1667 : *D'azur, au chevron d'argent, accompagné en chef de deux étoiles, et en pointe d'un croissant, le tout du même.*

MAHÉ (DE). — Écuyer, sieur des Moulins, Élection de Mortain, maintenu en 1666 : *Gironné d'argent et de gueules.*

MAHÉAS (DE). — Écuyer, sieur de Mouen, généralité de Caen, maintenu en 1666 : *D'argent, à trois tourteaux de sable.*

MAHEU (DE). — *D'azur, à la fasce d'or, accompagnée en chef de deux croisettes fleuronnées du même, et en pointe d'une rose d'argent.*

MAHIEL. — Écuyer, sieur du Busc, de Fribois, etc., Élection de Montivilliers, maintenu le 15 janvier 1667 : *D'argent, à trois roses de gueules.*

MAHIEL. — Écuyer, sieur de Saint-Clair, d'Hercey, etc., Élection de Bernay, maintenu le 26 mai 1667 : *D'azur, à trois fermaux d'or, au chef du même, chargé de trois roses de gueules.*

MAHIEU. — Écuyer, sieur de Vierville, la Roche, etc., Élection de Bayeux, maintenu en 1666 : *De gueules, à trois têtes d'ail d'argent, à l'orle de dix gousses d'ail du même.*

MAIGNARD (DE). — Écuyer, sieur de Bernières, Élection d'Andely, maintenu le 4 septembre 1666 : *D'azur, à la bande d'argent, chargée de trois quintefeuilles de gueules.*

MAIGNEN (LE). — Écuyer, sieur de Bretteville, Élection de Falaise : *D'azur, à la croix d'argent; cantonnée, au 1, d'une molette d'éperon de même; à la bordure de gueules.*

MAIGNEN (LE). — Écuyer, sieur des Traversières, maintenu le 14 février 1671 : *D'azur, à la fasce d'or, accompagnée de trois molettes d'éperon d'argent.*

MAIGNY. — Écuyer, sieur de la Jarretière, Élection d'Avranches, maintenu en 1666 : *D'argent, à trois fasces de gueules.*

MAILLART (DE). — Chevalier, seigneur de Léopartie, d'Ozaley, de Livette, de Bigne, de Launay, etc., seigneur de Launay : *De gueules, à trois maillets d'or en bande.*

MAILLET (DE). — Écuyer, sieur de Saint-Maclou, Élection de Bernay : *D'or, à la fasce d'azur, abaissée sous un lion léopardé de gueules, surmonté d'une montagne de sable.*

MAILLET (DE). — Écuyer, sieur de Friardel, Élection de Lisieux, maintenu le 29 juin 1666 : *D'argent, à trois maillets de gueules.*

MAILLOC (DE). — Écuyer, sieur dudit lieu, du Boullay-Morin, chevalier, seigneur de Mailleville, Élection d'Arques, maintenu le 16 août 1666 : *De gueules, à trois maillets d'argent.*

MAILLOT (DE). — Généralité de Caen, maintenu en 1666 : *De gueules, à la fasce d'or, accompagnée de trois roses d'argent, au chef cousu d'azur, chargé de trois étoiles; alias, de trois fleurs de lis d'or.*

MAILLOT. — Écuyer, sieur de Francval, Rousières, des Esteux, etc., Élection de Lisieux, maintenu le 20 août 1668 : *D'argent, à un maillet de sable; au chef d'azur, chargé de trois quintefeuilles d'or.*

MAILLY (DE). — Écuyer, sieur de Breauté, chevalier, seigneur de Saint-Léger, d'Haucourt, etc., Election d'Arques, maintenu le 22 février 1669 : *D'or, à trois maillets de gueules.*

MAIMBEVILLE (DE). — Généralité de Caen : *De sable, à dix besants d'or.*

MAINET (DE). — Écuyer, généralité de Rouen.

MAINTERNES. — Seigneur et vicomte de Chastelain, Manteval, etc. Élection de Bernay, maintenu le 30 juin 1668 : *D'argent, à un mortier de sable, le pilon d'or posé sur un feu ardent de gueules.*

MAIRE (LE). — Écuyer, sieur de Collétière, Élection de Falaise, maintenu le 20 juillet 1666 : *D'argent, à la croix de sable, cantonnée de quatre lionceaux de gueules.*

MAIRE (LE). — Élection de Bayeux, maintenu en 1666 : *D'azur, à trois grenades d'or, ouvertes de gueules.*

MAISTRE (LE). — Écuyer, sieur de la Noblerie, Élection de Pont-l'Évêque, maintenu le 12 mars 1669 : *D'argent, au chevron d'azur, accompagné de trois roses de gueules.*

MAISTRE (LE). — Écuyer, sieur d'Illeville, Élection de Gisors, maintenu le 14 juillet 1668 : *Écartelé : aux 1 et 4, de gueules, à trois fasces d'or ; aux 2 et 3, d'or, à un écusson de gueules; sur le tout d'azur, à une fleur de lis, accompagnée en chef de deux étoiles, et en pointe d'un barbeau en fasce, le tout d'or.*

MAISTRE (LE). — Écuyer, sieur des Moulins, d'Anisières, de Carteval, etc., Élection de Coutances, maintenu en 1666 : *De sable, à trois fasces d'argent; à une fleur de lis du même, brochante sur le tout.*

MAISTRE (LE). — Écuyer, sieur de Luis, Élection de Coutances, maintenu en 1666 : *D'argent, à trois merlettes de sable.*

MALAPRIS. — Généralité de Rouen : *De gueules, à trois merlettes d'or.*

MALART ou MALLARD. — Écuyer, baron du Mesnil-Guyon, sieur du Jardin, de la Bussière, de la Varende, etc., généralité d'Alençon, maintenu le 30 septembre 1667 : *D'azur, à une fasce d'or, chargée d'un fer de cheval de sable, cloué d'argent de six pièces et accostée de deux losanges de gueules.*

MALDERÉE.¹ — Écuyer, sieur de Catteville, de Gravelle, etc., Élection d'Arques, maintenu le 7 janvier 1667 : *De gueules, à la croix ancrée d'argent, chargée d'un écusson d'azur, surchargée d'un lion d'or.*

MALENOUE (DE). — Écuyer, sieur de Boisnourel, du Plessis, de Saint-Vincent, de Saint-Germain d'Aunay, de Rousseray, Chesnay, etc., Élection de Bernay, maintenu le 16 juillet 1666 : *D'azur, à trois canettes d'argent.*

MALET. — Écuyer, sieur de Crasmenil, de Drubec, de Graville, de Taillevaux, Criquebeuf, du Bec, des Bois, etc., Élection d'Argentan, maintenu le 3 janvier 1670 : *De gueules, à trois fermaux d'or.*

MALET. — Écuyer, sieur de la Grue, Élection de Bernay, maintenu le 28 février 1667 : *De gueules, au chevron d'or, accompagné de trois fermaux du même.*

MALEVANDE (DE). — Sieur de Saint-Jacques, généralité de Rouen (originaire d'Espagne) : *De gueules, à la fleur de lis d'or.*

MALFILASTRE (DE). — Écuyer, sieur de la Haulte, la Brisolier, de Placey, etc., Élection de Vire, maintenu en 1666 : *D'argent, à trois merlettes de sable.*

MALHERBE (DE). — Écuyer, sieur de Gatgame, Élection de Bayeux, maintenu en 1666 : *D'or, à deux jumelles de gueules, surmontées de deux lionceaux affrontés du même.*

MALHERBE (DE). — Écuyer, sieur du Bois Saint-André, Élection de Bayeux, maintenu en 1666 : *De gueules, à six coquilles d'or, au chef du même, chargé d'un lion léopardé du champ.*

MALHERBE (DE). — Écuyer, sieur de Longuevilliers, de Beauvais, etc., généralité de Caen, maintenu en 1666 : *D'azur, à trois lions léopardés l'un sur l'autre, d'argent.*

MALHERBE (DE). — Écuyer, sieur de Malicorne, Monbruslé, Montigny, Gaillon, d'Allemagne, du Désert, du Hamel, etc., Élection d'Argentan, maintenu le 30 décembre 1666 : *D'hermine, à trois roses de gueules. Les sieurs du Bouillon, Élection de Rouen, portaient six roses de gueules.*

MALHERBE (DE). — Écuyer, sieur de la Renaudière, Malaizière, etc., Élection de Domfront, maintenu le 12 août 1666 : *D'azur, à trois fasces d'or, au chef du même, chargé de deux lions affrontés de gueules.*

MALINGRE. — Généralité de Rouen : *D'azur, à trois ruches d'or.*

MALLET. — Écuyer, sieur du Fresne, Élection de Domfront, maintenu le 3 avril 1667 : *D'azur, au chevron d'or, accompagné en chef de deux tours d'argent, et en pointe d'un lion léopardé du même ; à la bordure de gueules; chargé de trois fermaux du second émail.*

MALLEVILLE (DE). — Chevalier, seigneur de Carville, etc., Élection de Caudebec, maintenu le 13 décembre 1667 : *D'azur, au chef denché d'argent, chargé d'un lion léopardé de gueules.*

MALLEVILLE (DE). — Écuyer, sieur de la Fosse, Élection d'Arques, maintenu le 10 janvier 1669 : *De gueules, à trois molettes d'éperon d'or.*

MALLEVILLE (DE) — Écuyer, sieur de Champeaux, du Thuit-Nollent, du Plessis, etc., maintenu le 1er avril 1656 : *D'argent, au chevron d'azur, accompagné de trois roses de gueules.*

MALOISEL. — Écuyer, sieur de Boullemont, Élection de Pont-l'Évêque, maintenu le 23 décembre 1668 : *D'or, au lion de gueules; au chef d'azur, chargé d'un croissant d'argent, accosté de deux étoiles du champ.*

MALORTIE (DE). — Écuyer, sieur de la Motte, de Champigny, de Boudeville, de Roys, etc., généralité de Rouen, maintenu le 19 novembre 1670 : *D'azur, à deux chevrons d'or, accompagnés de trois fers de lance à l'antique d'argent, la pointe en bas.*

MALVENDE (DE). — Écuyer, sieur de la Pierre, Fleurigny, Élection d'Évreux, : *D'or, à la croix ancrée de gueules; à la bordure d'azur, chargée de huit tours crénelées du champ.*

MANCEL. — Écuyer, sieur de Secqueville, Reynes, des Fourches, de Pierrepont, etc., maintenu le 28 août 1668 : *D'azur, semé d'étoiles d'argent; à trois pommes de pin d'or renversées.*

MANCEL. — Écuyer, sieur de Houredère, Élection de Lisieux, maintenu le 3 mai 1666 : *De sable, à la fasce d'argent, accompagnée de six coquilles rangées d'or.*

MAUDUIT (DE). — Écuyer, sieur d'Isamberdelie, Carbonelle, Rozier, etc., Élection de Bernay : *De gueules, au chevron d'or, accompagné de trois roses du même.*

MANGON (DE). — Écuyer, sieur de Houquet, Élection de Valogne, maintenu en 1666 : *D'argent, au chevron de gueules, accompagné de trois gonds de sable; au chef d'azur, chargé d'une main sénestre en pal, issante d'une nuée d'or, accostée de deux étoiles du même.*

MANGON. — Écuyer, sieur de la Ferrière, des Mares, du Coudray, etc., Élection de Valogne, maintenu en 1666 : *D'or, au chevron de gueules, accompagné de trois gonds de sable; au chef d'azur, chargé d'un croissant d'or.*

MANNEVILLE (DE). — Écuyer, sieur de Bernomesnil, Caudecoste, etc., Élection d'Arques, maintenu le 21 novembre 1667 : *De sable, semé de croisettes au pied fiché d'argent, au lion rampant du même, brochant.*

MANNEVILLE (DE). — Écuyer, sieur de Montmorel, Élection d'Andely, maintenu le 22 janvier 1669 : *D'argent, au lion de sable, armé et lampassé de gueules; à la bande du même, brochant sur le tout.*

MANNEVILLE (DE). — Chevalier, seigneur du lieu et de Charlesmesnil, Élection d'Arques, maintenu le 2 mars 1668 : *De sable, à l'aigle éployée d'argent.*

MANNOURY (DE). — Écuyer, sieur de Perdeville, seigneur de Saint-Germain, de Vassone, Élections d'Argentan et de Falaise, maintenu les 31 mars et 30 septembre 1666 : *D'argent, à trois mouchetures de sable.*

MANSEL. — Écuyer, seigneur de la Lande, généralité de Caen : *D'argent, au chevron de sable, accompagné de trois manches mal taillées du même.*

MANSOIS (LE). — Élection de Valogne, maintenu en 1666 : *D'argent, au lion de sable; au chef cousu d'or, chargé de trois coquilles d'azur.*

MANVIEUX (DE). — Élection de Bayeux, maintenu en 1666 : *De gueules, au lion d'argent.*

MARBŒUF (DE). — Écuyer, sieur de Sahurs, d'Imare, etc., généralité de Rouen, maintenu le 31 décembre 1666 : *D'azur, à la fasce d'or, chargée de trois rencontres de bœufs de sable.*

MARC. — Écuyer, sieur du Fresnoy, du Bosc, etc., généralité de Rouen : *D'azur, à trois macles d'or.*

MARC. — Seigneur de la Ferté, généralité de Rouen : *D'azur, au chevron d'or, accompagné de trois marcs du même.*

MARC. — Chevalier, seigneur de Montcrespin, Élection de Montivilliers, maintenu le 22 juillet 1670 : *D'or, au chevron de sable, chargé de trois besants du champ, accompagné de trois merlettes du second.*

MARCADÉ. — Écuyer, sieur de Richemar, Élection de Carentan, maintenu en 1666 (famille originaire de Bretagne) : *D'argent, à trois lions naissants de gueules.*

MARCADÉ. — Écuyer, sieur de la Mersionnière, Élection de Mortagne : *D'azur, au cor de chasse contourné d'argent, accompagné de trois étoiles d'or.*

MARCADEL. — Écuyer, sieur de Saint-Denis, Élection de Neufchâtel : *De gueules, à trois lionceaux d'or.*

MARCADEY. — Écuyer, sieur de Ruhirram, Élection de Carentan, maintenu en 1666 : *D'argent, au lion de sinople.*

MARCASTEL (DE). — Écuyer, sieur dudit lieu et de la Haye, Élection de Neufchâtel, maintenu le 8 avril 1669 : *D'argent, à trois croissants de gueules.*

MARCÉ (DE). — Écuyer, sieur de Montaigu, Élection de Verneuil, maintenu en 1666 : *De gueules, à la fasce d'argent, chargée d'un croissant du champ, et accompagné de trois coquilles du second.*

MARCÉ (DE). — Écuyer, sieur de Montaigu, Élection de Verneuil, maintenu en 1666 : *De gueules, à la fasce d'argent, chargée d'un croissant du champ, et accompagné de trois coquilles du second.*

MARCÉ (DE). — Généralité de Rouen : *Fascé d'or et de gueules, semé de fleurs de lis de l'un en l'autre.*

MARCEL (DE). — Généralité de Rouen : *D'argent, à deux jumelles de sable, et une molette d'éperon de gueules en chef.*

MARCEL. — Seigneur de Bouqueval, généralité de Rouen : *Écartelé : aux 1 et 4, d'argent, à la croix patriarcale de sable ; aux 2 et 3, d'or, à la bande d'azur, chargée de trois étoiles du champ.*

MARCEUIL (DE). — Écuyer, sieur de Vaspillier, Élection de Mortain, maintenu en 1668 : *D'azur, à trois épieux d'argent, emmanchés d'or.*

MARCEVILLE (DE). — Sieur du Pont-Morin, Élection de Vire, maintenu en 1666.

MARCHAND (LE). — Sieur de Fouguerolles, Élection de Bayeux : *D'argent, à la croix de gueules fleurdelisée d'or.*

MARCHAND (LE). — Écuyer, sieur de Chanoy, Élection d'Arques, maintenu en 1666 : *De gueules, à la croix pommetée d'or, cantonnée de quatre trèfles d'argent.*

MARCHANT DE CALIGNY (LE). — Seigneur de Luc, généralité de Caen :

MARCHIS (DU). — Seigneur de Fontaine et de la Ronce, etc., Élection de Pont-de-l'Arche, maintenu le 5 septembre 1666 : *De gueules, à trois chevrons d'argent.*

MARCILLAC (DE). — Écuyer, sieur de la Vauvaye, seigneur d'Iverville, Bellengreville, etc., Élection d'Arques, maintenu le 8 août 1668 : *D'azur, à trois marcs d'or.*

MARCILLY (DE). — Écuyer, sieur de l'Espinay, généralité d'Alençon : *D'azur, à trois molettes d'éperon d'or.*

MARCILLY (DE). — Élection de Lisieux : *D'azur, à trois merlettes d'or.*

MARCONNES. — Écuyer, sieur de Leville, de Hyelon, Élection de Bayeux, maintenu en 1666 : *Palé d'or et de gueules, au chef de sable.*

MARCOULE (DE LA). — Élection de Carentan, maintenu en 1666.

MARE (DE LA). — Écuyer, sieur de Centacres, Chauqueleu, Faubuisson, Hauquelin, etc., généralité de Rouen, maintenu le 4 juin 1670 : *D'azur, au chevron d'or, accompagné de trois croissants d'argent.*

MARE (DE LA). — Écuyer, sieur du Theil, de Saint-Calais, etc., Élection de Pont-Audemer, maintenu le 3 janvier 1669 : *D'azur, au cygne d'argent.*

MARE (DE LA). — Sieur de Cavigny, Élection de Valogne.

MARÉ (DE LA). — Seigneur de Chesne-Varin, Élection de Gisors, maintenu le 21 novembre 1668 : *D'azur, à la croix d'or; cantonnée, au 1, d'une licorne saillante et contournée d'argent; au 2, d'une aigle du second émail, et aux 3 et 4, : deux lions affrontés du même, leurs queues passées en sautoir.*

MARE (LA). — Généralité de Rouen : *D'azur, à la bande d'argent, accompagnée de six croisettes d'or en orle.*

MARE (LA). — Écuyer, sieur de Surville, Élection de Bayeux, maintenu en 1666.

MARE (LA). — Écuyer, sieur des Baux-Calais, Élection de Conches, maintenu le 1ᵉʳ août 1666 : *D'azur, à la fasce d'argent, accompagnée de trois molettes d'éperon d'or.*

MARE (DE LA). — Écuyer, sieur d'Ausseville, Élection de Rouen : *D'azur, à trois cygnes d'argent sur une rivière de même.*

MARE (DE LA). — Écuyer, sieur de Bricourt, Élection de Pont-l'Évêque, maintenu le 24 août 1668 : *D'azur, à l'aigle d'or, couronnée de même, supportée d'un croissant d'argent.*

MARES (DES). — Écuyer, sieur de Bellefosse, seigneur de Grainneville, l'Alouette, des Flaquets, etc., Élection de Caudebec, maintenu le 12 mars 1667 : *D'azur, à trois croissants d'argent.*

MARESCHAL. — Écuyer, sieur de la Forest, Vicomte d'Évreux, généralité de Caen, maintenu le 23 juillet 1667 : *D'azur, au lion couronné d'or, accompagné de trois roses de même.*

MARESCHAL (LE). — Généralité de Rouen : *D'azur, à trois fers de cheval, d'argent, surmontés d'un lion léopardé de gueules.*

MARESCHAL (LE). — *D'argent, à la fasce d'azur, accompagnée en chef d'une aigle naissante, et en pointe d'une fleur de lis, le tout du même.*

MARESCOT (DE). — Écuyer, sieur d'Ussy, Élection d'Arques, maintenu le 3 février 1667 : *D'azur, au chevron d'or, accompagné de trois coqs contournés du même.*

MARESCOT (DE). — Seigneur de Lizores, de Thoiry, de Morgue, etc., généralité de Rouen : *Fascé de gueules et d'argent de six pièces, au léopard lionné brochant sur le tout; au chef d'or, chargé d'une aigle couronnée de sable, au vol étendu.*

MARETS (DES). — Écuyer, sieur du Grand-Quesnoy, Saint-Remy, Saint-Aubin, etc., Élection de Rouen, maintenu le 8 août 1669 : *De gueules, à la croix ancrée d'argent.*

MAREUIL (DE). — Écuyer, sieur de Friques, de Vieil, de Beloy, etc., Élection de Neufchâtel, maintenu le 9 février 1669 : *D'azur, à deux chevrons, l'un renversé, entrelacés d'or.*

MAREUILH (DE). — Écuyer, sieur des Essarts, des Roussières, de Segonsac, etc., Élection de Verneuil, maintenu le 30 mai 1668 : *Coupé d'argent et de gueules, au lion d'azur, armé, lampassé et couronné d'or, brochant sur le tout.*

MAREUL (DE). — Généralité de Rouen : *De gueules, à trois fasces d'or.*

MARGAS (DE). — Généralité de Rouen : *D'argent, à trois corbeilles d'azur.*

MARGEOT. — Écuyer, sieur de Saint-Ouen, Fontenelles, Noremar, Noire-Guérinière, etc., Élection d'Argentan, maintenu le 4 avril 1667 : *D'argent, à un écusson de gueules, accompagné de neuf macles de sable, mises en orle.*

MARGUERIT (DE). — Écuyer, sieur de Vau, Élection de Falaise, maintenu le 11 avril 1667 : *D'or, à trois roses de gueules.*

MARGUERYE ou **MARGUERIE** (DE). — Écuyer, sieur de Breteville, Livry, Pierrepont, la Coude, Fontenay, du Carrest, de Saint-Gilles, etc., baron de Vassy, de la Motte, etc., Élection de Falaise, maintenu le 12 avril 1666 : *D'azur, à trois marguerites d'argent.*

MARIE. — Écuyer, sieur de Minru, Élection d'Argentan, maintenu le 12 juillet 1667 : *D'argent, à trois trèfles de gueules.*

MARIE (DE). — Élection de Bayeux, maintenu en 1666 : *De gueules, à la bande d'argent, chargée de deux filets d'azur, et accompagnée de six carreaux du second, posés en orle; au lambel d'or, brochant sur le tout.*

MARIÉ (LE). — Écuyer, sieur de la Garanterie, Montagonrière, Forgeraye, etc., Élection de Mortain, maintenu en 1666 : *D'argent, à trois mains de gueules, une dextre et une senestre en chef, et une autre en pointe.*

MARINEL. — Écuyer, sieur de Saint-Cyr, Rousmenil, etc., Élection de Chaumont, maintenu le 12 juin 1670 : *D'azur, au lion naissant d'or, accompagné de trois fleurs de lis du même.*

MARINIER. — Chevalier, seigneur de Cany, Élection de Caudebec, maintenu le 21 juillet 1668 : *De gueules, au pal d'argent, chargé de trois coquilles d'azur.*

MARINIER. — Seigneur d'Auppegard, du Menil, d'Enneval et de Saint-Mars. Élection de Caudebec, maintenu le 20 février 1668 : *De gueules, au pal d'argent, chargé de trois coquilles d'azur; à la bordure d'or.*

MARIOUSE (DE LA). — Écuyer, seigneur de Berengueville, Élection de Carentan : *D'azur, à la fasce ondée d'or, accostée de trois losanges du même.*

MARLE (DE). — Généralité de Rouen : *D'argent, à la bande de sable, chargée de trois molettes d'éperon du champ.*

MARLE (DE). — Seigneur de Senouville, Élection de Lions, maintenu le 4 juin 1668 : *D'argent, au chevron d'azur, accompagné de trois alérions de gueules.*

MARMION (DE). — Généralité de Caen : *De vair.* Les puînés brisaient : *D'une fasce de gueules, frettée d'or.*

MAROMME (DE). — Généralité de Rouen : *Fascé d'or et de gueules, au lion d'argent, armé et lampassé du second émail, brochant.*

MARQUETEL (LE). — Écuyer, sieur de Saint-Denis le Gast, de Saint-Evremont, de Grimesnil, de la Lenville, de Tany, etc., Élection de Coutances, maintenu en 1666 : *D'or, à une quintefeuille de gueules.*

MARSBAUDIN (DE). — Sieur de Vauvert et de la Rollain, Élection d'Avranches, maintenu en 1666 : *D'azur, à la fasce de gueules, chargée d'une fasce échiquetée d'or et d'azur de deux tires; à l'aigle éployée de sable, issante de la fasce, et chargée d'une fleur de lis du champ.*

MARSEILLES (DE). — Écuyer, sieur de la Cour-Fortin, Élection de Montivilliers, maintenu le 20 avril 1667 : *D'azur, à trois gerbes d'or.*

MARTAINVILLE (DE). — Écuyer, sieur dudit lieu, Élection de Pont-l'Évêque, maintenu le 31 janvier 1666 : *D'argent, à trois merlettes de sable.*

MARTEL (DE). — Écuyer, sieur de Grandel, Élection de Pont-de-l'Arche, maintenu le 3 janvier 1669 : *D'or, à trois marteaux de sable.*

MARTEL (DE). — Chevalier, seigneur de Fontaines, Emalleville, Touffreville, Montreal, comte de Claire, Hécourt, Chambines, Plasemare, etc., Élections de Neufchâtel, Rouen et Lions, maintenu le 12 octobre 1666 : *D'or, à trois marteaux de gueules.*

MARTEL (DE). — Écuyer, sieur de Frion, Élection d'Arques : *D'or, à trois marteaux de sinople.*

MARTEL (DE). — Écuyer, sieur de Saint-Calais, Élection de Conches : *De gueules, à trois marteaux d'or; au lambel d'argent.*

MARTEL. — Écuyer, sieur de Gravetel, Élection de Pont-de-l'Arche, maintenu le 3 janvier 1670 : *D'azur, à trois marteaux d'argent.*

MARTEL (DE). — Écuyer, sieur des Chesnes, de Montpinçon, du Boulay, etc., généralité d'Alençon, maintenu le 31 janvier 1667 : *De sable, à trois marteaux d'argent, et une étoile en cœur.*

MARTELLIÈRE (DE LA). — Écuyer, seigneur de Fay, de Gassan, de l'Hermite, etc.: *D'or, au chevron d'azur, accompagné de trois feuilles d'oranger de sinople.*

MARTIGNY (DE). — Élection d'Avranches.

MARTIN. — Écuyer, sieur de Bouillon, de Manvieux, etc., Élection d'Avranches, maintenu en 1666 : *D'argent, à trois pies de sable.*

MARTIN. — Écuyer, sieur de Neauville, Monceaux, Saint-Martin, généralité de Caen, maintenu en 1666 : *D'azur, au lion d'or.*

MARTIN. — Écuyer, sieur de la Praudière, Élection de Lisieux, maintenu le 10 avril 1666 : *D'azur, à la bande d'or, accompagnée en chef de trois molettes d'éperon du même, et en pointe de trois croissants d'argent, le tout mis en orle.*

MARTINBOSCQ (DE). — Élection de Bayeux, maintenu en 1666 : *D'argent, au lion d'azur, au chef du même, chargé de deux roses tigées, feuillées et posées en sautoir du champ.*

MARTINVILLE (DE). — Chevalier, marquis d'Estoutville, seigneur de Claville, seigneur de Naceuil, Marcilly, Ranfreville, Pibœuf, etc., Élection de Neufchâtel, maintenu le 7 août 1668 : *D'argent, à la fasce d'azur, chargée de trois besants d'or.*

MARY. — Écuyer, sieur de Longueville, du Bosc, Saint-Amand, du Domaine, généralité de Caen, maintenu en 1666 : *D'argent, au chef de gueules, chargé de trois roses d'or.*

MASCARON (DE). — Seigneur de Bonneville, Élection d'Évreux, maintenu le 11 septembre 1666 : *D'azur, à la tour d'or.*

MASQUEREL. — Marquis de Boisjeuffroy, seigneur de Bailleul, de Castellier, d'Hermanville, Élection d'Arques, maintenu le 17 janvier 1668 : *D'argent, à la fasce d'azur, diaprée de trois médaillons d'or, celui du milieu chargé d'une aiglette éployée, les deux autres de deux lionceaux, celui à dextre contourné et accompagné de trois roses de gueules.*

MASSEILLES (DE). — Écuyer, sieur de Cour-Fortin, Élection de Montivilliers, maintenu le 12 novembre 1670 : *De gueules, à la fasce échiquetée d'argent et de sable de quatre tires, accompagnée de sept fuseaux rangés, d'argent.*

MASSIS (DE). — Écuyer, sieur d'Abreman, Élection de Montivilliers, maintenu le 5 juin 1670 : *D'azur, à trois roses d'or.*

MASSON (LE). — Écuyer, sieur de Bierville, généralité de Rouen, maintenu le 24 juin 1668 : *D'azur, à deux léopards d'or.*

MASURE (DE). — Écuyer, sieur du Parc, Châtillon, Bassimoy, etc., Élection de Montivilliers, maintenu le 11 février 1667 : *De gueules, à la tour crénelée d'argent, ouverte, ajourée et maçonnée de sable, sommée d'un lion issant du second émail.*

MASURIER (LE). — Écuyer, sieur des Portes et de Prestot, Dourdan, etc., Élections de Montivilliers et de Caudebec, maintenu le 15 février 1667 : *D'azur, à trois trèfles d'or.*

MATHAN (DE). — Écuyer, sieur de Vains, Pierrefite, seigneur de Longvilliers, Semilly, Élection de Bayeux, maintenu en 1666 : *De gueules, à deux jumelles d'or ; la première surmontée d'un lion léopardé du même.*

MARTINEL. — Écuyer, sieur de Saint-Germain, Bonnerye, Saint-Martin, Élection de Coutances, maintenu en 1666 : *D'azur, à trois roses d'argent ; au chef d'or.*

MAUCONDUIT. — Écuyer, sieur de Criquetot et de Canonville, généralité de Rouen : *D'argent, à trois molettes d'éperon d'or.*

MAUCONVENANT (DE). — Écuyer, sieur de Sainte-Suzanne, d'Yvelin, etc., Élection de Carentan, maintenu en 1666 : *De gueules, à neuf roses d'argent.*

MAUDUISSON (DE). — Écuyer, sieur d'Orsière, Élection de Mortagne, maintenu le 13 septembre 1666 : *D'azur, au chevron d'or, accompagné en chef de deux roses d'argent, et en pointe d'un croissant du même.*

MAUDUIT (DE). — Seigneur et marquis de Carantonne, sieur de Quillebœuf, de la Rozières, de la Mare, etc., généralité de Rouen, maintenu le 3 mars 1668 : *De sable, à l'agneau pascal d'argent, le panonceau d'or, croisé du second.*

MAUDUIT. — Écuyer, sieur du Pontif : *D'azur, au chevron d'argent, accompagné de trois roses tigées de même.*

MAUGER. — Écuyer, sieur de Caligny, Élection de Bayeux, maintenu en 1666 : *De gueules, à six billettes d'argent.*

MAUGER. — Écuyer, sieur du Boscq, Élection de Coutances, maintenu en 1666 : *D'argent, à la croix de gueules; cantonnée, aux 1 et 4, de deux chevrons de sable; aux 2 et 3, d'un lionceau du même.*

MAULDE (DE). Chevalier, Seigneur de Condette et Bleville, Élection de Montivilliers, maintenu le 10 janvier 1667 : *D'or, à la bande de sable frettée d'argent.*

MAUNY (DE). — Élection de Bayeux, maintenu en 1666 : *D'argent, au croissant de gueules.*

MAUQUOIS. — Écuyer, sieur de Mathonmesnil, de Chimont, etc., Élection d'Arques, maintenu le 25 août 1666 : *D'azur, à trois trèfles d'or, et un besant du même en cœur.*

MAUREY. — Écuyer, sieur de Fangeais, Leigneris, du Hamel, Élection de Lisieux, maintenu le 6 avril 1666 : *D'azur, à trois bourdons rangés en pals d'argent.*

MAURIN. — Écuyer, sieur de Pardaillan, d'Alnoy, etc., Élection d'Arques, maintenu le 9 février 1669 : *D'azur, à trois coquilles d'argent enclavées d'un lac de même.*

MAUTAILLY (DE). — Écuyer, sieur du Bec, Molandin, etc., Élection de Bayeux, maintenu en 1666 : *D'argent; en chef, à dextre, une molette d'éperon; à sénestre et en pointe, une quintefeuille, le tout de gueules, à la bordure du même.*

MAUVIEL (DE). — Écuyer, sieur de la Tourelle, Élection de Lions; maintenu le 12 août 1668 : *D'argent, à la croix de sable, chargée de cinq coquilles du champ et cantonnée de douze molettes de sable.*

MAUVOISIN (DE). — Seigneur de Rosny, sieur d'Angoville, généralité de Caen, maintenu le 16 juillet 1668 : *D'or, à deux fasces de gueules.*

MAXUEL. — Écuyer, sieur des Champs, de la Fortière, etc., Élection de Lisieux, maintenu le 24 avril 1666 : *D'hermine, au lion de sable, armé et lampassé de gueules.*

MAZE (DE). — Écuyer, sieur du Puis, généralité de Rouen, maintenu le 29 octobre 1666 : *D'argent, au chevron de sable, accompagné de trois molettes d'éperon du même.*

MAZIS (DES). — Écuyer, sieur de Bremares, Élection de Montivilliers, maintenu le 5 juillet 1670 : *D'azur, à trois roses d'or.*

MEAUX (DE). — Écuyer, sieur de la Marche, Élection de Falaise, maintenu le 28 août 1667 : *D'argent, à cinq couronnes d'épines de sable.*

MECQUEFLET (DE). — Écuyer, sieur d'Asseville, Élection de Pont-l'Évêque, maintenu le 14 juillet 1668 : *D'azur, à deux chevrons d'hermine, au chef denché d'or.*

MEDDES. — Écuyer, sieur de Mondésir, Élection de Verneuil, maintenu le 22 avril 1669 : *D'azur, à la barre d'argent, accompagnée en chef de deux étoiles en pal, et en pointe d'un lion, le tout du même.*

MÉDINE (DE). — Écuyer, sieur des Marets et de Vallot, Élection de Pont-Audemer, maintenu le 12 avril 1669 : *Écartelé en sautoir, au 1 d'azur, à la fleur de lis d'or, et aux 2 et 3, d'argent, au lion de sable, armé et lampassé de gueules, celui du second contourné; au 4, d'argent, à l'arbre terrassé de sinople; traversé d'un loup passant de sable de gueules.*

MEEL (DE). — Élection de Valogne : *D'azur, au soleil d'or, accompagné en chef de trois étoiles d'argent et en pointe d'un croissant du second.*

MEEL (DE). — Écuyer, sieur de Caison, du But, généralité de Caen, maintenu en 1666 : *D'azur, à trois bandes d'argent, au chef de gueules.*

MÉHERENT. — Écuyer, sieur de la Lande, Élection de Mortain, maintenu en 1666 : *D'argent, au chef d'azur.*

MÉHERENT. — Écuyer, sieur de la Varreville, du Quesne, Groudier, Élection de Bayeux, maintenu en 1666 : *D'argent, au chef d'azur, à la bordure de gueules.*

MEILLIBUSC (DE). — Écuyer, sieur de Chaumont, Élection de Montivilliers, maintenu le 20 janvier 1667 : *D'argent, au lion de sable, à la bande de gueules chargée de trois croissants contournés d'or, brochant sur le tout.*

MEL. — Écuyer, sieur d'Estrimont, Élection d'Arques, maintenu le 9 juillet 1667 : *Parti de gueules et d'argent, à l'écusson en abîme, aussi passé de l'un en l'autre; entouré d'un orle de six coquilles, posées 3, 2 et 1, aussi de l'un en l'autre.*

MELUN (DE). — Écuyer, sieur de Longuemare, généralité de Caen, maintenu en 1666 : *D'argent, au chevron d'azur, accompagné de trois melons de sinople.*

MENARD DE LA MENARDIÈRE. — Écuyer, sieur de Formigny, Élection de Bayeux, maintenu en 1666 : *D'argent, au lion de gueules, armé et lampassé de sable.*

MENILLES (DE). — *De gueules, à six billettes d'or.*

MENNEVILLE (DE). — Élection de Coutances.

MENNITIER. — Écuyer, sieur du Perron, de Martigny, etc., Élection de Saint-Lô, maintenu en 1666 : *De gueules, à la fasce d'argent, accompagnée de trois aiglettes éployées du même.*

MENON (DE). — Chevalier, seigneur de Saint-Quentin, comte d'Herbilly, Élection de Mortagne, maintenu le 1er octobre 1667 : *D'or, à un croissant de gueules, abaissé sous un chardon tigé et feuillé de sinople, fleuri du second émail.*

MERCIER (LE). — Élection de Bayeux, maintenu par arrêt du conseil en 1667 : *D'azur, à la baleine d'or, au chef d'argent, chargé d'un loup de sable.*

MERCIER (LE). — Écuyer, sieur des Hautes-Loges, de Pierremont, etc., Élection de Pont-de-l'Arche : *D'azur, au chevron d'argent, accompagné de trois bourses de marguillier d'or.*

MERCIER (LE). — Élection d'Avranches, maintenu en 1666.

MERCIER (LE). — Écuyer, sieur du Veneur, de la Vallée, de Gruchet, etc., Élection de Pont-Audemer, maintenu le 27 décembre 1667 : *D'argent, à trois cœurs de gueules; au chef d'azur.*

MERCIER (LE). — Écuyer, sieur du Mesnil-Drey, Lentilles, Élection de Coutances, maintenu en 1666 : *Écartelé : aux 1 et 4, de gueules, à trois têtes de femme de front d'argent; aux 2 et 3, d'azur, à la fasce d'or, accompagnée de quatre molettes d'éperon de même, 3 en chef et l'autre en pointe.*

MERLE (DU). — Écuyer, sieur de Grand-Champs, de Couvrigny, du Plessis et de Saint-Germain, Élection d'Argentan, maintenu le 2 mars 1666 : *De gueules, à trois quintefeuilles d'argent, posées 2 et 1.*

MERLET (DU). — Écuyer, sieur de Mallouey, de Bosmarel, Élection de Bayeux, maintenu en 1666 : *D'azur, au chef de gueules, chargé de trois coquilles d'or.*

MESANGE (DE). — Écuyer, sieur de Saint-André, Élection de Mortain, maintenu en 1666 : *D'azur, à la bande d'argent, accostée de deux étoiles du même.*

MESENGE (DE). — Écuyer, sieur de Ventes, Saint-Gervais, du Quesnay, Granterie, Lessard, etc., Élection d'Argentan, maintenu le 24 juin 1667 : *De gueules, à trois merlettes d'or, à la bordure de sable.*

MESESSERIE, alias MACESSERIE (DE LA). — Élection de Gisors : *De gueules, à neuf glands versés d'or.*

MESLIÈRE (DE LA). — Écuyer, sieur de Saint-Maurice, du Tilleul, etc., Élection de Falaise, maintenu le 12 août 1666 : *D'argent, à trois molettes d'éperon de sable, à la bordure de gueules, chargée de huit besants du champ.*

MESLIN. — Écuyer, sieur de Glatigny, de Saint-Loup, de Campigny, Hamon, etc., Élections de Bayeux et de Valogne, maintenu en 1666 : *De gueules, au sautoir d'argent, cantonné de quatre roses du même.*

MESNAGE. — Écuyer, sieur de Colandon et de Cagny, généralité de Caen, maintenu en 1666 : *De sinople, au lion d'or; au chef cousu de sable, chargé de trois coquilles d'argent.*

MESNARD. — Écuyer, sieur de la Barre, Élection de Mortagne : *D'azur, au chevron de pourpre, chargé de trois croisettes d'argent, et accompagné de trois trèfles d'or.* (Armes à enquerre.)

MESNIEL (DU). — Écuyer, sieur de Sommery, Gerville, Lamotte Sainte-Anne, Hauteville, Hermine, Guerville, des Clozets, du Sablon, du Mesnil, etc., Élection de Neufchâtel, maintenu le 25 août 1668 : *D'argent, à deux fasces de gueules, sommées d'un lion léopardé du même.*

MESNIL (du). — Écuyer, sieur de Saint-Denis, de Beaulieu, du Pé, de Buhéru, du Buisson, de Villiers, etc., généralité d'Alençon, maintenu le 12 octobre 1666 : *De sable, à un lion coupé d'or et d'argent, armé et lampassé de gueules.*

MESNIL (du). — Écuyer, sieur de la Couyère, Élection de Pont-l'Évêque, maintenu le 23 février 1668 : *De gueules, à quatre burelles d'argent, accompagnées en chef d'un léopard d'or.*

MESNIL (du). — Écuyer, sieur de Remiéville, à Jurcé, Talmon, Belleville, etc., Élection d'Arques, maintenu le 2 mars 1669 : *D'or, à trois molettes d'éperon de gueules à cinq pointes.*

MESNIL (du). — Écuyer, sieur de La Haye, Douzelle, etc., Élection de Neufchâtel, maintenu le 23 juillet 1668 : *D'azur, à la bande d'or, accostée de deux roses d'argent.*

MESNIL (du). — Écuyer, sieur de Vierville, Saint-Pierre, etc., Élection de Bayeux, maintenu en 1666 : *De gueules, à quatre fasces d'argent, accompagnées en chef d'un lion léopardé d'or.*

MESNIL DE SAINT-VALLERY (du). — *D'azur, à la bande d'or, accompagnée de deux roses du même.* Les branches de Pienne et de Maricourt, établies en Picardie et en Brie, portent de même.

MESNIL (du). — Écuyer, sieur de la Grandinière, de la Goulière, du Domaine, etc., Élection de Mortain, maintenu en 1666 : *De gueules, à trois croissants d'argent.*

MESNIL (du). — Élection de Bayeux, maintenu en 1666 : *D'argent, à trois lionceaux de gueules.*

MESNIL (du). — Généralité de Caen : *De gueules, à la fleur de lis d'argent.*

MESNIL-ADELÉE (du). — Écuyer, sieur de la Preflière, de la Gaulerie, de Drovains, etc., Élection de Coutances, maintenu en 1666 : *D'argent, à trois chevrons de gueules.*

MESNIL-BÉRARD (du). — Écuyer, sieur de Saint-Lambert, la Chaisecle, généralité de Caen, maintenu en 1666 : *D'azur, à la croix ancrée d'argent.*

MESNIL-JOURDAIN (du). — Écuyer, sieur de Bosc-Robert, Guillemesnil, Saucourt, Monbinot, Élection de Neufchâtel, maintenu le 23 mars 1670 : *D'argent, à la bande de gueules, accompagnée de six vannels du même, mis en orle.*

MESNILEURY (du). — Écuyer, sieur de Hubertan, seigneur de Gonneville et Vatteville, Élection de Valogne, maintenu en 1660 : *D'argent, fretté de sable.*

MESNIL-SIMON (du). — Ancienne famille originaire du Vexin français : *D'argent, à six mains renversées de gueules.*

MESSAGER (le). — Élection de Bayeux, maintenu en 1666 : *D'azur, à six roses d'or, et un écusson d'argent en cœur.*

MESSENGER. — Sieur de la Trocherie et du Verger, Élection de Vire, maintenu en 1666.

MESSENT (de). — Écuyer, sieur de Rozière, Élection de Valogne, maintenu en 1666 : *D'azur, à la croix tréflée d'argent, cantonnée de quatre trèfles du même.*

MESTAYER (le). — Écuyer, sieur de la Haye, des Champs, Beauval, Dampville, etc., généralité de Rouen, maintenu en 1666 : *D'azur, à trois aigles rangées, au vol abaissé d'argent, becquées et membrées de sable.*

MÉTAYER (le). — Sieur de la Londe, Élection de Bayeux, maintenu en 1666 : *De gueules, à trois étoiles d'argent.*

MÉTEL (le). — Sieur d'Ouville, généralité de Rouen.

MEURDRAC (de). — Écuyer, sieur des Champs, Meudinets, etc., Élection de Pont-l'Évêque, maintenu le 18 juillet 1668 : *De gueules, à la bande abaissée d'argent, surmontée d'un léopard lionné d'or contourné regardant une tête, col et face humaine d'argent chevelée d'or.*

MEURDRAC (de). — Écuyer, sieur de Flottemanville, du Coudray, Valferrault, Élection de Valogne, maintenu en 1666 : *De gueules, à deux fasces d'or, accompagnées de deux coquilles d'argent, 4 en chef, 2 entre les fasces et 3 en pointe.*

MEURDRAC. — Chevalier, seigneur d'Amigny, Boissey, etc., généralité d'Alençon, maintenu le 22 août 1667 : *De sable, à la fasce d'argent, accompagnée de six merlettes rangées du même.*

MÉZIÈRES (DE). — Chevalier, seigneur de Bourgneville et de Favrolles, Élection de Bernay, maintenu le 8 mai 1667 : *D'or, au lion de sable, couronné du même, armé et lampassé de gueules.*

MICHAULT. — Écuyer, sieur de Bavillière, Élection de Lisieux, maintenu le 13 août 1666 : *D'azur, à la bande d'or, chargée de trois flammes de gueules, et accostée de deux étoiles du second émail.*

MICHEL. — Écuyer, sieur de Verdun, des Haulles, Branchamps, etc., Élection de Valogne, maintenu en 1666 : *De sable, à la croix potencée d'or, cantonnée, aux 1 et 4, d'un croissant, aux 2 et 3, d'une coquille ; le tout du même.*

MICHEL. — Écuyer, seigneur de Cambernon, Élections de Coutances, de Carentan, etc., maintenu en 1666 : *D'azur, à la croix d'or cantonnée de quatre coquilles du même.*

MICHEL. — Élection de Pont-l'Évêque, maintenu en 1666 : *Écartelé : aux 1 et 4, d'or, à une étoile de gueules ; aux 2 et 3, d'azur, à l'aigle éployée d'argent.*

MICHEL. — Écuyer, sieur de Crougny, Élection d'Andely, maintenu le 16 septembre 1668 : *D'argent, à la croix vidée de sable, cantonnée de quatre écureuils rampants de gueules.*

MICHEL. — Écuyer, sieur de Belloit et Crissevelle, Élections de Bernay et de Lisieux, maintenu le 28 avril 1666 et le 11 mai 1667 : *Écartelé : aux 1 et 4, d'argent, à l'aigle éployée au vol abaissé de sable ; aux 2 et 3, d'or, au soleil de gueules.*

MICHEL. — Écuyer, sieur de Crissevelle, Élection de Bernay, maintenu le 28 avril 1666 : *Écartelé, aux 1 et 4, d'azur, à l'aigle éployée au vol abaissé d'argent ; aux 2 et 3, d'or, à une étoile de gueules.*

MIDOU. — Écuyer, sieur de la Chesnée, de la Fosse, etc., Élection de Bayeux, maintenu en 1666 : *D'azur, à la croix fleurdelisée d'or, cantonnée de quatre roses du même.*

MIÉE. — Écuyer, sieur des Fresnes, la Motte, de Guesprée, etc., Élection d'Argentan, maintenu le 7 septembre 1666 : *D'azur, à la fasce d'or, accompagnée de trois besants du même.*

MIEL (LE). — Écuyer, sieur de la Motte, Élection de Falaise, maintenu en 1666.

MIÈRE (LE). — Écuyer, sieur de Chaumont, Miraucourt, etc., Élection de Pont-l'Évêque, maintenu le 18 septembre 1668 : *D'azur, au chevron d'or, accompagné de trois coquilles du même.*

MIÈRE (LE). — Écuyer, sieur et patron de Petitville, Élection de Coutances : *D'argent, à deux lions affrontés de gueules, au chef d'azur, chargé d'un croissant d'or.*

MIFFANT. — Écuyer, sieur de Guiberville, Fonteny, Monville, des Hameaux, Crasville, Roquigny, Berville, Belleau, Crèvecœur, la Croix, etc., Élection d'Arques, maintenu le 29 juillet 1670 : *D'azur, à trois têtes d'hommes d'argent, posées de front.*

MILLARD. — Écuyer, sieur de Boisdurant, Élection d'Avranches, maintenu en 1666.

MILLET. — Écuyer, sieur du Taillis, Élection de Falaise, maintenu le 3 mai 1667 : *D'argent, au lion de gueules.*

MILLEVILLE (DE). — Écuyer, sieur de Boissay, de Fontenay, etc., Élection d'Arques, maintenu le 4 août 1668 : *De gueules, au sautoir d'argent, cantonné de quatre glands d'or.*

MILLIÈRES (DE) — Écuyer, sieur du Bois, de Grouchy, etc., généralité de Caen, maintenu en 1666 : *D'argent, à trois losanges de gueules.*

MIRE (LE). — Écuyer, sieur de Chaumont, élection de Pont-l'Évêque, maintenu le 18 septembre 1668 : *D'azur, au chevron d'or, accompagné de trois coquilles d'argent.*

MISSY (DE). — Écuyer, sieur des Marseqs, Élection de Coutances, maintenu en 1666 : *D'azur, à l'aigle éployée d'or, couronnée à l'antique du même, becquée et membrée de gueules.*

MOESSARD. — Écuyer, sieur de la Moessardière, Élection de Lisieux : *D'argent, à la croix de gueules, chargée de cinq coquilles d'or, et cantonnée de quatre merlettes de sable.*

MOGÈRES (DE). — Sieur de Neuville, généralité de Rouen.

MOGES (DE). — Écuyer, sieur de Saint-Georges, de Carmerie, de Montenay, de Préaux, etc., Élection de Lisieux, maintenu le 14 mai 1670 : *De gueules, à trois aiglettes éployées, au vol abaissé d'argent.*

MOINE (LE). — Généralité de Caen : *D'or, fretté de sable.*

MOINE (LE). — Écuyer, sieur de Biville, Élection d'Arques, maintenu au mois d'octobre 1668 : *De gueules, au chevron d'or, accompagné de trois roses d'argent.*

MOINET. — Écuyer, sieur de la Jarriaye, Marguignière, Variary, etc., généralité d'Alençon, maintenu le 31 octobre 1666 : *Écartelé : aux 1 et 4, d'argent, au chevron de gueules, accompagné en pointe d'un croissant de sable; aux 2 et 3, d'argent, à trois fasces d'argent.*

MOISANT. — Sieur de Brieux, Élection de Valogne, maintenu en 1666 : *Écartelé : aux 1 et 4, fascé de gueules et d'argent ; aux 2 et 3, de gueules.*

MOITIER (DE). — Seigneur de Tomberel, Élection de Gisors, maintenu le 17 mars 1669 : *De gueules, au chevron d'or, accompagné de trois gerbes du même.*

MONCEL (DU). — Écuyer, sieur de Flottemanville, de Martinvast, etc., Élection de Valogne : *De gueules, à trois losanges d'argent.*

MONCHERON. — Écuyer, sieur de Hautierrys, Messière, Corbin, Boullay, etc., Élection de Mortagne, maintenu le 7 juin 1667 : *D'argent, à une fleur de lis partagée de gueules.*

MONCHY (DE). — Écuyer, sieur de Fresnoy, d'Auberville, Bihorel, etc., maintenu le 24 août 1668 : *De gueules, à trois bandes d'argent.*

MONCHY (DE). — Écuyer, sieur de Campneuzeville, La Haye, Vallecourt, Chevalier, seigneur de Moisemont, Élection d'Arques, maintenu le 20 janvier 1668 : *De gueules, à trois maillets d'or.*

MONCHY (DE). — Écuyer, sieur de Fresnoy, Élection d'Arques, maintenu le 4 avril 1668 : *De gueules, à cinq cotices d'argent, à trois marteaux d'or, brochant sur le tout.*

MONDIÈRE (DE). — Écuyer, sieur de la Cornière, généralité d'Alençon, maintenu le 26 mai 1666 : *D'azur, à trois têtes d'aigle arrachées d'or, celles en chef affrontées.*

MONDIÈRE (DE). — Écuyer, sieur de Valrimbert, du Val, de Belleville, etc., Élection de Lisieux, maintenu le 10 août 1666 : *D'azur, au chevron d'or, accompagné de trois têtes d'aigle du même.*

MONDION (DE). — Écuyer, sieur de Farancourt de la Salle, Élection de Montivilliers, maintenu le 9 février 1667 : *D'azur, à deux fasces d'or ; au chef de même, chargé de trois roses de gueules.*

MONDOUCET (DE). — Écuyer, sieur de la Roche, Élection de Mortagne, maintenu le 2 février 1667 : *D'argent, à trois fasces de gueules, à dix-neuf croisettes de l'un en l'autre, 3, 3, 3, 3, 3, 3 et 1.*

MONFAULT (DE). — Généralité de Rouen : *De gueules, au chevron d'argent; à la bande d'or, chargée de trois fers de lance de sable, brochant sur le tout.*

MONGNIER (LE). — Écuyer, sieur de Fiquainville, Élection de Montivilliers, maintenu le 17 juillet 1667 : *D'argent, à la fasce de sable, chargée de trois peignes d'or en pal.*

MONGOUBERT (DE). — Écuyer, sieur du Mesnil, Élections de Bernay et de Lions, maintenu le 4 janvier 1668 : *De sable, à deux lions léopardés d'or.*

MONNIER (LE). — A Falaise : *D'azur, à la croix d'argent; au chef d'or, chargé de deux fleurs de lis de gueules.*

MONNIER (LE). — Élection de Valogne, maintenu en 1666 : *De gueules, au lion d'or.*

MONNIER (LE). — Sieur de Penauderie, généralité de Caen.

MONNIER (LE). — Écuyer, sieur de Tessel, généralité de Caen, maintenu en 1666 : *D'azur, à trois anilles d'argent.*

MONS (DE). — Écuyer, sieur de Regnoumesnil, Élection de Valogne, maintenu en 1666 : *D'argent, à l'aigle de gueules, becquée et membrée d'or ; à la bordure de sable, chargée de douze besants d'or.*

MONSURES (DE). — Écuyer, sieur de Graval, Pormort, Mortemer, d'Isloy, Monteroc, etc., Élection d'Arques, maintenu en novembre 1668 : *De sable, à la croix d'argent, chargée de cinq fermaux de gueules.*

MONT (DU). — Écuyer, sieur de Gravençon, du Viel-Navoir, Vassouis, Lionfleur, etc., maintenu le 20 avril 1668 : *D'argent, à la fleur de lis de gueules.*

MONT (DU). — Écuyer, sieur de Fontelaye et du Botaquet, Élection d'Arques, maintenu le 23 juillet 1668 : *De gueules, au chevron d'or, accompagné de trois têtes de levron d'argent.*

MONT (DU). — Élection d'Arques, maintenu le 14 février 1668 : *D'azur, au chevron d'or, accompagné de six grues d'argent.*

MONTAGNE (DE LA). — Seigneur de la Chapelle, Élection d'Arques, maintenu le 11 mai 1668 : *D'azur, à la barre d'argent, accompagnée de trois étoiles d'or.*

MONTAIGU (DE). — Seigneur, marquis d'O, de Matigny, etc., Élection d'Argentan, maintenu le 3 avril 1667 : *De sable, à trois mains sénestres d'argent.*

MONTAIGU (DE). — Élection d'Andelys, maintenu le 7 décembre 1667 : *De sable, à trois mains sénestres d'argent ; au chef d'or, chargé de trois losanges de gueules.*

MONTAIGU (DE). — Écuyer, sieur dudit lieu et des Bois, Élection de Coutances, maintenu en 1666 : *D'argent, à deux bandes de sable, accompagnées de sept coquilles du même, 3, 3 et 1.*

MONTBLARU (DE). — Écuyer, sieur de Saint-Cyr, de Liffremont, etc., Élection d'Andelys, maintenu le 10 février 1669 : *D'argent, à trois levriers courant l'un sur l'autre de gueules, colletés d'or.*

MONTBRUN (DE). — *D'or, à la bande d'hermine.*

MONTECLER DE CHARNAY. — Élection d'Argentan : *De gueules, au lion couronné d'or.*

MONTEILLES. — Écuyer, sieur de la Gastine, du Camp-Marc et de Bieville, Élection de Lisieux, maintenu le 12 mai 1667 : *D'azur, à deux poissons en fasce d'argent.*

MONTENAY (DE). — Écuyer, seigneur de Fourges, Élection de Gisors, maintenu le 4 août 1668 : *D'or, à deux fasces d'azur, accompagnées de neuf coquilles de gueules, 4, 3 et 2.*

MONTFIQUET (DE). — Écuyer, sieur de Blagny, Serisière, Celleon, etc., Élection de Bayeux, maintenu en 1666 : *D'argent, au léopard de sable.*

MONTFORT (DE). — Élection d'Arques : *D'argent, à trois molettes d'éperon de gueules, à un lionceau d'azur en cœur.*

MONTFORT (DE). — Élection de Falaise, maintenu le 11 juillet 1667 : *D'argent, à trois trèfles de gueules.*

MONTFRÉARD. — Écuyer, sieur des Essarts, Élection de Bayeux, maintenu en 1666 : *D'argent, à trois têtes de cerf de sable, ramées d'or.*

MONTGOMMERY (DE). — Écuyer, sieur de Ducé, Élection d'Avranches, maintenu en 1666 : *Écartelé : aux 1 et 4, de gueules, à trois coquilles d'or ; aux 2 et 3, de France.*

MONTGOUBERT (DE). — Écuyer, sieur du Mehul, généralité d'Alençon, Élection de Bernay, maintenu en janvier 1667 : *De sable, à trois lions léopardés d'or.*

MONTGROS. — Écuyer, sieur de Thicourt, Élection de Chaumont, maintenu le 22 mars 1669 : *D'azur, à trois tours d'argent bâties sur une mer de même, les deux de côté penchées, masurées et appuyées sur celle du milieu, le tout surmonté de trois molettes d'éperon d'or.*

MONTHIERS (DE). — Écuyer, sieur de Bosroger, Élection d'Évreux, maintenu le 12 août 1666 : *D'or, à trois chevrons de gueules.*

MONTHIERS (DES). — Écuyer, sieur de la Morandière, Élection d'Argentan, maintenu le 30 mai 1666 : *D'or, à trois chevrons de sable, accompagnés en pointe d'une rose de gueules.*

MONTIGNY (DE). — *Cotîcé d'or et de gueules; au franc-canton du dernier, chargé de huit coquilles d'or.*

MONTPELLEY (DE). — Seigneur de Martigny, maintenu le 7 juillet 1670 : *De gueules, à trois aigles éployées, au vol abaissé d'argent, et une croisette ancrée d'or en cœur.*

MONVOISIN (DE). — Écuyer, sieur d'Argoville, seigneur de Leulan, Élection de Pont-l'Évêque, maintenu le 16 juillet 1668 : *D'or, à deux fusées de gueules.*

MORAINVILLE. — Écuyer, sieur de la Bigottière, Élection d'Évreux, maintenu le 11 septembre 1666 : *D'argent, à trois molettes de sable.*

MORAINVILLE. — Écuyer, sieur d'Argeville, du Vipart, etc., Élection d'Évreux, maintenu le 14 mars 1668 : *D'argent, à neuf merlettes de sable.*

MORAIS (DE). — Écuyer, sieur de Bresolles, Gory, etc., généralité de Caen, maintenu en 1666 : *D'or, à six annelets de sable.*

MORANCOURT. — Écuyer, sieur de la Fresnée et de Saint-Laurens, Élection de Carentan, maintenu en 1666 : *D'argent, à trois mûres au naturel.*

MORANT (DE). — Écuyer, sieur de Courselle, généralité de Caen, maintenu en 1666 : *D'azur, à trois cygnes d'argent, becqués et membrés de gueules.*

MORANT (DE). — Écuyer, sieur de Bosricard, Hocquemenil, d'Orival, etc., Élection d'Arques, maintenu le 13 août 1668 : *De gueules, à la bande d'argent, chargée de cinq mouchetures de sable.*

MORCENQ. — Écuyer, sieur de la Chevalerie, Élection de Pont-Audemer, maintenu le 2 novembre 1667 : *De gueules, à la fasce d'or, accompagnée de trois roses d'argent.*

MORCHESNE (DE). — Écuyer, sieur de Martigny, de Saint-Remy, du Breuil, etc., Élection d'Évreux, maintenu le 16 septembre 1667 : *D'argent, au chevron de sable, accompagné de trois mouchetures du même.*

MOREL (DE). — Écuyer, sieur de Courcy et de Saint-Cyr, Élection de Valogne, maintenu en 1666 : *D'or, au chevron d'azur, chargé de deux badelaires d'argent, garnis d'or, et accompagné en pointe d'une fleur de lis de gueules.*

MOREL. — Écuyer, sieur de la Carbonnière, Élection de Bayeux, maintenu en 1666 : *D'argent, au cheval gai et cabré de sable; au chef d'azur, chargé d'un croissant d'or, accosté de deux molettes d'éperon du même.*

MOREL (DE). — Écuyer, sieur de Putanges, baron de Courcy, généralité de Caen, maintenu en 1666 : *D'or, au lion de sinople, armé, lampassé et couronné d'argent.*

MOREL. — Écuyer, sieur de Sequeville, Fourmentin, Janville, Garsalle, etc., généralité de Caen, maintenu le 13 juin 1667 : *De gueules, au lion d'argent, au chef cousu d'azur, chargé de trois croissants mal ordonnés d'or.*

MOREL. — Écuyer, sieur de la Gressonnière, Élection d'Argentan, maintenu le 8 juin 1666 : *De gueules, à la fasce d'or, accompagnée de trois roses d'argent.*

MOREIL (DE). — Écuyer, sieur de Saint-Cyr, Cormelain et de Viller, généralité de Rouen, maintenu le 12 juin 1670 : *Semé de France, au lion issant d'argent.*

MORICIÈRE (DE LA). — Écuyer, sieur du Vicque, généralité d'Avranches, maintenu en 1666 : *D'argent, au chevron de gueules, accompagné de trois trèfles de sinople.*

MORIN. — Écuyer, sieur de Bertouville, Ressencourt, Primerie, etc., Élection de Bernay, maintenu le 31 août 1666 : *D'or, à la croix engrêlée de sable.*

MORIN. — Écuyer, sieur de Mondeville, généralité de Caen, maintenu en 1666 : *D'azur, au chevron d'or, accompagné de trois merlettes d'argent.*

MORIN. — Écuyer, sieur du Becquet, de Villers, Baneville, Grenteville, etc., généralité de Caen, maintenu en 1666 : *D'or, à trois fasces de sinople.*

MORIN. — Écuyer, sieur de Boscautru, Élection de Lisieux : *D'argent, au lion de sable, armé, lampassé et couronné d'or.*

MORNAY (DE). — Chevalier, seigneur de Montchevreuil, de Vaudampierre, de la Chapelle, de la Villette, d'Ambleville, Élection de Chaumont, maintenu le 19 juillet 1668 : *Burelé d'argent et de gueules ; au lion de sable, armé, lampassé et couronné d'or, brochant sur le tout.*

MORTAIGNE. — Écuyer, sieur de Valmontroul, Élection de Verneuil, maintenu le 8 novembre 1668 : *D'or, à la croix écartelée de sable et de gueules.*

MORTEAUX (DE). — Écuyer, sieur du Bois-Girault, de Tillehon, etc., Élection de Verneuil, maintenu le 5 août 1667 : *De gueules, à trois chevrons d'argent.*

MORTEMER (DE). — *Fascé d'or et de sinople, à vingt-quatre fleurs de lis de l'un en l'autre.*

MOTTE (DE LA). — Écuyer, sieur du Vivier, Élection d'Andelys, maintenu le 18 juillet 1699 : *D'hermine, à trois faucons de gueules.*

MOTTE (DE LA). — Écuyer, sieur du Thil, seigneur de Bois-Guilbert, Élection de Gisors, maintenu le 4 avril 1669 : *D'argent, à deux fasces de gueules, accompagnées de neuf mouchetures de sable, 4, 3 et 2.*

MOTTE (LA). — Écuyer, sieur du Bosc-Guérard, généralité de Rouen, maintenu le 13 novembre 1666 : *D'or, à la bande de gueules, chargée de trois coquilles du champ, et accostée de deux molettes d'éperon de sable.*

MOTTE (LA). — Écuyer, sieur de Pontroger, Saint-Planchais, Glatigny, etc., Élection de Coutances, maintenu en 1666 : *D'argent, au sanglier de sable.*

MOTTE-FOUQUET (DE LA). — *D'azur, à la fasce d'or.*

MOTTE (DE LA). — Écuyer, sieur de l'Épine, Élection de Bayeux, maintenu en 1666 : *Tranché, au 1, d'argent, à quatre vergettes de gueules ; au 2, d'azur, à la bande de gueules.*

MOUCEL (DU). — Écuyer, sieur de Louraille, Falletot, Beuzeville, Richemont, Varengeville, etc., généralité de Rouen, maintenu le 8 mai 1667 : *D'azur, au chevron d'or, accompagné de trois merlettes d'argent.*

MOUCEL (DU). — Écuyer, sieur d'Aisy, d'Estoupeyille, Lasvos, Fiot, Cranville, Bordelline, généralité de Caen, Élection de Valogne : *De gueules, à trois losanges d'argent.*

MOUCHE (DE LA). — A Avranches : *De gueules, à deux clefs passées en sautoir d'argent, cantonnées de quatre fleurs de lis d'or ; à la tête de Maure de sable, tortillée d'argent, posée en cœur.*

MOUCHET (DU). — Écuyer, sieur de Monthimier, de la Croix, de Beaulieu, etc., Élection de Mortagne, maintenu le 13 mai 1666 : *D'argent, à trois hures de sanglier de sable.*

MOULINET (DU) — Écuyer, sieur du Bois, Élection d'Argentan, maintenu le 3 avril 1666 : *D'argent, à trois anilles de sable.*

MOULINS (DES). — Chevalier, seigneur de l'Isle, de Chavigny, etc., généralité d'Alençon, maintenu le 12 septembre 1666 : *D'azur, à une sauterelle d'argent, accompagnée de trois coquilles d'or.*

MOUSSU (LE). — Écuyer, sieur de la Millerie, de la Martinière, etc., Élection de Coutances, maintenu en 1666 : *De gueules, au chevron d'or, accompagné de trois molettes d'éperon d'argent.*

MOUSTIER (DU). — Écuyer, sieur de Sainte-Marie, Élection de Valogne, maintenu en 1666 : *De sable, à la croix fleurdelisée d'argent, cantonnée de quatre roses du même.*

MOUSTIER (DU). — Écuyer, sieur de Bussy, généralité de Caen, maintenu en 1666 : *D'azur, au chevron d'argent, chargé d'un croissant de gueules et accompagné en chef de deux soleils d'or, en pointe d'un cœur enflammé du même.*

MOUSTIER (DU). — Écuyer, sieur du Mesnil, Élection de Falaise, maintenu en 1666 : *D'azur, à trois chevrons d'argent.*

MOUSTIERS (DES). — Écuyer, sieur de Neufmenil, d'Essy, du Fez, etc. ; Élection de Carentan, maintenu en 1666 : *D'argent, à la bande d'azur, frettée d'or.*

MOUSTIERS (DES). — Écuyer, sieur de Fretteval, Boisroger, généralité d'Alençon, Élection de Mortagne, maintenu le 28 juin 1667 : *D'or, à trois chevrons de gueules.*

MOUSTIS (DES). — Écuyer, sieur de la Morandière, Tillières, Longchamp, du Verger, etc., Élection d'Argentan, maintenu le 4 avril 1666 : *D'or, à trois chevrons de sable, accompagnés en pointe d'une rose de gueules.*

MOUTON (LE). — *D'argent, à une gibecière de sable, l'anse et les glands d'or.*

MOUTON (LE).— Généralité de Rouen : *D'azur, à la croix d'argent, cantonnée de seize croisettes recroisettées d'or ; à la cotice de gueules, brochante sur le tout.*

MOUTON (LE). — Écuyer, sieur du Manoir, du Bois, Moulins, la Brosse, Courtenay, Rosier, Manou, etc., Élection de Bayeux, maintenu en 1666 : *D'argent, à trois gibecières de sable, les anses et glands d'or.*

MOY OU MOUY (DE). — Chevalier, seigneur d'Elbeuf, de Richebourg, Hennessy, etc., Élection d'Arques, maintenu le 4 octobre 1668 : *De gueules, fretté d'or.*

MOYNE (LE). — Écuyer, sieur de Biville, des Flèches, etc., Élection d'Arques, maintenu le 6 septembre 1668 : *De gueules, à trois roses d'argent.*

MOYNE (LE). — Écuyer, sieur d'Aubermesnil, Marancourt, etc., généralité de Rouen, maintenu le 30 décembre 1667 : *De gueules, à trois roses d'argent, surmontées d'un lion léopardé d'or.*

MOYTIE (DE). — Écuyer, sieur de Romberel, Élection de Gisors, maintenu le 17 mars 1669 : *De gueules, au chevron d'or, accompagné de trois gerbes de même.*

MUSSY (DE). — Élection de Valogne, maintenu en 1666.

MUSTEL. — Seigneur de Bosc-Roger, de Gonneville, de la Boullaye, etc., Élection de Pont-Audemer, maintenu le 10 avril 1669 : *Semé de France à deux herses d'or, posées l'une au premier canton et l'autre au quatrième.*

MYR (LE). — Écuyer, sieur de la Layre, Élection de Gisors, maintenu le 30 mars 1666 : *D'argent, à trois bandes de gueules.*

MYRE (DE LA). — Sieur d'Angerville, diocèse de Lisieux : *De gueules, au chevron d'argent, accompagné de trois coquilles d'or.*

N

NAGUET. — Écuyer, sieur de Saint-Georges, Saint-Vulfran, etc. ; Élection de Pont-l'Évêque, maintenu le 12 septembre 1668 : *D'azur, à trois coquilles d'or, et une molette d'éperon du même, posée en chef.*

NAGUET. — *Écartelé : aux 1 et 4, d'or, à trois coquilles de sable et une fleur de lis du même en cœur ; aux 2 et 3, de gueules, à une molette d'éperon d'argent en chef, et en pointe trois coquilles du même.*

NAGUET. — Généralité de Rouen : *D'argent, à la croix de gueules, chargée de cinq léopards d'or.*

NANTIER (LE). — Écuyer, sieur de la Roquerie, d'Armanville, etc., Élection de Pont-Audemer, maintenu le 4 avril 1669 : *D'or, fretté d'azur.*

NANTIER. — Élection de Vire : *D'azur, au lion d'or, sur une terrasse du même.*

NAU. — Écuyer, sieur des Marets, Saint-Martin, Boisselière, etc., maintenu le 1er juillet 1667 : *De gueules, à deux lions affrontés d'or, soutenant une gerbe du même.*

NÉEL. — Écuyer, sieur de la Champagne, Élection de Coutances, maintenu en 1666 : *D'azur, à trois mains dextres d'or*

NEEL. — Écuyer, sieur de Cairon, de la Bouillonnerie, etc., Élection de Valogne, maintenu en 1666 : *D'azur, à un soleil d'or, accompagné en chef de trois étoiles du même, et en pointe d'un croissant d'argent.*

NÉEL. — Écuyer, sieur de Fontenay, Naville, Tierceville, Sainte-Marie, etc., Élection de Bayeux, maintenu en 1666 : *D'argent, à trois bandes de sable ; au chef de gueules.*

NEPVEU (DE). — Écuyer, sieur de Saint-Georges, Vauliont, etc., Élection de Pont-Audemer : *D'or, à trois têtes de chien coupées de sable.*

NEUF (LE). — Écuyer, sieur de Valcougrin, Montenay, seigneur de Saint-Victor, de Sourdeval, Courtonne, Tourneville, etc., Élection de Montivilliers, maintenu le 4 décembre 1659 et le 22 mars 1666 : *De gueules, à trois coussinets d'or, les houppes posées en sautoir.*

NEUVILLE (DE). — Écuyer, sieur d'Ermes, Cléray, chevalier, seigneur de Saint-Rémy, du Mesnil, etc., maintenu le 16 avril 1666 : *De sable, à trois besants d'or ; au chef d'argent, chargé de neuf mouchetures du champ, 5 et 4.*

NEUVILLE (DE). — Sieur d'Aubervilliers, des Fresnes, etc., Élection de Domfront, maintenu le 20 avril 1666 : *D'argent, treillissé de gueules, semé de mouchetures de sable dans les claires-voies.*

NEVEU (LE). — Généralité de Rouen : *D'azur, à trois roues d'argent.*

NÉVILLE. — Écuyer, sieur de Commanville, généralité de Rouen : maintenu le 17 janvier 1668 : *Écartelé : aux 1 et 4, d'argent, à une quintefeuille de gueules ; aux 2 et 3, d'azur, à deux pals d'argent, au chevron de gueules, chargé de deux coquilles du second émail.*

NICOLLE. — Écuyer, sieur d'Ancines, du Plessis, Longny, Maupertuis, du Hamel, etc., Élection de Bernay, maintenu le 3 mai 1667 : *D'azur, à la fasce d'argent, accompagnée de trois étoiles d'or.*

NICOLLE. — Écuyer, sieur de Bricqueville, Élection de Coutances : *D'azur, au chevron d'or, accompagné de trois étoiles d'argent.*

NIEPCE (DE LA). — Écuyer, sieur d'Anneville, de Saint-Marc, du Tot, d'Onval, Bourdemare, Bretteval, etc., Élection de Caudebec, maintenu le 21 juillet 1666 : *D'azur, au chevron d'argent, accompagné en chef de deux roses d'or, et en pointe, d'un gland versé du même.*

NOBLE (LE). — Écuyer, sieur de Feugueray, des Landes, etc., Élection d'Arques, maintenu le 23 mai 1670 : *De gueules, à un besant d'argent, chargé d'une rose d'or.* (Armes à enquerre.)

NOBLE (LE). — Élection de Pont-Audemer, maintenu le 18 janvier 1666 : *D'azur, à la croix d'or, cantonnée de quatorze étoiles du même, quatre dans chaque canton du chef, et trois dans ceux de la pointe.*

NOCEY (DF). — Seigneur de Torquesne, Boucey, etc., Élection de Pont-l'Évêque, maintenu le 28 novembre 1669 : *D'argent, à trois fasces de sable, accompagnées de dix merlettes du même.*

NOE (DE LA). — Écuyer, sieur de Saint-Martin, Pelmenil, etc., Élection d'Évreux, maintenu le 12 janvier 1669 : *D'azur, à une fusée d'or.*

NOE (DE LA). — Écuyer, sieur de Bastille, de la Fresnée, etc., Élection d'Avranches, maintenu en 1666 : *D'azur, au chevron d'argent, chargé de cinq roses de gueules, et accompagné en chef de deux coquilles du second émail.*

NOE (DE LA). — Écuyer, sieur dudit lieu, de Villiers, Giffay, etc., Élection de Conches, maintenu le 11 avril 1666 : *D'azur, à la bande d'or, accostée de trois molettes d'éperon du même.*

NOEL. — Écuyer, sieur de la Housseture, Élection de Falaise, maintenu le 30 mars 1666 : *D'azur, au chevron d'argent, accompagné en chef de deux étoiles, et en pointe d'une croisette du second émail ; au chef d'or, chargé de deux losanges de gueules.*

NOEL. — Écuyer, sieur de Groussy, Élection de Carentan, maintenu en 1666 : *D'azur, au chevron d'or, accompagné en chef de deux colombes, essorantes et affrontées d'argent, et en pointe d'un croissant du même.*

NOEL. — Écuyer, sieur de la Vauterie, généralité de Caen, maintenu en 1666 : *D'azur, au lion d'argent, surmonté de trois étoiles rangées en chef, du même.*

NOEL. — Écuyer, sieur d'Hérouville, Hédeville, Longueval, etc., Élection de Bayeux, maintenu en 1666 : *D'azur, au chevron d'or, accompagné de trois croisettes du même.*

NOGENT (DE). — Écuyer, sieur de la Perrière, généralité d'Alençon, maintenu le 3 juin 1666 : *D'argent, au sanglier rampant de sable.*

NOIR (LE). — Écuyer, sieur de Lanchal et d'Emenonville, généralité d'Alençon : *D'azur, au chevron d'or, accompagné en pointe d'une tête de Maure de profil, tortillée d'argent; au chef cousu de gueules, chargé de trois roses d'argent.*

NOIRE (DE). — Sieur de Chicheboville, généralité de Caen, maintenu en 1666.

NOLLENT (DE). — Élection de Pont-Audemer : *D'azur, à la croix d'or, cantonnée de quatre étoiles du même.*

NOLLENT (DE). — Baron de Limbeuf, de Couillerville, etc., Élection de Pont-de-l'Arche, maintenu le 10 février 1668 : *D'argent, à une fleur de lis de gueules, accompagnée de trois roses du même.*

NOLLENT (DE). — Écuyer, sieur de Saulnais, seigneur de Bombanville, Bou-chailles, etc., Élection de Lisieux, maintenu le 11 mai 1666 : *De sinople, au chef cousu de gueules, à l'aigle d'argent, brochante sur le tout.*

NOLLET. — Écuyer, sieur de Malnoue, de la Londe, Launay, seigneur de Saint-Chris-tophe, Élection d'Argentan, maintenu le 26 septembre 1666 : *D'argent, au chevron de gueules, accompagné de trois merlettes de sable.*

NORMAND (LE). — Écuyer, sieur de Bretteville, de Magny, Traspié, Gossy, etc., Élec-tion de Falaise, maintenu le 2 mai 1667 : *D'argent, au chevron de sinople, ac-compagné en chef de deux croissants du même, et en pointe d'une tête de Maure de sable, tortillée d'argent.*

NORMAND (LE). — Écuyer, sieur de Cotterie, de Launay, etc., Élection de Falaise, maintenu le 24 juin 1666 : *D'argent, à un loup de sable, couché sur une terrasse du champ, et fixant sur le premier canton une étoile de gueules.*

NORMANVILLE (DE). — Écuyer, sieur dudit lieu, de Hautot, de Baucolle, etc., Élec-tion de Caudebec, maintenu le 18 septembre 1668 : *D'azur, à trois molettes d'éperon d'or.*

NÔT (DU). — Élection de Falaise, maintenu le 1er avril 1666 : *D'azur, au chevron d'or, surmonté de trois roses d'argent rangées en chef, et accompagné de trois canettes du même..*

NOURRY. — Sieur du Mesnil, Élection d'Évreux : *De gueules, à deux chevrons d'argent, accompagnés de trois molettes d'éperon du même.*

NOURRY. — Écuyer, sieur de Granval, Benouville, etc., Élection de Montivilliers, maintenu le 3 janvier 1668 : *D'azur, à trois têtes de griffon d'or, tenant chacune en son bec une couleuvre d'argent.*

NOVINCE D'AUBIGNY. — Seigneur de Crepon, Élection de Bayeux, maintenu en 1666 : *D'or, au lion de gueules; au chef de même, chargé de trois roses d'argent.*

NOYON (DE). — Écuyer, sieur d'Artier, généralité de Rouen, maintenu le 22 mai 1670 : *D'argent, à une aigle au vol abaissé de sable, becquée, membrée et couronnée d'or.*

O

O (D'). — Seigneur de Villiers, d'Herbeville, etc. : *D'hermine, au chef denché de gueules.*

ODOART. — Seigneur du Hazey, de Boisroger, etc., Élection d'Évreux, maintenu le 27 janvier 1668 : *De gueules, à trois molettes d'éperon d'argent ; au chef du même, chargé d'un lion léopardé de sable.*

OGIER. — Écuyer, sieur de la Haulle, Élection de Valogne, maintenu en 1666 : *De sable, au massacre de cerf d'or.*

OINVILLE (D'). — Seigneur de Houetteville, baron de la Ferté-Fresnel, Élection d'Évreux, maintenu le 6 février 1667 : *D'or, à trois bandes de gueules.*

OLIVIER. — Seigneur de Leuville et du Homet : *Écartelé : aux 1 et 4, d'azur, à six besants d'or ; au chef d'argent, chargé d'un lion issant de sable, armé et lampassé de gueules ; aux 2 et 3, d'or, à trois bandes de gueules, celle du milieu chargée de trois étoiles de champ.*

OLLIAMSON (D'). — Chevalier, seigneur de Saint-Germain, de Couillibœuf, de Cambernant, d'Ouilly, etc. : *D'azur, à l'aigle éployée d'argent, becquée et membrée d'or, posée sur un baril du même cerclé d'argent.*

ONFROY. — Élection de Bayeux, maintenu en 1666 : *D'argent, au chevron de gueules, accompagné de trois trèfles de sinople.*

ONFROY. — Généralité de Caen, maintenu en 1666 : *D'or, à la bande d'azur.*

ONFROY. — Écuyer, (dans le comté d'Eu) : *D'argent, au lion d'or ; au soleil levant du même.*

ORAISON (D'). — Chevalier, Marquis et châtelain de Livarot, Comte de Vaurbon, Élection de Lisieux, maintenu le 16 mars 1667 : *Écartelé : aux 1 et 4, d'or, à la fasce de gueules ; aux 2 et 3, d'or, à trois fasces ondées de gueules.*

ORANGE (D'). — Écuyer, sieur de Canvers, Élection de Coutances, maintenu en 1666 : *De sable, au chevron d'or, accompagné de trois billettes couchées du même.*

ORGLANDES (D'). — Baron de Briouze, Élection de Falaise, maintenu le 3 mai 1667 : *D'hermine, à six losanges de gueules, 3, 2 et 1.*

ORIVAL (D'). — Écuyer, sieur de Drosey, Criel, etc., Élection de Caudebec, maintenu le 26 juillet 1667 : *De gueules, à la fasce d'or, accompagnée de trois molettes d'éperon d'argent.*

ORLÉANS (D'). — Généralité de Rouen : *D'azur, à la croix d'argent, chargée de cinq coquilles de sable et cantonnée de quatre lionceaux du second émail.*

ORLÉANS (D'). — Chevalier, Marquis de Rothelin, seigneur et comte de Néauphle, Élection de Gisors, maintenu le 4 octobre 1669 : *Écartelé : aux 1 et 4, d'or, à la bande de gueules ; aux 2 et 3, d'or, au pal de gueules, chargé de trois flanchis d'argent.*

ORVILLE (D'). — Écuyer, sieur des Routis, la Boullaye, Chailloué, Brière, Saint-Victor, etc., Élection de Verneuil, maintenu le 17 juillet 1667 : *De sable, au lion d'argent.*

OSBERT. — Écuyer, sieur de la Maillardière, Marcs, Brucheville, du Theil, etc., Élection de Carentan, maintenu en 1666 : *D'argent, à la croix de gueules, cantonnée de quatre lionceaux de sable.*

OSBERT. — Écuyer, sieur de Poupeville, Élection de Carentan, maintenu en 1666 : *D'argent, à l'aigle éployée de sable ; à la croix de gueules, brochant sur le tout, cantonnée aux deux derniers cantons de deux lionceaux du second émail.*

OSMOND (D'). — Chevalier, seigneur de Creuilly, de Beuvilliers, de Malicorne, d'Aubry-le-Pantou, etc., Élection de Lions, maintenu le 14 juillet 1667 : *De gueules, à un vol d'argent, semé de mouchetures d'hermine.*

OSMOND (D'). — Écuyer, sieur de Mooyaux, Mortemer, du Coudray, etc., Élection de Pont-Audemer, maintenu le 18 septembre 1667 : *Écartelé : aux 1 et 4, d'argent, à trois fasces d'azur ; aux 2 et 3, de gueules, à un vol d'argent semé de mouchetures d'hermine.*

OSMONT (D'). — Écuyer, sieur de Bray, généralité de Caen, maintenu en 1666 : *Écartelé : aux 1 et 4, de gueules ; aux 2 et 3, d'argent, à trois fasces d'azur.*

OSMONT. — Sieur de Berville, généralité de Rouen : *D'argent, au chevron de sable, chargé au sommet d'un croissant du champ, et accompagné de trois étoiles du même.*

OUCHY DE SACY, diocèse de Séez. — *D'argent, au chevron d'azur, accompagné de trois tourteaux de gueules.*

OUILLY (D'). — Élection de Falaise : *D'argent, à la bande de gueules.* (Une branche de cette maison existe en Angleterre.)

OZANNE (D'). — Seigneur de Grigneuseville, d'Intraville, etc., Élection de Pont-Audemer, maintenu le 22 août 1666 : *Parti : au 1, d'argent, au lion de sable; au 2, d'azur, à trois étais d'or, le dernier accompagné de trois étoiles du même.*

P

PACCARONY. — Écuyer, sieur de Mussagny, Élection de Gisors : *D'argent, à trois fasces d'azur; au chef du champ, chargé d'un lion naissant du second émail.*

PAGALDE. — Généralité de Rouen, maintenu le 29 août 1668 : *D'or, au chevron d'azur, accompagné de trois roses de gueules.*

PAGE (LE). — Écuyer, sieur de Pinterville, Flamare, Clerville, Colombine, la Vallée, etc., généralité de Rouen, maintenu le 23 juillet 1666 : *D'azur, à quatre burelles d'or; au lion de sable, armé et lampassé de gueules, brochant sur le tout.*

PAGE (LE). — Écuyer, sieur dudit lieu, Élection de Bernay : *D'azur, au chevron d'argent, accompagné de trois coquilles d'or.*

PAILLARD. — Seigneur de Hardivilliers, Petit-Musc, de Strossy, etc., Élection d'Arques, maintenu le 22 janvier 1667 : *D'argent, à la croix de sable frettée d'or.*

PAINTEUR (LE). — Écuyer, sieur de Marchère, Élection de Bernay, maintenu le 14 mai 1666 : *De gueules, parti d'or, ce premier parti chargé de trois aiglettes rangées d'argent.*

PAINTEUR (LE). — Écuyer, sieur des Ruflet, des Planches, etc., Élection de Conches : *D'azur, à une ancre d'argent en pal, la trabe d'or en chef, accostée de deux dés du second émail.*

PAISANT. — Écuyer, sieur de Baudrovet, Saint-Martin, Bouttemont, Barneville, etc., Élection de Lisieux : *D'azur, au sautoir d'or.*

PAISNEL (DE). — Écuyer, sieur de Hambie et de Briquebec, généralité de Caen : *D'or, à deux fasces d'azur, accompagnées de dix merlettes de gueules en orle.*

PAIX-DE-CŒUR (DE). — Écuyer, sieur de Groffy, de Chassanville, de Roumare, etc., généralité de Rouen, maintenu le 13 février 1668 : *De gueules, au chevron d'argent, accompagné de trois cœurs du même.*

PALLU (DE LA). — Écuyer, sieur du Mesnil-Hubert, etc., Élection d'Argentan, maintenu le 4 août 1666 : *Fascé, denché d'azur et d'argent; à trois fasces de sable brochant sur le tout.*

PALLUELLE (DE LA). — Marquis dudit lieu, Élection d'Avranches, maintenu en 1666 : *D'azur, à trois molettes d'éperon d'argent.*

PALME DE CARILLE (DE). — Sieur de Benagille, à Rouen.

PANTHOU (DE). — Généralité de Caen, maintenu en 1666 : *De gueules, à deux fasces d'argent, surmontées chacune de deux croissants d'or.*

PAON. — Élection d'Arques, maintenu le 24 février 1668 : *D'azur, au paon rouant d'or.*

PARC (DU). — Écuyer, sieur de Boisrenouf, Élection de Coutances, maintenu en 1666 : *D'azur, à trois molettes d'éperon d'argent.*

PARC (DU). — Écuyer, sieur du Mesnil, Cresnay et Barville, Élection de Valogne, maintenu en 1666 : *D'or, à deux fasces d'azur, accompagnées de neuf merlettes de gueules, 4, 3 et 2.*

PARC (DU). — Écuyer, sieur de Durdent, de Noirepel, etc., généralité de Rouen : *De gueules, au soleil d'or.*

PARCHAPPE (DE). — Élection de Montivilliers, maintenu le 29 décembre 1660 : *D'azur, au chevron d'or, accompagné de trois colombes d'argent, becquées et membrées de gueules.* (Il y a une branche de cette famille en Champagne.)

PARDIEU (DE). — Écuyer, sieur d'Avrémenil, de Mézy, de Villepoix, etc., Chevalier, seigneur, marquis de Maucomble, Élection d'Arques, maintenu le 7 mars 1669 : *D'or, au lion couronné de gueules.*

PARDIEU (DE). — Écuyer, sieur de Saint-Denis du Val, etc., Élection d'Arques, maintenu le 19 janvier 1668 : *De gueules, au sautoir d'or, cantonné de quatre alérions du même.*

PARENT. — Écuyer, sieur du Boscq, Marencourt, de Vauderude, etc., Élection d'Arques, maintenu le 20 janvier 1669 : *De gueules, à trois grues d'argent.*

PARENT. — Élection de Caudebec, maintenu le 4 septembre 1668 : *D'azur, à la fasce d'argent, accompagnée en chef de deux billettes accostées de deux molettes d'éperon, et en pointe de trois besants, le tout d'or.*

PAREY. — Écuyer, sieur de Combray, Montoillière, de l'Espée, etc., Élection de Lisieux, maintenu le 11 mai 1666 : *D'azur, au chevron d'or, accompagné de trois roses d'argent; au chef du même, chargé de trois trèfles de sable.*

PARFOURU (DE). — Écuyer, sieur de Planterol, Couture, etc., Élection de Bayeux, maintenu en 1666 : *D'azur, à la fleur de lis d'or.*

PASCAL. — Généralité de Rouen : *D'or, à la bande d'azur, chargée de trois fleurs de lis du champ.*

PASSART.— Écuyer, sieur de Launay, Élection de Neufchâtel, maintenu le 2 septembre 1667 : *D'argent, à trois molettes de sable.*

PASSEMER. — Sieur du Bois-Roger, Élection de Coutances, maintenu en 1666.

PASTÉ. — Écuyer, sieur de la Grange et de Tailly, Élection de Gisors : *D'argent, semé de roses de gueules; à trois salamandres d'azur, brochantes.*

PASTEY. — Seigneur d'Ouville, Élection de Verneuil : *D'azur, à trois demi-vols d'or, posés en pairle, et chargés en cœur d'une rose de gueules.*

PASTIZ (DU). — Écuyer, sieur de Montcolin, généralité de Caen, maintenu en 1666 : *Écartelé : aux 1 et 4 d'argent, à une ancre de sable, en pal; aux 2 et 3, d'azur, à trois fasces d'or.*

PATRIER. — Sieur de Chaupais, généralité de Caen, maintenu en 1666.

PATRIS. — Généralité de Caen, maintenu en 1666.

PATRY (DE). — Écuyer, sieur de Lambert, Élection de Bayeux, maintenu en 1666 : *De gueules, à trois quintefeuilles d'argent.*

PAULMIER. — Écuyer, sieur de la Parinière, seigneur de la Bucaille, Lagrevé, du Bosc-Berenger, etc., généralité de Rouen, maintenu le 4 avril 1668 : *D'azur, au lion léopardé d'or; au chef du même, chargé de trois tourteaux de gueules.*

PAULMIER (LE). — Écuyer, sieur de Vendeuvre, Grentemesnil, etc., Élection de Pont-Audemer, maintenu le 20 novembre 1668 : *D'azur, à trois palmes d'argent.*

PAUSSAY (DE). — Sieur de Montservant, Élection de Coutances, maintenu en 1666.

PAYEN. — Écuyer, sieur du Vivier, Galanerie, la Fresnaye, Cousel, de Chavoy, etc., Élection de Coutances, maintenu en 1666 : *D'argent, à trois tourteaux de sable, le premier chargé d'une rose d'or.*

PEIGNÉ (LE). — Seigneur d'Arques et de Poissy, généralité de Rouen, maintenu le 18 mars 1669 : *De gueules, à trois peignes d'or; ceux en chef posés en chevron.*

PELLEGAS (DE). — Écuyer, sieur de Malortie, Élection de Pont-Audemer, maintenu le 2 janvier 1668 : *D'azur, au chevron d'or, accompagné de trois dards d'argent la pointe en bas.*

PELLERIN (LE). — Écuyer, sieur de Gauville, Élection de Bernay : *D'or, au chevron échiqueté de gueules et d'argent de trois tires; au chef de sable, chargé de trois coquilles d'argent.*

PELLETIER (LE). — Seigneur de Martainville, généralité de Rouen : *D'argent, à la fasce d'azur, chargée de trois besants d'or.*

PELLETIER (LE). — Écuyer, sieur de la Fosse, Élection de Vire, maintenu en 1666 : *D'azur, à trois losanges d'argent; au chef du même, chargé de trois roses de gueules.*

PELLETIER (LE). — Seigneur de la Houssaye, de Signy, etc. : *D'argent, au chêne arraché de sinople, accompagné de trois roses de gueules.*

PELLETOT (DE). — Écuyer, sieur de Saint-Martin, de Boissé, etc., Élection de Lions, maintenu le 28 janvier 1668 : *Palé d'azur et d'or; au chef de gueules, chargé de quatre losanges d'argent.*

PELLEVÉ (DE). — Chevalier, seigneur de Boury, Élection de Chaumont, maintenu le 11 mai 1669 : *De gueules, à une tête humaine d'argent, chevelée d'or.*

PELLEY. — Écuyer, sieur de Baugy, de Saint-Loup, etc., généralité de Caen, maintenu en 1666 : *D'azur, à trois heaumes d'argent.*

PELLEY. — Écuyer, sieur de Mennetot, du Bois, etc., Élection de Valogne, maintenu en 1666 : *D'argent, au pal de sable, accosté de deux demi-vols de gueules; au chef d'azur.*

PELLOQUIN. — Sieur de Bernières, généralité de Rouen.

PELLOT. — Chevalier, sieur du Port-David, du Deffends, etc., généralité de Rouen : *De sable, à trois bandes d'or.*

PENNIER. — Écuyer, sieur d'Angerville, Val-David, du Bois, etc., Élection de Pont-l'Évêque, maintenu le 31 octobre 1670 : *De sable, à une ancre d'argent, accostée de deux besants du même, et surmontée d'un croissant entre deux étoiles, le tout d'or.*

PEPIN. — Écuyer, sieur de Berville, de Campigny, etc., Élection de Lisieux, maintenu en 1667 : *D'azur, à trois pommes de pin versées d'or.*

PERCAVAL. — Élection de Bayeux, maintenu en 1666 : *De gueules, à la croix potencée d'or, cantonnée de quatre roses d'argent.*

PERCY (DE). — Écuyer, sieur de Montchamps, Maisoncelle, des Fontenelles, de la Vallée, Pinière, etc., Élection de Vire, maintenu en 1666 : *De sable, au chef denché d'or.*

PERCY (DE). — Généralité de Rouen : *D'azur, à deux barbeaux adossés d'argent, accompagnés en chef d'une fleur de lis d'or.*

PERDRIEL. — Écuyer, sieur de Mezillé, du Parc, etc., généralité d'Alençon, maintenu le 1er juin 1666 : *D'azur, à deux perdrix affrontées d'or, surmontées d'une molette d'éperon du même.*

PERDRIEL. — Écuyer, sieur de Boislandry, généralité d'Alençon : *D'argent, à trois perdrix d'azur.*

PERE (LE). — Écuyer, sieur de Gratueil et de Frand, Élection d'Évreux, maintenu en 1666 : *D'azur, au chevron d'or, accompagné de trois gerbes du même.*

PEREUSE (DE LA). — Généralité de Rouen : *Écartelé : aux 1 et 4, d'azur, au lion d'argent; aux 2 et 3, d'azur, à trois pommes de pin d'or.*

PÉRICARD. — Généralité de Rouen : *De gueules, au chef cousu d'azur, chargé de trois molettes d'éperon d'or.*

PÉRIER (DU). — Écuyer, sieur de Beaufranc, Élection d'Andelys, maintenu le 2 septembre 1669 : *D'argent, à la bande d'azur, chargée de trois molettes d'éperon d'or, et accostée de deux lionceaux de sable, celui en pointe contourné; au poirier arraché de sinople, brochant, chargé à la pointe d'une burelle abaissée de gueules.*

PERIER. — Écuyer, sieur du Buisson, Élection de Lisieux : *D'azur, au chevron d'or, accompagné de trois flanchis du même.*

PERIER. — Écuyer, sieur de Launay, de Genevray, de la Chevalerie, des Lans de Lomprey, de Grand-Cœur de Bellemare, des Acres, etc., généralité d'Alençon, maintenu le 16 avril 1667 : *De sable, au chevron d'argent, chargé de trois roses de gueules et accompagné de trois croissants d'or.*

PERIERS. — Écuyer, sieur de Courcy, Élection de Bernay, maintenu le 7 février 1668 : *D'argent, à la bande d'azur, chargée de trois molettes d'éperon d'or, et accostée de deux merlettes de sable.*

PERONNE. — Élection de Coutances : *D'argent, au chevron de gueules, chargé de trois roses du champ, et accompagné de trois croisettes de sable.*

PERRELLE (DE LA). — Élection de Lisieux, maintenu le 8 janvier 1666 : *De sable, à une fasce d'or, accompagnée de trois coquilles de même, 2 en chef et 1 en pointe.*

PERRON (DU). — Seigneur de Benesville, généralité de Rouen, maintenu le 3 mars 1667 : *D'azur, au chevron d'argent, accompagné de trois tours d'or, maçonnées, ouvertes et ajourées de sable.*

PERRONNELLE. — Généralité de Rouen : *De gueules, à trois piliers d'or.*

PERROYS (DES). — Écuyer, sieur du Bouchault, Élection de Lisieux, maintenu le 1er mai 1666 : *D'azur, au chevron d'or, accompagné de trois croisettes ancrées du même; au chef cousu de gueules, chargé de trois molettes d'éperon à six pointes du second émail.*

PERT (DU). — Élection de Coutances, maintenu en 1666 : *D'argent, au lion d'azur.*

PERTON. — Écuyer, sieur d'Ivrande, Élection de Coutances, maintenu en 1666 : *D'azur, fretté d'or.*

PERTUIS ou PERTHUIS (DE). — Chevalier, seigneur d'Éragny : *D'azur, à trois écussons d'argent.*

PERVEL. — Écuyer, sieur de Bedelière, Élection de Verneuil, maintenu le 15 mai 1667 : *D'azur, à une tige de trois pommes de pin versées d'or, surmontées d'une aiglette au vol abaissé du même.*

PESANT (LE). — Écuyer, sieur de Boisguilbert, généralité de Rouen : *D'azur, au chevron d'or, accompagné en chef de deux têtes de lion arrachées, et en pointe d'un cœur, le tout du même.*

PESTEL. — Écuyer, sieur de Saint-Laurens, seigneur de Blésymare, Élection d'Arques, maintenu le 6 février 1668 : *De gueules, à la croix fourchée d'argent.*

PETIT (LE). — Écuyer, sieur de l'Estang, Élection d'Évreux : *D'argent, au chevron de gueules, chargé de quatre croissants du champ, posés dans le sens du chevron et accompagné en chef de deux hures de sanglier affrontées de sable, et en pointe d'un sanglier du même.*

PETIT (LE). — Écuyer, sieur des Ifs, d'Aucoins, etc., généralité de Caen, maintenu en 1666 : *D'azur, à la fasce d'argent, sommée d'un léopard d'or.*

PETIT (LE). — Écuyer, sieur du Vivier, généralité de Caen, maintenu en 1666 : *De gueules, au lion d'or; au chef cousu d'azur, chargé de trois étoiles du second émail.*

PETIT (LE). — Écuyer, sieur de Castillon, Élection de Lisieux, maintenu le 17 avril 1667 : *D'azur, au chevron d'or, accompagné en chef de deux coquilles du même, et en pointe d'une molette d'éperon d'argent.*

PETIT-CŒUR (DE). — Écuyer, sieur de Saint-Vast, Beauvalon, etc., Élection de Bayeux, maintenu en 1666 : *D'argent, au lion de sable, chargé à l'épaule d'un cœur d'or.*

PETREMOL (DE). — Généralité de Rouen : *D'azur, au chevron d'argent, accompagné en chef de deux coquilles d'or, et en pointe d'un lionceau du même.*

PETRON. — Écuyer, sieur de la Caterie, Collombel, Belleville, etc., Élection de Coutances, maintenu en 1666 : *De gueules, au léopard d'or.*

PEVEREL (DE). — Seigneur de Bennecourt, Élection d'Évreux, maintenu le 10 avril 1669 : *D'or, fretté d'azur ; sur le tout d'or, au lion issant de gueules.*

PHILIPPE. — Écuyer, sieur de Glatigny, Élection de Bayeux, maintenu en 1666 : *D'azur, à trois flèches tombantes d'argent.*

PHILIPPE. — Écuyer, sieur des Acres, Beaumont, etc., Élection d'Argentan, maintenu le 30 mars 1666 : *D'argent, à la fasce crénelée de deux pièces de gueules, accompagnée en pointe d'une tête de lion vomissant des flammes du même.*

PHILIPPE. — Écuyer, sieur de Marigny, confirmé le 6 mars 1691 : *D'azur, au chevron d'or, accompagné en chef d'un croissant et d'une étoile d'argent, et en pointe d'un cygne du même.*

PICARD (LE). — Écuyer, sieur de Travoise, Élection d'Andelys : *D'azur, à trois molettes d'éperon d'argent, celle en pointe soutenant un lis épanoui du même.*

PICARD (LE). — Seigneur de Radeval : *De gueules, à trois fers de pique d'argent.*

PICARD (LE). — Écuyer, sieur de Saint-Philbert, Élection d'Arques, maintenu le 11 août 1667 : *D'argent, au lion coupé de gueules et de sinople, s'appuyant sur un arbre arraché du second émail.*

PICORRY. — Écuyer, sieur de Villers, Élection de Conches, maintenu le 31 mai 1666 : *De gueules, à deux fasces d'or, la première accompagnée de trois roses d'argent.*

PICQUET. — Écuyer, sieur d'Aullage, Élection d'Arques, maintenu le 4 avril 1666 : *D'azur, à la bande d'or, chargée de trois molettes de sable, et surmontée d'une abeille du second émail.*

PICQUOD. — Écuyer, sieur de Russy, de Sainte-Honorine, de Brillevast, etc., Élection de Bayeux, maintenu en 1666 : *De gueules, à la croix ancrée d'argent.*

PICQUOT. — Seigneur de Magny, Élection de Falaise, maintenu le 5 mars 1667 : *Tiercé en fasces, au 1, d'azur, à deux macles d'or ; au 2, dentelé par le bas, de gueules ; au 3, d'or, à une macle d'azur.*

PIEDLEVEY. — Écuyer, sieur de la Picardière, Élection de Bayeux, maintenu en 1666 : *D'azur, au chevron d'or, accompagné en chef de deux coquilles du même, et en pointe d'une rose d'argent ; au chef cousu de gueules, chargé de trois molettes d'éperon du second émail.*

PIEDOUE (DE). — Sieur de la Moissonnière, de Charsigné, d'Éritot, etc., généralité de Rouen : *D'or, à deux pieds d'oie passés en sautoir de sable.*

PIENNE (DE). — Écuyer, sieur de Bricqueville, Élection de Coutances, maintenu en 1666 : *D'azur, à la fasce d'or, accompagnée de six billettes rangées du même.*

PIERRE (DE). — Généralité de Rouen : *De gueules, à l'aigle d'or.*

PIERRE (DE LA). — Élection de Falaise : *D'azur, à trois fleurs de lis d'argent ; au chef d'or, chargé de deux palmes en sautoir de sinople, empoignées du second émail.*

PIERRE (DE LA). — Écuyer, sieur de Lavellière, Élection de Verneuil, maintenu le 11 avril 1666 : *D'azur, à trois bandes d'argent.*

PIERREFITTE (DE). — Écuyer, sieur dudit lieu, Élection de Falaise, maintenu le 28 août 1667 : *D'argent, à quatre cotices d'azur ; à la bordure d'argent.*

PIERREPONT (DE). — Écuyer, sieur de Marbœuf, d'Esquay, Saint-Lambert, Cocqueville, etc., Élection de Bayeux, maintenu en 1666 : *De gueules, au chef denché d'or.*

PIERREPONT (DE). — Écuyer, sieur d'Aneville, Élection de Coutances, maintenu en 1666 : *D'azur, à trois pals d'or ; au chef cousu d'argent.*

PIERRES (DE). — Écuyer, sieur de la Poterie, Thuiley, etc., Élection de Lisieux, maintenu le 12 avril 1666 : *D'azur, à deux clefs passées en sautoir d'argent, cantonnées de quatre losanges d'or.*

PIERRES (DE). — Écuyer, sieur de La Haye, Blonderie, etc., Élection de Coutances, maintenu en 1666 : *D'argent, au chevron de gueules, accompagné de trois lionceaux du même, ceux du chef affrontés.*

PIERRES (DE). — Écuyer, sieur de Saint-Jean, Élection de Conches, maintenu le 2 août 1667 : *D'azur, au chevron d'or, accompagné de trois roses du même.*

PIFFAUT. — Écuyer, sieur de la Houssaye, généralité d'Alençon : *D'azur, au chevron d'or, accompagné de trois coquilles d'argent.*

PIGACE. — Écuyer, sieur de Boscroger, de Carentonne, de la Mare, des Fretis, de Montreuil, Laubrière, etc., Élection d'Argentan, maintenu le 3 avril 1667 : *De sable, à la fasce d'argent, accompagnée de trois molettes d'éperon du même.*

PIGACHE (DE). — Sieur de Lamberville, Élections de Bayeux et de Valogne : *D'argent, à trois cornets de gueules.*

PIGACIÈRE (DE LA). — Généralité de Caen, confirmé en 1670 : *D'azur, à la croix d'or, cantonnée, aux 1 et 4, de deux aigles d'argent ; aux 2 et 3, de deux étoiles du même.*

PIGEON (LE). — Écuyer, seigneur de Magneville, baron de Nehou, Élection de Valogne : *De gueules, à trois têtes de pigeons d'or.*

PIGEON DE VIERVILLE (LE). — Élection d'Avranches : *D'or, au chevron d'azur, accompagné de trois pigeons au naturel.*

PIGNY. — Écuyer, sieur de Bimare, généralité de Rouen, maintenu le 15 décembre 1670 : *De gueules, à trois peignes d'or, surmontés d'une croix tréflée de même.*

PIGOUSSE. — Écuyer, sieur de la Roquette, Élection de Valogne, maintenu en 1666 : *D'argent, au chevron de sable, accompagné de trois molettes d'éperon du même.*

PILLAVOINE. — Écuyer, sieur du Coudray, Boisemont, etc., Élection de Gisors, maintenu le 5 décembre 1668 : *D'argent, au lion d'azur, armé et lampassé de gueules, alias : d'or à la bande d'azur.*

PILLEUR (LE). — Écuyer, sieur de la Coudre, Vastenay, Marencourt, Beaussart, du Clos, etc., Élection de Lions, maintenu le 6 août 1668 : *D'azur, au chevron d'or, accompagné de trois têtes de léopard du même.*

PILLIERS. — Écuyer, sieur de Motelles, la Coudrelle, Gentilly, etc., Élection d'Évreux, maintenu le 12 août 1668 : *D'or, au chevron d'azur.*

PILLON. — Seigneur de Tillaye, Élection de Pont-Audemer, maintenu le 6 juin 1670 : *D'or, à la fasce d'azur, accompagnée de trois molettes d'éperon du même.*

PILLON. — Écuyer, sieur de Rougemont, Élection de Carentan, maintenu en 1666 : *D'azur, au chevron d'or, accompagné de trois étoiles du même.*

PILOU. — Écuyer, sieur de Boislandon, Élection d'Argentan, maintenu le 30 avril 1666 : *D'azur, à trois pilons d'or.*

PIN (DU). — Écuyer, sieur du Taillis, de Chauffetu, etc., Élection de Pont-Audemer, maintenu le 21 février 1668 : *D'azur, à trois pommes de pin du même.*

PINASSE. — Écuyer, sieur de Langlescherie, Élection de Domfront, maintenu le 10 juillet 1666 : *Fascé d'argent et de gueules.*

PINEL. — Écuyer, sieur dès Hayes, Élection de Coutances, maintenu en 1666 : *D'or, à la bande de gueules ; au lion de sable, brochant sur le tout.*

PINEL. — Écuyer, sieur de Boispinel, Élection d'Argentan : *D'azur, au sautoir d'or.*

PINEL. — Généralité de Rouen : *D'argent, à trois pommes de pin de sinople.*

PINSON. — Écuyer, sieur de Saint-Rix, Élection de Falaise : *Tiercé en fasces, au 1, de gueules, à une tête de lion d'argent et de sable, à trois losanges d'argent ; au 2, d'argent ; au 3, d'azur, à un pinson d'or.*

PINTHEREAU (DE). — Écuyer, sieur d'Épreville, Élection de Chaumont, maintenu le 14 juillet 1668 : *De gueules, à six molettes d'éperon rangées d'argent.*

PIPERAY (DE). — Écuyer, sieur de Marolles, Élection de Lisieux, maintenu le 9 avril 1666 : *D'argent, à trois têtes de grue de sable; au chef d'azur, chargé de trois molettes d'éperon du champ.*

PISCART. — Écuyer, sieur de Travaille, Élection d'Andelys, maintenu le 23 janvier 1663 : *D'azur, à une fleur de lis d'or, accompagnée de trois molettes d'éperon d'argent.*

PITARD. — Écuyer, sieur de Bouguinière, Boulaye, de Serans, du Bois, etc., Élection d'Argentan, maintenu le 8 août 1666 : *D'argent, au chevron de gueules, accompagné en chef de deux roses du même, et en pointe d'une hure de sanglier de sable.*

PITARD. — Écuyer, sieur de Saint-Jean, Élection de Domfront, maintenu le 24 juillet 1666 : *D'azur, au faucon d'argent, empiétant une perdrix d'or.*

PITON. — Écuyer, sieur de Manoir, de Montrelle, des Fossères, de la Fouquelière, etc., Élection d'Avranches, maintenu en 1666 : *D'argent, à la bande d'azur, frettée du champ et accompagnée de six merlettes de sable en orle.*

PITIBOUT. — Écuyer, sieur de Graffard, Élection de Valogne, maintenu en 1666 : *D'argent, au chevron de gueules, chargé de trois flanchis du champ, et accompagné de trois roses du second émail.*

9

PLACE (LA). — Écuyer, sieur de Fouquenay, de Monbay, de Saint-Étienne, du Rouvray, etc., généralité de Rouen : *D'azur, à trois molettes d'éperon d'or.*

PLACE (DE LA). — Généralité de Rouen : *D'azur, à une molette d'éperon d'or ; au lambel du même.*

PLESSART. — Écuyer, sieur de Couprière, de Pontrilly, de Saint-Martin, généralité de Caen, maintenu en 1666 : *D'argent, au chevron de gueules, accompagné de trois lionceaux de sable, celui à dextre contourné.*

PLESSE (LA). — Écuyer, sieur de Bernecourt, la Houssemagne, de Saint-Mesnil, des Fourneaux, etc., Élection de Conches, maintenu le 9 juin 1667 : *D'argent, au chevron de gueules, accompagné de trois roses du même.*

PLESSIS (DU). — Généralité de Rouen : *Palé d'argent et d'azur ; au chef de gueules.*

PLESSIS (DU). — Écuyer, sieur dudit lieu, Élection de Mortagne : *D'argent, au chevron de sable, accompagné de trois étoiles de gueules.*

PLESSIS (DU). — Écuyer, sieur de Magny, Élection de Falaise, maintenu le 4 janvier 1667 : *D'azur, à trois merlettes d'or.*

PLESSIS (DU). — *D'argent, à la croix de gueules, à trois chevrons du même, brochant sur le tout.*

PLONGEON. — Écuyer, sieur de la Heuse, Élection de Montivilliers : *D'argent, à la fasce d'azur, chargée de trois croisettes d'or, et accompagnée en chef de trois mouchetures de sable, et en pointe de trois merlettes du même.*

PLUVIERS (DE). — Chevalier, seigneur dudit lieu, de la Sarriaye, etc., généralité d'Alençon, maintenu le 6 avril 1667 : *De gueules, à deux fasces d'argent, la première accompagnée de trois étoiles d'or.*

POCRIST. — Écuyer, sieur de Taillepied, de Nonville, Catteville, Portbail, etc., généralité de Caen, maintenu en 1666 : *D'azur, au chevron d'or, accompagné en chef de deux étoiles d'argent, et en pointe d'un croissant du même.*

POIGNEUR (LE). — Écuyer, sieur des Grands-Champs, Élection de Montivilliers, maintenu le 19 septembre 1667 : *De gueules, à trois molettes d'éperon d'or ; au lionceau du même en cœur.*

POILVILAIN (DE). — Écuyer, sieur de Montchauveau, de Crenay, Mizoir, Rochelle, Montrabais, etc., Élection de Domfront, maintenu le 17 août 1666 : *Parti d'or et d'azur.*

POIRIER ou **POËRIER**. — Écuyer, sieur de Franqueville, d'Amfreville, etc., généralité de Rouen, maintenu le 31 décembre 1666 : *D'azur, au chevron d'or accompagné en chef de trois étoiles rangées d'argent, et en pointe d'un croissant du même.*

POISSON. — Écuyer, sieur du Mesnil, de Montenay, Boison, etc., Élection de Pont-l'Évêque, maintenu le 11 janvier 1668 : *De gueules, à trois coquilles d'or, abaissées sous un dauphin d'argent.*

POISSON. — Écuyer, sieur de la Baudière, Élection de Conches, maintenu le 1er septembre 1667 : *De gueules, à trois coquilles d'or ; au dauphin d'argent, posé en cœur.*

POISSON. — Seigneur de Sauxmesnil, Élection de Valogne, maintenu en 1666 : *D'azur, à la fasce d'or, surmontée d'un poisson couronné à l'antique d'argent, sur lequel fond un corbeau du second émail.*

POISSON. — *D'azur, au chevron d'or, accompagné de trois poissons d'argent ; au chef du second, chargé de trois étoiles de gueules.*

POISSY (DE). — Écuyer, sieur de Cléry, Élection de Chaumont, maintenu le 6 juin 1668 : *D'or, au chef de sable.*

POITTEVIN (LE). — Sieur de Launay, de Chaumont, des Ventes, d'Argence, etc., Élection de Valogne, maintenu en 1666 : *De gueules, à trois grappes de raisin d'or ; au croissant d'argent en cœur.*

POLIER ou **PORLIER** (DE). — Écuyer, seigneur de Goupillières, de Rubelles, etc., Élection de Lions, maintenu en 1671 : *D'azur, à une aigle éployée d'or, surmontée d'une triangle d'argent, chargée de trois hermines de sable, et trois hures de sanglier d'or, en chef.*

POLLET. — Élection d'Arques : *De gueules, à trois membres d'aigle d'or.*

POMMARES (DES). — Écuyer, sieur de Limare, Élection de Montivilliers, maintenu le 20 avril 1667 : *D'argent, au pal d'azur, chargé de trois coquilles d'or, et accosté de deux griffons affrontés de sable.*

POMMERAYE (DE LA). — Sieur des Ifs, Élection de Falaise.

POMMERET. — Élection de Lisieux, maintenu le 20 juin 1666 : *D'azur, à un bade-laire et une épée d'argent, garnie d'or, passés en sautoir; au chef d'or, chargé d'un lion léopardé de gueules.*

POMMEREUIL (DE). — Chevalier, seigneur de Moulins, Élection de Conches, maintenu le 1er août 1667 : *De gueules, au chevron d'or, accompagné de trois molettes d'éperon du même.*

POMMOLIN. — Écuyer, sieur des Castenests, Élection de Lisieux, etc. : *D'argent, au chevron de sable, accompagné de trois hures de sanglier du même, celles en chef affrontées.*

PONT (DU). — Écuyer, sieur de Sainneville, généralité de Rouen, maintenu le 13 septembre 1670 : *D'argent, au chef échiqueté d'or et d'azur de trois tires.*

PONT (DU). — Élection de Bayeux : *D'azur, à deux chevrons d'or, accompagnés de trois molettes d'éperon d'argent.*

PONT (DU). — Écuyer, sieur d'Orsgiller, généralité de Caen, maintenu en 1666 : *D'a-zur, à une épée d'argent en pal garnie d'or, couronnée à la royale, et accostée de deux fleurs de lis, le tout du même.*

PONT (DU). — Écuyer, sieur de Vaulion, généralité de Rouen, maintenu le 13 septembre 1667 : *D'azur, au sautoir d'or.*

PONT (DU). — Écuyer, sieur de Saint-Aignan, Lomalherbe, du Quesnay, etc., généralité de Caen, maintenu en 1666 : *De gueules, à deux fasces d'or, la première sur-montée d'un croissant d'argent, la seconde bastillée de trois pièces du second émail.*

PONTAVICE (DE). — Écuyer, sieur de Roufigny, Monjantière, etc., Élection d'Avran-ches, maintenu en 1666 : *D'argent, à un pont de trois arches de gueules.*

PONTHAULT (DE). — Écuyer, sieur de la Motte, du Plessis, de la Mazure, etc., Élec-tion de Domfront, maintenu le 11 août 1666 : *Gironné de sable et d'argent.*

PORC (LE). — Écuyer, sieur du Val-Rosay, de Dranville, Élection d'Arques, maintenu le 5 mai 1669 : *D'argent, à un cor de chasse contourné de gueules, surmonté d'une hure de sanglier de sable.*

PORCHER (LE). — Élection de Bayeux, maintenu en 1666 : *De gueules, à deux fasces d'hermine.*

PORET. — Écuyer, sieur du Tertre, la Hayère, du Fresne, des Préaux, Élection de Fa-laise, maintenu le 21 août 1666 : *D'azur, à trois glands versés d'or.*

PORET DE BLOSSEVILLE. — Élection des Andelys : *D'azur, à trois glands d'or, 2 et 1.*

PORTE (DE LA). — Élection de Gisors : *D'azur, au chevron d'argent, accompagné en chef de deux roses, et en pointe d'une étoile, le tout du même.*

PORTE (DE LA). — Généralité de Rouen : *De gueules, au portail d'or.*

PORTES (DES). — Écuyer, sieur de Guillemail, Élection de Lisieux, maintenu le 30 octobre 1667 : *D'azur, à la croix alésée d'or, accompagnée en chef à sé-nestre de deux annelets rangés, et dans chaque canton de la pointe, d'un annelet, le tout du même.*

PORTIÈRE. — Écuyer, sieur de Beaujouars, Élection de Lisieux : *D'azur, à trois abeilles d'or.*

POSTEL (DE). — Écuyer, sieur du Mesnil, Élection de Pont-de-l'Arche : *D'argent, à trois roses de gueules.*

POSTEL (DE). — Écuyer, sieur des Minières, du Colombier, etc., Élection de Conches, maintenu le 20 juin 1667 : *D'argent, à une colonne de gueules, mise en bande, accostée de trois trèfles de sinople.*

POSTIS (DE). — Écuyer, sieur du Vreil, Élection de Pont-Audemer, maintenu le 2 jan-vier 1669 : *D'azur, à trois rencontres de cerf d'or.*

POTARD. — Sieur de la Ruelle, généralité de Rouen.

POTERIE (DE LA). — Écuyer, sieur dudit lieu, du Clos, etc., Élection d'Évreux, maintenu le 20 octobre 1666 : *D'argent, au tau de gueules, accosté de deux roses du même; au lambel de sable.*

POTERIE (DE LA). — Écuyer, sieur de Pommereux, Élection de Lions, maintenu le 17 décembre 1668 : *D'argent, au tau de sable.*

POTERIE (DE LA). — Écuyer, sieur dudit lieu, Élection de Lions, maintenu le 6 juin 1670 : *D'azur, à la croix potencée d'argent, au lambel du même.*

POTIER. — Écuyer, sieur de Saint-André, de la Vallée, de la Pommeraye, de la Haulle, d'Orval, de Courcy, etc., Élection de Coutances, maintenu en 1666 : *De gueules, à la fasce d'argent, accompagnée de trois croisettes du même, 2 et 1.*

POTIER. — Écuyer, sieur d'Arremanches, de Semilly, etc., Élection de Bayeux, maintenu en 1666 : *De gueules, à l'aigle éployée d'or.*

POTIER. — Élection de Vire, maintenu en 1666 : *De gueules, au chevron d'or, accompagné en chef de deux lionceaux affrontés du même, et en pointe d'une rose d'argent.*

POTIER. — Écuyer, sieur d'Ancourteville, généralité de Rouen, maintenu le 10 avril 1668 : *D'azur, à la bande d'argent, chargée de deux molettes d'éperon de sable, et accompagnée de deux aiglettes éployées d'or.*

POTIER. — Écuyer, sieur du Houllebec, Élection de Pont-Audemer, maintenu le 16 janvier 1669 : *D'azur, à trois rencontres de bœuf d'or.*

POTIN. — Seigneur du Chesne, Élection de Conches, maintenu le 15 juillet 1667 : *D'argent, à la fasce d'azur, accompagnée de six merlettes rangées de sable.*

POUCHET. — Généralité de Rouen : *D'or, au chevron de gueules, accompagné de trois coquilles de sable.*

POULLAIN. — Écuyer, sieur de la Noë, Élection de Pont-Audemer, maintenu le 21 janvier 1667 : *D'argent, à deux lions léopardés de gueules.*

POUPET. — Écuyer, sieur de Saint-Aubin, Vanville, Vily, du Buchot, d'Anneville, la Fontaine, la Croix, la Pesse, du Breuil, etc., Élection de Bayeux, maintenu en 1666 : *D'azur, à la croix pattée et alésée d'or, accompagnée de trois croissants du même.*

PRAEL (DU). — Écuyer, sieur de Surville, Vicomte de Moulins, généralité d'Alençon : *D'argent, au chevron de sable, accompagné de trois trèfles du même.*

PRÉFONTAINE (DE). — Écuyer, sieur du Bois, généralité de Rouen : *De gueules, au lion d'or, la queue fourchée et passée en sautoir; au chef cousu d'azur, chargé d'un soleil d'or, accosté de deux molettes d'éperon du même.*

PRÉPETIT (DE). — Élection de Vire : *De sinople, à la fasce d'argent, accompagnée de trois éperviers d'or.*

PRÉS (DES). — Écuyer, sieur d'Hercules, seigneur du Busc, Élection d'Andelys : *D'azur, à la bande d'argent, chargée de trois tourteaux de sable.*

PRÉS (DES). — Écuyer, sieur de Bebec, Frettemeulle, Sevys, Élection d'Arques, maintenu le 7 janvier 1668 : *D'azur, au chevron d'or, accompagné de trois têtes de léopard d'argent.*

PRÉS (DES). — Écuyer, sieur du Tuillay, Élection d'Arques, maintenu le 18 novembre 1668 : *D'azur, à la bande d'or, accompagnée en chef d'une fleur de lis du même.*

PRESTRE (LE). — Généralité de Caen, maintenu en 1666 : *D'azur, au chevron d'or, accompagné de trois canettes d'argent.*

PRESTREVAL (DE). — Chevalier, marquis de Panilleuse, de Claire, etc., Élection d'Andelys, maintenu le 17 août 1668 : *D'or, à la bande de gueules, chargée de trois besants d'argent.*

PREVOST (LE). — Écuyer, sieur de Fourches, de la Moissonnière, de la Porte, du Fort-Bordage, de Royville, de Sandouville, de Bonneval, etc., Élection d'Argentan, maintenu le 12 août 1667 : *D'azur, au lion rampant d'argent, tenant une hache d'armes du même.*

PREVOST (LE). — Élection de Verneuil : *D2 gueules, à trois besants l'un sur l'autre d'argent, accostés de deux lions affrontés, et accompagnés en chef de trois croissants rangés, le tout du même.*

PREVOST (LE). — Écuyer, sieur de Pissy, généralité de Rouen, maintenu le 16 février 1667 : *D'azur, à trois moutons d'argent.*

PREVOST (LE). — Écuyer, sieur du Bois, Élection de Neufchâtel, maintenu le 18 novembre 1668 : *D'argent, au lion de gueules ; à la bordure du même.*

PREVOST (LE). — Écuyer, sieur de Saint-Martin, la Blance, etc., Élection de Neufchâtel, maintenu le 19 novembre 1669 : *D'azur, à trois soleils d'or.*

PREVOST (LE). — Généralité de Rouen, maintenu le 18 janvier 1668 : *D'or, au chevron d'azur, accompagné de trois larmes de sable; au chef du second émail, chargé de trois molettes d'éperon d'argent.*

PREVOST (LE). — Écuyer, sieur de Coupessart, des Authieux, généralité de Caen, maintenu en 1666 : *De sinople, au chevron d'argent, accompagné en chef de deux roses du même, et en pointe d'un épervier empiétant une alouette, le tout d'or; au chef cousu de gueules, chargé de trois croissants du second émail.*

PREVOST (LE). — Écuyer, sieur de Grandmont, Élection de Valogne, maintenu en 1668 : *Coupé d'azur et de gueules, à trois soleils d'or.*

PREVOST (LE). — Élection de Vire, maintenu en 1666 : *D'argent, au cerf de gueules, passant sur une terrasse de sinople.*

PREVOST (LE). — Écuyer, sieur de Saint-Jean, des Boissans, etc., Élection de Bayeux, maintenu en 1666 : *D'azur, à trois têtes de lion d'or.*

PREVOST (LE). — Écuyer, sieur de Belleperthe et d'Iray, Élection de Mortagne, maintenu le 13 novembre 1667 : *De gueules, à deux fasces d'argent, accompagnées en chef de trois croissants rangés, et en pointe de trois besants, le tout du même.*

PREVOST (LE). — *D'azur, au lion d'or, tenant un sabre d'argent, garni du second émail, la pointe en bas.*

PREVOST (LE). — Écuyer, sieur de Derviers, Élection de Falaise, maintenu le dernier février 1668 : *De sinople, au chevron d'or, accompagné en chef de deux roses d'argent, et en pointe d'un faucon couché sur le dos supportant une aiglette au vol abaissé, le tout du même ; au chef cousu de gueules, chargé d'un croissant d'argent.*

PREVOST. — Écuyer, sieur du Fay, Élection de Bernay : *D'azur, au chevron d'argent, accompagné en chef de deux trèfles et en pointe d'un lionceau, le tout du même.*

PREY (DU). — Élection de Coutances, maintenu en 1666 : *D'azur, à la croix d'or, chargée de neuf écussons de gueules.*

PREY (DU). — Écuyer, sieur de Saint-Vigor, Élection de Falaise, maintenu le 2 avril 1667 : *De sinople, à un palmier arraché d'or, accosté de huit trèfles du même, deux en bas du fût de l'arbre, et six rangés en pal.*

PREY (DU). — Élections de Carentan, de Saint-Pol, etc. : *D'argent, au sautoir dentelé de sable, cantonné de quatre quintefeuilles de gueules.*

PRIEUR (LE). — Élection de Falaise, maintenu le 1er décembre 1667 : *D'azur, à une bisse d'or, entravaillée dans une clef de sable.*

PRINCEY. — Écuyer, sieur des Buissons, Élection de Domfront, maintenu le 31 janvier 1667 : *D'azur, à trois roses d'or.*

PUCHOT. — Écuyer, sieur de Goderville des Alleurs, d'Ourville, Gerponville, Tournetot, etc., Élection de Caudebec, maintenu le 18 juillet 1667 : *D'azur, à l'aigle éployée, au vol abaissé d'or; au chef du même.*

PUIS (DU). — Écuyer, sieur de Montedeline, Élection de Lions, maintenu le 3 janvier 1668 : *D'argent, à trois chevrons de sable, accompagnés de trois merlettes du même.*

PUIS (DU). — Écuyer, sieur de Guimesnil, Sandouville, de Sorant, de Bonneval, etc., Élection de Caudebec, maintenu le 3 février 1668 : *D'argent, à trois fasces de sable, accompagnées de trois merlettes du même.*

PUIS (DU). — Écuyer, sieur d'Hermenouville, Élection de Caudebec, maintenu le 3 février 1667 : *D'argent, à deux fasces de sable, la première accompagnée de trois merlettes du même.*

PUISAYE (DE). — Écuyer, sieur de Beaufossé, la Mesnière, Goisbrie, etc., Élection de Mortagne, maintenu le 11 juillet 1666 : *D'azur, à deux lions léopardés d'or.*

PUTECOSTE. — Écuyer, sieur de Reveillon de Neuvillette, etc., Élection d'Arques, maintenu le 27 août 1666 : *D'argent, ru chevron de gueules, accompagné en chef de six roses, et en pointe d'un lionceau, le tout du même.*

Q

QUAILLA (DE). — Écuyer, sieur des Griottes, Élection d'Arques, maintenu le 26 septembre 1669 : *D'or, au chevron d'azur, accompagné en chef de deux roses de gueules, et en pointe d'un flanchi supportant une croisette, le tout du même.*

QUATREPUITS (DE). — Écuyer, sieur dudit lieu, Élection de Falaise, maintenu le 30 octobre 1666 : *D'azur, à quatre puits d'or.*

QUENOVILLE (DE). — Écuyer, sieur de Faverolles, de Verneuil : *D'azur, à la croix patée d'or.*

QUENOUVILLE (DE). — Écuyer, sieur de Sainte-Claire, Élection de Gisors, maintenu le 4 octobre 1669 : *D'argent, à la croix ancrée de gueules; au chef de sable.*

QUERIERE (DE). — Écuyer, sieur de Bois, de Laval, Élect. de Bernay, maint. le 27 octobre 1667 : *D'argent, au chevron de gueules, accompagné de trois roses du même.*

QUERVILLE (DE). — Élection de Pont-de-l'Arche, maintenu le 6 mars 1666 : *De gueules, au lion d'argent, au chef cousu d'azur, chargé de trois roses d'or.*

QUESNAY (DU). — Écuyer, sieur de Hallotière, Élection de Lions, maintenu le 17 octobre 1666 : *Palé d'argent et de gueules; au chef d'azur, chargé d'une molette d'éperon d'or, accostée de deux merlettes de même.*

QUESNE (DU). — Écuyer, sieur de Toqueville, Guiesville, du Bosc, le Comte, Roumois, Cailloville, Lienneric, du Hamel, Tournetot, Magennerie, Saint-Mars, la Treaumont, Betteville, du Breuil, etc., généralité de Rouen, maintenu le 27 juillet 1666 : *D'argent, au lion de sable.*

QUESNE (DU). — Sieur du Mesnil-Normand, généralité de Caen, maintenu en 1666 : *D'azur, au chevron d'or, accompagné de trois glands de même.*

QUESNEL (DE). — Écuyer, sieur du Torpt, Golleville, etc., Élection de Montivilliers, maintenu en 1667 : *D'or, semé de billettes de gueules.*

QUESNEL (DE). — Écuyer, sieur d'Icquelon, Élection d'Arques, maintenu le 31 décembre 1667 : *De gueules, à trois glands d'or.*

QUESNEL (DU). — Écuyer, sieur du Fresnes, des Brosses, etc., Élection de Conches, maintenu le 13 janvier 1668 : *D'or, à cinq cotices de gueules ; au franc-canton du champ, chargé d'une croix du second émail, surchargé de cinq coquilles d'argent.*

QUESNEL (DU). — Chevalier, seigneur de Coupigny, Élection de Verneuil, maintenu le 17 mars 1667 : *De gueules, à trois quintefeuilles d'or; alias : d'hermine.*

QUESNOY (DU). — Écuyer, sieur de Saint-Germain, Touffreville, de Bosc-Ricard, Élection d'Arques, maintenu le 24 septembre 1669 : *D'or, à l'aigle éployée de sable, becquée et membrée de gueules.*

QUESNOY (DU). — Écuyer, sieur des Messires, du Thuict, Élection d'Évreux, maintenu le 2 mars 1667 : *Echiqueté d'or et d'azur.*

QUESNOY (DU). — Élection d'Avranches : *D'argent, au lion de gueules, à neuf glands de sinople en orle.*

QUETIL. — Écuyer, sieur de Ponthebert, Élection d'Avranches, maintenu en 1666 : *D'argent, à la fasce de gueules, accompagnée de trois roses du même.*

QUEU (LE). — Écuyer, sieur de Vaux, Élection de Falaise, maintenu le 24 juin 1666 : *D'argent, à la fasce d'or, chargée d'un lion léopardé d'azur.*

QUESCES (DES). -- Généralité de Caen : *De gueules, à trois merlettes l'une sur l'autre, d'argent.*

QUIESTEVILLE (DE). — Seigneur d'Anglesqueville, de Bettemesnil, etc., Élection d'Arques, maintenu le 13 avril 1668 : *D'or, au sautoir d'azur, denché de sable.*

QUIEVREMONT (DE). -- Généralité de Rouen : *D'argent, à quatre burelles de gueules, au lion d'or, brochant.*

QUIÈZE. — Élection de Valogne, maintenu en 1666 : *De gueules, à trois canettes l'une sur l'autre d'or.*

QUINCARNON (DE). — Écuyer, sieur de la Chapelle, Boissy, Morainville, etc., Élection d'Evreux, maintenu le 2 avril 1666 : *D'argent, à trois trèfles de sinople.*

QUINCEY (DE). — Seigneur dudit lieu, comte du Saint-Esprit, Élection de Domfront, maintenu le 2 décembre 1667 : *D'argent, à trois hures de sanglier de sable, celle à sénestre en chef contournée; à une aiglette éployée, au vol abaissé du même émail, posée en cœur.*

QUINTANADOINE. — Seigneur de Bosguerard (originaire d'Espagne), maintenu les 13 juillet 1726, 16 mars 1727 et 15 septembre 1728 : *D'argent, à la croix vidée et fleurdelisée de sable, écartelé de gueules, à la fleur de lis d'or.*

R

RABODANGES (DE). — Seigneur dudit lieu, Élection de Falaise, maintenu le 3 mai 1667 : *Écartelé : aux 1 et 4, d'or, à la croix ancrée de gueules; aux 2 et 3, de gueules, à trois coquilles d'or.*

RADULPH (DE). —Écuyer, sieur de la Roche, la Rivière, de Braussain, Lisnaul, Cailly, Mère, Blon, la Chapelle, etc., Élection d'Évreux, maintenu en 1666 : *D'azur, à la fasce d'argent, accompagnée de trois molettes d'éperon d'or.*

RAINES (DE). — Écuyer, sieur de Grandfay, Élection de Mortagne, maintenu le 16 juillet 1667 : *De sable, à trois étoiles d'argent.*

RALLEMONT (DE). — Écuyer, sieur de l'Espinay, la Voue, etc., généralité de Rouen, maint. le 3 décembre 1667 : *De gueules, à trois râles d'or; à la bordure de sable.*

RAOUL. — Écuyer, sieur de la Verdrie, Élection de Mortagne, maintenu le 3 mars 1666 : *De gueules, à la fasce d'or, chargée de trois écussons d'azur.*

RAOULLIN (DE). — Écuyer, sieur de Realcamps, Gueudeville, etc., Élection de Caudebec, maintenu le 5 janvier 1666 : *D'azur, à trois molettes d'éperon de sable.*

RASSENT (DE). — Chevalier, seigneur d'Archelles, de Bois-Robert, Sappaye, Chuvinières, etc., Élection d'Arques, maintenu le 29 février 1669 : *D'azur, au chevron d'argent, chargé de cinq croisettes de sable, posées dans le sens du chevron, et accompagné en chef de deux merlettes du second émail, et en pointe d'une tête de cerf d'or.*

RAULIN (DE). — Généralité de Rouen : *D'or, au chevron de sable, accompagné de trois corneilles du même.*

RAULLIN. — Écuyer sieur de Guduville, généralité de Rouen, maintenu le 5 janvier 1668 : *D'azur, à trois besants d'or.*

RAVALLET. — Élection de Valogne, maintenu en 1666 : *D'azur, à la fasce d'argent, chargée de trois croisettes de gueules, et accompagnée de deux croissants du second émail en chef, et d'une rose du même en pointe.*

RAVEND. —Écuyer, sieur de Saint-Fermant, Élection de Carentan, maintenu en 1666 : *D'azur, au lion contourné et couronné d'or.*

RAVETON (DE). — Écuyer, sieur de Chauvigny, Vitray, etc., Élection de Verneuil, maintenu le 12 avril 1666 : *D'azur, à la fasce d'argent, surmontée d'un léopard d'or.*

REAUME (DE). — Généralité de Rouen : *De gueules, au heaume d'argent.*

REAUTÉ (DE). — Élection de Montivilliers, maintenu le 2 février 1667 : *D'azur, au lion d'argent, tenant un écusson du champ, chargé d'un tau du second émail.*

REBOURS (LE). — Écuyer, Seigneur de Bertrandfosse, Élection de Falaise : *De gueules, à sept losanges d'argent.*

RECUSSON (DE). — Seigneur d'Anouville, de Soret, etc., Élection de Verneuil, maintenu le 27 décembre 1667 : *Fascé de sinople et d'or, à treize fleurs de lis l'un en l'autre; 2, 3, 2, 3, 2 et 1.*

REGNARD. — Écuyer, sieur d'Auzonville, Élection de Caudebec, maintenu le 10 octobre 1667 : *D'azur, à trois maillets d'or.*

REGNARD. — Écuyer, sieur de Coustelaye, du Busc, etc., généralité de Rouen, maintenu le 3 mai 1667 : *D'argent, à une moucheture de sable; au chef de gueules, chargé d'un léopard d'or.*

REGNAULT. — Écuyer, sieur de Segrais, généralité de Caen : *D'azur, au pal d'argent, accosté de deux croisettes de Lorraine du même.*

REGNAULT. — Écuyer, seigneur de Montfermerel, de Bouttemont, etc., maintenu en 1701; Élection de Saint-Lô : *D'argent, à une croix ancrée de sable.*

REGNAULT. — Écuyer, seigneur d'Ambreville, Élection de Falaise : *D'argent, à la fasce d'azur, accompagnée de trois losanges du même.*

RELY (DE). — Écuyer, sieur d'Esquimbosc, du Val, Peintriaux, etc., Élection de Caudebec, maintenu le 24 janvier 1667 : *D'or, à trois chevrons d'azur.*

REMOND. — Seigneur de Saizay, Farceaux, Neuville, du Parc, etc., Élection d'Andelys, maintenu le 23 juillet 1667 : *De sable, semé de molettes d'éperon d'or; au lion du même, brochant.*

REMY (DE). — Écuyer, sieur de Montigny, Fresnaye, Courcelles, seigneur de Rouvray, du Bourg, etc., Élection d'Arques, maintenu le 2 novembre 1667 : *D'hermine, à un écusson de gueules.*

RENEVILLE. — Généralité de Rouen : *D'azur, au chevron de sable, accompagné de cinq molettes du même.*

RENOUARD. — Élection d'Évreux, maintenu le 26 février 1669 : *D'azur, à la fasce d'argent, chargée à dextre d'un croissant de gueules, et à sénestre d'une étoile du même, et surmontée d'un lion léopardé d'or.*

RENTY (DE). — Élection de Vire, maintenu en 1666 : *D'argent, à trois doloires de gueules, celles en chef adossées.*

RESTAULT. — Généralité de Rouen : *De gueules, à trois trèfles d'azur.*

REUCOURT (DE) : *Fascé d'or et de gueules, semé de fleurs de lis de l'un en l'autre.*

REUE (DE LA). — Écuyer, sieur du Bu, Élection de Falaise, maintenu le 29 juillet 1667 : *D'azur, à une roue d'or, au champ cousu de gueules, chargé de trois coquilles du second émail.*

RÉVÉREND (LE). — Chevalier, seigneur du Parc, de Bougy, etc., généralité de Caen : *Écartelé : aux 1 et 4, de sinople, à trois mouches d'or, posées 2 et 1; aux 2 et 3, de gueules, à l'aigle d'argent, au vol éployé.*

REVIERS (DE). — Écuyer, sieur de Sagerie, Élection de Bayeux, maintenu en 1666 : *D'azur, à six losanges de gueules, 3, 2 et 1.*

RIBAULT. — Écuyer, sieur du Mesnil, Beauchamp, Bosc-Bernard, Convain, etc., généralité de Rouen, maintenu le 17 janvier 1668 : *De gueules, à la fasce d'azur chargée de trois besants d'or, et accompagnée de trois croisettes ancrées d'argent.* (Armes à enquerre).

RICARVILLE (DE). — Écuyer, sieur de la Valloine, Élection d'Arques, maintenu le 25 mars 1667 : *D'argent, à la bande de sable, accompagnée de six annelets de gueules, mis en orle.*

RICHER. — Sieur de Saint-Pierre, généralité de Rouen.

RICHER. — Élection d'Avranches, maintenu en 1666 : *De sinople, à la bande d'argent, accostée de deux cotices du même et sommée d'un lion léopardé d'or.*

RICHER. — Écuyer, sieur du Fresne, de Cerisy, de Colombières, etc., Élection de Coutances, maintenu en 1666 : *D'or, à trois chevrons d'azur, chargés chacun de cinq besants du champ.*

RIDEL. — Écuyer, sieur de Moré, de Plainesevette, etc., généralité de Rouen : *De gueules, à trois têtes de lion d'or.*

RIENCOURT (DE). — Écuyer, sieur d'Arleu, seigneur d'Orival, Élection d'Arques, maintenu le 19 mars 1669 : *D'argent, à trois fasces de gueules, frettées d'or.* Cette famille est originaire de Picardie.

RIEUX (DE). — Écuyer, sieur du Gué, du Bois, de la Roche, etc., généralité de Caen, maintenu le 16 août 1666 : *D'azur, au chevron d'or, accompagné de trois croissants d'argent.*

RIGAUDET. — Écuyer, sieur d'Aigrefeuille, des Cottes, du Londel, etc., Élection de Pont-de-l'Arche : *D'argent, au lion de gueules, à l'orle de huit écussons du même.*

RIGOULT. — Écuyer, sieur du Rocher, Élection de Montivilliers, maintenu le 1? mars 1667 : *D'azur, au chevron d'argent, accompagné de trois roses du même.*

RIHOUCY (DE). — Confirmé en 1668 : *De gueules, au chevron d'or, accompa... en chef de deux molettes d'éperon d'azur, et en pointe d'une rose du même.*

RIOULT. — Écuyer, sieur de Bois-Rioult, de Boishébert, du Val, etc., Élection d'Argentan, maintenu le 5 février 1667 : *D'argent, à l'aigle éployée de sable.*

RIOULT. — Écuyer, sieur de Champosoult, d'Ouilly, de Neuville, de Curzay, etc., Élection de Pont-l'Évêque, maintenu le 19 octobre 1666 : *D'azur, à l'aigle éployée de sable, le vol abaissé; à la bordure engrêlée du même.*

RIVES. — Écuyer, sieur de Saint-Aubin, Élection de Gisors, maintenu le 18 novembre 1668 : *D'argent, au sautoir d'azur, cantonné de quatre alérions de gueules.*

RIVIÈRE (DE LA). — Seigneur de Saint-Denis, des Monts, du Thuitubert, Funebret, etc., Élection de Pont-Audemer, maintenu le 21 septembre 1668 : *De gueules, à deux bars adossés en pal d'or, entravaillés dans deux fasces ondées d'azur.*

RIVIÈRE (DE LA). — Généralité de Caen : *D'argent, à trois annelets de sable.*

RIVIÈRE (DE LA). — Écuyer, sieur du Taillis, Élection de Lisieux, maintenu le 3 septembre 1667 : *De sable, semé de fleurs de lis d'argent.*

RIVIÈRE (DE LA). — Seigneur de Missy, Crèvecœur, Romilly, Gouy, du Mesnil, etc., Élection de Vire, maintenu en 1666 : *D'argent, à trois tourteaux de sable.*

ROBILLARD (DE). — Écuyer, sieur de Saint-Ouen, de Beaurepaire, etc., Élection de Falaise, maintenu le 31 mai 1667 : *D'azur, à trois porcs d'argent, ceux en chef rompants et affrontés supportant une fleur de lis d'or.*

ROCHE (LA). — Écuyer, sieur de Saint-Michel, Élection de Verneuil, maintenu le 6 avril 1666 : *D'azur, au chevron d'or, accompagné de trois écussons du même.*

ROCHECHOUARD (DE). — Chevalier, seigneur de la Motte, Élection d'Arques, maintenu le 26 août 1668 : *Fascé nébulé d'argent et de gueules.*

ROCQUE (DE LA). — Écuyer, sieur de Saint-Germain, Boishébert, Élection d'Évreux : *D'azur, à trois roses d'or.*

ROESSE. — Écuyer, sieur de Feuqueray, Beuzevilette, Breaume, etc., Élection de Caudebec, maintenu le 30 octobre 1667 : *De sable, à trois bouteilles d'argent.*

ROGER. — Écuyer, sieur d'Auchy, de Campagnolles, du Mont, de Bournonville, etc., Élection d'Arques, maintenu le 10 février 1667 : *D'argent, à trois léopards de sable, posés 2 et 1, et un chef aussi de sable, chargé de trois roses d'argent.*

ROGER. — Écuyer, sieur de la Choucquais, Élection de Pont-l'Évêque : *D'azur, au sautoir d'or, cantonné de quatre rocs d'échiquier du même.*

ROGERON. — Écuyer, sieur de Préaux, de Maizeray, Élection d'Avranches, maintenu en 1666 : *De gueules, au chevron d'argent; au chef du même, fretté du champ.*

ROGIER. — Écuyer, sieur de Sainte-Croix, Élection de Valogne : *D'argent, au lion léopardé de sinople; coupé d'azur, à trois roses d'argent.*

ROHARD. — Écuyer, sieur de Pigeon, de la Rivière, de Masnières, etc., Élection de Mortain, maintenu le 8 février 1667 : *D'argent, à deux fasces de gueules, la première surmontée d'une étoile, la seconde de deux roses, le tout du même; en pointe un poignard, accosté de deux mouchetures de sable.*

ROMÉ (DE). — Seigneur de Fresquienne, du Bocage, etc., généralité de Rouen, maintenu le 28 décembre 1667 : *D'azur, au chevron d'or, accompagné en chef de deux étoiles, et en pointe d'un loup, le tout du même.*

ROMERÉ. — Élection de Lisieux, maintenu le 30 novembre 1667 : *D'or, à l'arbre terrassé de sinople; au loup de sable, brochant.*

ROMILLY (DE). — Écuyer, sieur de la Motte, Héraye, de la Chapelle, etc., Élections d'Avranches et de Mortain, maintenu en 1666 : *D'azur, à deux léopards d'or.*

RONCHEROLLES (DE). — Sire dudit lieu, premier baron de Normandie, barons de Heuqueville, marquis de Pont-Saint-Pierre, comtes de Cizey, seigneurs de Planquery, etc., généralité de Rouen : *D'argent, à deux fasces de gueules.*

RONCHEROLLES (DE). — Écuyer, sieur de la Mare, Élection de Caudebec, maintenu le 19 juillet 1667 : *D'argent, à trois merlettes de sable.*

RONNAY. — Écuyer, sieur du Mesnil-Roulet, seigneur dudit lieu, Élection de Falaise, maintenu le 22 avril 1667 : *Coupé de gueules et d'argent, à trois losanges de l'un en l'autre.*

RONTIER. — Écuyer, sieur de Courseulles, Élection de Lions, maintenu le 4 août 1668 : *D'argent, à la fasce de gueules, chargée d'une fasce du champ, frettée du second émail; en pointe, trois barres raccourcies de gueules.*

ROQUE (DE LA). — Seigneur de Bernières, du Mesnilbert, de la Loutière, du Chesne, etc., Élection de Vire, maintenu le 7 avril 1667 : *D'azur, à un rocher d'or, surmonté d'un croissant d'argent.*

ROQUE (LA). — Chevalier, marquis de Gravelines, Élection d'Andelys : *Écartelé : aux 1 et 4, de gueules, à la tour d'argent, maçonnée de sable ; aux 2 et 3, d'azur, à trois bandes d'or.*

ROQUE (DE LA). — Écuyer, sieur de Genetay, Élection de Rouen : *D'azur, à trois rochers d'argent et une étoile du même en cœur.*

ROQUE (DE LA). — Généralité de Rouen : *Écartelé : aux 1 et 4, de gueules, à trois roches d'or; aux 2 et 3, d'azur, à trois roses d'argent; sur le tout d'argent, à une flamme de gueules, surmontant un vase de sable.*

ROQUIGNY (DE). — Seigneur de Craville, Roquefort, etc., Élection d'Arques, maintenu le 29 juillet 1667 : *D'argent, à trois fers de lance émoussés de sable.*

ROQUIGNY DE BULONDE (DE). — *D'argent, à trois fleurs de lis, au pied nourri de sable.*

ROSE (DE). — Seigneur de Longchamps : *De gueules, à la croix d'or; les trois premières branches fleurdelisées, la dernière pommetée; cantonnée de quatre trèfles d'argent.*

ROSÉE. — Écuyer, sieur d'Infreville, Coutrille, etc., Élection de Falaise, maintenu le 3 février 1667 : *De gueules, à la bande de vair, accostée de deux lionceaux d'or.*

ROSEL (DU). — Écuyer, sieur de la Motte, de Saint-Germain de Crioult, de Vaudry, etc., Élection de Falaise, maintenu le 11 juin 1666 : *De gueules, à trois roses d'argent, 2 et 1.*

ROSEL (DU). — Élection de Valogne, maintenu en 1666 : *D'argent, à la fleur de lis de sable, accompagnée de trois rameaux de sinople.*

ROSETTE. — Élection de Valogne : *D'argent, à trois fasces d'azur, au chevron d'argent brochant sur le tout.*

ROSNIVINEN (DE). — Écuyer, sieur de Chamboy, Élection d'Argentan, maintenu le 10 avril 1666 : *D'or, à une hure de sanglier de sable, défendue de gueules.*

ROTOUREL. — Écuyer, sieur de Chesnay, Bonneville, Sainte-Croix, etc., généralité d'Alençon, maintenu le 1er juillet 1667 : *D'azur, à trois besants d'argent.*

ROTOURS (DES). — Écuyer, baron de Chaulieu, seigneur des Rotours, du Sacq, de la Chaux, etc., Élection de Vire, maintenu en 1667 : *D'azur, à trois besants d'argent.*

ROUAULT. — Écuyer, sieur des Vaux, généralité de Caen, maintenu en 1666 : *Palé d'azur et d'or.*

ROUEN (DE). — Sieur de Commanville, de Bermonville, de Saint-Ouen, etc., généralité de Rouen, maintenu le 24 septembre 1669 : *D'azur, au chevron d'or, accompagné en pointe d'une roue du même ; au chef engrêlé d'argent, chargé de trois molettes d'éperon de gueules.*

ROUGE (LE). — Écuyer, sieur de Saint-Michel, Élection de Montivilliers, maintenu le 19 mars 1669 : *D'argent, au chevron d'azur, surmonté d'un soleil de pourpre, et accompagné de trois croissants de sable, soutenant chacun une feuille de houx de sinople.*

ROUGEULE. — Généralité de Rouen : *De gueules, au chevron d'or, accompagné de trois chouettes d'argent.*

ROUIL. — Écuyer, sieur des Corchets, Élection d'Évreux : *D'hermine, au chef de gueules, chargé de trois fers de cheval d'argent.*

ROUIL (DU). — Écuyer, sieur de Bray, Élection de Lisieux, maintenu le 11 avril 1666 : *De gueules, à une demi-fasce d'argent, mouvante de dextre, chargée de trois mouchetures de sable, et un demi-chevron du second émail à sénestre; le tout accompagné de trois fers de cheval d'or.*

ROUSSEL (DE). — Écuyer, sieur du Fief Brunet, des Jardins, etc., Élection de Coutances, maintenu le 13 février 1694 : *D'argent, au chevron d'azur, accompagné en chef, à dextre, d'une molette d'éperon de sable; à sénestre, de trois petits poissons l'un sur l'autre de sinople, le second contre-passant, et en pointe d'un croissant de gueules.*

ROUSSEL. — Écuyer, sieur de la Bastre, Élection d'Andelys, maintenu le 13 août 1668 : *D'azur, à trois têtes de léopard d'or.*

ROUSSEL. — Écuyer, sieur du Lot, etc., Élection d'Argentan, maintenu le 12 mai 1669 : *D'azur, à la croix denchée d'or, cantonnée de quatre aiglettes éployées au vol abaissé et couronnées du même.*

ROUSSEL (DE). — Chevalier, baron de Goderville, sieur d'Erneville, Élection de Montivilliers, maintenu le 11 juillet 1667 : *Palé d'or et d'azur de six pièces; au chef de gueules, chargé de trois merlettes d'argent.*

ROUSSELIN. — Écuyer, sieur du Haut-Bourg, Élection de Carentan, maintenu en 1666 : *D'or, à un sauvage de sable tenant une massue de gueules.*

ROUVERAYE (DE LA). — Écuyer, sieur du Buisson, Élection de Gisors, maintenu le 18 mars 1669 : *D'azur, à trois mains sénestres d'argent.*

ROUVERAYE (DE). — Écuyer, sieur de la Picaudière, Élection de Lisieux, maintenu le 20 juillet 1667 : *D'azur, au chevron d'argent, accompagné de trois mains sénestres du même.*

ROUVERT. — Écuyer, sieur de Saint-Laurent, Élection de Falaise : *D'hermine, au chevron de gueules, accompagné de trois roses du même.*

ROUVES (DE). — Écuyer, sieur de Chebonvillier, Élection de Verneuil, maintenu le 24 mai 1667 : *De sable, à deux fasces d'or, celle en chef surmontée de trois coquilles du même.*

ROUVILLE (DE). — Généralité de Rouen : *D'or, au lion couronné d'azur.*

ROUVRAY (DE). — Écuyer, sieur de la Lande, Élection de Chaumont, maintenu le 27 mars 1669 : *Fascé d'or et d'azur de huit pièces; au lion de gueules, armé, lampassé et couronné d'argent, brochant.*

ROUVROY (DE). — Écuyer, sieur de Saint-Simon, Marquis de Sandricourt, seigneur d'Imblinville, Élection de Gisors, maintenu le 23 juillet 1668 : *Écartelé : au 1, échiqueté d'or et d'azur; au chef d'azur, chargé de trois fleurs de lis d'or; au 2, d'or, au chevron de gueules, accompagné de trois aiglettes d'azur; au 3, d'or, à la croix de gueules, cantonnée de seize alérions d'azur; au 4, d'or, au créquier de gueules; sur le tout de sable, à la croix d'argent, chargée de cinq coquilles de gueules.*

ROUX (LE). — Écuyer, sieur de l'Esprevier, Neuville, d'Acquigny, etc., Élection de Montivilliers, maintenu le 19 février 1668 : *De sable, à la fasce d'argent, chargée de trois croisettes du champ, et accompagnée de trois molettes d'éperon d'or.*

ROUX (LE). — Écuyer, sieur du Tranchant, d'Ignauville, Élection d'Évreux, maintenu le 14 septembre 1667 : *Échiqueté d'argent et d'azur.*

ROUX (LE). — Écuyer, sieur du Coudray, Jourville, Montaillé, d'Arcambourg, etc., Élection de Montivilliers, maintenu le 8 février 1668 : *De sable, au léopard d'or, accompagné de trois roses du même.*

ROUX (LE). — Écuyer, sieur de Langrie et du Buisson, Élection de Bayeux, maintenu en 1666 : *Coupé, au 1er, fascé d'or et d'azur de quatre pièces ; au 2e, d'azur, à trois molettes d'éperon d'or.*

ROUX (LE). — Chevalier, baron d'Esneval, généralité de Rouen : *D'azur, au chevron d'argent, accompagné de trois têtes de léopard d'or.*

ROUX (LE). — Écuyer, sieur de la Haye-Coulisse, Élection de Coutances, maintenu en 1666 : *De gueules, au chevron d'or, accompagné de trois coquilles du même.*

ROUX (LE). — Écuyer, sieur de Groville, Élection de Valogne, maintenu en 1666 : *D'azur, à trois fasces d'argent, au chevron de gueules.*

ROUX (LE). — Écuyer, sieur de Dozeville, Montmart, Tocqueville, Giberpré, etc., Élection de Coutances, maintenu en 1666 : *D'azur, au chevron d'or, accompagné de trois roses d'argent.*

ROUXEL DE MEDAVY. — Chevalier, seigneur de Medavy : *D'argent, à trois coqs de gueules, crétés, membrés et becqués d'or.*

ROUY (DE). — Généralité de Rouen : *Fascé d'or et de gueules.*

ROY (LE). — Écuyer, sieur de Bourdainville, généralité de Rouen, maintenu le 11 mars 1669 : *D'argent, fretté de gueules ; au léopard de sable, brochant.*

ROY (LE). — Écuyer, sieur de Pottonville, généralité de Rouen, maintenu le 28 janvier 1668 : *D'hermine, à la fasce de sinople ; au chef d'or, chargé d'un lion léopardé de gueules.*

ROY (LE). — Écuyer, sieur de Laval et de Lessart, Élection de Lions, maintenu le 9 juillet 1667 : *De gueules, à un écusson d'argent, chargé d'une fleur de lis de sinople, et accompagné de six besants d'or, 3, 2 et 1.*

ROY (LE). — Écuyer, sieur de Mé, d'Aplemont, etc., généralité de Rouen, maintenu le 16 mars 1668 : *D'azur, à l'aigle éployée, au vol abaissé d'or.*

ROY (LE). — Seigneur du Bois, d'Heudreville, de Mannetot, Élection de Pont-de-l'Arche : *Fascé d'or et de gueules, à dix-sept fleurs de lis de l'un en l'autre, 3, 4, 3, 4, 2 et 1.*

ROY (LE). — Écuyer, sieur de Surville, du Part, etc., Élection de Bayeux, maintenu en 1666 : *D'argent, à trois merlettes de sable.*

ROY (LE). — Écuyer, sieur de Saint-Sauveur, Élection de Bayeux, maintenu en 1666 : *De gueules, à deux lions affrontés d'or.*

ROY (LE). — Écuyer, sieur de Brée, du Manoir, etc., Élection de Bayeux, maintenu en 1666 : *D'argent, à trois roses de gueules, boutonnées d'or.*

ROY (LE). — Seigneur de Bacqueville, de la Poterie, de la Mare-Auteuil, etc., généralité de Rouen : *D'azur, à un chevron d'or, accompagné de trois ombres de soleil du même, à huit rayons ondés, posés 2 et 1.*

ROY (LE). — Écuyer, seigneur de la Grange : *D'argent, au chevron d'azur, accompagné de trois roitelets au naturel.*

ROY (LE). — Écuyer, sieur de Cerqueu, Montaupin, généralité d'Alençon, maintenu le 25 juin 1667 : *D'argent, à trois chevrons de sable ; à la fasce de gueules, brochante sur le tout.*

ROY (LE). — Écuyer, sieur de Boscande, Élection de Lisieux, maintenu le 13 mai 1666 : *D'argent, à trois aigles au vol abaissé de gueules.*

ROYER (LE). — Écuyer, sieur du Couldré, Élection de Falaise, maintenu le 12 juillet 1666 : *De gueules, à trois fasces d'argent.*

ROYERS (DE). — Seigneur de Bussolière, de la Tournerie, etc., Élection de Domfront, maintenu le 17 mars 1666 : *D'or, à une fleur de lis de gueules, abaissée sous deux merlettes affrontées de sable.*

ROYVILLE (DE). — Écuyer, sieur de Cérisy, Élection de Bayeux, maintenu le 2 juillet 1666 : *D'or, à l'aigle de sable à deux têtes.*

ROZE (DU). — Écuyer, sieur de Cosferie, Saint-Germain, Gressillier, etc., Élection de Vire, maintenu en 1666 : *De gueules, à trois roses d'argent.*

RUALLENT. — Écuyer, sieur des Montes, Élection de Valogne, maintenu en 1666 : *D'argent, au sautoir de gueules, cantonné aux trois cantons de neuf feuilles de laurier de sinople, 2 et 1, et au dernier de quatre feuilles du même.*

RUAULT. — Écuyer, sieur de la Bonnerie, généralité d'Alençon, maintenu le 1er septembre 1667 : *D'argent, au lion rampant de sable.*

RUAULT. — Élection de Vire, maintenu en 1666 : *D'azur, au chef d'or; au lion de sable, armé et lampassé de gueules, brochant.*

RUAULT. — Généralité de Caen, maintenu en 1666 : *D'azur, à trois coquilles d'or; en chef, trois croisettes rangées du même.*

RUE (DE LA). — Écuyer, sieur du Mesnillet, Saint-Aubin, Belloy, d'Espinay, Campdeau, Gaillardbois, la Falaise, Bernapré, Hercourt, la Divers, seigneur de la Mote, Élection d'Arques, maintenu le 18 septembre 1668 : *D'argent, à trois fasces de gueules.*

RUE (DE LA). — Sieur de la Bazoche, généralité de Rouen.

RUE (DE LA). — Écuyer, sieur de la Fontaine, Élection d'Argentan, maintenu le 12 novembre 1666 : *D'argent, à trois feuilles de rue de sinople.*

RUEL (DU). — Écuyer, sieur de Mouville, Fontenay, etc., Élection de Montivilliers, maintenu le 9 juillet 1667 : *D'or, au lion naissant de gueules.*

RUEL. — Écuyer, sieur de Launay, de Belle-Isle, etc., généralité d'Alençon : *D'or, à quatre aiglettes au vol abaissé de gueules.*

RUFFRÉ (DE). — Écuyer, sieur de Dugué-Laurent, de Bonneville, etc., Élection de Mortagne, maintenu le 12 mai 1666 : *D'azur, à deux aiglettes d'or, abaissées sous six étoiles rangées du même.*

RUNES (DE). — Seigneur de Grest, de Bessenoy, d'Aussemer, de Saint-Aubin, Élection de Neufchâtel, maintenu le 3 octobre 1669 : *D'argent, au sautoir d'azur, cantonné de quatre alérions de gueules.*

RUPIERRE (DE). — Écuyer, sieur de Glos, Seigneur de Pierrefite, de Canapville, de Mardilly, etc., Élection de Pont-Audemer, maintenu le 19 septembre 1666 : *Palé d'or et d'azur.*

RUSSY (DE). — Élection de Verneuil, maintenu le 8 janvier 1667 : *De gueules, à la croix ancrée d'argent.*

S

SAANE (DE). — Généralité de Rouen : *Gironné d'argent et d'azur, de quatorze pièces; à l'écusson de sable en cœur.*

SABIN E. — Écuyer, sieur de Tresnay, seigneur de la Quiesce, Élection de Bayeux; maintenu en 1666 : *D'argent, à deux fasces, l'une d'azur et l'autre de gueules, à une aiglette de sable, brochant sur la première fasce.*

SABOUREUX. — Écuyer, sieur de la Norais, Élection de Montivilliers, maintenu le 26 mai 1668 : *Écartelé, au 1, d'or, au chevron d'azur, accompagné en pointe d'un croissant de gueules; au 2, d'argent, à un rosier tigé, feuillé et terrassé de sinople, fleuri de trois roses mal ordonnées de gueules; au 3, d'azur, à trois trèfles d'or, rangés en fasce; au 4, d'or, à deux fasces de gueules, au lion d'argent, brochant; sur le tout de sable, à la bande écotée d'or.*

SABREVOIS (DE). — Écuyer, seigneur de Boisvissard, Élection de Verneuil, maintenu le 4 août 1667 : *D'argent, à la fasce de gueules, accompagnée de six roses rangées du même.*

SAFFRAY. — Seigneur d'Esesville, Vimont, d'Anneville, etc., Élection de Falaise, maintenu le 24 février 1668 : *D'argent, à trois fasces ondées de gueules.*

SAILLY (DE). — Écuyer, sieur dudit lieu et de la Bouillaye, Élection d'Évreux : *D'azur, à trois têtes de butor d'argent.*

SAILLY (DE). — Seigneur de Berval, généralité de Rouen : *De gueules, à la fasce d'or, chargée de trois croisettes de sable, et accompagnée de trois têtes de butor d'or.*

SAINT-AIGNAN (DE). — Écuyer, sieur de la Grimonnière, de Launay, de la Lisotière, Boisrives, etc., généralité d'Alençon, maintenu le 4 avril 1666 : *D'argent, à trois feuilles de chêne de sinople.*

SAINT-AUBIN (DE). — Écuyer, sieur dudit lieu, Élection de Verneuil, maintenu le 27 novembre 1667 : *D'or, au sautoir de sable, cantonné de quatre merlettes du même.*

SAINT-BOSMER (DE). — Écuyer, sieur de Corneille, de la Bourdonnière, etc., Élection de Falaise.

SAINT-BOSNIER (DE). — Seigneur du Mesnil, Coruant, la Mue, etc., Élection d'Évreux, maintenu le 22 mars 1670 : *D'or, fretté de gueules; au franc canton de sable.*

SAINT-CLAIR (DE). — Écuyer, sieur de Rengenilles, Élection de Verneuil, maintenu le 16 avril 1667 : *De gueules, à la fasce d'or, chargée à sénestre d'un croissant du champ, et surmontée à dextre d'une fleur de lis du second émail.*

SAINT-CLAIR (DE). — Écuyer, sieur de Lassinel, Élection de Lisieux, maintenu le 3 octobre 1669 : *D'argent, à la croix engrélée d'azur.*

SAINT-DELLYS. — Écuyer, seigneur de Heucourt, Élections de Gisors et Pontoise, maintenu le 2 mars 1671 : *De sinople, à l'épervier d'or, empiétant une perdrix du même.*

SAINT-DENIS (DE). — Écuyer, sieur de Vervaine, la Touche, Piace, Vangoux, la Roche, etc., généralité d'Alençon, maintenu le 22 août 1666 : *De sable, fretté d'argent; au chef d'argent, chargé d'un léopard de gueules.*

SAINT-DENIS (DE). — Élection de Coutances : *D'or, à la quintefeuille de gueules.*

SAINT-DENIS (DE). — Écuyer, sieur de la Touche, Élection de Verneuil : *De sinople, au chevron d'or, accompagné de trois molettes d'éperon du même.*

SAINTE-MARIE (DE). — Écuyer, seigneur d'Agneaux, de Sainte-Marie-Outre-l'Eau, baron de Bethomas, de Pont-Farcy, etc., Élection de Saint-Lô, maintenu en 1666 : *Écartelé d'or et d'azur.*

SAINTE-MARIE (DE). — Élection de Falaise : *De gueules, à la fleur de lis d'argent.*

SAINTE-MARIE (DE). — Écuyer, sieur d'Equilly, d'Auvers, etc., généralité de Caen, maintenu en 1666 : *D'argent, à deux fasces d'azur, accompagnées de six merlettes de gueules.*

SAINTE-MÈRE-ÉGLISE (DE). — Écuyer, sieur d'Omonville, Élection de Valogne, maintenu en 1666 : *D'azur, à six aiglettes d'or.*

SAINT-GERMAIN (DE). — Seigneur de Perigny, Élection de Mortain, maintenu en 1666 : *De gueules, à trois besants d'argent.*

SAINT-GERMAIN (DE). — Écuyer, sieur du Post, la Huderie, Élection de Falaise, maintenu le 18 avril 1667 : *De gueules, à la fleur de lis d'argent.*

SAINT-GERMAIN (DE). — Chevalier, seigneur de Colières, d'Antremont, etc., Élections de Conches et de Vire, maintenu le 11 août 1667 : *De gueules, au chevron d'argent, accompagné de trois besants du même.*

SAINT-GERMAIN (DE). — Écuyer, sieur du Breuil et de Dameville, généralité de Rouen.

SAINT-GILLES (DE). — Seigneur de Vazeville, du Mesnil, Fleury, etc., Élection de Valogne, maintenu le 26 août 1666 : *D'azur, à l'aigle d'or à deux têtes, becquée et membrée de gueules.*

SAINT-LAURENT (DE). — Écuyer, sieur de Quettreville, Malpère, etc., Élection de Falaise, maintenu en 1666 : *D'azur, au chevron d'or, au chef cousu de sable, chargé de trois étoiles du second émail.*

SAINT-LAURENT (DE). — Généralité de Rouen : *De sable, à trois mains d'or.*

SAINT-LOUP (DE). — Écuyer, sieur dudit lieu, Élection de Lisieux, maintenu le 8 janvier 1667 : *D'azur, au loup d'argent.*

SAINT-MANVIEUX (DE). — Écuyer, sieur de la Mortière, Élection de Mortain, maintenu en 1666 : *De gueules, fretté d'argent; au franc canton d'hermine.*

SAINT-MARTIN (DE). — Écuyer, sieur de la Pilette, des Fourches, d'Abbeville, etc., Élection d'Argentan, maintenu le 28 août 1666 : *D'azur, à deux chevrons d'or, accompagnés de trois grappes de raisin du même.*

SAINT-MARTIN (DE). — Écuyer, sieur de Cavigny, Élection de Saint-Lô, maintenu en 1666 : *De sinople, à trois glands d'or; au chef cousu de gueules, chargé de trois coquilles d'argent.*

SAINT-MARTIN-LE-GAILLARD (DE). — *D'or, semé de billettes de gueules.*

SAINT-OUEN (DE). — Seigneur de Folleny, d'Ernemont, de Launoy, de Gourchelles, de Pierrecourt, de la Haye, etc., Élection d'Arques, maintenu le 1er décembre 1667 : *D'azur, au sautoir d'argent, cantonné de quatre aiglettes au vol abaissé du même.*

SAINT-PAIR (DE). — Écuyer, sieur de Logerie, Tripellerie, Glometo, etc., Élection d'Avranches, maintenu en 1666 : *D'argent, à trois losanges de gueules, chargées chacune d'un lionceau d'or.*

SAINT-PAUL (DE). — Écuyer, sieur de Masle, Élection de Mortain, maintenu le 4 janvier 1667 : *D'argent, au sautoir dentelé de sable.*

SAINT-PAUL (DE). — Seigneur de Neaufle, Élection d'Évreux, maintenu le 12 septembre 1666 : *D'argent, au sautoir dentelé de sable, accompagné au premier canton de trois roses de gueules.*

SAINT-PIERRE (DE). — Seigneur de Saint-Julien, de Mailloc, etc., Élection de Pont-Audemer, maintenu le 12 septembre 1668 : *D'azur, au chevron d'or, accompagné de trois roses du même.*

SAINT-PIERRE (DE). — Écuyer, sieur dudit lieu, Élection de Lisieux, maintenu le 27 mai 1667 : *D'azur, à trois roses d'or.*

SAINT-QUENTIN (DE). — Élection de Carentan, maintenu en 1666 : *D'azur, au chevron d'or, accompagné en chef de deux croissants d'argent.*

SAINT-REMY (DE). — Écuyer, sieur de la Motte, Élection de Falaise, maintenu le 3 avril 1667 : *De sable, au chevron d'argent, accompagné de trois fleurs de lis d'or.*

SAINT-SAUVEUR (DE). — Écuyer, sieur dudit lieu, Élection de Vire, maintenu en 1666 : *D'argent, au chevron d'azur, accompagné en chef de deux étoiles de gueules, et en pointe d'une rose du même.*

SAINT-SIMON (DE). — Chevalier, marquis de Courtomer, Élection de Carentan : *De sinople, à trois lionceaux d'argent.*

SAINT-YON (DE). — Généralité de Rouen : *D'azur, à la croix losangée d'or et de gueules, cantonnée de quatre cloches d'or, bataillées d'azur.*

SALCÈDE (DE). — Élection de Pont-l'Évêque : *D'azur, au sautoir d'or, accompagné au premier canton d'un lambel, aux trois autres d'un alérion, le tout du même.*

SALLEN (DE). — Élection de Bayeux, maintenu en 1666 : *D'azur, à la fasce d'argent, accompagnée de trois annelets du même.*

SALLET. — Écuyer, sieur du Repas, Élection de Falaise, maintenu le 1er novembre 1667 : *D'argent, à un cœur de gueules, abaissé sous deux roses du même.*

SALLEY. — Écuyer, sieur de Collebosc, Élection de Montivilliers, maintenu le 1er décembre 1667 : *D'azur, à trois roses d'argent.*

SALNOE (DE). — Écuyer, sieur de Fontaine, du Mesnil, etc., Élection d'Évreux, maintenu le 26 août 1666 : *D'argent, au lion de sable, la queue fourchée et passée en sautoir, au chef de gueules.*

SAMAY. — Chevalier, seigneur de la Goutte, Élection de Mortagne, maintenu le 4 février 1667 : *D'argent, à trois tourteaux de sable.*

SANSON (DE). — Élection de Coutances, maintenu en 1666 : *D'azur, à trois bourses d'or.*

SANSON. — Écuyer, sieur de Groucy, du Bosc, de la Vallée, etc., Élection de Carentan, maintenu en 1666 : *D'azur, à trois faucons longés d'or.*

SANSON. — Écuyer, sieur de Bois-Richard, Élection de Verneuil : *D'azur, au chevron d'argent, surmonté d'un croissant d'or, et accompagné de trois bourses du même.*

SAON. — Écuyer, sieur de la Garenne, Élection de Bayeux, maintenu en 1666 : *D'azur, à trois roses d'argent.*

SARCILLY (DE). — Écuyer, sieur d'Ernes, Élection de Falaise, maintenu le 25 mai 1667 : *Écartelé, aux 1 et 4, d'argent, à une moucheture de sable ; aux 2 et 3, d'argent, à trois fasces de gueules, accompagnées de six merlettes de sable.*

SARCUS (DE). — Écuyer, sieur de Freviller, Élection de Neufchâtel, maintenu le 25 août 1668 : *De gueules, au sautoir d'argent, cantonné de quatre merlettes du même.*

SAREVILLIERS. — Écuyer, sieur de Bruncoste, Élection de Neufchâtel, maintenu le 3 janvier 1668 : *D'argent, à la croix de sable, frettée d'or.*

SARREAU (DE). — Généralité de Rouen : *D'azur, à trois membres de griffon d'or.*

SART (DU). — Écuyer, sieur de Tury, Élection de Caudebec, maintenu le 4 janvier 1669 : *De gueules, à la bande vivrée d'argent.*

SAUCEY (DE). — Écuyer, sieur de Saurry, Élection d'Avranches, maintenu en 1666 : *D'azur, à un fer de lance d'or, surmonté de deux molettes d'éperon d'argent.*

SAUCQUES (DE). — Généralité de Caen, maintenu en 1666 : *D'argent, à deux fasces de sable.*

SAUDRET (DE). — Écuyer, sieur de Triannon, Bellemare, etc., Élection de Pont-l'Évêque, maintenu le 2 janvier 1668 : *De gueules, au lion rampant d'argent.*

SAUMARESCQ. — Élection de Valogne, maintenu en 1666 : *D'azur, au chevron d'argent, surmonté d'une tête de léopard d'or, et accompagné de trois tours du même.*

SAUSSAY (LE). — Écuyer, sieur de la Chapelle, de Saint-Clair, de Longval, des Bois-Feuilliers, de Servigny, etc., Élection de Pont-l'Évêque : *D'hermine, au sautoir de gueules.*

SAUVAGE (LE). — Élection de Valogne : *D'azur, au tronc d'arbre d'argent, accompagné en chef de deux glands d'or, et en pointe de deux feuilles de chêne du second émail.*

SAUVAGÈRE (DE LA). — Écuyer, sieur de Cirfontaine, Élection de Lisieux, maintenu le 3 avril 1666 : *Parti, au 1, coupé d'or, à une tour de sable, et d'or, à trois fasces ondées d'azur ; au 2, d'argent, au lion de gueules.*

SAVIGNY (DE), *alias* LE CAMBIER. — Écuyer, sieur du Mesnil, du Coudray, de Beauprey, etc., Élection de Caudebec, maintenu en 1666 : *De sable, à la fasce d'argent, accompagnée de trois merlettes du même.*

SCARON. — Chevalier, seigneur de Bonneville, Élection d'Évreux, maintenu le 11 septembre 1666.

SCELLES (DE). — Écuyer, sieur de la Mothe, Élection de Bayeux, maintenu en 1666 : *Écartelé : aux 1 et 4, d'or, au lion de sable ; aux 2 et 3, de gueules, à une fleur de lis d'argent.*

SCELLES (DE). — Écuyer, sieur d'Artilly, Élection de Carentan, maintenu en 1666 : *De gueules, à trois fermaux d'argent.*

SCELLES (DE). — Écuyer, sieur de Maniveu, Élection de Bayeux, maintenu en 1666 : *D'argent, au chevron de gueules, accompagné de trois lionceaux de sable.*

SCODENOT. — Écuyer, sieur des Hayes, généralité d'Alençon, maintenu le 31 mai 1666 : *D'azur, à trois oiseaux de proie d'argent, la tête contournée, tenant chacun au bec une couleuvre de sinople en pal ; en pointe une bisse du même, entravaillée dans une flèche d'argent posée en fasce.*

SCOTT (DE). — Écuyer, sieur de Fumechon, de la Mesangère, etc., généralité de Rouen : *D'or, au cerf en repos au naturel, colleté d'azur, chargé d'un croissant du champ, accosté de deux étoiles du même.*

SEBIRE. — Écuyer, sieur de Monterocq, Élection de Pont-Audemer, maintenu le 10 avril 1669 : *D'or, à trois fasces de sable.*

SEBOUVILLE (DE). —Écuyer, sieur des Marets, du Fresne, de la Viguerie, des Béautis, du Clos-Bernard, etc., maintenu le 20 août 1668 : *D'azur, au lion d'or, armé et lampassé de gueules.*

SEC (LE). — Écuyer, sieur du Parc, Cressonnière, etc., Élection d'Argentan, maintenu le 16 avril 1666 : *D'argent, au chevron de gueules, accompagné de trois annelets du même ; au lambel d'azur.*

SEC (LE). — Écuyer, sieur du Bois-Verd, Élection de Verneuil, maintenu le 15 mai 1667 : *D'argent, à trois fasces d'azur.*

SECART. — Écuyer, sieur de Saint-Arnould, généralité de Rouen : *De gueules, à trois écots d'argent mis en pal.*

SEIGNEUR (LE). — Écuyer, sieur du Mesnil, de Lieubray, d'Espineville, Reuville, Amontot, Viquemare, Bautot, Moncornet, etc., généralité de Rouen, maintenu le 14 décembre 1668 : *De gueules, à la bande d'or, chargée de trois tourteaux de sable, et accompagnée de deux têtes de lion d'or.*

SELLIER. — Écuyer, sieur de la Cour-Gossard, Élection de Neufchâtel, maintenu le 21 janvier 1667 : *D'azur, à la croix ancrée d'or, bordée de gueules, accompagnée en pointe de deux rameaux d'épine-vinette d'argent, fruités de gueules.*

SELLE (DE LA). — Écuyer, sieur de Neuilly, Élection de Gisors, maintenu le 14 décembre 1668 : *D'azur, à deux lions adossés d'or, accompagnés de deux molettes d'éperon d'argent.*

SÉMALLÉ (DE). — Écuyer, sieur de Bellaire, Élection de Mortagne, maintenu le 10 juillet 1666 : *D'argent, à la bande alésée de sable, côtoyée d'un corbeau du même.*

SEMILLY (DE). — Écuyer, sieur de Bernières, Élection de Pont-l'Évêque, maintenu le 3 juin 1668 : *D'azur, à la bordure de sable, chargée de six fermaux d'or.*

SEMILLY (DE). — Élection de Bayeux, maintenu en 1666 : *De gueules, à l'écusson d'argent, accompagné de six merlettes du même en orle.*

SÉNÉCHAL (LE). — Écuyer, sieur d'Auberville, de Hagranville, de Villeneuve, du Chastel, des Essarts, etc., Élection d'Arques, maintenu le 11 décembre 1668 : *D'or, à la bande de sable.*

SÉNÉCHAL (LE). — Généralité de Rouen : *D'azur, au chevron d'argent, accompagné de trois molettes d'or.*

SENOT. — Seigneur de la Pintrerie, Élection de Bayeux, maintenu en 1666 : *De sable, à trois cygnes d'argent.*

SENS (LE). — Écuyer, sieur de Gros-Pommier, la Vallée, etc., Élection de Pont-Audemer, maint. le 9 février 1667 : *D'or, à l'aigle éployée, au vol abaissé de sable.*

SENS (LE). — Écuyer, sieur du Mesnil, de Morsan, de Folleville, de Glatigny, de Perière, de Villedon, etc., Élection de Pont-Audemer, maintenu le 20 février 1668 : *De gueules, au chevron d'or, accompagné de trois encensoirs d'argent.*

SEPTIER. — Écuyer, sieur de Colombel, généralité d'Alençon : *De sable, à trois chevrons d'argent, accompagnés de trois trèfles du même.*

SEPURAY. — Écuyer, sieur des Essarts, Élection de Lisieux, maintenu le 5 avril 1666 : *D'argent, à deux croissants de gueules, celui en pointe supportant un rameau de deux branches de laurier de sinople, posées en pairle.*

10

SERAN (DE). — Écuyer, sieur d'Ambreville, baron d'Andrieu, Élection de Falaise, maintenu le 12 janvier 1667 : *D'azur, à trois croissants d'or, 2 et 1.*

SERIZAY (DE). — Écuyer, sieur de la Roche, Élection de Mortagne, maintenu le 10 juin 1666 : *D'argent, à dix besants de gueules.*

SEUROY. — Écuyer, sieur de la Bouverie, Élection de Lisieux, maintenu le 30 juin 1667 : *D'azur, au chevron d'argent, accompagné de trois trèfles du même.*

SIGNE (DU). — Élection d'Avranches, maintenu en 1666 : *D'azur, à l'épervier d'argent, empiétant une perdrix du même.*

SILLANS (DE). — Baron et marquis de Creuilly, généralité de Caen, maintenu en 1666 : *D'argent, au sautoir bretessé de gueules, chargé de cinq besants d'or.*

SILLY (DE). — Seigneur dudit lieu, généralité de Caen : *D'hermine, à la fasce vivrée de gueules, accompagnée en chef de trois tourteaux du même.*

SIMON. — Écuyer, sieur de la Courtellerie, Maulière, Plainmaresq, etc., Élection de Caudebec, maintenu le 2 janvier 1668 : *De sinople, à trois lionceaux d'argent.*

SIMON. — Élection de Carentan, maintenu en 1666 : *D'azur, à trois étoiles d'argent, au croissant du même en cœur.*

SIMON. — Écuyer, sieur de Turqueville, Gonneville, etc., Élection de Valogne, maintenu en 1666 : *D'azur, à trois épieux d'or.*

SIMON. — Sieur de Rondelaire, Élection de Valogne, maintenu en 1666 : *D'azur, à la croix d'argent, chargée de cinq croissants de gueules, et cantonnée de quatre cygnes du second émail.*

SISSAY (DE). — Écuyer, sieur du Parc, Élection de Mortagne, maintenu le 1er juin 1666 : *D'azur, à trois bandes d'argent, accompagnées en chef à sénestre d'une étoile d'or.*

SOCHON. — Écuyer, sieur de Rocquigny, Élection d'Arques, maintenu le 9 juin 1670 : *D'or, à trois renards l'un sur l'autre de sable.*

SONNET. — Écuyer, sieur de Baillemont, Carville, etc., généralité de Rouen, maintenu le 15 février 1668 : *De gueules, à trois grillets d'or.*

SONNING. — Généralité de Rouen : *Écartelé : aux 1 et 4, de sable, à la fasce d'or, accompagnée de trois soleils du même ; aux 2 et 3, d'argent, à la fasce d'azur, chargée de trois fleurs de lis du champ, et accompagnée de trois alérions du second émail.*

SORET. — Écuyer, sieur de Pidasme, Boville, etc., Élection de Caudebec, maintenu le 24 août 1668 : *D'azur, au chevron d'argent, accompagné en chef de deux molettes d'éperon d'or, et en pointe d'une croisette fleurdelisée du même.*

SORIN. — Écuyer, sieur de la Mare, Élection de Carentan, maintenu en 1666 : *D'argent, à trois perroquets de sinople.*

SORTEMBOSC (DE). — Écuyer, sieur de la Sainte-Marguerite, Élection de Montivilliers, maintenu le 10 février 1667 : *D'argent, à trois lézards de sinople.*

SOUCQUET (DU). — Écuyer, sieur de la Tour, Élection de Falaise, maintenu le 25 mai 1667 : *D'azur, à trois fasces d'argent, au lion d'or, brochant sur le tout.*

SOULFOUR. — Seigneur de Gouzangrès, de Vaux, de Garentière, Pauville, etc., Élection de Gisors, maintenu le 17 juillet 1668 : *D'azur, à trois bandes d'argent ; au chef cousu de gueules, soutenu d'or, et chargé de trois losanges du second émail.*

SOUSMONT (DE). — Écuyer, sieur de Challouer, des Nouettes, de Villeneuve, etc., Élection de Verneuil, maintenu le 8 juillet 1666 : *D'argent, à l'arbre terrassé de sinople ; au cerf de gueules, passant au pied de l'arbre.*

SOUVIGNY (DE). — Écuyer, sieur de la Fosse, Élection d'Argentan, maintenu le 30 avril 1666 : *D'azur, à trois hures de sanglier arrachées d'or, défendues et allumées de sable, à une coquille du second émail en cœur.*

SUBLET. — Seigneur de Noyers, de Nainville, etc., Élection de Gisors, maintenu le 10 août 1668 : *D'azur, au pal bretessé d'or, maçonné de sable, chargé d'une vergette du même.*

SUEUR (LE). — Écuyer, sieur de la Garande, de Petitville, etc., maintenu le 18 mai 1667 : *D'azur, à un chevron d'argent, accompagné en chef de deux croissants, et en pointe d'une rose, le tout du même.*

SUEUR (LE). — Chevalier, seigneur d'Ectot, de Ricarville, de Fallement, etc., généralité de Rouen : *D'argent, à trois fasces de gueules.*

SUEUR (LE). — Écuyer, sieur de la Ferrière, Élection de Coutances, maintenu en 1666 : *D'or, semé de moucheSures de sable; au chevron de gueules, chargé de trois trèfles d'argent, brochant sur le tout.*

SUEUR (LE). — Écuyer, sieur de Vauponteau, Élection de Verneuil, maintenu le 21 juillet 1666 : *De sable, à trois fasces d'argent.*

SUEUR (LE). — Élection de Carentan, maintenu en 1666 : *D'azur, au chevron d'argent, accompagné de trois croissants du même.*

SUHARD. — Écuyer, sieur de Glatigny, Élection de Mortagne, maintenu le 16 juillet 1666 : *De gueules, à la croix fleurdelisée d'argent.*

SULLY (DE). — Seigneur du lieu, généralité de Caen : *D'hermine, à la fasce vivrée de gueules, accompagnée de trois tourteaux du même rangés en chef.*

SURRAIN. — Écuyer, sieur de la Champagne, Élection de Bayeux, maintenu en 1666 : *D'azur, à deux jumelles d'or surmontées d'un léopard du même.*

SURREAU (DE). — Généralité de Rouen : *D'argent, au sautoir de gueules, dentelé de sable, chargé en cœur d'une croisette d'or, et cantonné de quatre têtes de Maure de sable tortillées du champ.*

SURTAINVILLE. — Seigneur d'Omonville, du Menildron, etc., Élection de Valogne, maintenu en 1666 : *D'azur, à deux chevrons d'argent, accompagnés de trois coquilles du même.*

SUSANNE (DE). — Écuyer, sieur du Bosc-l'Abbé, seigneur de la Chappelle, d'Espinay, Élection d'Arques, maintenu le 10 avril 1668 : *D'or, à deux arbres arrachés de sinople passés en sautoir, accompagnés aux trois derniers canions de trois étoiles d'azur.*

T

TAILLEFER (DE). — Écuyer, sieur de la Manditière, Élection de Mortain, maintenu en 1666 : *D'azur, à six cotices en feuilles de scie d'argent.*

TALLEBOT. — Écuyer, sieur de Gerville, seigneur de Saint-Ouen, Élection de Caudebec, maintenu le 24 juillet 1667 : *D'or, à trois molettes d'éperon de gueules.*

TALLEVANDE (DE). — Écuyer, sieur de la Motte, Élection de Vire, maintenu en 1666 : *Palé d'hermine et de gueules.*

TALLEVAST. — Écuyer, sieur du Prey, des Monts, etc., Élection de Bayeux : *De sable, au sautoir d'or, accompagné à dextre d'une épée d'argent, et à sénestre d'une flèche du même.*

TARDIEU (DE). — Écuyer, sieur de Monchy, Élection d'Arques, maintenu le 5 juillet 1667 : *D'azur, au chevron d'or, surmonté d'une étoile du même, et accompagné en chef de deux croissants d'argent, et en pointe d'une croisette ancrée du second émail.*

TARDIF. — Élections d'Avranches et de Carentan, Écuyer, sieur de la Roche, de Moidrey, etc., maintenu en 1666 : *D'azur, à la croix d'or, cantonnée en chef de deux roses d'argent, et en pointe de deux coquilles du même.*

TARQUES. — Élection d'Argentan, maintenu le 9 avril 1669 : *D'azur, au chevron d'or, accompagné en chef de deux molettes d'éperon d'argent, et en pointe de trois billettes couchées du même.*

TARQUET. — Généralité de Rouen, maintenu le 9 avril 1669 : *D'azur, au chevron d'or, accompagné de trois molettes d'éperon d'argent.*

TASCHER. — Écuyer, sieur de Marcilly, Boisguillaume, etc., Élection de Verneuil, maintenu le 12 mars 1667 : *D'argent, à trois fasces de sinople, frettées du champ, et surmontées de deux soleils de gueules.*

TAURIN. — Écuyer, sieur des Espés, Élection de Coutances, maintenu en 1666 : *D'azur, à la fasce d'argent, chargée de deux croisettes du champ et accompagnée de quatre croisettes du second émail, trois rangées en chef et l'autre en pointe.*

TELLIER (LE). — Élection de Gisors, maintenu le 16 juillet 1668 : *D'azur, à la fasce d'or, accompagnée de trois étoiles du même.*

TELLIER (LE). — Écuyer, sieur de Saint-Victor, la Campagne, de Tollas, etc., généralité de Rouen, maintenu le 20 octobre 1666 : *D'azur, au chevron d'argent, accompagné de trois roses du même.*

TELLIER (LE). — *Voyez* LUTHUMIÈRE (LA)

TELLIER (LE). — Écuyer, sieur de Tricqueville, Élection de Pont-Audemer, maintenu le 16 septembre 1667 : *D'azur, à une tour d'argent, maçonnée de sable.*

TELLIER (LE). — Sieur de la Molleraye, généralité de Rouen : *D'azur, au sautoir d'argent, cantonné, aux 1 et 4, d'une fleur de lis et d'une étoile d'or ; aux 2 et 3, d'une coquille du même.*

TELLIER (LE).—Écuyer, sieur de Brieux, Varablière, du Rocher, etc., Élection de Coutances, maint. en 1666 : *De gueules, à la fasce d'argent, accompagnée en chef de deux molettes d'éperon, et en pointe, d'une main posée en fasce, le tout du même.*

TELLIER (LE). — Sieur de Hautrocque, Élection de Lisieux, maintenu le 1ᵉʳ février 1668 : *De gueules, à trois navettes d'or.*

TENNEUR (LE). — Généralité de Caen, maintenu en 1666 : *De gueules, à un rocher d'argent, ouvert de sable, dont est issant un lion léopardé d'or ; le rocher sommé de trois tourelles du second émail, celle du milieu supérieure.*

TEREL. — Élection de Montivilliers, maintenu le 4 janvier 1667 : *D'azur, à la croix ancrée d'or.*

TERRÉE. — Écuyer, sieur de Maubuisson, Élection de Conches : *D'argent, au pal de gueules, chargé de quatre croisettes d'or.*

TERRIER (LE). — Écuyer, sieur de Montigny, Élection de Coutances, maintenu en 1666 : *D'azur, à trois pals d'or ; au chef cousu de gueules, chargé de deux molettes d'éperon du second émail.*

TERRIER (LE). — Écuyer, sieur d'Equainville, Élection de Pont-Audemer, maintenu le 20 octobre 1666 : *D'azur, à trois pals engrêlés d'or ; au chef cousu de gueules, chargé de deux étoiles du second émail.*

TERTRE (DU). — Seigneur de Benoisville, Élection de Valogne, maintenu en 1666 : *D'azur, à un croissant d'or, soutenant deux colombes, et surmonté de trois étoiles, le tout du même.*

TERTRE (DU). — Sieur de Mallouy, vicomte d'Orbec, Élection de Bernay, maintenu le 3 janvier 1667 : *De gueules, au chevron écoté et brisé d'argent, accompagné de trois colombes d'or.*

TESSIER (LE). — Écuyer, sieur de la Broudière, des Nolons, de Launay, etc., Élection de Mortagne : *D'argent, à deux merlettes de sable posées en chef, et une rose de gueules en pointe.*

TESSON. — Écuyer, sieur de Martigny, Guerinière, de l'Estang, de Herrendière, de Pontesson, de Blyage, de la Mancelière, Balissonville, de Louvet, la Motte, etc., généralité d'Argentan, maintenu en 1666 : *Fascé d'azur et d'argent ; les fasces d'azur diaprées chacune de trois médaillons d'or, celui du milieu chargé d'un lionceau, les deux autres d'une aiglette éployée ; les fasces d'argent chargées de douze mouchetures de sable, 5, 4 et 3.*

TESTU. — Chevalier, seigneur de Balaincourt, Élection de Gisors, etc., maintenu le 3 avril 1668 : *D'or, à trois lions léopardés l'un sur l'autre de sable, le second contre-passant.*

THERE (DE). — Écuyer, sieur des Glandes, etc., Élection de Carentan, maintenu en 1666 : *D'argent, fretté d'azur, au franc-quartier de gueules.*

THEROUDE. — Écuyer, sieur d'Aptot, de la Haulle, etc., généralité de Rouen, maintenu le 26 mars 1669 : *D'or, à la fasce d'azur, chargée d'une molette d'éperon d'argent, accompagnée de trois roses de gueules.*

THEROUDE. — Élection de Bayeux : *De sable, au chevron d'argent, accompagné de trois mouchetures du même.*

THEROUDE. — Sieur de Merval, généralité de Rouen : *D'azur, au chevron denché d'argent, accompagné de trois soleils d'or.*

THEROUDE (DE). — Écuyer, sieur du Treport, dit de Saint-Amant, Élection d'Arques : *De gueules, à trois étoiles d'argent ; au chef cousu d'azur, chargé d'une bisse d'or, entravaillée dans une épée posée en fasce du même.*

THESART (DE). — *D'or, à la fasce d'azur.*

THEUFLES (DE).—Écuyer, sieur de Caspillon, généralité de Rouen, maint. le 9 nov. 1667 : *D'argent, à deux lions affrontés de sable ; en pointe un écusson de gueules.*

THIART (DE). — Écuyer, sieur de la Motte, Élection de Pont-Audemer, maintenu le 14 août 1668 : *D'azur, à une foi d'argent, parée de gueules, posée dans une nuée du second émail, dont meuvent en chef et en pointe deux besants d'or.*

THIAULT. — Généralité de Rouen, maintenu le 16 juillet 1666 : *De gueules, à trois tours d'argent, maçonnées de sable.*

THIBOULT. — Écuyer, sieur du Plot, généralité de Rouen, maintenu le 26 mars 1667 : *D'or, à la fasce d'azur, chargée d'une étoile du champ, et accompagnée de trois roses de gueules.*

THIBOULT. — Écuyer, sieur de Bonchamps, Élection de Lisieux : *D'azur, à trois tours d'argent, maçonnées de sable, au chef cousu d'azur, chargé de trois coquilles d'or.*

THIBOULT. — Généralité de Caen, maintenu en 1666 : *D'azur, à trois pommes de grenades tigées et feuillées d'or.*

THIBOULT. — Écuyer, sieur de Grès, de Saint-Malo, etc., Élection de Falaise, maintenu le 17 mars 1667 : *D'argent, à une fleur de lis de gueules, surmontée de deux quintefeuilles du même.*

THIBOUTOT (DE). — Écuyer, sieur d'Alvemont, Élection de Montivilliers, maintenu le 24 janvier 1667 : *D'argent, au sautoir denché de gueules.*

THIERRÉE. — Écuyer, sieur de Campullé, Élection d'Arques : *De gueules, semé de trèfles d'or.*

THIESSE (DE). — Écuyer, sieur de la Harillère, de Montfort, etc., Élection de Bernay, maintenu en 1667 : *D'argent, au chevron de gueules, accompagné de cinq mouchetures de sable, deux en chef et trois en pointe mal ordonnées.*

THIEULIN (DE). — Écuyer, sieur de Merville, de la Vallée, etc., Élection d'Évreux, maintenu le 16 mars 1667 : *D'azur, à six gerbes d'or.*

THIEUVILLE (DE). — Écuyer, sieur de Houville, Groucy, la Touche, etc., Élection de Pont-Audemer, maintenu le 26 août 1668 : *D'argent, à deux cotices de gueules, accompagnées de neuf coquilles du même, posées 3, 3 et 3.*

THIEUVILLE. — Écuyer, sieur de Briqueboscq, Élect. de Valogne, maint. en 1666 : *D'argent, à deux bandes de gueules, accomp. de sept coquilles du même, 2, 3, 2.*

THIOULT. — Écuyer, sieur de Vaussieux, Rucquevillère, etc., généralité de Caen, maintenu en 1666 : *D'argent, à deux mains de gueules en fasce, accompagnées de trois merlettes de sable.*

THIREL (DE). — Écuyer, sieur de Bosmorand, Jovance, etc., Élection de Pont-Audemer, maintenu le 21 novembre 1667 : *D'azur, au lionceau d'argent, cantonné de quatre molettes d'éperon du même.*

THIREMOIS (DE). — Écuyer, sieur de Hautenoë, d'Addeville, d'Erqueville, de Saint-Blaise, de Prétot, d'Halaine, de Joncheray, du Moncel, de Courtonne, etc., généralités de Rouen et d'Alençon, maintenu le 7 mars 1669 : *D'azur, au sautoir d'argent, chargé de cinq cors de chasse contournés de gueules.*

THOMAS. — Écuyer, sieur de Verdun, du Puy, de Sausay, etc., Élections d'Arques, de Valogne, de Carentan, etc. : *De gueules, à trois dextrochères d'argent, tenant chacun un badelaire du même, garni d'or ; ceux en chef affrontés, le premier sénestre et les deux autres dextres.*

THOMAS. — Écuyer, sieur de la Tainville, Saint-André, Montroger, etc., Élection de Chaumont, maintenu le 17 janvier 1668 : *Écartelé : aux 1 et 4, d'argent, à une bande faillie d'azur, accostée en chef d'une tête de Maure de sable ; aux 2 et 3, comme ci-dessus ; sur le tout d'azur, à la bande d'or, accompagnée de trois molettes d'éperon du même.*

THOMAS. — Chevalier, seigneur du Fossé, de Bosroger et de Forges, généralité de Rouen, maintenu le 28 juillet 1701 : *D'azur, à trois bandes d'argent.*

THON (DU). — Écuyer, sieur du Montcarville, du Quesnay, de Maulineau, etc., maintenu le 21 février 1669 : *D'argent, à trois merlettes de sable; au chef d'azur, chargé d'une croisette d'or.*

THOREL. — Écuyer, sieur de Cramonville, de la Haye Gonnor, de Caudemarc, etc., généralité de Rouen, maintenu le 14 janvier 1666 : *D'azur, à cinq cotices d'or; au chef cousu de gueules, chargé d'un taureau du second émail.*

THOREL. — Écuyer, sieur du Hestré, généralité de Rouen, maint. le 6 févr. 1667 : *D'azur, au chevron d'or, accompagné de trois rencontres de taureau du même.*

THOREL-CASTILLON. — Écuyer, sieur de la Montagne, du Manoir, etc., Élection de Montivilliers : *D'azur; à dextre, un taureau issant d'or; à sénestre, un lion du même, le tout sur une terrasse d'argent; au chef cousu de gueules, chargé de trois molettes d'éperon d'or.*

THORY (DE). — Écuyer, sieur de la Chevalerie, Élection de Verneuil, maintenu le 30 juin 1667 : *D'argent, à deux fasces de gueules, accompagnées de sept molettes du même, 4 en chef et 3 en pointe.*

THUMERY (DE). — Écuyer, sieur de la Londe et de Fleury, Élection de Verneuil, maintenu le 28 juillet 1668 : *Écartelé : de gueules et d'azur, à la croix écartelée d'or et d'argent, cantonnée de quatre fallots d'or.*

TIERCELIN (DE). — Écuyer, sieur de Jarossay, Élection de Mortagne, maintenu le 12 mai 1666 : *D'argent, à deux tierces enlacées et passées en sautoir, cantonnées de quatre merlettes de sable.*

TILLY (DE). — Écuyer, sieur d'Angerville, de Brière, etc., Élection de Pont-l'Évêque, maintenu le 20 mars 1666 : *D'azur, à deux fasces d'or.*

TILLY (DE). — Chevalier, marquis de Blaru, seigneur de Prémont, d'Escarbouville, de Prémarest, etc., généralité de Caen et Élection de Valogne, maintenu le 18 août 1666 : *D'or, à une fleur de lis de gueules.*

TINSAULT (DE). — Écuyer, sieur de la Barre, Élection de Carentan.

TITAIRE. — Écuyer, sieur de Glatigny, Élection de Caudebec, maintenu le 6 juin 1667 : *D'or, au chevron d'azur, chargé de cinq annelets du champ, et accompagné de trois molettes d'éperon de sable.*

TOLLEMER (DU). — Écuyer, sieur d'Allicourt, Montagne du Chastel, etc., Élection de Pont-Audemer, maintenu le 14 janvier 1668 : *D'azur, à trois trèfles d'or.*

TONNETOT (DE). — Écuyer, sieur de Faveril, de Berville, etc., Élection de Pont-Audemer, maintenu le 24 juillet 1668 : *D'argent, au cœur de gueules, accompagné de trois molettes d'éperon du même.*

TORCY (DE). — Écuyer, sieur d'Ectalondes, Élection d'Arques, maintenu le 2 septembre 1667 : *Écartelé : aux 1 et 4, de gueules; aux 2 et 3, losangé d'or et de gueules; à la bande d'or brochante sur l'écartelé.*

TOT (DU). — Écuyer, sieur de Varneville, généralité de Rouen, maintenu le 21 juillet 1666 : *De gueules, à trois têtes d'aigles arrachées d'or, à un besant du même en cœur.*

TOT (DU). — Chevalier, seigneur d'Orgueil, baron de Banelingen, Élection de Lisieux, maintenu le 7 décembre 1668 : *De gueules, à trois têtes de griffon arrachées d'argent.*

TOUCHE (DE LA). — Écuyer, sieur de Lucissières, la Galaberière, Sainte-Marie, Boussandière, Garenne, du Bois, de Champs, des Forges, de Tourelles, Fallesière, etc., Élection de Mortagne : *D'azur, au levrier rampant d'argent, colleté et bouclé d'or.*

TOUCHE (DE LA). — Écuyer, sieur dudit lieu, Élection de Lisieux, maintenu le 22 novembre 1667 : *D'argent, à la bande de sable.*

TOUCHE (DE LA). — *D'argent, à trois tourteaux de gueules.*

TOUCHES (DES). — Élection de Coutances : *D'azur, à la rose d'or, accompagnée de trois branches de chêne à cinq feuilles du même.*

TOUCHET (DU). — Écuyer, sieur de Benauville, Venoix, Boxerie, etc., généralité de Caen, maintenu en 1666 : *D'azur, au chevron d'or, accompagné de trois mains sénestres du même.*

TOURAINE. — Écuyer, sieur de Randoriel, Élection de Valogne, maintenu en 1666 : *D'or, au chevron de gueules, accompagné de trois molettes d'éperon de sable, à la bordure de sable.*

TOURNEBU (DE). — Élection de Vire, maint. en 1666 : *D'argent, à la bande d'azur.*

TOURNEBULLE (DE). — Généralité de Rouen (famille originaire d'Écosse) : *D'argent, à trois rencontres de taureau de sable, accornés et lampassés de gueules.*

TOURNEROCHE. — Écuyer, sieur de Vallemont, de Fontaine, etc., Élection d'Arques, maintenu le 9 février 1668 : *D'azur, au dextrochère d'argent, tenant une épée posée en barre, et mouvant d'une roche, le tout du même; en chef une fleur de lis d'or, en flancs deux étoiles du même, et en pointe deux croissants du second émail.*

TOURNEUR (LE). — Généralité de Rouen : *De gueules, à trois têtes de léopard d'or, arrachées et lampassées d'azur.*

TOURNIER (LE). — Élection de Bayeux, maintenu en 1666 : *De gueules, à trois annelets d'azur.*

TOUSTAIN (DE). — Écuyer, sieur de Frontebosc, chevalier, seigneur de Limesy, de Richebourg, d'Ecrennes, de Viray, du Roule, de Bléville, de la Chapelle, marquis et comte de Carency, etc., etc., généralité de Rouen, maintenu le 20 janvier 1667 : *D'or, à une bande échiquetée d'or et d'azur, de deux traits.*

TOUSTAIN (DE). — Écuyer, sieur du Manoir, de la Colombe, etc., Élection de Bayeux, maintenu en 1666 : *De gueules, à trois colonnes d'argent, celle en pointe supportant un épervier s'essorant du même.*

TOUSTAIN (DE). — Seigneur de Fallot, Élection de Vire, maintenu en 1666 : *D'argent, à deux fasces d'azur, accompagnées de trois merlettes de sable.*

TOUSTAIN (DE). — Écuyer, sieur de Varendes, Élection de Bayeux : *De gueules, à trois glands d'or.*

TOUZÉ (LE). — Écuyer, sieur de Mailloc, Élection de Bayeux, maintenu en 1666 : *De gueules, à la fasce d'or, accompagnée de trois roses d'argent; au chef cousu d'azur, chargé de trois fleurs de lis du second émail.*

TREMANSOIS (DE). — Écuyer, sieur de la Vallée, de la Planche, etc., Élection de Pont-l'Evêque, maintenu le 28 janvier 1668 : *De sable, au chevron d'argent, accompagné de trois molettes d'éperon du même.*

TREMONT (DE). — Écuyer, sieur de Boistorel, Élection de Verneuil, maintenu le 1er avril 1666 : *De sable, à trois canettes d'argent.*

TRÉSOR (LE). — Écuyer, sieur de Fontenay, de Vanville, de Tourville, etc., Élection de Carentan, maintenu en 1667 : *D'azur, à quinze pièces de monnaie d'or et d'argent posées en forme de montagne, accostée de deux épées d'argent, soutenues de deux brassarts du second émail.*

TROISMONTS (DE). — Écuyer, sieur de Fuguerolles, généralité de Caen, maintenu en 1666 : *D'azur, à une épée d'argent en pal, garnie d'or, accostée de deux fleurs de lis du même.*

TRONVRES (DE). — Écuyer, sieur du Ronchoy, Élection de Neufchâtel : *D'hermine, au chef de gueules.*

TROTREL. — A Falaise : *D'azur, à trois pommes de pin d'or, et en chef une fleur de lis d'argent.*

TROUSSEAUVILLE (DE). — Écuyer, sieur dudit lieu, Marcouville, Saint-Christophe, etc., Élection de Verneuil, maint. le 3 janvier 1668 : *De sable, à la croix ancrée d'or.*

TROUSSEY (DE). — Écuyer, sieur de Saint-Jores, de Montfort, etc., Élection de Valogne, maintenu en 1666 : *D'argent, au chevron de sable, accompagné de deux molettes d'éperon du second émail, et en pointe d'un cœur de gueules; au chef d'azur, chargé d'un croissant du champ.*

TRUCHET. — Chevalier, seigneur de Rimais, Élection de Verneuil : *De gueules, à la bande d'or.*

TRUEL (DE). — Écuyer, sieur de Beauvais, Élection d'Argentan, maintenu le 31 août 1669 : *Palé d'or et de gueules; au chef d'azur, chargé de trois besants d'argent.*

TUCÉ (DE). — Écuyer, sieur de Semallé, Élection de Mortagne, maintenu le 9 août 1666 : *De sable, à trois jumelles d'argent.*

TURGIS (DE). — Écuyer, sieur de Bellefosse, Élection d'Évreux, maintenu le 1er juillet 1670 : *D'or, au chevron de sable, accompagné de trois palmes du même.*

TURGIS (DE). — Généralité de Rouen : *D'or, à la bande d'azur, chargée de trois coquilles du champ, et accompagnée de trois étoiles du second émail.*

TURGOT (DE). — Écuyer, sieur de l'Écluse, des Tourailles, etc., généralité de Rouen, maintenu le 19 mars 1669 : *D'hermine, frettée de gueules.*

TURGOT (DE). — Écuyer, sieur de Cauvigny, des Essarts, Tillais, etc., Élection de Falaise, maintenu le 1er septembre 1667 : *Écartelé : aux 1 et 4, de Turgot; aux 2 et 3, d'azur, à trois tours couvertes d'argent.*

TURPIN. — Écuyer, sieur de Condé, Élection de Pont-l'Évêque, maintenu le 14 avril 1668 : *De gueules, à la fasce d'or, accompagnée de trois pommes de pin versées du même.*

TURQUIER (LE). — Écuyer, sieur du Buisson, Cardonville, etc., génér. de Rouen, maintenu le 16 juillet 1666 : *D'azur, à une hure de sanglier d'or, surmontée à sénestre d'une flamme du même; au chef d'or, chargé de trois étoiles du champ.*

V

VACHOT (DE). — Écuyer, sieur dudit lieu, Élection de Bernay : *De sable, à l'agneau pascal d'argent, le panonceau d'or, croisé du second émail.*

VAILLANT (LE). — Écuyer, sieur de Beguimont, de Saint-André, de la Londe, de Lessart, de la Haye, de Plemont, de Repentigny, baron de Rebais, Élection d'Arques, maintenu le 10 février 1669 : *D'azur, au dextrochère mouvant d'une nuée d'argent, paré de gueules, tenant une épée en pal du second, garnie d'or.*

VAILLANT (LE). — Écuyer, sieur de Benneville, de Barbeville, etc., Élection de Bayeux, maintenu en 1666 : *D'azur, au poisson en fasce d'argent; au chef d'or.*

VAL (DE). — Écuyer, sieur de Beauvais, Élection d'Évreux, maintenu le 4 août 1666 : *D'azur, au chevron d'or, accompagné de trois coqs du même, crétés et barbés de gueules.*

VAIRIE (LA). — Écuyer, sieur d'Aigneville, Élection de Bayeux, maintenu en 1666 : *D'azur, à six macles d'argent.*

VAL (DU). — Écuyer, sieur de Manneville, généralité de Rouen, maintenu le 10 août 1667 : *D'azur, à la bande écotée d'or, accompagnée en chef d'un vase à deux anses, et en pointe d'un lionceau, le tout du même.*

VAL (DU). — Écuyer, sieur d'Amonville, de Bonnerue, de la Croix, etc., Élection d'Arques, maintenu le 16 avril 1668 : *D'argent, au lion d'azur, armé et lampassé de gueules.*

VAL (DU). — Écuyer, sieur de Hauteville, du Coudray, etc., Élection de Montivilliers, maintenu le 28 février 1667 : *De gueules, au chevron d'or, accompagné de trois roses d'argent.*

VAL (DU). — Écuyer, sieur de Thouville, d'Athon, de Beaulouvet, etc., Élection de Caudebec, maintenu le 12 septembre 1668 : *De gueules, à la croix denchée d'or.*

VAL (DU). — Écuyer, sieur de Londelles, d'Odigny, de Beaubray, de Vaux, etc., Élection de Conches, maintenu le 16 juin 1667 : *De gueules, au chevron d'or, accompagné de trois molettes d'éperon du même.*

VAL (DU). — Écuyer, sieur de la Criardière, de Montville, etc., Élection de Mortagne, maintenu le 4 avril 1667 : *De gueules, à trois loups l'un sur l'autre d'or.*

VAL (DU). — Écuyer, sieur de Saint-Aubin, Élection de Lisieux, maintenu le 29 juillet 1667 : *De sable, à deux chevrons d'or, accompagnés de trois têtes de poisson d'argent.*

VAL (DU). — Écuyer, sieur de Beaumontel, de Ballerie, etc., généralité d'Alençon, maintenu le 31 janvier 1668 : *D'argent, à la bande de gueules.*

VALDAVID (DU). — Écuyer, sieur de Beauvais, Élection d'Évreux, maintenu le 4 février 1667 : *D'argent, à la fasce de gueules, accompagnée en chef de trois merlettes de sable, et en pointe d'une aiglette au vol abaissé d'azur.*

VALLÉE (DE LA). — Écuyer, sieur de Blandinière, Élection de Bernay, maintenu le 31 août 1667 : *D'argent, à deux molettes d'éperon de sable en chef, et en pointe une hure de sanglier du même.*

VALLÉE (DE LA). — Écuyer, sieur de Fermentel, de Lottères, [etc., Élection de Lisieux, maint. le 9 juillet 1666 : *De gueules, à trois fermaux d'argent, au lambel du même.*

VALLÉE (DE LA). — Écuyer, sieur des Noues, de la Roche, de Crèche, etc., Élection de Bernay, maintenu le 4 janvier 1667 : *D'azur, à trois croissants d'or.*

VALLÉE (DE LA). — Écuyer, sieur de Montrayer, des Outrairies, du Tertre, de la Roche, etc., généralité d'Alençon, maintenu le 30 juin 1667 : *De gueules, au chevron parti d'or et d'argent, accompagné de trois étoiles du second émail.*

VALLES (DE). — Seigneur de Boisnormand, Élection de Conches, maintenu le 12 juillet 1667 : *De gueules, à la fasce échiquetée d'or et d'azur de deux tires, accompagnée de trois têtes d'aigle arrachées du second émail.*

VALLET (DU). — Écuyer, sieur de Framboisier, Élection d'Évreux, maintenu le 17 septembre 1667 : *D'azur, au chevron d'argent, chargé de trois trèfles de sinople, et accompagné de trois têtes d'épervier arrachées d'or.*

VALETTE (DE LA). — Élection de Vire, maintenu le 25 juillet 1667 : *D'argent, à trois lionceaux de gueules.* (Famille originaire du Languedoc.)

VALLIQUERVILLE (DE). — *Émanché d'argent et de gueules de dix pièces.*

VALLOIS (LE). — Écuyer, sieur du Brisoult, Fontenay, etc., généralité de Caen, maintenu en 1666 : *D'azur, au chevron d'argent, chargé de cinq mouchetures de sable et accompagné de trois têtes de lion arrachées d'or.*

VALLOIS (LE). — Écuyer, sieur de Fontaines, de la Chapelle, etc., généralité de Caen, maintenu en 1666 : *D'azur, au chevron d'or, accompagné de trois croissants d'argent; au chef cousu de gueules, chargé de trois roses du second émail.*

VALLOIS (LE). — Élection de Bayeux, maintenu en 1666 : *De gueules, au chevron d'argent, accompagné en chef à dextre d'une rose, à sénestre d'un croissant, et en pointe d'un lionceau, le tout d'or; au chef cousu d'azur, chargé de trois croisettes pattées du troisième émail.*

VALLOIS (LE). — Écuyer, sieur de Tostes, de Bourneuf, etc., Élection de Falaise, maintenu le 7 avril 1666 : *D'azur, au chevron d'or, accompagné en chef de deux molettes d'éperon du même, et en pointe d'un croissant d'argent.*

VAMBAIS (DE). — Écuyer, sieur de Fleurimont et de Saint-Manvieux, généralité de Caen, maintenu en 1666 : *D'argent, à trois merlettes de sable.*

VANEMBRAS (DE). — Sieur de Saint-Martin, de Vigor, etc., Élection de Falaise, maintenu le 10 avril 1666 : *D'argent, au chevron de gueules, accompagné de trois feuilles de sinople.*

VANIER (LE). — Écuyer, sieur d'Ourgeville, Élection de Montivilliers, maintenu le 24 février 1667 : *D'argent, au porc hérissé de sable.*

VARDE (DE LA). — Élection de Bernay, maintenu le 7 juin 1667 : *De sable, à une épée d'argent en pal, garnie d'or, et accostée en chef de deux molettes d'éperon du même.*

VARIE (DE LA). — Écuyer, sieur de Bésu, du Fayet, de Clerbosc, etc., Élect. de Lions, maintenu le 24 décembre 1666 : *D'or, à l'aigle éployée de gueules.*

VARIN. — Écuyer, sieur de Saint-Germain, de Prêtreville, Beauchamp, etc., Élection de Pont-l'Évêque, maintenu le 13 janvier 1668 : *D'or, à trois flammes de gueules; au chef d'azur, chargé d'un besant du champ, accosté de deux croissants du même.*

VARIN. — Écuyer, sieur de la Fontaine, Élection de Falaise, maintenu le 15 février 1668 : *D'argent, à deux roses de gueules, en chef, et une coquille du même en pointe.*

— 146 —

VARRIGNON. — Sieur de Langueray, généralité de Caen : *D'argent, au chevron d'azur, chargé de cinq croisettes du champ, et accompagné en chef de deux mouchetures de sable, et en pointe d'un gland tigé et feuillé de sinople.*

VARROC. — Écuyer, sieur de Liesville, de Bures, etc., Élection de Coutances, maintenu en 1666 : *De gueules, à six coqs d'argent.*

VARVANNES (DE). — Seigneur dudit lieu, Élection d'Arques : *D'or, à trois bandes de gueules.*

VASCONCELLES (DE). — Écuyer, sieur de la Noue, de la Guérinière, etc., Élection de Mortagne, maintenu le 25 mai 1667 : *D'argent, à deux lions léopardés de gueules.*

VASSEL (DE). — Élection de Bayeux, maintenu en 1666 : *Coupé d'azur, au vaisseau équipé d'or; et de sable, à un éléphant d'argent.*

VASSEUR (LE). — Écuyer, sieur de Toqueville, Élection d'Arques, maintenu le 10 septembre 1667 : *De sable, à une ancre d'argent en pal, accompagnée de cinq fleurs de pensée du même.*

VASSÉ (DE). — Écuyer, sieur de Grandcamp, Élection de Montivilliers, maintenu le 8 février 1667 : *D'or, à un écusson de sable, chargé d'un écu d'argent, et accompagné de cinq têtes de lion de sable, celle à dextre contournée; à la bordure de gueules.*

VASSY (DE). — Seigneur de la Forest, marquis de Brecey, seigneur du Gast, etc., Élection de Falaise, maintenu le 2 mars 1668 : *D'argent, à trois tourteaux de sable.*

VATONNE (DE). — Élection de Valogne, maintenu en 1700 : *De gueules, au sautoir losangé d'argent.*

VATTEBOSC (DE). — Écuyer, sieur de la Rivière, Élection d'Arques, maintenu le 21 avril 1667 : *Écartelé : aux 1 et 4, d'azur, à une tête de lion arrachée d'or, lampassée de gueules; aux 2 et 3, d'argent, à une rose de gueules.*

VATTELOT. — Écuyer, sieur du Bouloy, Châteaufort, de la Touqueries, du Plessis, etc., Élection de Bernay, maintenu le 1er avril 1667 : *De gueules, à une tierce ondée d'or, abaissée sous un croissant, surmontée d'une fleur de lis, le tout du même.*

VATTEMARRE. — Écuyer, sieur de Vasouy, Élection de Caudebec, maintenu le 10 septembre 1666 : *De gueules, à la croix d'or, cantonnée de quatre coquilles du même.*

VAUBOREL (DE). — Écuyer, sieur de la Bahannière, de Remevilly, la Chastière, de Vaucel, de Broville, etc., généralité de Rouen : *D'azur, à la tour d'argent.*

VAUDRETS (DE). — Écuyer, sieur d'Herbouville, Élection de Montivilliers, maintenu le 14 janvier 1667 : *De sable, au lion d'argent.*

VAULTIER. — Écuyer, sieur de la Granderie, Élection de Coutances, maintenu en 1666 : *D'or, au vautour essorant de sable.*

VAUMESLE. — Écuyer, sieur de Livet, Élection d'Argentan : *D'azur, à trois aiglettes éployées d'or, surmontées d'un soleil du même.*

VAUQUELIN (DE). — Sieur des Chesnes, Élection de Lisieux, maintenu le 6 septembre 1666 : *D'azur, au chevron d'argent, accompagné de trois croissants, celui en pointe surmonté d'une molette d'éperon, le tout du même.*

VAUQUELIN DES YVETEAUX. — Chevalier, seigneur, marquis d'Hermanville, de la Fresnaye-au-Sauvage, de Vrigny, etc., généralités d'Alençon et de Caen, maintenu en 1666 et 1668 : *D'azur, au sautoir engrêlé d'argent, cantonné de quatre croissants d'or.*

VAUQUELIN (DE). — Écuyer, sieur de la Motte, Élection de Lisieux : *D'azur, au chevron d'or, accompagné de trois croissants d'argent.*

VAUVILLE (LE). — Seigneur de Neuville, de Chantelou, etc., Élection de Bayeux, maintenu en 1666 : *De gueules, au pal d'argent, accosté de six merlettes du même.*

VAUX (DE). — Écuyer, sieur de Chastair, des Domaines, etc., Élection de Domfront, maintenu le 28 mai 1668 : *Coupé d'argent et de sable, au lion de l'un à l'autre.*

VAUX (DE). — Élection de Vire : *D'hermine, au chef denché de gueules, chargé d'une molette d'éperon d'argent.*

VAUFLEURY (DE). — Élection de Bayeux, maintenu en 1666 : *D'azur, au sautoir d'or, cantonné de quatre roses du même.*

VAVASSEUR (LE). — Écuyer, sieur de Saint-Denis, Élection d'Arques : *D'azur, à trois lances d'argent, accompagnées de trois losanges du même.*

VAVASSEUR (LE). — Sieur de Gerville, confirmé en 1735.

VAVASSEUR (LE). — Écuyer, sieur de Colenges, du Manoir, etc., Élection de Conches, maintenu le 1er septembre 1667 : *D'or, à la fasce d'azur, accompagnée en chef de trois losanges de gueules, et en pointe d'un lionceau de sable.*

VELAIN. — Écuyer, sieur des Bosnois, la Palaissière, du Castel, etc., Élection de Bernay : *D'argent, au chevron de sable, accompagné de trois trèfles du même.*

VELU. — Écuyer, sieur du Buisson, Élection de Coutances, maintenu le 29 juin 1667 : *D'argent, à la bande de gueules, chargée de trois molettes du champ.*

VENDES (DE). — Écuyer, sieur dudit lieu, généralité de Caen, maintenu en 1666 : *D'azur, à trois flammes d'or, et une molette d'éperon du même en cœur.*

VENEUR (LE). — Chevalier, seigneur de Beauvais, Comte de Tillières, etc., maintenu en 1667 : *D'argent, au grêlier de sable, accompagné de trois roses de gueules, 2 et 1.* — Une autre famille LE VENEUR porte : *De sable, au chef d'or, chargé de trois cornets de gueules.*

VENOIS. — Écuyer, sieur de Millembourg, du Buisson, etc., Élection de Bernay, maintenu le 11 mai 1667 : *Coupé d'or et de sable, à six fleurs de lis de l'un en l'autre.*

VENOIS. — Sieur d'Amfreville, généralité de Caen, maintenu en 1666 : *D'or, à six fleurs de lis d'azur.*

VENOIS. — Écuyer, sieur de Lizimeux, seigneur de Fontenay, Élection de Conches, maintenu le 6 juillet 1667 : *D'or, à six fleurs de lis de sable.*

VENOIS. — Écuyer, sieur de Millembourg, Élection d'Argentan, maintenu le 13 avril 1667 : *De sable, à six fleurs de lis d'or, 2, 1, 2 et 1; au lambel d'argent.*

VER (DE). — Écuyer, sieur de Saint-Martin, Élection de Chaumont, maintenu le 26 mars 1669 : *D'or, à deux fasces de gueules; au chef retrait denché du même.*

VERDUN (DE). — Écuyer, sieur de Courdubois, Fougère, etc., Élection de Mortain, maintenu en 1666 : *D'or, fretté de sable.*

VERDUN (DE). — Généralité de Rouen.

VERDUN (DE). — Écuyer, sieur de Passais, Élection de Domfront : *D'argent, fretté de sable.*

VERGER (DU). — Chevalier, seigneur de Courcelles, de Saint-Celerin, etc., Élection de Coutances : *D'or, à l'écusson de gueules, chargé de deux épées passées en sautoir d'argent, et accompagné de cinq lionceaux léopardés de sable, en orle.*

VERGNETTE (DE). — Écuyer, sieur d'Haudencourt, seigneur d'Alban, Élection d'Ardelys, maintenu le 22 septembre 1669 : *D'azur, au chevron d'argent, chargé de trois étoiles de gueules, et accompagné de quatre étoiles d'or, 3 en chef, et l'autre en pointe.*

VERIGNY (DE). — Écuyer, sieur de Montfort, Élection de Bayeux, maintenu en 1666 : *De sable, à la croix fleurdelisée d'argent, cantonnée de quatre coquilles d'or.*

VERNAY (DE). — Généralité de Caen, maintenu en 1666 : *D'azur, à trois fasces ondées d'argent.*

VERRIER (LE). — Écuyer, sieur de Thoville, Resthoville, la Valette, Élection de Valogne, maintenu en 1666 : *D'or, au lion d'azur, armé et lampassé de gueules; au chef du même, chargé de trois besans du champ.*

VERRIER (LE). — Écuyer, sieur de la Noue, Boudemont, etc., Élection de Bernay, maintenu le 1er janvier 1668 : *De sable, au cerf d'or.*

VERRIER (LE). — Écuyer, sieur de Tressaint, la Couture, de Bremorin, etc., Élection d'Argentan, maintenu le 15 avril 1666 : *D'argent, à la hure de sanglier de sable, défendue du champ.*

VERTON (DE). — Écuyer, sieur de Richeval, de la Mortière, etc. : *D'azur, à la fasce d'argent, chargée d'une mouche de sable.*

VEY (DU). — Écuyer, sieur des Vallées, Élection de Caudebec, maintenu le 1er janvier 1667 : *De gueules, au lion d'or, accompagné de trois étoiles d'argent.*

VEZY (DU). — Écuyer, sieur dudit lieu, Élection de Falaise : *De sable, à trois étoiles d'argent.*

VIART (DE). — Écuyer, sieur de Godichou, Élection d'Argentan : *D'or, au phénix de sable, sur son immortalité de gueules; au chef d'azur, chargé de trois coquilles d'argent.*

VICOMTE (LE). — Écuyer, sieur de Saint-Hilaire, seigneur de Blangy, de Villy et de Freville, Election de Pont-Audemer, maintenu le 21 février 1668 : *D'azur, à trois coquilles d'or.*

VIDYE (DE). — Écuyer, sieur de Saint-Germain, Élection de Verneuil, maintenu le 30 avril 1667 : *D'azur, à trois canifs d'or, surmontés d'un lion léopardé du même.*

VIEIL (LE). — Écuyer, sieur du Buisson, Élection d'Argentan : *D'or, à trois trèfles de sinople.*

VIEL (DU). — Écuyer, sieur de Launay, Élection de Coutances, maintenu en 1666 : *D'argent, à la fasce d'azur, chargée de trois flanchis d'or, et accompagnée de trois roses de gueules.*

VIEL (DU).—Écuyer, sieur de Gramont, seigneur du Mesnil Ansé, Élection de Saint-Lô.

VIEL. — Écuyer, sieur du Boissé, des Parquets, Surosne, etc., Élection d'Argentan, maintenu le 30 juin 1666 : *D'azur, au sautoir d'or, cantonné de quatre aiglettes au vol abaissé d'argent.*

VIELLARD. — Écuyer, sieur dudit lieu, Élection de Mortain, maintenu le 3 janvier 1767 : *D'or, au sautoir de sable, cantonné de quatre glands du même.*

VIEL-MAISONS (DE). — Écuyer, seigneur de Sainte-Colombe, Élection d'Andelys, maintenu le 21 janvier 1668 : *Losangé d'argent et d'azur; au chef de gueules.*

VIEUX (DE). — *Burelé d'argent et d'azur; à l'aigle de gueules, brochante.*

VIEUXPONT (DE). — Chevalier, seigneur d'Auzouville, généralité de Rouen, maintenu le 31 octobre 1668 : *D'argent, à dix annelets de gueules, 3, 3, 3 et 1.*

VIGAN (DE). — Écuyer, sieur de Punelay, de Bellefontaine, etc., Élection de Bernay, maintenu le 30 mars 1666 : *D'argent, au chevron d'azur, accompagné de quatre mouchetures de sable, et de trois roses de gueules.*

VIGNE (DE LA). — Écuyer, sieur dudit lieu, Élection de Conches, maintenu le 8 mai 1667 : *D'or, à l'aigle au vol abaissé de sable; au chef de gueules, chargé de trois fers de dard d'argent.*

VIGNE (DE LA). — Écuyer, sieur des Marets, Élection de Falaise : *D'azur, à trois pommes de pin versées d'or.*

VIGNERAL (DE). — Seigneur de Ru, Élection de Bernay, maintenu le 3 avril 1667 : *D'azur, au chevron d'or, surmonté d'un croissant d'argent, et en pointe d'une tête de léopard du même.*

VILLENEUVE (DE). — Sieur de Bellebœuf et de Neuvillette, généralité de Rouen : *De gueules, à trois fers de pique d'argent.*

VILLEQUOY (DE). — Écuyer, sieur de Thiouville, Élection d'Évreux, maintenu le 13 septembre 1666 : *D'azur, à trois coqs d'or, crêtés, barbés et membrés de gueules.*

VILLERAY (DE). — Chevalier, seigneur de Brigemont, châtelain de Moulitart, etc., Élection de Mortagne, maintenu le 16 juillet 1667 : *D'argent, à neuf merlettes de sable.*

VILLEREAU (DE). — *De gueules, au lion d'argent, armé, lampassé et couronné d'or, et accompagné de cinq fleurs de lis du même.*

VILLERS (DE). — Écuyer, sieur de Hislou, Élection d'Argentan, maintenu le 22 juin 1667 : *D'hermine, à deux lances de gueules, fûtées de sable.*

VIELETTE (DE). — Écuyer, sieur dudit lieu, Élection de Domfront, maintenu le 3 juillet 1667 : *D'azur, à six tours d'argent.*

VILLY (DE). — Écuyer, sieur de Saint-Besmel, de Marcambis, etc., généralité de Caen, maintenu en 1666 : *De gueules, à une épée dégarnie d'argent en pal, la pointe en bas, accostée de six merlettes du même.*

VIMONT (DE). — Écuyer, sieur de Cotteval, Élection de Montivilliers : *D'azur, à la fasce d'or, accompagnée en chef de deux canettes affrontées d'argent, et en pointe d'une rose du même.*

VINCENT. — Écuyer, sieur de la Puerre, de la Linette, etc., Élection de Carentan, maintenu en 1666 : *D'azur, à deux chevrons d'argent, accompagnés de trois molettes d'éperon du même.*

VIOLLE (DE). — Écuyer, sieur d'Augenne, de la Corchardière, etc., Élection de Verneuil, maintenu le 15 mai 1667 : *De sable, à trois chevrons brisés d'or.*

VION (DE). — Écuyer, sieur de Challet, Élection de Verneuil, maintenu le 12 août 1666 : *De gueules, à trois aiglettes au vol abaissé d'argent.*

VIPART (DE). — Écuyer, sieur de Beaumont, Élection d'Arques, maintenu le 15 janvier 1669 : *D'argent, au lion de sable, armé et lampassé de gueules.*

VIQUET (DU). — Généralité de Rouen : *D'azur, à la croix fleuronnée d'or.*

VIREY (DE). — Écuyer, sieur du Gravier, Élection de Valogne, maintenu en 1666 : *De gueules, à trois épieux d'or, emmanchés d'argent, accompagnés de deux têtes de lion du second émail; celui en pointe accosté de deux molettes d'éperon d'argent.*

VIRGILLE (DE). — Écuyer, sieur de Cairon, Élection d'Arques, maintenu le 17 septembre 1669 : *D'argent, à trois pals de gueules; au chef d'azur, chargé de trois fleurs de lis d'or.*

VITROVILLE. — Écuyer, sieur des Hautières, Élection de Lisieux : *D'or, au chevron de gueules, accompagné de trois têtes de paon arrachées d'azur.*

VIVEFAY (DE). — Écuyer, sieur de la Salle, Élection de Pont-Audemer, maintenu le 23 janvier 1668 : *D'azur, au pélican dans son aire d'or.*

VIVIEN (DE). — Écuyer, sieur de la Champagne, Élection d'Avranches, maintenu en 1666 : *D'azur, à deux fasces d'or.*

VIVIER (DU). — Écuyer, sieur du Part, des Préaux, Beaumont, du Tart, etc., Élection de Bayeux, maintenu en 1666 : *D'azur, à cinq épées d'argent, la pointe en bas, 3 et 2.*

VIVIER (DU). — Écuyer, sieur de la Bremantière, de Cernay, etc., Élection de Mortagne, maintenu le 12 avril 1666 : *D'argent, à trois doloires d'azur, aiguisées de sinople.*

VOIS. — Seigneur de Tregoremard, Hocquigny, Élection de Coutances, maintenu en 1666 : *D'argent, à trois haches d'armes de sable, celles en chef adossées.*

VOISIN. — Écuyer de Viardière, Quenouville, Campheroult, etc., généralité de Rouen : *D'azur, au vol abaissé d'argent, accompagné en chef de deux croissants d'or, et en pointe d'une croisette fleuronnée du même.*

VOISNE (DE). — Écuyer, sieur de la Rune, Élection de Falaise, maintenu le 1er janvier 1668 : *D'azur, à trois fasces ondées d'argent.*

VOLLANT (DE). — Généralité de Caen : *D'argent, à la fleur de lis de gueules, accompagnée de trois roses du même.*

VORÉ (DE). — Écuyer, sieur de Berthinière, Élection de Mortagne, maintenu le 22 mai 1667 : *D'hermine, au chef de gueules, chargé d'une trangle ondée d'argent.*

VOYER (LE). — Écuyer, sieur de Montagu, Heugueville, etc., Élection de Montivilliers, maintenu le 26 juillet 1667 : *D'azur, à trois fasces d'argent, accompagnées de trois molettes d'éperon du même.*

jg;

Y

YNOR. — Généralité de Caen, maintenu en 1666 : *D'azur, au chevron d'or, accompagné de trois roses d'argent.*

YON. — Écuyer, sieur de Launay : *D'or, à la bande d'azur, accompagnée en chef d'un lionceau de gueules.*

YVEL. — Écuyer, sieur de Perdeville, Élection de Lions, maintenu le 15 décembre 1670 : *D'argent, au chevron de sable, accompagné de trois trèfles de sinople.*

YVELIN. — Écuyer, sieur de Valdecis, la Prairie, etc., Élection de Coutances, maintenu en 1666 : *D'or, au lion léopardé de sable, lampassé de gueules, coupé de gueules, à trois roses d'argent.*

YVER. — Écuyer, sieur de Clairfeuilles, généralité d'Alençon : *D'azur, à la fasce d'or, accompagnée de trois étoiles du même.*

YVETOT (D'). — Élection d'Argentan, maintenu en 1666 : *D'azur, à là bande d'or, accostée de deux coquilles du même.*

CATALOGUE

DES

GENTILSHOMMES DE NORMANDIE

QUI ONT PRIS PART OU ENVOYÉ LEUR PROCURATION AUX ASSEMBLÉES DE LA NOBLESSE

POUR L'ÉLECTION

DES DÉPUTÉS AUX ÉTATS GÉNÉRAUX DE 1789

NOTA. — Beaucoup de noms de famille ou de terre sont défectueux, nous le savons, mais nous avons conservé l'orthographe des procès-verbaux.

GRAND BAILLIAGE DE COTENTIN

Procès-verbaux de l'assemblée de l'ordre de la noblesse du bailliage de Cotentin.
Mars 1789. (*Archives de la Manche.*)

BAILLIAGE DE COUTANCES.

Thomas-Louis-Antoine Des Marets, chevalier, seigneur de Monchaton et autres lieux, Conseiller du roi, lieutenant général civil au bailliage et siége présidial du Cotentin, Président en l'absence de M. le marquis de BLANGY, grand bailli de Cotentin.

Pierre-Charles-Léon-Michel d'Annoville, *représenté par* M. Michel-Léon de Vesly, major d'infanterie et chevalier de Saint-Louis.

Jean-Jules Ganne.

Coetteval (absent).

Le prince de Monaco, *représenté par* M. d'Auxais, chevalier, capitaine d'infanterie.

Louis-Guillaume des Isles, *représenté par* M. François-Claude Ferrand, chevalier, seigneur de Moncuit.

Léonor-Honoré de Mons.

Marie-Louis, marquis de Caillebot, chevalier des ordres du roi, lieutenant général de ses armées.

Jean-Baptiste-Bernard Louvel, seigneur de Contrière.

Mme Gautier de Bussy, *représentée par* M. André Potier, seigneur de Saint-Martin-le-Vieux.

Léonor-Clair Potier de Courcy, ancien officier d'infanterie.

Jean-François-Gédéon Richier, seigneur de Cerisy, chef d'escadron de dragons.

Jules You, seigneur de Dangy et de Saint-Hilaire.

Pierre-Charles de Gourmont, lieutenant-colonel d'infanterie et chevalier de Saint-Louis.

Nicolas-Joseph-Adrien-Louis de Gohier, chevalier de Saint-Louis.

Guillaume-François Douessey, chevalier, seigneur de Brainville et Montcarville, *représenté par* M. le chevalier de Verdun.

Léonor-Marie-Charles Morel, seigneur de Grimouville, *représenté par* M. Auguste-Louis Guérin d'Agon.

Mlle Marie-Charlotte Christy, fille mineure du sieur Christy de la Morinière, Écuyer, *représentée par* M. Charles-Michel du Prey des Isles, capitaine d'infanterie.

Louis-Charles-François, comte de Berenger.

Alexandre-Antoine-Georges des Marets, *représenté par* M. Georges-Alexandre-Clair des Marets, officier dans la division de Montsurvent.

Mme Marie-Françoise-Élisabeth Delisle, dame de Condé, *représentée par* M. Jean-Baptiste de Mary, seigneur de Bactot, ancien capitaine d'infanterie.

Louis-Antoine Tanqueray de la Mombrière, *représenté par* son fils, capitaine de dragons.

De Guer, marquis de Pontcalé (absent).

Le marquis Le Clerc de Juigné et cohéritiers, *représentés par* le baron de Juigné.

Georges-Jacques-Robert de Peronne de la Sablonnière.

Jean-Pierre-Anne Le Tellier, seigneur de la Haye-Bellefond.

Jean-Malo-Jules Loquet, seigneur de la Lande-d'Airon.

Luc-François Boucher de Vallefleur.

Jean Fraslin, seigneur et patron du Lorey.

Nicolas Fremin de Beaumont.

Paul-Bernard de Mary, seigneur de Longueville, chevalier de Saint-Louis.

De Guer, propriétaire du marquisat de Marigny.

La marquise de Campigny, dame du fief de Maupertuis, *représentée par* M. Jean-Pierre-Anne Le Tellier de Montaure.

Charles Le Maître, seigneur du Mesnil-Aubert.

Mme Marie-Anne Le Brey, veuve de M. Bernard de Bricqueville, *représentée par* M. de Bricqueville, chevalier de Saint-Louis, capitaine au régiment de Limousin.

Charles-Joseph-Eugène Mauger, seigneur du Mesnil-Herman, *représenté par* M. de la Haye-Bellefond.

Jacques-Henri-Sébastien-Michel, seigneur de Monthuchon, *représenté par* M. Poupinel de Quettreville, ancien officier de dragons au régiment de la Reine.

Thomas-Louis-Antoine Des Marets de Montchaton, lieutenant-général civil au bailliage de Coutances, *représenté par* M. de Cussy, marquis de Maudeville.

Georges-Louis-Antoine Des Marets, seigneur de Bavent (absent).

François-Claude Ferrand de la Conté.

Mme Ferrand de Montmartin et ses enfants, *représentés par* M. Loir du Lude.

Charles-Antoine-Alexandre Le Forestier.

Le Painteur de Normesnil, *représenté par* M. le chevalier Guérin d'Agon.

Nicolas-Charles-Antoine Le Conte d'Imouville, *représenté par* M. Le Conte, ancien officier au régiment d'Aquitaine.

Louis-Pierre du Breuil, seigneur de Montfiquet-en-Percy, à cause de noble dame Angélique-Blanche-Marie de Surtainville, son épouse.

Mme Suzanne-Françoise-Angélique Le Tellier, *représentée par* M. le comte de Berenger.

Le comte Alexandre de Vassy, *représenté par* M. le vicomte de Bricqueville, major au régiment de Vexin.

Jean-Charles-Louis-Pierre Bourdon de Saint-Ebremont.

Antoine-Charles-Jules-Jean Poupinel, seigneur de Quettreville.

Mme Marie-Jeanne-Louise de Colardin, veuve de M. le marquis de Pienne, *représentée par* M. Le Comte, chevalier, seigneur de la Varengerie.

Bon-Chrétien, marquis de Bricqueville, chevalier de Saint-Louis, chef d'escadron des armées navales.

René-Joseph-Robert de Brebœuf, commandant à l'île de Marie-Galante.

Guillaume-Antoine-Pierre de la Haye, chevalier, seigneur de Senoville.

Jean-François-Louis de Mary.

Guillaume-Rémi-Charles Cadot, comte de Sebbeville, cap. au rég. de Bourbon (dragons).

Pierre-François de Cussy, chevalier, marquis de Vouilly, *représenté par* M. le comte de Cussy, capitaine de dragons.

Le Vaillant, marquis de St-Denis, *représenté par* M. Henri Le Forestier, comte de Mobec.

François-Claude-Marie, vicomte de Bricqueville, major en second au régiment de Vexin.

Charles-Hervé-Valentin-François de Borde de Foligny, capitaine des vaisseaux du roi.

Léonor-Charles-Antoine Duprey, seigneur du Mesnil-Osmont.

André Potier, seigneur en partie de Saint-Martin-le-Vieux.

François de Chantepie, prêtre, *représenté par* M. Hervé-Michel de Chambert.

Mme Bonne-Charlotte Hue de Langrune, marquise de Benouville, baronne de Courcy, veuve de M. Gilain, marquis de Benouville, mestre de camp cavalerie, *représentée par* M. Hue, chevalier de Caligny, lieutenant au régiment de Beauce.

Charles-Marie-Lucas de Saint-Pair.

Jean-Antoine-François-Olivier-Léonard de Rampan, capitaine de cavalerie, chevalier de Saint-Louis.

Alexandre-Constant, comte de Saffray.

Mme Marie-Suzanne-Jeanne-Renée-Scolastique Le Tellier, dame de Tresly, *représentée par* M. le comte de Berenger, son fils.

Mme Anne-Marie-Gabrielle Potier-Novion, comtesse de Brassac, *représentée par* M. Louis Laffolley-Sorteval.

Henri Le Forestier, comte d'Osseville et de Mobec.

Gabriel-François de Cussy, chevalier de St-Louis, lieut. au régim. des Gardes-Françaises.

Léonor Auguste-François-Gervais du Mesnil-Aumont.

Jean-Augustin Daniel, chevalier de Saint-Louis, ancien capitaine des grenadiers du régiment de Guienne.

Hippolyte du Mesnil-Adelée.

Adrien-François du Mesnil-Adelée.

Pierre Duthon.

Georges de Mary.

Gand-Pierre Quinette de Cloisel.

Pierre-Jacques-Louis Le Marié.

Jacques Le Marié des Landelles.

François-Léonor Couraye, sieur Duparc.

Étienne-Louis-Léonor-Michel de Vesly, chevalier de Saint-Louis, anc. major d'infanterie.

Hervé Michel, sieur de Chambert.

Jean-Charles-François Hue.

Charles-Roland Hue.

Philippe-Bon-Marie-Anne de Mary.

Louis, marquis de Caillebot, major en second du régiment de Vintimille.

François-Alexis du Châtel.

Guillaume-Nicolas-Léonor Potier de la Varde.

Pierre des Touches, sieur de Langotière.

Georges-Alexandre-Clair des Marest de Heugueville, officier de canonniers divisionnaires.

Charles-Antoine Tanqueray d'Hyenville, capitaine de dragons.

Jacques-François-Pierre Potier.

Jacques Yvelin.
Bon-Amand-Henry Yvelin, officier garde-côte.
Louis-Auguste-Gaspard Poitevin du Rosey.
Philippe-Clair-Jacques Hue, sieur de la Morinière.
François Goueslard, lieutenant de canonniers.
Pierre Goueslard, sieur de Vaucelle, capitaine de canonniers.
Jean Du Mesnil.
Charles-Jean-Baptiste-Auguste Gohier, sieur de la Héronnière, chevalier de St-Louis.
Jean-Charles-Claude de Clamorgan.
Nicolas-François de Tournebut.
Louis-Thomas-David, sieur de la Monlerie.
Louis Du Quesne.
Jacques-André Du Quesne.
Bon-Thomas-René Du Quesne.
Jean-Pierre Du Quesne.
Maximin Le Conte d'Imouville.
Pierre Goueslard.
Gilles-Gilbert-Léger-Pierre Goueslard.
Jean-Charles-François Le Conte, chevalier, ancien capitaine commandant au régiment du Maine, chevalier de Saint-Louis.
Pierre-Louis de Melun.
Aimable-Julien Yvelin, sieur du Manoir.
Paul-François-Henry-Nicolas Le Conte, chevalier d'Imouville, ancien capitaine des grenadiers au régiment du Maine.
Marie-Michel-Nicolas de Guillebert, sieur du Boisroger.
Louis-René Potier du Parc.
Claude-Rose de la Motte, ancien garde du corps de Monsieur.
Jean-Baptiste de Chantepie, ancien officier d'infanterie.
Jean-François Boudier de la Valennerie.
Michel-François de Marceuil de Vauderon.
Louis-François Félix des Isles.

BAILLIAGE DE SAINT-LÔ.

Le comte de Valentinois, Baron de Saint-Lô (absent).
De la Gonnivière, *représenté par* M. de Saint-Gilles, seigneur de Graignes.
Mme du Chemin, veuve de M. de Longueville, capitaine de cavalerie, *représentée par* M. de Mary, chevalier de Saint-Louis.
Mme Louise-Jeanne d'Anneville, comtesse d'Héricy, *représentée par* M. du Mesnil-Adelée.
Le comte de la Luzerne, *représenté par* M. Jolis de Villiers.
Le comte Jean-Baptiste de Vissec, tuteur des mineurs de M. de Sainte-Marie d'Agneaux.
Jean-Baptiste-Louis Le Verrier de la Conterie.
Du Chemin de la Tour, *représenté par* M. de Saint-Gilles, chevalier, seigneur de Graignes.
Léonor Cadot, seigneur et patron de Baudre.
Le comte de Faudoas, marquis de Canisy, *représenté par* M. de Lancesseur.
Antoine-Raoul de Cussy, capitaine de dragons.
Charles-Louis de Godefroy de Boisjugan, *représenté par* M. de Laissac, garde du corps.
Charles-Gabriel-Daniel Frotté de Couterne, *représenté par* M. Levavasseur, chevalier, seigneur d'Hiéville et Cerisy, ancien officier d'infanterie.

Bonaventure de Saint-Gilles, seigneur de Graignes.

Charles-François Dancel Du Tot, chevalier de Saint-Louis, major d'infanterie.

Louis-Joseph de Godefroy de la Hazardière, *représenté par* M. de Godefroy de la Madeleine, garde du corps du roi.

M⟨me⟩ Jeanne-Marie Hue de la Roque, *représentée par* M. de Mons, seigneur de Carantilly.

Pierre-Félix de Beaugendre, *représenté par* M. Avice de la Théboterie.

Luc-René-Charles Achard de Perthus de Bonvouloir, anc. capitaine de cavalerie, chevalier de Saint-Louis.

M⟨me⟩ de Contrières, *repr. par* M. Louvel, chevalier de Contrières, son frère.

M⟨me⟩ Jeanne-Françoise Viel, baronne du Mesnil-Ansé, *repr. par* M. de Guillebert du Boisroger.

Nicolas-François-Auguste Le Roy de Dais, *repr. par* M. Le Roy, son fils, chevalier de Dais, ancien officier au régiment de Piémont (infanterie).

M⟨me⟩ de Boutrand (absente).

Jean-Philippe d'Auxais de Montfarville.

D⟨lle⟩ Catherine-Jeanne Simon de Montreuil, *représentée par* M. Le Sens, chevalier de Neufmesnil.

M⟨me⟩ Louise-Pauline-Françoise de Montmorency-Luxembourg de Tingry, *repr. par* M. le comte du Parc, officier du régiment du roi.

François-Parfait de Berruyer.

M⟨me⟩ Charlotte-Françoise de Thère, marquise d'Ambray, *repr. par* M. d'Auxais de Montfarville.

Guillaume-Pierre Le Poupet, seigneur de la Vicomterie, *représenté par* M. le comte de Vissec, ancien lieutenant-colonel de dragons.

François-Alexandre-Léonor Jolis de Villiers.

Jean-Baptiste, comte de Vissec, chevalier de Saint-Louis, ancien lieutenant-colonel au régiment Dauphin.

Antoine-Louis-François de Guillebert du Perron.

René-Alexandre de Lorinier, ancien garde du corps de Monsieur.

Pierre de Varroc, chevalier.

Alexandre-François-Louis Le Verrier, fils de M. Le Verrier, seigneur d'Amigny.

Jacob-Alexis-Victor Dussaussey.

Jean-Élisabeth de Godefroy de la Madelaine, garde du corps du Roi.

Hyacinthe-Amand-Constant-Léon de Godefroy de Lessard, garde du corps du Roi.

Jean-Baptiste de Godefroy d'Aubert, lieutenant de canonniers.

Paul de Fortescu.

Jean-François-Auguste Le Roy, seigneur de Dais.

Nicolas-Jacques-Michel-Auguste Du Mesnil Saint-André.

Charles-Jean-Pierre d'Auxais, chevalier, capitaine d'infanterie.

Jean-Louis-François Le Duc.

Marie-Charles-Antoine d'Arthenay.

BAILLIAGE D'AVRANCHES.

Charles-François de Gouvets, *représenté par* M. Jean-Baptiste de la Hache.

René-François Piton, seigneur de la Malesière.

Henri-Joseph, marquis de Lambert.

Jean-René-Antoine de Verdun, marquis de Crenne, *représenté par* M. le chevalier de Verdun.

Pierre Ernault de Chantor.

Gabriel-René-André de Lancesseur.

Pierre-François de la Broise, *représenté par* M. Rodolphe-Henri de Billeheust de Saint-Georges.

M⁰ᵉ de Nollent, dame de Bois-Yvon (absente).

Louis-Jean-François-Martin, seigneur de Bouillon.

Julien-Louis de Billeheust, seigneur de Braffais.

Armand-Charles Tuffin, marquis de la Roirie, *représenté par* M. Charles-Joseph Tuffin de Villiers.

Jean-Baptiste de la Hache de Champeaux.

Gabriel-Jean-Baptiste-Victor Payen de Chavoy.

Louis-Charles-Jean-François du Rosel de Vaudry, *représenté par* M. Jean-Jacques, marquis du Quesnoy.

Jacques-Jules-René-Grégoire de Gouvets.

Paul Thibault d'Anisy de la Roque (absent).

Jean-Baptiste Le Roy de Brée, chevalier de Saint-Louis et capitaine d'artillerie.

Charles-Philippe-Louis-Bernard de Fleury, *représenté par* M. Pierre-Louis de Clin-champs.

Louis-Jules de Rommilly, *représenté par* M. Louis-Henri Artur, seigneur du Plessis.

Léonor-Claude de Carbonnel, comte de Canisy.

Mᵐᵉ Antoinette-Charlotte Turgot de Saint-Clair, comtesse de Boisgelin, *représentée par* M. Jean-Jacques-Jules, marquis du Quesnoy.

Doynel, comte de Quincey.

Laigre de Grainville.

Charles-Eugène-Narcisse de La Roque, seigneur de la Vallais.

Gervais-Gilles-François Tardif de Moidrey, chevalier de Saint-Louis, ancien capi-taine de cavalerie.

Desperrais de Neuilly.

Auguste-Henri-Louis-Jacques Boudier de Codeville.

Gilles-Louis de Poilvillain.

Jean-Baptiste-Louis Le Roy, seigneur de Cormerey, *représenté par* M. Jean-Baptiste Le Roy, chevalier, seigneur de Brée.

Jean-Louis de Carbonnel, baron de Marcey.

Tesson de la Mancelière, seigneur du Mesnil-Adelée.

Charles Tardif de Vauclair, seigneur de Moidrey.

De Guiton de la Villeberge.

Du Bois de Launay, seigneur de Montviron.

Mᵐᵉ Marie-Catherine-Jacqueline Le Masson, veuve de M. Vivien de la Champagne, *représentée par* M. Payen de Chavoy.

Jean-René-Marie Vivien de Sartilly, *représenté par* M. Jacques-René-Jean-Baptiste Artur, chevalier, seigneur de Villarmois.

Gilles de Belle-Étoile, *représenté par* M. Louis Gilles de Poilvillain.

Victor-Anne Vivien, chevalier de Sartilly, officier au régiment du Roi, *représenté par* M. Rodolphe-Henri de Billeheust de Saint-Georges.

Pierre-Louis-François-René de Clinchamps.

Angot, seigneur du Homme.

Mᵐᵉ Jacqueline-Marie-Anne-Charlotte Bourdon, *représentée par* M. Jean-Louis Bour-don, seigneur de Quesnoy.

Alexandre-Armand, marquis de Pontavice, *représenté par* M. Jean-Malo-Jules Loquet, seigneur de la Lande-d'Airou.

Pierre-François-Marie, comte du Bourgblanc, *représenté par* M. Charles-François du Hamel de Milly, chevalier de Saint-Louis.

Poret, seigneur du Faubrée.

Du Buat, seigneur de Saint-Jean du Corail.

Charles-Léon de Carbonnel, marquis de Canisy.

Le comte de Seot, seigneur de Saint-Laurent de Tergatte.

Jean-Jacques de Bordes, seigneur de Rouffigny, *représenté par* M. François-Jean-Auguste de La Noe.

De Gaalon, seigneur de Dorière.

Louis-Joseph Martin, seign. de Surlair, *reprér. par* M. François-Jean-Auguste de la Noe.

De Pontavice, seigneur de la Lande.

Mme Anne-Simonne-Françoise de Verdun, veuve de M. le comte du Quesnoy, tutrice principale et aïeule de D^{lle} Françoise-Colombe du Quesnoy, *représentée par* M. Gabriel-Jean-Baptiste-Victor Payen de Chavoy.

Thomas-Claude-François du Homme, seigneur de Chassilly.

Hervé-Louis-Gabriel Lempereur de la Rochelle.

Malo-Guillaume Martin Du Perron, *représenté par* M. Louis Martin, seig. du Bouillon.

Jean-Jacques-Julien, marquis du Quesnoy.

René-Gabriel Doynel, comte de Saint-Quentin, *représenté par* M. Marie-Jean-François de Verdun.

Louis-Georges Du Hommel, seigneur du fief de Brequigny, *représenté par* M. Louis-Jean-François Martin, seigneur du Bouillon.

Louis-Alexandre Andrault, marquis de Langeron, *représenté par* M. Luc-René-Charles Achard de Bonvouloir, chevalier de Saint-Louis.

Marc-Antoine de la Beslière, seigneur de Vains, chevalier de Saint-Louis.

Jacques-Charles-Alexandre Doynel, marquis de Montécot, *représenté par* M. Claude-François du Homme, seigneur de Chassy.

Joseph de Verdun, seigneur de Ballant et de Menard.

Jean-Julien de Verdun, chevalier de Ballant, officier au régiment de Bassigny.

Charles-Joseph Tuffin, seigneur de Villiers.

Louis-Henri Artur, seigneur du Plessis.

Charles-François Gautier, seigneur d'Orville.

Jean-René de Pierre.

Le chevalier Thomas-Henri d'Halwin de Piennes.

René-Anne Le Normand de Garat.

Léonor-Robert Danjou, capitaine de caval., garde du corps du roi.

Marie-Jean-François de Verdun.

Jean-Louis-Pierre de Godefroy.

Alexandre Danjou de la Garenne, chevalier de Saint-Louis.

Jean-Baptiste-Claude Le Prevost.

François-Jean-Auguste de la Noe, seigneur de la Bastille.

François-Julien de la Noe.

Louis-Charles-Félix de la Beslière.

Jacques de Juvigny, seigneur de Vauvert.

Louis-François de Juvigny de la Daussère.

BAILLIAGE DE CARENTAN.

Charles-Michel-Auguste d'Auxais, seigneur d'Auverville, *représenté par* M. Alexis-Christophe d'Arot, chevalier de Vaugoubert, capitaine d'artillerie.

Mlle Prudence-Sophie-Caroline Le Bachelier de Semilly, dame d'Angoville.

Alexandre-François Le Forestier, comte d'Osseville, *repr. par* M. Marie-Henri-Fortuné Le Forestier, chevalier, seigneur de Sideville, chevalier de Saint-Louis, lieutenant du roi à Cherbourg.

Le chevalier Auguste-Philippe-Charles Morin d'Auvers.

Guillaume Desplanques de Lessay, comte d'Auxais, *représenté par* M. François-Louis Bauquet de Granval, chevalier de Sain -Louis.

Mᵐᵉ Marie-Bernardine de Hennot, dame ce Barneville.

Jean-Baptiste-Léon, marquis de Thiboutot, *représenté par* M. Pierre-Jacques Le Sens, chevalier, seigneur de Neufmesnil.

César-Henri, comte de la Luzerne, ministre de la marine, *représenté par* M. Louis-Jean-David Le Trésor, chev. de Saint-Louis, colonel commandant du régim. de la Reine.

René-Louis de Traisnel de Saint-Blaise, *représenté par* M. Jacques-Marie Avice, seigneur de Fermanville.

Pierre-Jean-François-Yon, seigneur d'Etercaville.

François-Hilaire de Tilly, marquis de Blaru, maréchal des camps et armées du roi, *représenté par* M. Frédéric, comte du Parc.

La marquise de Flottemanville, dame de Grenneville (absente).

La marquise de Premettier, dame des Fontaines (absente).

La marquise de Thieuville, dame de Courcy (absente).

De Gouvets, seigneur de Querqueville.

René-Louis-Gilles-Laurent Hervé du Bois de Litry, *représenté par* M. Louis-François de Cussy, marquis de Maudeville.

Jacques-Louis-Gabriel du Mesnildot, anc. capit. au régim. du Colonel Général (dragons).

Charles-Léonor-Auguste Avice du Mesnil-Ury.

Louis-Adrien d'Osbert, seigneur du Val, chevalier de Saint-Louis.

Jean-Jacques-Thomas Feuillie, seigneur de Sainte-Colombe, *représenté par* M. Léonor-Georges Feuillie, son frère.

Marie-François-Henri de Franquetot, duc de Coigny, pair de France, *représenté par* M. François-Bonaventure de Mauconvenant, chevalier de Sainte-Suzanne.

Maximilien-Gabriel-Louis de Béthune, duc de Sully, seigneur de Sebbeville, *repr. par* M. le chevalier Le Trésor de la Roque.

Marie de Rouen de Bermonville, seigneur de Foucarville (absent).

Mᵐᵉ Françoise-Renée de Carbonnel de Canisy, veuve de M. Louis de Busfile de Brancas, comte de Forcalquier, *représentée par* M. Louis Hervé de Chivré.

Pierre-Jacques Le Sens, chevalier, seigneur de Neufmesnil.

Chrétien-François de Lamoignon, *représenté par* M. Hippolyte du Mesnil-Adelée.

Louis Ferrand, seigneur de Rouville, *représenté par* M. Pierre-Jean-François Yon, seigneur de Turqueville.

Michel-Marie de Pommereuil, sous la garde noble de M. Robert-Marie Le Roux, baron d'Esneval.

Jean-François, baron d'Anneville, *représenté par* M. Boniface-François-Paul d'Anneville, son fils.

Les héritiers du prince de Soubise, seigneur de Sainte-Marie du Mont.

Léon-Marguerite Le Clerc, baron de Juigné, comte de Courtomer.

François-Baptiste Mahieu de Premare, *représenté par* M. Pierre-Jean-François Yon de Turqueville.

Mˡˡᵉ Hue du Mesnil, dame d'une portion du Mesnil-Pouchin (absente).

Le président de Bermonville, seigneur de Saint-Germain de Varreville (absent).

Jacques-François-Pelage-Alexandre Lefèvre de Grainteville, *représenté par* M. Claude-Marie, comte de Bricqueville, colonel de cavalerie, chevalier de Saint-Louis.

Robert de Gourmont de Saint-Clair.

Pierre-Jacques-Gabriel, marquis de Pierrepont, seigneur de Sainte-Honorine et autres lieux, *représenté par* M. de Mauconvenant de Sainte-Suzanne.

Nicolas-Anne Morin de la Rivière, seigneur de Vierville, *représenté par* M. Joseph-Bon-Pierre Le Vavasseur, chevalier, seigneur d'Hiéville, ancien officier d'infanterie.

Charles-Michel Duprey, seigneur des Isles, capitaine au bataillon de garnison Dauphin.

Léonor-Jean-Louis Le Trésor de la Roque.

Louis-Jean-David Le Trésor, colonel commandant au régiment de Lorraine (dragons), chevalier de Saint-Louis.

Louis Lafolley-Sorteval.

Léon-François Mahieu du Saussey, conseiller du roi et son procureur au bailliage de Carentan.

Pierre-François-Michel-Alexandre de Saint-Germain.

François-Louis-Pelage Sorin, sieur de la Mare.

François-Anne-René-Marie Le Maignen.

Alexandre-Bernard de Gigault, comte de Bellefond, capitaine de chasseurs au régiment de Franche-Comté.

François-Louis de Bauquet de Grandval, chevalier de Saint-Louis.

Jean-François-Chrysostome de Guéroult.

Pierre-Simon-Louis Sorin, sieur du Hommet.

Alexis-Christ. d'Abot, chevalier de Vaugoubert, capit. d'artill. au rég. de Strasbourg.

Jean-Baptiste d'Olidan.

BAILLIAGE DE CÉRENCES.

Hervé Le Court de Sainte-Marie.

Pierre-Jacques Fremin, seigneur de Lingreville, *représenté par* M. Étienne-Louis-Léon-Michel de Vesly, ancien major d'infanterie, chevalier de Saint-Louis.

Nicolas Deslandes, seigneur de la Meurdraquière, *représenté par* M. Pierre-Jacques-Louis Le Marié.

Vercengentorix-René-Charles de Bordes, seigneur de Foligny, chanoine en l'église cathédrale de Cérences, *représenté par* M. Charles-Hervé-Valentin-François de Bordes de Foligny, capitaine des vaisseaux du roi.

Le comte de Briges, *représenté par* M. Charles-Adolphe de Mauconvenant, chevalier de Sainte-Suzanne.

Pierre-Charles-Louis de Pierre.

Pierre-Louis, chevalier de Poitevin.

Anne-Jacques-Barthélemy du Breuil.

BAILLIAGE DE MORTAIN.

S. A. R. Monseigneur le duc d'Orléans, comte de Mortain, *représenté par* M. Louis Bernardin Le Neuf, comte de Sourdeval.

Le chevalier Charles-René de Verdun, ancien officier au régiment de dragons de Monteclair.

Charles-Louis, chevalier de Verdun, ancien lieutenant au régiment d'Angoumois.

Jacques-Alexandre de Thoury, seigneur de Boussentier, baron de Feugerettes, *représenté par* M. René Payen, chevalier, sieur du Domaine.

Le duc de Penthièvre (absent).

La marquise de Chevrue, veuve de M. Louis de Chevrue, chevalier, seigneur marquis du Mesnil-Tové (absente).

M⁻ᵉ Anne-Charlotte de Vauborel, *représentée par* M. Jacques de la Broise, chevalier seigneur de la Chapelle-Urée.

Louis-Marie, comte de Vassy, chevalier, seigneur marquis de Brecé, mestre de camp de cavalerie, baron de Landelles, chevalier de Saint-Louis, *représenté par* M. le vicomte de Bricqueville, major au régiment de Vexin.

- M⁻ᵉ Charlotte-Joséphine de Vauborel, *représentée par* M. Léon Robert Danjou, Garde du corps du roi.

- Gilles-Philippe-Marie-Emmanuel Danjou du Longuay, chevalier de Saint-Louis, seigneur de Coulouvray.

- Léandre-Louis-Urbain Danjou, chevalier, seigʳ de Bansault, ancien officier d'infanterie.

Jean-Baptiste Piton, chevalier, seigneur de la Rousselière, *représenté par* M. Charles-Eugène de Saint-Paul, chevalier de Saint-Louis, lieutenant-colonel de cavalerie.

Charles-André de Pontavice, seigneur de Ferrières, *représenté par* M. Jean-Gabriel de Bordes.

Jean-Gabriel de Bordes, chevalier, seigneur de Fontenay.

Pierre-René Avenel de Bois-Erard, chevalier, seigneur de la Touche, *représenté par* M. Léonor-Charles-Louis Poret, chevalier de Saint-Louis.

Charles-Paul-Eugène, marquis de Valory, *représenté par* M. Charles-Eugène de Saint-Paul, chevalier de Saint-Louis, colonel de cavalerie.

M⁻ᵉ Marie-Olive de Malherbe, veuve de M. Avenel de Nantray, *représentée par* M. Jacques-François Payen de la Fermonnière, capitaine de canonniers gardesc-ôtes.

MM. de Ponthaud et de Mesange de Saint-André, chevaliers, seigneurs par indivis du Plessis, *représentés par* M. Jacques-René-Jean-Baptiste Artur, chevalier, seigneur de Villarmois.

Charles d'Estanger de Heussé, *représenté par* M. Jacques-Nicolas de Vaufleury, chevalier de Saint-Cyr, capitaine au régiment de Bourbon (infanterie).

Joseph-Henry d'Estanger, chevalier, seigneur du Petit-Husson, *représenté par* M. Charles-Antoine Payen de la Fresnaye.

Thomas-Henry Godard d'Isigny, *représenté par* M. Thomas-Claude-François du Homme, chevalier, seigneur de Chassilly.

M⁻ᵉ Louise-Marie de Guiton, veuve de M. Léonard-Pierre de Clinchamps, chevalier, seigneur de Juvigny (absente).

Félix de Saint-Germain, chevalier, seigneur de la Bazoge, *représenté par* M. Charles-François du Hamel de Milly.

Jacques-Baptiste de la Broise, chevalier de Saint-Louis, ancien capitaine commandant du régiment de Monsieur.

M⁻ᵉ Louise-Perrine-Françoise Bonne de Lorgeril, veuve de M. Gabriel-Michel Tesson de la Mancelière et ses fils, *représentés par* M. Charles-René de Verdun.

Charles-François du Hamel, seigneur de la Fosse, *représenté par* M. Jacques-Louis Le Harivel, chevalier, baron de Fresne.

Henry-Antoine de Vaufleury, seigneur de Saint-Quentin, etc., *représ. par* M. Jacques-François Payen de la Fermonnière.

Mathieu de la Chambre, chevalier, seigneur du Vauborel, *représenté par* M. François-Louis-Aimé Couture, sieur de Troismonts.

M⁻ᵉ Anne-Françoise de Pennard, veuve de M. Louis de Vaufleury de Mattère, tutrice de ses enfants mineurs, *représentée par* M. Gabriel-François de Vaufleury.

Le marquis d'Olliamson, *représenté par* M. Léonor-Charles-Louis Poret, chevalier de Saint-Louis.

M⁻ᵉ Louise Tesson, veuve de M. Charles du Buat, *repr. par* M. René du Buat, son fils.

Jacques d'Estanger, chevalier, seigneur de la Mazure, chef de division des canonniers gardes-côtes d'Avranches, chevalier de Saint-Louis, *représenté par* M. Gabriel-René-André de Lancesseur, chevalier, seigneur de la Polinière.

Louis-Marie de Bordes, chevalier de Chalendré, *représenté par* M. Jean-Gabriel de Bordes, chevalier, seigneur de Fontenay.

Rodolphe-Henry de Billeheust de Saint-Georges.

Charles-Eugène de Saint-Paul, chevalier de Saint-Louis, lieutenant-colonel de cavalerie.

Henri de Camprond, chevalier, seigneur de Marcilly.

Jacques-François Payen de la Fermonnière.

René-Mathieu de la Faucherie, *représenté par* M. Louis-Charles Poullain de Nerville.

Henry Gaudin de Vilaine, chevalier, seigneur du Mesnilbœuf (absent).

Louis-Félix-Tancrède de Hauteville, chevalier, seigneur des Genetais, etc., *représenté par* M. Louis-Charles Poullain de Nerville.

Georges-François-Félix, comte de Chevrue, marquis du Mesnil-Tové, chevalier de Saint-Louis, *représenté par* M. René Payen de la Fresnaye.

Sébastien-Anne de Poilvillain, chevalier, seigneur marquis du Mesnil-Renfray et comte de Cresney, *représ. par* M. Charles-Antoine-Alexis Le Forestier, seig. de Maneville.

Mme Anne-Simonne-Françoise de Verdun, *représentée par* M. Gabriel-Jean-Baptiste-Victor Payen de Chavois.

Charles-Jean-Gilles de Pracomtal, chevalier, seigneur de Naflet (absent).

Jean-François-Toussaint, comte de Lorgeril, capitaine des vaisseaux du roi, chevalier de Saint-Louis, *représenté par* M. Charles-René de Verdun.

André-Georges-René Adigard, seigneur des Ganteries, *représenté par* M. Jacques de la Broise.

François-Pierre Mesnage de la Boutrière, *représenté par* M. Jacques-Guy Poullain, seigneur des Châteaux.

Charles-Gui-Bonaventure Achard, chevalier, seigneur de Bouvouloir, major au régiment de Médoc, chevalier de Saint-Louis, *représenté par* M. Luc-René-Charles Achard de Bonvouloir, son frère.

Jacques-Auguste des Rotours, chevalier, seigneur de Chaulieu, *représ. par* M. Louis-François-Aimé de Couture, sieur de Troismonts.

Charles-François de Marceuil, chevalier, seigneur de la Touche, *représ. par* M. Narcisse de la Roque.

Mme Jacques-Suzanne Le Harivel, veuve de M. Guillaume-François de Vaufleury, *représentée par* M. Jacques-Nicolas de Vaufleury, capit. au régim. de Bourbon.

Mme Gillette-Renée-Geneviève-Marie-Jos.-Marthe de Fleury, veuve de M. François-Jean de Lenteigne (absente).

Jacques-Auguste de la Barberie, chevalier, seigneur de Refuveil, brigadier des armées du roi, capitaine au régiment des gardes-françaises, *représ. par* M. Gabriel-François de Vaufleury.

Gabriel-François de Vaufleury, chevalier, seigneur de Saint-Cyr, du Bailleul, conseiller du roi, lieutenant général civil et criminel et de police au bailliage de Mortain.

Charles-François du Hamel de Milly, seigneur de Moissé, chevalier de Saint-Louis, ancien colonel d'infanterie.

Eugène d'Auray, marquis de Saint-Pois, *représ. par* M. Jacques-Julien de Gouvest.

Louis-Benard Le Neuf, comte de Sourdeval, chevalier de Saint-Louis.

Antoine-Anne-Nicolas de Géraldin, chevalier, seigneur comte de l'Appenty, chevalier de Saint-Louis, brigadier des armées du roi, grand bailli d'épée du bailliage et comté de Mortain, *représ. par* M. François Alexandre-Léon Jolis de Villiers.

Mme Anne d'Argence et Mme Lambert, sa fille, civilem. séparée d'avec M. Jacques-Louis Le Harivel, baron de Frêne, *représ. par* M. Le Harivel, baron de Frêne.

Alexandre du Hamel, seigneur de Villechien, officier au régim. de Roussillon (infanterie).

Charles de Labbé, chevalier de Saint-Louis, *représ.* par M. Alexandre du Hamel de Ville-chien, officier au régiment de Royal-Roussillon.

Joseph-Gédéon-François de la Houssaye, seigneur du Plessis (absent).

Charles-Eugène-Narcisse de la Roque de Cahan, officier au régiment Royal-cavalerie.

Jacques-Nicolas de Vaufleury, capitaine commandant au régiment d'infant. de Bourbon.

Charles-Antoine Payen de la Fresnaye.

René-Marie Payen.

Jacques-Guy Poullain, sieur des Châteaux.

Louis-Charles Poullain, sieur de Nerville.

Léonard-Charles-Louis Poret, chevalier de Saint-Louis.

François-Louis-Aimé Couture, sieur de Troismonts.

BAILLIAGE DE SAINT-SAUVEUR-LENDELIN,

SÉANT A PÉRIERS.

Charles-Félix Le Canu de Bamarest.

Auguste-Louis Guérin d'Agon.

Charles-François-Victor-Auguste de Coudren, *représ.* par M. le chev. Antoine de Brucan.

Charles-Adolphe de Mauconvenant, marquis de Sainte-Suzanne.

Le Mouton de Carmesnil, *repr.* par M. Pierre-Marie-Eustache, chev^r, seig^r d'Omonville.

Pierre-Hyacinthe-Henry Le Forestier, baron de Clais, ancien officier au régiment Royal-Vaisseaux.

Louis-François, vicomte de Perrochel, seigneur de Créances, *représ. par* Jean-Jérôme de Colas, chevalier de Gassey.

Jean-François-René Le Roy, seigneur du Champgrain et de Feugères.

Louis-Antoine Le Trésor de Bactot, *représ.* par M. Louis-Jean-David, son fils, chevalier de Saint-Louis, colonel commandant du régiment de Lorraine (dragons).

De Trémauville, seigneur de Jeffosses (absent).

Joseph-Alexis du Hérissier, seigneur de Gerville, *représ. par* M. François du Hérissier.

Antoine-Guillaume Plessard de Servigny, chevalier de Saint-Louis.

Turgot, seigneur de Laune (absent).

Charles-Alexandre de Campion, seigneur du Buisson.

Charles-Antoine Le Trésor d'Ellon, *représ. par* M. Thomas-François de Beaudrap de Biville.

Joseph-Gabriel d'Arot de Vaugoubert, seigneur de Montsurvent.

Jean-Baptiste de Mary, seigneur de Bactot.

Jacques-Paul-François d'Auxais, seigneur de Saint-Aubin-du-Perron, *représenté par* M. Gabriel-François de Cussy, chevalier, lieutenant aux gardes-françaises, chevalier de Saint-Louis.

Pierre-François Davy de Virville et du Perron, *représ.* par M. Pierre-François-Casimir Sorin, chevalier, seigneur de Lepesse.

Marie-Pierre-Jean Le Tellier de Vaubadon, *représ. par* M. Henry Le Forestier, comte de Mobec.

Pierre-Anne-Georges Ferrand de la Conté, *représ.* par M. François-Claude Ferrand de la Conté, seigneur de Montcuit.

Pierre-François-Casimir Sorin, seigneur du fief de Lepesse.

François-Bonaventure-Corentin de Mauconvenant, seigneur de Sainte-Suzanne.

Beauchef, seigneur de Servigny.

Jean-Baptiste Le Bouleur.

Jean-François Sorin.

Jean-François Sorin, seigneur du Longprey.

Thomas Le Poupet d'Anneville.

Jacques-François Sorin, seigneur de la Bretonnière.

Pierre Le Poupet, seigneur des Croutes.

BAILLIAGE DE VALOGNE.

Monsieur, frère du roi, duc d'Anjou, d'Alençon, etc., *représenté par* M. Charles-Louis-Hector, marquis d'Harcourt, baron d'Olonde, maréchal des camps et armées du roi, commandant dans la province de Normandie.

Gilles-René Avice de Sortoville.

François-Charlemagne Couvert de Coulons, *représenté par* M. le marquis Henri-Marie de Marguerie.

Le Tort d'Anneville, seigneur du Breuil (absent).

Mᵐᵉ Magdeleine-Françoise-Denise Le Roux, veuve de Charles-François d'Yvetot, *représenté par* M. Jean-René d'Yvetot.

Thomas-François de Beaudrap, seigneur de Biville.

Claude-Marie, comte de Bricqueville.

Louis-François du Hérissier, seigneur de Breuville.

André de Hennot, comte d'Octeville, *représenté par* M. Pierre-François de Beaudrap.

Hyacinthe Lefèvre d'Anneville, *repr. par* M. Charles-François de Brucan d'Erouville.

De Carneville (absent).

Mᵐᵉ Jeanne-Bernardine d'Agier, veuve du seigneur Le Sens de la Duquerie, *repr. par* M. Charles-Albert-Marie Hue de Caligny, chevalier non profès de l'ordre de Saint-Jean de Jérusalem, capit. au régim. du Commissaire général (cavalerie).

Jean-Pierre-Désiré Lucas de Couville.

Lefèvre de Graintteville, *repr. par* M. Claude-Marie, comte de Bricqueville.

Félix-François Dursus de Carnanville, seigneur de Crasville, *repr. par* M. Jacques-Marie Avril, seigneur de Fermanville.

Pierre-Victor-Eustache d'Enneville, *représenté par* M. Pierre-Marie-Eustache d'Anonville, capitaine de dragons.

François-Hyacinthe-Lefèvre de la Grimonnière, ancien officier au régiment du Colonel général (dragons).

Maximilien-Marie-Pierre Le Viconte, marquis de Blangy, Grand bailli du Cotentin, chevalier de Saint-Louis, lieutenant général des armées du roi, *repr. par* M. Louis, marquis de Caillebot, chevalier des Ordres du roi, lieutenant général de ses armées, gouverneur de la haute et basse Marche.

Jean-Adrien-Félix Foliot de Fierville, chef de la division garde-côte de Barneville.

Paul-Pierre-Auguste Hellouin, chevalier seigneur de Courcy, *représenté par* M. Antoine-César de Brucan.

Louis, marquis de Mathan, *repr. par* M. Nicolas Fremin, seigneur de Beaumont.

Jean-Baptiste de Brix, seigneur de Beauchamp, *représenté par* M. Jacques-Louis-Gabriel du Mesnildot.

Jacques-Henri-Pelage André, seigneur de Boisandré, *représenté par* M. Jacques-Henri-Pelage André, seigneur de Ver, son fils, capitaine de dragons.

Hook, seigneur de Gatteville et de Vrasville (absent).

Jean-Antoine de Bonvalet, *représenté par* M. Charles-Gilles-Valentin d'Avice, capitaine au régiment de Chartres (dragons).

Mme Marie-Charlotte Massé, *repr. par* M. René-Alexandre de Lorimier.

Michel-Pierre-François Dussaussey, seigneur de Gruchy.

Jean-Baptiste-René Hervieu, seigneur du Val-Ferrant, *représenté par* M. Germain-François-Joseph Colas, seigneur de Prémare.

Jean-Nicolas de Berruyer de Gonneville.

Marie-Bonaventure Jallot, comte de Beaumont, capit. au régim. du Roi (infanterie).

Charles-Louis de la Motte-Angot de Flers, seigneur de Hennevest.

Louis-Bernard-Jacques de Gigault, marquis de Bellefont, *représenté par* M. le comte de Bellefont, son fils, capitaine au régiment de chasseurs de Franche-Comté.

Jean-François, comte du Moncel, *représenté par* M. Jean-Pierre-Désiré Lucas, seigneur et patron de Couville.

Louis-Marin-François Pinel de Golleville, *repr. par* M. Pierre-Bon-Antoine Le Sauvage, seigneur d'Houesville.

Paul-Hyacinthe-Charles, marquis de la Houssaye, *représenté par* M. Louis-François de Cussy, marquis de Mandeville.

Guillaume Simon, seigneur de Saint-André, *représenté par* M. Prosper-Jean-Hervé Simon, seigneur de Vaudreville, son fils.

Léonor-Georges-Adrien Feuillie, seigneur et patron du Holme ou Ile-Marie.

Jacques Dursus de Courcy, *repr. par* M. Charles-François de Brucan de Rouville.

Jacques-Marie Adoubeden de Rouville, *représenté par* M. Jacques-François-Marie de Rouville, son fils, officier au régiment de l'île Bourbon.

Nicolas d'Aigremont, *représenté par* M. Prosper-Philippe d'Aigremont, son fils.

D^{lles} Angelle-Françoise et Catherine-Françoise de Beaudrap, sœurs, *représentées par* M. Pierre-François de Beaudrap, chevalier, seigneur de Sotteville.

Mme Marguerite de Camprond, veuve de M. Charles de Sainte-Mère-Église, seigneur d'Omonville, *représentée par* M. François-Hyacinthe-Guillaume d'Anneville.

Henri-Jacques, marquis du Moncel, *représenté par* M. Jean-Philippe d'Auxais.

Alexandre-François-Maximilien, marquis de Longaunay, *représenté par* M. Guillaume-Remi-Charles Cadot, comte de Sebbeville.

Constantin-Frédéric-Thimoléon, comte du Parc.

Pierre-Hervé-Louis de Lempérière, chevalier, seigneur de Chantelou, *représenté par* M. Jacques-André François d'Ossonville.

Mme Bonne-Julie Morel de Courcy, veuve de M. Antoine-Louis Hue de Caligny, ingénieur en chef des fortifications de la Hougue, *représentée par* M. Charles-Albert Hue de Caligny, chevalier de Malte, capitaine au régiment du Commissaire général.

Detauval du Tertre, seigneur du fief du Breuil.

Mme Rose-Aimée-Blanche d'Auxais, veuve de M. René de Carbonnel, *représentée par* M. Pierre-Charles-Bernard du Tertre.

Jean-Louis-François Ruallem, seigneur de Nouainville, *représenté par* M. Louis-Henri de Berenger, ancien officier d'artillerie et du génie.

Le chevalier Jacques-François d'Héricy, seigneur de la Varengerie, *représenté par* M. François-Antoine-Henri d'Anneville de Chiffrevast, ancien officier de dragons, chevalier non profès de l'ordre de Saint-Jean de Jérusalem.

Pierre-Charles-Jacques Duprey de Pierreville, *représenté par* M. Léonor-Charles-Antoine Duprey, chevalier, seigneur de Saint-Martin de Cérilly.

René Le Fauconnier de Bernaville.

Bernardin-Léonor Le Courtois, seigneur d'Héroudeville.

Jean-Baptiste-Pierre-Auguste Barbou de Quesqueville, ancien mousquetaire gris.

Georges-Antoine, chevalier, marquis Dancel, seigneur de Flottemanville, etc., *représenté par* M. Le Fauconnier de Bernaville, chevalier de Saint-Louis.

L'abbé de Gallifet, seigneur de la baronnie de Réville (absent).

Mme de Réville (absente).

Mme Hélène-Françoise-Jacqueline de Courseulles, *représentée par* M. Pierre-Charles-Bernard du Tertre, seigneur de Bunehou.

Mme de Thieuville, dame du fief de la Brisette (absente).

Bon-Paul-Jacques Érard de Belle-Isle, *représenté par* M. François-Hyacinthe-Guillaume d'Anneville.

Charles-Léonor-Hyacinthe de Marguerie, comte de Colleville, brigadier des armées du roi, *représenté par* M. Charles-Joseph Tuffin de Villiers.

Pierre-Charles-Bernard du Tertre.

Jean-René Marin de Lœuvre, chevalier, seigneur de Saint-Germain.

De Blanville, seigneur du fief de Thoville (absent).

Mme Marie-Julie-Jourdain-Léonore de Beaugendre, *représentée par* M. Jacques-Léonor de Vauquelin d'Artilly.

Pierre-Raymond-Charles-Louis de Pierrepont, *représenté par* M. Jean-Adrien-Félix de Folliot de Fierville.

Jean-François de Vauquelin, *représenté par* M. Jacques-Léonor de Vauquelin d'Artilly.

Pierre-François-Christophe Poisson, seigneur de Saussemesnil.

Marie-Henri-Fortuné Le Forestier, chevalier, seigneur de Sideville, chevalier de Saint-Louis, lieutenant du roi à Cherbourg.

Louis-Henri de Chivré, seigneur de Sottevast.

Bon-Louis-Charles Bauquet, marquis de Campigny, *représenté par* M. Germain-François Colas, seigneur de Prémare.

René-Charles de Percy, chevalier, seigneur, comte de Tonneville.

Louis-Casimir-Marie d'Avice, seigneur de Tourville.

D'Octeville, tuteur de M. de Tocqueville, seigneur de Tourlaville (absent).

Le marquis de Bruc (absent).

Bon-Henri-Marie, marquis de Marguerye.

Charles-Léonor-Louis, comte de Marguerye, *repr. par* M. le marquis de Marguerye.

Louis-Jean-Baptiste-Antoine Colbert, marquis de Seignelay, *représenté par* M. Louis-Casimir d'Avice, seigneur de Tourville.

François-Hyacinthe-Guillaume d'Anneville.

Charles-Albert-Marie Hue de Caligny, chevalier de Malte, capitaine de cavalerie.

Bernard-Henri-Louis Hue, chev. de Caligny, officier au régiment de Beauce (infant.).

Gilles-Valentin d'Avice, capitaine de dragons au régiment de Chartres.

Le chevalier Jean-Jérôme Colas de Gassé.

Guillaume-Antoine-Nicolas Portaire de Bretefez.

Jean-René d'Yvetot.

Charles-François de Brucan, seigneur de Rouville.

Le chevalier César-Antoine de Brucan, ancien officier d'infanterie.

Pierre de Lesnerac, seigneur de Mesniville.

Jacques-Henri Pelage André de Boisandré, capitaine de dragons.

Jacques-François-Marie Adoubeden de Rouville, officier au régiment de Bourbon.

Léon-Louis-Éloi Dancel, chevalier de Saint-Louis, ancien capitaine de dragons.

Léon-Vigor-Béatrix de Mesnilreine.

Le chevalier Guillaume Desquaisses, seigneur des Essarts.

Anonime Anquetil, chevalier de Beaudreville, capitaine au régiment Royal-cravate, chevalier de Saint-Louis.

Prosper-Jean-Hervé Simon de Vaudreville.

Germain de Rosette de Herquetot.

BAILLIAGE DE SAINT-SAUVEUR-LE-VICOMTE.

François-Charles Lefèvre, marquis du Quesnoy, *représenté par* M. Charles-Adolphe de Mauconvenant, marquis de Sainte-Suzanne.

Charles-Daniel Loir, chevalier, seigneur du Lude.

Louis-Bernard du Mesnildot, seigneur d'Amfreville.

M** de Mathan, dame d'Asseville (absente).

Jacques-Antoine de Saint-Simon, seigneur de Beuzeville, *représenté par* M. Paul d'Anneville.

Jacques-Léonor Vauquelin d'Artilly.

De Pierrepont, seigneur de Brillevast (absent).

Charles Simon, chevalier, seigneur de Touffreville, *représenté par* M. Jean-Antoine-François-Olivier-Léonard de Rampan, capitaine de cavalerie, chevalier de Saint-Louis.

Claude-Félix du Fayel de Bernay, *représenté par* M. Antoine-Raoul de Cussy, capitaine de dragons.

Anne-Hilarion de Feuardent, seigneur d'Éculleville, *représenté par* M. de Feuardent d'Éculleville, capitaine et chevalier de Saint-Louis.

M** de Montigny, dame d'Érouville (absente).

Jacques-Marie d'Avice, seigneur de Fermanville.

Marie-François de Bruc, marquis de la Guerche, *représenté par* M. Antoine-Guillaume de Bretefez.

François-Adrien Pinel, seigneur de Golleville, *représenté par* M. Jean-Adrien-Félix Folliot de Fierville.

Jean-Charles-Adrien Pinel, seigneur du Quesnoy, *représenté par* M. Anonime Anquetil, chevalier de Baudreville.

Philippe-Remi-Hyacinthe du Hecquet, seigneur de Hauteville, *représenté par* M. Louis-Henri de Berenger.

Joseph-Bon-Pierre Le Vavasseur, seigneur d'Hiéville, ancien officier d'infanterie.

Pierre-Bon-Antoine Le Sauvage, seigneur de Houesville, ancien officier au régiment d'Auvergne.

Pierre-Marie-Eustache d'Omonville.

Claude-Clément Le Mouton, chevalier, seigneur de Carmesnil, chevalier de Saint-Louis, tuteur des mineurs de feu M. Pierre-Jacques Le Mouton, chevalier, seig. de Nehou.

Louis-François de Cussy, marquis de Jucoville.

Le chevalier Louis-Henri de Berenger, ancien officier d'artillerie et du génie.

Jean-René Le Comte, seigneur de Boisrogor, *représenté par* M. Alexis-Christophe d'Arot, chevalier de Vaugoubert.

M** Élisabeth-Louise Poutrel, veuve de M. Pierre-Joseph-Davy de Virville, *représentée par* M. Hervé Michel, seigneur de Chambert.

Henri-François du Hecquet, *représenté par* M. Jean-Antoine-François-Olivier de Léonard de Rampan.

Claude-Clément Le Mouton, chevalier, seigneur de Carmesnil, tuteur des enfants de M. de Clamorgan, chevalier, seigneur de Taillefer.

M** Bonne-Julie Morel de Courcy, dame d'Huberville et Saint-Cyr, veuve de M. Anthénor-Louis Hue de Caligny, *représentée par* M. Louis Hue de Caligny, officier au régiment de Beauce.

Jean-Baptiste Le Courtois de Sainte-Colombe.

Mlle Marie-Jeanne-Lucile Barbey de Taillepied, *représentée par* M. René-Charles de Percy.

Guillaume-René d'Anneville, marquis de Chiffrevast, *représenté par* M. François-Antoine-Henry de Chiffrevast, ancien officier de dragons.

François de Cussy, seigneur de Teurteville-Hague (absent).

Clérel, seigneur de Tocqueville (absent).

Mme Marie-Marguerite Le Roux, veuve de M. François Du Moncel, *représentée par* M. Jean-Pierre-Désiré Lucas de Couville.

Jean-Charles-Adrien Folliot d'Urville (absent).

Augustin-René Lefèvre, seigneur de Virandeville, *représenté par* M. Marie-Henri-Fortuné Le Forestier, chevalier, seigneur de Sideville, chevalier de Saint-Louis, lieutenant du roi à Cherbourg.

François-Alexis de Chantepie.

Germain-François-Joseph-Colas, sieur de Prémare.

Louis-François d'Ossonville, officier des canonniers gardes-côtes.

Claude-Adrien Le Comte de la Varengerie.

Jean-Marin de Feuardent, chevalier de Saint-Louis, capitaine de vaisseau.

Jacques-François de Feuardent.

Jacques-André-François d'Ossonville, chevalier, seigneur du Mesnil.

François-Antoine-Henry d'Anneville de Chiffrevast, ancien officier de dragons, chevalier de Malte.

Jacques-Joseph Ravend.

Le chevalier Louis-Charles-François d'Aboville, sous-lieutenant de vaisseau.

BAILLIAGE DE TINCHEBRAY.

Du Chastel, seigneur de Saint-Pierre de Tinchebray (absent).

Le Bret, seigneur de Montbalier (absent).

Mme de Longaunay, dame de Boutteville (absente).

Georges-Antoine de Banville, *représenté par* M. le chevalier Charles Antoine Payen de la Fresnaye.

Pierre-André-François de Saint-Germain, *représ. par* M. Charles-Jean-Pierre d'Auxais, chevalier, capitaine d'infanterie.

Le duc Charles-François de Saulx-Tavanes, maréchal des camps et armées du roi, *représ. par* M. François-Louis Bauquet de Grandval, chevalier de Saint-Louis.

De Balleroy, seigneur de Balleroy (absent).

Joseph-François Anselme, comte de Poret de Berjon, chef d'escadre.

Ferdinand-Georges-Amable de la Roque-Mesnillet, *représenté par* M. Alexandre-Constant de Saffray.

Pierre de Marceuil, chevalier de Saint-Louis, *représenté par* M. Charles-Eugène-Narcisse de la Roque.

Jacques-Philippe-Louis Le Frère de Maisons, *représenté par* M. Charles-Antoine-Jules-Jean Poupinel de Quettreville.

Le marquis Jean-Léonor de Rabpont de Cahagnes, baron d'Aubigny, maréchal des camps et armées du roi, *représenté par* M. Constant-Frédéric, comte du Parc, officier au régiment du Roi.

De Moges, seigneur de Vauvray (absent).

Mme Marie-Jacqueline-Françoise de Gohier, veuve de M. de Ciresme, *représentée par*

M. Jean-Adrien-Louis de Gohier, capitaine d'infanterie, chevalier de Saint-Louis.

De Baudouin, seigneur d'Avenel.

De Baudouin, seigneur du fief des Pins.

Charles-François de la Lande de Sainte-Croix, *représenté par* M. Léonor-Honoré-François de Mons, seigneur de Carantilly.

Jacques-Louis Le Harivel, baron de Fresne.

Grandin de la Gaillonnière (absent).

De Saint-Denis, seigneur des Landes (absent).

Charles-Auguste Viel, seigneur de Maisoncelles.

Edmond-Louis Le Doulcet, chevalier, seigneur de Méré, major de cavalerie, chevalier de Saint-Louis, *représenté par* M. Alexandre-Bernard Gigault de Bellefont.

Jean-Jacques-Louis Pomponne de Mannoury, seigneur de Croisilles, *représenté par* M. Jacques-Guy Poullain, seigneur des Châteaux.

Georges-François-Marin Le Vaillant de la Ferrière, *représenté par* M. Jean-Marie-François de Fraslin.

De Boiseudes, seigneur de la Fresnaye (absent).

Bertrand-Jean-Julien de Thoury, *représenté par* M. Gabriel-François de Cussy, chevalier de Saint-Louis.

Philibert du Rosel, seigneur du Theil, *représenté par* M. Charles-Hervé-Valentin-François de Bordes.

Claude-Nicolas Michel, baron de Saint-Sauveur, *représenté par* M. Guillaume-René-Charles Cadot, comte de Sebbeville.

Louis-André de Baudre, seigneur de la Poterie, *représenté par* M. Jean-Nicolas de Berruyer de Gonneville.

Pierre-Constantin de la Boderie (absent).

Guy-François de Gonidec, *représenté par* M. le comte de Sourdeval.

De Vaudichon de Lisle, seigneur de Tourailles (absent).

GRAND BAILLIAGE DE CAEN

Procès-verbal de l'assemblée de l'Ordre de la Noblesse tenue en l'Église Saint-Etienne

17 mars 1789.

(*Archives impériales, Registre B, III, 2.*)

MONSIEUR, frère du Roi, *représenté par le comte de Rabodanges.*

De Franquetot, duc de Coigny, pair de France, Grand bailli d'Épée.

Lempereur de Saint-Pierre.

Le baron de Séran.

Tardif d'Amayé.

Le marquis d'Héricy-Vaussieux.

Le marquis de Fresnel.

Le comte d'Amfreville, *repr. par le chevalier Le Vaillant.*

Rioult de Villaunay.

Cairon de la Varende.

La marquise de Marguerit, *repr. par le marquis Patecot de Renneville.*

Mᵐᵉ Picquot d'Almagne, *repr. par M. le Coutelier.*

Mᵐᵉ du Touchet.

Jolivet de Colomby, *repr. par M. de Vauquelin.*

Mᵐᵉ de Sallen, *repr. M. Achard.*

De Fribois de Bénauville.

Le Duc, seigneur de Bernières.

La marquise de Bénouville, *repr. par M. de Montbéliard.*

La marquise de Livry, *repr. par le marquis d'Héricy.*

Le Vaillant de Saint-Denis.

Morin de Banneville, *repr. par M. de Cauvigny.*

De Cairon.

Le marquis de Bougy.

De Grosménil, *repr. par M. de Bougy.*

De Neuville-Bavent.

De Neuville d'Échauffour, *repr. par M. de Fribois.*

Néel de Lonthuit.

Le Duc de Saulx-Tavannes, *repr. par le marquis d'Hautefeuille.*

De Beauregard.

Mᵐᵉ de Vauquelin de Luc, *repr. par M. de Caligny, son fils.*

Mᵐᵉ de Tournebu, *repr. par M. Le Chartier de Cagny.*

Le Coq de Beuville.

La marquise de Longaulnay, *représentée par le comte du Rosel de Beaumanoir.*

D'Angerville d'Auvrecher.

Le marquis de Bailleul-Croissanville, *repr. par le comte de Bailleul, son frère.*

Du Touchet de Bénauville.

De Banville-la-Londe.

De Gouville de Bretteville.

De Tournebu.

Le marquis de Venois d'Amfreville.

Subtil de Franqueville.

Mᵐᵉ de Fribois des Authieux, *repr. par M. Henri de Fribois.*

Le Coq de Rubercy.

L'Hoste de Livry, *repr. par M. de Fribois de Rupierre.*

André des Pommerais.

Le Neuf, comte de Sourdeval, *repr. par M. Thomas d'Angerville.*

Duvernay, *repr. par M. de Panthou d'Arville.*

De Couvers, baron de Coulon.

Doublet de Persan.

D'Aveynes de Chambord, *repr. par M. de Morell.*

De Cauvigny-Clinchamps.

Mesnage de Cagny.

Mesnage fils aîné.

Le Sueur de Colleville, *repr. par M. de Jakson.*

Le duc de Montmorency, *repr. par M. Adam de la Pommeraye.*

Vauquelin de Creulet, *repr. par le chevalier de La Rivière.*

Le comte de la Guiche, *repr. par le duc de Coigny.*

Mᵐᵉ Le Vaillant, *repr. par M. Le Vaillant de Brécy.*

Hue de Carpiquet.

Le marquis de Mathan.

De Cresserons, *repr. par M. de Caligny.*

Planchon de Mehediot.

Le duc d'Harcourt-Beuvron , *représenté par le comte La Cour de Balleroy.*
Le Mazurier de Ranville.
De Laistre, *repr. par le baron d'Aché.*
Morin de Moncanisy.
Le comte de Montbeillard.
De Cingal.
Achard de Vacognes.
Le Vicomte, comte de Blangy, *repr. par M. de Manneville.*
Mme de Ciresme de Vacognes.
Le Vicomte, marquis de Blangny, *repr. par M. le comte du Rosel de Beaumanoir.*
De Janville, *repr. par M. de Cairon.*
De Cauvigny de Saint-Sever.
De Ratepont, *repr. par M. de Villauney.*
Le Texier, marquis d'Hautefeuille.
Le Boucher d'Émiéville.
Orceau, baron de Fontette, *repr. par le chevalier de Néel.*
Mme de Gaalon, *repr. par M. de Banville de Bretteville.*
Mlle de Marguerie de Vassy, *repr. par le chevalier de Canisy.*
Le comte de Roncherolles, *repr. par M. Achard de Vacognes.*
Mme de Nollent, veuve de Pierrepont, *repr. par M. Piedouc d'Héritot.*
De Piedoue d'Héritot.
Le marquis de Guerchy, *repr. par le comte de Faudoas.*
Mme de la Corderie, *repr. par M. d'Ecrameville.*
De Saint-Quentin.
Mme de Vallières.
Mme d'Asnières de Chicheboville, *repr. par M. de Cheux du Boullay.*
Les enfants de M. Esnault d'Escajeul, *représentés par M. Le Harivel de Gonneville.*
Le Harivel de Gonneville.
De la Cour-Grainville, *repr. M. de Gouville de Bretteville.*
De Chazot.
Mme de Sainte-Honorine, non représentée.
Regnault d'Argouges.
Le duc d'Harcourt, *repr. par M. d'Hautefeuille.*
Mme la marquise d'Hermanville, *repr. par M. de Cauvigny.*
De Malherbe.
Le marquis de Moges, *repr. par le chevalier de Néel.*

La marquise de Fontenay, *représentée par M. Le Doulcet de Méré.*
Le Sens, comte de Lion, *repr. par M. Le Sens de Folleville.*
Le Forestier, comte d'Osseville.
Le marquis de Montalembert.
Mme de Boisgelin, *repr. par M. de Crèvecœur.*
De Cairon de Barbières.
Le chevalier de Chazot.
Le Duc, seigneur de Saint-Cloud, *repr. par M. Mesnage de Cagny.*
Mme de Moult, *repr. par M. de Fribois de Bénauville.*
Aubert du Mesnil.
Gosselin, comte de Manneville.
De Vendes.
Mlle de Bonnefonds, *repr. par M. Achard.*
De Rufosse, *repr. par M. Agier de Rufosse.*
Bourdon de Verson.
Mme Le chevalier du Fresne, *repr. par M. de Mecflet.*
De Bonenfant.
De Mathan, *repr. par le marquis de Mathan.*
Brunet de Mannetot.
Mlle de Launay-Dubois.
Mme la vicomtesse d'Héricy, *repr. par le chevalier d'Héricy.*
Le Harivel de Maizet.
L'abbé le Harivel, *repr. par M. Le Harivel de Flagy.*
De Ciresme de Banville.
Gefosse de Tremeauville.
De Cheux, *repr. par M. Le Cordier de Parfouru.*
Achard du Mesnil-Augrain.
De Brunville.
Le prince de Monaco, *repr. par le marquis de Mathan.*
Abaquesné, seigneur de Parfouru, *repr. par M. d'Agneaux.*
Le marquis de Morant.
La marquise de Saint-Aignan, *repr. par M. de Calmesnil.*
De Vauborel.
De Parfouru.
Du Merle.
Mme de Thibout, marquise de Durcet, *repr. par M. de Saint-Sever.*
De Fribois de Rupierre.
Mme de Croismare, *repr. par M. de Canisy.*
De Chivré, *repr. par M. de la Gonnivière.*
De Guernon de Ranville.

Le Bourguignon Duperré de Lisle, *représenté par M. Blouet.*
Vauquelin de Sacy, *repr. par M. Aymond de Vanembras.*
Le marquis Thibault de la Carte.
Julien de la Pigacière.
Le duc de Sully.
Des Essarts, *repr. par M. de Cauvigny.*
Scelles de Prévallon.
Le Marchant de Feuguerolles.
Le marquis de Calmesnil, *repr. par son fils.*
De Chabannais, *repr. par M. de La Cour de Bretteville.*
Le Coq de Saint-Cloud.
Le Harivel de Flagy.
Mme de Culé.
La marquise d'Angerville, *repr. par M. le comte d'Angerville.*
Le marquis d'Héricy.
De Massieu.
Ourcin de Montchevrel, *repr. par M. Mesnage de Cagny.*
Gallery du Boucher.
De Morel de Than.
Bernard de la Blancapierre.
De Tilly-Blaru, *repr. par M. de Banville.*
Le marquis de Dampierre.
Mme de Bois-d'Aunay, *repr. par M. de Montcanisy.*
De Magneville.
Le Grant, vicomte de Vaux.
Le chevalier de la Pallu.
De Saffray de Vimont.
Le Vaillant, seigneur de Brécy.
Le Boucher, seigneur de Bremois.
Le chevalier Gohier d'Ingleville.
De Croisilles.
Le Marchant, seigneur de Caligny.
Bonnet, seigneur de Demouville.
Hue des Fresnes, *repr. par M. de Ciresme de Banville.*
De Frotté de la Rimblière.
Henri de Fribois.
Le chevalier Charles de Fribois.
Le chevalier Gohier de Jumilly.
Le Boucher de Bréville (Philippe).
Du Buisson de Courson.
De la Mock.
Cauvigny du Ribay.
Le chevalier Le Forestier d'Osseville.
Bourdon de Grammont du Lys.
Baillehache de Longueval.
Le Petit de Troussauville.
Le chevalier de Couvert.

Le baron d'Aché.
De Pierrepont.
De Vendes.
Gueroult de la Pallière.
Le Boucher de la Boullaye.
Le Doulx de la Faverie.
Hue de Prébois.
De Panthou d'Arville.
De Chantepie.
D'Agier de Rufosse.
De Crèvecœur (Jean).
Blouet de Cabagnolles.
Bonnet de Mautry.
Le Vaillant de la Ferrière (fils).
Le Vaillant (père).
La Roque-Mesnillet.
De Piedoue de Glatigny.
Le Petit de Montfleury.
Adam de la Pommeraye.
Le Grand d'Anerville.
Le Bourguignon du Mesnil.
De Ruault.
Le Bourgeois des Baons.
Le Bourgeois du Marais.
De Cheux.
Brunville de Poussy.
Hébert de Beauvoir (Charles-Louis-Henri).
Le comte de Bailleul.
Le chevalier de Morant.
Le chevalier Larcher.
Guernon d'Epinay.
De Sainte-Marie.
De Piedoue de Charsigné.
Le chevalier Mesnage de Cagny.
De Cairon de Vogny.
Mecflet de la Ruelle.
Le chevalier de Mecflet.
Le chevalier Piedoue d'Héritot.
Le chevalier Jackson.
Bonnet d'Emouville.
Le chevalier de Panthou.
Touchet de Béneauville.
Dieuavant de Nerval.
Le chevalier Le Vaillant.
De Chaumontel (André-Thomas-Jean).
De Malherbe.
Morin de Vaumeray.
Moisson de Précorbin.
De Cairon (Léon-Nicolas-Urbain).
De Calmesnil (Gédéon-Charles-Désiré).
De Bernières.
De Guéroult (Jacques).
Le chevalier Adam de la Pommeraye.
Adam du Breuil.

Le Cordier (Jacques-Alexandre).
De Montfréard.
De Pons du Quesnay.
D'Auray, marquis de Saint-Pois.

Le Boucher (Georges).
Le chevalier de Tournebu.
D'Angerville (Thomas).
De Flambard.

BAILLIAGE DE BAYEUX.

Le comte d'Houdetot.
Le comte d'Albignac.
Le comte de Faudoas.
De Marguerie de Vierville, *représenté par le comte Édouard de Marguerie, son fils.*
De Cornet, seigneur d'Agneville.
De Baudre de Bavent, *repr. par M. le chevalier du Fayel.*
De Venois, seigneur d'Anctoville.
De Courseulles, *repr. par M. de Malherbe.*
Grimouville de Bazenville.
De Sallen (fils mineur), *repr. par M. de Pierrepont.*
De Girardin.
Du Fayel, seigneur de Blays.
De la Cour, comte de Balleroy.
De la Fargue.
Foucquet, seigneur de Bucels.
D'Augé, *repr. par M. de Patry.*
De Saffray.
Le comte de Marguerie (Charles), *repr. par M. le vicomte de Chiffrevast.*
Godard, *repr. par M. Godard de Bouteville.*
Subtil de Saint-Louet.
Bauquet de Surville.
De Bruny, *repr. par M. de Saint-Quentin.*
De Chivré.
Les enfants du comte de Broglie, *repr. par M. le chevalier Le Forestier d'Osseville.*
De Croisilles.
De Moras.
Le chevalier du Fayel.
De Viel-Maisons, *repr. par M. de Cussy de Vouilly.*
Senot, seigneur de Cahagnolles.
Le chevalier du Chatel, *repr. par M. de la Mare.*
De Longueville.
Du Chatel.
De Sermentot.
De Canteil de Condé, *représenté par son frère.*
De Verrières d'Haudienville, *repr. par M. Senot de Cahagnolles.*

Les héritiers de M. de Bazenville.
D'Aigneaux, *représenté par M. Massieu.*
De Guiberville (le président).
Le marquis de Franquetot de Coigny, *repr. par M. le duc de Coigny.*
D'Ellon, seigneur dudit lieu.
Barbey d'Aulnay, *repr. par le chevalier de Molandé.*
De Sallen de Gouillard, *repr. par M. Andrey des Pommerais.*
De Saint-Ouen, *repr. par le chevalier de Cagny.*
De Cussy, *repr. par M. de Cussy de Vouilly.*
Mme Patry, *repr. par M. de Dampierre.*
Mme de Saint-Clair, *repr. par M. de Croisilles de Monbosq.*
De Hotot, seigneur dudit lieu.
De Rotz.
Le marquis de Briqueville, *repr. par le marquis Bazin de Bezons.*
Le Chanoine du Manoir.
Mmes de La Bédoyère et d'Autray.
Couette d'Aubonne, *repr. par M. d'Ayter de Rufosse.*
Le Couteulx du Mollay, *repr. par M. Morin de Litteau.*
De La Marre de Longueville.
Le duc de Luxembourg.
De Pierres, *repr. par M. de La Motte de Briens.*
Crespin de Neufbourg, *repr. par M. de Fayel.*
D'Héricy.
D'Arclais du Beaupigny, *repr. par M. de Magneville.*
Dupucey, *repr. par M. de Malherbe.*
De la Briffe.
De Garcelles.
De Sainte-Marie d'Agneaux.
Le chevalier Léonard des Isles.
Mme Du Bois de Vaulaville, *repr. par M. Morin de Litteau.*
De Cussy, et son frère l'abbé de Cussy.
Hébert-Dorval, *repr. par le chevalier Le Valois.*
De Marigny (Philippe), *repr. par M. le baron de Wimpffen.*

Méherent de la Conseillère, *représenté par M. Subtil de Saint-Louet.*

De Subtil, *repr. par M. le chevalier de Molandé.*

De Royville.

Du Bois, marquis de Litry.

Gauthier de Savignac, *repr. par M. le comte de Montbelliard.*

Bazin, marquis de Bezons et de Maisons.

Vautier d'Amfreville, *repr. par M. le chevalier d'Agneaux.*

De Chivré, *repr. par M. le comte Édouard de Marguerie.*

De Touchet, seigneur d'Orbois.

Le Cordier, seigneur de Parfouru.

Le baron de Wimpffen.

Godard, seigneur de Bussy, *repr. par son fils.*

De la Cour de Betteville, *repr. par M. de Cornet.*

De la Couronne, *repr. par M. de Pierrepont.*

Du Fayel de Bernay, *repr. par M. du Bois de Litry.*

Hue de Sailly.

Hue de Mathan.

De Pierrepont, *repr. par M. le comte de Faudoas.*

De la Heuze, *repr. par M. de Rampan.*

Salan de la Quaisse.

Mme la marquise de Malherbe, *repr. par M. le baron d'Aché.*

Mme des Fresnes, *repr. par M. son fils aîné.*

De la Vacquerie.

De Tuffin, *repr. par M. le baron de Sallen.*

De Cornet, seigneur de Saint-Martin-le-Vieux.

De Radulphe, *repr. par M. Hue de Mathan.*

Plot, seigneur de Trévières.

De Beaumont, *repr. par M. le marquis d'Amfreville.*

Guilbert de la Rivière, *repr. par M. Morin de la Rivière.*

Le Coq, seigneur d'Houtteville.

Le marquis d'Héricy.

De Cussy, marquis de Vouilly.

L'abbé de Chiffrevast, *repr. par M. le marquis d'Héricy.*

Le Tellier de Vaubadon.

Le Coutellier, seigneur de Ver.

D'Ancourt de Vienne, *repr. par M. du Fayel.*

Patry, seigneur de Banville.

D'Egland de Caugy.

Mme Le Berceur de Fontenay, marquise de Mathan, *repr. par M. le comte de Rabodanges.*

De Royville, *repr. par M. de La Mare de Longueville.*

Mlle Patry, *repr. par M. de Malherbe.*

Suard, *repr. par M. Subtil de Saint-Louet.*

De Scelle de Saint-Pierre.

De Baudre de Litry.

De Beaupte d'Ecramville.

Le Sueur des Fresnes.

Le chevalier Le Vallois.

Léonard des Isles.

De Touvois.

Gueroult de Launay.

Le baron de la Tour-du-Pin.

Le chevalier Le Pelletier de Molandé.

Le Duc.

Godard de Donville.

Guilbert de Govain.

Le Bachelet.

Le chevalier de la Cour de Betteville.

De Rampan (Léonard).

De Canivel de la Rouge-Fosse.

De Malherbe.

Labbey de Druval.

Canteil de Saint-Laurent.

Grosourdy de Longlande.

Potier de la Conseillère.

De Montfiquet (Pierre-Antoine).

Adeline (Michel-Marie).

Potier de Saint-Remy.

Vautier des Lagues.

De Gouet de la Bigne.

Le chevalier de Cussy-Vouilly.

Du Breuil-Dumarchais.

De Bréville.

Fréard du Castel.

Le chevalier de Fréard.

Moisson de Vaux.

Le Duc (l'aîné).

Le chevalier de Saint-Malo.

Le chevalier de la Picquerie.

D'Argouges de Bernesq.

D'Argouges de Vaubadon.

De Crèvecœur de Baussey (Alexandre).

Le comte de Toulouse-Lautrec.

Le chevalier de Gasteblé.

BAILLIAGE DE FALAISE.

Le duc d'Harcourt, pair de France.
De Beaudran, baron de Combray.
De Vauquelin des Chênes, *repr. par M. Le Forestier de Vendeuvre.*
De Grimont.
Du Pont d'Aisy.
De Beaurepaire, *repr. par M. du Touchet de Bénoville.*
De Labbé, *repr. par M. le baron de Chaulieu.*
De Montreuil, *repr. par M. Le Forestier de Lignou.*
Bignon, *repr. par M. de Frotté.*
Mᵐᵉ de Morell, veuve du marquis de Morell d'Assy, tutrice de ses enfants mineurs, *repr. par M. de Brossard.*
De Morell, comte d'Aubigny.
Mᵐᵉ de Marguerit, comtesse d'Aubigny, *repr. par M. de Montcanisy.*
De Maupeou, *repr. par M. Le Normand de Victot.*
De Mesanges, *repr. par M. Le Forestier de Lignou.*
Le vicomte de Chambray, *repr. par M. Bonnet de Mautry.*
Cardot, seigneur de Bellou, *repr. par M. Le Doulcet.*
Le Forestier, seigneur de la Foresterie.
Le comte Turgot.
Le Forestier de Lignou.
D'Osmont, seigneur de Bray-en-Cinglais.
Harel de Bretteville.
Le comte d'Orglandes.
De Costard, *repr. par M. Picquot de Magny.*
De Graindorge du Chalou.
De Grieu, baron de Morainville.
De Grieu d'Estimauville.
Le marquis le Veneur, *repr. par M. de Vendeuvre.*
Du Londel, seigneur de Caumont.
De Matharel.
De Basmont.
Le Foulon de Saint-Aubin.
Hélie de Bonnœuil, *repr. par M. Hélie de Treprel.*
Le Harivel de Sainte-Honorine.
De Chanteloup.
De Cauvigny.
De Chapelle de Pont-Chapelle.
De Frotté de Courterne.
De Sainte-Marie.

Baudouin d'Espins.
De la Lande de Sainte-Croix, *repr. par le chevalier Grandin de la Gaillonnière.*
De Chiffrevast de Tamerville, *repr. par M. le comte de Chiffrevast.*
Du Parc, seigneur du Doux-Marais.
Le chevalier Grandin de la Gaillonnière.
De Bonvoust, marquis d'Aunay, *repr. par M. Fouasse de Noirville.*
De Baudre de Saint-Enoux.
Wambez de Fleurimont, *repr. par M. d'Aché.*
De la Haye de Fourches, *repr. par M. de Chaumontel.*
Le Prevost de Fourches.
Gautier de Fleuriel, *repr. par M. de Cheux du Repos.*
Rondel, seigneur de Gouvy, *repr. par M. Saffray de Vimont.*
Le Jeune de Grisy.
De l'Escalle, *repr. par M. Le Boucher de la Boullaye.*
De Brossard, *repr. par le baron de Noirville.*
Le chevalier du Bois-Tesselin.
André de la Fresnaye, marquis des Yveteaux.
Des Rotours, seigneur de la Chaux.
De la Haye la Lande.
Mᵐᵉ de la Haye du Tertre.
Du Buisson de Longpré.
Le chevalier d'Olliamson, *repr. par M. le comte d'Olliamson.*
D'Arcey, seigneur de Magny-le-Désert.
Le comte de Courcy, *repr. par M. de Piedoue de Charsigné.*
De Rosnay.
Mˡˡᵉ de Verdun.
De Subtil de Martinville.
De Blessebois, *repr. par M. de Beaudran.*
Le Frère des Maisons, *repr. par M. Saffray de Vimont.*
Angot des Rotours.
De Fergeant du Parc.
Dandel d'Azeville et de la Rivière.
Fouasse de Noirville, marquis de Ségrie, *repr. par M. de Manneville.*
De Morsan.
Le Normand de Victot.
Faulcon de Falconner, *repr. par M. de Sermentot.*

De Grimont, comte de Moyon.

Mme de Saint-Sauveur.

Mme d'Oisy-d'Ollandon, *repr. par M. Pinel de Bois-Pinel.*

Picquot d'Oisy.

Mme de Cheux, veuve d'Olliamson.

Mme de Gautier de Tilly-Hottot, *repr. par le chevalier Grandin de la Gaillonnière.*

De Saint-Germain, *repr. par M. Mannetot.*

Le comte d'Olliamson.

Bourdon, seigneur de Pierrefitte en Cinglais, *repr. par M. Bourdon de Lisle.*

De Morel, *repr. par M. Brouard de Clermont.*

De Chennevière, *repr. par M. de la Faverie.*

Le baron de Béville.

Le comte de Rabodanges.

Le marquis de Cheux de Repas.

Le Cordier de Bon, seigneur de Ronfucheray.

Le comte de Chambray, *repr. par M. Cornet d'Ecrameville.*

De Chennevière de Saint-Denis.

Mme Le Royer de Changy, *repr. par M. des Rotours.*

Le marquis d'Olliamson.

De Cauvigny de Boutonvilliers.

De Gruel, *repr. par M. des Rotours.*

La marquise de Monteaux de Saint-Julien, *repr. par M. Le Sens de Folleville.*

De Brienne.

De Vauquelin de Vrigny.

Pinson de Monpinson, *repr. par M. de Cairon.*

De Vaumelle de Livet, *repr. par M. Hélie de Treprel.*

De Couvrigny, *repr. par M. Brunet de Mannetot.*

Mme d'Auray, veuve de M. de Vanembras, *repr. par le chevalier de Vanembras.*

De Voine le Tilleul.

Rosée d'Imfreville.

Le marquis de Morant, *repr. par M. le chevalier d'Héricy.*

De Seran de la Cour.

Hélie de Treprel.

Le comte Le Forestier de Vendeuvre.

De Cairon de Vaux.

Le marquis de Marguerit.

Madame de Croisilles.

Le Prevost.

Du Mesnil-Morin.

Picquot de Magny.

Des Champs, seigneur de Rapilly, *repr. par M. Picquot de Magny.*

Le Valois des Bards.

Dunot du Quesney.

De Malherbe-Grandchamp.

Du Fay de Boismont.

Féron de Longchamp.

Godot de Pontramé.

Le Maire de Bois-Guérin.

De Chaumontel.

De Valois de Rouvré.

De Blanvillain.

De Cauvigny.

Le chevalier de Béville.

De Beaumont (Philippe).

De Brossard.

D'oisy-d'Ollandon. —

De Malherbe des Cures.

Filleul de Verseuil.

Bernard de Villiers.

De la Vallée des Onfreries.

Le chevalier de Blanchard de Séville.

Le chevalier de Raunay.

Le chevalier du Bois-Tesselin.

Du Bosq.

Le Valois (Thomas).

Beaudouin de Grandouit.

De Sainte-Marie du Bois-Thouroude.

De Raunay (Thomas-François).

Le chevalier du Haussey.

Eudes de la Faverie.

De Beaumont (Philippe).

De Bernier.

Harel.

Le chevalier de Pierrefitte.

De Cheux de Banneville.

De Croisilles.

De Bonchamps.

Le chevalier de Vanembras.

Blondel.

De Bannes.

Le chevalier de Chanteloup.

Le Frère de Maisons.

Le chevalier de Raunay (Louis).

Gouin de Brunel.

De Guerchy.

De Rondel.

De Torcy.

De Vaudichon.

Pinel de Bois-Pinel.

Le chevalier de la Lande.

Faucon.

Des Monts de Sainte-Croix.

Le chevalier de Bras-de-Fer.

BAILLIAGE DE THORIGNY.

De Marguerie d'Airel, *représenté par M. de la Gonnivière.*

D'Amphernet, *repr. par M. de La Gonnivière du Butel.*

De Banville.

De Saint-Quentin.

De Ciresme, *repr. par M. de Grosourdy de la Verderie.*

De la Valette du Mesnil, *repr. par M. Tardif d'Amayé.*

Bourbon de Saint-Évremont, *repr. par M. de Cauvigny.*

De Pigache.

O'Mahony.

De Gueroult.

De Marguerit de Rochefort.

De Couvains, *repr. par M. de Malherbe.*

Mᵐᵉ de Boutrand.

Mᵐᵉ du Homme, *repr. par M. du Homme.*

De la Gonnivière du Butel.

Le chevalier Le Chartier de la Varignière.

Gautier, seigneur de la Ferrière-le-Harenc, *repr. par M. de La Motte.*

Hébert de la Vacquerie, *repr. M. de Groult.*

Mᵐᵉ de Bignon.

Le Cordier de la Malherbière, *repr. par M. le Cordier de la Dorée.*

Mᵐᵉ Loucelles d'Argouges, *repr. par le chevalier de Ciresme.*

Le Forestier d'Hérouville.

Mᵐᵉ Gohier de Ciresme, *repr. par son fils.*

De Bricqueville de la Luzerne, *repr. par M. de Banville.*

Nantier, seigneur de Malouet.

Le marquis de Juigné, *repr. par M. de Fribois.*

De Longaulnay.

De Beaupte.

Conseil du Mesnil-Vité.

Mᵐᵉ de la Bazonnière, *représentée par son fils.*

De Foulongne de Précorbin, *repr. par M. de la Bazonnière, chevalier de Saint-Jean de Jérusalem.*

Le chevalier Le Provost de Rousseville.

Potrin de la Marinière.

Frestel de Saint-Clair, *repr. par M. Conseil.*

De Bechevel du Catel, *repr. par M. de Banville.*

De la Gonnivière du Breuilly.

Godard de Coudeville.

Le Provost, *repr. par M. le Provost de Saint-Jean.*

De Gohier de Précaire, *repr. par M. de la Marre.*

Le chevalier de Ciresme.

Jolis de Villiers.

Bernard de Bricqueville, *repr. par M. Bonenfant.*

Hue de la Roque.

De la Gonnivière des Mares.

De Loucelles de la Hurtaudière.

Grosourdy de Saint-Pierre.

De Brébisson.

De la Motte de Briant.

Du Homme (Thomas-François).

De la Bazonnière.

Le Forestier d'Hérouville.

Le Chartier de la Pédoyère.

Le Chartier du Mesnil.

Le Chartier de Thorigny.

BAILLIAGE DE VIRE.

Le vicomte de Vassy (Louis).

Le marquis de Morant, *repr. par M. de Nantier.*

Le comte d'Arglais de Montamy.

De Nicolaï, *repr. par M. le comte de Néel.*

Le Cordier, seigneur de Burcy.

De Combault, comte d'Auteuil, *repr. par M. de Cheux de Saint-Clair.*

Le Pelletier de Molandé.

De Billeheust d'Argenton.

Urry de Carquenay.

De Pierrefitte.

Mᵐᵉ la marquise de Champigny.

Gaultier de Carville.

De Banville.

De Billeheust.

De la Roque de Caham, *repr. par M. de Menillet.*

Drudes de Campagnolles, *repr. par son fils.*

De Rosnay des Meillières, *repr. par M. de la Borderie.*

De Hainault de Cantelou.

Mlle de la Bigne, *représentée par M. de Croisilles.*

Du Rosel, *repr. par M. Danjou de Boisnantier.*

De Gouvetz de Langerie, *repr. par M. d'Auray de Saint-Pois.*

De Pierrefitte.

Le marquis du Quesnoy, *repr. par M. de Banville.*

De Saint-Germain, seigneur de la Bazoche.

Du Chatel de la Varignière.

De Thoury de la Corderie, *repr. par M. Drudes de la Tour.*

De Freval.

Angot, comte de Flers, *repr. par M. de Canisy.*

De Malherbe, *repr. par M. Danjou de Boisnantier.*

Gohier du Gast.

Viel de la Graverie.

Avenel, seigneur de Longchamp.

Picard de Noré.

Mme de Collardin de la Pinsonnière, *repr. par son fils.*

La marquise de Brassac, *repr. par le comte de Vassy.*

Des Rotours de Chaulieu.

De Champion d'Aubigny.

De Couëspel.

Poret de la Chaslerie.

Mme Blanchard de Cremer, *repr. par M. de Tracy.*

Fouasse, baron de Noirville.

Mme de Saint-Manvieux.

Des Rotours de Montchamps, *repr. par M. des Rotours de Quatre-Puits.*

De la Mariouze, *repr. par le baron de Chaulieu.*

De Billeheust de Boisset, *repr. par M. de Billeheust d'Argentin.*

De la Roque de Montségré, *repr. par M. de la Roque de Menillet.*

Mme de Freval, *repr. par M. de la Pommeraye.*

Le comte du Rosel de Beaumanoir.

Le marquis de Pontécoulant (Le Doulcet).

D'Amfernet, seigneur de Pontbellanger.

De Corday d'Arclais.

Le baron de Montpinson.

Mme de Thoury, *repr. par M. Noël du Parc.*

Mme de Valhébert.

De Baudre, seigneur de Roucamp.

Haillet de Couronne, *repr. par M. de Frotté.*

De Saint-Germain du Houlme.

Mme de Clinchamps, *repr. par M. du Chatel de la Morlière.*

Du Rosel de Saint-Germain de Crioult.

De Cheux de Saint-Clair.

De Collardin de la Pinsonnière.

De la Croix de Tallevende, *représenté par son fils.*

Des Landes de la Ruardière.

Brouard de Clermont.

Le comte de Néel.

De Moisson de Tirgrey.

Le Cordier de Bonneval.

De Morant, *repr. par M. de Gaultier.*

De Bonnenfant, *repr. par M. Achard.*

La comtesse de Corday d'Orbigny, *repr. par M. de Pontécoulant.*

Les héritiers de M. Blanchard, baron de Crasne.

Le chevalier de Beaudran.

De Baudre, seigneur de Soubressin.

Pepin du Feugray.

Bourdon du Lys.

De Baudre de Noyers.

De Banville.

De Carbonnel, marquis de Canisy.

Le comte de Rabodanges, *repr. par M. de Billeheust.*

Du Rosel de Vaudry, *repr. par M. de Cheux de Saint-Clair.*

Le Brun de la Franquerie.

Noel du Rocher (Jean-François).

Noel du Parc.

Du Cuisson de Courson.

De Percy.

Le Cordier.

Drudes de la Tour.

Le chevalier de Néel (Henri).

Le chevalier de Thoury de Roulloures.

Hoult de Morigny.

De la Croix.

Du Chastel de la Morlière.

Danjou de Boisnantier (Joachim).

De Billeheust de la Colombe.

Le chevalier de Canisy.

Le Grand d'Anerville.

Du Chatel d'Estry.

GRAND BAILLIAGE D'ALENÇON

Procès-verbal de l'assemblée de l'Ordre de la Noblesse tenue en l'église Notre-Dame.

17 mars 1789.

(*Archives impériales, Registre* B. III, 2.)

M. le vicomte LE VENEUR, maréchal des Camps et armées du Roi, Président et représentant MONSIEUR, frère du Roi, duc d'Alençon, etc.

Achard de Bonvouloir.
Michel-Grégoire Bougis de Courteille.
Alexandre-Nicolas de Belhomme (absent).
De Livardière.
Le vicomte Jacques de Chambray.
Jean-Jacques de Costard de Bursard.
Pierre-Denis de Chandebois.
Jacques-Alexandre-Richard Chagrin.
Claude-René Cordier de Montreuil (absent).
De Graffard.
Amable de Château-Thierry.
Thomas-Louis du Perche du Mesnil-Haton
Louis-Marie des Moulins, *repr. par le seigneur d'Escorches.*
Louis-François de Brossin.
Gabriel de Brossin de Saint-Didier.
Louis-Jacques du Mesnil de Saint-Denis.
Mathieu-René de Mauloré.
Le comte d'Osmond, *repr. par M. de Sainte-Croix.*
Jean-Charles de Raveton.
Pierre-Charles de Nollent.
Mᵐᵉ Marguerite de Tallonnay, *repr. par M. de Seran.*
Flore-Philippe, marquis de Bonvoust.
Pierre-Louis d'Avesgo.
Charles-Pierre d'Orville, *repr. par M. de Villiers.*
Mᵐᵉ de la Roque-Menillet, *repr. par le marquis de Bonvoust.*
Charles-Guillaume de Brullemail.
Mᵐᵉ de Villereau de Saint-Hilaire, *repr. par M. le Roy.*
D'Avesgo.

François-Louis des Portes de Vauguimont (absent).
Charles-Jacques des Hays du Plessis, *repr. par son fils.*
Réné-Sébastien des Douits du Fay.
François-Jacques des Moutis de Boisgautier.
Jean-Baptiste Simon des Hayes.
Mᵐᵉ de Chandebois, *repr. par M. de Moré.*
La marquise de Saint-Denis.
Charles-Eustache de Favrolles, *repr. par le marquis de la Boussardière.*
Ferrault de Falandres.
Henri-Pierre de Fromont.
André Goujon de la Binardière, *repr. par M. de Martel.*
Mˡˡᵉ de Gautier, *repr. par M. des Montis.*
François-Éléonore Hiver.
Jacques le Hayer du Breuil.
Pierre-Richard de Jouenne (absent).
Mᵐᵉ de Lenchal, *rep. par M. de Boisgervais.*
Alexis-Paul, vicomte Le Veneur.
Le marquis de Courtemanche, *repr. par M. de l'Escalle.*
Charles-Jean le Rouillé des Loges.
Réné-André-François de la Fournerie.
Jacques-François le Roy du Cerceuil.
Mᵐᵉ Bellier de Villiers, *repr. par le sieur de Villiers.*
Michel-Louis-François de Lonlay.
Pierre-Charles-Antoine de la Mondière.
Pierre-Dominique de Vauguimont (abbé).
Du Frétay (prêtre).
Pierre-Louis Carpentier de Chailloué.
Alexandre de Bazoches (abbé).

Alexandre de Cohardon.

Isaac de la Haye de la Barre.

Le comte de Laigle (absent).

Charles-François Labbé (absent).

Le duc de Montmorency.

Marie Morel d'Aché.

Claude-Louis Morel des Cursis.

René de Moloré de Fresneaux.

Louis de Mezange de Martel.

Pierre-Claude de Moré.

M⁰ᵉ de Nollent, *repr. par son fils.*

Thaume-Gabriel-François d'Olliamson.

René Poullain de Martenay, *repr. par M. de Bursard.*

Guillaume Perrier (absent).

Thomas de Ruel de Belle-Isle.

Jean-Henri, comte de Rabodanges, *repr. par M. Le Veneur.*

René Salles, *repr. par M. de Maisons.*

Félix de Saint-Aignan de la Bourdonnière.

Le duc de Sully, *repr. par le marquis de Ray.*

M⁰ᵉ de Semallé, *repr. par M. de Guéroult.*

Le marquis de Courtomer.

Le comte Rouxel de Médavy.

Charles Thibout de Thouvois.

Turpin de Fontaine, *repr. par M. de Fontaine, Garde du corps du roi.*

M. de Boullemer.

Jacques-Pierre de Villiers de Hisloup.

Le marquis de Saint-Léonard.

M⁰ᵉ de Lemperière de Montigny, *repr. par M. de Gaffard.*

Jérôme-Jacques-Charles de Louvet.

Jean-Baptiste-Jacques de Saint-Aignan.

Philippe-Anne-René de Moloré.

M⁰ᵉ d'Escorches, *repr. par M. de Guerpel.*

Charles de Bonvoust.

Jacques de Tilly.

Charles Coëzard de Jambon.

Louis-Henri de Recalde.

François de Brossin de Fontenay.

René Mouton de Bois d'Effre.

Louis et Jean Le Marchand du Canel (ou Cassel).

Jean Quittel de la Martinière.

Gédéon de Caulincourt.

Louis du Porche du Mesnil-Haton.

Pierre du Mesnil, chevalier de Villiers.

François-Charles de Nollent.

Étienne-François Neveu de Champrel.

Pierre-Nicolas de Mésenges.

Jean-François de Mouttemer.

Claude Paillard de Bourgueil.

Théodore Bellier de Villiers.

Le chevalier Charles-Philippe de Villiers.

Pierre Coëzard du Haye.

Pierre Le Carpentier de Sainte-Honorine.

Pierre de Mésenges du Gas.

Besnard de Château-Thierry du Breuil.

François-Dominique de Regnier.

François du Fresne de la Guerre.

Jean-Aimé d'Avoust.

Quillet de Fontaine.

Des François de Pontchallon.

Emmanuel de la Fournerie de Boisgenu.

Gaspard-Antoine de Barville.

Michel-Nicolas de la Haye.

Jean-Antoine des Monts de la Morandière.

François Le Tessier de Launay.

Jean-Pierre de Guéroult de Boisgervais.

Pottier de Fougeray.

René Mouton de Bois d'Effre.

François de Regnier.

Charles Drouard.

Pierre Ambroise de Bordin.

Le chevalier François Coëzard d'Ecatey.

Nicolas-Jacques du Pont du Quesnay.

Le chevalier Étienne Le Roi du Bourg.

Barthélemy d'Alleaume, *repr. par M. de Tilly.*

Le chevalier Charles-François de Fontaine de la Boussardière.

Jean-Baptiste Le Cointe de Marsillac.

Hillaire Guyon de Cuigny.

Le chevalier Théodomir de Château-Thierry.

René de Château-Thierry.

M⁰ᵉ de Launay, *repr. par M. de Launay.*

Nicolas de Launay du Jardin.

Jean-Alexis de Launay.

Le chevalier Auguste du Haye du Plessis.

Emmanuel-Pierre de Brunet de la Jubaudière.

Augustin de Fromont, chevalier de Mieuxé.

Pierre-Jean de Frotté.

Julien-François du Mesnil de Villiers.

Antoine-Louis-Étienne de l'Escalle.

René-François de Brossard.

Henri-Geoffroy d'Anthenaise.

Le chevalier Sevin.

Chandebas du Moncel.

Étienne-Bon-François de Jupilles.

Le marquis Charles-Antoine-Bernard d'Avernes, maréchal des camps et armées du roi.

BAILLIAGE D'ARGENTAN.

Henri de Coullibœuf, *représenté par M. le comte de la Pallu.*
Le baron Alexandre de Norville.
François de Malherbe.
Pierre-Joseph-François de Regnier.
Mme de Vaufleury, *repr. par M. de Saint-Léonard.*
Alexandre-Noël-Anne de Norville.
Gaspard de Coullibœuf.
François du Hamel de Milly (absent).
Mme Le Comte de Caulincourt, *repr. par M. d'Herbigny.*
Louis-Simon de Lénard.
Le comte d'Orglandes, *repr. par M. de Bois-d'Effre.*
Guillaume de Notté, *repr. par M. de la Houssaye.*
Du Filleul des Chenets.
Jean de Graindorge, baron du Ménil-Durand.
Mme de Gauvigny, *repr. par M. de la Roque.*
Le chevalier Marin-Victor Labbey de la Roque.
Jacques-François de Vigan.
Mme de la Lande, *repr. par M. Mollard.*
Louis Guyon Desdiguières.
Jean-François de la Pallu.
Le baron Charles-Gabriel du Mesle.
Charles du Chemin, seigneur d'Avernes.
Mme de Bordinet, *repr. par M. le marquis de Bonvoust.*
Louis-Charles de Droullin.
Charles du Signet.
Mme du Moulinet de Prémoisand, *repr. par M. de Fontenay.*
Mme de Bailleul, *repr. par M. de Fontenay.*
François de Belleau, *repr. par M. d'Esneval.*
François le Paulmier de la Livarderie.
Le baron Nicolas des Brosses du Goullet.
François-Charles Labbé, *repr. par M. de Bras-de-Fer.*
Joseph-René de Gaté, *repr. par M. de Saint-Didier.*
Louis de Couvigny de Fresne, *repr. par M. des Rotours.*

Jacques-Adrien de Corday.
Marie-Louis-Henri d'Escorches de Sainte-Croix.
Jacques-Charles de Costard de Bursard.
Guillaume de Gouhier.
Charles de Roze d'Imfreville (absent).
Louis Gossé, *repr. par M. de Corday.*
Le comte Le Forestier de Vendeuvre.
Le vicomte Léonard de Maugé.
Mlles Jeanne et Gabrielle du Quesnel d'Allègre, *repr. par M. de Marescot.*
François-Bernard de Vigneral de Ris.
Gédéon de Calmesnil.
Stanislas de Rioult.
Léonard des Hayes, *repr. par M. Le Fénier.*
Le marquis Jean-Baptiste Ango de Laizeau.
Le marquis de Sommery, *repr. par M. de Chambray.*
Charles-Henri des Moutis.
Henri Chapelle de Courtilles, *repr. par M. de Chailloué.*
Louis-Alexandre de Bertin.
Christophe de Thirmois.
Jean Baptiste Jourdain du Verger.
François-Isaac de Corday.
Léonard-Isaac de Mannoury.
Louis de Mannoury de la Brunetière.
Jean-François de Vaumel d'Enneval.
Charles Le Prevost de la Porte.
François de Bras-de-Fer.
Guillaume de Ballias, chevalier de Laubarelle (absent).
Étienne-François-Jean de Margeot.
Pierre du Moulin de Sentilly.
Mme de la Bretèche, *repr. par M. du Moulin.*
Jean du Moulin de la Bretèche.
Gustave de Graindorge d'Orgeville, Vicomte de Ménil-Durand.
Louis d'Orville de Villiers.
Jacques Marchand de Louvagny.
Charles-François du Bure.
Pierre-Claude de Maurey.
Louis-René-François Le Prevost.
Rolland Guyon de Corday.
Le marquis de Ségrie.

BAILLIAGE DE DOMFRONT.

René-Gabriel Doynel, *repr. par M. le vicomte d'Olcainson.*
Le chevalier d'Olcainson.
Louis Le Frère de Maisons.
Le chevalier Jacques Le Frère de Maisons.
Le chevalier Charles Coupet de Saint-Front.
Charles-François de Bailleul.
Le chevalier Jacques-Louis Achard des Hautes-Noës.
Julien Gallery de la Servière.
Guillaume Coupe.
René Gaudin, *repr. par M. de la Servière.*
Charles-Pierre Hervé de Neuville.
Pierre Le Carpentier de Sainte-Honorine.
René-François-Jean de Doynel.
M⸬ de Torchamps, *repr. par M. de Doynel.*
Guillaume-François Gilbert, seigneur d'Haleine.
Jacques-Antoine de Ronnay.

Pitard de la Brizollière.
D'Olliamson.
Achard de Bonvouloir.
Le Forestier.
M⸬ de Mattère.
Gabriel Doynel de Saint-Quentin.
De Lantage.
Le comte de Vassy.
De Montpinson.
De la Chaux-Montreuil.
De Barbré.
M⸬ du Rocher, *repr. par M. du Fresne.*
René-François-Marie du Rocher de Revelle.
Thomas de la Barberie.
Le comte de Flers.
Le comte de Beaumont.
Jean et Louis-René de Tanquerel, *repr. par M. de Fontenay.*
Charles de l'Espinasse.

BAILLIAGE D'EXMES.

Pierre Le François de Montchauvel.
M⸬ de Cromot, *repr. par M. de Monchauvel.*
Le comte Jean-François-Alexandre de la Pallu.
Jean-François-Philippe de Fresnay de la Rivière.
Charles-Guillaume-François-Isaac de Mannoury.
Gaspard-Jacques de Morel.
Louis-François-Urbain des Rotours.
M⸬ Louise Le Lasseur de Champosoult, *repr. par M. des Rotours.*
Pierre Le Febvre de Graffard.
Jacques-Alexandre de Beaurepaire, comte de Louvagny.
Pierre-François de Béville.
Pierre-Jean-Baptiste-Alexis de Gautier de Menilval.
M⸬ Claudine-Aimée de Chazot, *repr. par M. de Menilval.*
Nicolas-Jacques Gautier des Authieux.
François-Charles d'Antignat, sieur du Mesnil.
Guillaume-Jacques-Bastien de Raveton.

Louis-César-Marie-Joseph de Montagu, marquis d'O.
M⸬ Alexandrine-Edmée-Marie de Boulla, veuve du comte de la Pallu, *repr. par M. du Chemin d'Avernes.*
Louis-François de Bras-de-Fer.
Paul-François de Bras-de-Fer de Mandeville.
Jacques-Louis Le Marchand de Louvagny.
Louis-Félix Lambert d'Herbigny.
Joseph-Gilles-François Le Tessier du Fay.
Le comte Ferdinand-Denis de Crécy, baron de Ry (absent).
Louis-Jean de Guerpel.
Louis-François de Bras-de-Fer, seigneur de Saint-Gervais du Mouttier, *repr. par M. Le Prevost de la Porte.*
Louis-Charles Bonnet de la Gravelle.
Louis-Paul Ango de la Motte de Flers, maréchal des camps et armées du roi.
De Bretignières de Courteilles, maréchal des camps et armées du roi.
Constantin Le Bourguignon du Perré.
Narcisse Samson de Fontaine.
Jean-Baptiste de la Houssaye.

Mᵐᵉ Marie de Gautier, veuve de M. du Hauvel, *repr. par* M. de Gautier de Saint-Bazille.

Nicolas-François de Marescot, Procureur général de la chambre des comptes de Rouen.

Le chevalier Pierre-Jean de Frotté, officier d'infanterie.

Louis-Gabriel de la Houssaye, seigneur du Plessis.

Le chevalier Pierre-Louis-Auguste de Varin, ancien officier de dragons.

Jean-Baptiste Cavé, seigneur de la Griffonnière.

Louis-Pierre-Daniel Le Petit, seigneur de Sezan.

François-Louis de Courtilloles.

Marie-Élisabeth de Brullé, *repr. par* M. de la Livardière.

Louis-Alexandre Brochard de la Chesnaye.

Charles du Hays du Mesnil.

Louis-Henri-Gaston de Brossard.

Étienne-Louis de Meuves, seigneur de Chamboy.

François-Dominique-Odet Gouhier, baron de Fontenay.

La comtesse de Dampierre, *repr. par le marquis de Courtomer.*

Mᵐᵉ de Guerpel du Plessis, *repr. par son fils.*

François-Christian de Guerpel du Plessis, chef d'escad. au régim. de Lauzun.

Charles du Moulin, seigneur de Tercé.

Le vicomte Jacques de Chambray, seigneur de Francheville.

Le chevalier Jean-François Desdiguières.

De Besnard, seigneur de Courmesnil et de Saint-Arnoult.

De Beaumont.

Du Signet.

Du Plessis.

BAILLIAGE DE VERNEUIL.

Le marquis de Laigle.

Le comte Louis-Roger de Rochechouard.

François-Jacques Tanneguy Le Veneur, comte de Tillières, *repr. par* M. le marquis d'Avernes.

René-Sébastien des Douits.

Le marquis de Ray.

La comtesse de Béthune, *repr. par* M. de Fontaine.

Le comte de Laigle.

Pierre-Louis de Bretignières de Courteilles, maréchal de camp.

Louis-Eustache Mallard de Malarville.

Mᵐᵉ d'Héricy, *repr. par le comte de Rochechouard.*

Le Cornu de Corboyer.

Valérien-Antoine d'Espinay Saint-Luc.

De Saint-Aignan d'Anquaize, *repr. par* M. Le Tessier de Launay.

Le Prevost d'Iray.

Tesson de Lonlay.

Charles-Auguste Gouhier de Petiteville.

Roussel, seigneur de Cintray.

François-Louis-Pierre de Sevin.

Antoine-Ferdinand Villette de Raveton.

Du Moncel.

Mᵐᵉ de La Chapelle, *repr. par* M. Le Michel de la Chapelle.

Jacques-Gilles de Saint-Aignan de Chavigny.

Philippe-Gabriel de Martel.

De La Roque de Monteil.

Achard de la Vente.

Charles-César Grant du Souchey.

Le Vacher de Perlat.

Louis-Alexandre de Guéroult.

De Bernais.

Le Prevost du Bois de la Haye.

De Foulques.

Nicolas de Valletot.

François Moucheron de la Bretignière.

Jacques Bazille, seigneur de la Barre.

Auguste de Fréville, *repr. par* M. de Villier de Hisloup.

Mˡˡᵉ du Roure, *repr. par* M. Le Grand de la Pilletière.

Antoine-François d'Espinay Saint-Luc.

Mathieu-Louis Le Grand de la Pilletière.

Le chevalier Agis de Saint-Denis.

GRAND BAILLIAGE DE ROUEN

Procès-verbal de l'assemblée de l'Ordre de la Noblesse tenue aux Cordeliers

21 mars 1789.

(*Archives impériales, Registre B, III, 131.*)

Le marquis de Mortemart, président, *chargé des procurations* de M. le baron de Breteuil et de Mme la marquise de Nagu.

Le marquis de Charleval.

Le marquis d'Herbouville, *ch. des pr.* du duc d'Orléans et du duc de Sully.

Du Mesniel, marquis de Sommery, *ch. des pr.* de M. le prince de Condé et de Mme la comtesse de la Myre.

Du Bosc, comte de Radepont, *ch. des pr.* du duc de Penthièvre et de M. le marquis de Radepont.

Le comte de Trye, *ch. des pr.* de MM. le Petit de Montfleury et le Moine de Bellisle.

Le comte de Blangy, *ch. des pr.* de M. le comte de Boufflers et de Mme la comtesse de Barville.

De Bigot (doyen des présidents).

Le marquis de Belbeuf, *ch. des pr.* de MM. de la Myre, comte de Mory, et Coignard de Saint-Étienne.

Le marquis d'Estoutteville, *ch. des pr.* de Mme la présidente de Torcy et de M. le baron de Boniface.

Le marquis de Marguerit.

Le Carpentier de Combou.

Le président de Frondeville, *ch. des pr.* de MM. de Grecourt et de la Houssaye.

Haillet de Couronne.

De Moy, *ch. de la pr.* de Mme de Moy.

Herambourg, conseiller au parlement, *ch. de la pr.* de Mme d'Epinay de Ronfeugères.

Le président d'Oissel.

Le marquis de Seignelay.

Le marquis de Griffard.

Chapais de Marivaux, *ch. des pr.* de Mme Chauffer de l'Épiney et de M. le président de Saint-Victor.

De Belbeuf, avocat général, *ch. des pr.* de MM. le comte de Vintimille et du Val de Bonneval.

Le Roux, baron Vidame d'Esneval, président à mortier du parlement, *ch. des pr.* de MM. Boissel et du chevalier de Pommereu.

Le président de Rouen de Bermonville.

Berthot de Bosctheroulde, *ch. des pr.* de M. de Sainte-Honorine et de Mme de Quetteville.

Le président de la Londe, *ch. des pr.* de MM. le marquis de Champigny et du Val de Bonneval.

Le président de Coquereaumont.

Baillard de Guichainville.

Le Danoys des Essarts.

Midy de la Grainerais, *ch. de la pr.* de M. de la Londe.

Rondel de Parfontaine, *ch. des pr.* de M. Thillaye-de-Beaupartie et de Mlle Le Metais.

Le Bienvenu, chevalier du Bourg.

De Brossard, comte de Gromesnil.

Lepacq, *ch. des proc.* de Mme de Marolles et de M. de Thibouville.

Lallemant de Couterey de Branville.

Du Bosc-Guerard, *ch. de la proc.* de M. de Malortie.

D'Houdemare de Vaudrimare.

Jourdain du Verger.

Renard.

Martin de Boisville du Vernier.

Cavelier de Mocomble.

Langlois, chevalier de Louvres.

Le Pesant de Boisguilbert, *ch. des proc.* de M. le marquis de Bouville et de Mme la comtesse de Bouville.

Le chevalier Baillard-d'Iquelon, *ch. de la proc.* de M. de Langle de Fontaine et de Mme de Sudde de Grainville.

De Merval.

Le Mareschal de Fauville, *ch. des proc.* de MM. Labbey de la Roque et de Beaurepaire.

Le chevalier de Chailloué, *ch. de la proc.* de M. Foulques de la Pilette.

De Saint-Saen.

Midy-d'Audé, *ch. des proc.* de MM. de Planterote et Le Faucheux de Sannois.

De Coquereaumont.

Le Bègue, comte de Germigny, *ch. des proc.* de Mme la marquise de Conflans et de M. du Valcoquin.

D'Herambourg, *ch. des proc.* de MM. Le Coq de Saint-Cloud, et Le Coq de Saint-Étienne.

Le chevalier de Romé.

De Costard, *ch. de la proc.* de M. Lucas de l'Estanville.

De Thiboutot.

Le comte de Courcy, *ch. des proc.* de MM. de Cairon et de Tesson de Monteille.

Bigot de Sommesnil, président à mortier du parlement.

Guyot d'Etatteville, *ch. des proc.* de Mme Le Prévost, et de M. Guyot d'Ectot.

Aubery de Folleville.

De Letang.

De l'insun de Longpré.

De Paix-de-Cœur de Roumare.

Du Val de Brunville.

De Paix-de-Cœur du Bouley.

Du Val de Beaumets, *ch. des proc.* de MM. Menard et de Franqueville.

Le Jaulne.

Le comte de Toustain, *ch. des proc.* de MM. le baron d'Harambure et de Toustain de Limezy.

Du Bosc, comte de Vitermont, *ch. des proc.* de MM. le marquis de Vitermont et du chevalier de Vitermont.

De Saint-Quentin.

Fermanel.

De la Bunodière de Saint-Georges.

Le chevalier d'Osmond, *ch. de la proc.* de M. de Bonardi.

Grandin de Rainnbouville, *ch. de la proc.* de M. Framboisier de Beaunay.

Cavelier d'Esclavelles.

Drouet des Fontaines.

De Benouville, *ch. des proc.* de MM. Godefroy de Senneville, et de Belhomme de Glatigny.

Dupré du Veneur.

Lallemant de Couterey (père).

Le seigneur de Saint-Leger, *ch. de la proc.* de M. du Fay.

De Pommeraye, *ch. des proc.* de Mme la comtesse de Montenay et de Mme de Vistroins de la Surces.

De Villequier.

De l'Espron d'Anfreville.

Chrestien de Fumechon, *ch. de la proc.* de M. de Bosmelet.

Lallemant de Couterey (fils).

De Trostin, *ch. de la proc.* de MM. de Caumont et Baillard des Gastines.

Le chevalier Picquet de la Houssiette, *ch. de la proc.* de M. Picquet de la Houssiette.

Le Jaulne de Salmonville, *ch. des proc.* de MM. du Four de Longuerue et de Bennetot.

De Chapais.

De Vaudétard.

Despommares (fils), *ch. de la proc.* de son père.

Le Viguier de Dampierre.

Le marquis de Fautereau.

De Biard.

Du Lac de Montreau.

De Sainte-Marie, *ch. de la proc.* de M. le Coq de Beuville.

Yvelin de Béville.

Le président de la Granderie.

Le Moyne de Boisgaultier, *ch. de la proc.* de M. le comte de Tristan.

De Grente de Sahurs, *ch. des proc.* de Mme de Clieu d'Échigny et de M. Boscourcel.

Le chevalier de Bigot.

Huger.

De la Vache, baron de Saussay.

Chauffer de Toulaville, *ch. de la proc.* de M. de Guilbert.

De la Rue de Rucqueville.

De Courselle.

Le chevalier de Venderest.

Du Val de Varangeville *ch. de la proc.* de M. de Mauduit de la Rosière.

Le Vavasseur, *ch. des proc.* de MM. de l'Estorey de Boulogne et de Mme de Feray.

Le Febvre d'Esnendreville, *ch. des proc.* de MM. de Louvel de Janville et de Mlle de Gennes.

De Quesnel.

Garvey de Frittemeulles, *ch. de la proc.* de M. Garvey.

Le Petit de Launay.

Langlois de Jainville.

Du Héquet.

Cabeuil de Vaurouy, *ch. de la proc.* de M. le Couteulx de Canteleu.

Grenier d'Ernemont fils, *ch. de la proc.* de M. de Mornay.

Du Boscage de Bléville.

Grenier de Cauville.

Le Boullenger de Bosgouet.

Le chevalier de Saint-Ouen de Sancy, *ch. de la proc.* de M. Duchesne.

Bigot de Bolleville.

Costé de Triquerville.

Le Sens de Folleville, président à mortier du parlement, *ch. des proc.* de MM. le Sens, comte de Lion, et le Sens de Folleville.

Gruchet de Soquence, *ch. des proc.* de MM. le comte de Maulevrier et Saquier de Viel-Maisons.

De la Granche, *ch. de la proc.* de Mme d'Estouteville.

Le chevalier le Noble.

Le chevalier des Clavelles.

De Francamp.

Thorel de Bonneval, *ch. de la proc.* de M. Thorel de Saint-Martin.

D'Agier de Rufosse.

Du Fayel, *ch. de la proc.* de M. Henriquez du Fayel.

Auranet.

De Glatigny.

De Malherbe de Saint-Laurent.

Le chevalier Odoard.

De Bourtainville.

Le chevalier de Saint-Jacques.

Le chevalier Cavelier de Saint-Jacques.

Varin de Saint-Ouen, *ch. de la proc.* de Mme Morin, et de M. le comte de Marle.

D'Hugleville, *ch. des proc.* de MM. Morin de Croismare et d'Hugleville.

Le chevalier Auranet.

De Saint-Ouen d'Ernemont.

Le Mercier (secrétaire), *ch. de la proc.* de M. Guérin de Marcouville.

Lambert d'Herbigny.

BAILLIAGE DE GISORS.

Le baron de Pontécoulant, *ch. des pr.* du prince de Rohan et du marquis de Fayet.

D'Arnouville des Noes, *ch. des pr.* de Mmes de Querhoënt et de Marle.

Le baron Larchier de Courcelles.

De Chalange, *ch. de la pr.* de Mme Le Cloutier de la Boullaye.

De la Niepce, *ch. des pr.* de MM. Langlois du Roulle, de la Niepce et de Jeufosse.

De Caqueray de Saint-Mandé, *ch. de la pr.* du marquis de Bongars.

Odoard du Hazé.

Lefebvre de Vatimesnil, *ch. des pr.* de MM. de Dramard et Goustard de l'Evéville.

Brossard du Vaurou, *ch. de la pr.* du marquis de Gasville.

Le marquis de Bouville.

Le comte de Pillier, *ch. de la pr.* de M. Dupuis de Guérard.

M. de Bouttemont (président), *ch. des pr.* de la marquise de Montaut et de M. de Lyde de Belleau.

Elie de Préval.

Bisson de la Roque, *ch. de la pr.* de M. de Beauchesne.

Le comte de Saint-Paër, *ch. des pr.* du marquis de la Vaupalière et de M. Coquerel d'Iquelon.

Le marquis de Landelle, *ch. des pr.* de M. du Perrier de Bois-Franc et de sa femme.

De Bourachet.

Le Coulteux (président), *ch. des pr.* de M. Le Coulteux de la Noraye et de Mme de Pomery.

Ramfreville des Noyers, *ch. de la pr.* de M. de Guillarbois.

Le Vaillant de Montroty, *ch. de la pr.* du comte Davy.

Le Coulteux de Verclives.

Le comte de Biencourt, *ch. de la pr.* de M. de Mauvielle.

De Caqueray de Marquemont.

Le marquis Davy d'Ernemont, *ch. de la pr.* de la marquise de Collande.

Le Vaillant de Mouchy.

Le marquis de Rosny.

13

Daniel, comte de Boisdenemets, *ch. des pr.* du marquis de Boisdenemets et de M. de Guérin.

De la Barre, *ch. des pr.* de M. de la Barre de Nanteuil et de Mme Mangin de Bionval.

De Courteille.

Le marquis de Belloy, *ch. de la pr.* de Mes de Bertengles et de Turgot.

Le comte de Belloy.

Le Vaillant de Rouge-Fossé.

De la Mouque d'Inquerville fils, *ch. de la pr.* de M. de Caqueray de Roncherolles.

De la Mouque d'Inquerville père.

D'Aubourg.

Le Vaillant de la Haye, *ch. de la pr.* de Mme d'Aubigny de Coudray.

Bonnet.

Le marquis d'Auvet, *ch. de la pr.* de M. Loubert du Mesnil.

Le chevalier de Campion de Montpoignant, *ch. des pr.* de MM. Lorraine de Grosley et Félix-Rouen.

De Mordant, *ch. des pr.* de MM. Le Moine, et de Louve.

Le chevalier de Dampot, *ch. de la pr.* de M. Fourmont de Boispréaux.

Le comte d'Augis, *ch. des pr.* de M. de Tremauville et de Mme la comtesse de Chastellux.

Caqueray de Pleines.

Sevette.

Le vicomte de Boisdenemets, *ch. des pr.* du comte de Roncherolles et de M. de Gallet de Valliers.

Le chevalier de Bonissent de Boisyvon.

BAILLIAGE DE PONT-L'ÉVÊQUE.

Le comte de la Rivière, *ch. des proc.* du comte d'Angerville et de M. de Robillard.

Le comte de Brancas, *ch. de la proc.* de M. Le Jumel.

Le marquis de Pardieu.

Le vicomte d'Auvet, *ch. des proc.* du vicomte de Bizemont et de Mme la comtesse de Lenoncourt.

Le comte de Nocey, *ch. de la proc.* de M. de Clarbec.

Le Goueslier, *ch. de la proc.* de Mme de Vauborel.

Vauquelin de la Brosse, *ch. de la proc.* de Mme de Mire.

Rioult de Victot.

De la Roque de Brilly, *ch. des proc.* de MM. de la Roque de Surville et de la Roque d'Estrées.

Le chevalier d'Anisy, *ch. des proc.* de MM. d'Anisy de la Roque et Herval de Vasouy.

De Mannoury de Pictot.

Le chevalier de Mannoury de la Brunetière.

Du Val de Lescaude, *ch. des proc.* de MM. le prince de Vaudemont et de Paviot.

De Cacheleu, *ch. de la proc.* de M. le comte de Cauvigny.

De Corday.

Hue, comte de Grais, *ch. de la proc.* de Mme la baronne de Créquy.

De Manuel de Pecqueville, *ch. des proc.* de MM. de Pâris et de Longueval.

Labbey de la Roque, *ch. des proc.* de M. du Bosc de Bourneville et de Mme Lefort de Bonnebosc.

Le chevalier Daniel de Grangues.

Dupin du Châtel.

De Bonnechose.

Boistard de Prémagny, *ch. des proc.* de MM. de Bouillonnay et de Gallye de Perduville.

Le Court de Presle, *ch. des proc.* de MM. de Drumard et des Audrets de Trianon.

Le vicomte de Mesnil-Durand.

BAILLIAGE D'HONFLEUR.

Poserat de Saint-Sever.

Le marquis de Viel-Maisons, *ch. des proc.* de M. Grossin de Bouville et de Mmes de Franqueville et Baudouin de Gouzeville.

Varin de Prétreville, *ch. de la proc.* de M. de Marbœuf.

Le Chevalier (père et ses deux fils).

De Cheux.

Cécire de Saint-Martin.

De Brévedent du Bocage, *ch. des proc.* du comte d'Auvrecher et de M. du Bois.

Labbey de Villerville, *ch. des proc.* de MM. Labbey de Gonneville et de Saint-Vaast.

De Brévedent d'Ablon, *ch. de la proc.* de M. de Courseulles.

Chauffer de Barneville.

BAILLIAGE DE PONT-AUDEMER.

Le marquis d'Estampes.

De Vivefay, *ch. des proc.* de MM. le prince de Lambesc et le duc d'Harcourt.

De Colleville, *ch. des proc.* de MM. du Val de Lescaude et d'Esteville.

De Pillon de la Tillais.

De Pillon du Bosc-Renoult.

De Fréville de la Huye, *ch. de la proc.* de M. de la Londe.

Le chevalier de Fréville.

De la Houssaye de Rougemontier.

Le Carpentier de Margat (absent).

De la Houssaie de la Grande-Houssaie.

Le Bienvenu du Busc, *ch. de la proc.* de Mme de Franqueville et de M. Chesnard du Boussey.

Le chevalier de Bienvenu.

Du Val d'Angoville, *ch. des proc.* de MM. du Val de Cerqueux et du Moncel de la Noë.

D'Orieult de Saint-Samson, *ch. des proc.* de M. de Franqueville et de Mme d'Arclais.

De Morceny, *ch. des proc.* de M. de Grin de la Boissière et de Mme de la Houssaye de Tremblay.

Hallé de Candos, *ch. des proc.* de MM. le comte de Viel-Maisons et de Bonnet.

D'Espaigne de Bostennay.

Le Roy de Livet, *ch. des proc.* de MM. de Marguerie de Courcy et de la Mare du Theil.

De la Roque de Framboisier, *ch. des proc.* de Mmes de Coulonges et de Marguerie.

Naguet de la Chevalerie.

De la Bernaudière de Bourville.

Routier des Ertelles.

Du Four de Quetteville, *ch. des proc.* de MM. des Hayes de Mancrbes et le Carbonnier.

De Trousseauville, *ch. des proc.* de Mmes du Perrier, des Hommets, de la marquise de Belloy et de M. de Martinville.

D'Houel de la Pommeraye.

Hécamps de Collot (absent).

Le Vavasseur, conseiller au parlement.

Gannel du Mont, *ch. des proc.* de Mme Gannel du Hestray.

Du Quesne, *ch. des proc.* de M. le chevalier du Quesne et de Mme du Quesne de la Mare.

Grosourdy de Saint-Pierre.

Le comte Rouxel de Medavy (absent).

Le vicomte de Caulaincourt (absent).

De Monregard (absent).

De Bellemare de Saint-Cyr, *ch. de la proc.* de Mlle Thirel de Bosc-Bénard.

De Scott.

Droullin de Faveril, *ch. de la proc.* de M. de la Manche de Mannoville.

Le chevalier Thirel de Siglas.

Du Val Pontrel.

Le comte d'Étampes.

Bertout, marquis d'Heudreville (absent).

Le chevalier de Bénouville, *ch. des proc.* de Mmes du Quesne de Franqueville et du Quesne de Pavyot.

De Manneville du Romois.

Des Hommets, marquis de Martinville.

De Cacheleu de Prevent, *ch. des proc.* de MM. de Quincarcon et du Quesney des Landes.

De la Houssaie de Trouville.

Le Boullenger, *ch. des proc.* de Mme le Boullenger de Belloy et de M. Arvillon du Sozay.

Du Maine.

De Thouron d'Aptot (absent).

Le chevalier le Sens, *ch. de la proc.* de M. le Gris de Prémanoire.

De Pelgars de la Rivière, *ch. des proc.* de Mme la comtesse de Choiseul-Gouffier, et Grout de Saint-Paër.

De Charlemagne de Bellonde.

De Giverville de Saint-Maclou.

De Giverville du Tort.

Du Pin du Parc.

De Corneille, *ch. de la proc.* de M. Corneille de Beauregard.

De Colombel, *ch. de la proc.* de Mme Fraut de Berruyer.

De Bailleul (le président).

+ De Fréville de l'Orme.

De Hierosme de Tourlaville.

BAILLIAGE DE PONT-DE-L'ARCHE.

Le marquis de Poutrincourt *ch. de la proc.* de Mme de Mauville de Belloy.

Le marquis de Bec-de-Lièvre (absent).

De Banville.

Guyot, comte d'Amfreville, *chargé de la proc.* de MM. d'Irville, de Villequier et de Mme de Bimorel.

De Cernay.

Dyel de Vandroque.

Le sieur de Lempiville.

De Lux, *ch. des proc.* de M. Le Baillif de Cocherel et de Guenet de Saint-Just.

De Campion de Montpoignant, *ch. des*

proc. de M. Baconnière de Salve et Le Diacre de Saint-Cyr.

Le Pelletier.

Langlois de Criquebeuf.

Le Vaillant de Jencourt.

Fesdonets de Saint-Marc.

De la Faye.

Le comte de Martel, *ch. des proc.* du comte Martel de Hécourt et de Mme Roussel de Hesseville.

Landry.

Le chevalier de Lux.

De Lux de Landemare.

GRAND BAILLIAGE D'ÉVREUX

Procès-verbal de l'assemblée de l'Ordre de la Noblesse tenue en la Cathédrale
16 mars 1789.

(*Archives impériales*, Registre B, III, 64.)

Le Baron de Courcy, Grand bailli d'Épée, président.

Le Comte de Courcy, secrétaire.

Monsieur, frère du Roi, duc d'Alençon, comte de Perche, seigneur des bailliages d'Orbec, de Bernay, etc., représenté par M. le marquis de Chambray.

Le duc de Bouillon, comte d'Évreux, représenté *par* le marquis des Essarts.

Le duc de Bourbon-Penthièvre, *repr. par* le marquis de Champigny.

Le duc de Brissac, seigneur de Damville, *repr. par* le même.

Agis de Saint-Denis.

Boschard, marquis de Champigny.

Le marquis de Boulainvilliers, *repr. par* le marquis de Quevernon de Bussy.

Mme de Bouville, *repr. par* M. Le Verrier de la Leu.

De Burcourt, *repr. par* M. de Bussy.

Le Baillif, seigneur de Cocherel, *repr. par* M. de Varennes.

De Bosguérard, *repr. par* M. de la Liègue.

Bourlet, seigneur du Haut-Borroger.

De Berdigny, *repr. par* son fils.

Bisson, seigneur de Vigny.

Cottard de Berrangeville, *repr. par* M. des Moutiers de Bosroger.

De Chalange.

Le marquis des Essarts.

Le comte de Marle, *repr. par* le marquis de Toustain.

Le comte de Puisel, *repr. par* le marquis de Chambray.

Mme d'Iquelon, dame de Guichanville, *repr. par* le chevalier d'Iquelon.

D'Enneval, seigneur de Bois-Normand.

Des Moutiers de Bosroger.

D'Aigleville, *repr. par* M. Faviot.

D'Hesbert du Hamel.

De Fontaines.

Le Foustier, seigneur de Mousseaux.

Mme Feray, dame de Buhoin, de Tournedos, etc., *repr. par* M. du Mesley.

De Graimbert, *repr. par* M. de Langle de Fontaine.

Gouhier, baron de la Heunière.

De Graveron.

Le Hayer, seigneur de la baronnie de la Croix, *repr. par* M. de Graveron.
L'Esperon d'Amfreville.
Lenez Cotty de Brécourt (les deux frères.)
MM. de la Ronce, seigneurs de St-Aubin, *repr. par* leur père.
Le vicomte de L'Espinasse.
De Loubert, *repr. par* M. de Martainville.
De la Roque.
Le Roux d'Emalleville, *repr. par* M. de Vergnette.
Le comte de Gizey.
Le Doux, seigneur de Melleville.
Mlle Le Chamois, *repr. par* M. de Saint-Léger.
De Menilglaise.
Matis du Buisson, *repr. par* M. de Viel-Maisons.
Le Noble, seigneur du Bailleul.
Mme Le Noury, dame de Cracouville, *repr. par* M. de Viel-Maisons.
De Quincarnon, *repr. par* M. Le Bouleur.
Le président Paviot, seigneur de Saint-Aubin d'Écouville.
De Planterose, seigneur de Feugrolles, *repr. par* M. de Marbeuf.
Mlle d'Eponville, dame du Coudray, *repr. par* M. de la Liégue.
Postel des Minières.
Mme de Kerrouen, *repr. par* le comte de Courcy.
De Saint-Marc, *repr. par* M. Laudier.
De Saint-Gervais, *repr. par* M. de Septanville.

La marquise de Soudeilles, *repr. par* le vicomte de L'Espinasse.
De Semerville de Blicourt (absent).
Le comte de Tillières.
Tureau de Limières, *repr. par* M. de Langle de Fontaine.
Le marquis de Vitermont.
Mme de Villequier, *repr. par* le marquis de Gauville.
Le comte de Vitermont.
De Viel-Maisons.
De Vergnette d'Alban, chevalier de St-Louis, capitaine au corps des Carabiniers de Monsieur.
Le marquis de Varenne, major d'infanterie.
De la Touche de Bocquensey, ancien mousquetaire du roi.
Hillaire de Melmont.
Campion de Mouquin, *repr. par* M. de Melmont.
Le chevalier de la Roque (fils).
Le Tellier d'Irville.
De Lomblon, marquis des Essarts.
De Lomblon, baron des Essarts.
De Quincarnon de Boissy.
De Quincarnon (Louis).
De Bosregard.
Le chev^r de Langle de la Ronce.
Le chev^r de Prêtreville.
Le chev^r d'Iquelon.
Le Hardy de la Chaux.
Le Verrier de la Leu.

BAILLIAGE DE CONCHES.

Le Boulleur, *au nom de* Mme Postel, son épouse.
De Bretinières, *repr. par* M. de Semanville.
De Bougy, *repr. par* M. de la Boullaye de Manyille.
Mme de Bellemare de Saint-Cyr, *repr. par* son mari.
De Chennelon de Loinville.
Le comte des Essarts, *repr. par* le Baron des Essarts.
De Nollent, *rep. par* M. de Barré des Authieux.
De Bois-l'Évêque.
Mlle d'Albout, *repr. par* M. de Saint-Aignan.
De Lieurcy, seigneur de Saint-Quentin.
De la Lande, *repr. par* M. de Vigan.

Le Gris de Saint-Denis.
Le marquis de la Londe, *repr. par* le chevalier de Beaumont.
Du Meslin, seigneur du Boutigny.
Mlle de Marguerie, *repr. par* M. de Barré des Authieux.
Mabire de Longuemarre, *rep. par* M. Le Bœuf d'Osmoy.
De Martel, seigneur de la Vacherie, *repr. par* son fils.
Postel des Minières.
Poret de Blosseville, *repr. par* M. Le Montier.
Bailliard de Guichainville, *repr. par* M. d'Iquelon.
De Semanville, *repr. par* son fils.
Postel, Écuyer.
De Pigache, commissaire de la marine.

BAILLIAGE DE BRETEUIL.

De Brucourt.
De Bordigny.
De Coigny, *rep. par* M. de Saint-Aignan.
Le vicomte de Chambray, *repr. par* M. le comte de Courcy.
Le marquis de Chambray.
Le comte de Chambray.
De Cacqueray d'Ellecourt.
Du Merle, seigneur de Saint-Pierre-du-Mesnil, *rep. par* M. de Courteuvre.
Du Bois de la Ville, *repr. par* M. d'Aumey.
Mme d'Hercey, tutrice de ses enfants mineurs, *repr. par* M. de Bocquensey.
De la Houssaye de Moutier, *repr. par* M. de Monteau.
Du Bois-Maillard, *repr. par* M. Agis.
Du Four, seigneur de Prayère (absent).
Du Buat.
D'Epinay, seigneur d'Auvergny.
Dery de Pommereuil.
De Gastel, *repr. par* M. de la Porte.
Mme Le Forestier, tutrice de ses enfants, *repr. par* M. de Chaplet.
Le Grand de Glessien.
Le Hure, seigneur de Cernières, *repr. par* M. de Vigan.
De Lieuray, baron d'Anthenay.
Le Cornu de Chavanne.
L'Hôpital du Gerier, trésorier de France.
De Manoury de Sallens.
Le Grand, seigneur de Boisnouvel.
Morel de Gauville, *repr. par* M. de Chavannes.
De Malherbe, *repr. par* M. d'Herponcey.

Potin de Morainville.
De la Porte, baron de la Ferté-Fresnel.
Postel de Houlles, *repr. par* M. Le Grand, son gendre.
M^le Postel des Minières, *repr. par* M. d'Érard d'Hellenvilliers.
De la Siffletière.
De Trye du Deffant.
De Trye de Pillavoine, *repr. par* M. du Deffant.
De Vallot, *repr. par* Le Grand de Glessien.
De Vieilles (absent).
De Vigan.
Mme de Vaquemont, *repr. par* son fils.
De Bernetz, *repr. par* son fils.
De Coigny, seigneur de Ronceney.
De Choanne, seigneur de Bois-Auvray.
Le marquis d'Érard d'Hellenvilliers.
Dommey, seigneur de Saint-Aubin de Gisey, etc.
Le Forestier.
Le Chartier, seigneur de Lorailles.
De Louvet, seigneur d'Herponcey.
Du Moncel de Mony.
De la Roque, seigneur de Grainvilliers.
De Saint-Agnan, baron de Bemecourt.
De Saint-Prix.
Du Bois de la Ville.
Le Hantier de la Bizière.
Le comte d'Érard fils.
Le chev^r du Buat.
De Clapion.
Le comte de Tillières.

BAILLIAGE D'ORBEC.

Le duc de Laval, *repr. par* M. de la Fayette.
Le duc de Charost, *repr. par* M. d'Erneville.
Mme Marie-Louise Amelot, dame d'Orgères, *repr. par* le marquis de Manglane.
De Baudran.
Livet de Barville, *repr. par* M. de Bernières.
De Bonnechose, *repr. par* M. de la Roche de Perteville.
Mme de Fauqueville, *repr. par* M. Livet de Barville.

De Bernières.
De Bocquemare, *repr. par* M. Bertin, Écuyer.
Berières, tuteur de M. de Hallot, *repr. par* le chev^r de Quincarnon.
De Bocquencey.
De Bocquetey, *repr. par* M. de Thillaye de Carouge.
De Bouffay, seigneur de Cordebugle.
Belleau de Saint-Paul, *repr. par* M. de Foulques de Gauville.
De Courson, *repr. par* M. des Hayes de la Radière.

De Caumont, seigneur de Bellouet (absent).

De Choiseul, seigneur de Triqueville.

De Couvert de Coulons.

L'abbé de Guitry.

Des Hayes de la Radière.

D'Avesnes, seigneur de Familly, *repr. par* le comte de Tillières.

De Fresnes de Buercy, *repr. par* M. de Coulons.

Du Merle.

Mme de Bocquencey, *repr. par* M. Anonime du Bois.

Le marquis d'Avernes.

De Cacron, seigneur de Mouney, *repr. par* M. de Bonneville.

Du Merle de Beauvoir, *repr. par* M. Quérier du Bois-Laval.

Du Chaplet.

De Bocquencey, seigneur du Boshealin.

Du Chaplet, seigneur de la Goulafrière, *repr. par* M. du Chaplet des Essarts.

Des Hayes du Tremblay.

D'Aureville, seigneur de la Haretière, *repr. par* M. de Chesnelon.

De Malvoüe, *repr. par* M. Berthelot de Mezeray.

De Choisne-Mésères, baron du Houlley, *repr. par* M. Houlley de Gouvy.

D'Enneval (absent).

De Malvoüe de la Saule, *repr. par* M. de Malvoüe d'Aunay.

D'Hermival, *repr. par* M. de Pommerey.

D'Irlande de Saint-Quentin des Iles.

De Bonnechose, *repr. par* son fils.

De Bonneville.

De Hulbert des Bois, seigneur de Blanc-Buisson, *repr. par* M. de Boussey.

De la Porte, seigneur de la baronnie de Chamfray.

Mme d'Ouilly, *repr. par* M. de Saint-Ouen.

Du Houlley, *repr. par* son fils.

D'Angerville, *repr. par* le chevalier de Barville.

Des Hayes de Forval.

Des Hayes de Bonneval, *repr. par* M. de Giverville de Saint-Aubin.

Des Hayes, seigneur de Belleau (absent).

De Foulques, *repr. par* M. de Folleville.

De Foulques de la Pilette.

Le baron de Forval.

Grout de Bouttemont.

De Grieu, seigneur de Fontenelles, *repr. par* le comte d'Erneville.

MM. de Giverville (frères).

De Grieu, seigneur de la Fontaine des Champs.

De Giemare.

De Saint-Germain, *repr. par* M. de Piperay.

Le Filleul, baron de Montreuil.

Le chevalier de la Pallu.

De la Lande-Briosne, *repr. par* M. de Vigan.

De la Rouvraye, *repr. par* M. de la Chapelle.

Le comte de Nonant, marquis de Rarey.

Le tuteur des enfants nobles de M. de Rondel de Couverville, *repr. par* M. de Boulemont.

Le seigneur du fief du Saussaye, *repr. par* d'Erneville de Poligny.

Mme de la Chapelle, *repr. par* M. des Hayes du Tremblay.

De la Foy, seigneur de Malou, *repr. par* M. Le Prevost de Corbon.

Le seigneur du fief du Breuil, *repr. par* son fils, sieur de Bellemare.

Le comte de Lion, *repr. par* M. le président de Boullencourt.

De la Vallée.

De Launay, seigneur de Lignères.

De la Touche de Fauville.

De la Pallu, *repr. par* le marquis de la Pallu.

Le Comte, seigneur de Rouy, *repr. par* M. Le Comte de Villemont.

Le Mercier, seigneur du Mesnil-Guillaume (absent).

Le maréchal de Broglie, *repr. par* le comte d'Auvet.

Mme de Mondrainville, *repr. par* M. Thillaye de Carouge.

Mallard de la Varende.

De Milleville.

De Malortie du Plessis.

De Mailloc, *repr. par* M. du Merle du Plessis.

De Maillet.

De Marescot, *repr. par* M. du Buat.

De Mazères, *repr. par* M. du Houlley de Gouvy.

Le marquis de Montreuil.

Mme de Margeot, *repr. par* M. de Margeot de Saint-Ouen.

De Margeot de Saint-Ouen.

Le chevalier de Margeot.

De Nollent (Claude), *repr. par* M. de la Boullaye (Armand-Constant).
De Saint-Ouen.
Des Portes, *repr. par* M. du Houlley de Saint-Aubin.
Le Prevost de Corbon.
De la Pallu.
De la Roche de Perteville.
De Philippe.
De Piperay.
De Parfouru, *repr. par* M. Anonime du Bois.
Bourdon du Pommeret.
Le comte de Praël.
De Querrier de la Valle.
Quenet de Saint-Just, *repr. par* M. de la Palesière.
De la Rue, seigneur du Bailleul.
De Roncherolles.
De la Rouvraye (absent).
Mme de Rarey, *repr. par* M. de Chesnelon.
Mlle Roudelle d'Heudreville, *repr. par* le président de Boullencourt.
Le marquis de la Chapelle (Le Filleul), *repr. par* le comte de la Chapelle.
Rondel des Parcs-Fontaines (absent).
De Routigny, seigneur de Canapville.
De la Rouvraye.
De Bonnet de la Tour, *repr. par* M. de Louvigny.
De Tholmer, seigneur de la Festière, *repr. par* son petit-fils.
De Saint-Laurent.

De Varin de Morainville.
De Vauquelin des Chesnes, *repr. par* le président de Coulons.
De Varin, *repr. par* M. Verrière de Remilly.
Hœlin, sieur d'Hacqueville.
De Margeot, sieur du Parc.
Le Michel de la Chapelle.
Du Bois du Bais.
Le chevalier de Beaumont.
Bertin.
Du Loutrel.
De Bernières.
Depequeux de Boisville.
De Marguerye.
De Thillaye du Boulay.
De Thillaye du Carouge.
De Foulque de Gauville.
Du Bois.
De Verrière de Remilly.
Le chevalier de Simon de Franval.
Berthelot de Mezeray.
Doisnel de Valbébert.
De Folleville.
De Tholmer de Valcourt.
Le Pecquem de la Fauverie.
Quesnel de Saint-Just de Folleville.
Du Mesnil-Vicomte, *repr. par* du Houlley de Saint-Aubin.
Du Rosey, seigneur du Villars.
Le chevalier de Malortie.
Du Moncel, *repr. par* son fils, M. de Mouy.

BAILLIAGE DE BERNAY.

De Bonnechose.
De Bellemarre, *repr. par* M. Halix d'Acquenville, écuyer.
De Bouville, *rep. par* le comte d'Auvet.
Barré du Theil.
De Balivières, *repr. par* M. de Merle.
Coutant-Breant, *repr. par* M. le marquis de Varennes.
De Miquelet.
Daugny, *rep. par* le marquis d'Herenville.
D'Arantot, *repr. par* M. de Fumechon.
Le comte d'Augé, *repr. par* le comte de Courcy.
De Fouquet (absent).
Le marquis de Chaumont-Quitry.
Mlle de Glatigny, *repr. par* M. Bertin.

Le marquis de Gauville.
De Giverville.
Mlle de Louvigny, *repr. par* M. Bertin.
De Louvigny de la Marelle, *repr. par* M. d'Erneville de Poligny.
Le Vilain, seigneur de la Palesière.
D'Émalleville-Corneville.
De Plainville, *repr. par* M. de Ferval.
Le seigneur de Saint-Léger du Bosdel.
De Saint-Clair.
Le Sens, marquis de Morsan.
De Bellemarre, capitaine au régiment de Saintonge.
Le chevalier du Bosnois, ancien garde du corps.
Le Vilain du Bosnois.
De Martigny.

BAILLIAGE DE BEAUMONT-LE-ROGER.

Le duc de Beuvron, *repr. par* M. le comte de Tillières.

Le prince de Poix, seigneur du comté d'Harcourt, *repr. par* le marquis d'Erneville.

Le prince de Lambesc, *repr. par* le comte de Nonant.

Le prince de Vaudemont, *repr. par* le vicomte de l'Espinasse.

De Barré des Authieux.

De Barré, seigneur de la Mounerie.

De la Boullaye de Thevray.

De Boiscard.

De Bonnechose, seigneur du Coudray.

De Combon, *repr. par* M. Halix d'Acqueville.

De Courteuvre de Bosc-André.

Le comte de Nonant.

Bidaut, seigneur de la Haye de Calleville.

De Chambort.

Chrétien de Fumechon.

De Caloniac, *rep. par* M. de Giverville.

Gui-Chambellan, seigneur de Bigard.

L'abbé de Cernay.

De Cherville.

Constant, de Liberge de Granchin.

Des Mazis, *rep. par* M. Le Cornu de Chavannes.

D'Aumay, seigneur de Saint-André.

Du Val, seigneur de Beaumantel.

Daugny, seigneur du marquisat de Thibouville.

Le comte d'Auvet.

D'Enneville, *repr. par* M. de Semerville.

D'Erneville de Poligny.

D'Aumey, seigneur de la Noë.

Du Bouhé, seigneur dudit lieu.

Mlle du Tremblay, *repr. par* M. des Hayes du Tremblay, son fils.

De la Boullaye du Besc-Rogér.

De Flavigny.

Du Four, seigneur de Borroger, *repr. par* le comte de Vallemont.

Duthentauger, seigneur du fief Girard.

De Blosville, *repr. par* M. Le Moutier du Perron.

De Fremont.

Mme du Hazerai, *repr. par* M. de la Palesière.

Mahiet de Saint-Clair.

D'Emalleville.

Mauduit de Semerville.

Mme de Rubelles, dame de Goupillières, *repr. par* le comte d'Erneville.

De la Roque, seigneur de Cerquigny, *repr. par* Maubuisson.

De Renneville.

De Rely, seigneur de Saint-Aubin, *repr. par* le chevalier de Franqueville.

Marc-René Chenu, seigneur du marquisat de Thibouville.

Le marquis de Toustain.

De Louvigny, écuyer

Le comte d'Erard d'Hellenvilliers.

Chretien de Fumechon (fils).

D'Argence, curé de Grandchamp.

L'abbé de Louvigny.

D'Erneville de Poligny.

BAILLIAGE DE NONANCOURT.

De Barré des Authieux.

Des Brosses, baron du Goulet, *repr. par* M. de Glapion.

De Bois-Lamare, seigneur de Merville.

De Bordeaux.

Le Bœuf d'Osmoy.

Le duc de Brissac, *repr. par* M. de Champigny.

Chemard, seigneur de Boussey.

De Courcy.

De la Chaussée de Favrolles.

D'Arjuzon, *repr. par* son fils.

D'Irville.

Du Merle, seigneur de Bastigny.

Des Monthières.

Le Forestier, seig^r de Sainte-Marguerite.

Le marquis des Brosses du Goulet, *repr. par* le comte de la Chapelle.

De Loubert de Martainville.

Molle de Beaufort.

Mme Le Masson, seigneuresse de Pélot, *repr. par* M. de Quincarnon.

De Menou.

De Martainville.

De Merbouton.

Lieudé de Semanville.

Oduard, seigneur de Boismilon.

D'André de Saint-Victor.

Thorin, seigneur de Bruzais.

De Quincarnon.

De Pouville, écuyer.

GRAND BAILLIAGE DE CAUX

Procès-verbal de l'assemblée de l'Ordre de la Noblesse tenue le

16 mars 1789.

(Archives impériales, Registre B, III, 43.)

BAILLIAGE DE CAUDEBEC.

Cabeuil de Vaurouy, *ch. des pr.* de MM. de Pesant de Boisguilbert et de Breauté.

De Beauvoir, *ch. des pr.* de M. d'Houdetot et de Mme de Hottot Saint-Sulpice.

De Bois-Hebert de Raffetot, *ch. des pr.* de M. d'Estouteville et Le Viguier de Dampierre.

De Cairon, *ch. des pr.* de MM. de Germiny et de Torcy, et de Mme des Marest.

De Vallory, *ch. des pr.* de MM. d'Ertauville et de Poutrincourt.

De Montgeffroy, *ch. des pr.* de MM. de Lintot et de Coqueromont.

De Bailleul de Valletot, *ch. des pr.* de Mme de Foville et de ses enfants.

De Brihon, *ch. des pr.* de MM. Malet de Graville et de Maulevrier.

De Colleville, *ch. des pr.* de MM. d'Ambrin de Montigny et du Mesniel.

Costé de Triquerville, *ch. des pr.* de MM. Costé de Saint-Suplix et Betteville d'Heberville.

De Perdeville, *ch. de la pr.* de M. Le Petit, seigneur du Toupin.

De Vaudray, *ch. des pr.* de M. Allain, officier aux gardes françaises et de Mme du Bec d'Allonville.

De Bois-Hebert de Chiponville, *ch. des pr.* de M. Le Cornier, de l'abbé de Maisonval et de Mme d'Angerville.

De Durdan.

De Brossard (absent).

De Pommare, *ch. de la pr.* de l'abbé Henriquez du Fayel.

Le Filleul d'Amertot, *ch. des pr.* de MM. Bigot de Sommesnil père et fils.

Le Venois d'Attentot, *ch. des pr.* de M. d'Harnois de Bornembusc et de Mme de Varengeville.

De Marcé.

Le comte d'Albon, seigneur d'Yvetot.

Du Lac de Montereau.

De Beaunay de Saint-Aubin (absent).

Hilaire d'Enneville.

Belhomme de Glatigny (absent).

De Ciresme, *ch. des pr.* de Mme de Gourtimesnil et de Moy d'Ectot.

Grossin de Bouville, *ch. des pr.* de MM. d'Esneval et de Vielmaisons.

De Lillers, *ch. de la pr.* de M. de Biéville.

Titaire de Glatigny, *ch. de la pr.* de son fils.

Titaire de Russay, *ch. de la pr.* de son père (absent).

De Giffart.

Cavelier de Mocomble, *ch. des pr.* de M. Cavelier de Piscal et de Mme de Maiembert.

De Grieu.

Isnel.

De Normanville.

BAILLIAGE DE MONTIVILLIERS.

De Mirville, *ch. des pr.* de MONSIEUR, frère du roi, et de Mme d'Ambrin.

Dyel de Limpiville, *ch. des pr.* de MM. Bertrand de Bourg-Theroulde et Guedier de Viennois.

Isnel de Comble, *ch. des pr.* de Mmes de Paval et de Quetteville.

Hais de Marfauville, *ch. des pr.* de Mme de Trebon et son fils.

Le Roux des Trois-Pierres, *ch. des pr.* de MM. de Senneville et de Guichainville.

De Quiezeville, *ch. des pr.* de M. de Tremauville et de Mme de Mierville.

Du Bocage de Bleville, *ch. des pr.* de M. Grenier et de Mme de Bierville-Lagrange.

De Senneville, *ch. des pr.* de M. Martonne de Vergetot et de Mme des Trois-Pierres.

Cavelier de Montgeon, *ch. des pr.* de MM. de Malherbe et Le Coulteux.

Romé de Fresquesne, baron du Bec, *ch. des pr.* de MM. des Marets de Saint-Aubin et d'Ectot.

De Blanc-Manoir, *ch. de la pr.* de MM. de Beaunay et d'Apprix.

De la Fortelle, *ch. des pr.* de M. Etrepagny de Martigny et de Mme de Mahiel.

De Cauville, *ch. des pr.* de MM. de Graveron et de Grouchet.

De Rallemont, *ch. des pr.* du duc de Charost et du comte de Charost.

De Benouville, *ch. de la pr.* de M. de Médines.

Le Roux d'Ignauville, *ch. des pr.* de MM. Thomas de Bosmelet et Auboy de Folleville.

De Sandouville, *ch. des pr.* de M. Doré de Bariville et de Mme de Colleville.

D'Houdetot, *ch. des pr.* de M. de Hunolstein et de Mme de Catteville-Fillières.

Toustain de Richebourg, *ch. des pr.* de Mme de Merlemont et de M. Langlois de Breteuil.

Le Chevalier de Beaunay, *ch. de la pr.* de ·Mme de Montault.

Couradin du Castillon, *ch. des pr.* de MM. de Montboissier et de Bouclon.

De Venoix, *ch. des pr.* de MM. Le Picard de Veules et de Thibermont de la Mire.

De Thiboutot, *ch. des pr.* de MM. Bernard d'Avernes et de Courselles.

Guéroult de Thouville, *ch. des pr.* de MM. de Maupeou et de Minfault.

De Benouville.

De Cuverville.

De Paix-de-Cœur. —

Le Maréchal.

D'Astron.

BAILLIAGE DU HAVRE.

Lestorey de Boulogne fils aîné, *ch. des pr.* de son père et de M. de Canouville.

Fouache, *ch. des pr.* de MM. Busquel de Caumont et des Marets des Gaudes.

Le Neuf de Tourneville, *ch. des pr.* de M. Montagny d'Etland et de Mme de Brossard de Grosménil.

BAILLIAGE DE CANY.

De Cany, *ch. de la pr.* de M. d'Hattanville.

De Sauville (le président), *ch. des pr.* de MM. Asselin de Villequier et du Filleul.

Le chevalier de Janville, *ch. des pr.* de MM. Asselin de Crèvecœur et de Saint-Ouen de Gourcelles.

De Saint-Wulfran, *ch. des pr.* de MM. Le Febvre d'Amfreville et du Hamel de Criquetot.

De Clercy, *ch. des pr.* de MM. de Clercy de Veauville et Mary de Merval.

De Ricarville, *ch. de la pr.* de M. de Caillebot de la Salle.

D'Hericy, *ch. des pr.* du prince de Monaco et de M. Duretot.

Guyot d'Etalleville, *ch. des pr.* de MM. de Limezy et Minfaud de Tourville.

D'Arrentot fils, *ch. de la pr.* de son père.

BAILLIAGE D'ARQUES.

D'Offranville, *ch. des pr.* de MM. Parent d'Alençon et Parent d'Ostranville.

Du Pont d'Englesqueville, *ch. des pr.* de MM. de Choiseul-Gouffier et de la Vallée.

D'Ouvrandel, *ch. des pr.* de MM. de Banneville et d'Acheux d'Inerville.

Le Clerc de Thezy, *ch. des pr.* de MM. de Mathan et Milleville d'Auberville.

Bourbel de Montpinçon, *ch. des pr.* de MM. de Belleville et Gallye d'Hybouville.

De Rassent, *ch. de la pr.* M. de Hellouin de Ménilbus.

D'Aubermesnil fils, *ch. des pr.* de son père et de M. de la Blandinière.

D'Heric d'Ecaquelon, *ch. des pr.* de MM. Le Clerc du Tot et Parent de Saint-Ouen.

De Montgrime, *ch. des pr.* de MM. d'Imberval de Breteuil et de Blosseville.

D'Herbouville, *ch. de la pr.* de M. de Pardieu.

Caron des Menils, *ch. des pr.* de MM. d'Apprix de Vimont et de Cuverville de la Motte.

De Quiefdeville, *ch. des pr.* de M. Marcel d'Ablemont et de Mme de Maulevrier.

De Saint-Ouen d'Ernemont, *ch. de la pr.* de Mme de la Granderie.

Du Mont de Boistaquet, *ch. des pr.* de MM. Cotton d'Englesqueville et de Varvanes.

Le marquis de Mortemart, *ch. des pr.* du duc d'Harcourt, du duc de Montmorency et de la duchesse de Mortemart.

De la Londe (le prés.), *ch. des pr.* du prés. Bigot et de M. le comte de la Heuse.

De Torcy, *ch. des pr.* de Mme de Pracontal et d'Audasne d'Elincourt.

De Caumont, *ch. des pr.* du duc de Penthièvre et de Mme de Reynel.

De Foville, *ch. des pr.* de MM. Le Roux de Feugray et de Montsure d'Elcou·t.

Maldé·ée de Catteville.

De Foville des Jeunes-Ifs.

De Bacqueville.

D'Osseville.

BAILLIAGE DE NEUFCHATEL.

Du Maisniel de Sommery, *ch. des pr.* de MM. de Belbeuf et de Trye.

De Resfuveille, *ch. des pr.* de MM. de La Rue d'Héricourt et de Viel-Maisons.

De Blangy, *ch. des pr.* de Mlle de Gouzeville et de M. d'Epinay.

De Béville, *ch. des pr.* de Mme de Sesmaisons et de M. de Limoges.

De Sarcus, *ch. des pr.* de MM. de Fautereau et de Frières.

D'Aubigny, *ch. de la pr.* de Mme Groullard de Rogefroy.

De Rainfreville, *ch. des pr.* de M. le maréchal de Mailly et de M. de Montmorin.

D'Abancourt, *ch. des pr.* de MM. de Belleval et de Calonne.

De Bennetot, *ch. de la pr.* de M. de Maupeou.

De Tresforest, *ch. des pr.* de Mmes de Berville et de Gallye et de M. Perduville.

Doudan, *ch. des pr.* de MM. de Villers et de Fréville.

Gueudré de Ferrières, *ch. des pr.* de M. Fontenay et de Mme du Bolhard.

Le Marinier de la Jonquière, *ch. des pr.* de M. de Blainville et de Mme de Closmoulin.

Cavelier d'Esclavelles.

De Saint-Ouen de Beauval, *ch. des pr.* de M. Huger (ou Hugo) de Bacquencourt et de Mme de Croustel de Vallecourt.

De Corneil de Beauregard.

Bosquet de Saumon.

Thomas du Fossé.

Le bailliage de Gisors et les siéges royaux en dépendant, ayant été supprimés par édit du mois de juin 1772, les gentilshommes de ce bailliage ont été convoqués à Rouen (les minutes des procès-verbaux, déposées aux Archives impériales, nous le prouvent). Ce bailliage (le septième de la province) renfermait les vicomtés de Gisors et de Vernon, et les prévôtés de Chaumont et Magny, les Andelys et Lions. Dans toutes les recherches que nous avons faites, tant à Paris qu'en Normandie, nous n'avons trouvé aucun procès-verbal d'assemblée pour les bailliages secondaires d'*Andelys*, de *Lions*, de *Vernon* et de *Charleval*; nous sommes donc porté à croire que les noms de Messieurs de la noblesse de ces bailliages secondaires qui ont pris part aux assemblées préparatoires du mois de mars 1789, sont compris dans les bailliages de Rouen, de Gisors, et de Chaumont et Magny.

BAILLIAGE DE CHAUMONT.

Procès-verbal de l'Assemblée de l'Ordre de la Noblesse, tenue en l'église des R.R. P. P.
Récollets
(les 16 et 17 mars 1789).

(Archives impériales, Registre B. III, 46.)

Le marquis de Guiry, maréchal héréditaire des Vexins normands et français, chevalier de Saint-Louis, gouverneur de la ville de Lillebonne, lieutenant de roi à Elbeuf, Grand Bailli d'épée, Président.

MONSIEUR, frère du roi, comte de Chaumont, seigneur de la ville et château de Trye, etc., *repr. par* M. de Séguier, ancien officier, chevalier de Saint-Louis.

Mme de la Rochefoucauld, duchesse d'Enville, *repr. par* M. de Rohan-Chabot, prince de Léon.

Mme de Broglie, veuve du comte de Lignerac, *repr. par* le même.

Le comte de Martel, capitaine de cavalerie, chevalier de Saint-Louis.

Mme la duchesse de Cossé-Brissac, *repr. par* M. de Cléry, marquis de Serans.

Le Mairat, comte du Saussay, chevalier, conseiller du roi.

Le Gendre, comte d'Ons-en-Bray, *repr. par* M. Le Mairat.

Le Tonnellier, baron de Breteuil, chevalier des ordres du roi, maréchal de camp, *repr. par* M. Aubourg, marquis de Boury.

L'Escalopier, chevalier, conseiller du roi, *repr. par* M. le marquis de Boury.

Le marquis de Boury.

De Cléry, marquis de Serans.

Busquet de Caumont, *repr. par* le marquis de Serans.

Guillemeau, marquis de Saint-Souplet, Écuyer du roi, chevalier de Saint-Louis, *repr. par* son fils.

De Séguier, chevalier de Saint-Louis, ancien officier d'infanterie.

Le Duc, marquis de Saint-Clou, lieutenant-colonel des carabiniers de Monsieur.

D'Orillac, ancien capitaine au régiment du Limousin, chevalier de Saint-Louis, *repr. par* son frère.

Michel, écuyer, seigneur d'Anserville, capitaine de cavalerie, chevalier de Saint-Louis.

De Combault, comte d'Autheuil, *repr. par* M. du Pille (Jacques-Auguste), officier de cavalerie.

De Brossard de Grosmenil.

Du Pille (André-Jacques-Louis), chevalier.

De Fontette, chef d'escadron de cavalerie (absent).

De Marguerit, marquis de Massol, *repr. par* M. de Martel.

De Goussainville, écuyer.

Mme de Sourches, veuve du marquis de Vallières, lieutenant-général des armées du roi, *repr. par* M. le Vaillant de Mareaux-Champs.

Le marquis de Mornay, maréchal de camp.

De Mornay, marquis de Montchevreuil, *repr. par* le marquis de Mornay, son neveu.

Jacquier, chevalier Vidame de Viel-Maisons (absent).

Le comte de la Vacquerie, chevalier de Saint-Louis, colonel d'infanterie.

De Regnonval, écuyer, *repr. par* le comte de la Vacquerie.

Le chevalier d'Ivery, major d'infanterie, aide-major général des logis de l'armée.

Le chevalier des Courtils, lieutenant au régiment des gardes-françaises, chevalier de Saint-Louis.

Le marquis de Gouy, lieutenant général des armées du roi, *repr. par* M. des Courtils.

Bonnières, chevalier de l'ordre du
~~o~~i, conseiller au conseil de Mgr le
~~c~~omte d'Artois (absent).

Moyne de Belle-Isle, chevalier.

~~s~~ Monthiers, chevalier, lieutenant gé-
~~né~~ral du bailliage de Pontoise.

~~u~~lin-Hector Roslin, écuyer, ancien
~~f~~ermier-général.

~~:~~ Caqueray de l'Orme.

~~u~~ttard de la Veville, maître-d'hôtel
ordinaire du roi, *repr. par* M. de Caqueray.

~~m~~e Roualle de Boisgeloup, veuve de

M. Le Bas de Giraugy, ancien capitaine
de cavalerie, *repr. par* son fils.

De Manneville, chevalier, aide-major au
régiment des gardes françaises, chevalier de Saint-Louis, *repr. par* M. Le
Bas de Giraugy, capitaine au régiment
de Conti (dragons).

D'Haucourt, chevalier, garde du corps du
roi surnuméraire.

Alexandre-Charles d'Haucourt, chevalier
de Saint-Louis.

Le Vaillant de Thelles.

BAILLIAGE DE MAGNY.

~~u~~ Tillet, marquis de la Bussière, *repr.*
par M. de Cléry.

~~m~~e Labbé, veuve de M. Dupuis, seigneur de Gerville, *repr. par* M. de
Cléry.

~~L~~ouis-Henry de Vallières et Mlle Charlotte, sa sœur, *repr. par* M. Le Vaillant
de Mareaux-Champs.

~~L~~e chevalier de Gogué de Moussonvillier,
repr. par M. d'Haucourt.

~~M~~me de Sailly, veuve de M. de Brossard,
repr. par M. de Brossard de Rainneval.

~~M~~me Faroul, veuve de M. André de
Roussel de Lesseville et D^lle Adélaïde
de Roussel d'Archemont, *repr. par* le
même.

Le chevalier de Favières, conseiller du
roi, *repr. par* M. de Fulques, comte
d'Oraison.

D'Haubourg, écuyer, *repr. par* le comte
de Cléry de Serans.

Le comte de Rancher, lieutenant au régiment des gardes-françaises, *repr. par*
le même.

Mlle Bitaut, dame d'Arthieul, *repr. par*
le même.

Eustache-Pierre Carcillier, correcteur en
la chambre des comptes de Paris,
repr. par M. de Caqueray de l'Orme.

Charles-Léonor de Cléry, chevalier, ancien capitaine au régiment du Sois-
sonnais, chevalier de Saint-Louis.

DEUXIEME PARTIE

___

TABLETTES GÉNÉALOGIQUES

AVERTISSEMENT

Malgré nos avis réitérés, un grand nombre de familles n'ayant pas envoyé leurs notices à temps pour qu'elles soient comprises dans ce volume, nous mettons sous presse dès aujourd'hui un SUPPLÉMENT AU NOBILIAIRE DE NORMANDIE, qui paraîtra dans six mois au plus tard.

Nous engageons donc les familles qui y ont intérêt, à nous envoyer de suite leurs documents filiatifs pour qu'ils soient classés à leur ordre alphabétique; — une fois le délai que nous fixons ci-dessus expiré, il nous sera impossible d'accueillir aucune demande d'insertion, ni de faire droit à aucune réclamation.

Le VOLUME DE SUPPLÉMENT, commencé déjà depuis un mois, comprendra :

1° La Liste des Gentilshommes Normands qui ont pris part aux Croisades (1096-1291).

2° Celle des Gentilshommes qui ont fait leurs preuves au Cabinet du Saint-Esprit pour monter dans les carrosses du Roi.

3° Celle de toutes les Familles anoblies depuis la dernière maintenue de Noblesse (1701 jusqu'en 1789).

4° Enfin une Notice sur toutes les Familles Normandes sans exception.

Nous donnons à la fin de ce volume la nomenclature des généalogies

2

en cours d'exécution, et celle des familles sur lesquelles nous avons des documents plus ou moins étend. s ; dans l'intérêt de notre ouvrage, nous prions une dernière fois ces familles de vouloir bien nous aider à compléter leur article généalogique en nous envoyant leurs notes et documents.

Le volume de supplément du *Nobiliaire de Normandie* comprendra aussi toutes les rectifications que les familles nous indiqueront, et que nous accueillerons avec plaisir.

D'AIGNEAUX

ARMES : *D'azur, à trois agneaux d'argent, 2 et 1.* — Couronne : *De Marquis* (1).
— Devise : *Agnus miles.*

ne ancienne tradition, bien connue dans la province, fait remonter la maison D'AIGNEAUX (2) aux premières invasions des Normands, et, suivant le *Domesday-Book*, un D'AIGNEAUX ou AGNEAUX suivit le Duc Guillaume à la conquête d'Angleterre, en 1066. L'inscription des armoiries de cette ancienne maison à la Salle des Croisades, au musée de Versailles, prouve du reste suffisamment son ancienneté chevaleresque.

Les bornes de cette courte notice nous empêchent de relater ici toutes les chartes et pièces authentiques intéressant cette maison, qui possédait la baronnie d'Agneaux depuis un temps immémorial, et un grand nombre

---

(1) La couronne de *Marquis* surmonte depuis fort longtemps les armes de cette famille titrée; elle a dù remplacer celle de *Baron*, lorsque Louis XV changea les baronnies en marquisats. Jean D'AIGNEAUX (alors branche cadette), qui commandait un régiment à l'armée d'Italie, sous le maréchal de Mallebois, devait, par son grade, porter le titre de *Marquis*, tandis que la branche aînée, demeurée protestante, était privée des honneurs de la cour. Jean D'AIGNEAUX, *dit* DE NOGENT, fut tué à la tête de son régiment; il avait fait ses premières armes sur les galères de l'ordre de Malte; l'armée, voulant perpétuer son souvenir, demanda à la famille un cadet qu'elle prit sous sa tutelle.

(2) Dans les anciennes chartes, le nom de cette famille est écrit : *Agnus, Agnis, Agnellis, d'Aigniaus, d'Aigneals,* et enfin *d'Agneaux* ou *d'Aigneaux.* — La maintenue de M. de Chamillart, en 1666, porte ces deux derniers noms.

de fiefs nobles, parmi lesquels nous citerons entre autres, ceux des : Deux-Jumeaux, de Loucelles, de Putot, de Sainte-Croix, d'Ardennes, de Saint-Contest, de Buron, de Liéville, de Neuville, du Holme *dit* l'Ile-Marie, de Carneville, de Formigny, de la Rivière, de l'Ile-d'Auval, de Rouvray, de Ranville, de la Chaise, etc., etc.

On ne trouve dans les *Archives de Saint-Lô* aucune famille ayant possédé la baronnie d'Agneaux avant la maison de ce nom ; ce n'est que vers 1425 que la famille DE SAINTE-MARIE, dont l'ancienneté remonte aussi au temps des croisades (*voir la notice que nous en donnons*, page 37), a ajouté le nom *d'Agneaux* au sien, pour se distinguer de plusieurs familles qui ont porté et portent encore le nom de Sainte-Marie, et qui n'ont rien de commun avec elle que le surnom terrien.

Nous citerons seulement quelques-unes des personnages les plus historiques de cette famille :

Herbert D'AGNEAUX possédait les seigneuries de Loucelles, de Putot et de Sainte-Croix avant l'année 1056 ; il en fut dépouillé par la victoire que remporta Guillaume le Bâtard sur ses Barons. (Voyez : *Le livre Noir* de Coutances.)

On voit aux archives de la Manche (*dossier de l'Abbaye de Savigny*) une grande charte de Guillaume le Conquérant (1), passée en l'année 1084, où Roger de Courcelles (*de Corcella*) et Herbert D'AGNEAUX (*Herbertus de Agnis*) ont apposé leurs croix auprès de celles du fils du Roi d'Angleterre et d'Odon, Évêque de Bayeux.

N...... D'AIGNEAUX, Chevalier, seigneur du Holme, a fait une donation à la Cathédrale de Coutances en 1151. (*Archives de la Manche*.)

Parmi ses fiefs, la maison D'AIGNEAUX a possédé plusieurs autres baronnies :

1° Celle de la Chaise ; les plus anciens textes qui prouvent ce titre sont : Un texte de l'Histoire de Henri II, par Benoît, Abbé de Peterborough, vol. I, page 3 (année 1170) : *Mense Februarii transfretavit rex visis castellis suis Normaniæ et submersi sunt in una ex suis navibus Henricus de Agnis, Nobilissimus Baronum Angliæ;* puis une charte de Richard, Évêque de Bayeux, dans laquelle sont cités comme témoins : *Barones Gaudefridus Vaac, Robertus de Agnis, et Gauklinus de Curcella;*

---

(1) C'est par erreur que l'on a réuni les noms de SAINTE-MARIE et D'AGNEAUX sur la liste des compagnons de Guillaume à la conquête d'Angleterre, établie par la Société française d'Archéologie et inaugurée à Dives le 17 août de cette année. Cette erreur a été reconnue par M. de Caumont, président de cette société, et va être réparée.

2° Celle de Carneville (*fief de Haubert*), — charte citée dans les Mémoires de la Société des Antiquaires de Normandie, t. CXIII, texte : *Henricus I, Rex Angliæ, fecit enquiri de fœdis Baroniarium* : le Baron D'AIGNEAUX doit un Chevalier.

L'extrait du rôle de l'Échiquier de Normandie (que nous avons cité dans la note n° 2) n'est du reste pas la seule preuve de la présence des D'AIGNEAUX aux Croisades ; on voit en effet, aux *Archives de la Manche*, avec une foule d'autres chartes, le départ de Hélie D'AIGNEAUX pour la troisième croisade, en 1190.

Cette charte est munie du sceau aux *trois agneaux*, qui fut de tout temps (1) la représentation la plus exacte des armes de la famille D'AIGNEAUX ; dans plusieurs ouvrages récents, on cite encore Foulques D'AIGNEAUX à la première croisade. Comme complément de ces titres, nous reproduisons la lettre de monsieur le Directeur général des musées impériaux ; c'est la réponse à une demande d'admission formée par la Société d'Archéologie de la Manche, en faveur de Philippe d'Agneaux, croisé en 1220. (*Voir aux archives de la Société.*)

« MONSIEUR LE PRÉSIDENT,

« L'examen par M. Lacabane, conservateur des Chartes et documents historiques de la Bibliothèque impériale, des titres que vous m'avez fait l'honneur de m'adresser le 25 janvier, ne laisse aucun doute sur les droits qu'a le nom D'AGNEAUX d'être admis dans la salle des Croisades du musée de Versailles. Connu dès le XIᵉ siècle comme celui d'une famille bienfaitrice de l'église de Bayeux, des abbayes d'Ardennes, de Longues et de Saint-Sauveur-le-Vicomte, le nom d'Aigneaux s'est perpétué en Normandie jusqu'à nos jours par une filiation *non interrompue*, et dont la preuve existe dans les cartons du *Cabinet des titres de la Bibliothèque Impériale.*

« Les armes de la famille D'AGNEAUX ont été de tout temps : *d'azur, à trois agneaux d'argent posés 2 et 1* ; c'est de ces mêmes armes que se trouve scellé l'acte original d'une donation faite par Herbert D'AGNEAUX, Chevalier, à l'abbaye de Saint-Sauveur-le-Vicomte, en l'année 1224. Quant au fait de croisade, il résulte d'un passage d'un registre de l'Échiquier de Normandie de l'année 1221.

---

(1) Dans quelques chartes anciennes on trouve les *Agneaux* des armoiries *affrontés*.

« Les trois conditions exigées pour qu'un nom puisse être inscrit aux croisades (*ancienneté, armes* et *fait de croisade*) se trouvent ici complètement remplies ; il est donc de toute justice de placer dans la salle des croisades :

PHILIPPE D'AGNEAUX (1221).

D'azur, à trois agneaux d'argent.

« Recevez, Monsieur le Président, etc.

« *Le Directeur général des Musées impériaux, Intendant des Beaux-Arts et de la maison de l'Empereur,*

« *Signé :* Comte DE NIEUWERKERKE. »

Henri D'AIGNEAUX et Jean son frère, Chevaliers, sont dénommés dans une Charte en forme de lettres royaux, donnée à Paris en 1361 à Jean OSMOND, Chevalier, seigneur de la Roque. (*Histoire de la maison d'Harcourt*, p. 1167.)

Une charte citée par La Roque, à propos de la seigneurie de Formigny, porte :

Comparuit d'Aigneaux, pro se dicens non debere exercitum sed auxilium exercitûs pro fœdo de Formigny. Jean 1er D'AIGNEAUX fut tué à la bataille de Formigny, en 1450 ; il combattait contre les Anglais qui furent, en cette journée mémorable, chassés définitivement de la Normandie.

On trouve encore aux archives de la Manche une charte où figure Jeannette D'AIGNEAUX, dame d'honneur de la Comtesse d'Alençon, princesse de la Famille Royale.

Devenue protestante, cette famille suivit le parti de l'Amiral de Coligny ; D'AGNEAUX et DE BRICQUEVILLE-COLOMBIÈRES, chefs des protestants, prirent le château de Bayeux (*Histoire de Bayeux*, par l'abbé Béziers). Éloignée de la cour, elle n'abandonna la religion réformée que vers la fin du règne de Louis XIV. Le Roi Louis XV fit enlever un des derniers protestants de cette famille pour le faire élever aux nouvelles Catholiques. Ajoutons, en terminant, qu'une des branches de la maison D'AIGNEAUX a longtemps existé en Angleterre (1), et que, dans des recherches faites sur les familles Anglo-Normandes, on trouve les D'AGNEAUX alliés aux : de Grès, d'où Lord GREY, que certains auteurs ont fait descendre à tort des DE CROY.

---

(1) WONS AGNEW, membre du Parlement, Baron de Luknow, continue par les femmes la branche anglaise. Lors de la guerre d'Amérique, un membre de cette famille, officier supérieur dans le régiment de la Reine, fut fait prisonnier et est venu, à cette époque, passer plusieurs mois dans la famille normande établie près de Bayeux.

La famille D'AIGNEAUX est encore alliée à celles des Comtes d'Abermale ou d'Albemale' (*archives de la Manche*). Parmi les plus récentes alliances, nous citerons celles : d'Avenel, Le Breton de Berolles, Bourdon du Lys, de Cauvigny, Gigault de Bellefont, de Riou, de Pierrepont, de Sallen, Martel de Janville, etc., etc...

Voici, du reste, la généalogie succincte de cette maison :

I. — Ludger D'AIGNEAUX, vivant en 1210, a épousé demoiselle Cunégonde DE BEAUMONT.

II. — Casimir, son fils, épouse en 1240 Zoé DU CHATEL, dont :

III. — Guy D'AIGNEAUX, marié en 1308 à la fille du Vicom e de Saint-Sauveur et Néhou (le nom est effacé sur le contrat).

IV. — Norbert D'AIGNEAUX, Chevalier, épousa en 1332 Clotilde DE BERTRAND DE BRICQUEBEC, fille du Maréchal de France, dont plusieurs enfants, entre autres :

V. — Richard, marié en 1360 à Radegonde DE LA LUZERNE, dont :

VI. — Isaac D'AIGNEAUX, lequel épousa en 1395 damoiselle Mathilde D'HARCOURT, qui l'a rendu père de :

VII. — Hugues, marié en 1430 à noble demoiselle Justine LE VAILLANT, dont :

VIII. — Jean D'AIGNEAUX, Chevalier, marié en 1449 à noble demoiselle Élisabeth DE BEAUGENDRE.

IX. — Pierre, leur fils, a épousé en 1473 sa cousine N. . . . de SAINTE-MARIE-D'AGNEAUX, dont est issu :

X. — Jean D'AIGNEAUX, II° du nom, marié en 1495 à mademoiselle Suzanne DE MESNILDOT, d'où :

XI. — Adrien D'AIGNEAUX, Chevalier, marié en 1530 à damoiselle Blanche LE CHEVALIER. De cette alliance sont nés le fils qui suit et plusieurs autres enfants, auteurs de diverses branches toutes éteintes actuellement.

XII. — Jean D'AIGNEAUX, III° du nom, a épousé en 1550 demoiselle N. . . . DE MECHERENU, dont est issu :

XIII. — Pierre D'AIGNEAUX, marié en 1579 à Élisabeth DE CLINCHAMPS.

XIV. — Charles D'AIGNEAUX, leur fils, a embrassé la religion prétendue réformée et a épousé, suivant le rite de cette église, le 8 août 1618, demoiselle Anne HUE DE CARPIQUET. De ce mariage est issu entre autres enfants :

XV. — Guillaume D'AIGNEAUX, marié en 1649 à noble demoiselle VAULTIER DE LA GRANDERGE, dont deux fils :

    1° Guillaume. qui suit ;
    3° Isaac-François, auteur de la deuxième branche rapportée plus loin.

XVI. — Guillaume D'AIGNEAUX, IIe du nom, eut pour fils :

XVII. — Jean-Philippe D'AIGNEAUX, de la religion protestante, enlevé par les ordres du Roi Louis XV et élevé aux nouvelles Catholiques. Son fils aîné fut :

XVIII. — Jean-Louis-François, Baron D'AGNEAUX, marié à mademoiselle D'ESPINOSE, qui l'a rendu père de trois fils :

    1° Athanase D'AGNEAUX, baron DE LA CHAISE, marié en 1818 à Henriette-Sophie Joséphine DE BÉVILLE DE PONT, mort sans postérité ;
    2° Félix d'AGNEAUX, mort aussi sans postérité ;
    3° Frédéric, qui suit :

XIX. — Fréderic, Baron D'AGNEAUX, Chef de la Branche aînée de cette ancienne maison, né en 1782, fit ses preuves et fut reçu Chevalier de l'Ordre de Malte avant la Révolution. Il n'est pas marié.

DEUXIÈME BRANCHE

XVI. — Isaac-François D'AIGNEAUX, second fils de Guillaume et de dame Vaultier de la Granderge, a épousé en 1704 noble demoiselle Marie DE RANDOVEY, issue d'un ancienne famille de la Touraine. De ce mariage est né :

XVII. — Guillaume D'AIGNEAUX, Chevalier, sieur de Ranville, lequel a épousé en 1747 mademoiselle Blanche LE BRETON DE BÉROLLES, dont :

XVIII. — Hervé-Guillaume, marquis D'AIGNEAUX, Officier au régiment du Roi, marié en 1778 à sa cousine germaine, mademoiselle Marie-Catherine DE BOURDON DU LYS, descendante de Pierre D'ARC, frère de Jeanne d'Arc.

De ce mariage sont issus les six enfants ci-après :

    1° Frédéric D'AIGNEAUX, mort sans postérité ;
    2° Marie D'AIGNEAUX, mariée au Baron DE COUVERT DE COULON ;
    3° Laure D'AIGNEAUX, mariée au Marquis DE PIERREPONT ;
    4° Césarine D'AIGNEAUX, mariée au Baron DE SALLEN ;

5º Marie-Marguerite-Louise-Sophie d'Aigneaux, chanoinesse de l'abbaye de Troarn, épousa André de Riou, chevalier de Saint-Louis, qui fit partie de la division de Choiseul ; elle a fondé un établissement de bienfaisance important, et fut en même temps la bienfaitrice de sa famille ;

6º Guillaume-Louis-Adolphe, qui continue la descendance :

XIX. — Guillaume-Louis-Adolphe, Marquis d'Aigneaux, né en 1786, a épousé en 1813 mademoiselle Marie-Anne de Cauvigny, dont un fils unique :

XX. — Guillaume-Paul, Marquis d'Aigneaux, Chef actuel de la branche cadette, marié, 1º à Marie-Victoire-Thaïs de Berthelot de la Villeurnoy ; et en secondes noces, en 1837, à mademoiselle Célestine de Martel de Janville (1). De ces deux alliances sont issus les enfants ci-après :

Du premier lit :

Adrienne-Marie-Victorine d'Aigneaux, qui a épousé M. le comte Armand Gigault de Bellefont.

Et du deuxième lit :

1º Guillaume-Camille-Marie d'Aigneaux ;

2º Ludger-Alfred-Marie d'Aigneaux, un des premiers volontaires des zouaves pontificaux de la Moricière (5 avril 1860), cité à l'ordre du jour du commandant O'Reilly, au siége de Spolète ;

3º Robert-Abel-Marie d'Aigneaux ;

4º Louise-Caroline-Marie d'Aigneaux, mariée au Baron Maurice de Beausse, Chevalier de l'Ordre de Pie IX, l'un des zouaves de Castelfidardo ;

5º Mathilde-Marie d'Aigneaux ;

6º Renée-Joséphine-Marie d'Aigneaux ;

7º Adelise-Marie-Pauline d'Aigneaux ;

8º Marie-Marguerite-Louise-Sophie d'Aigneaux.

---

(1) Mademoiselle Célestine de Martel de Janville est issue de la maison de Louvel de Janville. On trouve deux familles nobles du nom de Louvel, dont les armes sont différentes ; celle dont il s'agit, une des plus anciennes de la province, a obtenu du roi Louis XVIII l'autorisation de prendre le nom de la maison de Martel, dont elle descend par les femmes.

A cette maison appartenait : lord Lowel, établi en Angleterre en 1122, et Roger Louvel, maire de Rouen en 1480, qui a eu pour descendants directs : Robert, Jean, François, François II, Jean II, Louis, Louis-François, Émery et Camille, qui a eu pour frère Pierre de Louvel de Janville, Président au Parlement, et maire de Caen, avant la révolution.

DE CARBONNEL DE CANISY

ARMES : *Coupé de gueules et d'azur, à trois besants d'hermine.* — Couronne : *De Marquis.* — Supports : *Deux sauvages.*

ette ancienne maison apparaît dans l'Histoire de Normandie dès le XI° siècle ; Guillaume CARBONNEL, seigneur de Canisy, figure, dans le *Manuscrit de Bayeux*, au nombre des Chevaliers qui se croisèrent en 1096. En effet, son nom et ses armes sont inscrits à la salle des Croisades du Musée de Versailles.— Ce fait est relaté dans les preuves de noblesse dressées par Clérambault, desquelles il résulte que Richard, Hue et Jean CARBONNEL firent aussi le voyage de la terre sainte.

Le nom de Carbonnel se trouve parmi ceux des Seigneurs et Capitaines qui accompagnèrent le Duc Guillaume à la conquête d'Angleterre en 1066 (*Histoire de Normandie*, par Masseville, t. I, page 199); il figure au *Domesday-Book*, et cette famille s'est perpétuée de l'autre côté du détroit pendant plusieurs siècles.

Un acte original, conservé dans les Archives de Saint-Lô, contenant le résumé de plusieurs donations faites, en 1084, à l'abbaye de Lessay, par Roger d'Aubigny, Renaud d'Orval, etc., porte la signature de Guillaume le Conquérant, d'Odon, évêque de Bayeux, de Robert, comte de Mortain, de erbert d'Aigneaux, de Geoffroy Carbonnel, etc.

Nous ne pouvons relater ici les nombreux actes qui prouvent la haute ancienneté de cette famille, nous dirons seulement que sa filiation authentique ommence à :

Richard CARBONNEL, Chevalier, qui vivait en 1208.

Guillaume CARBONNEL II° du nom, son arrière-petit-fils, Chevalier, seigneur de Canisy, servit avec sept écuyers en 1407 et fut père de deux enfants : Guillaume III° du nom, dont les biens furent confisqués, et Jean DE CARBONNEL, seigneur de Maulouey, dont la postérité a continué la ligne directe et a hérité de la terre de Canisy en 1486, à la mort de la fille unique de Guillaume IIIe du nom.

Philippe CARBONNEL, seigneur DE CANISY, Chevalier de l'Ordre du Roi, épousa Guillemette, dame DE CAMBERNON et DE MONPINÇON.

Son fils, Hervé DE CARBONNEL, seigneur de Canisy, de Cambernon, de Montpinçon etc., était gentilhomme ordinaire de la Chambre du Roi en 1581, Chevalier du Saint-Esprit, et Lieutenant du Roi au gouvernement de Basse-Normandie. Il a épousé en 1588 demoiselle Anne DE MATIGNON, fille de Jacques de Matignon, Maréchal de France, qui lui apporta en dot la Baronnie du Homet. De cette alliance sont nés plusieurs enfants, entr'autres :

René CARBONNEL DE CANISY, seigneur et Baron du Homet, Gentilhomme ordinaire de la Chambre du Roi, Capitaine et Gouverneur de la ville d'Avranches. Il obtint du Roi Louis XIII, au mois de décembre 1619, des lettres patentes par lesquelles, tant en considération de ses services que de ceux de son père, les terres et baronnies du Homet, de Canisy et de Courcy furent érigées en MARQUISAT sous le nom unique de CANISY.

Hervé DE CARBONNEL, Marquis de Canisy, chef de la famille, mourut en 1824, laissant deux filles dont une, Adrienne, a épousé son oncle : Louis-Emmanuel DE CARBONNEL, Comte DE CANISY, mort en 1834. De ce mariage sont nés :

1° Ernest, qui suit ;
2° Emma DE CARBONNEL DE CANISY, mariée au Vicomte Alban DE VILLENEUVE-BARGEMONT.

Ernest DE CARBONNEL, Marquis DE CANISY, chef actuel de nom et d'armes de sa maison, a épousé Constance CUNHEGAM, dont il a eu :

1° Hervé DE CARBONNEL DE CANISY, Officier de cavalerie;
2° Henri DE CARBONNEL DE CANISY.

———

Paul-Adrien DE CARBONNEL, Comte DE CANISY, chef de la deuxième branche, a épousé, le 15 juillet 1845, Jeanne-Marie-Émilie DE GIRESSE-LA-BEYRIE. De ce mariage sont issus : quatre fils et une fille.

DE TILLY

Rmes : *D'or, à la fleur de lis de gueules.* — Couronne : *De marquis.* — Supports : *Deux lions, ou deux griffons ailés.* — Devise . *Nostro sanguine tinctum.*

.'après le témoignage de plusieurs généalogistes, *Orderic Vital* (1) entre autres, l'ancienne et illustre maison DE TILLY descend d'un chef normand de race danoise, compagnon de Rollon, premier Duc de Normandie. Connue dans l'histoire et déjà puissante au Xe siècle, cette maison a possédé longtemps la terre, château et seigneurie de ce nom, située au bailliage de Caen, et avait le droit de haute, moyenne et basse justice (2).

Ernaud ou Arnaud, sire DE TILLY, et son fils Unfroy accompagnaient Guillaume à la conquête d'Angleterre. Ce dernier, l'un des principaux officiers du Duc de Normandie, fut nommé Gouverneur du château de Hastings en 1068.

Quatre chevaliers bannerets, du nom DE TILLY, firent partie de la première Croisade en 1096 ; plusieurs autres assistèrent aux Croisades qui suivirent, et l'un d'eux, Jean de Tilly, se distingua particulièrement au siége d'Acre (3).

La maison DE TILLY a formé plusieurs branches : 1° celle des seigneurs Barons de Beuvron, éteinte au milieu du XIVe siècle; 2° celle de Boissay-le-Chatel ; 3° celle de Barou et de Chamboy; 4° celle de Blaru ; 5° celle de Prémont; 6° celle d'Escarbouville et de Sermentot; 7° celle de Prémarest et de Tilly-Craville; 8° enfin, celle de Saint-Germain. Ces diverses branches ont possédé des seigneuries nombreuses et considérables, parmi lesquelles nous cite-

---

(1) *Orderic Vital,* moine de Saint-Evroult, qui écrivait il y a plus de 600 ans, faisant l'épitaphe d'Ernaud ou Arnoul de Tilly, religieux de la même abbaye, et celle de Guillaume, son frère, dit en parlant d'Unfroy de Tilly, leur père : *Natus Umphredus de Stenimate Danorum.*

(2) Selon A. Thierry, *Histoire de la conquête,* les chefs normands donnèrent leur nom au lot de terre conquis qu'ils eurent en partage, d'où l'on pourrait conclure que la terre de Tilly reçut son nom du chef de ce même nom.

(3) Les armoiries de cette illustre maison sont peintes à la salle des Croisades, au musée de Versailles.

rons celles de : Tilly, Beauffou, Beuvron, Lamotte-Cresny, Grimbosc, Juvi-Thury, Auvilliers, Couvaines, Saint-Martin de Sallon, Fontaine-le-Henry, etc., et plusieurs autres fiefs qui furent portés dans la maison d'Har-court par le mariage de Jeanne de Tilly, fille unique de Guillaume et de Guillemette DE TOURNEBU; puis encore celles de Barou, de Chamboy, de Lu-zarches, de Blaru, de Guernetot, d'Escarbouville, de Prémarest, etc., etc.

On rencontre, parmi ses alliances, les noms les plus marquants de la no-blesse de France, entre autres, ceux : de Grantemesnil (1), d'Harcourt, de Beaumont-sur-Oise, de Beauffou, de Tournebu, de Courseulles, de Reviers, Aux-Épaules, de Pierrepont, de Paynel, de Luxembourg, de Clinchamps, de Boufflers, de Croismare, de Carbonnel, de Hottot, de Magny, de Saint-Simon, de Chantelou, d'Osber, de Lancrau-de-Bréon, de la Bretesche, etc.

Les preuves de noblesse ont été faites en 1323; en 1463, devant Montfaut; le 18 janvier 1599, devant M. de Roissy, par la branche de Tilly de Pré-marest; le 12 mars 1642, par la branche de Blaru, et enfin, en 1666, de-vant M. de Chamillart, par les de Blaru et les Prémarest.

La filiation suivie et non interrompue de cette maison commence à Ernaud, sire DE TILLY, compagnon de Guillaume en 1066.

Les bornes de cette notice historique ne nous permettant pas de la donner en entier, nous renvoyons aux divers auteurs qui en ont fait mention (2).

De toutes les branches de la maison de Tilly détaillées plus haut, il ne reste plus aujourd'hui que celles de Prémont et de Prémarest.

Celle DE PRÉMONT, issue de celle de Blaru (3), a pour chef actuel :

Louis-François-Hilaire, Vicomte DE TILLY, né le 28 juin 1787, Lieute-nant-Colonel de cavalerie en retraite, Commandeur de la Légion d'honneur, Chevalier des Ordres Royaux et militaires de Saint-Louis et de Saint-Fer-dinand d'Espagne, lequel a épousé, en 1817, mademoiselle DU TOT DE LA VA-LÈZERIE, dont il n'a eu qu'une fille, décédée sans alliance.

A la branche DE PRÉMAREST appartenait :

Jacques, Marquis DE TILLY, Sénéchal d'Épée de Beaumont-le-Vicomte, père d'Alexandre, Page de la Reine Marie-Antoinette, Commandeur de

---

(1) Alix DE GRANTEMESNIL, sœur de Leicester.
(2) Orderic Vital; *Traité du ban et arrière-ban*, par La Roque; *Hist. de la maison d'Har-court*, par le même; Le P. Anselme; Masseville; Gab. du Moulin; le *Dict. de la Noblesse*, par La Chesnaye des Bois; le *Nobiliaire universel* de Saint-Allais; le *Livre d'Or de la No-blesse*, par le marquis de Magny; les *Chroniques neustriennes*, par Marie du Mesnil, etc.
(3) La branche de Blaru s'est éteinte en 1837, en la personne du marquis Henri de Tilly-Blaru, lieutenant des gardes du corps du roi Charles X, qui n'a laissé que deux filles : l'aînée, mariée à M. le marquis de Compiègne, et l'autre à M. le comte de Flamarens; son frère, le comte de Tilly, Pair de France, étant mort sans enfants.

l'Ordre de Saint-Jean de Jérusalem (Malte), Chevalier de Saint-Louis et de plusieurs autres Ordres, Colonel de cavalerie, etc., et de Stanislas-Xavier, Marquis DE TILLY, tenu sur les fonts de baptême par S. A. le Comte de Provence (depuis Louis XVIII); tous deux morts sans postérité.

René, frère de Jacques, a continué la descendance ; il était Brigadier des ardes du corps et Chevalier de Saint-Louis. De son mariage avec mademoiselle Anne-Élisabeth CHAMPION DE QUINCÉ, sont nés quatre enfants, entre autres :

Clément, Marquis DE TILLY, né en 1769, Lieutenant au régiment de la Bresse, servit à l'armée de Condé et combattit dans le Maine pour la cause royale en 1815, Chevalier de Saint-Louis, s'est marié le 25 novembre 1801 à mademoiselle Geneviève-Henriette DE LANCRÉAU DE BRÉON, qui l'a rendu père de :

Clément-Henri, Marquis DE TILLY, chef actuel de sa branche, né le 5 avril 1805, Officier de Dragons avant 1830, condamné à mort par contumace en 1832, pour avoir pris les armes en Vendée. Il a épousé à Nantes, en 1837, mademoiselle Marie-Anne-Mathilde DE LA BRETESCHE, et de ce mariage il ne reste qu'une fille.

DE BRÉBISSON

ARMES : *De gueules, au lion d'argent.*

a famille DE BRÉBISSON, très-ancienne dans la province, est venue s'établir au XVᵉ siècle à Saint-Symphorien, en l'élection de Thorigny ; le lieu qu'elle habitait 'porte le nom de la Brébissonnière. Un fait assez remarquable, c'est que depuis l'année 1550, cette maison n'a eu qu'un seul descendant mâle à chaque génération.

Elle fut maintenue dans sa noblesse en 1666, par jugement de M. de Chamillart, intendant de la généralité de Caen, et de plus, le 3 septembre 1697, d'Hozier, Juge d'armes de France, délivra à Michel DE BRÉBISSON un certificat par lequel il déclare que ses armes, celles que nous donnons en tête de cette notice, ont été enregistrées à l'Armorial général, établi par édit du Roi du 4 novembre 1696.

Jean-Baptiste DE BRÉBISSON, arrière-petit-fils de Michel, épousa à Falaise, le 5 vendémiaire an V, demoiselle Louise-Émilie GRANDIN DE LA GAILLONNIÈRE, fille de Louis-Philippe Grandin de la Gaillonnière, Secrétaire général de l'Assemblée de la noblesse du bailliage de Caen. De cette alliance est issu :

Louis-Alphonse DE BRÉBISSON, Chef actuel de la famille, né en 1798, qui épousa, en 1827, mademoiselle Mélite-Henriette GAUDIN DE VILLAINE, morte en 1842, après l'avoir rendu père de :

1º Marie DE BRÉBISSON, veuve de M. DE LA BROISE ;
2º Louise-Augustine-Jeanne DE BRÉBISSON, mariée, en 1856, à Henry-François LENEZ DE COTTY DE BRÉCOURT;
3º Réné-Sylvain DE BRÉBISSON, né le 20 août 1840.

DE BRÉCOURT

(LENEZ DE COTTY)

ARMES : *D'azur, au lion d'argent; au chef cousu de gueules, chargé de trois étoiles d'or* (1). — Couronne : *De marquis.* — Supports : *Deux lions.*

ette maison, établie depuis longtemps dans la province, où elle possédait les fiefs nobles de Mesnil-Péan, du Bosc-Berenger, etc., s'est divisée en plusieurs branches dont une seule, celle des DE COTTY, a de nos jours des représentants mâles :

Messire Jean LENEZ DE BRÉCOURT, Chevalier, seigneur du Buisson, Gentilhomme ordinaire de la chambre du Roi en 1650, Lieutenant-colonel du régiment de Normandie et Maréchal de bataille, a épousé noble demoiselle Marie DE COTTY.

Leur fils, messire Claude-Jacques LENEZ DE COTTY DE BRÉCOURT, Chevalier, seigneur et patron du Mesnil-Péan, du Buisson et autres lieux, était Capitaine au régiment de Blaisois, et a épousé en 1699, noble demoiselle Catherine DE SALNÖE. Il fut blessé mortellement au combat d'Eckeren en 1703.

Leur descendance est représentée aujourd'hui par :

Gabriel-Alfred-Louis LENEZ DE COTTY DE BRÉCOURT, né en 1823, Lieutenant de vaisseau, Chevalier de la Légion d'honneur, qui a épousé, en 1858, mademoiselle Anna DE BONNECHOSE, dont il a un fils, Louis, né en 1861.

Et par son frère, Henry-François LENEZ DE COTTY DE BRÉCOURT, né en 1826, Capitaine au 8e régiment de Dragons, Chevalier des Ordres de la Légion d'honneur et des saints Maurice et Lazare de Sardaigne, marié le 31 janvier 1856 à mademoiselle Louise-Augustine-Jeanne DE BRÉBISSON, dont il a un fils, Paul, né le 20 décembre 1856 et une fille : Henriette.

(1) Ces armoiries sont ainsi décrites à l'Armorial général de la Généralité de Rouen. (*Bibl. Imp., section des manuscrits, Reg. 21, fol. 365.*)

DE REVIERS

Armes : *D'argent, à six losanges de gueules, 3, 2 et 1.* — Couronne : *De Comte.* — Supports : *Deux griffons.* — Devise : *Ardent et fidèle.*

La maison DE REVIERS, ancienne et illustre famille de Normandie, est issue d'une race de Barons anglo-normands connue dès le Xe siècle ; elle tire son nom de la seigneurie de Reviers (1), et est sortie des seigneurs Comtes DE BRIONNE, contemporains des premiers Ducs de Normandie ; *Orderic Vital* donne leur filiation et les fait remonter à Richard Ier, Duc de Normandie. La *Neustria Pia* les fait descendre de GERFASTE, frère de GONNOR, femme dudit Richard.

En 1035 Gislebert, seigneur de Brionne et du Sap, fils de Godefroy, Comte d'Eu, était Gouverneur de Guillaume le Bâtard. Il eut deux fils : Baudouin et Richard.

BAUDOUIN reçut en apanage les fiefs de Maule ou Meules, près Orbec, et du Sap, et épousa ALBERÈDE, fille d'une tante du Duc Guillaume. Le domaine de Néhou, qui avait été détaché de la seigneurie de Saint-Sauveur-le-Vicomte, fut aussi donné à Baudouin de Maule avec le titre de Baronnie (2). Il assista à la célèbre assemblée de Lillebonne, où fut résolue la conquête de l'Angleterre et y suivit le Duc Guillaume, qui lui confia le gouvernement du château d'Exeter et lui fit don de la Vicomté de Devon, de la Baronnie d'Orkampton avec plus de cent autres fiefs ou manoirs ; c'est lui qui reconstruisit vers 1050 la célèbre chapelle de la Délivrande, près Caen, fondée par saint Régnobert au VIIe siècle, et qui avait été détruite par les Danois en l'année 830 ; il mourut vers 1090.

Baudouin DE MAULE eut trois fils : Richard, Robert et Guillaume.

RICHARD, seigneur DE REVIERS, était un des favoris d'Henri, le plus jeune

---

(1) La seigneurie DE REVIERS, dont le nom resta aux descendants de Baudouin de Maule, est située à quatre lieues de Caen ; HUET, dans son ouvrage intitulé : *Origines de la ville de Caen,* tire son nom du mot *Ripuarix*, à cause de sa situation sur plusieurs rivières. (*Diction. historique de la Gaule et de la France*, par Expilly, Verb. Reviers.)

(2) Archives du château de Saint-Sauveur-le-Vicomte, et Mémoires de la Société des Antiquaires de Normandie, année 1824, page 274.

des fils du Conquérant; lorsque Robert Courte-Heuze, Duc de Normandie, céda le Cotentin à son frère, celui-ci obtint que Richard de Reviers fût dispensé de ses devoirs de vassal, étant Baron de Néhou et de Montebourg (1). Plus tard, lorsque Henri monta sur le trône d'Angleterre, il l'éleva au rang de Comte de Devon et seigneur de l'île de Wight. RICHARD DE REVIERS mourut en 1107 et fut inhumé en l'abbaye de Montebourg (2), à laquelle il avait fait de si grandes donations qu'il passe pour l'avoir fondée.

Il avait épousé Adelize DE PEVREL OU PAISNEL, nièce et héritière de Guillaume FITZ-OSBORNE, Comte d'Herefort, qui possédait le territoire de Longueville et de Vernon (3), dont il eut entre autres :

1° Baudouin, qui suit ;

2° Guillaume, reçut de son père l'église et les titres de la seigneurie de Reviers et devint la tige des branches de cette famille, qui s'établirent en Normandie et dont nous parlerons plus loin. On le voit souvent appelé DE VERNON, dans les chartes du temps;

3° Robert, de Sainte-Mère-Église (*Sanctæ Mariæ ecclesiæ*), cité dans plusieurs chartes du *Monasticum Anglicanum* et des Archives de Montebourg.

ROBERT, frère du précédent, entra en possession de la seigneurie de Brionne en 1090 par autorisation de Robert Courte-Heuze, Duc de Normandie. Peu après il y fut assiégé par ce prince, qui s'en empara en y mettant le feu; et en dédommagement il reçut la seigneurie de Maule et d'autres biens de son père, puis il passa en terre sainte avec Bohémond II, Prince d'Antioche (4).

Baudouin, Comte DE DEVON, seigneur de l'île de Wight, prit le parti de Geoffroy Plantagenet contre Étienne de Blois, qui avait usurpé la couronne d'Angleterre. Après avoir perdu tous ses châteaux, il fut poursuivi jusque dans son île (5), fut obligé de se réfugier en Normandie, à Néhou, et s'occupa beaucoup de l'achèvement de l'abbaye de Montebourg. Il mourut en 1155 et fut inhumé avec sa femme ADELIZE dans l'abbaye de Quarrère qu'il avait fondée dans l'île de Wight. De son mariage il laissa trois fils.

---

(1) Wace, *Roman du Rou*, t. II, page 307 et *Histoire de Normandie*, par Depping, t. I, page 185.

(2) Orderic Vital, folio 833, *apud scriptores norman.* — *Neustria Pia*, folio 672. — *Hist. de Normandie*, par G. Dumoulin, page 273 et suivantes. — *Gallia Christiana*, tome XI, Verb. Montebourg.

(3) Voyez une note insérée dans l'*Histoire ecclésiastique* d'Orderic Vital, publiée par la Société de l'Histoire de France, tome II, page 351.

(4) Orderic Vital, folio 687.

(5) *Grandes chroniques* de Mathieu Paris, tome I, page 310. — *Ric. Prior Hagulstad de gestis Stephani apud Twysden*, col. 313. — *Hist. of the isle of Wight*, par Richard Worsley, page 52.

BRANCHE D'ANGLETERRE.

Richard, fils aîné du Comte Baudouin de Devon, continua la branche établie en Angleterre; il mourut cependant en France en 1162, laissant deux fils, Baudouin et Richard, qui furent successivement Comtes de Devon et seigneurs de l'île de Wight. Richard, le dernier des deux, fut enterré à Montebourg, à côté de son aïeul (1); ni lui ni son frère n'ayant laissé de postérité, leur oncle Guillaume de Vernon (2) devint Comte de Devon et hérita de tous leurs biens. Il eut plusieurs enfants entre autres :

1° Marie, mariée à Robert de Courtenay;
2° Baudouin, qui continua la branche des seigneurs de Devon, sortis de la maison de Reviers et éteints à la fin du XIIIe siècle.

En 1257, Baudouin V de Reviers (3), Comte de Devon et de l'île de Wight, était marié à Avice de Savoie, parente de la Reine Éléonore, sixième fille de Thomas, Comte de Savoie et de Marguerite de Faucigny.

Il mourut en 1262, n'ayant eu de son mariage qu'un fils, Jean, mort en France à l'âge de dix ans. Sa succession fut dévolue à la sœur de son père, Isabelle de Forts ou Fortibus, Comtesse d'Albermale, qui fut appelée Comtesse d'Albermale de Devon, dame de l'île de Wight. Celle-ci étant restée sans postérité après avoir perdu successivement cinq enfants, vendit l'île de Wight au Roi, et le Comté de Devon et ses autres possessions furent dévolus à Hugues de Courtenay, descendant de Robert de Courtenay, qui avait épousé Marie de Reviers.

La généalogie de cette branche, la plus illustre de la maison de Reviers, est rapportée dans un grand nombre d'auteurs anciens; parmi ceux qui l'ont donnée avec le plus d'exactitude et de détails, nous citerons : Imhoff, *Regum Pariumque magnæ Britanniæ historia genealogica*, fol. 86 (in-fol., anno 1680), et Richard Worsley, *Hist. of the isle of Wight*, appendix n° 19 (Londres, 1781).

---

(1) Archives de l'abbaye de Montebourg.
(2) Il ne faut pas confondre ce Guillaume de Vernon, fils du comte Baudouin, avec Guillaume Ier, son oncle, qui porta le premier le surnom de Vernon et qui avait reçu de son père (ainsi qu'il a été dit plus haut) l'église et les titres de la seigneurie de Reviers; celui-ci ne porta jamais le titre de Comte de Devon.
(3) Dans les historiens anglais et même dans l'histoire des Grands-Officiers de la Couronne on rencontre ce nom écrit Rivers et Redvers, traduction des noms latins : *Reveriis, Riveriis,* de *Redveriis,* etc., employés dans les chartes anciennes, dans l'Histoire d'Orderic Vital, dans Guillaume de Jumiéges, la Neustria Pia, etc...; plusieurs chartes de l'abbaye de Montebourg renferment indifféremment les noms que nous venons de citer, ou celui de Reviers.

BRANCHES DE NORMANDIE.

Plusieurs branches de la maison DE REVIERS se sont formées en Normandie, dans le Cotentin et dans le Bessin, où elles ont possédé un grand nombre de fiefs et conservé pendant longtemps les anciennes seigneuries de la famille.

La baronnie de Néhou, sise en Normandie, fut un des fiefs les plus considérables de cette maison; elle donnait droit de séance à l'Échiquier. Guillaume DE VERNON, qui la possédait en 1283, n'ayant eu que trois filles, celles-ci la démembrèrent et en firent trois baronnies dont une, celle de la Beurière, reçut le nom D'ORGLANDE de ses possesseurs qui étaient les auteurs de la maison de ce nom, issue des REVIERS (1).

Une grande quantité de chartes conservées aux Archives de la Manche et du Calvados et venant des abbayes de Montebourg, de Saint-Sauveur-le-Vicomte, de Longues, de Saint-Laurent de Cordillon, etc., font mention des nombreuses donations que la maison DE REVIERS fit à ces abbayes aux XIIᵉ et XIIIᵉ siècles; plusieurs de ces chartes ont conservé leurs sceaux aux armes des REVIERS, *fond uni avec six losanges, 3, 2 et 1.*

L'abbaye de Montebourg renfermait plusieurs tombeaux des REVIERS et des VERNON; le plus remarquable était celui de Richard DE REVIERS, mort en 1107 (2), et une inscription de la chapelle du chapitre apprenait que, le 3 septembre 1672, on y avait déposé le cœur de Jean-François DE REVIERS, Chevalier, *issu des fondateurs de cette abbaye.*

On voit au musée de la Société des antiquaires de la ville de Caen plusieurs pavés émaillés aux armes de cette maison et provenant d'une des salles de l'abbaye de Saint-Étienne; l'abbé de la Rue, dans son histoire de cette abbaye (Essais historiques, éd. 1820), donne la liste des vingt-quatre Barons dont les armoiries étaient peintes dans ladite salle, appelée Salle des gardes du Duc Guillaume, suivant Aug. Thierry, et Salle des Hauts Barons suivant l'abbé de la Rue.

L'ancienneté de la maison DE REVIERS est surabondamment prouvée par les divers jugements de maintenue de noblesse que plusieurs de ses membres ont obtenus, notamment en 1463 par Raimond de Montfaut; en 1523, par

---

(1) Les armes de la maison d'ORGLANDE sont les mêmes que celles de Reviers, c'est-à-dire : *six losanges de gueules,* avec la différence qu'ils sont sur un champ d'hermine, brisure des Cadets. (La Chesnaye-des-Bois, tome X.)

(2) M. DE GERVILLE, de Valogne, a fait connaître comment il avait découvert le couvercle de ce tombeau. (Mémoires de la Société des Antiquaires de Normandie, année 1825.)

la sentence des Élus de Bayeux; en 1588, par arrêt de la Cour des Aides; en 1576 et 1599, par M. de Roissy; en 1666, par Chamillart, etc.

Guillaume DE REVIERS, qui porta le surnom de Vernon, 11ᵉ fils de Richard de Reviers et d'Adelize DE PEVREL, cité déjà plus haut, est l'auteur de toutes les branches françaises; il était seigneur des deux fiefs de Reviers; comme tel il dépendait de Richard de Reviers, Baron de Néhou, et figure au nombre de ses vassaux avec son fils Richard.

Ses descendants sont qualifiés seigneurs d'Amfreville et même Barons de Néhou dans beaucoup de chartes de Montebourg et de Saint-Sauveur-le-Vicomte.

Robert DE REVIERS figure sur la liste des Chevaliers qui accompagnèrent Robert Courte-Heuze à la terre sainte (*Manuscrit de Bayeux.* — Bibliothèque impériale, man. 9816). Après la confiscation de la Normandie par Philippe-Auguste, on voit dans le registre des fiefs établi par ordre de ce monarque en 1208, que Richard DE VERNON, Baron de Néhou, devait au Roi le service de cinq Chevaliers et que Guillaume DE REVIERS en tenait pour le service de deux Chevaliers et demi(1).

Guillaume DE REVIERS, Chevalier banneret, assista à la fameuse bataille de Bouvines en 1214.

Richard et Guillaume DE REVIERS, de la Vicomté de Falaise, sont compris dans la convocation faite en 1272 (2).

Sur les catalogues des anciennes familles illustres de Normandie, on remarque: Guillaume de Reviers en 1209, Zacharie de Reviers en 1233, Guillaume de Reviers, Baron de Néhou, en 1236, Philippe de Reviers, sieur de Louvigny-sur-Orne, Philippe de Reviers, sieur de Villiers-le-Sec, et Raoul de Reviers, Baron des Biards et de Montebourg.

Il existe des actes de Jehan DE REVIERS, bailli d'épée, Vicomte de Saint-Sauveur-Lendelein, des années 1391, 1394, 1399 et 1403 (Bibliothèque impériale, Cabinet des titres, dossier de la famille).

Enfin L. . . DE REVIERS, sieur des Biards, était au nombre des 119 défenseurs du Mont Saint-Michel en 1423.

Il s'est formé en Normandie une infinité de branches, dont les filiations se trouvent, savoir: l'une dans la sentence des Élus de Bayeux; l'autre dans les Arrêts de la cour des Aydes; une autre fut établie par Clairembault, généalogiste des Ordres du Roi, d'autres par d'Hozier, Juge d'armes de

---

(1) *Lib. feodorum domini Regis Philippi (Livre Noir de Coutances).*
(2) *Traité du ban et arrière-ban,* par Laroque.

France ; celui-ci la fait finir à Jacques-Joseph DE REVIERS, admis sur preuves dans la maison militaire du Roi le 20 juin 1754.

BRANCHE DE SOUZY ET DE MAUNY.

Jean DE REVIERS (1), et plusieurs de ses parents, dépouillés de leurs biens en Normandie, pour avoir refusé d'y reconnaître la domination des Anglais, vinrent servir sous la bannière du Comte de Champagne.

Jean DE REVIERS, IIe du nom, seigneur de Mauny, est le premier que l'on trouve qualifié seigneur de Souzy, au bailliage d'Étampes en Beauce ; quant à la terre de Mauny, située en Brie près Meaux, les avis sont partagés sur la manière dont ce fief advint aux REVIERS ; toujours est-il qu'ils le possédaient en même temps que Souzy.

Jean III DE REVIERS DE MAUNY, gentilhomme de la Chambre du Roi François Ier, eut entre autres enfants deux fils :

Louis et Abdénago DE REVIERS, qui épousèrent les deux sœurs, Jeanne et Jacqueline D'ALLONVILLE, et furent les auteurs des deux rameaux distincts de Souzy et de Mauny.

Le premier de ces deux rameaux s'éteignit vers la fin du XVIIe siècle ; le second posséda un grand nombre de terres et seigneuries, entre autres celles : de Villeconin, de Chandre, d'Angerville-la-Gâte, d'Huis, d'Ancise, etc.

L'église paroissiale de Prez-Saint-Martin renferme encore plusieurs tombeaux de cette famille et entre autres celui de messire Louis DE REVIERS, qui possédait cette seigneurie en 1647.

Jacques Comte DE REVIERS, DE MAUNY, frère puîné de Jean-Claude DE REVIERS, marquis DE MAUNY, mort sans postérité, a épousé demoiselle DE MILLEVILLE, dont il eut trois fils :

> 1° Jacques-Vincent-François, Comte DE REVIERS DE MAUNY, Chevalier de Saint-Louis, Lieutenant-colonel Aide-Major de la Compagnie des Suisses de la Garde du Corps de Monsieur le Comte d'Artois, une des premières victimes de la Révolution de 1793 ; il eut deux enfants, dont un fils qui continue la descendance ;

---

(1) Jean de Reviers avait pour père Guillaume, sieur de l'Isle-Thibaut, en Normandie ; pour aïeul Richard de Reviers, Baron des Biarts, gouverneur de Cherbourg, et pour bisaïeul Roger de Reviers.
Pour la filiation complète de cette branche, voyez les manuscrits du chanoine Hubert, ouvrage du XVIIe siècle déposé à la bibliothèque d'Orléans, les différentes preuves faites devant d'Hozier, Juge d'Armes de France, et le Dictionnaire historique et généalogique de La Chesnaye-des-Bois, tome XI, qui termine la filiation où nous la reprenons, c'est-à-dire à Jacques-Vincent-François, lieutenant-colonel, etc.

2° Jean-Charles DE REVIERS, Chevalier DE MAUNY, Chevalier de Saint-Louis, mort célibataire après avoir servi au régiment de Navarre et à l'armée de Condé ;

3° Jean-Charles-François, Vicomte DE REVIERS, Chevalier de Saint-Louis, Officier supérieur de la deuxième compagnie des Mousquetaires de la Garde du Roi, qui eut pour fils :

> A. Joseph-François-Arthur, Vicomte DE REVIERS, ancien Officier supérieur des Dragons de la Garde Royale, Chevalier de Saint-Louis et de la Légion d'honneur, marié à mademoiselle Cornélie DE COUVERT, dont deux fils décédés.

Jacques-Marie-François, Comte DE REVIERS DE MAUNY, épousa en 1815 mademoiselle Joséphine-Amélie FOULLON DE DOUÉ, fille de l'ancien intendant de la province du Bourbonnais, et petite-fille de Joseph Foullon, ministre de Louis XVI. De ce mariage sont issus les cinq enfants ci-après :

1° Jacques-Marie-Joseph, qui suit ;

2° Jacques-Marie-Julien, Vicomte DE REVIERS DE MAUNY, marié le 19 avril 1849 à mademoiselle Marguerite DE VILLENEUVE-BARGEMONT, dont six enfants ;

3° Henri-Marie-Joseph, Baron DE REVIERS DE MAUNY, marié en 1850 à mademoiselle Isabelle DE BERTIER DE SAUVIGNY ; il est mort en 1854, laissant un fils ;

4° Amélie DE REVIERS DE MAUNY, mariée à Louis-Amédée, Comte DE BRIDIEU ;

5° Marie DE REVIERS DE MAUNY, mariée à Athénulfe, Vicomte DE MONTEYNARD.

Jacques-Marie-Joseph, Comte DE REVIERS DE MAUNY, chef actuel de sa famille, a épousé en 1859 mademoiselle Marie-Léontine-Maximilienne DE CHOISEUL-DAILLECOURT.

DE LA HACHE DE CHAMPEAUX

Armes : *D'azur, à trois rocquets d'argent chargés chacun de trois mouchetures d'hermines de sable. — L'écu chargé d'un casque orné de ses lambrequins.*

a famille DE LA HACHE, qui a possédé plusieurs fiefs nobles, entre autres la seigneurie de Champeaux, est très-ancienne dans l'Avranchin, où elle a toujours occupé un rang honorable.

Cette maison, éteinte aujourd'hui, était représentée à la fin du XVᵉ siècle par Regnault DE LA HACHE, Écuyer, maintenu lors de la recherche de Montfaut en 1463.

Messire François DE LA HACHE, Chevalier, seigneur de la Hacherie, vivant vers 1567, eut entre autres enfants :

Un fils, Joseph, et Jacqueline DE LA HACHE, mariée à noble Olivier GOSSE et mère de René Gosse, Conseiller du Roi au bailliage de Coutances, dont la fille Louise épousa François DES CHAMPS, sieur du Manoir (1).

Jean-Baptiste DE LA HACHE, Écuyer, petit-fils du précédent, hérita sous le règne du Roi Louis XVI de la seigneurie de Champeaux (2) au décès de Louis-Charles DE CHABERT DE CHAMPEAUX, son parent, mort sans postérité.

En héritant de ce fief M. DE LA HACHE en prit le nom, qui a continué à être porté par ses descendants. De son alliance avec sa parente Marie DES CHAMPS naquirent trois enfants :

1º Isaac-Louis-François DE LA HACHE DE CHAMPEAUX, mort sans postérité en 1842;

2º Adélaïde-Louise-Clotilde DE LA HACHE DE CHAMPEAUX, morte en 1838;

3º N... DE LA HACHE DE CHAMPEAUX, marié à mademoiselle Marie DIGÉE; il est mort en 1840, laissant de son mariage le fils unique qui suit :

Louis DE LA HACHE DE CHAMPEAUX, marié à mademoiselle Louise BEDOUIN (issue de la maison de Gouvetz). Il est mort le 19 mars 1849 sans postérité, et sa veuve est actuellement religieuse au couvent des Ursulines d'Avranches.

---

(1) Cette maison est alliée aux : de Montchaton, de Saint-Léger, de Raguenel, de Préville, etc.

(2) Cette seigneurie est souvent citée dans les chartes du pays ; en 1608, elle appartenait à Jean de Sainte-Marie et de là passa par alliance à la maison de Chabert.

DE LA PERRELLE

ARMES : *De sable, à une fasce d'or accompagnée de trois coquilles de même, 2 en chef et 1 en pointe.* — Couronne : *De Marquis.*

ès le XIII° siècle on voit figurer dans les chartes le nom de cette ancienne famille.

Adelida DE LA PERRELLE donna en 1247 à l'abbaye d'Ardennes et du consentement de Roger DE VERNAY, son mari, la moitié de la terre des Longs-Champs, sise dans la paroisse de Colleville, et Robert DE LA PERRELLE donna à l'abbaye de Saint-André-en-Gouffern, vers 1250, deux acres de terre dans la paroisse de Goulet. (*Chartes normandes*, tome 1er, Biblioth. impér.)

Jean DE LA PERRELLE obtint des lettres de rémission rapportées dans l'inventaire du trésor des chartes du Roi, par Clairembault, registre coté 195 (de 1467 à 1476).

Hugues DE LA PERRELLE fut présenté pour chapelain de la chapelle du Puits-d'Amour par Jean Le Ver, le 18 octobre 1492.

Cette famille a été maintenue dans sa noblesse à différentes époques, notamment en 1463, en 1667, et par Chamillart en 1671.

La filiation suivie de cette maison, établie sur pièces authentiques, conservées aux Archives de la famille et sur les diverses maintenues et jugements de noblesse mentionnés ci-dessus, commence à :

Guillaume DE LA PERRELLE, Écuyer, seigneur de la Perrelle, en la paroisse d'Étouvy, de Campagnolle, de la Bardelière, des Portes et autres lieux, vivant en 1380. Il épousa damoiselle Élisabeth DE LA HAYE, sœur de Philippe, Écuyer, sieur de la Haye-Hue et de Beaucoudray.

Cette branche (l'aînée) s'est éteinte au VII° degré en la personne de : Louis DE LA PERRELLE, Écuyer, lieutenant au service du Roi, mort sans postérité vers 1650. Son corps a été inhumé dans l'église d'Anizy, près la Fère.

————

Aubin DE LA PERRELLE, Écuyer, II° fils de Jean et de Jeanne LE REVENU DE LA REVENIÈRE, est l'auteur de la deuxième branche; il produisit ses titres pour prouver sa qualité de noble, suivant copie du récépissé du greffe de l'élection de Bayeux, en date du 3 juillet 1523.

Sébastien DE LA PERRELLE, Écuyer, son arrière-petit-fils, comparut devant M. de Chamillart, commissaire départi en la généralité de Caen, et fut maintenu par lui le 28 mars 1671. De Marie ANGER, sa femme, il eut entre autres enfants :

1° Jean, qui suit;

2° Charles DE LA PERRELLE, Écuyer, Cornette de cavalerie, mort à l'armée;

3° Louis DE LA PERRELLE, Écuyer, servant sous les ordres de M. de Montmorency, tué sur le champ de bataille.

Jean DE LA PERRELLE, Écuyer, épousa Marie QUESNEL, et mourut en 1710. Il est inhumé, ainsi que sa femme, dans l'église de Lamberville. Il eut plusieurs enfants, entre autres :

Pierre DE LA PERRELLE, Écuyer, lequel servit sept ans dans le régiment Royal-Étranger, sous M. de Matignon, et épousa, en premières noces, Françoise FLAMBARD; et, en deuxièmes noces, N. . . LE FRANÇOIS. Du premier lit il eut :

Jacques DE LA PERRELLE, Écuyer, marié le 12 janvier 1744 à demoiselle Anne CAUCHARD, dont un fils unique :

François - Jacques - Aimé DE LA PERRELLE, Écuyer, sieur de Launay, qui épousa, par contrat du 18 janvier 1774, Henriette LENAULT, dont :

1° Jean-François-Aimé DE LA PERRELLE, Écuyer, mort au service;

2° Louis-Jean-François, qui suit;

3° Charlotte-Françoise-Cécile DE LA PERRELLE, mariée à M. Raoul DE LANGOTIÈRE.

Louis-Jean-François DE LA PERRELLE, Écuyer, sieur de Launay, né à Thorigny le 12 avril 1782, fit partie, en qualité de Capitaine de la 8e cohorte d'élite de la Manche, sous l'Empire, puis de la garde d'honneur en 1816. Il fut plus tard Maire de la commune de Saint-Amand, fonctions qu'il exerça jusqu'en 1830. De son mariage avec mademoiselle Marie-Élisabeth JUHÉ DE LAUNAY il eut :

Gustave-Charles-Louis DE LA PERRELLE, Chef actuel de la famille, descendant au XIVe degré de Guillaume, vivant en 1380, relaté plus haut, a épousé, en 1846, mademoiselle Anastasie-Marie PLOUÏN. De cette alliance sont issus :

1° Henri-Louis-René DE LA PERRELLE;

2° Marie-Louise-Alice DE LA PERRELLE;

3° Gabrielle-Marie DE LA PERRELLE.

DE BANVILLE

ARMES : *De menu vair plein.* — Couronne : *De Marquis.* — Supports : *Deux Lions.* — Devise : *Dam aye Diex le volt.*

onnue dans le Comté de Mortain depuis un temps immémorial, la famille DE BANVILLE a constamment joui des priviléges attribués à la noblesse d'extraction ; outre les charges honorables dont elle a souvent été investie, nous la trouvons toujours en possession de fiefs considérables, et les différentes donations faites par plusieurs de ses membres dès le commencement du XIIIe siècle attestent son opulence originaire.

La noblesse d'extraction de la maison DE BANVILLE est du reste surabondamment prouvée par les divers jugements de maintenue rendus à diverses époques, et notamment par MM. de Montfaut en 1463, du Tillet et le Roy de la Poterie en 1641, de Roissy, et enfin Chamillart en 1666, etc.

Outre l'importante seigneurie de Banville (paroisse dépendante aujourd'hui de l'arrondissement de Bayeux), les domaines de cette ancienne famille comprenaient un grand nombre de terres et fiefs nobles, parmi lesquels nous citerons ceux de : Vaudry, de Roullours, de Burcy, de Ségrie, de Truttemer, de Pierres, de Coulonces, de Bérigny de la Londe, de Bretteville, du Rosel, de Montmorel, etc.

Parmi ses alliances il faut citer celles qu'elle a contractées avec les maisons : d'Avilly, du Merle, du Parc, de la Bigne, de Clinchamps, de Rodulphe, de Noirville, de Colardin, de Campagnolles, de Chênedollé, de Baudre, le Pigeon de Vierville, de Gonneville, du Breuil de Landale, de Blessebois dö Meslay, Laigre de Grainville, de Ponthaud, etc.

En dehors des services militaires qui font sa plus ancienne illustration, la maison DE BANVILLE peut en revendiquer de très-nombreux dans les Conseils de nos Rois, dans les Parlements et Gouvernements de la province, etc.

Le premier personnage de cette maison que nous voyons apparaître dans l'histoire est :

Guillain DE BANVILLE, un des compagnons de Guillaume à la conquête d'Angleterre en 1066 (1).

Gauvain DE BANVILLE, son fils, accompagna le Duc Robert Courte-Heuze à la première Croisade (2).

Hugues DE BANVILLE servit sous Philippe-Auguste, lorsque ce prince se fut emparé de la Normandie.

L'existence de Guillain et de Gauvain DE BANVILLE est relatée dans le jugement de maintenue rendu en 1641 par M. du Tillet, en faveur de Michel DE BANVILLE, et dans les preuves faites la même année devant M. Le Roy de la Poterie, Commissaire délégué par le Roi en la généralité de Caen pour le recouvrement des droits de francs-fiefs.

Cette maison s'est divisée en deux branches principales qui ont elles-mêmes fourni plusieurs rameaux ; la branche du Rosel, issue de la branche aînée, est la seule existante de nos jours, et celle de la Londe et de Bretteville, éteinte dans les mâles en 1843.

Aux documents que nous avons puisés dans les anciens titres de la famille qui nous ont été communiqués, nous avons joint ceux recueillis dans nos propres archives et dans les dépôts publics, notamment les archives du Calvados, et c'est de ce faisceau de renseignements, tous parfaitement authentiques, que nous avons pu établir de la manière la plus péremptoire la filiation suivie de la maison DE BANVILLE ; seulement, nous étant occupé surtout dans notre travail des deux branches principales, nous avons laissé de côté les documents généalogiques relatifs aux rameaux de Ségrie, de Truttemer, de Bérigny et de Coulonces, représentés aux Assemblées de la Noblesse de 1789, mais éteints aujourd'hui.

Nous citerons cependant : Henry-Antoine DE BANVILLE, seigneur de Terville, Capitaine au régiment de Rohan, mort en 1780 ;

---

(1) Voyez *Histoire du canton d'Athis*, par M. le comte de la Ferrière-Percy (page 342).

(2) Une ancienne tradition de la famille nous apprend qu'à la suite d'une action d'éclat accomplie en terre sainte, il prit pour devise : *Vellus pellastis in Jerusalem assompsi et non dimittam, nisi in monte Sion.*

Jacques DE BANVILLE, Capitaine de cavalerie, Chevalier de Saint-Louis, mort la même année ; et Jacques-Marie DE BANVILLE, Capitaine de cavalerie au régiment de Montrevel, Chevalier de Saint-Louis, etc.

FILIATION.

La filiation de cette ancienne et illustre maison commence à :

I. — Robert DE BANVILLE, Chevalier, vivant au commencement du XIII⁰ siècle ; il fit en l'année 1217 une donation à l'abbaye de Montmorel (au diocèse d'Avranches), de plusieurs terres qu'il possédait en la paroisse de Guiberville ; dans ce contrat, qui fut produit lors des preuves faites en 1641 devant M. du Tillet, Commissaire départi par le Roi, en la généralité de Caen, il est dit que ladite donation est faite avec le consentement de Guillaume DE BANVILLE, fils du donateur.

Henry DE BANVILLE, son frère, prêtre, fit aussi une donation à l'abbaye d'Aunay, ainsi qu'il appert d'une charte de l'année 1231, conservée aux archives du Calvados, et à laquelle est encore appendu le sceau de la famille.

Ainsi qu'il est dit plus haut, Robert eut pour fils :

II. — Guillaume DE BANVILLE, Chevalier, qui confirma la donation faite par son père à l'abbaye de Montmorel et y ajouta quelques biens par un acte de l'année 1227. D'une alliance dont le nom ne nous est pas parvenu, on sait qu'il eut plusieurs enfants, entre autres :

III. — Jean DE BANVILLE, vivant en 1269, dénommé *Miles* dans plusieurs chartes du temps, qui nous apprennent qu'il eut pour fils aîné :

IV. — Thomas DE BANVILLE, Chevalier, cité dans un acte de donation de l'année 1305, où il figura comme témoin ; il fut père de :

V. — Guillaume DE BANVILLE, II⁰ du nom, Écuyer, seigneur de Banville, dont l'existence est constatée par deux chartes des années 1336 et 1372, année pendant laquelle il signe au contrat de mariage de son fils :

VI. — Jean DE BANVILLE, Chevalier, seigneur de Banville (paroisse dépendant actuellement du canton de Ryes, arrondissement de Bayeux), marié en 1372 à noble damoiselle Jeanne D'AVILLY, qui l'a rendu père de :

VII. — Jean DE BANVILLE, III⁰ du nom, qui épousa en 1385 noble damoiselle Guillemine BONNET, dame de Vaudry, fief qu'elle lui apporta en dot. De cette alliance sont nés quatre enfants ; l'aîné :

VIII. — Thomas DE BANVILLE, Écuyer, seigneur de Banville, de Vaudry, de Roullours, de Précaire, de Pierres, etc., Échanson du Roi, Capitaine des arbalétriers du bailliage de Caen, et Gouverneur du château et de la ville de Vire. Il épousa en 1411 noble damoiselle DE ROVENCESTRE, dame de Pierres, qui l'a rendu père de trois enfants, savoir :

> 1° Guillaume DE BANVILLE, Écuyer, aussi Échanson du Roi, Capitaine des Arba-
> létriers et francs archers du bailliage de Caen, par Commission Royale du
> 24 mai 1461, et enfin Gouverneur de la ville, château et vicomté de Vire,
> suivant Lettres de provisions du 25 septembre de la même année. Il a
> épousé damoiselle Catherine FORTIN, dame de Sourdeval et de Mont-
> champ, dont il n'eut qu'une fille :
>> A. Louise DE BANVILLE, mariée au Chevalier N. . . DE POMMEREUIL.
> 2° Richard DE BANVILLE, dont on ignore la destinée ;
> 3° Jean, qui continue la descendance.

IX. — Jean DE BANVILLE, IV° du nom, Chevalier, seigneur dudit lieu, de Vaudry, de Roullours, de Pierres et autres lieux, Lieutenant général pour le Roi aux bailliages de Caen, d'Alençon et du Contentin par Lettres patentes du 26 août 1467, et commandant le ban et l'arrière-ban de la noblesse de Vire, de Mortain, de Condé-sur-Noireau et de Tinchebray. Il fut maintenu dans sa noblesse d'ancienne extraction en 1463, par jugement de Raymond de Montfaut, Commissaire départi par le Roi pour la recherche des francs-fiefs. De son mariage avec noble damoiselle Philippine DU MERLE, naquirent quatre filles et le fils qui suit :

X. — Nicolas DE BANVILLE, Chevalier, seigneur de Roullours, de Trutte-mer, de Banville et de Pierres ; il rendit hommage au Roi François I°° pour ce dernier fief le 21 mars 1518, hommage qui fut renouvelé par ses descen-dants, notamment les 21 février 1539 et 15 juin 1576. Il épousa noble demoi-selle Michelette DU PARC (issue de l'ancienne maison d'Ingrande), dont il eut :

XI. — Robert DE BANVILLE, Écuyer, seigneur de Pierres, de Vaudry, de Roullours, etc., lequel épousa demoiselle Marie DE LA BIGNE, morte sans en-fants en 1523, et en secondes noces, en 1542, noble demoiselle Avoye DE COSTARD. Lorsqu'il mourut, son fils qui suit, n'étant pas majeur, des lettres de garde noble furent expédiées par le Roi à sa veuve, le 27 décembre 1545.

XII. — Étienne DE BANVILLE, Écuyer, seigneur de Pierres, de Fresnes et de la Londe, du chef de sa femme, épousa en 1566 noble demoiselle Jeanne SUHARD, dame de la Londe ; de ce mariage sont issus six enfants, entre autres :

XIII. — Étienne DE BANVILLE, II° du nom, Écuyer, seigneur de Pierres, de la Londe, etc., marié en 1598 à demoiselle Françoise DE CLINCHAMPS, fille de Guillaume de Clinchamps, seigneur de Saint-Germain du Crioult et autres lieux. Cette même année, il fit ses preuves devant M. de Roissy, Commissaire délégué par le Roi, et fut maintenu dans sa noblesse d'ancienne extraction. De son alliance naquirent les trois enfants ci-après :

1° Michel, qui continue la descendance ;

2° Jean DE BANVILLE, auteur de la branche de la Londe et de Bretteville, rapportée plus loin ;

3° Bernardin DE BANVILLE, Écuyer, seigneur d'Avilly, auteur d'une branche qui est allée s'implanter en Bourbonnais.

XIV. — Michel DE BANVILLE, Chevalier, seigneur de Pierres, de Ronfugeray, de Truttemer, etc..., épousa en 1637 demoiselle Marie DU PONT, dame de Ronfugeray et de la Mazure. Il fit en 1641 ses preuves de noblesse devant MM. du Tillet et de la Poterie, Commissaires délégués par le Roi en la généralité de Caen, puis en 1666 devant M. de Chamillart, Intendant de ladite généralité. De son mariage sont nés trois enfants, savoir :

1° Georges DE BANVILLE, Écuyer, seigneur de Pierres et de Ronfugeray, succéda à son oncle Jean DE BANVILLE dans la charge de Lieutenant général au bailliage de Vire, et plus tard fut nommé Maire perpétuel de ladite ville, lorsque cette charge fut enlevée au vicomte et réunie à celle de Lieutenant général. Il avait épousé noble demoiselle Marie TURGIS, dont il eut :

> A. Jacques DE BANVILLE, Écuyer, Seigneur de Pierres, puis de Ronfugeray après la mort de son frère cadet, qui fut Lieutenant général du bailliage et gouverneur de la ville, château et vicomté de Vire. De son mariage avec demoiselle Suzanne DE RODULPHE, passé le 18 décembre 1739, il eut trois filles, et ainsi s'éteignit la branche aînée de la famille.

> B. Louis DE BANVILLE, seigneur de Ronfugeray, marié à demoiselle Angélique DE NOIRVILLE, fille du Marquis de Ségrie, est mort sans postérité.

> C. Marie-Michelle DE BANVILLE, qui épousa messire Jean DES LANDES, Écuyer, seigneur de Banville, l'un des 200 chevau-légers de la garde du roi.

2° Jean-Antoine, qui continue la descendance ;

3° François DE BANVILLE, Écuyer, seigneur d'Isigny, dont nous ignorons la descendance.

XV. — Jean-Antoine DE BANVILLE, Chevalier, seigneur de Burcy, de Viessois, de Ségrie, de Montfroux et autres lieux, né vers 1629, fut Maître des Requêtes de monseigneur le Duc d'Orléans, frère du Roi Louis XIII et Lieutenant général civil et criminel au bailliage de Vire. Par contrat du mois de juin 1660, il a épousé demoiselle Anne DE COLARDIN, qui l'a rendu père des trois enfants ci-après :

1° Georges, dont l'article suit ;

2° Charles DE BANVILLE, Écuyer, seigneur de Burcy, Capitaine de cavalerie par brevet de l'année 1701, mort sans postérité ;

3° François DE BANVILLE, aussi mort sans postérité.

XVI. — Georges DE BANVILLE, Écuyer, seigneur de Ségrie, du Rosel, etc., épousa par contrat du 2 janvier 1711 demoiselle Catherine DE BANVILLE DE LA LONDE, sa cousine, dont il eut le fils unique qui suit :

XVII. — Georges-Antoine DE BANVILLE, Chevalier, seigneur du Rosel et de Montmorel, marié à noble demoiselle Perrine ONFROY, dont il eut les trois enfants ci-après :

1° Georges DE BANVILLE, Chevalier, seigneur de Montmorel, marié à demoiselle Désirée DRUDES DE CAMPAGNOLLE, d'où :

A. Victoire DE BANVILLE, qui épousa N. . . LE CORDIER, Écuyer.

B. Aimée-Françoise-Antoinette DE BANVILLE, mariée le 4 juin 1810 à Charles-Julien DE CHÊNEDOLLÉ, illustre poëte normand (1).

2° Michel-Antoine, qui a continué la descendance ;

3° Charlotte DE BANVILLE, mariée à noble Nicolas DE BAUDRE.

XVIII. — Michel-Antoine DE BANVILLE, Chevalier, seigneur du Rosel, de Montmorel et autres lieux, devenu le chef de sa maison par suite de la mort sans enfants mâles de son frère aîné, a épousé en 1800 mademoiselle Rosalie-Suzanne DE BLESSEBOIS DE MESLAY. De ce mariage sont nés deux enfants :

1° Alphonse-Joseph-Antoine, qui suit ;

2° Alix-Prosper DE BANVILLE, marié à N. . . LE COHIER DE PRÉCAIRE.

XIX. — Alphonse-Joseph-Antoine DE BANVILLE DU ROSEL, Chef de noms et d'armes de cette ancienne maison, né le 29 septembre 1801, Maire de la ville de Tinchebray, a été Membre du Conseil général du département de l'Orne de 1848 à 1861. Il a épousé le 30 avril 1827 mademoiselle Marie-Élisabeth PAULMIER, qui l'a rendu père de :

1° Georges-Charles DE BANVILLE, mort en 1846 ;

2° Octave-Frédéric DE BANVILLE, né en 1829 ;

3° Marie-Thaïs-Augustine DE BANVILLE, mariée en premières noces à M. Hippolyte LAIGRE DE GRAINVILLE, et en secondes noces à M. Armand DE PONTHAUD ;

4° Aymard-Athanase DE BANVILLE, né en 1837.

_____

(1) Voyez la généalogie de cette famille, page 306.

BRANCHE DE LA LONDE.

XIV. — Jean DE BANVILLE, Écuyer, seigneur de la Londe, second fils d'Étienne et de dame Françoise DE CLINCHAMPS, a épousé en 1633 demoiselle Marie GUÉRIN D'AGON, dont il eut :

XV. — Étienne DE BANVILLE, Écuyer, seigneur de la Londe, né en 1635, Officier au Régiment des Gardes du Roi, lequel a épousé en 1664 noble demoiselle Charlotte DE LA MAZURE. De cette alliance sont nés plusieurs enfants, entre autres :

XVI. — Georges DE BANVILLE, seigneur de la Londe et de Bretteville, Capitaine de cavalerie, qui épousa demoiselle Anne DE PRÉPETIT, qui l'a rendu père de :

XVII. — Louis-Étienne DE BANVILLE, Écuyer, seigneur de la Londe et de Bretteville, marié à demoiselle Jeanne-Thérèse-Angélique LE PIGEON DE VIERVILLE ; d'où vint :

XVIII. — Jean-Baptiste-Madeleine DE BANVILLE, Chevalier, seigneur de la Londe et de Bretteville, Lieutenant-colonel de cavalerie, qui émigra lors de la Révolution et suivit avec son fils le Roi à Gand. De son mariage avec mademoiselle Élisabeth-Victoire LABBEY DE GONNEVILLE est né le fils unique qui suit :

XIX. — Georges-Madeleine-Édouard DE BANVILLE, Capitaine de cavalerie à son retour de l'émigration et nommé VICOMTE par le Roi Louis XVIII, lequel a épousé mademoiselle Antoinette DE PERDRIEL. De cette alliance sont nés un fils et une fille :

1° Mathilde DE BANVILLE, mariée à M. le Comte DU BREUIL DE LANDALE ;
2° Adhémar DE BANVILLE, mort à l'âge de 17 ans.

DE LA HUPPE

ARMES : *De gueules, au paon d'or, passant.* — *L'Écu timbré d'un casque de chevalier orné de ses lambrequins.*

vant la Révolution, et encore de nos jours, la famille DE LA HUPPE DE LARTURIÈRE a occupé une position des plus honorables dans la province.

Gabriel DE LA HUPPE, Écuyer, sieur de Larturière, servait en 1663, en qualité de Garde du corps du Roi.

Jacques DE LA HUPPE DE LARTURIÈRE, père du Chef actuel de cette famille, était Lieutenant criminel en l'élection d'Avranches, charge dont il avait hérité de son père, qui l'occupait depuis l'année 1701. Il a épousé demoiselle Marie-Claire-Angélique LARCHER, et était allié à M. le Chevalier LE THIMONIER, l'un des Gardes de la Porte sous Louis XV. De son mariage est issu :

Jean-Jacques DE LA HUPPE DE LARTURIÈRE, ancien Chef de bataillon, Chevalier de l'Ordre de Saint-Louis par brevet du 7 novembre 1814. Il a servi d'abord dans la marine, qu'il quitta pour aller rejoindre l'armée vendéenne, sous les ordres du Comte de Frotté; le bataillon du Chevalier DE LARTURIÈRE ayant mis bas les armes et s'étant rendu au général Quesnel, le 3 messidor an IV, il fut fait prisonnier, conduit au fort Colin à Coutances, et devait partir le lendemain pour passer devant la commission militaire siégeant à Caen, lorsqu'il eut le bonheur de s'échapper, sans cela il aurait été fusillé.

Le 31 août 1819, M. DE LARTURIÈRE reçut des Lettres patentes de confirmation de noblesse, et, dans ces lettres, ses armoiries ont été réglées, ainsi que nous les avons décrites en tête de cette notice (1). Il a épousé mademoiselle Adèle DU QUESNOY, fille du Marquis du Quesnoy, mort en émigration. De cette union sont nés les deux enfants ci-après :

1° Edmond DE LA HUPPE DE LARTURIÈRE;
2° Gabrielle DE LA HUPPE DE LARTURIÈRE.

---

(1) Les armes anciennes de la famille étaient : *D'argent, à trois huppes de sable.*

DE SAINTE-MARIE

ARMES : *Écartelé d'or et d'azur.* — Couronne : *De Marquis.* — Supports : *Deux Lions.* — Devise : *Fidelis, Fortisque simul.*

La maison de SAINTE-MARIE D'AGNEAUX, d'ancienne chevalerie, paraît avoir pris naissance à Sainte-Marie-Outre-l'Eau, paroisse située dans l'arrondissement de Vire, près Pont-Farcy, en Normandie. N'ayant jamais eu d'autre nom patronymique, elle se distingue de quelques familles qui, en ajoutant à leur nom celui de Sainte-Marie, espèrent s'y rattacher.

Vers le milieu du XV° siècle, elle a joint à son nom celui d'*Agneaux*, fief qu'elle possédait par suite du mariage de Raoul avec Gilette d'ESQUAY (1445). Depuis cette époque, la branche aînée est connue sous le nom de SAINTE-MARIE-D'AGNEAUX, *qu'elle porte encore aujourd'hui.* Ce fief d'Agneaux, d'une grande importance, se composait de quarante-huit petits fiefs ou aînesses. Les seigneurs de Sainte-Marie d'Agneaux, « *bienfaiteurs-nés de l'église d'Agneaux, où ils ont chapelle et caveau sépulcral,* » possédaient les fiefs d'Agneaux, de Sainte-Marie-l'Aumont, de Sainte-Marie-Outre-l'Eau, le château désigné sous le nom de *cour* ou *manoir* d'Agneaux, et trois terres titrées : les baronnies de Bethomas, de Gouvetz et de Pont-Farcy.

D'après le chartrier d'Agneaux, Raoul, qui vivait en 1148, avait pour ancêtres Alexandre, Robert, Bertrand et Guy, ce qui fait vivre ce dernier à la fin du X° siècle. Ce chartrier, les rôles de l'Échiquier, les titres des prieurés du *Plessis-Grimoult*, de *Sainte-Barbe-en-Auge*, de *Saint-Gilles*, de *Pont-Audemer*, des abbayes de Troarn, de Cordillon, le *Livre noir*, etc., fournissent une quantité de preuves de la haute ancienneté de cette famille, qui s'est alliée aux plus illustres maisons de la province.

Elle a formé quatre branches principales, savoir :

1° La branche aînée, qui a fait ses preuves, le 23 juin 1776, pour les honneurs de la Cour ; le Roi Louis XV et la famille royale signèrent au contrat de mariage de la Marquise DE SAINTE-MARIE D'AGNEAUX, le 4 avril 1774, et cette dame obtint les honneurs de la présentation le 6 décembre 1778.

Elle est représentée de nos jours par Théobald-Réné, Marquis DE SAINTE-MARIE-D'AGNEAUX, issu au XVᵉ degré de Michel, seigneur de Sainte-Marie-Outre-l'Eau, vivant en 1393. Il a épousé, par contrat du 23 novembre 1840, mademoiselle Marie-Esther DE CARBONNEL DE CANISY, dame de l'Ordre royal de Thérèse de Bavière. De ce mariage sont issus deux fils :

1° Georges-Ulric DE SAINTE-MARIE D'AGNEAUX, né le 17 mars 1844 ;
2° Robert-Hervé-Marie DE SAINTE-MARIE D'AGNEAUX, mort le 17 août 1858.

2° La branche cadette, issue de la précédente, a pour chef :
Ambroise-Maxime-Paul-Robert, Comte DE SAINTE-MARIE D'AGNEAUX, marié à mademoiselle Eudoxie-Auguste LE VICOMTE DE BLANGY ;

3° La troisième branche, fixée près de Caen, a pour chef actuel Henri DE SAINTE-MARIE DE LAIZE, et son cousin Victor DE SAINTE-MARIE ;

4° Enfin la branche des Barons DE SAINTE-MARIE-ÉGLISE, établie en Bavière, où elle occupe un rang distingué parmi la haute noblesse du pays, a donné un Évêque d'Avranches, en 1256, Guillaume de Sainte-Mère-Église, *alias* Sainte-Marie-Église, des Chanoinesses de Sainte-Anne de Munich et de l'Ordre royal de Thérèse de Bavière.

DU BUAT

ARMES : *D'azur, à trois quintefeuilles d'or, posées 2 et 1.* — Couronne : *De Marquis.*

ette maison, une des plus anciennes de la province, est désignée indifféremment dans les anciennes chartes sous le nom de : DE BUAT, DES BUATS, DES BUAST et DU BUAT (en latin DE BUATO), mot d'origine celtique qui signifiait montagne; en effet avant la Révolution le château du Grand-Buat, près le couvent de la Trappe, était situé sur l'une des plus hautes montagnes du Perche.

L'ancienneté de son extraction chevaleresque, l'éclat des alliances qu'elle a contractées à toutes les époques, les hautes fonctions dont ses membres ont été revêtus, les services qu'ils ont rendus dans l'armée, dans les Conseils de nos rois, etc., placent la maison DU BUAT au nombre des familles les plus distinguées de la noblesse française.

Deshais Doudast, généalogiste breton, dans son Nobiliaire de Bretagne, après avoir rapporté les différentes preuves et maintenues de noblesse de la famille DU BUAT, dit que, quoiqu'elle soit originaire de Normandie, elle peut trouver place dans un Nobiliaire de Bretagne, ayant été pendant plus de deux siècles établie dans cette province et y ayant contracté des alliances avec les maisons les plus distinguées; de plus il ajoute qu'on peut regarder les DU BUAT comme fondateurs des paroisses de ce nom en Normandie.

Cette maison s'est divisée, vers la fin du XVᵉ siècle, en deux lignes principales, dont l'aînée, depuis longtemps éteinte, s'est fondue dans celle de

Bréon, maison d'Anjou; la seconde branche s'est subdivisée elle-même en plusieurs rameaux qui ont été à diverses fois maintenus dans les priviléges de la noblesse d'extraction, notamment par arrêt des années 1395, 1463, 1533 et 1666.

Nous trouvons en Normandie cinq familles DU BUAT OU DES BUATS, issues de la même souche que celle qui nous occupe, maintenues dans leur noblesse par jugement de M. de Chamillart, Intendant départi par le Roi; ces différentes branches habitaient les élections de Mortain, de Vire, de Falaise et de Mortagne.

A l'une d'elles appartenait : Jacques DU BUAT DE BAZOCHES, reçu Page du Roi en sa grande Écurie, le 10 septembre 1731, sur preuves faites devant d'Hozier, Juge d'Armes de France.

Outre la seigneurie du Buat, les domaines de cette ancienne famille comprenaient un grand nombre de terres et fiefs nobles parmi lesquels nous citerons ceux : du Grand-Buat, de Brassé, de la Subrardière, de Barillé, de Chantelou, de la Blandinière, du Teillay, de Ballots, de Chanteil, de la Hunaudière, de Maupertuis, de la Ragottière, de Cramaillé, de Saint-Gauld, etc.

Elle s'est alliée avec les maisons : de Rosmadec, de Coëtquen, de Montmorency, de Budes, de Sévigné, de Quatreveaux, de Madaillan en Bretagne ; et avec celles : du Vergier, de Saint-Aignan, de Barillé, de Nepveu, de Mondamer, de Charnacé, de la Touche, de Baraton, du Bois-Joullain, de Mauvielle, de Bois-Hébert, de Champagné, de Birague, d'Aubert, de la Corbière de Blavet, du Mortier, Lenfant, de Valleaux, d'Anthenaise, de Perrien, de Chabot, de Tessé, d'Adde, etc., etc., etc.

Cette ancienne famille a donné à l'Église de France plusieurs prélats, et depuis les Croisades, comme dans les temps modernes, elle a versé maintes fois son sang pour la défense de la religion, de l'indépendance nationale et de la civilisation.

Payen et Hugues DU BUAT, Chevaliers, furent présents à la IVe croisade en 1190, ainsi qu'il appert d'un emprunt qu'ils contractèrent. (En conséquence, les armoiries de la maison sont peintes dans la deuxième salle carrée du Musée de Versailles.)

Robert et Raoul DU BUAT figuraient parmi les seigneurs de Normandie les plus renommés au temps de Philippe-Auguste (*Histoire de Normandie*, par du Moulin.) Ce même Raoul rendit hommage au Roi lorsque celui-ci réunit la Normandie à la couronne de France. (Voyez les lettres conservées à la Chambre des Comptes.)

Le livre des fiefs de Philippe-Auguste nous apprend les redevances de

Fraslin, seigneur de Malemains et deSacey (au diocèse d'Avranches); Raoul DU BUAT figure comme témoin dans une charte passée par ce seigneur, du consentement de ses filles Mathilde, Perroche, et de Jeanne son épouse.

Une charte de Montmorel, de Roland Avenel, rappelle que ce seigneur donna en 1221 à ce monastère le patronage de l'église des Chérils, en présence de Gervais DU BUAT, Chevalier, de Nicolas DE BOISYVON, Chevalier, et de Robert GAUDIN.

Gervais DU BUAT, Chevalier, figure dans une charte royale du mois de juin 1286, donnée par Philippe le Hardi, à l'effet de confirmer les donations pieuses faites par cette famille à la maison de *Drieu-la-Trappe* (au Perche).

Guyon DU BUAT, Chevalier, seigneur du Buat, était Homme d'Armes dans la Compagnie du sire Louis DE GRAVILLE, Grand Amiral de France en 1510.

Josias DU BUAT, Chevalier de l'Ordre du Roi, Baron de Migergon, Chevalier, seigneur de Bazoches, de Médavy, de la Heurdonnière, etc., fut Gentilhomme ordinaire de la Chambre du Roi Henri IV, servit ce monarque dans toutes ses guerres et devient Mestre des Camps et Armées du roi en 1594.

Jean DU BUAT, Chevalier, seigneur de Garnetot, fut Gentilhomme de la Chambre de madame la Duchesse d'Orléans en 1626, puis Lieutenant de la Vénerie de Gaston de France, en 1627.

Charles DU BUAT servait en 1636 dans la Compagnie des Ordonnances du Cardinal de Richelieu.

Louis DU BUAT, Garde du corps du Roi, fut tué en 1691 au combat de Louze.

Louis-Gabriel DU BUAT, Marquis DE NANCEY, fut Ministre plénipotentiaire des Rois Louis XV et Louis XVI près la diète de l'Empire et près de l'Électeur de Saxe; il est l'auteur d'une Histoire du Bas-Empire et de plusieurs autres ouvrages très-estimés.

N. . . DU BUAT, Capitaine des Grenadiers royaux et Chevalier de Saint-Louis, résidait à Brou, au Perche, en 1775.

Pierre-Charles DU BUAT était Maréchal de camp en 1789.

Enfin plusieurs membres de la maison DU BUAT ont servi dans l'arme du Génie; l'un d'eux a fait construire le fort de Rimins, à Cancale près Saint-Malo, et est l'auteur de plusieurs ouvrages extrêmement précieux, qui sont encore consultés par le corps du Génie militaire.

Dom Lobineau (*Histoire de Bretagne*, IIe volume), dans les comptes des trésoriers des Ducs de Bretagne des années 1452 à 1465, rapportés page 1187 et suivantes, cite :

Jean DU BUAT, Écuyer du Duc, l'une des cinq lances fournies que le Duc mit *sus* pour la garde du pays.

Messire Jean DU BUAT figure dans un compte de gages de plusieurs Chevaliers et Écuyers, pour eux entretenir pendant neuf mois, commencés le 1ᵉʳ mars 1454. Le Duc Pierre ordonna et mit *sus* cent lances et deux cents archers, à commencer au 1ᵉʳ septembre 1456, au prix de 29 écus neufs par mois pour chaque lance garnie, au nombre desquels fut le sire DU BUAT.

Au nombre de ceux qui gardaient le château de Chateaubriand figure Gilles DU BUAT, Homme d'Armes.

Jean de Rohan, Capitaine de Concq, *doua* au Duc pour plaige, messire Jean DU BUAT, Chevalier, seigneur dudit lieu (même *Histoire*, XXIIᵉ livre des preuves, page 1632).

Le Laboureur, en la généalogie du Maréchal de Guébriand, dit : « Messieurs DU BUAT sont originaires de Normandie, où ils ont fondé des paroisses de leur nom ; mais il y a plusieurs siècles qu'il en passa une branche en Anjou et en Bretagne, ainsi qu'on le voit dans l'Histoire de *Dom Lobineau*. » Dans son traité du ban et arrière-ban de la noblesse, *La Roque* cite, dans un ancien rôle, Robert DU BUAT (*Robertus du Buato, miles, habet duas partes feodi*).

Aux documents que nous avons puisés dans les anciens titres de la famille qui nous ont été communiqués, nous avons joint ceux recueillis dans nos propres archives et dans les dépôts publics ; c'est de ce faisceau de renseignements, tous parfaitement authentiques, que nous avons pu établir de la manière la plus péremptoire la filiation suivie de cette maison à partir de :

FILIATION.

I. — **Charles** DU BUAT, Chevalier, vivant en 1315, a épousé une fille de la maison de Montauban (en Bretagne). De ce mariage sont issus plusieurs enfants, entre autres :

II. — **Jean** DU BUAT, Chevalier, né au pays de Dolais, en Bretagne, où il épousa noble damoiselle Guillemette DU VERGIER, dont il eut trois fils et quatre filles ; l'aîné a continué la descendance.

III. — **Jean** DU BUAT, IIᵉ du nom, fut le premier qui de Normandie passa en Anjou, ayant été chargé par le Roi Charles VI d'aller y commander ; il y épousa damoiselle Colette DE SAINT-AIGNAN, dame de Brassé, fille de noble Pierre de Saint-Aignan, Chevalier, seigneur dudit lieu, en la baronnie de

Craon. Il fit ses preuves de noblesse le 15 avril 1395, devant les Commissaires du Roi, sur le fait des francs-fiefs, et fut reconnu par eux noble *d'ancienne extraction chevaleresque*. De son mariage est né le fils qui suit :

IV. — Jean DU BUAT, IIIᵉ du nom, Écuyer, seigneur de Brassé; le Roi Charles VI, par Lettres patentes du 29 février 1439, données à Saumur et adressées aux Élus de cette ville, sur le fait des Aides ordonnés pour la guerre en l'élection d'Angers, le confirma dans sa noblesse. Ces lettres se trouvaient avant la Révolution au chartrier du château de la Subrardière. Il obtint encore, en 1465, d'autres Lettres de confirmation de noblesse et fut exempt des droits de francs-fiefs. Jean DU BUAT a épousé 1° noble damoiselle Jeanne DE LAMBOUT, et en secondes noces, en 1430, noble damoiselle Louise DE LA TOUCHARDIÈRE, dame de la Motte, en la province d'Anjou. Du premier lit sont issus plusieurs enfants, entre autres :

    1° Guillaume, qui suit;
    2° Jean DU BUAT, Écuyer, auteur de la branche de la Subrardière, rapportée plus loin.

V. — Guillaume DU BUAT, Écuyer, seigneur de Brassé, de Barillé, de Chantelou et autres lieux, a épousé en 1434 demoiselle Marguerite DE BARILLÉ, unique héritière des seigneurs de ce nom et de Chantelou, en Craonnais, duquel mariage est issu le fils qui suit :

VI. — Jean DU BUAT, IVᵉ du nom, Écuyer, seigneur de Barillé et de Chantelou, marié à noble damoiselle Perrine DE NEPVEU, qui l'a rendu père de :

VII. — Clément DU BUAT, Écuyer, sieur de Barillé et de Chantelou, marié à demoiselle Françoise DE LA ROCHÈRE, issue d'une très-ancienne famille de l'Anjou. De cette alliance sont nés :

    1° Guillaume, qui continue la descendance;
    2° Guyonne DU BUAT, qui épousa noble homme Georges LE PICARD, Écuyer, seigneur de la Grand'Maison.

VIII. — Guillaume DU BUAT, IIᵉ du nom, Écuyer, seigneur de Chantelou et autres lieux, a épousé demoiselle Jeanne DE ROMILLÉ, fille de Geoffroy de Romillé, Chevalier, seigneur de la Chesnelaye, d'Ardenne, etc., et de dame Renée DE MONTECLERC. De ce mariage sont nés les trois enfants ci-après :

    1° Claude DU BUAT, mort jeune et célibataire;
    2° Renée DU BUAT, principale héritière après la mort de son frère, mariée à René PERRAULT, Écuyer, sieur de Boisbernier;

3° Philippe ᴅᴜ Bᴜᴀᴛ, mariée à Jacques ᴅᴇ Mᴏɴᴅᴀᴍᴇʀ, Écuyer, seigneur dudit lieu, sur les confins de l'Anjou et du Maine. De ce mariage est issue une fille unique, par laquelle cette branche de la maison du Buat s'est fondue dans celle de Bréon.

Les différents titres domestiques de cette branche aînée de la maison ᴅᴜ Bᴜᴀᴛ, qui s'est éteinte depuis près de trois siècles, étant passés successivement dans plusieurs autres familles, c'est ce qui nous empêche de donner des preuves par citations d'actes et contrats de mariages ; nous rapporterons seulement deux pièces essentielles qui existaient au chartrier du château de la Subrardière, et qui prouvent les alliances de cette branche et sa fonte dans les maisons ʟᴇ Pɪᴄᴀʀᴅ, Pᴇʀʀᴀᴜʟᴛ et ᴅᴇ Mᴏɴᴅᴀᴍᴇʀ.

La première pièce est un partage noble, fait le 20 avril 1575 devant le Lieutenant général de la sénéchaussée d'Angers, des biens immeubles provenant des successions de défunts Guillaume ᴅᴜ Bᴜᴀᴛ et de dame Aɴɴᴇ ᴅᴇ Rᴏᴍɪʟʟᴇ́, sieur et dame de Barillé, etc.

La seconde pièce est une transaction sur partage, datée du 15 septembre 1581, et passée devant Mᵉ René le Breton, notaire de la Cour de Craon, entre René Pᴇʀʀᴀᴜʟᴛ, sieur du Boisbernier, demoiselle Renée ᴅᴜ Bᴜᴀᴛ, héritière principale de son frère, et demoiselle Philippe ᴅᴜ Bᴜᴀᴛ, héritière puînée, et épouse de Jacques de Mondamer, etc.

DEUXIÈME BRANCHE

DE LA SUBRARDIÈRE ET DE BRASSÉ.

V. — Jean ᴅᴜ Bᴜᴀᴛ, Chevalier, seigneur de Brassé, second fils de Jean, IIᵉ du nom, et de dame Jeanne ᴅᴇ Lᴀᴍʙᴏᴜᴛ, a épousé par contrat du août 1442, passé par-devant les notaires royaux de la Cour de Saint-Laurent (en Anjou), damoiselle Jeanne ᴅᴇ Cʜᴀʀɴᴀᴄᴇ́, fille aînée de messire André de Charnacé, Chevalier, seigneur dudit lieu, en la paroisse de Champigny, et de dame Catherine ᴅᴇ ʟᴀ Tᴏᴜᴄʜᴀʀᴅɪᴇʀᴇ. De ce mariage sont nés cinq enfants, savoir :

1° Gilles, qui suit;
2° Jean-Gilles ᴅᴜ Bᴜᴀᴛ, Écuyer, seigneur de la Blandinière, mort sans postérité;
3° Catherine ᴅᴜ Bᴜᴀᴛ, mariée par contrat du 20 mai 1462, passé par-devant Mᵉ Greteril, notaire royal à Craon, à noble Olivier Cʜᴇᴍɪɴᴀʀᴛ, Écuyer, fils de Jean Cheminart, Écuyer, sieur de la Porcherie, et de dame Bertrande ᴅᴜ Tᴇʀᴛʀᴇ;

4° Bertrande DU BUAT, dame de la Carterie, qui a épousé Pierre DE LA TOUCHE, Écuyer, sieur de la Fontaine et de la Bennèche. Le contrat, en date du 2 juillet 1478, fut reçu par Mᵉ Beudé, notaire à Craon;

5° Jeanne DU BUAT, mariée par contrat du 23 janvier 1480 à noble Pierre LAMBERT, Écuyer, sieur de la Pommeraye.

VI. — Gilles DU BUAT, Chevalier, seigneur de Brassé, marié en 1475 à noble damoiselle Catherine PINÇON DE BOUTIGNÉ, en eut les enfants ci-après :

1° Georges, qui suit;

2° Jean DU BUAT, Écuyer, homme d'armes de la compagnie des Cinquante lances des ordonnances du Roi, commandée par le sieur de Crespin, Capitaine, mort sans postérité;

3° Perrine DU BUAT, mariée à noble Louis BARATON, Écuyer, seigneur de l'Isle-Baraton, en la paroisse d'Athée, en Anjou.

VII. — Georges DU BUAT, Chevalier, seigneur de Brassé et de la Subrardière, a épousé par contrat du 20 avril 1507, passé devant Mᵉ Boullay, notaire royal en la cour de Candé, noble demoiselle Perrine DU BOIS-JOULLAIN, fille de feu Jean du Bois-Joullain, Écuyer, seigneur dudit lieu, et de dame Béatrix DE SEILLONS. De cette alliance sont nés :

1° Guillaume, qui suit;

2° Thibault DU BUAT, religieux-cordeliers, en la communauté des Anges, près

3° René DU BUAT, Craon;

4° François DU BUAT, auteur de la branche des seigneurs du Teillay, rapportée plus loin;

5° Françoise DU BUAT, mariée par contrat du 20 septembre 1543 à François DE LA MORELLIÈRE, Écuyer, seigneur de la Béhuiguerie, dont postérité.

VIII. — Guillaume DU BUAT, Chevalier, seigneur de la Subrardière, de Brassé, etc., obtint le 20 septembre 1533, de MM. les Élus d'Angers, une sentence en sa faveur contre les habitants de la paroisse de Méral, qui prétendaient le rendre contribuable aux impositions roturières. Il a épousé le 19 juin de la même année, par contrat passé devant Mᵉ Galery, notaire royal, noble demoiselle Jeanne DE MAUVIELLE, fille de René de Mauvielle, Écuyer, sieur de la Druère, du Tremblay, etc., et de dame Jeanne CORON. De ce mariage vinrent cinq enfants, savoir :

1° René, qui suit;

2° Marin DU BUAT, marié à noble demoiselle Jeanne DE BOIS-HÉBERT, dont une fille :

    A. Renée DU BUAT, qui épousa messire Thibault LE GAY, Chevalier, seigneur du Teilleul;

3° Pierre DU BUAT, Écuyer, mort sans alliance ;

4° Marthe DU BUAT, qui a épousé par contrat du 18 novembre 1559 Claude DE LANGELLERIE, Écuyer, sieur dudit lieu ;

5° Marie DU BUAT, mariée par contrat du 12 novembre 1562, reçu par Mᵉ Hunaud, notaire royal à Craon, à noble homme Jean LENFANT, Écuyer, issu de l'ancienne maison de ce nom dans la comté de Laval.

IX. — René DU BUAT, Chevalier, seigneur de la Subrardière et de Brassé, a épousé par contrat du 2 juillet 1559, passé par-devant Mᵉ Samson Le Roux, notaire royal au Mans, noble demoiselle Anne DE LA ROUSSARDIÈRE, fille de René de la Roussardière, Écuyer, seigneur de Paronneau, de Gautret et autres lieux, et de dame Renée d'AVAILLOLES. De cette alliance sont issus plusieurs enfants, entre autres :

1° Jean, qui suit ;

2° Perrine DU BUAT, qui épousa par contrat du 4 février 1584 messire Louis DE CHAMPAGNÉ, Écuyer, seigneur de la Motte-Ferchault et de la Roussière (contrat reçu par Mᵉ René Viel, notaire royal en la cour du Mans).

X. — Jean DU BUAT, IIᵉ du nom, Chevalier, seigneur de la Subrardière, de Brassé, de Mingé et autres lieux, obtint des Lettres de confirmation de noblesse, datées du 25 juin 1635, qui lui furent délivrées sur le vu de ses pièces, par messire Jérôme de Bragelongue, Commissaire départi par le Roi pour la recherche du fait de noblesse. Il a épousé, par contrat du 12 novembre 1609 reçu par Mᵉ Baptiste Roullet, notaire royal au Mans, noble demoiselle Magdeleine DE BIRAGUE, fille de messire François de Birague, Chevalier de l'Ordre du Roi, et de dame Jeanne DE LA POMMERAYE, qui l'a rendu père de deux enfants, savoir :

1° Charles, qui suit ;

2° Marie DU BUAT, mariée à messire D'AUBERT, Écuyer, seigneur de Langeron et de Launay.

XI. — Charles DU BUAT, Chevalier, seigneur de la Subrardière, de Chanteil, de la Bodinière, de Ballots, etc., Gentilhomme ordinaire de la Chambre du Roi, et Homme d'Armes de la compagnie des ordonnances du Cardinal de Richelieu, a épousé par contrat du 12 février 1646, passé devant Mᵉ Jean Marcoul, notaire royal au Mans, demoiselle Élisabeth DE LA CORBIÈRE, fille de messire Charles de la Corbière, Chevalier, seigneur de la Bénichère et des Alleux, et de dame Marie DE PIDOUX. De ce mariage sont issus huit enfants, savoir :

1° Magdelon-Hyacinthe, qui continue la descendance ;

2° Jean-Baptiste DU BUAT, Chevalier, seigneur de Voleinnes ;

3° Malo-Marie DU BUAT, Chevalier, sieur de Saint-Péan, marié par contrat du 24 janvier 1682, passé par-devant Mᵉ Jean Garnier, notaire royal à Château-Gontier, à demoiselle Gabrielle DE LA FONTAINE, sans postérité ;

4° Philippe DU BUAT, Officier au régiment de Penthièvre, tué sur le champ de bataille ;

5° et 6° Madeleine et Marie DU BUAT, religieuses en la communauté du Buron, à Château-Gontier ;

7° Anne-Henriette DU BUAT, qui épousa messire François MINAULT, Écuyer, sieur de la Charbonnerie ;

8° Charlotte-Élisabeth DU BUAT, mariée à messire François DE LA CHEVALLERIE, Écuyer, seigneur de la Daumerie.

XII. — Magdelon-Hyacinthe DU BUAT, Chevalier, seigneur de la Subrardière et de Chanteil, épousa par contrat du 10 juin 1690, demoiselle Marie-Élisabeth BLAVET, fille de feu René Blavet, Écuyer, et de dame Jeanne LE SUURRE, duquel mariage sont issus :

1° Magdelon-Hyacinthe, qui suit ;

2° Malo-Gabriel DU BUAT, Écuyer, sieur de Ballots, mort sans avoir été marié ;

3° Philippe DU BUAT, prieur de Lohéac ;

4° François DU BUAT, curé de Méral ;

5° Charles DU BUAT, chanoine régulier et prieur de l'abbaye de Port-Reingeard (près Laval) ;

6° Henri-Louis DU BUAT, officier au régiment de Condé ;

7° Rose-Élisabeth DU BUAT, mariée en 1746 à messire Charles-César D'AUBERT chevalier, seigneur de Launay ;

8° Hyacinthe DU BUAT, religieuse.

XIII. — Magdelon-Hyacinthe DU BUAT, Chevalier, seigneur de la Subrardière et autres lieux, épousa par contrat passé par-devant Mᵉ Jean Portier, notaire royal de la Baronnie de Candé, le 17 février 1728, noble demoiselle Marie-Renée DU MORTIER (1), fille unique de messire Pierre du Mortier, Chevalier, seigneur de la Ruchenière, et de dame Marie-Élisabeth SÉRIN. De cette alliance est né le fils unique qui suit :

XIV. — Louis-Joseph-François-Ange-Pierre-Hyacinthe DU BUAT, Chevalier, seigneur de la Subrardière, de Maupertuis, de la Hunaudière, etc., lequel a épousé en premières noces, par contrat du 24 mai 1763, passé devant Mᵉ Perier, notaire en la sénéchaussée de Hennebon, en Bretagne, demoi-

---

(1) Par cette alliance, l'ancienne maison DU MORTIER, que plusieurs historiens ont prétendu et assuré être issue de la branche cadette de la famille DE ROUGÉ, en Bretagne, et dont les armes sont semblables, s'est trouvée éteinte et fondue en celle DU BUAT, qui a hérité de tous ses biens.

selle Thérèse-Charlotte DU BOUESTIER, fille puînée de messire Jacques-Pierre
du Bouestier, Chevalier, seigneur de Kerlan et de Kersené, Capitaine général des gardes-côtes, ancien Capitaine au régiment de Navarre et Chevalier
de l'Ordre royal et militaire de Saint-Louis, et de dame Jacquette DES PORTES,
DE SAINT-NUDEC, et en secondes noces, mademoiselle Étiennette BARRÉ. Du
premier lit sont issus :

1° Louis-Charles-Marie, qui suit ;

2° Louis-Jean-Marie DU BUAT, né le 15 avril 1772, reçu chevalier de Malte de minorité le 1er avril 1775, et dont les preuves ont été admises, au mois de février 1780, par MM. les commissaires de la vénérable langue de France au
grand Prieuré d'Aquitaine. Étant dans l'île de Malte lors de l'expédition
d'Égypte, il suivit le général Bonaparte, et, à son retour en France, il a
épousé mademoiselle Amélie DU PONT DE COMPIÈGNE, fille de Charles
Marquis de Compiègne et de dame Catherine D'ALLONVILLE. De ce mariage
sont nées quatre filles :

    A. Bathilde DU BUAT, née en 1803, mariée en 1829 à M. DE SEZILLE;

    B. Léonie DU BUAT, née en 1805, mariée également en 1829 à
      M. COLLOMB-D'ARCINE, issu d'une ancienne maison de Savoie;

    C. Louise DU BUAT, née en 1810, mariée en 1830 à M. Paul BOUCHU (1);

    D. Octavie DU BUAT, née en 1812, a épousé en 1832 M. Auguste
      BOUCHU;

3° Thérèse-Esther-Marie DU BUAT, morte chanoinesse de l'Ordre de Malte ;

4° Marie-Fortunée DU BUAT, non mariée, décédée en 1786;

Et du deuxième lit :

5° Magdelon-Hyacinthe DU BUAT, marié en 1820 à demoiselle Marie DE JOUSSE-
LIN, dont une fille :

    A. Marie DU BUAT, née en 1826, qui a épousé M. le comte Édouard DE
      L'ÉPERONNIÈRE DE VRIZ.

XV. — Louis-Charles-Marie DU BUAT, Chevalier, seigneur de la Subrardière, né et baptisé en la paroisse de Méral (en Anjou), le 5 juin 1765,
fut reçu Page de S. A. le Prince de Condé au mois de mai 1778 et fut
ensuite Lieutenant au régiment de Bourbon (infanterie) en l'année 1782.
Après avoir émigré en 1790, il servit au régiment de la Châtre, puis
dans les hussards autrichiens commandés par le Baron de Vincent, où
il obtint le grade de Capitaine et la décoration du Mérite militaire
(médaille d'or). Rentré en France en 1802, il épousa l'année suivante
mademoiselle Marie-Renée DE VALLEAUX, fille d'Abraham-Ambroise de Valleaux, ancien Capitaine au régiment de Condé et Chevalier de Saint-Louis.
De ce mariage est né le fils unique qui suit :

(1) La maison Bouchu est une ancienne famille parlementaire de Bourgogne; Jean Bouchu
était premier Président au parlement de Dijon, sous Louis XIV.

XVI. — Charles DU BUAT, Chef actuel de cette ancienne et illustre maison, né le 9 juin 1804, habite encore la Subrardière, l'ancien manoir seigneurial de sa famille. Il a épousé en 1833 mademoiselle Anne-Marie-Clotilde D'ANTHENAISE (1). De ce mariage sont issues deux filles :

> 1° Clotilde-Berthe DU BUAT, née en 1834, mariée en 1855 à M. le comte Arthur DE PERRIEN DE CRENAN, veuve en 1861 ;
> 2° Charlotte-Marguerite DU BUAT, née en 1837, mariée en 1855 à M. le comte Auguste DE CHABOT.

TROISIÈME BRANCHE

DES SEIGNEURS DU TEILLAY (ÉTEINTE).

VIII. — François DU BUAT, Chevalier, seigneur de Cramaillé, quatrième fils de Georges du Buat, Écuyer, seigneur de Brassé et de la Subrardière, rapporté ci-dessus, et de dame Perrine DU BOIS-JOULLAIN, a épousé en 1544 noble demoiselle Jeanne DE TESSÉ, dame de Saint-Gauld et du Teillay, en la province du Maine, qui l'a rendu père de :

> 1° Anselme, qui suit ;
> 2° Françoise DU BUAT, mariée à messire François DU FEUILLET, Écuyer, seigneur du Domaine.

IX. — Anselme DU BUAT, Écuyer, seigneur du Teillay et de Saint-Gauld, épousa en 1573 demoiselle Marie DE CHAUVIGNÉ, dame de Terretiens, dont vinrent :

> 1° François, qui suit ;
> 2° Anne DU BUAT, mariée à noble Paul PONCHER, écuyer, sieur de l'Espinay ;
> 3° Jeanne DU BUAT, religieuse de l'Abbaye royale du Ronceray, à Angers, morte doyenne de ladite abbaye ;
> 4° Françoise DU BUAT, Abbesse de l'abbaye de la Trinité à Poitiers, en 1620.

X. — François DU BUAT, Chevalier, seigneur du Teillay, de Cramaillé, etc., épousa en 1610 demoiselle Perrinette DU CHASTELET, qui l'a rendu père des deux enfants ci-après :

> 1° Anselme, qui suit ;
> 2° Marie DU BUAT, mariée en 1642 à messire François DE MEULES, chevalier, seigneur de la Forest et de la Durbellière, en Poitou.

---

(1) Madame DU BUAT descend de l'illustre maison D'ANTHENAISE, dont les armes sont peintes à la salle des Croisades au musée de Versailles; en effet, Hamelin et Geoffroy D'ANTHENAISE signèrent comme témoins en 1190 deux actes d'emprunt contractés envers des marchands de Pise par Juhel DE CHAMPAGNÉ et Jean D'ANDIGNÉ.

XI. — Anselme DU BUAT, II° du nom, Chevalier, seigneur du Teillay, Lieutenant au régiment de Bourbon, a épousé le 7 juin 1647 demoiselle Anne ÉVEILLARD, fille de noble homme Jean Éveillard, Écuyer, Conseiller, Secrétaire du Roi au siége présidial d'Angers, et de dame Perrine FRAIN DU TREMBLAY, duquel mariage sont issus :

1° François, qui a continué la descendance ;

2° Charles DU BUAT, officier au régiment de Lorraine, mort au service sans avoir été marié ;

3° Marie DU BUAT, qui épousa noble François MOREAU, Écuyer, sieur de la Martellière.

XII. — François DU BUAT, Chevalier, seigneur du Teillay, de Saint-Gauld, etc., a épousé en 1682 haute et puissante demoiselle Anne D'ADDE, nièce du cardinal italien de ce nom ; de cette alliance vinrent :

1° Hyacinthe DU BUAT, prêtre et curé de Quélaines en 1738 ;

2° Bernard, qui suit ;

3° François DU BUAT, cornette au régiment de Penthièvre (cavalerie), mort au service ;

4° Gabriel DU BUAT, prêtre ;

5° Henri DU BUAT, décédé sans alliance ;

6° Marthe DU BUAT, non mariée.

XIII. — Bernard DU BUAT, Chevalier, seigneur du Teillay et de Saint-Gauld, après la mort de son frère aîné, épousa en 1716 demoiselle Anne-Marie PREZEAU, fille de Charles-Jean Prezeau, Écuyer, seigneur de Loisellinière, qui le rendit père de :

1° Bernard-Hyacinthe-Charles DU BUAT, prêtre et ensuite curé de Quélaines par la résignation de son oncle, mentionné plus haut ;

2° Anne DU BUAT, mariée en 1769 à messire Charles D'ANDIGNÉ, chevalier, seigneur de Maineuf, lieutenant-colonel au régiment d'Anjou ;

3° Louise DU BUAT, morte sans alliance ;

4° Lucie DU BUAT, religieuse de l'Abbaye de Nyoiseau, près Ségré.

Ainsi s'est éteinte cette troisième branche.

GOUHIER

DE CHARENCEY, DE PETITEVILLE ET DE FONTENAY

ARMES : *De gueules, à trois roses d'argent.* — Couronne : *De Comte.* — Supports :
Deux lions (1).

a famille **GOUHIER** est très-ancienne. On trouve des traces historiques de son nom dès le commencement du XIe siècle. Guillaume de Jumiéges, dans son *Histoire de Normandie*, livre VI, et l'*Ancienne chronique de Normandie* (depuis Richard Ier jusqu'en 1217) font mention d'un chevalier de Bellême, appelé GOUNIER, très-aimé du Duc de Normandie, que Warin ou Guérin, seigneur de Domfront, fils de Guillaume Ier de Bellême, Comte d'Alençon, tua en trahison vers l'an 1026. Voici ce que porte l'*Ancienne chronique de Normandie*, après avoir parlé des quatre fils de Guillaume de Bellême : « Ung jour l'aisné, qui avoit nom Gué-« rin, sans cause et sans deffier, tua ung chevalier nommé GOUNIER, qui « moult étoit amé du Duc. Si advint que incontinent qu'il l'ot fait, le dyable « le print par la gorge et l'estrangla devant tout le peuple (2). » (*Recueil des historiens de France*, t. XI, p. 323.)

---

(1) D'autres branches portent pour tenants deux Sauvages.

(2) Guillaume de Jumiéges dit que le démon étrangla Warin en présence de ses complices. (*Recueil des Historiens de France*, t. X, p. 191.) Il faut croire qu'un ami de Gouhier vengea sur-le-champ la mort de ce chevalier par celle de son assassin. Dans les préjugés du temps, on aura cru que le démon seul avait pu exercer une vengeance aussi hardie et aussi prompte.

5*

Thomas Madox, dans son *Histoire de l'Échiquier d'Angleterre* depuis Guillaume le Conquérant (in-fol., Londres, 1711), rapporte, chapitre III, pages 71, 72, qu'en la 28ᵉ année du règne de Henri II (1181), Alain GOUHIER (Alan Guhier) paya au Roi une somme de 44 sous comme ayant succédé, du côté de sa sœur, dans trois parties d'un fief de Chevalier. Il est présumable que l'auteur de cette branche avait fait partie de l'expédition de Guillaume le Bâtard, Duc de Normandie, lorsqu'il conquit l'Angleterre en 1066.

Dans les XIIIᵉ, XIVᵉ et XVᵉ siècles, la famille GOUHIER subsistait en Normandie, divisée en plusieurs branches, ayant des fiefs dans les diocèses de Bayeux, de Lisieux et de Séez, et les bailliages de Caen et d'Alençon.

Pierre GOHIER (1), de la paroisse de Bazanville, vivait en 1220. En cette année il fit don à l'abbaye de Sainte-Marie de Longues, pour le repos de l'âme d'Emme d'Hérouville, sa mère, et de Nicolas de Tollevast, frère de sa femme, de quelques héritages situés à Bazanville (*Archives du Calvados*, par M. Léchaudé d'Anisy, t. II, p. 43).

Robert GOHIER, de la paroisse d'Authie, près d'Hérouville, peut-être frère de Pierre qui précède, donna quelques portions de terre situées à Authie à l'abbaye d'Ardennes en 1238 (*Ibid.*, t. I, p. 18).

Osmond GOHIER, de la paroisse de Franqueville, fit don à la même abbaye d'une pièce de terre sise près du moulin à vent du monastère en 1267 (*Ibid.*, p. 26).

Denis GOUHIER, Prêtre de l'église de Bayeux, est mentionné dans un acte de l'année 1290, par lequel on voit qu'il acheta, au nom du chapitre de Bayeux, 4 acres de terre dans la paroisse de Loucelles pour 100 livres tournois (*Ibid.*, p. 205).

Guillebert GOUHIER, de la paroisse de Saint-Martin de Sallen, est rappelé dans un acte de 1317, par lequel Colin Hébert et Jeanne, sa femme, paroissiens de Thury, cédèrent au prieuré du Plessis-Grimould 20 sous de rente à prendre sur leur succession (*Ibid.*, t. II, p. 83).

Un article du traité signé le 24 octobre 1360 entre le Roi de Navarre et le Roi de France stipule le rétablissement dans leurs biens de 300 Gentilshommes qui, soit comme vassaux du Roi de Navarre, soit volontairement, avaient suivi le parti de ce prince. Plusieurs de ces gentilshommes appartenaient aux comtés du Perche et d'Alençon, tels que Henri de Trousseauville, Philippe GOUHIER, Thomas Paynel, seigneur de Hambise, Henri de

(1) Le nom s'est écrit quelquefois *Gohier*, *Gouter*, *Goyer*, *Gouyer*, etc.

Saint-Denis, etc. (*Mémoires historiques sur Alençon et ses seigneurs*, par Odolant des Nos, t. I, p. 400).

T. . . GOUHIER fut l'un des 119 Gentilshommes qui, sous le commandement de Louis d'Estouteville, défendirent valeureusement l'abbaye du Mont-Saint-Michel en 1423, et conservèrent cette place alors que les Anglais étaient maîtres de toute la Normandie. Nous donnons les noms de ces Gentilshommes en tête de notre ouvrage ; dans notre liste, celui de T. . . GOUHIER se trouve le 77e.

Jouan ou Jean GOHIER, de la paroisse de Lingèvres, prit en fief de l'abbaye de Cordillon le tènement de Colin de l'Écluse, nommé le Châtelet, situé à Jonaye, sous la charge de 30 sous de cens, par acte de l'année 1453. (*Arch. du Calvados*, t. I, p. 243.)

Thomas GOHIER, Écuyer, seigneur de Saint-Clément, vivait en 1463. A cette époque, il produisit ses titres de noblesse devant Raimond de Montfaut, Commissaire départi par le Roi pour la recherche des francs-fiefs en Normandie, et fut inscrit au nombre des Gentilshommes de la sergenterie des Veys, élection de Bayeux. (*Tableau de la Noblesse*, par Waroquier, t. IV, p. 27.)

Il s'est formé successivement onze branches de cette famille, toutes maintenues dans leur noblesse d'ancienne extraction par M. de Marle, Intendant d'Alençon en 1667. Les titres qu'elles ont produits établissent leur filiation depuis Jean 1er qui suit. Dans un jugement des Commissaires aux francs-fiefs, de l'année 1641, jugement rappelé par M. d'Hozier dans des preuves de Saint-Cyr, faites en 1714, pour la branche de Royville, il fut produit et visé, entre autres pièces, une généalogie de 1484, par laquelle il était justifié que la famille GOUHIER était noble avant 1200.

Cette maison a contracté des alliances avec les familles les plus anciennes de la noblesse de France, ainsi qu'on peut le voir dans la généalogie qui a été imprimée en entier dans le XIe volume des *Archives de la Noblesse de France*, publiées par M. Laisné ; aussi, nous ne mentionnerons ici que les branches encore existantes de nos jours ; elles sont au nombre de trois.

FILIATION.

I. — Jean GOUHIER, 1er du nom, vivait au commencement du XVe siècle. Il fit montre au Mont Saint-Michel, le 7 juin 1424, parmi les Écuyers de la compagnie de Jean du Saussay, Écuyer, lequel fut reçu en cette place avec 2 chevaliers bacheliers, 18 écuyers et 18 archers à cheval. (*Fonds de*

Gaignières, vol. 787, fol. 218.) L'*Histoire de Bretagne* de D. Morice (*Preuves,* tome II, colonne 1144) cite Jean GOUHIER parmi les défenseurs du Mont Saint-Michel en 1427. Il épousa Jeanne DE LA CHAPELLE, de laquelle il eut deux enfants :

1° Philippe, qui suit ;
2° Jeannette GOUHIER, mariée en 1452 avec Jean DE LA MOTTE, Écuyer, sieur de Lonlay-le-Tesson. Elle eut en partage la terre de Tellonay, près Nonant.

II. — Philippe GOUHIER, Ier du nom, Écuyer, seigneur d'Ectot, au diocèse de Bayeux, et du Mesnil-Baclay, au diocèse de Lisieux, épousa en 1457 Jeanne DE COURTJARRET, laquelle se remaria avec Christophe de Guillon. Un jugement des Commissaires royaux des francs-fiefs, dont on a déjà parlé, rendu à Rouen le 4 mars 1641, cite parmi les titres produits par la famille un acte passé au bailliage de Caen en 1463, dans lequel Philippe GOUHIER est qualifié Écuyer. En 1470, Jeanne de Courtjarret avait la tutelle des six enfants mineurs d'elle et de son premier mari, savoir :

1° Christophe, qui suit ;
2° Guillaume GOUHIER, Écuyer, mort sans postérité ;
3° Philippe, auteur de la branche de Fontenay, mentionnée plus loin ;
4° Jean GOUHIER, Écuyer, sieur du Mesnil-Baclay, prêtre ;
5° Marguerite GOUHIER ;
6° Renée GOUHIER, mariée avec Richard DE MARESCOT, Écuyer, seigneur de Champosou.

III. — Christophe GOUHIER, Écuyer, sieur d'Ectot et du Mesnil-Baclay, épousa, par contrat du 12 mai 1482, Isabelle ROUXEL DE MÉDAVY, fille de Georges Rouxel, seigneur de Médavy, Capitaine des francs archers du duché d'Alençon, des comtés du Perche et de Mortain, et de Catherine d'ESCALLES, fille de Pierre d'Escalles, Chambellan du Roi. (*Histoire des Grands Officiers de la Couronne,* généalogie de Jacques Rouxel, Comte de Grancey, et de Jacques-Léonore Rouxel, Comte de Médavy, Maréchaux de France, t. VII, p. 570.)

Christophe GOUHIER acquit la terre de Royville, près Vimoutiers, de Pierre Rouxel, seigneur de Bretel et de Royville, cousin-germain de sa femme. En 1489, il fit avec ses frères Guillaume et Philippe le partage de la succession de leur père. Le 8 janvier 1492, suivant acte passé devant les tabellions d'Orbec, il fit une acquisition d'héritages, puis il transigea avec Christophe DE GUILLON, second mari de sa mère, suivant acte du 22 décembre 1493, passé devant les tabellions d'Exmes ; enfin il vendit une rente à Yves TOUSTAIN le 25 mai 1504, devant les tabellions de Lisieux. Christophe GOUHIER fut inhumé le 4 septembre de la même année dans l'église de Saint-Saturnin de Royville. De son mariage avec Isabelle Rouxel de Médavy sont nés :

1° Guillaume, auteur de la branche de Royville;

2° Achille, auteur de la branche des Champeaux, qui suit ;

3° Bonaventure GOUHIER, Écuyer, mort sans postérité:

4° Marie GOUHIER, femme d'Alain ROUXEL, seigneur de Ferry, vivant en 1531.

BRANCHE DES CHAMPEAUX

SEIGNEURS DE CHARENCEY.

Cette branche a eu pour premier auteur :

IV. — Achille GOUHIER, Écuyer, sieur d'Ectot, second fils de Christophe Gouhier, Écuyer, sieur de Royville, et de dame Isabelle ROUXEL DE MÉDAVY, fille de Georges Rouxel, seigneur de Médavy, étant, à cause de son jeune âge, sous la garde de Guillaume Gouhier, son frère aîné, intervint avec lui dans un acte qu'ils passèrent avec Guillaume LE SUEUR devant les tabellions de Trun, le 2 avril 1514. Il intervint aussi avec ses frères Guillaume et Bonaventure dans une transaction passée, en 1532, avec Alain Rouxel. Il épousa Adrienne HUDEBERT, au droit de laquelle, comme héritière de Guillaume Hudebert, il obtint un jugement du présidial de Caen le 12 avril 1554. Achille GOUHIER et ses frères Guillaume et Bonaventure transigèrent, le 24 août 1564, devant les tabellions de Caen, avec Frédéric ROUXEL, sieur d'Ambrey; il vivait encore le 11 juillet 1567, date d'un aveu qu'il rendit au seigneur d'Ambrey, et mourut avant 1573. De son mariage il eut :

V. — François GOUHIER, Écuyer, sieur d'Ectot, qui épousa, par contrat reconnu par sentence du bailliage de Trun, le 27 avril 1548, demoiselle Roberte LE TENNEUR. Il transigea sur plusieurs procès avec Jacques Gouhier, Écuyer, le 13 novembre 1573, devant les tabellions d'Aubry-le-Pantou, et fit une vente d'héritages le 17 mai 1598, devant les tabellions d'Argentan et d'Exmes. Il eut pour fils :

1° Pierre GOUHIER, Écuyer, sieur d'Ectot, qui fut père de :

A. François GOUHIER, Écuyer, sieur d'Ectot, dont on ignore la destinée;

2° Jacques, qui suit.

VI. — Jacques GOUHIER, 1er du nom, Écuyer, sieur de la Huberdière, s'allia, par contrat du 13 juin 1593, reconnu le 7 septembre 1624 devant les tabellions d'Argentan et d'Exmes, avec Jacqueline Gouhier, fille de Robert Gouhier, Écuyer, seigneur des Champeaux, et de dame Anne de Guéry. Martin Gouhier, sieur des Champeaux, Lieutenant au gouvernement d'Alençon (1593), fit un don aux époux (copie collationnée le 14 août 1786). Jacques Gouhier acquit des héritages par contrat du 31 mars 1617, passé devant les tabellions de Saint-Pierre de la Rivière, et transigea sur procès devant les tabellions d'Argentan le 16 juillet 1622, avec Robert de Calmesnil, Écuyer. De cette alliance sont nés les cinq enfants ci-après :

1° Pierre Gouhier, Écuyer, seigneur des Champeaux, marié, par contrat du 28 mai 1624, passé devant les tabellions de Montpinçon, avec Françoise Philippes. Il donna partage à ses frères le 25 avril 1633, devant les tabellions d'Aubry-le-Pantou, et vivait encore le 2 mars 1667 ;

2° Philippe Gouhier, Écuyer, sieur de la Bouverie, marié, par contrat reconnu le 22 avril 1638, devant les tabellions de Champosou, avec demoiselle Anne de Barquet. Il vivait en 1667, et demeurait en la paroisse de Guerquesalle ;

3° Antoine Gouhier, Écuyer, sieur du Parc, a épousé demoiselle Jacqueline Viard, laquelle étant veuve, passa un acte devant les tabellions de Champosou le 26 octobre 1656. Il en avait eu deux fils :

A. Jacques Gouhier, Écuyer, Seigneur de la Huberdière, marié, par contrat reconnu le 28 mars 1656, devant les tabellions de Champosou, avec demoiselle Renée de Glatigny. Le 20 novembre suivant, par acte passé devant les mêmes tabellions, il fit le retrait de biens engagés par sa mère. Il demeurait en la paroisse des Champeaux, élection d'Argentan, lorsqu'il fut maintenu dans sa noblesse avec son frère et ses oncles, par M. de Marle, Intendant de la généralité d'Alençon, le 2 mars 1667. Il eut pour fils :

AA. Daniel Gouhier, Écuyer, sieur de Verneville ;

B. Charles Gouhier, Écuyer, baptisé en la paroisse des Champeaux le 15 mars 1650 ;

4° Louis, dont l'article suit ;

5° Salomon Gouhier, Écuyer, qui servait à l'armée du Roi en 1633 et ne vivait plus en 1637.

VII. — Louis Gouhier, Écuyer, sieur du Chesnay, épousa par contrat du 3 mai 1634, passé devant les tabellions d'Argentan, noble demoiselle Anne du Chemin. Il partagea avec ses frères, le 29 avril 1637, devant les tabellions de Saint-Pierre de la Rivière, et fut maintenu dans sa noblesse avec eux et ses neveux ainsi que les seigneurs de Royville, leurs parents de mêmes nom et armes, par jugement de M. de Marle, Intendant d'Alençon, le 2 mars 1667. De son mariage sont issus :

1° Jacques, qui suit ;

2° Guillaume Gouhier, prêtre, curé de Guerquesalle, vivant en 1700. (*Armorial de la généralité d'Alençon.*)

VIII. — Jacques GOUHIER, II° du nom, Écuyer, sieur de Bonneval, épousa, assisté de ses père et mère, par contrat du 7 juillet 1670, passé devant les tabellions de Vimoutiers, en présence de Pierre et Philippe Gou-HIER, Écuyers, seigneurs des Champeaux, noble demoiselle Madeleine LE LASSEUR, fille de feu Jacques le Lasseur, Écuyer, sieur de la Cocardière, et de Marie DE CALMESNIL (Copie collationnée le 5 août 1786). De ce mariage sont issus les deux enfants ci-après :

1° Charles, qui suit;

2° Guillaume GOUHIER, Écuyer, sieur de Bonneval. Au mois de janvier 1688 il entra dans la compagnie des Cadets-gentilshommes de Charlemont, commandée par M. de Reffuge, Maréchal de camp, et passa ensuite dans la compagnie des Chevau-légers de la garde du Roi, commandée par le Duc de Luynes. (Certificats de M. de Reffuge, du dernier février 1690, et du Duc de Luynes du 25 février 1694.) Guillaume GOUHIER vivait encore en 1697. Il avait épousé demoiselle Françoise DE MARGUERIE, dont il eut trois filles.

IX. — Charles GOUHIER, Écuyer, sieur du Chesnay, épousa, par contrat du 22 décembre 1697, reconnu le 4 janvier 1698, devant les notaires d'Aubry-le-Pantou, vicomté d'Exmes, noble demoiselle Ambroise LE LASSEUR, fille de feu François le Lasseur, Écuyer, sieur de la Baudière, et de feu Élisabeth DE BILLARD (Original en papier). Il fut inhumé en l'église de Saint-Pierre des Champeaux le 4 juillet 1708, laissant entre autres enfants :

1° Guillaume-Charles, qui suit;

2° Charles-Auguste GOUHIER, Écuyer, seigneur du Chesnay, nommé Garde-du-corps du Roi en la compagnie de Villeroy, par brevet du 15 janvier 1740 (Orig. en parch.), tué à la bataille de Fontenoy en 1745 (Preuves pour l'École militaire en 1786).

X. — Guillaume-Charles GOUHIER, Écuyer, seigneur et patron de Petiteville et des Champeaux, baptisé en l'église paroissiale des Champeaux le 14 décembre 1700, fut un des 200 chevau-légers de la garde du Roi. Il épousa avec dispense de Rome, en l'église de Petiteville, diocèse d'Évreux, le 1er décembre 1732, demoiselle Françoise-Élisabeth D'ESCORCHES, née le 2 juin 1713, fille de Pierre-Alexandre d'Escorches, Écuyer, sieur de Boutigny, et de dame Catherine-Élisabeth DE BELLEAU (Copie collationnée sur l'original par M. Pépin, curé de Petiteville, le 7 août 1783). Guillaume-Charles GOUHIER fut inhumé dans le chœur de l'église paroissiale des Champeaux le 9 juin 1774. Sa veuve vivait encore le 7 juin 1779. Leurs enfants furent :

1° Charles-Guillaume, qui suit;

2° Charles-Auguste, auteur de la branche de Petiteville, rapportée ci-après;

3° Ambroise-Élisabeth Gouhier, mariée, le 31 janvier 1758, avec messire Pierre-Jean-Jacques de Foulques, écuyer, seigneur de Mesnil de Mannelot;

4° Charlotte-Élisabeth Gouhier, mariée, le 16 janvier 1776, avec messire Étienne-Philippe-Auguste Berthelot, Écuyer, seigneur des Thuileries, ancien officier des Gardes-du-corps du Roi, chevalier de l'Ordre de Saint-Louis, morte sans enfants à Vimoutie s en 1797.

XI. — Charles-Guillaume Gouhier des Champeaux, Ier du nom, Chevalier, seigneur de Petiteville, baptisé en l'église de ce lieu le 10 décembre 1737, fut reçu Mousquetaire du Roi en la seconde compagnie le 29 janvier 1754, et y eut rang de Capitaine de cavalerie le 17 juin 1773. Il a servi dans cette compagnie, commandée par le Comte de Montboissier, jusqu'à son licenciement, le 23 décembre 1775, et fut nommé Chevalier de l'Ordre de Saint-Louis en 1779 (*Titres originaux*). Ce fut M. Berthelot des Thuileries, ancien Brigadier des Gardes-du-corps, son beau-frère, qui fut désigné par le Roi, le 12 février 1779, pour le recevoir Chevalier de Saint-Louis. Charles-Guillaume mourut à Verneuil le 18 septembre 1793. Il avait épousé : 1° par contrat du 20 novembre 1772, passé devant Louis Le Mesle, notaire en la châtellenie de la Motte d'Ivernay, demoiselle Catherine-Henriette de Carpentin, fille de Jean-Baptiste de Carpentin, Chevalier, seigneur du Parc, de Charencey, des Hayes et autres lieux, ancien Capitaine de cavalerie, Chevalier de l'Ordre de Saint-Louis, et de dame Marie-Catherine-Suzanne de Johannes (*Original en parchemin*); 2° le 26 août 1786, demoiselle Marie-Louise-Catherine Berthelot de Mezeray, née en 1763, décédée à Rugles en 1821, fille de Charles-François-Henri Berthelot de Mézeray, et nièce de M. Berthelot des Thuileries, dont on a parlé plus haut. De ces deux alliances sont issus :

Du premier lit :

1° Charles-Guillaume, mentionné ci-après;

Du second lit :

2° Gustave-Achille Gouhier, mort sans postérité;

3° Eugénie-Charlotte Gouhier, née à Charencey en 1788, mariée à Pierre-Claude-Marie Louvet d'Herponcey, Garde-du-corps du Roi (compagnie de Grammont).

XII. — Charles-Guillaume Gouhier des Champeaux de Petiteville, Comte de Charencey, né le 5 septembre 1773, baptisé le même jour dans l'église paroissiale de Charencey, fut admis dans la compagnie des cadets-gentils-hommes de l'École militaire de Paris, avec rang de Sous-Lieutenant, le 26 octobre 1786. Il en sortit en 1790, émigra en 1791 et entra dans la 2° compagnie noble d'ordonnance (Mousquetaires noirs) la même année.

L'année suivante il entra dans les Gardes de la Porte et fit la campagne, à l'armée des princes, jusqu'au licenciement. Lors du retour des Bourbons, le Comte DE CHARENCEY fut admis, le 16 juillet 1814, Sous-Lieutenant surnu méraire avec brevet de Chef de bataillon dans les Gardes de la Porte. Il suivit ce corps à Béthune, puis en Belgique en 1815. Il continua à servir comme Sous-Lieutenant titulaire dans cette compagnie jusqu'au 1er jan vier 1816, époque où elle fut licenciée. Il avait été nommé Chevalier de l'Or dre de Saint-Louis le 17 septembre 1814, Chevalier de la Légion d'Honneur le 24 décembre suivant, et Officier du même Ordre le 15 juillet 1815. Le 2 décembre de cette année il avait été nommé Capitaine au 5e régiment de la Garde royale, dans lequel il servit jusqu'au 28 février 1821. Depuis il fut Conseiller d'État le 12 novembre 1828, et Député de l'Orne de 1822 à 1830. Il est décédé à Nogent-le-Rotrou le 29 octobre 1838. Il avait épousé, par contrat du 16 décembre 1803, passé devant Pierre Borville, notaire à Verneuil, mademoiselle Marie-Antoinette-Victoire DE MALLARD, fille de défunts Jean-Christophe de Mallard, seigneur de Malaise et de Lespinay, Officier en la seconde compagnie des Mousquetaires, Chevalier de l'Ordre de Saint- Louis, et de dame Marie-Madeleine-Angélique-Victoire SANCY DE HAULT, veuve en premières noces de Raphaël-Tobie DE HALLEBOUT, Maréchal de camp.

De son mariage sont nés deux fils :

1° Charles-Léonce, qui suit ;

2° Charles-Donatien GOUHIER, Vicomte DE CHARENCEY, né à Charencey le 25 mai 1806, Sous-Lieutenant élève de l'École royale de cavalerie le 1er octo bre 1826, puis Lieutenant au 7e régiment de dragons, a épousé à Mamers (Sarthe), le 27 août 1838, mademoiselle Aurélie-Julienne PELISSON DE GENNES, fille de Julien Pelisson de Gennes et de madame Luce DE RO QUEMONT. De ce mariage sont issus :

A. Marie-Isabelle GOUHIER DE CHARENCEY, née à Mamers le 3 mars 1841 ;

B. Charles-Georges-Marie GOUHIER DE CHARENCEY, né à Mamers le 29 décembre 1843, mort le 7 mai 1856 ;

C. Charles-Marie-Raoul GOUHIER DE CHARENCEY, né au Mans le 14 mars 1849 ;

D. Jeanne-Marie GOUHIER DE CHARENCEY, née à Paris le 6 juillet 1853.

XIII. — Charles-Léonce GOUHIER, Comte DE CHARENCEY, Chef de nom et d'armes de cette ancienne maison, né à Charencey le 29 décembre 1804, fut nommé Juge Auditeur à Paris en 1828, Substitut du procureur du Roi en 1838 et révoqué en 1848 par la République. Peu de mois après, élu Dé puté, il est sorti de la vie parlementaire au coup d'État du 2 décembre 1852, et fut nommé Membre du conseil général du département de l'Orne en 1845. Il a épousé en l'église de Saint-Louis d'Antin, le 18 février 1830, mademoiselle Reine-Louise-Noémy Patry, fille de M. le Baron Patry, Conseiller d'État, Chevalier de l'Ordre de Charles III d'Espagne et de l'Ordre de l'Aigle-Rouge de Prusse, Officier de la Légion d'Honneur, etc., et de dame Sophie-Félicité de Beaurepaire de Louvagny. De ce mariage est issu :

Charles-Félix-Hyacinthe Gouhier de Charencey, né à Paris le 8 novembre 1832.

BRANCHE DE PETITEVILLE.

Cette branche, issue de la précédente au Xe degré, a eu pour premier auteur :

Charles-Auguste Gouhier de Petiteville, né le 10 juin 1746, second fils de Guillaume-Charles Gouhier des Champeaux et de dame Françoise Élisabeth d'Escorches de Sainte-Croix. Elle a pour chef actuel :

Charles-Raimond Gouhier, Vicomte de Petiteville, petit-fils du précédent, né le 26 janvier 1814, ancien Officier de cavalerie, marié le 8 septembre 1840 à mademoiselle Hue de Carpiquet de Grosménil. De ce mariage sont nés :

    1° Jeanne Gouhier de Petiteville, née le 11 juillet 1842;
    2° Robert-Charles-Guillaume Gouhier de Petiteville, né le 3 mai 1847.

La généalogie détaillée de cette branche se trouve en entier dans le onzième volume des *Archives de la Noblesse de France*, par M. Laisné.

BRANCHE DE FONTENAY.

La branche de Fontenay a eu pour premier auteur Philippe Gouhier, Écuyer, sieur de la Bornerie, vivant en 1491, troisième fils de Philippe et de dame Jeanne de Courtjarret; elle est représentée de nos jours par :

Odet-François-Émile Gouhier, Baron de Fontenay, né en 1805, marié le 9 novembre 1826 à mademoiselle Marie-Sophie Alzire de Mellet de Bonas, dont il a eu deux fils :

    1° François-Odet-Edgard Gouhier de Fontenay, né le 6 avril 1830;
    2° François-Odet-Henri Gouhier de Fontenay, né le 31 décembre 1832, mort jeune.

La généalogie détaillée de cette branche se trouve également dans le onzième volume des *Archives de la Noblesse de France*, par M. Laisné.

DE FORMEVILLE

ARMES : *D'azur, à un château d'argent. — L'écu timbré d'un casque de Chevalier, orné de ses lambrequins.*

ès le XIᵉ siècle on voit apparaître dans la province la maison DE FORMEVILLE. Voici les principaux documents qui prouvent son origine.

En l'année 1034, Goszlin le ROUX DE FORMEVILLE figure au nombre des souscripteurs de la charte de fondation de l'abbaye des bénédictins de Préaux, près Pont-Audemer, par Onfroy de Vieilles. Des soufflets furent donnés à cette occasion à trois des enfants des souscripteurs, afin de leur graver mieux le fait dans la mémoire (Voir la *Chanson de Roland*, publiée par M. Génin, Paris, 1850, page 72). A la suite de cet acte, on trouve Robert DE FORMEVILLE mentionné au nombre des bienfaiteurs de cette église. (*Neustria pia*, page 525.)

1184. Compte rendu à l'Échiquier de Normandie de deux années de la terre de Formeville. (*Mémoires des antiquaires de Normandie*, t. XV, p. 74.)

18 mars 1201. A la grande assise tenue à Troarn pour la reconnaissance des marais de Troarn, Roger DE FORMEVILLE était au nombre des Chevaliers et vassaux du Roi qui firent cette reconnaissance et la jurèrent. (*Mémoires de la même Société*, t. XV, p. 202.)

Vers 1204. Au nombre des sous-tenants relevant de Guillaume d'Angerville, Maréchal héréditaire de Normandie, on trouve Martin de Prétot pour un demi-fief situé à Formeville, et Guy de Avrilla pour un autre fief, situé également à Formeville. (*Ibid.*, t. XV, p. 186, col. 2.)

1204. Dans le registre des fiefs de Philippe-Auguste, en Normandie, on voit parmi ceux que Jean de Gisors tient du Roi, l'église de Formeville avec le cimetière et la dîme du lieu. (*Ibid.*, t. XV, p. 184.)

Vers 1206. Donation par Basilic DE FORMOVILLE (*alias* de Formeville), ayant la seigneurie de Glisolles. (*Trésor des Chartes*, n° 5464, boîte 4, n° 57.)

Les seigneurs DE FORMEVILLE ont été longtemps sénéchaux des seigneurs de Beaumont-le-Roger et des Comtes de Meulan. (*Mémoires de la Société des antiquaires de Normandie*, t. XVI. — *Trésor des Chartes*, supp., p. 291. — *Cartulaire de Beaumont-le-Roger*, feuille 15, v°, n° 17. — *Notes pour servir à*

a topographie et à l'histoire des communes du département de l'Eure, par
J. Auguste Le Prévost, in-8°. Évreux, 1849, p. 78.)

2 mars 1350. La communauté de Formeville fut représentée par le sieur
Jaffrey à l'assemblée générale des États, tenue à Pont-Audemer, à l'occasion
d'un subside accordé au Roi pour terminer la guerre. (Ordonnances des Rois
e France, t. II, p. 400.)

28 septembre 1448. Gage plège de la seigneurie de Cauquainviller (près
Lisieux), tenu par Jean Vippard, Sénéchal dudit lieu, contenant les aveux
es tenants de ladite seigneurie, dans laquelle on remarque pour aborne-
nents les terres de Pierre DE FORMEVILLE (ce nom est également écrit dans
un des aveux Pierre de Fourmeville.)

XVIᵉ siècle. Durant ce siècle, et notamment sous Henri IV, la famille DE
FORMEVILLE occupe des fonctions dans l'échevinage de la ville de Lisieux.
Voir les registres municipaux de cette ville.)

XVIᵉ et XVIIᵉ siècles. Dans les rôles des décimes de l'ancien diocèse de
Lisieux, contenant la nomenclature de toutes les paroisses qui composent
et évêché, on trouve en 1571 jusqu'en 1589, la paroisse de Formeville, qui
lus tard, et constamment depuis 1683, y est mentionnée sous le nom de
Fourmeville ou Fourneville. (Archives de la préfecture du Calvados.)

1655. Pierre DE MORTAIN, seigneur de Launay, de Laubinières et autres
eux, né en 1621, en la paroisse de Saint-Germain de Lisieux, a épousé
Jeanne DE FORMEVILLE, sœur du Vicomte et Maire perpétuel de Pont-
Audemer.

30 juin 1656. Quittance de dot donnée par Pierre MORTAIN et Jeanne DE
FORMEVILLE à M. des Clos Formeville, de la somme de quatre mille livres.

1ᵉʳ octobre 1667. — 30 janvier 1668. Louis DE FORMEVILLE, sieur des
Clos, Secrétaire de la Reine, fait deux actes par lesquels le curé et les habitants du Torquesne (Calvados) lui accordent un banc pour lui et ses descendants dans la chapelle de Rozaire, en leur église, etc. (Papiers de la fabri-
que du Torquesne.)

9 octobre 1669. Devant Nicolas DESPERRIERS, Bailli vicomtal de Lisieux,
Louis DE FORMEVILLE, sieur des Clos, se fait représenter dans un acte par son
fils, Avocat au parlement de Paris. (Acte déposé au greffe du tribunal de
Lisieux.)

1678. — Lettre d'union du fief de Launay au fief de Formoville, appar-
nant au sieur de Brivon. (Mémoriaux de la Chambre des comptes de Rouen,
gistre 88, aux archives de la préfecture de Rouen.)

24 octobre 1678. Arrêt du parlement de Rouen, rendu sur la requête
ésentée par Mᵉ Pierre DE FORMEVILLE, Conseiller et Procureur du Roi aux

bailliage, prévosté et vicomté d'Auge, ordonnant la convocation des plus notables habitants de Pont-l'Évêque, en exécution de l'édit du Roi du mois de juin 1662, pour l'établissement d'un hôpital général dans chacune des villes et gros bourgs du royaume, revalidé par lettres de surannation du 12 juin 1676. Lequel arrêt accorde acte audit Formeville de la déclaration qu'il a faite que, « pour commencer un si saint ouvrage, il donne en la meilleure « forme de droit que faire se peut, pour en jouir dès à présent, à Dieu et « aux pauvres dudit hôpital, tous les fruits, profits, revenus et émoluments « de sa charge de Procureur du Roy aux siéges de vicomté du Pont-l'Évê- « que et Touques, tant et si longtemps qu'il possédera ladite charge, parce « lesd. pauvres seront tenus de dire tous les matins chacun un *Pater noster* « et un *Ave Maria*, afin qu'il plaise à Dieu d'expier toutes les fautes qu'il a « faites dans l'exercice de ladite charge, et lui donner la grâce de l'exercer « à l'avenir à la gloire de son saint nom, pour le salut de son âme et l'édi- « fication du prochain. »

19 mars 1679. Déclaration et consentement des habitants de Pont-l'Évê- que, pour l'institution de l'hôpital général de cette ville, devant Jean DE BO- REL, Écuyer, seigneur et châtelain de Manerbe, Conseiller du Roi, Lieutenant général civil et criminel de M. le bailli de Rouen en la Vicomté d'Auge, en la présence de Michel DE BORDEAUX, Écuyer, sieur de la Mesengère, Conseil- ler du Roi en la vicomté d'Auge, et de Pierre DE FORMEVILLE, Conseiller et Procureur du Roi en ladite vicomté, etc. (Archives de l'hôpital de Pont- l'Évêque.)

5 juin 1685. Arrêt du parlement de Rouen contenant renvoi devant le chapitre de Lisieux de l'instruction des faits dont les officiers de l'Évêque pré- tendaient connaître, et défense à ces derniers d'entreprendre à l'avenir sur la juridiction, tant dudit chapitre que de celles des prébendes de la cathé- drale; dans cet arrêt figure Pierre DE FORMEVILLE, Avocat, plaidant pour l'une des parties.

15 février 1688. N. . . DE FORMEVILLE, Avocat au parlement de Rouen, est cité comme plaidant dans un arrêt de cette Cour, confirmatif d'une sentence de Honfleur. (Voyez les Archives de la Cour d'appel de Rouen.)

25 mai 1689. Devant les notaires au Châtelet de Paris, Pierre DE FORME- VILLE, Conseiller et Procureur du Roi, et de Son Altesse Royale mademoi- selle de Dombes, au bailliage de Rouen, siége de Pont-l'Évêque et Vicomté d'Auge, vend, pour 13,000 francs, sa charge de Procureur du Roi à Guil- laume Boistard, sieur de Prémagny, Avocat au parlement de Rouen.

1693-1694. Pierre DE FORMEVILLE était Vicomte et Maire perpétuel en titre

l'office de la ville de Pont-Audemer. (*Histoire de Pont-Audemer*, par M. Ca-
el, t. Ier, p. 262.)

Mars 1696. Lettres de M. DE NOIRVAL à mademoiselle DE FORMEVILLE, sa
ousine, au sujet de la charge de Maire de Pont-Audemer, dont il voulait
raiter dans l'intérêt des mineurs de Formeville.

4 août 1689. Acte extrait du registre de la ville de Dijon (Côte-d'Or), con-
tatant le mariage de Pierre-Léonor DE MORTAIN DE LAUNAY, fils de Pierre de
lortain, seigneur de Launay, de Laubinières, et de dame Jeanne DE FORME-
ILLE, avec demoiselle Anne THIÉBAUT.

21 décembre 1703. Acte de notoriété fait à la mairie de Lisieux, légalisé
e 28 suivant, devant Mongouin, Conseiller du Roi, Maire et Bailli vicom-
al de Lisieux ; Jean Morin, Conseiller du Roi ; Jean Godefroy, Conseiller du
Roi, Lieutenant alternatif ; Pierre de Formeville, premier Échevin ; Charles
'iquenot, Conseiller du Roi, Commissaire aux revenus et son Substitut aux
tôtels de ville ; attestant que M. Pierre de Mortain, seigneur de Launay, de
aubinières et autres lieux, Commandant de cavalerie dans le régiment de
'ontécoulant, marié à noble dame Jeanne DE FORMEVILLE, dont il a eu vingt-
leux enfants, parmi lesquels plusieurs sont au service du roi, est de bonne
t très-vieille noblesse, allié aux personnes les plus considérées de Norman-
ie ; qu'il tient le premier rang parmi la noblesse de l'élection de Lisieux,
ant à cause de sa naissance que de son mérite et de sa grande fortune. Au
ombre des signataires de cet acte se trouve un DE FORMEVILLE, frère de la-
lite dame, Vicomte de Pont-Audemer, Maire perpétuel et Assesseur au
ailliage de Pont-Audemer.

28 avril 1705. Agnès DE FORMEVILLE, par acte passé devant François Le-
énécal, notaire royal héréditaire à Évrecy, constitue sur le sieur Gabriel
u PREY une rente hypothèque de cent livres. — Franchissement de cette
ente au capital de deux mille livres, par quittance au pied dudit acte, signée
ar M. de la Louterie, qui avait épousé ladite demoiselle Agnès de Formeville.

14 octobre 1710. Acte passé devant Adrien Picquot, Garde-note du Roi
u bailliage d'Orbec pour le siége de Glos-sur-Lisieux, par lequel demoiselle
gnès DE FORMEVILLE donne en rente et constitution à Jean-Baptiste Lesueur,
a somme de trois mille six cents livres.

20 décembre 1713. Acte de dépôt fait aux mains de Jean Blondel, notaire
arde-note royal à Lisieux, du contrat de mariage entre Jean-Guillaume DE
AYSANT, sieur de la Louterie, Garde de Son Altesse Royale monseigneur
uc d'Orléans, et demoiselle Agnès-Françoise DE FORMEVILLE, fille de Pierre
e Formeville, Conseiller du Roi, Maire perpétuel et Vicomte de Pont-
udemer, en date du 10 juin 1711.

12 décembre 1727. Deux chanoines sont députés par le chapitre pour accéder une pièce de terre du sieur DE FORMEVILLE, sur le trait Millouet (à Saint-Désir de Lisieux), pour visiter son plan, et s'il est suffisant à payer dîme pour tenir lieu de la novale pour laquelle il paye annuellement au chapitre. (Registre du chapitre de la cathédrale de Lisieux; délibérations.)

4 novembre 1736. Dépôt aux mains de Henry Thorel et Jean Brunet, tabellions royaux en la Vicomté d'Auge, pour le siége de Cambremer et de Crèvecœur, du contrat de mariage de François DE BLANCARD, Écuyer, sieur de Montbrun, Garde du corps du Roi, et demoiselle Marguerite-Françoise DE PAYSANT, fille de Jean-Guillaume de Paysant, Écuyer, sieur de la Louterie, aussi Garde du corps, et de dame Agnès-Françoise DE FORMEVILLE, daté du 1er mars précédent.

3 juillet 1772. Reconnaissance du sieur Yon, envers M. DE FORMEVILLE, preneur solidaire (caution) d'un capital de rente envers la confrérie de l'église paroissiale de Saint-Germain de Lisieux, constitué par acte devant Me Daufresne, notaire en ladite ville.

Cette ancienne famille a pour chef actuel :

Henri DE FORMEVILLE, Conseiller à la Cour d'appel de Caen, ex-secrétaire de la Société des antiquaires de Normandie, Correspondant du ministère de l'instruction publique pour l'histoire de France, Membre de plusieurs sociétés savantes, etc., fils d'Adrien-Benjamin de Formeville, Chevalier de la Légion d'honneur, ancien Maire de la ville de Lisieux, ancien Membre du Conseil général du Calvados, mort en 1860, et de dame Henriette LE FEBVRE DU HAZERAY. Il a épousé en 1828 mademoiselle Aimée DE FITTE DE SOUCY, fille du Marquis de ce nom, ex-Secrétaire d'ambassade, fils et petit-fils de mesdames de Soucy et de Mackau, ex-Sous-gouvernantes des Enfants de France. De ce mariage sont issus :

1° Adèle DE FORMEVILLE;
2° Louise DE FORMEVILLE, mariée à M. BOREL, Ingénieur des ponts et chaussées et Chevalier de la Légion d'honneur;
3° Berthe DE FORMEVILLE, mariée à M. CARON DE CROISSY;
4° Xavier DE FORMEVILLE, né en 1840.

ABAQUESNÉ DE PARFOURU

ARMES : *D'azur, à une fasce d'or, accompagné de trois étoiles de même, 2 et 1. — L'écu timbré d'un casque de profil orné de ses lambrequins.*

tablie dans l'élection de Valognes depuis plus de trois siècles, cette maison y a toujours joui parmi la haute bourgeoisie du respect et de la considération de ses concitoyens.

Jean ABAQUESNÉ, Major de la milice bourgeoise de la ville de Valognes, fit enregistrer ses Armoiries à l'Armorial général. (Reg. de la Généralité de Caen, fol. 693. Bibliothèque impériale, section des Manuscrits.) Il avait obtenu des Lettres de noblesse, pour lui et ses descendants à naître en légitime mariage, en récompense des nombreux services rendus dans sa charge.

René ABAQUESNÉ, son fils, fut Conseiller secrétaire du Roi au siége présidial de Valognes ; il eut, entre autres enfants :

Philippe-François-Henri ABAQUESNÉ, lequel fut reçu en 1764 Conseiller-Maître à la Cour des comptes, aides et finances de Normandie. En 1767, après la mort de son parent, BOUSSEL DE PARFOURU, il devint propriétaire et seigneur du fief de Parfouru-sur-Odon (Calvados). De son mariage avec demoiselle Marie DU PREZ, il eut plusieurs enfants, entre autres :

1° Victor-Pierre-Henri ABAQUESNÉ DE PARFOURU, né en 1777, ancien Chef de bataillon dans la Garde Royale, Chevalier des ordres de Saint-Louis et de la Légion d'honneur, retiré du service en 1830 et mort à Coutances le 6 avril 1853, sans postérité;

2° Joseph-René, qui suit :

Joseph-René ABAQUESNÉ DE PARFOURU, Chef actuel de cette famille, né le 23 février 1783, a épousé en 1803 mademoiselle Zoé DE BORDE, dont :

1° Gabriel-Anatole ABAQUESNÉ DE PARFOURU, marié en 1832 à mademoiselle Élisabeth-Clémence ABAQUESNÉ DE PARFOURU, sa cousine germaine, dont un fils et une fille ;

2° Eusébie-Françoise ABAQUESNÉ DE PARFOURU, mariée en 1840 à Henri-Victor DU MESNIL ;

3° Joseph-Théodule ABAQUESNÉ DE PARFOURU, marié en 1845 à mademoiselle DU ROSEL DE SAINT-GERMAIN.

DU ROSEL

ARMES : *De gueules, à trois roses d'argent, 2 et 1.* — Couronne : *De Comte.* — Supports : *Deux lions.*

lacée depuis une époque fort ancienne au nombre des meilleures maisons de la noblesse de la province, la famille DU ROSEL s'est constamment distinguée par ses services dans l'armée, dans le clergé et dans la magistrature.

Maintenue dans sa noblesse d'extraction suivant jugement de Raymond de Montfaut en 1463, elle a eu plusieurs fois depuis lors l'occasion de renouveler ses preuves à cet égard, notamment pour l'admission dans l'Ordre de Malte de Guillaume DU ROSEL, devenu Commandeur dudit ordre vers 1585, et de François DU ROSEL, en 1665; elle fut aussi maintenue par M. de Chamillart, Intendant de la généralité de Caen, par jugement du 11 juin 1666.

Il résulte de documents authentiques et d'un grand nombre de faits historiques puisés dans l'Histoire de Normandie de Gilles La Roque, que cette maison descend de Bertrand, Chevalier, Baron DE BRICQUEBEC, Grand Banneret de Normandie, lequel a possédé un nombre considérable de fiefs et seigneuries, entre autres la belle terre de Beaumont-en-Auge, et a fondé dans les XI° et XII° siècles plusieurs abbayes et hôpitaux; un de ses fils puinés eut en apanage le fief du Rosel, dont il prit le nom, ainsi que cela se faisait à cette époque, et ses descendants ont continué à le porter.

La maison DU ROSEL s'est divisée en cinq branches principales, qui toutes

6*

existaient encore à l'époque de la révolution de 1789, savoir : les DU ROSEL DE VAUDRY, DU ROSEL DE COURSON, DU ROSEL DE MONCHAMPS, DU ROSEL DE BEAU-MANOIR et DU ROSEL DE SAINT-GERMAIN. Cette dernière seule subsiste encore de nos jours.

Elle a fourni, entre autres personnages distingués :

Claude DU ROSEL, Archidiacre de Rouen, Haut-Doyen de Lisieux, Abbé et Baron de Saint-Séver (arrondissement de Vire), Conseiller du Roi en son parlement de Normandie; il procura à sa sœur, demoiselle Avoye DU RO-SEL (1), religieuse, le moyen de fonder en 1630 la communauté des Ursulines de Vire, bel édifice qui est actuellement l'hôpital Saint-Louis.

Michel DU ROSEL (son frère), Écuyer, seigneur et patron Haut-Justicier de Saint-Germain du Crioult, vivait aussi à cette époque.

En 1693, N. . ., Chevalier DU ROSEL, commandait la cavalerie française à la bataille de Nervinde, et y fit prisonnier le Comte de Solms, général hollandais. Chargé par le Maréchal de Luxembourg de traiter avec son prisonnier, il le fit si généreusement que celui-ci, transporté d'admiration, ne put s'empêcher de lui dire : « Ah! Monsieur DU ROSEL, quelle nation est la « vôtre; vous combattez comme des lions et vous traitez vos ennemis comme « vos meilleurs amis (2). »

Deux autres Officiers généraux du nom de DU ROSEL sont cités dans les Mémoires des campagnes de Villars, du Maréchal de Luxembourg et dans le Journal des campagnes du Roi Louis XIV.

Charles DU ROSEL DE COURSON était Officier supérieur en Vendée, où il fut tué, les armes à la main.

Victor DU ROSEL DE VAUDRY est décédé sans postérité, et sa veuve vient de mourir en 1861.

N. . . . . DU ROSEL DE MONCHAMPS était Officier de Dragons et Chevalier de Saint-Louis en 1780, époque à laquelle la branche du Rosel de Saint-Germain était représentée par trois frères, dont deux, Capitaines au régiment de Saintonge et Chevaliers de Saint-Louis, ont fait les campagnes d'Amérique; l'aîné, Louis-Joseph-Jacques, devint Lieutenant-Colonel.

Enfin Philbert DU ROSEL, Comte DE BEAUMANOIR, fut le personnage le plus marquant de sa famille dans les temps modernes. Né en 1715, il devint Lieutenant Général des Armées du Roi, Grand-Croix de Saint-Louis, et com-

(1) Dans l'ouvrage de Dom Chevalier, religieux bernardin, sur la vie de François Eléazar, fondateur des Capucins, à Vire, il est parlé d'Avoye DU ROSEL et de la haute position de cette famille à l'an 1600. Il en est aussi fait mention dans la Gallia christiana (tome XI, p. 812).
(2) Ce fait historique est confirmé dans les Lettres de Racine, dans les Annales de l'Encyclopédie et dans le Dictionnaire des grands hommes (art. Luxembourg).

mandait en Corse, province où il lui fut donné de protéger l'enfance de Napoléon, qui plus tard l'honora de son estime et de sa reconnaissance, lui accorda une pension de 12,000 francs et ne parlait jamais qu'avec émotion du général DU ROSEL (1).

Il comparut à l'Assemblée générale des Gentilshommes pour l'élection des députés aux États généraux en 1789, au bailliage de Vire, pour son fief de Montilly et à celui de Caen, pour son fief de Bonnemaisons; de plus ce fut lui qui organisa à Caen une coalition pour délivrer l'infortuné Roi Louis XVI, coalition à laquelle se réunirent beaucoup de gentilshommes normands.

A sa mort, arrivée en 1806, l'Empereur ordonna que les plus grands honneurs lui fussent rendus.

Les bornes de cette notice ne nous permettent pas de relater ici la filiation des diverses branches de cette maison dont, du reste, quatre sont éteintes, ainsi que nous l'avons dit plus haut; nous donnerons cependant très-brièvement la filiation de la branche de Saint-Germain, qui s'est continuée jusqu'à nos jours. Cette filiation régulière et non interrompue, établie sur des documents authentiques, commence à :

I. — Raoul DU ROSEL, Écuyer, vivant en 1425, lequel a épousé noble damoiselle Jeanne DU MERLE DE MONTFAUT, dont il eut deux fils :

1° Raoul DU ROSEL, auteur de la branche de VAUDRY (éteinte);
2° Jean, qui suit :

II. — Jean DU ROSEL, Écuyer, seigneur et patron de la Motte, Conseiller du Roi et Lieutenant général au bailliage de Vire, a épousé demoiselle Jacqueline DE LA MARRE DE BRANQUEMARRE, d'où vint :

III. — Léon DU ROSEL, marié à Jeanne DE BOISYVON, qui l'a rendu père de plusieurs enfants, entre autres :

IV. — Michel DU ROSEL, Écuyer, seigneur et patron de la Motte, de Vaudry, de Saint-Germain et autres lieux, vivant en 1605, lequel a épousé noble demoiselle Jeanne DE LA RIVIÈRE. De ce mariage est issu :

V. — Charles DU ROSEL, Écuyer, seigneur de Saint-Germain et de la Motte, né le 30 septembre 1618, a été maintenu dans sa noblesse d'ancienne extraction en l'élection de Falaise, par jugement du 11 juin 1666. De son mariage avec noble demoiselle Anne DE CHANTEPIE, sont nés plusieurs enfants, l'aîné :

(1) Il existe à ce sujet une lettre très-curieuse, rapportée dans les mémoires sur Napoléon par *Bourienne* (vol. IV, chap. XI, p. 182).

VI. — Guillaume DU ROSEL, Écuyer, seigneur de Saint-Germain, de la Motte et autres lieux, Major de cavalerie au régiment Royal-Cravate en 1700, lequel a épousé noble demoiselle Marie DE PREPETIT DE LA RUE, est mort âgé de cinquante-huit ans, le 28 juin 1725. De ce mariage est né :

VII. — Jacques DU ROSEL, Écuyer, seigneur de Saint-Germain, etc., qui de son mariage avec noble demoiselle Suzanne LE CORDIER DE BON eut plusieurs enfants, entre autres :

1° Louis-Joseph-Jacques DU ROSEL DE SAINT-GERMAIN, Lieutenant-colonel d'infanterie, né le 13 juillet 1745, assista à l'assemblée des gentilshommes convoqués pour les États-Généraux, à raison de son fief de Saint-Germain de Crioult (procès-verbal du 17 mars 1789). Son parent, M. DU ROSEL DE VAUDRY, y fut convoqué également, à raison de son fief de Vaudry, et y fut représenté par M. DE CHEUX DE SAINT-CLAIR. Il est mort à quatre-vingt-deux ans en 1827;

2° Gilles-Jacques-Léon DU ROSEL DE SAINT-GERMAIN, né en 1747, capitaine au régiment de Saintonge, chevalier de Saint-Louis, mort célibataire;

3° François, qui suit :

VIII. — François DU ROSEL DE SAINT-GERMAIN, né le 25 octobre 1757, a épousé par contrat du 19 septembre 1789 mademoiselle Louise d'ESTANGER, fille de messire Jacques d'Estanger, chevalier, major d'infanterie, commandant en chef la division des Gardes-Côtes d'Avranches. De ce mariage sont issus :

1° Auguste-Louis-Philbert, qui suit ;

2° Théodore DU ROSEL, professeur de théologie au séminaire de Saint-Sulpice, mort à l'âge de vingt-six ans.

IX. — Auguste-Louis-Philibert DU ROSEL DE SAINT-GERMAIN, Chef de nom et d'armes de sa famille, est né le 3 novembre 1790. Il a épousé par contrat du 26 mai 1818 mademoiselle Désirée DRUDES DE CAMPAGNOLLES, issue d'une ancienne famille de la province, qui l'a rendu père des cinq enfants ci-après :

1° Théodore DU ROSEL DE SAINT-GERMAIN, né le 13 juillet 1820, marié à mademoiselle Anna THOMAS DES CHÈNES, d'où :

    A. Charles DU ROSEL DE SAINT-GERMAIN ;

    B. Marthe DU ROSEL DE SAINT-GERMAIN ;

2° Augustine DU ROSEL DE SAINT-GERMAIN, mariée le 5 mai 1843 à M. Théodule ABAQUESNÉ DE PARFOURU;

3° Marie-Antoinette DU ROSEL DE SAINT-GERMAIN, mariée le 25 juin 1850 à Étienne-Léon QUENTIN DE COUPIGNY, dont deux fils.

4° Fanny DU ROSEL DE SAINT-GERMAIN ;

5° Anatolie DU ROSEL DE SAINT-GERMAIN.

JOLIVET DE COLOMBY

Armes : *D'azur, à un chevron d'or, chargé de trois croissants de sable, et accompagné de trois glands d'or.* — Couronne : *De Comte.* — Supports : *Deux lions.* — Devise : *Nunquam retro.*

Originaire de la province de Bourgogne, cette maison, connue en Normandie depuis le XVe siècle, y a été maintenue dans sa noblesse en 1667, par jugement de M. de Chamillart, en l'élection de Caen.

La famille JOLIVET dont la branche aînée, celle d'Andouville, s'est éteinte à la Révolution (1), a possédé les fiefs d'Andouville, de Bâly, de Colomby, de Préaux, etc., et s'est toujours distinguée dans l'armée, l'église et la magistrature.

Robert JOLIVET, élu Abbé du Mont-Saint-Michel en 1410, s'y enferma et s'y défendit vaillamment pendant neuf ans contre les attaques réitérées des Anglais (*Histoire du Mont-Saint-Michel*, par dom Huyne). Ses armes, qui sont celles décrites en tête de cette notice, étaient gravées sur quelques pièces d'argenterie du trésor de l'abbaye du Mont-Saint-Michel; de plus elles étaient peintes sur les carreaux de la grande vitre au-dessus du maître-autel de l'ancienne chapelle du collége du Mont à Caen (Huet, *Origines de Caen,* pages 262, 274 et suivantes, et *Mont-Saint-Michel historique,* par le Héricher, page 62 et suivantes).

C'est Robert JOLIVET qui, à l'approche des Anglais, fit élever, pour la

---

(1) Mademoiselle DE JOLIVET D'ANDOUVILLE, dernière représentante de la branche aînée, et mariée au Comte DE CRESSY, mourut sur l'échafaud révolutionnaire en 1793.

léfense du Mont-Saint-Michel, l'enceinte de tours et de bastions qu'on y
roit encore de nos jours, et il fit apposer ses armoiries sur ces hautes et
ortes murailles (*Histoire du Mont-Saint-Michel*, par l'abbé des Roches,
ome II, page 136).

Guillaume DE JOLIVET, Écuyer, fils de Léonard de Jolivet, Écuyer, était,
sa mort, Garde du corps du Roi et Chevalier de Saint-Louis.

Son fils, Nicolas-Anne DE JOLIVET, Écuyer, seigneur de Colomby, de
Bâly, de Préaux et autres lieux, célèbre Jurisconsulte, mourut Conseiller
ionoraire au parlement de Rennes. Il eut pour fils :

Pierre-Jean-Nicolas DE JOLIVET, Vicomte DE COLOMBY, Conseiller au par-
ement de Normandie, puis Maître des comptes, marié à noble demoiselle
Catherine Michelle-Jacqueline-Sophie DE PRÉCOURT. Il est mort le 15 février
780, laissant de son mariage :

1° Samuel-Anne DE JOLIVET, Vicomte DE COLOMBY, né le 26 mars 1765,
nscrit sur la liste officielle des gentilshommes possédant fiefs dans le
rand bailliage de Caen, assemblés le 17 mars 1789 pour l'élection des dé-
utés de la noblesse aux États Généraux, pour ses fiefs de Colomby et de
âly, représenté par M. de Vauquelin, son cousin germain. Il quitta en 1817,
vec le grade de Chef d'escadron et la croix de Saint-Louis, le service des
ardes du Corps dont il était Brigadier, et est mort le 3 novembre 1852. Il
vait épousé mademoiselle Perrine-Blandine-Henriette DE LARGUILLY, dont
n'eut qu'une fille :

A. Sophie-Blandine-Zaïde JOLIVET DE COLOMBY, mariée au Comte Norbert-Louis
D'AURAY DE SAINT-POIS, dont une fille, mariée à M. Eugène, marquis
D'HALWIN DE PIENNES.

2° Nicolas-Hippolyte DE JOLIVET, Chevalier DE COLOMBY (troisième fils),
jousa mademoiselle Marie DE ROZEL, veuve du Comte DE VAUQUELIN DE
ISSY, devenue sa parente par son premier mariage ; puis, en secondes noces,
ademoiselle Marie-Clémentine de GUYON DE VAULOGER (1), née le 22 mars
306, fille de Louis-Guyon de Vauloger et de Louise-Julie DE GOUHIER. Il est
..ort le 27 septembre 1851 dans son château de Barou, après avoir quitté
le service des Gardes du Corps étant Chef d'escadron et Chevalier de Saint-
Louis. De cette dernière alliance sont issus les deux fils ci-après :

1° César-Frédéric DE JOLIVET, Vicomte DE COLOMBY, né le 25 avril 1830, Chef
actuel de sa maison.

2° Jules-Adrien DE JOLIVET, Baron DE COLOMBY, né le 29 juillet 1833.

_____

(1) La famille JOLIVET DE COLOMBY est aussi alliée aux maisons : DE MARESCOT, DE MALHERBE, DE
TORBAY, DE BEAUREPAIRE, etc.

HUE DE CALIGNY

ARMES : *D'azur, à une aigle éployée d'argent* (1), *surmontée en chef de deux étoiles du même.* — Couronne : *De Marquis.* — Supports : *Deux lions.* — Devise : *Ad astra feror.*

ette famille, dont l'origine remonte au XIIIᵉ siècle, ainsi qu'il appert d'une charte donnée en 1250 à l'abbaye de Savigny, par Alexandre Hᴜᴇ (titre original déposé aux archives impériales, fonds de Savigny, n° 848, et scellée de son sceau), est connue sous les noms de Hᴜᴇ ᴅᴇ Cᴀʟɪɢɴʏ, Hᴜᴇ ᴅᴇ Lᴜᴄ et Hᴜᴇ ᴅᴇ Lᴀɴɢᴇ, anciens fiefs sis aux environs de Caen, qu'elle a possédés, et principalement par ses beaux services non interrompus depuis plus de trois cents ans.

Elle a rendu d'importants services sous les derniers Valois, et a fourni des Officiers généraux et autres, dont plusieurs sont morts sur le champ de bataille, des Chevaliers de Malte (2), un Commandeur de l'Ordre de Saint-Louis, ordre dont les officiers du nom ᴅᴇ Cᴀʟɪɢɴʏ ont été décorés depuis la fondation jusqu'aux dernières promotions.

La maison Hᴜᴇ ᴅᴇ Cᴀʟɪɢɴʏ s'est surtout distinguée dans le corps du génie militaire, où, pendant près de deux siècles, elle a dirigé les fortifications de terre et de mer sur une grande étendue des frontières de France. (*Voir les Biographies universelles et les Histoires du corps du génie.*)

La noblesse distinguée de cette maison est surabondamment prouvée, 1° par jugement de Raymond de Montfaut, Commissaire départi par le Roi en 1463; 2° par jugement de M. de Chamillart, en 1666, Intendant de la généralité de Caen, et enfin par divers arrêts du Conseil d'État rendus sous l'ancienne monarchie en faveur des marquis ᴅᴇ Cᴀʟɪɢɴʏ, ès-noms et qualités, Sa Majesté y étant, et les preuves de noblesse établies pour le Marquis Hᴜᴇ ᴅᴇ Cᴀʟɪɢɴʏ, par de Bar et Texier d'Hautefeuille, Grands-Prieurs de l'Ordre de Malte et Députés de la vénérable langue de France à Valognes.

---

(1) Il est à remarquer que sur douze familles du nom de Hᴜᴇ, qui ont existé ou existent encore dans la province, la maison Hᴜᴇ ᴅᴇ Cᴀʟɪɢɴʏ est la seule qui porte une aigle dans ses armoiries.

(2) *Familia* Hᴜᴇ ᴅᴇ Cᴀʟɪɢɴʏ, *a tempore immemorabili est genere nobilis uti dicetur exhibitis publicis scripturis, etc.* (Lettre de Ximenès de Taxada, Grand-Maître de l'Ordre de Saint-Jean-de-Jérusalem, enregistrée à la chancellerie de Malte le 6 juin 1774.)

Nous avons trouvé, dans le cartulaire de Jumiéges, un acte passé le mardi après la Saint-Marc de l'année 1339 par Étienne Hue, Chevalier, et l'on y voit son écusson ; mais la filiation authentique et suivie de cette ancienne famille n'a pu être commencée qu'à partir de :

Pierre Hue, Ier du nom, qui siégea dans une assemblée de noblesse en 1424 ; l'exiguïté de cette notice ne nous permettant pas de donner ici cette filiation, nous renvoyons au *Nobiliaire* de Saint-Allais, tome XXI, et aux *Archives de la noblesse* de Lainé, tome VII ; nous mentionnerons seulement les personnages les plus importants que cette maison a produits :

Antoine Hue de Caligny, Écuyer, et Jean son fils, qui ont contribué à maintenir la ville de Caen sous l'obéissance des Rois Charles IX et Henri III.

Jean-Anténor Hue de Caligny, Écuyer, seigneur de Luc et de Langrune, Directeur des fortifications des côtes de Bretagne, maintenu en 1666 par jugement de M. de Chamillart, marié en 1656 à demoiselle Marie de Vauquelin, fille d'Hercule de Vauquelin, Marquis d'Hermanville.

Jean-Anténor Hue de Caligny, Brigadier des Armées du Roi dans le corps du génie, Commandeur de l'Ordre royal et militaire de Saint-Louis, Directeur des fortifications des Flandres françaises et espagnoles, mort en 1731.

Hercule Hue de Langrune, Brigadier des Armées du Roi, Directeur des fortifications des places et ports de Normandie (voyez sa biographie dans la Chronologie et histoire militaire de *Pinard*, tome VIII, page 330).

Antoine Hue de Luc épousa Anne de Dreux ; il fut ingénieur en chef, puis lieutenant des maréchaux de France en 1704.

Louis-Roland Hue de Caligny, Brigadier des Armées du Roi, Directeur des fortifications, Fondateur de l'ancien port de Cherbourg. Auteur du Traité de la défense des places fortes.

La maison Hue de Caligny a pour chef actuel :

Anatole-François Hue, Marquis de Caligny (1), marié le 2 décembre 1854 à mademoiselle Marie Levieux de Droosbeke, issue d'une famille noble et hautement alliée de Belgique, et fille de Louis Levieux de Droosbeke et de dame Marie de Nachtegael.

Sa sœur, mademoiselle Élisabeth Hue de Caligny, chanoinesse du chapitre de Munich, est veuve de M. Charles-Armand, marquis de Sailly.

---

(1) M. le Marquis de Caligny a publié plusieurs volumes de mémoires militaires du maréchal de Vauban et des ingénieurs Hue de Caligny, ses ancêtres. (Extrait de ses papiers de famille.)

DE PARDIEU

ARMES : *D'or, au lion couronné de gueules.* — Couronne : *De Marquis.* — Supports : *Deux lions.*

onnue en Normandie depuis plus de sept siècles, la maison DE PARDIEU est une des plus honorables et des plus anciennes familles nobles de France. Outre les mariages contractés par tous ses membres avec des maisons illustres, elle se glorifie d'avoir été alliée deux fois avec la famille royale de France : la première, par le mariage de Nicolas DE PARDIEU, Chevalier, Baron de Boudeville et d'Escotigny, avec damoiselle Autreberte DE PISSELEU, fille de Jean de Pisseleu, Chevalier, et de haute et puissante dame Jeanne DE DREUX ; la seconde, par le mariage de François-Louis-Joseph DE PARDIEU, aïeul du chef actuel de la famille, avec demoiselle Gabrielle-Élisabeth DE BEAUVAU.

Eustache DE PARDIEU, le premier de cette famille cité dans les anciennes chartes, fit partie de la troisième Croisade (1190). Son existence est constatée par un titre original sur parchemin de ladite année ; par suite de cette charte authentique, la famille aurait le droit de réclamer l'inscription de ses Armoiries à la salle des Croisades au Musée de Versailles.

Nous citons ici les personnages les plus importants que les diverses branches de la maison DE PARDIEU ont produits :

Henri DE PARDIEU, vivant en 1195, était Évêque de Bayeux.

Henri DE PARDIEU, II° du nom, Chevalier sous le règne de saint Louis (1260), a fondé les Cordeliers d'Évreux; il fut enterré, ainsi que sa femme, devant le maître-autel de cette église.

Jean DE PARDIEU figure dans une montre d'armes passée en 1271.

Nicolas DE PARDIEU, Gouverneur de la ville et du Comté d'Eu, auquel Henri V, Roi d'Angleterre, rendit, par une charte de l'année 1419, tous les biens qui lui avaient été confisqués.

1585. — Guy DE PARDIEU, Gentilhomme ordinaire de la Chambre du Roi.

1687. — Jacques DE PARDIEU, Chevalier, seigneur de Franquesnoy, premier Lieutenant du Roi dans l'île de Saint-Domingue.

1730. — Philippe DE PARDIEU, Marquis d'Avrémenil, Colonel d'infanterie et Chevalier de Saint-Louis.

1723. — Philippe DE PARDIEU, son fils, Chevalier, mousquetaire de la Garde du Roi.

1738. — François-Louis-Joseph DE PARDIEU, Comte d'Avrémenil, Inspecteur des Côtes maritimes de la Haute-Normandie.

1755. — Charles DE PARDIEU, Chevalier de Saint-Louis, commandait pour le Roi l'île de Saint-Domingue.

1766. — Louis-Élisabeth, Marquis DE PARDIEU, Colonel aux Grenadiers de France, puis Maréchal de Camp.

Guy-Félix, Comte DE PARDIEU (de la branche de Berteville), Capitaine au régiment de Guienne, fut député de la noblesse de Picardie aux États Généraux en 1789.

Enfin, Félix-Alexandre-Louis, Comte DE PARDIEU, fut Page de S. M. le Roi Charles X.

Parmi les maisons où la famille DE PARDIEU a pris ses alliances, nous citerons celles :

De Dreux, de Beauvau, de Chenevelles, de Bailleul, d'Osmond, de Villars de Brancas, Le Veneur, de Montigny, de Clercy, du Mesniel de Sommery, de Canouville, de Saint-Fulgent, de Berthier, d'Auger, de Maillet, de Houdetot, de Vigan, Le Long de Vadancourt, d'Yzarn de Freissinet, de Maillet, d'Ollone, etc., etc.

Les bornes de cette notice ne nous permettant pas de donner la filiation suivie de ces diverses branches, nous renvoyons au *Livre d'Or de la Noblesse* (Tome II, pages 87 et suivantes), où elle se trouve en entier, sauf quelques changements que nous allons mentionner, survenus depuis la publication de la généalogie de cette famille.

La branche aînée (1) d'Avrémenil a eu pour auteur :

Nicolas DE PARDIEU, IIIᵉ du nom, Chevalier, seigneur d'Avrémenil, de Mezy, de Villepoix et autres lieux. Elle était représentée au commencement de ce siècle par les quatre fils de Louis-Élisabeth, Marquis DE PARDIEU, Maréchal de Camp, Chevalier de Saint-Louis, etc., et de dame Élisabeth D'ARQUISTADE DE SAINT-FULGENT, savoir :

1° Louis-Joseph-Élisabeth-Centurion, Marquis DE PARDIEU, ancien Page du Roi Louis XVIII, marié à Bernardine DE BERTHIER, mort le 12 mars 1860, laissant deux filles :

A. Stéphanie DE PARDIEU, mariée au Vicomte Alexandre D'AUGER,

B. Caroline DE PARDIEU, mariée au Baron Jules DE COUBERTIN ;

2° Charles, Baron DE PARDIEU, mort célibataire ;

3° Valentin-Christophe-Marie, qui suit ;

4° Victor-Antoine-Élisabeth, auteur de la branche cadette rapportée plus loin.

Valentin-Christophe, Comte DE PARDIEU, Officier de cavalerie, Chevalier de Saint-Louis, né en 1770, mort à Lisieux en 1850. Il avait épousé mademoiselle Anne-Eugénie DE VIGAN, qui l'a rendu père de :

1° Anatole, qui suit ;

2° Albert, Comte DE PARDIEU, ancien élève de l'École polytechnique ;

3° Eugène-Alexandre, Vicomte DE PARDIEU, marié : 1° à mademoiselle Hélène DES MOUTIS, et 2° à mademoiselle Élise DE BULLY, dont une fille :

A. Valentine DE PARDIEU.

Anatole, Marquis DE PARDIEU (à la mort de son oncle, Louis-Joseph-Élisabeth-Centurion, Marquis DE PARDIEU, décédé le 12 mars 1860), chef de nom et d'armes de sa famille, Chevalier de l'Ordre de la Légion d'honneur, ancien élève de l'École polytechnique et Officier d'artillerie, a épousé mademoiselle Mathilde D'YZARN DE FREISSINET.

_____

(1) Deux branches, celles d'Assigny et de Maucomble, aînées de celle-ci, sont éteintes.

BRANCHE CADETTE.

Victor-Antoine-Élisabeth, Comte DE PARDIEU, né le 6 mai 1772, ancien Page du Roi Louis XVI, Chevalier de Saint-Louis, marié en 1804 à mademoiselle Appoline DE MAILLET, est mort au château d'Écrainville, le 18 octobre 1855. De son mariage sont issus :

1° Charles-Louis-Étienne, qui suit ;

2° Alphonse-Bernardin-Victor, Vicomte DE PARDIEU, né en 1815, marié en 1849 à mademoiselle Edwige LE FILLEUL DES GUERROTS, d'où :

    A. Gaston DE PARDIEU, né le 1er décembre 1850;

    B. Francine DE PARDIEU, née le 1er décembre 1851 ;

3° Émile DE PARDIEU, né en 1825, marié en 1860 à mademoiselle Léontine DE LA ROUVERAYE DE SAPANDRÉ ;

4° Claire DE PARDIEU.

Charles-Louis-Étienne, Comte DE PARDIEU, né le 8 janvier 1811, a épousé en janvier 1842 mademoiselle Césarine DE HOUDETOT, morte sans enfants en 1844; et en secondes noces, le 14 février 1854, mademoiselle Ernestine DE LA BOUTRESSE, qui l'a rendu père de :

1° Henri DE PARDIEU, né le 26 mars 1855;

2° Robert DE PARDIEU, né le 19 octobre 1857.

BRANCHE DE BERTEVILLE.

Cette branche de la famille, issue de celle des seigneurs DE CROISSET, éteinte dans les mâles en 1780, resta longtemps aux colonies. Elle était représentée au commencement de ce siècle par :

Félix-René-Marie, Comte DE PARDIEU, Aide de Camp du Lieutenant Général Comte d'Ollone, qui a épousé le 11 octobre 1809 mademoiselle Gabrielle-Pauline D'OLLONE, d'où vinrent :

1° Félix-Alexandre-Louis, qui suit ;

2° Mathilde DE PARDIEU;

3° Henri-Félix-Joseph, Vicomte DE PARDIEU, mort en 1847, sans alliance;

4° Ernest-Félix-Marie, Comte DE PARDIEU, qui a épousé le 3 mai 1854, mademoiselle Sophie-Pétronille D'AMANDRE, dont :

    A. René-Marie-Félix DE PARDIEU;

    B. Édouard-Marie DE PARDIEU;

    C. Marie-Félix DE PARDIEU.

Félix-Alexandre-Louis, Comte de Pardieu, ancien Page du Roi Charles X, se maria à Bruxelles, le 16 mai 1842, avec mademoiselle Pauline-Marie-Isabelle des Manet de Boutonville. De ce mariage sont nés trois enfants :

1° Tancrède-Félix-Marie de Pardieu ;
2° Jeanne de Pardieu ;
3° Olga de Pardieu.

———

Il y a eu en Flandre une autre branche de la maison de Pardieu, qui s'y est fort distinguée par ses exploits militaires. Nous citerons entre autres parmi ses membres :

Jean de Pardieu, seigneur de la Motte (en Artois), mort le 24 décembre 1554 et inhumé dans la chapelle de Sainte-Catherine en l'église des religieux Dominicains de Saint-Omer, où l'on voit encore son épitaphe. Il eut pour fils :

Valentin de Pardieu, seigneur de la Motte, Comte d'Esquelbecque, Général commandant en chef les armées du roi Philippe II dans les Pays-Bas, puis celles des États Généraux de Flandres, tué au siége de Dourlens en 1595. Son corps fut d'abord transporté à Arras, ensuite à Saint-Omer et enfin à Gravelines, dont il avait été gouverneur pendant vingt-deux ans ; il y fut enterré avec pompe dans le chœur de l'église de Saint-Vilbrod, où l'on voit encore son épitaphe au bas d'un superbe mausolée de marbre blanc, environné de huit écussons représentant ses armes et ses alliances. L'ouvrage de M. de Thou, les Mémoires de Sully, le P. Daniel et l'Histoire des guerres de Flandres par le cardinal Bentivoglio parlent longuement de Valentin de Pardieu qui a fondé le collége de la Motte, à Douai, pour les enfants de Gravelines et de ses terres.

GERMONT

ARMES : *De gueules, à une épée d'argent, la garde et la poignée d'or, posée en bande et passée en sautoir avec une masse d'armes aussi d'or. — L'écu timbré d'un casque de Chevalier orné de ses lambrequins.*

Originaire de l'Orléanais, la famille GERMONT est venue s'établir en Basse-Normandie au XVe siècle; Jean GER-MONT, Écuyer, y vint à la suite du Duc d'Alençon, frère du Roi, s'y établit et fit bâtir l'église de Passais (près Dom-front). Sa postérité directe ne nous est pas connue, vu que les titres et actes de cette famille furent détruits, comme tant d'autres, lors des guerres qui dévastèrent la province au temps de la Ligue, de sorte que la filiation authentique n'a pu être commencée qu'à partir de : .

Jacques GERMONT, Écuyer, sieur de la Vente, vivant vers 1569, lequel eut deux fils, auteurs de deux branches principales :

La première eut pour auteur Pierre GERMONT, dont les descendants directs furent :

Pierre GERMONT, sieur de Mesnigoufier ;
Guillaume GERMONT, sieur de Pontfoucault ;
Christophe GERMONT, Procureur à Rouen en 1620.

Nicolas DE GERMONT, Avocat au parlement de Rouen, lequel fit enregistrer ses Armoiries à l'Armorial Général, établi par é lit du Roi du 4 novembre 1696. (Bibliothèque impériale, section des manuscrits, Généralité de Rouen, reg. 19, fol. 121.)

De Nicolas DE GERMONT sont issus deux enfants :

1° Nicolas DE GERMONT, Président au Bureau des finances ;
2° Christophe DE GERMONT, Conseiller au parlement de Rouen, mort en 1763, âgé de quatre-vingts ans , dont postérité.

Guillaume GERMONT, Écuyer, sieur de la Vente, est l'auteur de la deuxième branche, seule existante aujourd'hui ; il vivait en 1573, et eut deux fils :

1° Hector GERMONT, sieur de la Vente, qui fit bâtir en 1606 la maison de la Vente, où l'on voit encore aujourd'hui, au-dessus d'une des cheminées de la maison, cette inscription : **1606**. IHS. M. HECTOR GERMONT. (et ses armoiries, *une épée et une masse d'armes en sautoir*). Il eut, entre autres enfants, une fille :

A. Anne GERMONT, mariée à messire Henry LAISNÉ, Écuyer, seigneur DE TORCHAMPS.

2° Jacques, qui suit :

Jacques GERMONT, Écuyer, sieur de la Corbière et seigneurie de Crinais, Conseiller, Secrétaire du Roi en 1612, mort le 18 juillet 1644, et inhumé en l'église de Passais, où l'on voit encore son tombeau sur lequel sont gravées les armoiries de la famille. Il eut plusieurs enfants, entre autres :

Siméon GERMONT, sieur du franc-fief, terre noble, et seigneur de Crinais, né à Passais le 8 octobre 1635, marié à demoiselle Anne MOREAU DU PAS, mort à Saint-Fraimbault le 14 novembre 1704. Il fit aussi enregistrer ses Armoiries en 1696 à l'Armorial Général. (Reg. de la Généralité d'Alençon, folio 483) (1). De son alliance sont nés cinq enfants, entre autres :

Siméon GERMONT, II° du nom, Écuyer, sieur du Bignon , Docteur en médecine, né à Saint-Fraimbault le 28 février 1688, marié à demoiselle Françoise-Marie DU TERTRE, et mort à Passais le 7 décembre 1749, laissant de son mariage les quatre enfants ci-après :

1° Siméon GERMONT, sieur de la Guérinière, Procureur à Domfront le 25 avril 1745 ;
2° Charles GERMONT, mort jeune ;
3° Louis GERMONT, prêtre ;
4° Michel, qui a continué la descendance.

(1) Elles sont telles que nous les avons décrites en tête de cette notice.

Michel GERMONT, sieur de la Roirie, né à Saint-Fraimbault le 17 août 1729, a épousé par contrat du 23 février 1757 demoiselle Anne QUEUDE-VILLE, et est mort à Passais le 25 janvier 1782, laissant deux enfants :

 1° Louis, qui suit;

 2° Urbain GERMONT, né à Domfront, le 27 janvier 1767, mort le 29 mai 1842, a épousé le 20 juillet 1801 mademoiselle Adélaïde-Marie-Louise LE ROY-DUFOUGERAY, dont deux enfants :

  A. Thomas-Urbain GERMONT, né le 4 août 1805, propriétaire à la Guérinière, commune de Passais (aujourd'hui Passais-la-Conception), veuf de mademoiselle Constance HUBERT-DESVI-LETTES;

  B. Aglaé GERMONT, mariée à M. Théophile AMIARD-FORTINIÈRE, maire de Passais-la-Conception (Orne).

Louis GERMONT, né à Domfront, le 8 janvier 1762, a épousé mademoi-selle Jeanne ALEXANDRE DE LESBOIS. Il est mort à Lesbois le 22 avril 1816, laissant de son mariage une fille et un fils :

 1° Zoé GERMONT, mariée à Lesbois à M. Jean RENAULT;

 2° Exupère, qui suit :

Exupère GERMONT, né à Lesbois le 30 mai 1795, marié à demoiselle Françoise MILARD, mort le 10 novembre 1850. De cette alliance sont issus quatre enfants : Constant, Zacharie, Constance et Exupère GERMONT.

REGNAULT DE BOUTTEMONT

ARMES : *D'argent, à une croix ancrée de sable. — L'écu timbré d'un Casque orné de ses lambrequins.*

ette maison, une des plus anciennes de l'élection de Saint-Lô, a possédé dans les temps les plus reculés presque tout le bourg de Tessy, et y a fourni constamment des Baillis, ainsi qu'à Thorigny. Un des membres de cette honorable famille a acheté le fief noble de Bouttemont, à Domjean, relevant de l'abbé du Mont-Saint-Michel; la date de cette acquisition est tellement ancienne que les titres en sont perdus; depuis plusieurs siècles ce fief est la résidence de la famille, dont les membres jouissaient de tous les droits seigneuriaux y attachés : droits colombiers, de chapelle, de banc seigneurial, de chasse, etc...; les droits de pêche surtout étaient très-considérables et s'étendaient depuis Fourneaux jusqu'aux moulins de Vire, près Saint-Lô (étendue de plusieurs lieues). Quant au droit de chapelle, la famille REGNAULT DE BOUTTEMONT possédait très-anciennement une chapelle particulière au domaine de Bouttemont, autorisée d'abord par monseigneur de Lorraine, Évêque de Bayeux, ensuite le 5 décembre 1735 par monseigneur de Luynes, en faveur de Jean-Baptiste REGNAULT, Écuyer, Capitaine des gardes de la Prévôté, puis le 8 janvier 1744 en faveur de Jacques REGNAULT, Bailli de Tessy, en 1777 par Monseigneur de Caylus, en faveur de Pierre REGNAULT DE BOUTTEMONT; et enfin le 16 décembre 1806 par monseigneur Rousseau, Évêque de Cou-

7

tances, en faveur de Jean-Baptiste-Pierre REGNAULT DE BOUTTEMONT, grand-père du chef actuel de cette maison.

Parmi les documents épars qui nous ont été soumis, nous avons pu constater l'existence de :

Guillaume REGNAULT, en faveur duquel eut lieu le renouvellement d'un droit de sépulture et de banc dans l'église de Tessy, qui prouve l'ancienneté de cette maison, car il y est dit : « Le droit de sépulture que le dit Regnault a de tout temps immémorial, et comme ses ancêtres l'ont possédé suivant actes, l'un du 14 mai 1417, l'autre du 4 mai 1530. » (*Titres originaux aux archives de la famille.*)

Didier REGNAULT, Écuyer, seigneur de Montfermerel, de Bouttemont, de Domjean et autres lieux, qui fit enregistrer ses Armoiries à l'Armorial général établi par l'édit royal de l'année 1696. (Bureau de Saint-Lô, Généralité de Caen, reg. 20, fol. 103.)

Pierre REGNAULT, Écuyer, frère du précédent, Receveur du Prince de Matignon, a épousé demoiselle Françoise LE MARCHAND DE HAUTERIVE. Il fit ériger une croix sur le pont de Tessy en l'année 1680 ; elle existait encore avec ses initiales il y a à peine dix ans. Il eut pour fils :

Jean-Baptiste REGNAULT, Écuyer, seigneur de Bouttemont, conseiller au bailliage de Thorigny, le 27 juillet 1697, qui fut aussi Bailli de Tessy ; il a épousé demoiselle Catherine RIGNOUF DE CHANTEPIE DE FINCEL, dont il eut, entre autres enfants :

Jean-Baptiste REGNAULT, II° du nom, Écuyer, seigneur de Bouttemont, Capitaine-Exempt des Gardes de la Prévôté de France, par Commission royale du 1er avril 1719 (titre original aux Archives de la famille), a épousé demoiselle Anne DU MOULIN, dont il eut :

Jacques REGNAULT DE BOUTTEMONT, lequel a été nommé Bailli de Tessy le 29 décembre 1736. De son mariage avec demoiselle Jeanne PASQUET DE LA VALERIE, il eut huit enfants, entre autres :

1° Pierre REGNAULT DE BOUTTEMONT, Écuyer, qui assista à l'assemblée de la noblesse pour les États généraux en 1789, pour son fief de Bouttemont;
2° Jean-Baptiste-Pierre, qui continue la descendance :

Jean-Baptiste-Pierre REGNAULT DE BOUTTEMONT, Écuyer, succéda à son père dans sa charge, et fut dernier Bailli de Tessy ; il réunit la presque totalité des biens de la famille, habita toujours son domaine de Bouttemont, et continua les traditions d'honorabilité de ses ancêtres. Il a épousé demoiselle Françoise POTIER DE GLATIGNY, dont il eut le fils unique qui suit :

Agapithe REGNAULT DE BOUTTEMONT, lequel fut officier dans les gardes nationales mobiles, puis dans les gardes d'honneur, et enfin Maire de la commune de Domjean pendant de longues années ; il a épousé le 7 septembre 1808 mademoiselle Rose-Françoise BAUQUET, alliée aux Grosourdy de Saint-Pierre, aux de Cairon et enfin aux bonnes familles du pays. De ce mariage sont issus trois enfants, savoir :

    1° Alfred REGNAULT DE BOUTTEMONT, mort à 22 ans, le 28 septembre 1831 ;

    2° Léopold-Edmond REGNAULT DE BOUTTEMONT, né le 24 février 1819, mort le 12 juin 1860. Il avait épousé mademoiselle Pauline-Marie VARIN DE LA BRUNELIÈRE, issue d'une ancienne famille de Rennes. De ce mariage sont issus cinq enfants, dont un seul est encore vivant :

      A. Gabrielle-Marie-Léopoldine REGNAULT DE BOUTTEMONT, née à Rennes le 3 mars 1861.

    3° Gustave-Alfred qui suit :

Gustave-Alfred REGNAULT DE BOUTTEMONT, né le 2 décembre 1815, chef actuel de cette maison, Maire de Domjean, résidant au château de Bouttemont, l'ancien manoir seigneurial de sa famille (1), a épousé le 25 novembre 1845 mademoiselle Marie-Sidonie DE MIETTE DE LAUBRIE. De ce mariage sont issus :

    1° Alix-Berthe REGNAULT DE BOUTTEMONT, née en 1852, morte en 1852 ;

    2° Gaston-Edgard-Jean-Baptiste REGNAULT DE BOUTTEMONT, né le 4 janvier 1859.

---

(1) A la place de l'ancien manoir, madame de BOUTTEMONT, la mère, a fait réédifier un joli château moderne.

DE MALARTIC

(MAURÈS)

ARMES : *Écartelé : au 1, d'or, au chef d'azur, chargé de trois étoiles d'or*, qui est de MALARTIC ; *aux 2 et 3, de sable, à l'aigle d'argent, becquée et membrée de gueules*, qui est de MAURÈS ; *au 4 de gueules, plein*, qui est du VIVIER ; *sur le tout : d'argent, à la croix pommetée de gueules, accompagnée aux 2e et 3e cantons d'une molette d'éperon du même.* — Couronne : *De comte.* — Supports : *Deux aigles*

ussi distinguée par ses services militaires que par ses alliances, la famille DE MALARTIC, originaire de l'Armagnac, possède depuis un temps immémorial les prérogatives de la noblesse.

Odon DE MALARTIC, damoiseau, vivant au commencement du XIIIe siècle, est le premier personnage de cette maison qui apparaît dans les chartes, et c'est lui qui commence la filiation authentique et non interrompue pour laquelle nous renvoyons au *Dictionnaire de la Noblesse* de La Chesnaye - des - Bois (t. IX, page 417, et à l'*Annuaire de la Noblesse*, années 1856 et 1862. Cette famille s'est alliée en 1640 à la famille DE MAURÈS, originaire de Guyenne, qui a été maintenue dans sa noblesse par arrêt rendu en faveur d'Anne DE MAURÈS, Comtesse de Montricoux, le 16 juillet 1659.

François DE MAURÈS, Chevalier de Malte, se distingua, de 1604 à 1609, par de brillantes caravanes ; il est mentionné dans le martyrologe de l'ordre de Malte et dans divers autres ouvrages. Nous citerons ici succinctement les personnages les plus importants de cette ancienne maison jusqu'au moment où elle vint habiter en Normandie.

Arnaud DE MALARTIC, Chevalier, fut au nombre des élus chargés de recevoir en 1285 les coutumes du Comté de Fézensac, données par Bernard, Comte d'Armagnac (*Histoire de Gascogne*, par l'abbé Montlézun, t. VI, p. 15).

Jean DE MALARTIC, Capitaine huguenot, rendit de grands services à la cause d'Henri IV.

Amanieu DE MALARTIC joua un rôle important dans les troubles de Guyenne

sous le gouvernement du Duc d'Épernon, et mourut des suites de ses blessures en 1654.

François DE MALARTIC, son fils aîné, était Brigadier de la 1re compagnie
des Mousquetaires du Roi.

Jean-Vincent DE MALARTIC, Comte de Montricoux, substitué aux nom et
armes de Maurès, du chef de sa mère, fut Brigadier des Armées du Roi et
Commandeur de l'Ordre royal et militaire de Saint-Louis. Par Lettres patentes royales du mois de février 1690, il obtint l'autorisation de porter le
nom et les armes de sa mère.

Amable-Gabriel-Louis-François DE MAURÈS DE MALARTIC, Comte de Montricoux, Vicomte de Saint-Antonin, fut premier Président du Conseil souverain du Roussillon.

Anne-Joseph-Hippolyte, Comte DE MALARTIC, Lieutenant général des Armées du Roi, Commandeur de l'Ordre de Saint-Louis le 25 janvier 1792, fut
Gouverneur des îles de France et de Bourbon.

Alexandre-François, dit le Marquis DE MALARTIC, Chevalier de Saint-Louis,
Lieutenant-colonel du régiment de Vermandois en 1765.

Ambroise-Eulalie DE MALARTIC, Chevalier de Saint-Louis, Député de la
noblesse de la Rochelle aux États généraux, Maréchal des camps et armées
du Roi, etc.

Jean-Vincent-Anne DE MAURÈS DE MALARTIC, Chevalier de Saint-Louis, né en
1739, fut Lieutenant du Roi à Nancy en 1792 et Maréchal de camp en 1793.

Louis-Hippolyte-Joseph DE MAURÈS, Comte DE MALARTIC, après avoir servi
à l'armée de Condé, passa en Vendée en 1798, et fut nommé Chef d'État-
major général de l'Armée Royale. Il était, à sa mort, Maréchal de camp,
Commandeur de la Légion d'honneur et Chevalier de Saint-Louis.

La branche établie en Normandie a eu pour auteur :

Amable-Pierre-Hippolyte-Joseph DE MAURÈS, Comte de Malartic, issu au
XVIIIe degré d'Odon DE MALARTIC, Damoiseau, vivant vers 1226. Né en
1765, il fut nommé Conseiller au Conseil souverain de Roussillon, émigra
en Espagne, prit du service dans les Dragons, devint Chef d'escadron et
Aide de Camp du Marquis de Saint-Simon, Gouverneur de Madrid. De retour en France en 1804, il fut nommé Maire de Totes et Membre du Conseil général de la Seine-Inférieure, Colonel de la Garde nationale, et Député
de la Seine-Inférieure, Chevalier de Saint-Louis et de la Légion d'honneur, etc. Il a épousé le 26 juillet 1805 mademoiselle Marguerite-Thérèse
FIQUET D'AUSSEVILLE, qui l'a rendu père des quatre enfants ci-après :

1°. Jean-Hippolyte-Maxime, qui suit ;

2° Edmond-Pierre-Gabriel, vicomte DE MALARTIC, né en 1809, ancien officier d'infanterie, démissionnaire en 1830, marié, le 19 novembre 1839, à mademoiselle Marie-Antoinette-Françoise-Blanche DE VIGNES DE PUYLAROQUE, dont trois enfants ;

3° Odon-Charles, baron DE MALARTIC, né en 1810, marié le 30 mai 1843 à mademoiselle Marie-Augustine DE CLERCY, dont quatre enfants ;

4° Nathalie-Joséphine DE MAURÈS DE MALARTIC, mariée le 8 avril 1834 au comte Ernest DE BROSSES.

Jean-Hippolyte-Maxime DE MAURÈS, Comte DE MALARTIC, Chef de nom et d'armes de la famille, Chevalier de la Légion d'honneur, Membre du Conseil général de la Seine-Inférieure, Maire de Totes, né en 1808, a épousé, le 17 juin 1833, mademoiselle Marie-Victorine-Athanasie-Berthe DE PECHPEYROU DE COMMINGES DE GUITAUT. De cette alliance sont nés :

1° Clotilde DE MAURÈS DE MALARTIC, mariée le 8 août 1854 au comte Louis DE SAINT-BELIN-MALAIN ;

2° Henriette DE MAURÈS DE MALARTIC, mariée le 3 avril 1856 à Charles LOISSON DE GUINAUMONT ;

3° Odette DE MAURÈS DE MALARTIC, mariée le 28 mai 1861 au vicomte Stephen DE BELLOY DE SAINT-LIÉNARD.

Une autre branche de la famille, celle de Fondat, est représentée par :

Charles-Jean-Baptiste-Alphonse, Comte DE MALARTIC, Officier de la Légion d'honneur, qui a été Secrétaire de légation en Prusse, Maître des requêtes au Conseil d'État, Préfet de plusieurs départements, etc. ; il a épousé, le 14 mai 1821, mademoiselle Louise-Laurence-Améline PASQUIER, nièce du Duc Pasquier, Chancelier de France. De cette union il a trois enfants :

1° Jean-Baptiste-Émile-Henri-Camille, comte DE MALARTIC, marié en 1852 à mademoiselle Claire DE NETTANCOURT, dont postérité ;

2° Louise-Amélie-Marguerite DE MALARTIC, mariée en 1847 au vicomte Louis-Marie DE COURSON DE VILLENEUVE ;

3° Marie-Gabrielle DE MALARTIC, mariée le 21 février 1848 à Marie-Auguste LATIMIER-DUCLÉSIEUX.

DE BAUDRE

Une des plus anciennes familles de la province est, sans contredit, la maison DE BAUDRE, qui a donné son nom à la paroisse de Saint-Ouen-de-Baudre, en l'élection de Saint-Lô, et dont l'origine se perd dans la nuit des temps.

Outre l'importante seigneurie de Saint-Ouen-de-Baudre, cette famille a possédé les terres nobles de la Vallée, de Roncheray, d'Armières, du grand et petit Tourneur, de Roncamps, de Noyers, de Saint-Rémy, et un grand nombre d'autres fiefs seigneuriaux.

On trouve parmi s   alliances les maisons : de Balleroy, de Berruyer, du Fayel, de Grainvill   .e Baupte, de Parfouru, de Pierres, Le Chanoine, etc. C'est au commencement du XIIIᵉ siècle que cette antique famille commence à figurer dans les chartes ; l'ancienneté de son origine et sa noblesse d'extraction chevaleresque ont été reconnues à différentes époques : en 1463 lors de la recherche de Montfaut ; en 1523, par sentence de MM. les Élus de Bayeux ; en 1576, par arrêt du Parlement de Rouen ; et enfin en 1666 par jugement de M. de Chamillart, qui maintint Olivier DE BAUDRE, Écuyer, dans tous les priviléges et prérogatives nobiliaires.

Le plus ancien personnage de cette maison qui soit connu d'une manière certaine, par les documents historiques, est :

Guillaume DE BAUDRE, qualifié *miles* (chevalier), dans la charte latine des donations qu'il fit aux Religieux de l'abbaye de Saint-Lô en 1278 (1) ; dans cette charte, on voit qu'il était fils d'autre Guillaume DE BAUDRE, seigneur dudit lieu, qui lui-même fit donation à ladite abbaye, en 1236, d'un demi-acre de terre, jointe à l'aumône qu'il avait déjà faite à l'hôpital de ladite ville de Saint-Lô pour le salut de son âme et de celles de ses ancêtres.

---

(1) *Dictionnaire de la Noblesse*, par La Chesnaye des Bois, tome XIV, page 50.

Geoffroy DE BAUDRE, Écuyer, seigneur dudit lieu, figure dans un acte passé le lundi après Noël, l'an 1346, avec Pierre Hue de Sainte-Croix.

Jean DE BAUDRE, Écuyer, par contrat passé le 17 novembre 1402, devant Pierre de la Lande, Lieutenant général civil, et Jean Le Chien, Vicomte de Coutances, vend dix livres de rentes à Jean Pigny.

Jean DE BAUDRE, II° du nom, Écuyer, seigneur du Roncheray, de la Vallée et autres lieux, servit au ban et arrière-ban sous messire Jean d'Harcourt, Commandant de la noblesse en 1523.

La filiation, depuis lui, qui forme le VIII° degré, est prouvée incontestablement par l'arrêt du Parlement de Rouen du 13 juin 1576, où elle est rapportée en entier et suivant la sentence du bailliage de Saint-Lô du 14 juillet 1713, confirmée par arrêt du 11 décembre 1714.

Augustin DE BAUDRE, vivant en 1743, était Capitaine de Grenadiers au régiment de Rohan et Chevalier de Saint-Louis.

Paul-Henry-Augustin DE BAUDRE, son fils, fut Capitaine de cavalerie; il est mort des suites de ses blessures, sans avoir été marié.

Cette maison s'est divisée en trois branches principales :

La première avait pour chef, à l'époque de la Révolution :

Jacques-Émile-Victor DE BAUDRE, Chevalier, seigneur d'Asnières, du grand et petit Tourneur, Officier au régiment Royal-Roussillon (cavalerie) et Chevalier de Saint-Louis, marié par contrat du 9 novembre 1782 à demoiselle Jeanne-Louise-Félicité DU FAYEL.

La deuxième branche, celle des seigneurs de Soubressin, a encore des représentants, mais nous ignorons où ils habitent.

La troisième, celle des seigneurs de Noyers et de Roncamps, encore existante de nos jours, a eu pour premier auteur :

Jean-Henri DE BAUDRE, Écuyer, seigneur de Noyers et de Roncamps, né le 3 avril 1664, décédé le 9 août 1741.

Elle a pour chef actuel :

Léon DE BAUDRE, né le 3 février 1811, fils d'Hippolyte de Baudre et de dame Joséphine CANTEIL DE CONDÉ. Il a épousé par contrat du 30 août 1836 mademoiselle Octavie-Marie DE CHIVRÉ, dont il n'a pas d'enfants.

DIVIDIS

ARMES : *D'azur, à trois fuseaux d'argent, posés 2 et 1, surmontés d'un lion léopardé du même.* — Couronne : *De Comte.* — Supports : *Deux lions.*

riginaire d'Italie, la famille **DIVIDIS DE SAINT-COME** vint se fixer en France, dans la province de Normandie, vers l'année 1450.

Comme pour tant d'autres familles victimes des désastres de la Révolution, ses titres ont été complétement détruits en 1792, de sorte qu'il est impossible d'assigner une date précise à l'origine de sa noblesse ; non-seulement elle s'est alliée en Normandie, dans le Vendômois, le Berry et la Touraine, aux meilleures maisons, telles que celles : de Tiercelin, de Penthièvre, de Fontenay, de la Fresnaye, etc., mais de plus elle comparut aux États généraux, dans l'ordre de la noblesse, en la personne de Louis-Nicolas DIVIDIS. Voici les derniers représentants de cette ancienne maison :

René DIVIDIS, sieur de Saint-Côme, né vers 1661, décédé à Belhomer, près la Loupe, en 1728, est inhumé dans l'église en sa qualité de seigneur du lieu ; il laissa un fils.

Louis DIVIDIS, Écuyer, sieur de Saint-Côme, lequel habitait Iray, dans le diocèse d'Évreux. Il y mourut, laissant de son mariage avec noble demoiselle Jeanne LAURETTE trois enfants : deux filles et un fils. Le 21 février 1752, il fit appel devant Jacques de Bretigny, Conseiller d'État, Lieutenant général au Bailliage et Vicomté de Verneuil, d'une sentence rendue en la sénéchaussée de Chauvigny, près Iray, les 2 et 16 décembre 1750, pour l'autoriser à défricher des biens précédemment concédés par une Ordonnance royale.

Louis-Nicolas Dividis, Écuyer, né à Iray le 28 novembre 1740, fils du précédent, épousa, le 17 novembre 1767, noble demoiselle Renée-Marie DE TierceLIN, fille de René-Alexandre de Tiercelin, seigneur du Chesnay et autres lieux, et de Louise-Marie DE Fontenay, son épouse, demeurant à Sérigny (canton de Belesme), et arrière-petite-fille de Jean de Tiercelin, Chevalier, seigneur de la Chevalerie et de Romigny, qui fut créé Chevalier par Louis XII, l'an 1509, et de Julie DU Trot, Dame d'honneur de la Reine-Régente, qui la dota de quatre mille écus d'or et de l'usufruit de son château des Tuileries. Le 13 octobre 1771, il fit signifier, par François Grippi, Sergent noble au siége royal de Verneuil, aux habitants et décimateurs de la paroisse d'Iray, qu'il prétendait mettre en valeur des héritages pour satisfaire et jouir des priviléges de la déclaration du Roi du 13 août 1766.

Le siége des États généraux ayant été établi à Belesme, par un décret du roi Louis XVI, en date du 28 février 1789, la noblesse se réunit le 8 avril suivant pour procéder aux élections, et choisit pour député M. le Comte de Puisaye ; M. Louis-Nicolas Dividis prit part à ces élections, et y vota après avoir justifié de ses titres et qualités. (*Chroniques percheronnes*, t. III, p. 300.)

Il mourut à Sérigny, canton de Bellême, en 1825, laissant pour fils :

Louis-Réné-César-Leufroy Dividis, Écuyer, né le 21 juin 1770, à Sérigny, qui a épousé, le 30 nivôse an VII, mademoiselle Élisabeth-Marie DE FonteNAY, veuve en premières noces de messire Claude-Michel DE Réméon, demeurant à Saint-Firmin-des-Prés, canton de Morée. Elle était fille de noble François-César de Fontenay, Écuyer, seigneur de la Guyardière, de la Bellonnière, Torette de la Boucherie, etc., Chevalier de l'Ordre royal et militaire de Saint-Louis, et de noble demoiselle Marie-Anne DE LA Fresnaie DE Beaurepos, demeurant tous deux à Vendôme. Il est mort à Busloup, le 20 octobre 1846, laissant de ce mariage trois fils, savoir :

1° Louis-Auguste, qui suit ;

2° Léopold-Augustin Dividis, né à Saint-Firmin-des-Prés, le 2 octobre 1802, qui a épousé Irène-Charlotte Scourion DE Beaufort, fille de Jules-Mériadec de Scourion de Beaufort et de dame Jeanne-Cécile Ruel DE Belisle. De ce mariage sont issus un fils et une fille :

    A. Arthur-Marie-Dieudonné Dividis, né le 9 septembre 1843 à Saint-Firmin-des-Prés ;

    B. Aline-Marie-Cécile Dividis, née le 31 juillet 1847 à Saint-Firmin-des-Prés ;

3° Réné Dividis, né à Saint-Firmin-des-Prés, en 1805, décédé à Vendôme le 19 octobre 1841, avait épousé mademoiselle Nathalie-Emilie-Cécile Giraudeau de la Noue, fille de Claude Giraudeau de la Noue, Chevalier de Saint-Louis, ancien receveur particulier des finances, et d'Emilie Lejay de Bellefond. De ce mariage est né un fils :

A. Louis-Marie-Dieudonné Dividis, né à Vendôme le 11 janvier 1835.

Louis-Auguste Dividis, Chef actuel de cette famille, né à Vendôme le 26 mai 1801, est actuellement Conservateur des hypothèques. Il a épousé, le 3 février 1829, mademoiselle Célestine-Rosalie Buchet des Forges, fille de Louis Buchet des Forges, Juge de paix, ancien Officier de cavalerie et Membre du Conseil général du Cher, et de Marie-Jeanne-Adélaïde Gressin. De ce mariage sont nés :

1° Ludovic-Anatole Dividis, mort le 13 août 1849 ;

2° Louise-Adèle-Amélie Dividis, née au Noyer (Cher) le 5 janvier 1836, laquelle a épousé, le 24 octobre 1853, à Nogent-le-Rotrou, M. Edme-René-Théodore Cosnard des Closets, procureur impérial à Valognes.

LANGLOIS D'ESTAINTOT

ARMES : *D'azur, à deux croix d'or posées en fasce, accompagnées de trois molettes d'éperon d'argent à cinq pointes, 2 en chef et 1 en pointe.* — Couronne : *De Marquis.* — Supports : *Deux Levriers.* — Devise : *Gloria et fortitudo.*

armi les nombreuses familles du nom de LANGLOIS que l'on trouve en Normandie, celle qui nous occupe se distingue par son ancienneté (1), une résidence constante dans le pays de Caux, et la possession non interrompue des mêmes seigneuries, notamment dans l'enclave des anciennes sergenteries de Cany et de Grainville-la-Tainturière, dépendant du bailliage de Caux (aujourd'hui arrondissement d'Yvetot). Elle est issue des LANGLOIS, Seigneurs de Mauteville, Marquis du Bouchet, Comtes de Mauteville et d'Estaintot, Seigneurs de Berville-sur-Seine, Goderville, Pierrefique, Saint-Pierre-le-Viger, des fiefs Moullinel et Normanville à Manteville, de la Pointe-Baard, Sasseville, Tournethuit, Coqueréaumont, Estaintot, La Roche, Pymont, Courchamp, Haumont, en Haute-Normandie. — Seigneurs du Bouchet, Bonnesson, La Mothe du Pontot, Charency, Chassignoles et autres lieux, en Bourbonnais et Berry.

En 1223, Raoul L'ANGLOIS, seigneur de Mauteville (2), et mari de Julienne DE NORMANVILLE, confirmait les donations que Robert DE NORMANVILLE, Chevalier, son beau-père, avait faites à l'abbaye de Valmont (arch. dép. de la Seine-Inférieure, fonds de Valmont.)

L'Échiquier de 1370 cite Robert L'ANGLOIS son descendant avec la mention « naguères Gouverneur de bailliage de Longueville. » (Échiquier, 1374, p. 37, arch. de la C. Imp. de Rouen).

En 1390, Robert L'ANGLOIS, petit-fils du précédent, seigneur de Maute-

---

(1) Voir sur cette famille : Gabriel Dumoulin, *Catalogue des anciennes familles de Normandie ;* — Laroque, *Histoire de la maison d'Harcourt ;* — De Waroquier, *État de la Noblesse,* 1782 ; — Saint-Allais, *Nobiliaire universel,* t. IX, Vᵒ Langlois d'Estaintot ; — Lainé, *Dictionnaire véridique ;* — De Courcelles, *Nobiliaire.*

(2) Mauteville, selon l'ancienne orthographe, ou Mautheville, selon l'orthographe actuelle, village assis sur la Dourdan, aujourd'hui réuni à Grainville-la-Tainturière, canton de Cany (Seine-Inférieure).

ville, des fiefs Moullinel et Normanville à Mauteville, et de Berville sur-Seine, dans le Roumois, épousait Jeanne DE MAUTEVILLE, issue d'une illustre famille du pays de Caux. Il eut pour fils Jean, seigneur comme lui de Mauteville et de Berville, que les rôles normands de Th. Carte portent en 1420 au nombre des défenseurs du château d'Arques contre Henri V, roi d'Angleterre, et qui épousa Jeanne D'ELLEBEUF vers 1440, à peu près vers l'époque où Jeanne LANGLOIS sa consanguine portait à Robert D'ELLEBEUF les terres de Goderville, de Pierrefique et de Saint-Pierre-le-Viger.

Guillaume L'ANGLOIS, son fils, faisoit hommage à Jacques DE ROUVILLE, seigneur de Grainville-la-Tainturière, le 26 avril 1486, d'un de ses fiefs de Mauteville (arch. dép. de la Seine-Inférieure, fonds de Cany). Il avait épousé Jeanne D'IQUELON, dame de Sasseville, et dans l'état des fiefs du bailliage de Caux dressé en 1503 par ordre de Louis XII, Guillaume LANGLOIS figure pour ses fiefs de Mauteville, Moullinel, Normanville, et Sasseville (arch. dép. de la Seine-Inférieure).

De ses deux fils, le second, Pierre, demeurant à Offranville, se fit maintenir, le 19 juin 1523, par les Commissaires du Roi (arch. dép. Seine-Inférieure), en vertu d'une production de quatre degrés remontant jusqu'à Robert LANGLOIS et JeannedeMAUTEVILLE, production dont la copie est entre les mains de la famille.

L'aîné, Jean LANGLOIS, seigneur de Mauteville, *dit aussi* la Cour de Mauteville et de Tournethuit, eut pour fils Robert, seigneur de Mauteville, qui par son union avec Marguerite D'ORIVAL, issue des seigneurs de Criel et Drosay, donna naissance aux trois branches de Mauteville, du Bouchet et d'Estaintot.

La première, celle des Comtes de Mauteville, s'est éteinte pendant la Révolution (*Saint-Allais*, t. IX, V° Langlois d'Estaintot).

La seconde, celle des du Bouchet, le 1ᵉʳ février 1856 à Paris, par la mort de César-Charles-Florimond DE MAUTEVILLE (1), Marquis du Bouchet, décédé sans enfants de son union avec mademoiselle DE QUELEN, nièce de l'archevêque de Paris de ce nom, et fils du Lieutenant Général Marquis du Bouchet et de madame de Bonneval, issue de la famille des Marquis de Bonneval et de Germigny.

La troisième branche est la seule qui existe encore aujourd'hui. Elle se rattache à Robert, seigneur de Mauteville et à Marguerite d'Orival, par Robert,

---

(1) Une ordonnance royale du 3 juin 1820 avait autorisé les du Bouchet à changer leur nom de Langlois en celui de Mautheville comme descendant de Robert Langlois et de Jeanne de Mautheville, *mariés en* 1390. (*Bull. des Lois*, 1820, p. 965, n° 8865.)

leur troisième fils, seigneur d'Estaintot (1), de la Roche et de Pymont. Voici quels sont les degrés et les alliances de cette branche depuis sa séparation des Mauteville jusqu'à son chef actuel:

Robert Langlois, allié à Catherine de Masseilles des seigneurs de la Court-Fortin en Normandie, et de Fontaine-Milon en Anjou. — Guillaume, époux en 1617 de Marie du Puis, des seigneurs d'Arnouville, Royville et Aiglemesnil. — Gédéon, marié en 1663 à Madeleine du Perron, des seigneurs de Benesville et Canville. Il fut maintenu en 1666 par M. de la Galissonnière avec ses consanguins. (V. Chevillard, Nobil. de Normandie.) — René, marié en 1696 à Angélique Simon, des sieurs des Aoustés, de la Vieusaire et Montigny. — Guillaume-René, marié en 1733 à Marie-Rose Langlois, des seigneurs d'Angiens, de Breteuil et de Louvres. — René-Jean, marié en 1755, à Marie-Anne de Lyvet, des seigneurs d'Arantot et de Sorquainville. — Jean-Baptiste-René-Éloy Langlois, Comte d'Estaintot (à l'extinction de la branche de Mauteville), Chevalier de Saint-Louis, Lieutenant-Colonel, marié en 1790 à Marie-Louise-Henriette-Élisabeth Alexandre de Mongrime; et enfin, Robert-Edmond, aujourd'hui chef de nom et d'armes, Comte d'Estaintot (2), marié en 1831 à Françoise-Aimée Hubert, fille d'un Conseiller à la Cour Royale de Rouen, Chevalier de la Légion d'honneur.

De cette union sont sortis cinq enfants :

L'aîné, Robert-Charles-René-Hippolyte, Vicomte d'Estaintot, a épousé en 1861 Marie-Élise-Émilienne-Stéphanie Robert de Saint-Victor, d'une famille parlementaire qui compte dans sa filiation un doyen de la Chambre des Comptes de Normandie, deux Conseillers au Parlement et un Conseiller du Roi en ses Conseils, Président en la Chambre des Comptes, Aides et Finances de Normandie. Ils ont un fils :

A. Robert-Edmond-Marie-Raoul d'Estaintot, né en 1862.

---

(1) Estaintot était une vavassorie noble assise au hameau de ce nom, dans les paroisses de Mauteville et de Grainville-la-Tainturière, et mouvante du comté de Longueville.

(2) Le Comte d'Estaintot, par ses alliances, se trouve directement apparenté aux meilleures familles du pays de Caux, entre autres les : de Clercy, Bigot, de Pardieu (par ceux-ci aux de Pisseleu et à la maison de Dreux), de Bréauté, de Ricarville, de Brévedent, de Poërier d'Anfreville, Ridel de Plainesevette, Aubery de Paris, et par eux aux de la Trémouille, etc.

DRUDES DE CAMPAGNOLLES

ARMES : *D'or, à la tour de sable, au chef d'azur, chargé de trois roses d'or.* — Couronne : *De Comte.* — Supports : *Deux lions.* — Devise : *Tam fortis quam fidelis.*

Cette maison d'ancienne chevalerie, dont le nom s'est écrit dans les anciennes chartes DRUDES, de RUDES et DRUDAS, est originaire du Comté d'Armagnac, et s'est établie en Normandie depuis le mariage de noble Guillaume DRUDES, Écuyer, avec demoiselle Élisabeth DE TALLEVENDE en 1577.

Il résulte des preuves faites par cette maison pour divers Ordres de chevalerie, et notamment d'un certificat de M. Maugard, Commissaire du Roi pour la recherche et la vérification des anciens monuments de droit public et d'histoire, en date du 29 février 1788, que, dès le Xe siècle, la maison DRUDES était placée dans le Comté d'Armagnac au rang des familles d'*ancienne chevalerie*. En effet, divers membres de cette famille sont mentionnés dans plusieurs chartes des années 941 et 942, rapportées par M. de Bréquigny, Membre de l'Académie des Inscriptions et belles-lettres, et dom Vaissette, dans son *Histoire du Languedoc*, cite une donation faite en l'année 985 par Ermandrade DRUDES, épouse de Guillaume, Vicomte de Béziers.

Atton ou Othon DRUDES et Mauritanie, sa femme, font une donation à l'Évêque de Toulouse, le 12 août 1207 (*Gallia Christiana*, tome IX).

Cette famille possédait en Armagnac les seigneuries importantes de Gouhas et de la Carbonnade, et de plus s'est alliée aux meilleures familles du pays, parmi lesquelles nous citerons celles : de Julianne, de Farges, de Sancerre, d'Esparbès, de Souillac, de Beaudéan, etc.

Une charte du mois d'octobre 1349, scellée d'un sceau en cire jaune, où l'on voit en marge une tour entourée de ces mots : S. ATTONIS DRUDÆ, est le premier indice des Armoiries de cette maison.

La généalogie de la famille DRUDES DE CAMPAGNOLLES a été établie à la fin du siècle dernier, sur pièces authentiques, par le Vicomte Charles-Gaspard-Toustain de Richebourg, Commissaire perpétuel de l'association chapitrale pour la recherche de noblesse. Ce document fut vérifié avec toutes les pièces à l'appui, ainsi qu'il est dit plus haut par M. Antoine Maugard, Commissaire départi par le Roi.

On y trouve, entre autres actes signalés, les Lettres Royales des Rois Louis XIV et Louis XV, enregistrées à la Chambre des comptes de Rouen et déposées au bailliage de Vire, qui reconnaissent la noblesse d'extraction chevaleresque de la famille Drudes et lui confirment le nom de Campagnolles, qu'elle porte sans interruption depuis l'année 1695.

Une fois établie en Basse-Normandie, les membres de cette maison y possédèrent, outre la seigneurie de Campagnolles, dont ils prirent le nom, celles de la Tour, du Rocher, du Landay, de Mesnil-Robert, etc. ; ils continuèrent tous à servir dans les armées, et plusieurs furent Chevaliers de l'ordre Royal militaire de Saint-Louis. On trouve, dans les contrats originaux de la famille Drudes de Campagnolles, qu'elle s'est alliée aux maisons : de Brossard, de Banville, de Bouvet des Bordeaux, de Saint-Germain, de Thoury, de Corday d'Arclais, du Rosel de Saint-Germain, de Brécey, etc.

Les bornes de cette notice ne nous permettant pas de donner ici la filiation complète de cette famille, qui commence authentiquement à Alphonse Drudes, Chevalier banneret, vivant en 1297, nous renvoyons nos lecteurs au tome XVIII du Nobiliaire de Saint-Allais, qui la donne en entier; nous nous contenterons d'en citer les derniers représentants :

Michel-François-Alexandre-Jacques Drudes de Campagnolles, issu au XIIIᵉ degré d'Alphonse, nommé plus haut, né le 17 avril 1751, fut Mousquetaire de la Garde du Roi, Capitaine d'infanterie, puis Colonel et Chevalier de Saint-Louis; il assista à l'Assemblée de la noblesse convoquée pour les États généraux en 1789, et mourut en 1826.

Étienne-François Drudes, Chevalier de Campagnolles, son frère puîné, né en 1753, fut Garde du Corps du Roi, Capitaine de cavalerie, Colonel de la milice bourgeoise de Vire, Lieutenant des maréchaux de France et Chevalier de Saint-Louis. Il a épousé le 25 janvier 1786 demoiselle Marie-Louise-Henriette de Corday d'Arclais, et il est mort en 1824, laissant de son mariage les deux enfants ci-après :

1° Désirée Drudes de Campagnolles, née le 28 novembre 1792, mariée à Auguste du Rosel de Saint-Germain;

2° Camille, qui suit :

Camille Drudes de Campagnolles, né le 14 avril 1795, a épousé par contrat du 24 février 1835 mademoiselle Amélie de Brécey. De ce mariage sont issus trois enfants, savoir :

1° Antoine-René-Alexandre Drudes de Campagnolles, né le 19 juillet 1836;

2° Clotilde-Marie Drudes de Campagnolles, morte en 1854;

3° Louise-Amélie Drudes de Campagnolles.

BIGEON DE COURSY

ARMES : *D'argent, au chevron de gueules, accompagné en pointe d'un lion contourné de même.* — Couronne : *De Comte.* — Supports : *Deux licornes.*

'origine de la famille **BIGEON DE COURSY**, dont le second nom s'est écrit indifféremment COURSY ou COURCY, remonte au XVIe siècle, où l'on voit un Jean BIGEON, Lieutenant criminel en l'élection de Mortagne en 1576. Elle doit sa noblesse aux charges que plusieurs de ses membres ont occupées ; beaucoup d'autres ont suivi honorablement la carrière des armes et ont été Chevaliers de l'Ordre Royal et militaire de Saint-Louis.

La maison BIGEON DE COURSY est passée de Normandie en l'Ile de France, et ses représentants actuels sont pour la plupart établis dans le Poitou.

Sa filiation, établie sur titres authentiques, commissions, brevets, actes civils, etc., commence à :

I. — Noble homme Jacques BIGEON, Écuyer, qui eut de son mariage avec noble demoiselle Marie D'AMBLEVILLE :

II. — Jean-Jacques BIGEON, Écuyer, seigneur de Coursy, né à Paris, le 13 avril 1668, nommé par arrêt royal du 21 décembre 1705 Conseiller du Roi, subdélégué de l'intendant et commissaire départi en la généralité de Paris, dans la ville et élection de Meaux. Le 1er mai 1710, il fut promu au grade de Lieutenant de robe longue en la Capitainerie Royale de Monceaux et autres lieux, par Monseigneur le Duc de Trêmes, Capitaine de ladite compagnie, et autorisé du Roi à cet effet.

8*

Il eut de son mariage avec demoiselle Marie-Anne PETIT les huit enfants ci-après :

1° Marie-Anne BIGEON DE COURSY, décédée sans alliance ;

2° Jean-Baptiste BIGEON DE COURSY, décédé sans alliance ;

3° Nicolas BIGEON DE COURSY, chevalier de Saint-Louis, capitaine au régiment de Vitry (dragons), et aide-maréchal général des logis de l'armée, décédé sans alliance en 1743 ;

4° Jean-Alexandre, qui continue la filiation ;

5° Louis-Nicolas BIGEON DE COURSY, entré dans les ordres, profès dans la congrégation des chanoines réguliers de Sainte-Geneviève ; en 1752, il est désigné, dans un acte de partage, comme prieur de la Sancelle, près Brézolles, au Perche ;

6° Jean-Jacques BIGEON DE COURSY, seigneur du Bois-des-Loges, chevalier de Saint-Louis, capitaine au régiment de Clermont-Tonnerre (cavalerie), décédé en 1762 sans alliance ;

7° Jean-Jacques-Hardouin BIGEON DE COURSY, entré au service de l'impératrice Marie-Thérèse d'Autriche, fut capitaine dans le régiment de cuirassiers de Stembach, puis de Bentheim, et en dernier lieu d'Anhalt-Zerbst. Il avait épousé, à Mons (en Hainaut), Marie-Anne-Charlotte CAUPAIN, morte en 1755. De ce mariage est née une fille, morte sans alliance, dans l'acte de décès de laquelle il est qualifié *Baron* ;

8° Madeleine-Victoire BIGEON DE COURSY, décédée sans alliance en 1737.

III. -- Jean-Alexandre BIGEON DE COURSY, Chevalier, seigneur de l'Étang, né à Paris, le 19 juillet 1705, fut nommé Officier pointeur à l'école d'artillerie de Perpignan, le 20 janvier 1728 ; le 7 septembre 1732, Commissaire extraordinaire d'artillerie à ladite école ; le 22 janvier 1741, Commissaire ordinaire d'artillerie ; puis le 19 mars 1748, Chevalier de Saint-Louis ; le 1er janvier 1759, Colonel d'infanterie et Directeur en chef de l'artillerie dans la province du Languedoc ; le 31 mars 1767, Colonel du régiment de Toul (artillerie) ; et enfin, le 31 juillet 1767, Directeur en chef de l'artillerie, dans la province de Guyenne. Il a épousé demoiselle Jeanne MARIUS, fille de François Marius, Conseiller Secrétaire du Roi, Avocat au Parlement, Titulaire de la charge de prévôt royal de Chauvency-le-Château, et de dame Martine DE CHOLLET. De ce mariage sont issus :

1° Martine-Victoire BIGEON DE COURSY, morte sans alliance ;

2° Nicolas-Hardouin, qui suit ;

3° Jean-Alexandre BIGEON DE COURSY, seigneur de la Cour-aux-Bois, nommé lieutenant au régiment d'artillerie de la Fère, le 16 juin 1770, puis successivement lieutenant dans la compagnie de bombardiers, capitaine à l'école d'artillerie de Valence, capitaine au régiment de Toul, chevalier de Saint-Louis, etc..., mort sans postérité ;

4° Nicolas-François Bigeon de Coursy, qui embrassa l'état ecclésiastique; il émigra et rentra en France en 1802;

5° Jean-Alexandre-François-de-Sales Bigeon de Coursy entra comme Cadet gentilhomme en 1776 au régiment de Poitou (infanterie); capitaine en 1792, il émigra avec plusieurs officiers de son régiment et alla rejoindre l'armée des Princes. Il fit les campagnes de 1792 à 1801 dans le régiment de Béthisy et l'infanterie noble (10° compagnie); blessé grièvement au combat de Kamlach, le 13 août 1796, il reçut la croix de Saint-Louis et rentra en France en 1803; il obtint en 1815 le brevet de chef de bataillon pour prendre rang à partir de 1803, et est mort à Château-Thierry en 1843.

IV. — Nicolas-Hardouin Bigeon de Coursy, Chevalier, seigneur d'Amble-ville, né le 7 septembre 1748, fut nommé élève d'artillerie en mars 1765, Lieutenant au régiment de Toul en 1767, successivement Capitaine de sapeurs, de bombardiers et de canonniers de 1779 à 1788, Chevalier de Saint-Louis le 28 janvier 1791, Lieutenant-colonel au 7° régiment d'infanterie le 27 novembre 1792, et enfin, Commandant en second de l'école d'artillerie de Châlons-sur-Marne; il est décédé le 26 brumaire an IX. De son mariage avec demoiselle Marguerite-Victoire Galineau Gascq, il eut les deux enfants ci-après :

1° Jean-Alexandre, qui suit :
2° Victoire Bigeon de Coursy, décédée en bas âge.

V. — Jean-Alexandre Bigeon de Coursy, Chevalier de Saint-Louis et de la Légion d'honneur, né à Valence le 16 août 1777, embrassa comme ses ancêtres la carrière des armes, et fut reçu, après concours, à l'école d'artillerie de Châlons, le 1er mai 1793; nommé Élève sous-lieutenant au corps d'artillerie le 20 janvier 1794, puis Lieutenant au 4° régiment d'artillerie à pied le 5 mars 1795, il donna sa démission le 27 juillet 1801, après avoir fait les campagnes de 1796 et 1797 à l'armée d'Italie, de 1799 et de 1800 à l'armée du Rhin. Il entra en 1814 dans les Gardes du corps (compagnie de Noailles), et suivit le Roi Louis XVIII à Gand; rentré en France, il servit dans la Gendarmerie jusqu'en 1830, époque à laquelle il se retira du service.

Il eut de son mariage avec mademoiselle Louise–Joséphine de Pascal, fille de Jean-Baptiste de Pascal, Chevalier, Lieutenant-colonel au régiment de Limousin, mort en émigration en 1795, et de dame Françoise-Élisabeth de Béraud d'Arimont de Courville,

1° Eugène-Alexandre Bigeon de Coursy, né en 1801, et décédé sans alliance;
2° Adolphe-Tanguy, qui continue la filiation;
3° Nicolas-Hardouin Bigeon de Coursy, né en 1804, chevalier de la Légion d'honneur, officier supérieur en retraite;

4° Alexandre-Louis Bigeon de Coursy, né en 1807, conservateur des forêts à Chaumont, chevalier de la Légion d'honneur. Il a épousé, en 1830, mademoiselle Élise Pothier ;

5° Charles-Auguste Bigeon de Coursy, né en 1812, inspecteur des forêts à Nice, a épousé, en premières noces, demoiselle Gabrielle-Octavie de Wacquant, et en secondes noces, demoiselle Marie-Fernande-Alix de Widranges, dont il a eu :

> A. Marie-Gabrielle-Louise, née le 31 mars 1854 ;
>
> B. Jean-Charles-Alfred, mort en bas âge ;

6° Louis-Henri Bigeon de Coursy, né en 1817.

VI. — Adolphe-Tanguy Bigeon de Coursy, Chef actuel de sa maison, est né le 15 décembre 1802 ; sorti de Saint-Cyr en 1823, et nommé Sous-Lieutenant dans le 16° régiment de Chasseurs à cheval, il quitta le service en 1830. Il a épousé, en 1834, mademoiselle Marie-Edmée de Béraud de Courville, laquelle est décédée en 1847. De cette union sont issus :

1° Marie-Élisabeth-Louise Bigeon de Coursy, née en 1837, décédée à Poitiers en 1854 ;

2° Raoul-Marie-Louis Bigeon de Coursy, né en 1840 ;

3° Caroline-Alexandrine-Marie Bigeon de Coursy, née en 1847.

LE LIEUR

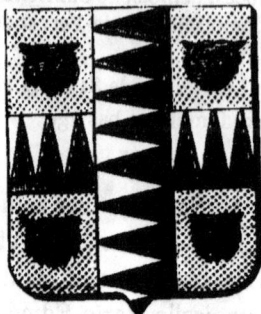

ARMES : *D'or, à la croix endentée d'argent et de gueules, cantonnée de quatre têtes de léopard d'azur, lampassées de gueules.* — Couronne : *De comte.* — Supports : *Deux lions.*

ès le XIIIe siècle on rencontre le nom de la famille LE LIEUR dans l'histoire de la province.

Louis LE LIEUR, décédé en 1275, fut inhumé en l'église de Saint-Ouen de Rouen, dans la chapelle Notre-Dame, derrière le chœur, comme l'atteste *l'Histoire de Rouen* par du Souillet ; son fils, Pierre LE LIEUR, fut élu Maire de la ville de Rouen en 1311, en remplacement de Jean Cabot, suivant le même ouvrage, et une autre histoire de Rouen, par Farin. On ignore dans quelle maison il prit alliance, mais des actes authentiques conservés aux archives de la famille nous apprennent qu'il eut pour fils :

Ier. — Jacques LE LIEUR, Ier du nom, Écuyer, Capitaine et Maire de Rouen en 1358, Gouverneur du château de Sainte-Catherine, qu'il fortifia et défendit contre les Anglais. En récompense de ses services, le Roi Charles V lui accorda, le 13 février 1364, des Lettres de noblesse héréditaire (1), lesquelles furent enregistrées la même année à la Cour des comptes de Paris. Ce prince

---

(1) Ces lettres lui furent accordées par Charles, duc de Normandie, fils du roi Jean, en 1360, et par lui confirmées, à son avénement au trône sous le nom de Charles V, à la date précitée.

le nomma en même temps, Grand-maître des Eaux et forêts de Normandie, fonctions qu'il n'exerça que deux ans, étant mort à Rouen en 1366.

Il fut inhumé dans l'église du couvent des Cordeliers de cette ville, où on lui avait élevé un tombeau sur lequel ses armoiries et son épitaphe étaient gravées. De son mariage avec damoiselle Agnès N. . . ., il eut trois fils :

1° Jean, qui suit ;
2° Robert LE LIEUR, Écuyer, conseiller du Roi, mort sans postérité ;
3° Vincent LE LIEUR, abbé de Préaux.

II. — Jean LE LIEUR, Écuyer, seigneur de Mallemain, Vicomte de Pont-Audemer, vivant en 1395, épousa noble damoiselle Michelle DU FAUR, qui l'a rendu père de :

III. — Jacques LE LIEUR, II° du nom, Écuyer, seigneur de Mallemain, l'un des Commissaires chargés de traiter de la capitulation de la ville de Rouen avec le Roi d'Angleterre Henri V, en 1418. Il a épousé damoiselle Perrette D'ALORGE, d'une des plus anciennes et des plus considérables familles de la province, éteinte dans la maison de Duras, dont il eut :

IV. — Jacques LE LIEUR, III° du nom, Écuyer, seigneur de Brennetot, Avocat du Roi au parlement de Rouen. D'une alliance dont le nom nous est inconnu, il eut les dix enfants ci-après :

1° Roger, qui a continué la descendance ;
2° Nicolas LE LIEUR, chevalier, seigneur de Beaufisselle, Moucheron et autres lieux ;
3° Antoine LE LIEUR, chevalier, seigneur de Sainte-Catherine ;
4° Jeanne LE LIEUR, abbesse de Montivilliers ;
5° Et six autres filles qui épousèrent : le seigneur de Boisnormand, le comte de Heudreville, le marquis de la Mésangère, le baron de Boutteville, le seigneur de Boisbernard, et M. Chrétien de Fumechon, premier président à la cour des comptes de Rouen.

V. — Roger LE LIEUR, Écuyer, seigneur de Mallemain et de Bois-Bernard en partie, alla s'établir à Paris où il épousa damoiselle Isabeau DE LAILLY, fille de Pierre et de Catherine DE LAGNY. De cette alliance sont issus :

1° Robert, qui suit ;
2° Pierre LE LIEUR, Écuyer, seigneur de Boisgonnet ;
3° Jacques LE LIEUR, marié à la sœur de Christophe DE THOU ;
4° Roberte LE LIEUR, mariée à Guillaume DE BUDÉ, maître des requêtes ;
5° Nicole LE LIEUR, mariée à N... DE RUZÉ, receveur général d'Outre-Seine et Yonne.

VI. — Robert LE LIEUR, Écuyer, seigneur des Marchets, marié à damoiselle Catherine LE LIEUR, sa cousine, fille de Nicolas, Conseiller maître en la Cour des comptes de Paris, en eut cinq filles et trois fils :

> 1° Nicolas, qui continue la descendance ;
> 2° Jean et Guillaume LE LIEUR, morts sans postérité.

VII. — Nicolas LE LIEUR, Écuyer, seigneur de Laval-Saint-Euphraise, a épousé, par contrat du 24 mai 1541, damoiselle Marguerite LESGUISÉ, fille de noble homme Jean Lesguisé, Écuyer, seigneur d'Aigremont et de Fossoy. De ce mariage sont nés :

> 1° Antoine, qui suit ;
> 2° Germain LE LIEUR, seigneur du Troncel, auteur de la branche des vicomtes d'Aulnay, de Rouvray et de la Logette, éteinte aujourd'hui ;
> 3° François LE LIEUR, auteur de la branche de Laval-Sainte-Euphraise , également éteinte ;
> 4° Claude LE LIEUR, mort sans postérité ;
> 5° Marie LE LIEUR, qui a épousé Pierre GAUTHIER, seigneur des Bruces.

VIII. — Antoine LE LIEUR, Écuyer, seigneur de Fossoy et de Chaast, Gouverneur de Méry-sur-Seine, Capitaine de deux compagnies de Carabiniers tenant garnison en ladite ville pour le service du Roi, a épousé, par contrat du 15 février 1580, damoiselle Françoise DE GOBILLON, dont il eut six enfants, entre autres :

> 1° Guillaume, qui suit ;
> 2° Jean LE LIEUR, Écuyer, seigneur de Chaast, chevau-léger de la garde du Roi, marié à demoiselle Charlotte DE VILLEMORT. Il fut l'auteur de la branche de Chaast, éteinte depuis peu en la personne de M. LE LIEUR DU PETIT-CHAAST, résidant près Troyes, qui vivait encore en 1807 et n'eut que deux filles de son mariage avec mademoiselle N... CHIGOT.

IX. Guillaume LE LIEUR, Écuyer, seigneur de Chaast, de Fossoy, de Belley et autres lieux, premier Chevau-léger de la compagnie de Monsieur, frère du Roi , Maréchal-des-logis de l'escadron de la noblesse du bailliage de Troyes, à l'arrière-ban de 1635, fut maintenu dans sa noblesse par sentence des Élus de Troyes, en date du 16 juin 1634 , sur titres établissant sa filiation depuis Jacques Le Lieur, Ier du nom, vivant en 1358. Il a épousé, le 1er septembre 1623, demoiselle Marie DE MAUROY, qui l'a rendu père du fils unique qui suit :

X. — Guy LE LIEUR, Écuyer, seigneur de Chaast, de Fossoy, de Messon , d'Errey, de Villecerf, etc., né le 1er février 1626, lequel a épousé, par contrat du 29 janvier 1646, demoiselle Charlotte DE GORRON, fille de Jean-Baptiste de Gorron, Chevalier, seigneur de Beaulieu, et de dame Marguerite DE LONGUEVILLE. Il fut compris dans l'ordonnance de maintenue de M. de Caumartin, Intendant de Champagne, en 1668 (1). De son mariage sont nés plusieurs enfants, entre autres :

1° Claude, dont l'article suit ;

2° Antoine LE LIEUR, marié à demoiselle Louise DE LONGUEVILLE, mort sans postérité.

XI. — Claude LE LIEUR, Écuyer, né le 19 octobre 1660, marié à demoiselle Claude DE LONGUEVILLE, en eut les deux enfants ci-après :

1° Jean-Baptiste, qui suit ;

2° Charlotte LE LIEUR, mariée à Denis DE GUENICHON, Écuyer.

XII. — Jean-Baptiste LE LIEUR, Écuyer, seigneur en partie de Ville-sur-Arce, né le 1er janvier 1711, a épousé, par contrat du 19 mars 1735, noble demoiselle LE BRETON, dont il eut :

XIII. — Jean-Louis LE LIEUR, Chevalier, seigneur de Ville-sur-Arce, né le 13 février 1736, Officier au régiment des Grenadiers Royaux, lequel épousa, le 31 janvier 1765, demoiselle Charlotte-Marguerite-Julie CHAPPERON (2), qui l'a rendu père de six enfants, entre autres :

1° Jean-Baptiste-Louis, dont l'article suit ;

2° Léon-Charles LE LIEUR DE VILLE-SUR-ARCE, né le 5 janvier 1768, officier d'artillerie, émigré en 1793, rentré en France en 1801, attaché à différentes missions étrangères, sous-inspecteur aux revues, etc., mort sans postérité.

3° Louise-Charlotte-Sophie LE LIEUR DE VILLE-SUR-ARCE, née le 3 août 1769, mariée à Joseph-Claude, baron GRÉZARD, colonel de gendarmerie, commandeur de la Légion d'honneur et chevalier de Saint-Louis ;

4° Julie-Françoise LE LIEUR DE VILLE-SUR-ARCE, née le 23 février 1774, élevée à la maison royale de Saint-Cyr, mariée à Henri SIMON, lieutenant général, chevalier de Saint-Louis et commandeur de la Légion d'honneur.

XIV. — Jean-Baptiste-Louis LE LIEUR, Chevalier, seigneur de Ville-sur-Arce, né le 5 novembre 1765, fut élevé à l'école de Brienne et condisciple

_____

(1) Un membre de cette famille resté en Normandie, où il était seigneur de Sainte-Catherine en l'élection de Pont-de-l'Arche, fut maintenu également dans sa noblesse en 1667, par M. de la Galissonnière, intendant de la généralité de Rouen.

(2) C'est par suite de cette alliance que les Le Lieur de Ville-sur-Arce ont été apparentés avec le maréchal MARMONT, duc DE RAGUSE.

de l'Empereur Napoléon, puis Officier au régiment de l'Ile de France (infanterie). Il émigra en 1791, rentra en France en 1801, fut nommé par l'Empereur Intendant général des Parcs et jardins de la Couronne, et confirmé
dans cet emploi par le Roi Louis XVIII, qui de plus lui accorda le titre de
Comte et la croix de Chevalier de Saint-Louis (1). Il a épousé : 1° mademoiselle Élisabeth Frazer, et en secondes noces mademoiselle Melly de Ségur-
Montaigne. De ces deux alliances sont issus, du premier lit :

1° William le Lieur de Ville-sur-Arce, né aux États-Unis le 6 novembre 1797,
capitaine de frégate, officier de la Légion d'honneur, mort à son bord
pendant l'expédition de Chine, en 1861 ;

2° Charles, qui continue la descendance ;

3° Julie le Lieur de Ville-sur-Arce, morte jeune ;

Et du second lit :

4° Augustine-Hortense-Marie le Lieur de Ville-sur-Arce, née le 22 décembre
1812, mariée à M. Charles Charlier.

XV. — Charles-Napoléon le Lieur de Ville-sur-Arce, né à Saint-Cloud,
le 15 août 1807, Chef de nom et d'armes de cette ancienne famille, Trésorier de la marine à Marseille, Chevalier de la Légion d'honneur, a épousé, le
23 mai 1837, mademoiselle Mathilde-Élisabeth Karcher. De cette alliance
sont nés trois enfants :

1° Frédéric le Lieur de Ville-sur-Arce, né le 29 juillet 1839 ;

2° Ernest le Lieur de Ville-sur-Arce, né le 4 mai 1846, décédé en bas âge ;

3° Amélie le Lieur de Ville-sur-Arce, née le 25 novembre 1850.

---

(1) Il est l'auteur de plusieurs ouvrages sur l'agriculture, celui intitulé : *La Pomone française*
a assuré sa réputation et lui a fait prendre le premier rang parmi les savants qui s'occupent de
l'amélioration des jardins et vergers.

DE HAUTEVILLE

ARMES : *D'argent, à trois fasces de sable, chargées d'un sautoir de gueules, à la bordure de même.* — Couronne : *De Baron.* — Devise : *Nulli cedam.*

lusieurs familles de ce nom existent encore et ont existé, mais il est à remarquer que celle qui nous occupe est la seule qui n'ait jamais porté d'autre nom patronymique. Une série d'actes originaux qui nous ont été représentés, nous ont permis de constater treize générations non interrompues de la maison DE HAUTEVILLE, depuis Jean, Iᵉʳ du nom, vivant en 1321, jusqu'à Raoul-Félix DE HAUTEVILLE, chef actuel de la famille. Une généalogie établie devant les Commissaires du Roi en 1540, par Nicolas DE HAUTEVILLE, Écuyer, seigneur de Boëssay et de Neusuy, prouve la descendance que nous donnons ci-dessous.

De ces divers contrats, chartes, testaments, brevets et actes de l'état civil, il appert que :

II. — Jean DE HAUTEVILLE vivait vers le milieu du XIIIᵉ siècle. Dans son testament en latin fait, en l'année 1324, on voit qu'il était fils de Yves-Jean, et que lui-même eut pour fils aîné :

III. — Gilles-Guillaume DE HAUTEVILLE, vivant en 1472 au manoir seigneurial de ce nom, sis commune de Charchigné près Lassay, au pays du Maine. Il a épousé damoiselle Marguerite DE CHAMPAIGNÉ, et est mort en 1478, laissant pour fils unique :

IV. — Jean DE HAUTEVILLE, IIᵉ du nom, seigneur dudit lieu, de Boëssay et de Neusuy (près Falaise), lequel a épousé damoiselle Jacqueline DU BELLAY. Il est mort le 22 décembre 1501, laissant trois enfants : Jean et Samson DE HAUTEVILLE, qui n'eurent que des filles, et Nicolas, qui a continué la descendance.

Lancelotte, fille et unique héritière de Jean (l'aîné), mariée à messire Antoine D'ARQUENAY, eut en dot la terre et seigneurie de Hauteville, et Isabelle, fille de Samson, fut demoiselle d'honneur de Marguerite de France,

Duchesse de Savoie, et a épousé·Odet DE COLIGNY, frère du Maréchal de
·ce nom.

A partir de cette époque, la seigneurie de Hauteville, à laquelle cette
maison a donné son nom, est passée par alliance dans d'autres familles qui
ont réuni le nom *de Hauteville* au leur; c'est ainsi que plus tard cette terre,
érigée en *Marquisat*, est devenue la propriété de la maison DU HARDAS,
qui la possède encore aujourd'hui.

.V. — Nicolas DE HAUTEVILLE, troisième fils de Jean et de Jacqueline DU
BELLAY, eut en partage les fiefs de Boëssay et de Neusuy; il a épousé par
contrat du 26 juillet 1537 demoiselle Claude LECLERC DE JUIGNÉ. De cette alliance sont issus six enfants, l'aîné :

VI. — René DE HAUTEVILLE, Chevalier, seigneur de Regalle et des Genetais, a épousé en 1560 demoiselle Françoise DE BRÉCEY, qui lui apporta en
dot la seigneurie des Genetais (sise en l'élection de Mortain), pays où se sont
perpétués ses descendants.

En 1584, par lettre autographe du 10 octobre, Henri IV, Roi de Navarre, le nomma Gentilhomme de sa Chambre; cette lettre se termine ainsi :
« *Votre bon maître et affectionné amy.* » Signé : HENRY.

René de Hauteville professait la religion alors prétendue réformée, il n'abjura pas en même temps que le bon Roi qui lui donnait le titre d'ami, c'est
ce qui explique comment cette famille se trouva éloignée de la Cour et resta
depuis dans une sorte d'isolement de toute participation aux fonctions publiques. — De son mariage il eut six fils, tous dénommés dans son testament, fait le 11 janvier 1161; l'aîné :

VII. — Jacques DE HAUTEVILLE, marié le 8 mars 1617, eut pour fils
unique :

VIII. — Louis DE HAUTEVILLE, Écuyer, seigneur des Genetais, du Regalle
et autres lieux, lequel a épousé demoiselle Judith D'ALLIBERT (1). Il fut maintenu dans sa noblesse en 1666, et eut pour fils et successeur :

IX. — Jean DE HAUTEVILLE, marié en 1671, lequel eut onze enfants, entre
autres :

X. — Gabriel DE HAUTEVILLE, seigneur des Genetais et autres lieux, qui

(1) Plusieurs familles notables protestantes ont signé à leur contrat de mariage, entre autres
les DE MONTGOMMERY.

se convertit à la religion catholique à l'époque de son mariage, le 27 décembre 1726, avec demoiselle Jacqueline GAUTIER DE LA CORDELINIÈRE. De cette alliance sont issus six enfants ; les cinq premiers sont morts sans postérité, le plus jeune, qui suit, a continué la descendance :

XI. — Emmanuel DE HAUTEVILLE, Chevalier, seigneur des Genetais, marié par contrat du 3 avril 1779, à demoiselle Madeleine DE MARTIN DE SAINT-BRICE, a eu pour fils unique :

XII. — Félix-Tancrède DE HAUTEVILLE, né en 1781, Capitaine de Dragons, Chevalier de Saint-Louis. Il a épousé le 14 septembre 1802 mademoiselle Rosalie DE CAMPROND, et est mort le 14 mars 1861 ayant eu de son mariage les deux fils ci-après :

1° Raoul-Félix, qui suit ;
2° Alphonse DE HAUTEVILLE, né en 1804, célibataire.

XIII. — Raoul-Félix DE HAUTEVILLE, chef actuel de cette ancienne maison, né en 1803, est aujourd'hui Juge au Tribunal civil de Mortain. Il a épousé le 31 mai 1829 mademoiselle Emma DE PICQUOT, dont il a eu trois enfants, savoir :

1° Noémie DE HAUTEVILLE, morte jeune ;
2° Robert-Guiscard-Tancrède DE HAUTEVILLE, né le 25 avril 1838 ;
3° Bathilde DE HAUTEVILLE.

DE BONVOUST

ARMES : *D'argent, à deux fasces d'azur, accompagnées de six merlettes de sable, posées 3, 2 et 1.* — Couronne : *De Comte.*

ette famille, aujourd'hui éteinte, a toujours tenu un rang distingué parmi la noblesse de la province, où elle apparaît dès le XIVᵉ siècle. Elle fut maintenue par jugement de M. de Marle, intendant de la Généralité d'Alençon, en date du 11 février 1667, et s'est alliée constamment aux premières maisons normandes. Elle a fourni plusieurs Chevaliers des Ordres du Roi, de Malte, un de l'Ordre Royal de Notre-dame du Mont-Carmel et de Saint-Lazare de Jérusalem, et quatre Gentilshommes Ordinaires de la Chambre du Roi.

Nous n'avons pas les titres de la branche aînée de la maison DE BONVOUST, Marquis de Prulay, à laquelle appartenait le Marquis DE BONVOUST, qui figure au procès-verbal, fait et arrêté le 28 mars 1789, pour l'élection des députés aux États généraux, mais seulement la filiation authentique de la branche DE BONVOUST D'AUNAY, établie sur les preuves faites devant d'Hozier, Juge d'armes de France, et qui commence à :

I. — René DE BONVOUST, écuyer, seigneur d'Aunay, vivant en 1560, marié à noble demoiselle Marie LE BOULEUR, eut deux fils, l'aîné :

II. — Jean DE BONVOUST, écuyer, seigneur d'Aunay, de Vauxrenout et de Corneillé, a épousé par contrat du 28 septembre 1591 demoiselle Renée GRUEL, fille de noble Philibert Gruel, seigneur de Touvoye, Chevalier de l'Ordre du Roi et Gentilhomme ordinaire de sa chambre. De cette alliance sont nés quatre enfants ; entre autres :

III. — Claude DE BONVOUST, Chevalier, seigneur d'Aunay, Gentilhomme Ordinaire de la chambre du Roi et Chevalier de son Ordre, qui a épousé le 23 mai 1633 demoiselle Emmanuelle DE LA MOTTE, fille de Jean, Marquis de la Motte, seigneur de la Motte-Baracé, et de dame Péronnelle LE CORNU. De cette alliance est né un fils unique :

IV. — Jean-René DE BONVOUST, seigneur d'Aunay, Chevalier de l'Ordre du Roi, maintenu dans sa noblesse par Ordonnance de M. de Marle, Commissaire départi dans la Généralité d'Alençon, en date du 11 février 1667. Il avait épousé par contrat du 5 juin 1660, noble demoiselle Catherine DU PONT, fille de Claude du Pont, écuyer, seigneur du Ruau, Doyen des Conseillers de la sénéchaussée et siége Présidial d'Angers. De ce mariage sont nés trois fils et deux filles ; entr'autres :

V. — Jean-Louis DE BONVOUST, seigneur d'Aunay, Chevalier de l'Ordre du Roi, né le 15 avril 1663, rendit hommage au Roi en sa chambre des Comptes de Rouen, le 20 mars 1694, pour le fief d'Aunay qu'il tenait de Sa Majesté, dans la mouvance de sa Châtellenie d'Essai. Il a épousé le 18 mai 1691 demoiselle Marie-Anne DE BRUNET, fille de François de Brunet, seigneur de Rouilli, Chevalier de l'Ordre du Roi, Commandant la noblesse du Bailliage d'Alençon, et de dame Marie DES PORTES, qui l'a rendu père de :

VI. — Augustin DE BONVOUST, Chevalier, seigneur d'Aunay, demeurant audit lieu, diocèse de Séez, Élection d'Alençon, baptisé le 12 janvier 1699. Ayant fait ses preuves de noblesse devant les Commissaires députés à cet effet, il fut reçu en 1722, Chevalier des Ordres Royaux et Militaires de Notre-dame du Mont-Carmel et de Saint-Lazare de Jérusalem.

Cette branche de la famille est éteinte depuis longtemps.

BRANCHE CADETTE.

A cette branche appartenait François DE BONVOUST, sieur du Plessis, maintenu par M. de Marle, en même temps que Jean-René sieur d'Aunay, son parent, ainsi qu'autre François, sieur du Plessis, qui figure à l'Assemblée de Messieurs de la noblesse, convoqués pour élire des députés aux États généraux, en 1789.

Le dernier représentant mâle de cette branche a été :

Charles, Comte DE BONVOUST, né en 1740, Général d'artillerie, Commandeur et Chevalier de plusieurs Ordres, marié à mademoiselle Marguerite-Françoise-Charlotte LE FRÈRE DU CHESNAY. Il est mort en 1812, ne laissant de son mariage que trois filles :

1° N.... DE BONVOUST, mariée à M. Victor SARAUD DE LA CHARPENTERIE ;

2° Marie-Charlotte-Adélaïde DE BONVOUST, mariée à M. Jacques-Philippe-Étienne GUÉAU DE GRAVELLES, Marquis DE RÉVERSEAUX; morte en 1842.

3° Marie-Henriette-Augustine DE BONVOUST, mariée à M. Louis-Stanislas-Xavier-Jean, marquis DE MARESCOT, morte en 1834.

DE MARTEL

ARMES : *Ecartelé : aux* 1 *et* 4, *d'or, à trois marteaux de sable posés* 2 *et* 1, *qui est de* MARTEL; *aux* 2 *et* 3, *d'azur, au chevron d'argent, accompagné en chef de deux coquilles d'or, et en pointe d'un griffon du même, qui est de* LOUVEL; *sur le tout, d'azur, à une tour d'argent, qui est de* LA TOUR D'ALVAREZ. — Couronne : *De Marquis.* — Supports : *Deux lions.*

C ette ancienne famille, qui a eu des représentants à la conquête d'Angleterre et aux Croisades, et dont les membres ont été titrés Marquis DE MARTEL et Comtes DE FONTAINE-MARTEL et de CLÈRES, établit sa filiation (1) d'une manière authentique à partir de Jean MARTEL, Chevalier, Grand Sénéchal de Normandie en 1200.

Elle s'est divisée en quatre branches principales : 1° celle de Bacqueville ; 2° celle de Fontaine; 3° celle de Chambine ; 4° celle d'Avergne.

La première s'est éteinte depuis longtemps. La seconde, s'est partagée en plusieurs rameaux, dont les deux principaux étaient au XV° siècle celui des seigneurs du Parc et de Gravetel, et celui des seigneurs de Gournay. La branche des MARTEL DE GOURNAY avait la charge d'Écuyer du Roi et l'aîné de cette branche a porté le titre de MARQUIS depuis 1760.

La branche DU PARC ET DE GRAVETEL est éteinte, mais, par Ordonnance Royale en date du 19 octobre 1820, elle s'est continuée en la personne

---

(1) Nous renvoyons pour cette filiation au *Nobiliaire universel de Saint-Allais*, tome XII.

de Camille - Philippe LOUVEL, Chevalier de JANVILLE, dernier rejeton d'une ancienne famille de la province, dont une branche, issue d'un des compagnons de Guillaume le Conquérant, existe encore en Angleterre, et dont une autre, établie à la Martinique, s'est éteinte au commencement de ce siècle, tandis qu'une troisième, restée en Normandie, y exerçait des charges de Magistrature, et y a obtenu en 1576 des lettres de maintenue de noblesse. Roger LOUVEL, appartenant à cette branche, fut Maire de la ville de Rouen vers 1480.

Après l'attentat commis sur S. A. R. le Duc de Berry, par un homonyme, le Chevalier LOUVEL DE JANVILLE fut autorisé à substituer à son nom celui de MARTEL, du chef de sa belle-mère, pour, (disent les Lettres Patentes Royales,) « *continuer en lui et ses enfants l'une des quatre branches de l'ancienne famille* DE MARTEL. »

La maison DE MARTEL est donc représentée aujourd'hui :

Par Édouard DE MARTEL, devenu Marquis de Martel depuis la mort de ses aînés, marié à N......D'AUTEUIL, qui ne lui a donné que des filles :

1° Angeline DE MARTEL, mariée à Théodore LE BOUILLIER DE MONTHUDON;

2° Blanche DE MARTEL, mariée à Félix MARCOTTE DE QUÉVRIÈRES;

3° Marthe DE MARTEL, mariée à Joseph DES MAZIS ;

Et par Alfred-René, Comte DE MARTEL DE JANVILLE, marié en 1837 à Clémentine-Aglaé CAVELIER DE MONTGEON, et en secondes noces, le 11 juin 1858, à Constance-Henriette DE CAMUSAT DE RIANCEY. Du premier lit sont issus :

1° Marie-François-Roger DE MARTEL DE JANVILLE ;

2° Marie-Firmin-René DE MARTEL DE JANVILLE ;

3° Marie-Alice-Bathilde DE MARTEL DE JANVILLE.

LE FORESTIER

DE VENDEUVRE, D'OSSEVILLE ET DE MOBECQ.

ARMES : *D'argent, au lion de sable, armé, lampassé et couronné de gueules* (1). — Couronne : *De Comte.* — Supports : *Deux lions.*

 ne ancienne tradition fondée sur de graves témoignages, fait descendre cette ancienne maison des anciens FORES-TIERS devenus, au Xe siècle, Comtes de Flandre. Cette opinion s'appuie de l'autorité de divers auteurs, entre autres : Cornille Martin, *Origine des Forestiers et Comtes de Flandre ; — Histoire de leurs vies, recueillie des plus vé-ritables et anciennes chroniques,* par Brière. Anvers, 1612 ; — *Recherche des antiquités et noblesse de Flandre.* Douai, 1621 ; — *Archives de Bruges.*

Nous nous abstiendrons cependant d'insister ici sur cette origine ; la position de la famille LE FORESTIER est si bien établie, qu'il n'est pas nécessaire de recourir à des conjectures pour lui assigner le rang distingué qui lui appartient parmi les anciennes maisons de la province.

Les documents les plus irrécusables, c'est-à-dire les chartes des abbayes et les chroniques contemporaines, attestent que, dès le XIIe siècle, cette

---

(1) D'Aligre, dans sa recherche en 1634 et La Chesnaye-des-Bois, dans son Dictionnaire de la Noblesse, assignent à cette famille les mêmes armes avec le lion couronné d'or ; cette définition se trouve encore dans les armoiries de Guillaume Le Forestier, IIe du nom, gouverneur de la ville de Cherbourg en 1461 ; mais Chevillart, dans son Armorial des maintenues de noblesse, décrit les armoiries telles que nous les donnons.

9*

famille était puissante et considérée, et l'on ne peut douter qu'elle y fût établie longtemps avant cette époque, puisqu'une charte de l'année 1173 prouve qu'un Geoffroy LE FORESTIER accompagna le Roi Henry II d'Angleterre à Montferrand; il fut, de plus, l'un des signataires des *Pactions* de mariage du Duc Jean-Sans-Terre avec la fille du Comte de Maurienne. (*Histoire de Normandie*, par du Moulin, page 393.)

Un siècle après, Robert LE FORESTIER, prêtre, fit à l'abbaye de Blanchelande une donation à laquelle était appendu le sceau du donateur. (Charte du 1er septembre 1273.)

Il résulte également de l'extrait d'un rôle des personnes tenant des francs-fiefs en la vicomté de Coutances, établi par Godefroy LE BLONT, Grand bailli du Contentin en 1327, que : « Robert LE FORESTIER tenait du Roi notre « Sire un *fieu* de verge, annexé à la verge de la forest de Gavray, dont il « était maistre Verdier, etc., etc. ; » mais, par suite d'un incendie qui détruisit, le 12 avril 1594, tous les meubles et les chartriers du manoir seigneurial d'Osseville, ces faits sont restés isolés et ne peuvent se rattacher à une généalogie régulière.

Maintenue dans sa noblesse d'ancienne extraction par jugement de Raymond de Montfaut en 1463, et par M. de Chamillart en 1666, la famille LE FORESTIER a eu plusieurs fois, depuis, l'occasion de renouveler ses preuves à cet égard, notamment pour l'admission dans l'Ordre de Malte de Jean-Antoine Le Forestier, en 1697.

Cette maison a possédé, entre autres terres considérables, celles : d'Osseville, de Mobecq, de Clais, de Tilly-en-Turqueville, de Ruqueville, de Vendeuvre, de Putanges, de Camilly, du Fresne, de Mondrainville, du grand et du petit Valencey, etc., etc.

Ses alliances ont été prises, à toutes les époques, dans les maisons les plus nobles de la province ; nous citerons notamment, celles qu'elle a formées directement avec les familles d'Ussy, de Clamorgan, de Villaudret, d'Orglandes, du Praël, de Mesnildot, de Carbonnel, de Saint-Germain, de Bordes, de Saint-Simon, de Beaurepaire, Le Neuf de Sourdeval, de Launay d'Éterville, de la Ferté, de Thieuville, d'Hugleville, de Jumilhac, de Bernières, de Valori, de Sesmaisons, de Longaulnay, d'Estanger, de Graveron, de Vitray-Wicardel, etc., etc.

La famille LE FORESTIER s'est divisée en trois branches principales dont nous allons présenter successivement la filiation ; ces diverses branches étaient établies dans le Cotentin, mais la branche aînée s'est fixée depuis plus d'un siècle dans les arrondissements actuels de Caen et de Falaise.

D'après les documents produits lors des divers jugements de maintenue rendus en faveur de cette famille, la filiation régulière et non interrompue est établie depuis :

I. — Robert Le Forestier, qualifié d'Écuyer dans plusieurs actes (des années 1371 à 1405), de *seigneur du fieu d'Osseville* dans un acte du 13 avril 1396; *Huissier d'armes* dans un acte du 11 mai 1405 (1). On le voit tenir en fief la terre et seigneurie d'Osseville (1378); rendre foi et hommage en jugement à Jean de Saint-Germain, seigneur de Saint-Germain-le-Vicomte, *pour raison dudit fief séant ez paroisses d'Appeville en Bauptais, de Villy et ailleurs* (9 juillet 1382); agrandir par des acquisitions les terres et seigneuries d'Osseville et de Mobecq, en amortir les charges (1380-1383); acquérir la seigneurie de Clais-en-Mobecq (1386); obtenir enfin mainlevée de ses droits et franchises ès forêts de Lithaire (14 novembre 1399). Il a épousé damoiselle Floure d'Ussy, dame de la Bonneville, veuve du sieur Fouquet de la Beslière, Écuyer, comme on le voit par un acte du 13 août 1404. Un acte de 1371 fait connaître qu'il en eut quatre enfants :

1° Guillaume, qui continue la descendance ;
2° Thomas Le Forestier, Écuyer, sieur de Mobecq, marié à demoiselle Michelle de Camprond, auteur de la branche de Marcé qui dura peu ;
3° Aimée Le Forestier, qui épousa Thomas de Clamorgan ;
4° Jeannette Le Forestier, mariée au sieur de Campion, Écuyer.

II. — Guillaume Le Forestier, Écuyer, seigneur d'Osseville, figure dans cinq actes qui le concernent de 1405 à 1463. Il a épousé en 1394 damoiselle Jeanne de la Beslière, fille de Messire Fouquet de la Beslière et de Floure d'Ussy en ses premières noces. Il eut de ce mariage deux enfants :

1° Guillaume, qui suit ;
2° Jeannette Le Forestier, mariée à Jean Cadot, Écuyer, sieur de la Porte.

III. — Guillaume Le Forestier, IIe du nom, Ecuyer, seigneur d'Osseville, ainsi qualifié dans cinq actes authentiques de 1460 à 1482, fut maintenu dans son ancienne noblesse par jugement de Raymond de Montfaut, commissaire départi par le Roi pour la recherche des francs-fiefs en 1463. On lit dans le *Catalogue historique des Commandants et Lieutenants du Roi de la ville de Cherbourg*, année 1461, que « Guillaume Le Forestier, Écuyer, « seigneur d'Osseville en Cotentin, après avoir servi fidèlement le Roi

(1) Un acte de 1371 mentionne Robert Le Forestier comme demeurant à Mobecq qui, suivant plusieurs indications, devait être depuis quelque temps déjà dans sa famille.

« Charles VII à la conquête de ses provinces de Normandie et de Gascogne sur
« les Anglais qui s'en étaient emparés, eut pour récompense de ses services
« le commandement des ville et château de Cherbourg. » (Voir ledit catalogue, déposé en manuscrit aux archives de la Société académique et littéraire
de Cherbourg, et aussi l'histoire de cette ville, par Chantereyne). Guillaume
épousa en premières noces demoiselle Thomassette DE VILLAUDRET, puis demoiselle Massette D'ORGLANDES dont il n'eut pas d'enfants. De son premier
mariage sont issus :

1° Eustache, qui continue la descendance ;
2° Pierre LE FORESTIER, Écuyer, seigneur de Clais, mort sans postérité mâle ;
3° Jean LE FORESTIER, } morts sans enfants ;
4° Jacques LE FORESTIER,
5° Marguerite LE FORESTIER.

IV. — Eustache LE FORESTIER, Écuyer, seigneur d'Osseville, est dénommé
dans plusieurs actes et contrats originaux des années 1494, 1498 et 1510.
Il rendit aveu au Roi, le 4 janvier 1503, pour le fief noble d'Osseville et
pour celui de Tilly en Turqueville. Il a épousé en 1514 demoiselle Aulne
DU PRAËL, fille de noble homme Jean du Praël, seigneur d'Hiéville. De ce
mariage est né le fils unique qui suit :

V. — Jean LE FORESTIER, Écuyer, seigneur d'Osseville, de Clais et autres
lieux, vivant en 1527, qui eut de son mariage avec demoiselle Isabeau DE
MESNILDOT, les sept enfants ci-après :

1° François, qui continue la descendance ;
2° Nicolas LE FORESTIER, Écuyer, mort sans postérité ;
3° Jeanne LE FORESTIER, qui épousa Hector D'ÉTERVILLE, Écuyer ;
4° Nicolle LE FORESTIER, mariée à noble homme Jean DE GOUSSY, sieur de
Drouet, et en secondes noces à Pierre AUBERT, sieur de Brucheville ;
5° Julienne LE FORESTIER, qui épousa Jean DE CARBONNEL, sieur de la Haulle ;
6° Catherine LE FORESTIER, qui épousa noble homme Thomas POISSON ;
7° Jacqueline LE FORESTIER, mariée à Gilles LE POUPET, Écuyer, sieur de Saint-
Aubin.

VI. — François LE FORESTIER, Écuyer, seigneur d'Osseville et autres lieux,
dénommé dans plusieurs actes des années 1547 à 1582, fut maintenu le
21 juin 1558 et le 11 mars 1573, dans ses franchises et usages aux forêts
du Roi. Il reçoit quittance, le 15 janvier 1576, pour sa cotisation à l'arrière-
ban. Un certificat du 21 juillet 1569, donné par Jacques de Matignon, atteste
que les maisons et terres à lui appartenant, ont mises sous la sauvegarde

du Roi; enfin le droit de Garde Noble est accordé à demoiselle Louise LE BERCEUR, sa veuve, par acte royal du dernier février 1592; « en considération « des services faits par ledit défunt, tant au feu Roy et à Nous, etc., etc. » Il a épousé dame Louise LE BERCEUR, veuve de noble homme Adrien DURSUS, sieur de la Boissaye, qui l'a rendu père des trois enfants ci-après :

1° Jacques, qui suit ;
2° Charles LE FORESTIER, Écuyer, auteur de la branche de Mobecq, dont l'article viendra plus loin ;
3° Magdelaine LE FORESTIER, mariée à Jean COLAS, Écuyer, sieur de Breuaulle.

VII. — Jacques LE FORESTIER est qualifié de noble homme, Écuyer, sieur ou seigneur d'Osseville, par 13 actes de 1597 à 1641. Celui du 17 septembre 1597 est un certificat de Louis de Bourbon, Duc de Montpensier, s'exprimant ainsi : « Suivant la convocation de la noblesse de notre gouvernement « de Normandie, Jacques LE FORESTIER, sieur d'Osseville, a toujours été « employé près de nous en l'armée de Sa Majesté, en bon et suffisant équi- « page de guerre, et nous a toujours assisté dès le temps que nous y sommes « arrivé, dont il s'est bien et fidèlement acquitté, etc., etc. Fait au camp « d'Amiens, etc. » Un acte du 23 mai 1602 est une information judiciaire établissant la preuve par témoins de l'incendie arrivé le 12 avril 1594, par lequel avaient été détruits, au manoir d'Osseville, les meubles de toutes sortes et les lettres, titres et enseignements, sans que rien ait pu être sauvé. Il y est dit que « la mère du sieur Jacques Le Forestier, lors en bas âge, se « complaignoit lors grandement plus de ses écritures qu'elle ne faisoit de « tout son bien. »

Le 13 juillet 1610, Jacques LE FORESTIER rendit aveu au Roi pour le fief d'Osseville tenu franchement et noblement. A la date du 20 février 1641, nous trouvons aussi un acte, par lequel les Commissaires généraux, députés pour la confirmation des droits de francs-fiefs, à la requête présentée par Jacques LE FORESTIER, Écuyer, sieur et patron d'Osseville, de Clais, de Mobecq, etc., après avoir énuméré les actes et contrats établissant, depuis 1380, les droits et priviléges du requérant, le maintiennent en la qualité de noble d'ancienne race (1). Il épousa, par contrat du 10 décembre 1599 (2), de-

(1) D'Aligre, dans sa recherche de 1634, maintient Jacques LE FORESTIER avec indication de généalogie et d'armes.

(2) Ce contrat de mariage est le premier qui soit au dossier généalogique où nous avons puisé nos renseignements. Il faut attribuer cette lacune à l'incendie sus-mentionné. On y a suppléé par des actes de partage et autres que nous n'avons pas cru devoir analyser.

moiselle Jeanne DE SAINT-GERMAIN, fille aînée de noble Jean de Saint-Germain, seigneur châtelain et Vicomte hérédital du lieu de Grosparmy, etc., et de feu dame Françoise LE BRETON. De ce mariage sont issus :

1° Jean, qui continue la descendance ;

2° Antoine LE FORESTIER, Écuyer, sieur d'Isamberville, marié à demoiselle N... DE MAUCONVENANT, dont postérité ;

3° François LE FORESTIER, sieur de Ruqueville, mort sans enfant ;

4° Jeanne LE FORESTIER, mariée à noble homme Jacques BAZAN, sieur de Belaunay ;

5° Marie LE FORESTIER, mariée à noble homme François SIMON, seigneur et patron de Carneville ;

6° Barbe LE FORESTIER, qui épousa Gilles VAULTIER, Écuyer, sieur des Essarts.

VIII. — Jean LE FORESTIER, Écuyer, qualifié sieur de Clais par actes de l'année 1645, puis seigneur et patron d'Osseville et de Clais par un acte du 29 mars 1659. Cet acte reconnaît l'aveu de foi et hommage fait pour le fief d'Osseville, « tenu et relevant du Roy, à cause de sa Vicomté de Saint- « Sauveur-Landelin, pour un quart de fief de Haubert. » Nouvel aveu rendu au Roi, le 30 mai 1668, pour le fief et seigneurie d'Osseville, plus pour un autre fief du même nom, sis en la paroisse de Saint-Remy des Landes, et se relevant pour un huitième de Haubert. — Jean LE FORESTIER a été maintenu dans sa noblesse en 1666, par M. de Chamillard, Intendant de la Généralité de Caen. De son mariage avec demoiselle Claude DE SAINT-SIMON, fille d'Adrien de Saint-Simon, Écuyer, seigneur des Londes, et de dame Anne DE GOURMONT (contrat du dernier novembre 1645), sont nés :

1° Louis-Jacques, dont l'article suit ;

2° Marie LE FORESTIER, mariée en premières noces à Charles SIMON, Écuyer, sieur de Bertauville, et en secondes noces à Jacques de RAVALET, Écuyer, sieur de Baullé.

IX. — Louis-Jacques LE FORESTIER, Écuyer, d'abord qualifié sieur de Ruqueville (1677), rend aveu, le 26 juin 1679, sous les noms et qualité de seigneur et patron d'Osseville et de Clais en Mobecq, pour sa terre et seigneurie d'Osseville. Il a épousé, par contrat du 1er avril 1677, demoiselle Françoise SCELLES, fille et unique héritière de messire Louis Scelles, Chevalier, seigneur de la Varengère, et de dame Jeanne ROUXELIN, et en secondes noces demoiselle Charlotte DE BORDES, fille de messire Guillaume de Bordes, seigneur et patron de Saint-Malo et autres lieux, et de dame Marie-Anne DE LAVISÉE, dont il n'eut pas d'enfants. Du premier lit sont issus :

1° Jean-Jacques LE FORESTIER, chevalier, sieur de Clais, aide de camp dans les armées du Roi, marié en premières noces à demoiselle DE QUEURON, et en secondes noces à demoiselle Catherine-Charlotte DE GIRAUD, fille de messire Augustin de Giraud, chevalier des Ordres du Roi et brigadier de ses armées, seigneur de la Ferté, etc. Il mourut sans postérité mâle.

2° Jean-Antoine LE FORESTIER, reçu chevalier de l'ordre de Malte, sur preuves de noblesse, le 20 septembre 1697 (procès-verbal aux Archives de la famille). Il fut tué devant le port de la Goulette, servant sur une des galères de l'ordre.

3° Jacques-François LE FORESTIER, archiprêtre, curé de Sainte-Mère-Église;

4° Richard LE FORESTIER, chevalier D'OSSEVILLE, lieutenant des vaisseaux du Roi, mort sans postérité;

5° Alexandre, qui suit;

6° et 7° Deux filles religieuses.

X. — Alexandre LE FORESTIER, Chevalier, seigneur d'Osseville, d'Appeville, de Vendeuvre, de Clais et autres lieux, fut Ingénieur en chef à Fécamp en 1738, puis en 1741 Ingénieur ordinaire du Roi au département de Caen, en 1762 Directeur du génie au même département et Chevalier de Saint-Louis, et enfin Ingénieur en chef pour le Roi des ville et château de Caen et des côtes maritimes de la basse Normandie, Lieutenant-colonel d'infanterie, etc. Par contrat du 21 décembre 1738, il a épousé noble demoiselle Antoinette DE BEAUREPAIRE, dame et patronne de Vendeuvre, fille de feu messire Marie-Antoine de Beaurepaire et de noble dame Jeanne-Gabrielle DE CAUVIGNY; il en eut quatre enfants, savoir :

1° Jacques-Alexandre, auteur de la branche de Vendeuvre, qui suit;

2° Alexandre-François, auteur de la branche d'Osseville, rapportée plus loin;

3° Marc-Antoine LE FORESTIER, vicomte d'Osseville, chevalier de Saint-Louis, capitaine au régiment Royal-vaisseaux, marié en 1808 à mademoiselle Sophie LE NEUF DE SOURDEVAL, mort sans postérité;

4° Louise-Jacqueline-Aimée LE FORESTIER D'OSSEVILLE, mariée à messire Louis-Claude DE FAULCON, ancien brigadier des Gardes du corps du Roi, chevalier de Saint-Louis.

BRANCHE DE VENDEUVRE.

XI. — Jacques-Alexandre LE FORESTIER, fils aîné d'Alexandre Le Forestier et de mademoiselle DE BEAUREPAIRE, d'abord Lieutenant au régiment Royal-vaisseaux en 1759, eut pour sa part du chef de sa mère, dans l'héritage paternel, la terre et seigneurie de Vendeuvre. Dans tous les actes qui le concernent, il est dénommé Comte DE VENDEUVRE, seigneur et patron dudit lieu, seigneur, patron et haut-justicier de Putanges. Un brevet daté de Versailles le 31 juillet 1781, et enregistré au parlement de Rouen le 23 août suivant, est accordé par le Roi : « Au sieur Jacques-Alexandre LE FORESTIER, « Comte DE VENDEUVRE, à l'effet de remplir et exercer pendant trois ans les « fonctions de Maire de la ville de Caen. » Il fut convoqué en cette qualité à l'Assemblée des notables en 1787, présida, en 1788, l'Assemblée du département de Falaise et fit partie, en 1789, de la Commission chargée de procéder à la rédaction des cahiers de la noblesse de ce bailliage. Il résista à la constitution civile du clergé qui l'obligeait, comme Maire, à recevoir et à faire prêter un serment que répudiait sa conscience ; le 13 janvier 1791, il se demit de ses fonctions, en exposant ses motifs dans un mémoire rendu public, qui lui valut les remercîments et félicitations de plusieurs membres du corps épiscopal, et notamment de monseigneur de Rochechouart, alors évêque de Bayeux.

Il avait épousé, par contrat du 6 mai 1773, demoiselle Marguerite-Françoise-Camille DE LAUNAY D'ÉTERVILLE, fille et seule héritière de feu Paul de Launay, seigneur et patron d'Éterville, et de noble dame Louise-Camille DES MOULINS DE L'ISLE. De ce mariage sont nés :

1° Alexandre-Henri LE FORESTIER DE VENDEUVRE, }
2° Félix LE FORESTIER DE VENDEUVRE, } morts tous deux sans enfants ;
3° Louise-Camille LE FORESTIER DE VENDEUVRE, mariée en 1797 au baron Pierre DE MONPINSON ;
4° Alexandrine LE FORESTIER DE VENDEUVRE, mariée en 1811 à M. Louis DE POSTEL D'ORVAUX ;
5° Augustin, qui continue la descendance ;
6° Charlotte-Thérèse LE FORESTIER DE VENDEUVRE, mariée le 28 septembre 1808 à Louis LE FORESTIER, comte D'OSSEVILLE, son cousin.

XII. — Augustin LE FORESTIER, Comte DE VENDEUVRE, fut nommé par le Roi Chevalier, puis Officier de la Légion d'honneur, Maire de Caen en 1816, puis Préfet de divers départements de 1824 à 1830, année où il abandonna les fonctions publiques pour refus de serment. De son mariage avec demoiselle Louise-Henriette-Aimée DE VITRAY-WICARDEL sont nés onze enfants :

1° Augusta LE FORESTIER DE VENDEUVRE, mariée à Gustave THOMAS, comte DE LA BARTHE ;
2° Anatole, dont l'article suit ;
3° Raymond LE FORESTIER DE VENDEUVRE, officier de la Légion d'honneur, lieutenant-colonel au 3° régiment de cuirassiers, marié à mademoiselle Marie-Victorine DE PHILLEMAIN ;
4° Henri LE FORESTIER DE VENDEUVRE, mort sans postérité ;
5° Marie-Valérie LE FORESTIER DE VENDEUVRE, mariée à Joseph-Félix REVERONY ;

6° Louis-Ferdinand LE FORESTIER DE VENDEUVRE, mort en bas âge ;

7° Émeric-Frédéric LE FORESTIER DE VENDEUVRE, marié à demoiselle Clotilde DE FÉRON, dont :

    A. Claire-Augusta LE FORESTIER DE VENDEUVRE, née le 5 juin 1831 ;

    B. Henri LE FORESTIER DE VENDEUVRE, né le 9 août 1832;

8° Octave LE FORESTIER DE VENDEUVRE, capitaine au 6° régiment de cuirassiers, mort sans postérité;

9° Blanche LE FORESTIER DE VENDEUVRE, mariée à Alfred DE LA SAYETTE ;

10° Virginie LE FORESTIER DE VENDEUVRE, morte en 1841 ;

11° Charles LE FORESTIER DE VENDEUVRE, marié à demoiselle DE BOISHODY, dont postérité.

XIII. — Anatole LE FORESTIER, comte de VENDEUVRE, a épousé le 3 juillet 1849 mademoiselle Antoinette-Julie-Joséphine-Amélie LE PRÉVOST DE VERNOIS, qui l'a rendu père des quatre enfants ci-après :

1° Augustin-Edmond-Robert LE FORESTIER DE VENDEUVRE, mort en bas âge ;

2° Henri-Louis-Robert LE FORESTIER DE VENDEUVRE, né le 16 décembre 1831 ;

3° Élisabeth-Marie-Augustine LE FORESTIER DE VENDEUVRE, née le 12 juillet 1856 ;

4° Henriette-Augusta-Jeanne LE FORESTIER DE VENDEUVRE, née le 26 mars 1862.

BRANCHE D'OSSEVILLE.

XI. — Alexandre-François LE FORESTIER, second fils d'Alexandre et de dame Antoinette de Beaurepaire, eut pour sa part le domaine et seigneurie d'Osseville, et il en conserva le nom (1). Sa signature à son contrat de mariage, daté du 19 août 1775, porte : Alexandre LE FORESTIER, Comte D'OSSEVILLE ; c'est sous ce titre qu'il est appelé à présider, en 1788, l'Assemblée du département de Carentan, et à prendre part, dans l'ordre de la noblesse, aux élections de 1789. Il avait été Major au régiment de Languedoc (dragons), et nommé Chevalier de l'Ordre royal et militaire de Saint-Louis. De son mariage avec noble demoiselle Louise DE BERNIÈRES, fille de messire Jacques-Léonard-Pierre de Bernières, Chevalier, seigneur et patron de Soquence, et de dame Anne-Élisabeth DE BERNIÈRES, sont nés :

1° Alexandre-Édouard LE FORESTIER D'OSSEVILLE, mort sans postérité;

2° Théodose LE FORESTIER, comte D'OSSEVILLE, chevalier des ordres de Malte et de la Légion d'honneur, fut un des quatre gentilshommes normands qui

---

(1) Ce domaine a été vendu nationalement pendant la révolution.

allèrent, en 1814, chercher à Jersey Mgr le duc de Berry, et le ramenèrent sur le sol français. En juillet 1814, il fut nommé aide de camp du général Dessolle, puis colonel d'état-major de la garde nationale de Paris. Quand le calme fut revenu, il passa de l'une des recettes particulières de Paris à la recette générale du Calvados, charge dont il se démit en 1830. De son mariage avec mademoiselle Anne-Renée DE VALORI sont nés :

A. Cécile LE FORESTIER D'OSSEVILLE, morte sans être mariée ;

B. Élisabeth LE FORESTIER D'OSSEVILLE, qui a épousé M. le comte Jules DE JUMILHAC ;

C. Henriette LE FORESTIER D'OSSEVILLE, morte religieuse ;

D. Edmond LE FORESTIER D'OSSEVILLE, } morts sans postérité ;
E. Henri LE FORESTIER D'OSSEVILLE, }

3° Mélanie LE FORESTIER D'OSSEVILLE, mariée à Auguste LE MARQUIER DE DAMPIERRE ;

4° Louis, qui continue la descendance.

XII. — Louis LE FORESTIER, Comte D'OSSEVILLE, devenu le Chef de la branche cadette de sa maison, Chevalier des Ordres de Malte et de la Légion d'honneur, fut nommé par le Roi Maire de Caen en 1824, et donna sa démission en 1830. Il avait épousé, le 23 septembre 1808, mademoiselle Charlotte-Thérèse LE FORESTIER DE VENDEUVRE, sa cousine germaine, dont il eut deux enfants :

1° Louis, qui suit ;
2° Marie-Isabelle LE FORESTIER D'OSSEVILLE, mariée en 1843 à M. Léon-François D'HUGLEVILLE.

XIII. — Louis LE FORESTIER, Comte D'OSSEVILLE, a épousé, le 7 mai 1833, mademoiselle Marie-Armelle-Charlotte DE SESMAISONS, fille du Comte Donatien de Sesmaisons, Pair de France, et de dame Charlotte-Françoise DAMBRAY. De cette union sont issus :

1° Louis-Marie-Regis-Christian LE FORESTIER D'OSSEVILLE, né le 30 octobre 1845 ;
2° Louis-Marie-Joseph-Raoul LE FORESTIER D'OSSEVILLE, né le 20 mai 1849.

BRANCHE DE MOBECQ
(OU MOBEC).

VII. — Charles LE FORESTIER, second fils de François Le Forestier et de dame Louise LE BERCEUR, et arrière-petit-fils au V° degré de Robert Leforestier, figure dans les actes qui le concernent sous le nom de sieur de Mobecq et de Clais, avec qualification d'Écuyer. Par contrat du 10 octobre 1608 il épousa demoiselle Andrée DE THIEUVILLE, fille de noble homme Nicolas de Thieuville, sieur de Briquebosq. Il en eut un fils unique :

VIII. — Antoine Le Forestier, Écuyer, sieur et patron de Mobecq. Il est déclaré noble de race par arrêt des Commissaires députés pour la confirmation et l'exemption des droits des francs-fiefs, en date du 20 février 1641. Il avait épousé, par contrat du 4 novembre 1636, demoiselle Scolastique Avice, fils de noble homme Louis Avice, Écuyer, sieur de la Fresnée. Il eut de ce mariage :

IX. — Louis Le Forestier, Écuyer, sieur de Tilly, puis seigneur et patron de Mobecq, marié par contrat du 7 août 1674 avec demoiselle Marie Le Carpentier, fille de Jean Le Carpentier, Écuyer, sieur des Pennés, et de noble dame Catherine Muhel. De cette alliance est issu :

X. — Charles-Antoine Le Forestier, Écuyer, seigneur et patron de Mobecq, lequel a épousé, par contrat du 1er août 1707, demoiselle Marie-Charlotte de Longaulnay, fille de Hervé de Longaulnay, seigneur de Franqueville, Bazanville, Brécourt et autres lieux, et de noble dame Marie-Suzanne d'Avi. De ce mariage est né :

XI. — Pierre-Aubin Le Forestier, Chevalier, seigneur et patron de Mobecq, des Fresnes, des Loges, de Mesnil-Lambert, La Réauté, de Clais, de Quatrevilles, etc. De son mariage avec noble dame Marie-Magdeleine Le Cointe (contrat du 17 juin 1740), il eut :

XII. — Henri Le Forestier, d'abord Officier dans le régiment de la Couronne, puis Comte de Mobecq, Baron de Gouville, du grand et du petit Valencey, etc. Il a voté, aux Élections de 1789, dans l'ordre de la noblesse, sous le titre de *Comte de Mobecq.* Par contrat du 10 juillet 1769 il a épousé noble demoiselle Marie-Gabrielle-Victoire de Gascoing, dame de Ver, et de cette alliance sont nés les neuf enfants ci-après :

1° Pierre-Henri-Gabriel-René Le Forestier de Mobecq, baron de Valencey, Chevalier de Malte, mort sans postérité ;

2° Bernard-Antoine-René Le Forestier de Mobecq, mort sans postérité ;

3° Pierre-Henri, qui continue la descendance ;

4° Antoine-Henri-Auguste Le Forestier de Mobecq, mort sans postérité ;

5° Armand-Henri-Auguste Le Forestier de Mobecq, Chevalier de Malte, mort sans postérité ;

6° Marie-Gabrielle-Victoire Le Forestier de Mobecq, } non mariées ;

7° Aimée-Antoinette-Marie Le Forestier de Mobecq,

8° Renée-Marie Le Forestier de Mobecq, mariée en 1809 à Florent-Michel d'Annoville.

XIII. — Pierre-Henri Le Forestier , Comte de Mobecq, Chevalier de Malte et de la Légion d'Honneur, a épousé, le 14 février 1822, Mademoiselle Adèle-Marie-Françoise d'Estanger. Il est mort en 1854, laissant de son mariage les quatre enfants ci-après :

1° Henri-Pierre Le Forestier, Comte de Mobecq, né le 30 septembre 1826, lequel a épousé le 14 février 1854 mademoiselle Césarine-Angélique-Marie de Mary de Longueville ;

2° Gabrielle-Marie-Henriette Le Forestier de Mobecq, religieuse au Sacré-Cœur ;

3° Armande-Adèle-Antoinette Le Forestier de Mobecq, née le 17 octobre 1824 ;

4° Augustine-Armande-Charlotte-Antoinette Le Forestier de Mobecq, mariée en premières noces le 31 juillet 1849 à Henri Aban de Graveron, dont postérité, et en secondes noces, le 24 mai 1860, à M. Léonor-Bernard Potier de Lavarde.

HUREL DU CAMPART

ARMES : *D'or, parti d'azur à cinq losanges de l'un en l'autre posées en croix.*

ncienne famille de robe de l'Élection de Bernay, qui a toujours tenu un rang distingué parmi les maisons nobles de la province.

La filiation, établie sur titres originaux qui nous ont été communiqués, commence à :

Noble homme Michel HUREL, sieur du Campart, Tabellion royal à Bernay, lequel a épousé demoiselle Catherine de Lempérière. Il était mort avant l'année 1672, laissant de son mariage plusieurs enfants, entre autres :

1° Michel HUREL, marié à Charlotte DESPERIERS, mort sans postérité ;

2° Charles, qui suit ;

3° André HUREL, avocat au bailliage et siége présidial de Caen, lequel a fait enregistrer ses armoiries à l'Armorial général établi par édit royal du 4 novembre 1696 (elles sont telles que nous les avons décrites plus haut) ;

4° Catherine, mariée à François PIMORD, sieur de la Metterie, dont une fille :

A. Charlotte PIMORD, mariée en secondes noces à Robert DE MANNOURY, Écuyer, sieur de Bellemare.

II. — Charles HUREL, sieur du Campart, marié à demoiselle Marie MASSON, en eut deux filles et le fils qui suit :

III. — Gabriel HUREL, seigneur du Campart, Procureur au Bailliage d'Alençon pour les sièges de Montreuil et Exmes, a épousé le 23 juin 1715 demoiselle Marguerite Le François de Billy, et en secondes noces, demoiselle Françoise Le Boucher, dont il n'eut pas d'enfants. Du premier lit sont issus :

1° Charles-Gabriel, qui suit ;
2° Marie-Charlotte, mariée en 1739 à noble Pierre de la Bigne, Écuyer.

IV. — Charles-Gabriel Hurel, Écuyer, seigneur du Campart, Conseiller secrétaire du Roi, Greffier du grenier à sel de Bernay, a épousé en 1748 demoiselle Marie-Magdeleine Hannoy, et en secondes noces, en 1757, demoiselle Jeanne Maurey. De cette dernière alliance est né :

V. — Louis-Léonor Hurel, Écuyer, seigneur du Campart, né le 17 septembre 1758, Conseiller Secrétaire du Roi, marié en 1780 à mademoiselle Marie-Catherine Jehanne, qui l'a rendu père d'une fille et d'un fils qui suit :

VI. — Pierre-Charles-Léonor Hurel du Campart, né le 15 septembre 1781, fut Notaire royal à Fervacques, et est mort le 23 juillet 1846 (1). Il avait épousé le 22 octobre 1822 mademoiselle Valence Le Myre de Vilers, qui l'a rendu père des trois enfants ci-après :

1° Alvire-Léonor Hurel du Campart, célibataire ;
2° Alfred-Aimé, qui suit ;
3° Edmond-Valence Hurel du Campart, né le 18 juin 1832.

VII. — Alfred-Aimé Hurel du Campart, Chef actuel de sa famille, né le 29 mars 1828, a épousé, le 25 octobre 1855, mademoiselle Virginia-Céleste-Antoinette Dumond. De ce mariage il a trois enfants :

1° Gabriel-Alfred-Edmond Hurel du Campart, né le 26 décembre 1856 ;
2° Blanche-Virginie-Valence Hurel du Campart, née le 15 juillet 1858 ;
3° Marie-Aimée-Antoinette Hurel du Campart, née le 9 décembre 1861.

---

(1) Le nom du Campart ayant été quitté par ses ancêtres à l'époque de la révolution, M. Pierre-Charles-Léonor du Campart fit une demande en 1825 pour le reprendre ; une ordonnance royale de ladite année l'y autorisa. Il a prouvé devant le tribunal civil de Bernay, qui affirma le fait à la chancellerie, que le nom du Campart était depuis cent cinquante ans dans sa famille.

LE FILLEUL

ARMES : *D'azur, au lion d'or, à la tierce en fasce du même, brochante sur le lion, et au franc-canton d'or, brochant sur la première pièce de la tierce.* — Couronne : *De Marquis.* — Supports : *Deux lions.*

ès le XVᵉ siècle, la famille LE FILLEUL était connue dans la Généralité d'Alençon ; ses diverses branches ont été maintenues dans leur noblesse en 1641 et 1667 dans l'Élection d'Alençon, et en 1669 par jugement de M. de la Galissonnière, Intendant de la Généralité de Rouen.

Elle a fourni beaucoup d'officiers de tous grades aux Armées, entre autres un Lieutenant général, Grand-Croix de l'Ordre royal et militaire de Saint-Louis, plusieurs chevaliers du même Ordre, des Chevaliers de l'Ordre de Malte, et un Évêque de Vabres en 1710.

Ses alliances ont été prises dans les meilleures maisons de la province, parmi lesquelles nous citerons les : Baudry de Piencourt, Pellerin de Gauville, du Val d'Amonville, de Bonnechose, de Pardieu, d'Espinay-Saint-Luc, etc., etc.

La famille Le Filleul s'est divisée en deux branches principales, qui ont eu pour auteur commun :

Noble homme Jacques Le Filleul, Écuyer, seigneur de la Hélinière, de la Chapelle-Gautier et autres lieux, vivant en 1595, lequel avait épousé noble demoiselle Anne DES CHAMPS. De ce mariage sont nés trois filles et quatre fils, dont deux furent prêtres ; les deux autres sont la tige des deux branches de la Chapelle et de la Hélinière, encore existantes de nos jours.

La branche de la Chapelle avait pour Chef, au commencement de ce siècle :

Charles-Alexandre-François-Marie Le Filleul, Marquis de la Chapelle, né le 14 mars 1762, Capitaine au régiment Royal-Dragons en 1789, lequel a épousé mademoiselle Marguerite DE MOGES (1).

---

(1) De cette alliance sont nés des enfants encore existants aujourd'hui, mais qui ne nous ont pas envoyé leur mémoire filiatif.

La branche de la Hélinière, qui a formé elle-même deux rameaux, avait pour représentant en 1789 Jean-Charles LE FILLEUL, Chevalier, seigneur de la Hélinière, des Guerrots, de Longthuit, etc., Chevalier de Saint-Louis, Chevau-Léger de la Garde ordinaire du Roi, lequel a assisté à l'Assemblée de la noblesse du Bailliage de Caen pour l'Élection des Députés aux Etats généraux. Il a épousé en 1774 demoiselle Marie-Élisabeth DU VAL D'AMONVILLE, fille de Pierre-Antoine du Val, Chevalier, seigneur d'Amonville, et de dame Marie-Élisabeth-Amable GRANDIN DE RAIMBOUVILLE. De ce mariage sont issus :

1° Amable-Jean-Baptiste LE FILLEUL, décédé jeune ;

2° Désiré-François, auteur du rameau des Guerrots, qui suit ;

3° Alexandre-Emmanuel, auteur du rameau de Longthuit, rapporté plus loin ;

4° Amable-Désirée LE FILLEUL, mariée en 1798 à Louis-Eusèbe CAVELIER DE CUVERVILLE.

Désiré-François LE FILLEUL DES GUERROTS, né en 1778, Chevalier de l'Éperon d'or par bulle du Pape Pie VII, en date du 26 mars 1819, auteur de plusieurs ouvrages de poésie, a épousé : 1° Mademoiselle Charlotte DE GIVERVILLE, et en secondes noces, en 1818, Louise-Armande DE LA FLÉCHE. De ces deux alliances sont issus : du premier lit, deux fils, et du deuxième lit :

1° Stanislas, qui suit ;

2° Marie-Charlotte-Edwige, mariée en 1849 au Vicomte Alphonse DE PARDIEU ;

3° Éléonore-Alexandrine-Mathilde, mariée en 1846 à Aimé-Anatole DU PIN DES VASTINES.

Stanislas-Alexandre-Amable LE FILLEUL DES GUERROTS, né le 9 mars 1823, marié en 1851 à mademoiselle Louise-Marie VARIN DE BEAUTOT, dont il a quatre fils : René, Conrad, Aymar et Gabriel.

Alexandre-Emmanuel LE FILLEUL DE LONGTHUIT, Chevalier de Malte, né en 1780, est l'auteur du deuxième rameau. Il a épousé en 1799 Geneviève-Julie-Angélique DU FAY, dont :

1° Henri-Raoul, qui suit ;

2° Maurice LE FILLEUL DE LONGTHUIT, Capitaine d'infanterie ;

3° Élisa LE FILLEUL DE LONGTHUIT, mariée à M. Alban DE PAUL DES HÉBERTS.

Henri-Raoul LE FILLEUL DE LONGTHUIT a épousé mademoiselle Aglaé-Antoinette GRENIER D'ERNEMONT, dont il a un fils et trois filles.

D'ABOVILLE

ARMES : *De sinople, au château flanqué de deux tours couvertes et girouettées, le tout d'argent, ouvert, ajouré et maçonné de sable.* — Couronne : *De Marquis.* — Supports : *Deux lions.*

 a maison D'ABOVILLE est une des plus anciennes de la province et tire son nom d'un fief situé dans la paroisse de Gonneville, près Cherbourg, qui, à une époque très-reculée, fut réuni à la châtellenie de ce lieu.

Dès le commencement du XIIe siècle, elle était établie aux environs de Caen; c'est ce qui résulte d'une charte latine de 1171, conservée aux archives du département du Calvados, par laquelle Guillaume D'ABOVILLE, du consentement de Henri, son fils aîné, et pour le repos de son âme et de celles de ses ancêtres, donne à l'abbaye de Saint-Étienne de Caen la moitié du droit de patronage de Bretteville-l'Orgueilleuse et la totalité de ses droits sur la chapelle de Putot, en présence du Roi Henri le Jeune, des Évêques de Lisieux, de Séez, de Salisbury et de trois Juges royaux.

D'autres chartes, provenant des cartulaires des abbayes de Saint-Étienne et Barbery, constatent l'existence, en 1247, d'un Roger D'ABOVILLE, chevalier, qui fait donation des dîmes de Bretteville-l'Orgueilleuse et de Putot; en 1257, de Raoul et Guillaume d'ABOVILLE frères; en 1285, de Guillaume D'ABOVILLE, écuyer; en 1330, d'un autre Guillaume d'ABOVILLE.

La filiation de cette famille, qui s'est divisée en quatre branches, n'a pu être établie d'une manière régulière qu'à partir de :

10

Michel D'ABOVILLE, chevalier, baron de Lahaye et de Champeaux, capitaine d'une compagnie d'ordonnances du roi Jean, tué à la bataille de Poitiers, en 1356. Il avait épousé Isabelle DE LONGUEIL, fille du connétable de Normandie.

Le chef actuel de cette branche est :

Alphonse-Gabriel, comte D'ABOVILLE, ancien Pair de France, né le 28 juin 1818.

La deuxième branche, issue de la précédente au troisième degré, a pour auteur Jacques D'ABOVILLE, écuyer, vivant en 1470, troisième fils de Thomas d'Aboville, seigneur de Ruvilly, et de dame Jeanne HUSAY. Elle s'est éteinte en la personne de : Louis-Charles-François D'ABOVILLE, chevalier de Saint-Louis, capitaine de vaisseau.

Michel-Nicolas D'ABOVILLE, vivant en 1730, marié à Bonne-Marie-Suzanne DE LA MER, est l'auteur de la troisième branche qui a pour chef actuel :

Auguste-Eugène-Elzéar-Napoléon D'ABOVILLE, né le 4 juillet 1810, contre-amiral, commandeur de la Légion d'honneur, marié le 26 septembre 1843 à mademoiselle Sophie-Henriette LE FEBVRE, fille de Jean-Baptiste Le Febvre, officier de la Légion d'honneur, chevalier de Saint-Louis, directeur des constructions navales. De ce mariage sont nés :

1° Marie-Caroline-Eugénie D'ABOVILLE, née le 15 novembre 1844 ;
2° Marie-Lucie-Henriette D'ABOVILLE, née le 24 décembre 1845 ;
3° Elzéar-Gaston-Ernest D'ABOVILLE, né le 8 janvier 1847 ;
4° Eugène-René-Albert D'ABOVILLE, né le 16 février 1849.

Enfin la quatrième branche, établie en Lorraine, a eu, pour premier auteur, Barthélemy D'ABOVILLE, écuyer, marié le 25 novembre 1642 à demoiselle Anne CABART, fille de noble homme Louis Cabart, sieur de Denneville, et de demoiselle Jeanne DE CLAMORGAN. Elle est représentée par :

Charles-Joseph-Édouard D'ABOVILLE, né le 17 mai 1798, général d'artillerie, officier de la Légion d'honneur, marié le 22 novembre 1830 à mademoiselle Marie-Madeleine ROESCH, dont il a eu trois enfants :

1° Eugène-Édouard D'ABOVILLE, né le 22 avril 1834, officier d'artillerie ;
2° Eugène-Auguste D'ABOVILLE, né le 16 mars 1836, aussi officier d'artillerie ;
3° Marie-Adèle D'ABOVILLE.

D'ANGERVILLE

ARMES : *D'or, au léopard de sable posé au canton dextre de l'écu, et à deux quinte-feuilles du même, posées l'une en canton sénestre, l'autre en pointe.* — Couronne : *De Marquis.* — Supports : *Deux lions.*

Une des plus anciennes familles de la province est sans contredit la maison D'ANGERVILLE D'AUVRECHER ; elle tire son premier nom de l'importante seigneurie d'Angerville-le-Martel, située en l'élection de Caudebec, et son second, de la terre d'Auvrecher ou Orcher, située dans le bailliage de Caux.

Elle s'est alliée aux plus puissantes familles de la province; et a occupé, de toute ancienneté, la charge élevée de maréchal héréditaire de Normandie, jusqu'à l'époque où elle advint par alliance à l'illustre maison d'HARCOURT.

La maison d'ANGERVILLE est une de celles qui ont jeté le plus d'éclat dans l'histoire de Normandie, à laquelle la sienne se trouve intimement liée, ainsi qu'on va le voir.

Les premiers Sires D'AUVRECHER et D'ANGERVILLE ont pris part à la conquête d'Angleterre, en 1066, ainsi que le constatent le savant ouvrage de M. l'abbé de la Rue, intitulé : *Recherches sur la tapisserie de la reine Mathilde, représentant la conquête de l'Angleterre par les Normands,* page 61, et l'*Histoire de la conquête d'Angleterre,* par Augustin Thierry.

Dans la liste des nobles qui accompagnèrent Robert, duc de Normandie, au voyage de la Terre-Sainte, l'an 1096, sont compris les sires d'Auvrecher et d'Angerville (*Histoire de Normandie,* par l'abbé Du Moulin).

Guillaume D'ANGERVILLE fut témoin, vers l'an 1140, des donations faites par la princesse Mathilde, fille de Henri, roi d'Angleterre, aux moines de Saint-André de Gouflers et de Saint-Nicolas d'Angers.

Robert d'ANGERVILLE fit une donation au couvent de Notre-Dame-du-Vau, vers l'an 1200.

Dans une charte en latin, faite en octobre 1204, au monastère de Beaumont-en-Auge, on voit Guillaume d'ANGERVILLE qui confirme une donation faite par son père et ses prédécesseurs.

Guillaume D'ANGERVILLE, maréchal héréditaire de Normandie, possédait la terre d'Auvrecher, sous le dernier duc de Normandie, avec un fief à Fauguernon, ainsi qu'il appert d'un aveu rendu au roi Philippe-Auguste par Richard d'Angerville, après la réunion du duché de Normandie à la couronne de France.

Parmi les seigneurs qui furent appelés par le Roi Saint-Louis à se trouver à Saint-Germain en-Laye, l'an 1236, comparurent les cinq évêques de Normandie, le sire de Tancarville et Louis et Thomas D'ANGERVILLE.

On trouve dans le *Traité de la noblesse* de la Roque, cité plus haut, Obert D'ANGERVILLE, sénéchal de Rouergue en 1324, et dans l'histoire de la maison d'Harcourt, par le même, Jean D'ANGERVILLE qui servait en 1332.

Noble Robert D'ANGERVILLE, écuyer, possédant des fiefs dans la paroisse de Drouville, en rendit aveu au Roi, dans les années 1391 et 1392.

Il y a en Angleterre une branche de la famille D'ANGERVILLE D'AUVRECHER, qui possède la terre de Herfort. Il en est parlé dans les *Antiquités de Leicester*, par Guillaume Biorton.

Le premier du nom D'ANGERVILLE, à partir duquel la filiation suivie peut être établie, est :

Messire Robert D'ANGERVILLE D'AUVRECHER, seigneur de Grainville, marié à Marguerite DE TONNEVILLE, dame de Gonneville, le 18 avril 1396.

Louis-Victor, comte D'ANGERVILLE D'AUVRECHER, ancien officier de cavalerie, chevalier de Saint-Louis, second fils de Thomas-Robert-Nicolas, Marquis D'ANGERVILLE, et de dame Marie-Anne-Lucile D'AURAY DE SAINT-POIX, a épousé demoiselle Julie-Aimée HOUSSET DE CATTEVILLE. Il est mort en 1852, laissant deux fils :

Henry, Marquis D'ANGERVILLE, chef actuel de la famille, marié à mademoiselle Esther DE MARTINVILLE, dont un fils :

1º Louis-Noé D'ANGERVILLE.

Et Marie-Alphonse, comte D'ANGERVILLE, conseiller à la Cour impériale de Caen, chevalier de la Légion d'honneur, qui a épousé en premières noces : Marie-Vitaline D'AMPHERNET, et en secondes noces mademoiselle Caroline-Stéphanie DE PRÉVAL, fille du général de division comte de Préval, Pair de France, Sénateur, Grand'croix de l'ordre de la Légion d'honneur.

Une branche cadette est représentée par M. le Chevalier D'ANGERVILLE, Officier de la Légion d'honneur, Maire de la ville de Guignes, en Picardie.

DE BEAUNAY

ARMES : *Fascé d'or et d'azur de six pièces.* — Couronne : *De Marquis.*
Supports : *Deux lions.*

ette famille, dont le nom s'est écrit indifféremment BEAUNAY, BAUNAY et BELNAY, n'est point d'origine normande ; c'est une terre ainsi dénommée qui a donné son nom à cette maison. En effet, nous lisons dans l'*Histoire de l'Abbaye de Fécamp*, par Fallu, que Rollon Ier, duc de Normandie, dans la distribution qu'il fit à ses compagnons, des plus belles terres de cette province, en 913, donna celle de Beaunay à Ansgoth, chef Norwégien, un de ses lieutenants ; Ansgoth, étant mort sans enfants, en fit don à l'abbaye de Fécamp. Cette terre échut en partage à un membre de la famille de Beaunay, et, en 1401, Jean DE BEAUNAY, ayant perdu son père Robert de Beaunay, seigneur de Beaunay, près Totes, en la généralité de Rouen, fut mis en curatelle du roi, ce fief relevant du domaine royal.

Les DE BEAUNAY contractèrent des alliances avec les premières et les plus anciennes familles de Normandie, notamment avec les : d'Espinay-Saint-Luc, Malet de Graville, d'Houdetot, de Bailleul, de la Londe, Puchot de Gerponville, Romé du Bec, etc., etc.

Nous allons donner la nomenclature par ordre chronologique des différents personnages marquants de cette ancienne maison.

En 1055, Jean DE BEAUNAY assista à la bataille de Mortemer, sous les ordres de Guillaume le Bâtard (*Hist. de Normandie*, par Oderic Vital).

En 1080, Bernard DE BEAUNAY fut, avec Robert MALET, Guillaume DE TOURNEBU et autres seigneurs normands, l'un des signataires de la transaction passée entre Guillaume de Ros, troisième abbé de Fécamp, et Gilbert d'Auffay (voyez *Histoire de Fécamp*, par Fallu).

En 1360, plusieurs seigneurs normands ayant pris parti pour Charles le Mauvais, roi de Navarre, contre le roi Jean, furent condamnés à mort; mais le roi fit grâce à plusieurs d'entre eux en considération de leurs anciens services; Jean et Perrinet DE BEAUNAY étaient du nombre (voyez *Histoire de la maison d'Harcourt*, par La Roque).

En 1418, le duc de Bedford, voulant chercher un appui en Normandie pour le roi d'Angleterre, envoyait des messages à plusieurs seigneurs de cette province. Parmi eux nous avons trouvé les sires de Cramesnil, de Beaunay et de Clercy (voyez *Archives de la Cour des comptes*, où existent encore plusieurs desdits reçus).

En 1574, Philippe DE BEAUNAY, seigneur de Boishimont, était gentilhomme ordinaire de la chambre du roi Henri III, et capitaine d'une compagnie de cent hommes d'armes.

En 1589, Claude et Pierre DE BEAUNAY, ayant fait partie d'une conspiration pour s'emparer, au nom de Henri de Navarre, de la ville du Havre, occupée par les ligueurs, furent faits prisonniers et décapités sur la place de ladite cité (voyez *Archives de la ville du Havre*).

En 1595, le 22 août, le roi Henri IV écrivit à Philippe DE BEAUNAY pour l'engager à le suivre en Flandre, où il lui donne rendez-vous au 10 septembre (1) pour faire le siége de Cambray.

En 1762, Louis-François, comte DE BEAUNAY, était chef de division au camp qui fut formé devant Dieppe, et commanda ensuite avec distinction pendant le bombardement de la ville du Havre (*Rapport fait au roi par le maréchal duc d'Harcourt*).

Son frère, Louis DE BEAUNAY, était, en 1766, grand bailli de Caux, et président de la noblesse de la province; il succédait dans cette charge au duc de Saint-Aignan.

En 1786, François, comte DE BEAUNAY, était capitaine de corvette et chevalier de Malte; il fut dangereusement blessé au combat naval livré par l'amiral de Grasse à l'amiral Rodney, et est mort en émigration.

---

(1) Cette lettre et une autre de Henri III, qui fait une donation de 300 écus à prendre sur le bailliage de Montivilliers, existent aux archives de la famille.

Son frère, Louis-Étienne DE BEAUNAY, était aussi chevalier de Malte et capitaine au régiment de Poitou, en 1787. Il épousa, en 1789, demoiselle Adélaïde DE MIRVILLE, dont il eut les enfants ci-après :

1° Alfred-Louis, comte DE BEAUNAY, capitaine de cavalerie, chevalier des ordres de Malte et de la Légion d'honneur, assista au congrès de Vienne comme attaché à l'ambassade du comte Alexis de Noailles ; il avait épousé, en 1822, mademoiselle Louise DE LINÉ, dont il a eu une fille :

A. Angèle DE BEAUNAY, mariée en premières noces au vicomte Édouard DE BROC, et en secondes noces au vicomte DE MIRANDOLE, général de brigade.

2° Gabriel, qui suit ;

3° Adélaïde DE BEAUNAY, mariée le 13 juin 1813 à M. NELL DE BRÉAUTÉ, correspondant de l'Institut.

Gabriel, comte DE BEAUNAY, chef actuel de la branche de Boishimont, officier dans la garde royale en 1823, fit la campagne d'Espagne, et faisait partie des compagnies d'élite qui montèrent à l'assaut du Trocadéro ; démissionnaire en 1830 pour refus de serment, il a épousé, en 1832, mademoiselle Marguerite-Éléonore DUPRÉ, fille de M. le baron Dupré. De ce mariage sont issues deux filles :

1° Marie DE BEAUNAY, née le 1er mai 1834, mariée le 19 mai 1853 au Baron Arthur DE DOMECY ;

2° Valentine DE BEAUNAY, née le 19 mars 1839, mariée le 4 mai 1858 au Vicomte Anselme DE CHARNACÉ, morte en 1859.

Il existe encore d'autres branches de la famille ; la branche cadette a pour chef actuel :

Ludovic DE BEAUNAY, né le 16 mars 1816, marié le 26 mai 1840 à mademoiselle Charlotte PAIN D'ÉTANCOURT ; de ce mariage sont issus plusieurs enfants.

Un autre rameau a pour chef :

Henri DE BEAUNAY, cousin des précédents, qui habite le département de l'Orne.

AMIOT

ARMES : *D'argent, à trois cœurs de gueules.*

ette famille, dont le nom est fort ancien dans la province, établit sa filiation sur titres authentiques à partir de :

Nicolas AMIOT, qui a laissé, entre autres enfants d'une alliance dont le nom est ignoré, le fils aîné qui suit :

Nicolas AMIOT, IIe du nom, qui vivait en 1592; il a épousé noble demoiselle Marguerite DE BAUDE, fille aînée de Jean de Baude et de Marie DU HAMEL, dont il eut :

Jacques AMIOT, Écuyer, seigneur du Gros-Buisson, Conseiller du roi, qui vivait en 1656; il eut pour fils :

François-Bonaventure AMIOT, Écuyer. Ce fut lui qui fit enregistrer les armoiries de sa famille à l'Armorial général, établi par l'édit du 20 novembre 1696.—(*Registre de la généralité de Rouen, folio 1078.*)

Étienne-Joseph AMIOT, fils du précédent, écuyer, seigneur d'Auzouville, fut Garde du corps du roi en 1710; son fils :

Antoine-Joseph-Alexandre AMIOT, écuyer, sieur du Mesnil-Gaillard, de Tonneville, etc., Officier des chasses du roi en 1747, marié à Marie LE BOURGEOIS, en eut plusieurs enfants, entre autres :

Antoine-Joseph-Thomas AMIOT, Écuyer, seigneur du Mesnil-Gaillard, de Tonneville et du Verger, né le 19 décembre 1734, fut Conseiller du roi, Trésorier général de France en la généralité de Rouen, etc. Après avoir été marié trois fois, il mourut en 1810, laissant pour fils :

Henri-Auguste AMIOT DU MESNIL-GAILLARD, né le 12 août 1790, reçu à l'école Militaire de Fontainebleau le 19 janvier 1807, Capitaine d'infanterie, Chevalier de Saint-Louis et de la Légion d'honneur, fit plusieurs campagnes sous le premier empire. Il a épousé, le 5 juillet 1824, mademoiselle Claude-Scolastique-Aimable DU CROCQ DU HIL DE MALLEVILLE, dont il a :

1° Marie-Louis-Auguste AMIOT DU MESNIL-GAILLARD, né le 6 mai 1825, officier dans l'armée;

2° Henri-Agathon AMIOT DU MESNIL-GAILLARD, né le 14 mai 1826, officier d'infanterie;

3° Gustave-Armand AMIOT DU MESNIL-GAILLARD.

DE BELLEVAL

ARMES : *De gueules, à la bande d'or, accompagnée de sept croix recroisettées au pied fiché de même, 4 en chef et 3 en pointe.* — Couronne : *De Marquis.* — Supports : *Deux anges revêtus d'une dalmatique blanche, frangée d'or, tenant un arc abaissé.*

eu de maisons, encore existantes, peuvent revendiquer une origine plus ancienne que celle de la famille DE BELLEVAL, originaire du Ponthieu, où on la voit figurer dans les chartes dès le commencement du XIe siècle. L'antiquité de cette maison est constatée par une foule de titres originaux, tels que donations, aveux, dénombrements, contrats de mariage, de vente, etc.

La Chesnaye-des-Bois fait remonter son origine à l'an 1100.

Parmi les personnages marquants de cette antique maison, nous citerons : Baudoin DE BELLEVAL, chevalier, chambellan du Duc d'Orléans, tué à la bataille d'Azincourt ; un Gouverneur des finances en Normandie pour le duc de Bedford, régent de France ; un Écuyer de l'écurie du roi ; un Enseigne de cinquante lances des Ordonnances du roi ; plusieurs Gentilshommes de la chambre, un Lieutenant des maréchaux de France ; dix ou douze Chevaliers des Ordres de Saint-Michel, de Malte et de Saint-Louis ; un Brigadier des Gardes du corps, plusieurs Officiers supérieurs des armées de Louis XIII, Louis XIV et Louis XV ; trois Présidents de la chambre des comptes, et enfin un Gentilhomme capitaine des chasses du prince de Condé, etc., etc.

Cette maison a formé dix-sept branches, toutes successivement éteintes, à l'exception de la branche aînée et d'un rameau établi en la province du Languedoc.

Sa filiation suivie commence à :

Roger DE BELLEVAL, chevalier, vivant en 1180 ; il souscrivit en ladite année, avec son frère Gilbert, une donation faite par Robert DE NAOURS, sa femme et leurs enfants, à l'abbaye de Fontevrault, pour la maison de Belleval, et de tout ce qu'ils avaient assis à Havernast (Trésor généalogique de Dom Villevieille, Bibliothèque impériale).

Le chef actuel de la famille, issu au dix-neuvième degré de Roger DE BELLEVAL ci-dessus mentionné, est :

Louis-Charles, marquis DE BELLEVAL DE BOIS-ROBIN, né le 16 mars 1814, marié le 18 février 1836 à demoiselle Marie-Claudine-Élisabeth VINCENT D'HANTECOURT, dont il a eu deux enfants :

1° Marie-René, Comte DE BELLEVAL, né le 27 juin 1839, marié, par contrat du 10 janvier 1859, à mademoiselle Marie-Léonie LANGLOIS DE SEPTENVILLE, dont un fils :

A. Henri-Louis-Jean DE BELLEVAL, né le 20 janvier 1860;

2° Marie-Antoinette DE BELLEVAL, mariée, le 1er mai 1861, à Charles-Édouard LANGLOIS, Baron DE SEPTENVILLE.

La branche de cette famille établie en Languedoc a pour chef :

Antoine-Gabriel-Riquier DE BELLEVAL, fils de Jean-Jacques-François-Gaspard DE BELLEVAL, chevalier, né en 1767, et de dame Marie-Joséphine-Sophie-Xavier DU VIVIER DE LANSAC. — Il n'est pas marié.

DE BRAS-DE-FER

Armes : *De gueules, à trois mains droites d'argent posées 2 et 1.* — Couronne : *De Marquis.*

Parmi les anciennes familles nobles de la province, il faut compter celle de BRAS-DE-FER, dont la noblesse a été reconnue d'ancienne extraction par un jugement de maintenue du 28 septembre 1672.

Cinq membres de cette famille ont fait enregistrer leurs armoiries à l'Armorial général de 1696 (registre de la généralité d'Alençon) ; ce sont :

Nicolas DE BRAS-DE-FER, écuyer, seigneur de Longbut ; — Jacques-Élysée DE BRAS-DE-FER, écuyer, seigneur des Moutiers ; — Paul DE BRAS DE-FER, écuyer ; — Aignan DE BRAS-DE-FER, écuyer, seigneur de Hauteville ; — Marc-Antoine DE BRAS-DE-FER, écuyer, seigneur de Fontenelle.

Enfin, les preuves de noblesse de cette ancienne famille furent établies authentiquement par le juge d'armes de France, en 1772, lors de l'admission d'un de ses membres à l'École royale militaire.

Cette maison a formé diverses branches, dont deux seulement se sont perpétuées jusqu'à nos jours et ont eu des descendants.

Ces deux branches sont :

La branche-mère de la famille, et celle des Moutiers. Les branches éteintes sont celles de Mandeville, de Longbut et de Fontenelle.

Elle a contracté des alliances avec les familles : de Coulibœuf, de Fribois, de Berenger, de Calesménil, de la Mothe-Cavez, de Nantier, de Beaurepaire, de Juliard, de Blanchard du Rozel, de Courtielle, etc.

Il résulte des divers documents que nous venons de citer, et de ceux qui nous ont été communiqués, que la filiation de la famille DE BRAS-DE-FER peut s'établir d'une manière suivie et authentique à partir de :

Girard DE BRAS-DE-FER, écuyer, vivant en 1450.

Elle est représentée de nos jours par :

1° Charles-Jules DE BRAS-DE-FER, né le 12 septembre 1810, ancien élève de l'école de Saint-Cyr, Colonel du 42° régiment de ligne et Officier de la Légion d'honneur;

2° Louis-Frédéric DE BRAS-DE-FER, né le 2 avril 1812;

3° Caroline-Françoise DE BRAS-DE-FER, née le 10 août 1808.

BRANCHE CADETTE DES MOUTIERS.

Cette branche est représentée par les enfants de Louis-François DE BRAS DE-FER et de dame Marie-Marthe DE MAUREY, qui sont au nombre de trois, savoir :

1° Louis-François-Samuel DE BRAS-DE-FER, marié le 8 juillet 1808 à Mademoiselle Antoinette LE NORMAND DE SAINT-GERMAIN, dont une fille :

A. Aline-Emma DE BRAS-DE-FER.

2° Louis DE BRAS-DE-FER, qui a épousé mademoiselle Constance DE SUHARD;

3° Françoise-Charlotte-Victoire DE BRAS-DE-FER, non mariée.

DE BERENGER

L'ancienne maison DE BERENGER est d'origine chevaleresque, elle s'est fixée en Normandie vers l'an 1200 ; au delà de cette époque, son existence repose sur une ancienne tradition de famille qui la fait descendre des BERENGER d'Italie, fixés ensuite dans le midi de la France, et dont une branche serait venue s'établir dans les environs de Harfleur, vers la fin du XIIe siècle.

Cette tradition se retrouve dans plusieurs endroits, entre autres dans un article du *Mercure Galant* du mois d'avril 1691, journal de l'époque, dédié à Monseigneur le Dauphin, pages 118 et suivantes ; dans l'histoire imprimée de Jean DE BERENGER VIIe du nom, et dans divers autres ouvrages.

Quoi qu'il en soit, dans les recherches faites par ordre du roi Louis XIV, on trouve en Normandie, vers 1200, Jean DE BERENGER, écuyer, natif de Harfleur, *issu de noble et ancienne lignée*, qui vint s'établir dans les environs de Falaise, en 1241, possédant le fief noble de la Moissonnière, situé dans la baronnie de Grandmesnil. — Il paraît que c'est son père qui vint le premier se fixer dans la province.

Ledit Jean de Berenger était homme d'armes en 1272. (Voyez La Roque, *Traité des anciens bans et arrière-bans*, page 70.)

Une lettre du roi Philippe le Hardi, conservée en original avant la révolution dans le cabinet de M. Favre, généalogiste, portait mandement au bailli de Caux, de lui payer une certaine somme qui lui était due pour ses gages pour fait de guerre en Gascogne.

La maison de Berenger a toujours tenu un rang des plus élevés dans la province; parmi ses principaux personnages, nous citerons :

Robert DE BERENGER, homme d'armes de la compagnie qui était à Caen, sous les ordres de Bertrand du Guesclin, en 1371 ;

Jean DE BERENGER, VIIᵉ du nom, comte de Fontaines, qui donna de nombreuses marques de fidélité au roi Henri III, et fut fait, par Henri IV, gentilhomme ordinaire de sa chambre et chevalier de son ordre ; il fut successivement lieutenant dans les provinces du Maine et de l'Anjou, commandant pour Sa Majesté dans toute l'étendue du bailliage d'Alençon, gouverneur d'Argentan et capitaine de cent hommes d'armes. Henri IV érigea pour lui et ses descendants la terre de Grandmesnil en *Baronnie;*

Marc-Antoine DE BERENGER, lieutenant-général au service de Hollande, qui quitta ce pays, malgré la position élevée qu'il y occupait, quand il apprit que la guerre allait éclater avec la France ;

Beaucoup d'officiers distingués, dont quelques-uns furent tués sur le champ de bataille, et enfin plusieurs chevaliers du Saint-Esprit, de Malte et de Saint-Louis.

La filiation suivie et non interrompue de la famille commence à Jean DE BERENGER, cité plus haut, vivant en 1241, et se continue jusqu'à nos jours.

Aujourd'hui la maison DE BERENGER est représentée par Jean et Henri DE BERENGER, fils de feu le comte Henri DE BERENGER; par le vicomte Louis-Raymond-Frédéric DE BERENGER, et par son cousin-germain, Olivier DE BERENGER.

GODART DE BELBEUF

ARMES : *D'azur, au chevron d'argent, accompagné en chef de deux molettes d'or et en pointe d'une rose d'argent, tigée et feuillée de sinople.* — Couronne : *De Marquis.* — Devise : *Floreat semper.*

 a famille GODART, dont le nom s'écrit par un T, et quelquefois aussi par un D, était connue dans le diocèse de Rouen au milieu du XIII° siècle ; elle est mentionnée dans une bulle du Pape Clément VII, donnée à Avignon au mois de décembre 1345, en faveur des dames chanoinesses de Saint-Augustin de la ville de Rouen.

Elle fut maintenue dans sa noblesse, et Jean GODART, seigneur de Belbeuf, rendit aveu pour ce fief en 1597.

Cette maison a fourni : des Conseillers et des Procureurs généraux au parlement et à la chambre des comptes de Rouen, des Officiers distingués dont plusieurs ont été tués sur le champ de bataille, un Évêque au diocèse d'Avranches, des Chevaliers de Malte, etc., etc.

Par lettres patentes signées du roi, enregistrées au parlement et à la chambre des comptes de Rouen, en date du mois de septembre 1719, la terre de Belbeuf a été érigée pour elle en MARQUISAT.

Cette maison a figuré aux assemblées des notables en 1626, 1787 et 1788, et Louis-Pierre-François GODART, marquis de BELBEUF, père du chef actuel, fut élu député de la noblesse du Bailliage de Rouen aux États généraux en 1789.

Elle est représentée par :

Antoine-Louis-Pierre-Joseph GODART, Marquis de BELBEUF, né le 20 octobre 1791, premier-président à la cour royale de Lyon pendant dix-sept ans, ancien Pair de France, Sénateur, Officier de la Légion d'honneur, etc., qui a épousé mademoiselle Claudine-Béatrice TERRAY. De cette alliance sont nés les quatre enfants ci-après :

1° Pierre-Claude-Raoul, comte DE BELBEUF, Maître des requêtes au conseil d'État, marié le 28 juin 1849 à mademoiselle Alix SIMÉON, fille du comte Siméon, Sénateur ;

2° Louise-Marie-Berthe DE BELBEUF, mariée en 1845 à François-Oscar ASSELIN, Baron DE VILLEQUIER, morte en 1846 ;

3° Marie DE BELBEUF, mariée au Baron Just DE BERNON ;

4° Charlotte DE BELBEUF, mariée au Marquis Georges DE MATHAN, fils du Pair de France sous la Restauration.

FERAULT DE FALANDRES

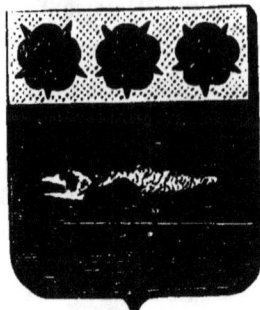

ARMES : *D'azur, à une carpe d'argent, posée en fasce, au chef d'or, chargé de trois roses de gueules.* — Couronne : *De Marquis.* — Supports : *Deux lions.*

riginaire de la Provence, où elle tenait un rang distingué parmi la noblesse, la famille **FERAULT DE FALANDRES** était connue dans cette province dès le XIe siècle.

En 1129, N. . . . . FÉRAULT, de Barras, Chevalier de l'ordre de Saint-Jean-de-Jérusalem, était Grand-commandeur des biens et des maisons du bord de la mer et de ceux de Belvès et de Beaulieu. C'était, on le sait, après la grande-maîtrise, la première dignité, attachée de préférence à la langue de Provence.

En 1239, Éléonore de Provence, fille de Raymond Béranger, IVe du nom, ayant épousé Henri III, roi d'Angleterre, et sa sœur ayant épousé Richard, Comte de Cornouailles, frère de Henri, N. . . . FERAULT fut au nombre des seigneurs qui accompagnèrent ces princesses en Angleterre, et y fixa sa résidence.

En 1310, sous le règne d'Édouard II, roi d'Angleterre, Bernard FERAULT (*en anglais* FERAWLT), petit-fils du précédent, commandait le camp de la Réole, près de Stamford.

En 1534, Charles FERAULT, fils de Richard FERAULT ou FERAWLT, lequel descendait lui-même de Bernard FERAULT, vint s'établir en Normandie, dans les environs de la ville de Séez, où il prit immédiatement place parmi la haute noblesse de la province.

Cette ancienne maison, qui compte parmi ses membres un Lieutenant-général, plusieurs Capitaines d'infanterie et de cavalerie et quelques Chevaliers de Saint-Louis, a contracté ses alliances avec les premières familles de la province, entre autres, les : Burnet de Saint-Aignan, de Mallard, de Mary de Préville, de Vauquelin, de Saint-Germain, de Morel, de Seran, etc., et par elles, est apparentée aux : de Castries, de Choiseul, de Bourbon-Busset, de Coriolis, de Marguerye, de Fontaine, de Fontette, du Hays, etc.

La filiation suivie et authentique de cette maison, dressée d'après les titres, contrats de mariage et brevets conservés aux archives de la famille, commence à :

FILIATION.

I. — Charles FERAULT, écuyer, fils de Richard, gentilhomme anglais, vint se fixer, en 1534, dans la généralité d'Alençon. D'une alliance dont le nom ne nous est pas parvenu, il eut plusieurs enfants, entre autres :

II. — Isaac FERAULT, Écuyer, seigneur d'Echassey, marié à noble demoiselle Louise MALLARD, fille de Claude Mallard, seigneur de Falandres et du Mesnilbroult. De ce mariage sont nés deux fils :

1° Isaac FERAULT, écuyer, seigneur de Falandres, père d'une fille : Louise FERAULT, qui épousa le sieur DE LAUNAY, seigneur de Cochet ;

2° Noël, qui suit.

III. — Noël FERAULT, écuyer, seigneur de Falandres et d'Echassey, né en 1600, épousa noble demoiselle Jeanne AUBERT, dont il eut :

1° Noël FERAULT, Chevalier, mort sans postérité ;

2° Marquis FERAULT, qui continue la descendance :

IV. — Marquis FERAULT, Chevalier, seigneur de Falandres, a épousé noble demoiselle Marie DE VIETTE, fille de Jacques de Viette et de Catherine LE TORT. De ce mariage sont issus les six enfants ci-après :

1° Noël FERAULT, Capitaine au régiment de Grancey (infanterie), Chevalier de Saint-Louis, mort sans postérité ;

2° Charles FERAULT, seigneur de la Viette, Capitaine de dragons, Chevalier de Saint-Louis ;

3° Jean-Antoine FERAULT, Conseiller au Parlement de Rouen ;

4° Alexandre FERAULT, dont l'article suit ;

5° Françoise FERAULT, mariée à N. . . DE SAINT-AIGNAN DE LA GRIMONNIÈRE ;

6° N. . . FERAULT, mariée à N. . . GOT, sieur des Mottes.

V. — Alexandre FERAULT, Chevalier, seigneur de Valendrey, de Falandres, de Beaulieu, etc., épousa, par contrat du 7 mai 1692, noble demoiselle Louise

DE CHANU, fille de Laurent-Jacques de Chanu, seigneur de Cantepie et de Sainte-Marie, et de dame Michelle DE BELLEMARE. De ce mariage il eut cinq enfants :

1° N. . . FERAULT, seigneur de Falandres, capitaine de cavalerie, chevalier de Saint-Louis, mort sans postérité;

2° Jean-Auguste FERAULT, seigneur de la Viette, mousquetaire de la garde du roi, lieutenant de cavalerie, chevalier de Saint-Louis;

3° Jean-Baptiste, qui a continué la descendance;

4° Deux filles, non mariées.

VI. — Jean-Baptiste FERAULT, seigneur de Falandres et de Beaulieu, lieutenant-général, Chevalier de Saint-Louis, a épousé demoiselle Anne de MARY DE PREVILLE, fille de noble Alexandre Mary de Preville et de dame Anne-Catherine DE MALET. De cette alliance sont issus cinq enfants, savoir :

1° Louis-Jean-Baptiste FERAULT, Marquis de Falandres, mort sans postérité en 1814;

2° Louis-Alexandre FERAULT DE BEAULIEU, Comte de Falandres, capitaine d'infanterie, chevalier de Saint-Louis, mort sans postérité;

3° Charles-Alexandre, dont l'article suit;

4° Deux filles.

VII. — Charles-Alexandre FERAULT, Comte DE FALANDRES, Chevalier, seigneur de Maheru, Chevalier de l'ordre royal et militaire de Saint-Louis, capitaine au régiment de Beauvoisis (infanterie), marié, par contrat du 10 avril 1779, à demoiselle Marie-Angélique-Hippolyte DE SERAN, dame d'honneur de S. A. madame la Princesse de Bourbon, fille de Gilles-François, Marquis de Seran d'Andrieux, et de dame Marie-Agathe DE CORIOLIS, dame d'honneur de la Reine Marie-Antoinette. Il est mort le 1er mai 1803, laissant de son mariage le fils unique qui suit :

VIII. — Louis-Raymond FERAULT, Marquis DE FALANDRES, chef de nom et d'armes de sa famille, né le 2 avril 1792, marié, par contrat du 8 octobre 1838, à mademoiselle Ernestine-Julienne-Charlotte GUYON DE QUIGNY, fille de Charles-Hippolyte-Hyacinthe Guyon de Quigny, ancien garde du corps de S. M. Louis XVIII, et de dame Henriette DE MOINET (1). De ce mariage sont nés deux enfants :

1° Henry-Raymond-Hilaire-Marie FERAULT, Comte de Falandres, né en 1842;

2° Françoise-Caroline-Marie-Louise FERAULT DE FALANDRES, née en 1841.

---

(1) Mademoiselle DE MOINET est descendante de Jean de Moinet, un des échevins de la ville d'Alençon, qui conserva cette ville au duc Jean V, en 1449.

GUYOT D'AMFREVILLE

ARMES : *D'azur, à un chevron d'argent, accompagné de trois champignons d'or.* — Couronne : *De Marquis.* — Supports : *Deux sauvages.*

Originaire du pays de Bray, la famille GUIOT ou GUYOT a pour premier auteur Nicolas Guyot, Écuyer, représenté par son fils, Claude, dans un contrat de vente du 20 juillet 1494. Les titres que cette maison a produits, lorsqu'elle fit ses preuves de noblesse en 1788 devant Chérin, généalogiste des ordres du roi, prouvent sa filiation authentique et non interrompue depuis cette époque.

La branche cadette de la famille, ruinée par les guerres de religion, fut obligée d'exercer au greffe de la juridiction de Valognes et fut imposée à la taille; mais Étienne Guyot, seigneur des Fontaines, adressa au roi Louis XIII une requête dans laquelle il lui exposait :

« Qu'il était issu d'une famille dont les aînés jouissaient de tous les privi-« léges de la noblesse et avaient comparu au ban et à l'arrière-ban ; que lui « et son père avaient servi fidèlement le roi pour la garde et la défense des « côtes de Normandie, etc. »

Louis XIII le rétablit dans tous les priviléges de sa noblesse par lettres patentes datées du mois de novembre 1635, enregistrées à la cour des aides et à la chambre des comptes de Normandie.

Guillaume Guyot, Écuyer, seigneur d'Amfreville et autres lieux, obtint, le 1er juin 1655, un jugement de la chambre souveraine établie pour les francs-fiefs en Normandie, par lequel elle lui donnait mainlevée de la saisie de la terre d'Amfreville. Il fit aveu au roi, le 29 novembre 1683, pour la terre et seigneurie d'Amfreville, relevant de Sa Majesté, en plein fief *de Haubert*, à cause de sa Vicomté du Pont-l'Arche.

Cette famille a pour chef actuel : Frédéric GUYOT D'AMFREVILLE, né en 1798, marié à mademoiselle Justine DUBOIS DES ORAILLES qui l'a rendu père de :

1° Alexandre-Félix-Hippolyte GUYOT D'AMFREVILLE, Chevalier de la Légion d'honneur, officier d'infanterie;

2° Ferdinand, né en 1833, officier d'infanterie, tué à la prise de Malakoff.

D'HARNOIS

ARMES : *De gueules, au chevron d'argent, accompagné en pointe d'un casque posé de front, fermé et grillé, de même.* — Couronne : *De Comte.* — Supports : *Deux levrettes.*

ne des anciennes familles de la province, dont le nom s'est écrit indistinctement D'HARNOIS et D'ARNOIS, originaire du pays de Caux. Sa filiation authentique et suivie, établie sur titres et contrats originaux conservés dans les archives de la famille, commence à :

I. — Vivien HARNOIS ou ARNOIS, Écuyer, seigneur de Plainesève, marié par contrat de l'année 1420 à noble damoiselle Perette DES HAYES DE BOIS-GUÉROULT, dame d'Espinay, dont il eut plusieurs enfants, entre autres :

II. — Nicolas HARNOIS, Écuyer, seigneur de Bretigny, Avocat général au bailliage de Caux. Il a épousé par contrat passé à Caudebec, le 26 juillet 1472, damoiselle LE ROUX DE TOUFFREVILLE, fille de noble Jean le Roux, Écuyer, seigneur de Touffreville, qui l'a rendu père de :

III. — Nicolas HARNOIS, II° du nom, Écuyer, seigneur de Saint-Martin-aux-Buneaux, etc., Avocat général au parlement de Rouen, marié par contrat reçu à Rouen, le 29 octobre 1520, à demoiselle Geneviève DE VILLY, fille de noble homme Robert de Villy et de dame Anne DU BOSC. De ce mariage sont nés plusieurs enfants, l'aîné :

11°

IV. — Jean Harnois, Écuyer, seigneur de Saint-Martin-aux-Buneaux et autres lieux, qui épousa par contrat du 31 mai 1551 noble demoiselle Catherine Jubert, fille de Henri Jubert, sieur de Bouville, Président en la cour des aidés et finances, et de dame Marie le Goupil. De cette alliance naquit :

V. — Robert Harnois, Écuyer, seigneur de Saint-Martin-aux-Buneaux, du Tilleul, de Clercy, de Bretigny, seigneur haut-justicier d'Épreville, lequel épousa par contrat passé à Rouen le 1er juin 1601, demoiselle Madeleine le Parmentier, fille de noble Rémy le Parmentier, seigneur de Criquetot et de Butot, et de dame Marie de Gonel, dont il eut :

VI. — Charles Harnois, Écuyer, seigneur haut-justicier d'Épreville, seigneur de Saint-Martin-aux-Buneaux et patron de Blangues, a épousé, par contrat du 22 novembre 1633, passé devant le notaire de Basqueville, demoiselle Suzanne de Bailleul, fille d'Adrien de Bailleul, Chevalier, seigneur de Saint-Ouen, et de dame Yolande Malet de Graville. De ce mariage sont nés deux fils :

1° François, qui suit ;
2° Robert d'Harnois, auteur de la branche cadette, seule existante aujourd'hui, dont l'article viendra plus loin.

VII. — François d'Harnois, Écuyer, seigneur châtelain de Blangues, de Hottot, etc., Capitaine général pour le Roi, Commandant les côtes du pays de Caux, épousa le 17 février 1661 demoiselle Françoise de Pleurel, fille de Louis de Pleurel, seigneur de Monterolles, et de feu noble dame Barbe le Berge du Busc-Rabasse, dont il eut un fils unique :

VIII. — François d'Harnois, IIe du nom, Écuyer, seigneur de Hottot, de Blangues et autres lieux, fit enregistrer ses armoiries à l'Armorial général établi en vertu de l'édit du Roi du 20 novembre 1696 (Registre 21, Généralité de Rouen). Il a épousé demoiselle Marie de Banastre, fille de Charles de Banastre et de dame Françoise du Fresnay, dont il n'eut qu'une fille :

1° Marie d'Harnois, mariée à N...., de Banastre, seigneur de Parfondeval, dont une fille, mariée à Jean de l'Estendart, seigneur des Heillers.

DEUXIÈME BRANCHE.

VII. — Robert d'Harnois de Blangues, Écuyer, second fils de Charles et de Suzanne de Bailleul, fut Lieutenant général en l'Amirauté du Havre. Il a épousé, par contrat du 20 septembre 1674 passé devant les tabellions royaux de Cany, noble demoiselle Françoise SERY ou FEREY, qui l'a rendu père de trois enfants, savoir :

1° Pierre D'HARNOIS, Capitaine au régiment d'Orléans, infanterie, mort sans postérité ;

2° Adrien D'HARNOIS, tué étant brigadier des gardes de la marine ;

3° Charles, qui continue la descendance :

VIII. — Charles D'HARNOIS, Écuyer, seigneur de Blangues, Officier des vaisseaux du Roi, servit avec distinction son pays pendant quarante-deux ans et mourut au Havre. Il avait épousé, le 15 mai 1718, demoiselle Catherine BART, cousine germaine du célèbre JEAN BART. De ce mariage sont nés deux fils :

1° Robert, qui suit ;

2° Louis-François D'HARNOIS, appelé le chevalier DE BLANGUES, marié en 1744 à demoiselle Françoise-Marie DE TOUSTAIN DE RICHEBOURG.

IX. Robert D'HARNOIS, II° du nom, Écuyer, seigneur de Blangues et de Bornembusc, Chevalier de Saint-Louis, a épousé, par contrat du 23 novembre 1737, demoiselle Louise DE ROUSSEL DE GODERVILLE, dont il eut sept enfants :

1° Louise-Judith-Angélique D'HARNOIS, née le 17 octobre 1738 ;

2° Louise-Françoise D'HARNOIS, née le 10 décembre 1739 ;

3° Robert-François-Louis D'HARNOIS, né le 26 juin 1742, Contre-amiral, Chevalier de Saint-Louis, mort célibataire en 1817 ;

4° Amélie-Fortunée D'HARNOIS, née le 23 juillet 1743, mariée à M. LEMAISTRE DE CLAVILLE, chevalier de Saint-Louis ;

5° Louis-Gaston D'HARNOIS, né le 25 décembre 1744, mort sans alliance ;

6° Germer D'HARNOIS, qui continue la descendance ;

7° Louis-François D'HARNOIS, né en 1751, capitaine au régiment d'Enghien, chevalier de Saint-Louis, marié à mademoiselle N... DE LA ROCHE, mort sans enfants.

X. — Germer D'HARNOIS, Écuyer, seigneur de Blangues et de Bornembusc, né en 1748, fut Capitaine au régiment de Penthièvre et Chevalier de Saint-Louis. Il a épousé, par contrat passé à Fécamp le 5 août 1786, demoiselle Marie Madeleine DUVAL, dont il eut deux fils :

1° Robert-Germer-Samson-Maurice, qui suit ;

2° Charles-Adolphe D'HARNOIS, né en 1790, Capitaine d'artillerie, tué à la bataille de Smolensk, sans avoir été marié.

XI. Robert–Germer-Samson-Maurice D'HARNOIS, Chevalier, seigneur de Blangues et de Bornembusc, Chevalier de la Légion d'honneur, né à Fécamp le 22 septembre 1787, servit dans les Vélites de la Garde impériale, dans les Gardes du corps du Roi en 1814, et fut ensuite Capitaine au 1ᵉʳ régiment de Cuirassiers. Il a épousé 1°, en 1812, mademoiselle Louise-Angélique GRENIER DE CAUVILLE, et en secondes noces, par contrat passé à Bolbec le 20 avril 1819, mademoiselle Rosalie-Caroline DU FAY. Il est mort en 1837 laissant du premier lit :

1° Louise-Ambroisine D'HARNOIS, morte à Rome en 1841.

Et du deuxième lit :

1° Charles-Gustave, rapporté ci-dessous ;
2° Caroline-Ernestine D'HARNOIS, mariée : 1°, le 11 septembre 1843, à Louis-Pascal MAHEULT, et 2°, le 14 décembre 1857, à Jacques-Julien BEAUGRAND, Ex-Officier au 39ᵉ régiment de ligne, Chevalier des Ordres de la Légion d'honneur et du Medjidié, qui a fait toute la campagne de Crimée.

XII. — Charles-Gustave D'HARNOIS DE BLANGUES, Chef actuel de la famille, né le 10 avril 1822, habite encore le château de Bornembusc. Il a épousé, le 7 juin 1852, mademoiselle Virginie LE POITTEVIN, dont trois enfants :

1° Henri-Paul-Germer D'HARNOIS DE BLANGUES, né le 9 mai 1853 ;
2° Marie-Caroline-Suzanne D'HARNOIS DE BLANGUES, née le 1ᵉʳ janvier 1855 ;
3° Geneviève-Julienne-Catherine D'HARNOIS DE BLANGUES, née le 4 octobre 1859.

D'HARCOURT

Armes : *De gueules, à deux fasces d'or.* — Couronne : *De Duc.* — Supports : *Deux lions d'or, armés et lampassés de gueules.* — Devise : *Gesta verbis prævenient.*

a maison DE HARCOURT est la première de la province, et l'une des plus considérables de France. Ses nombreuses illustrations répondent à la grandeur et à la haute ancienneté de son origine. Outre une foule de personnages célèbres dans les premières dignités de l'Église et de la diplomatie, elle compte quatre Maréchaux de France, un Amiral, deux Grands-maîtres des eaux et forêts, plusieurs Capitaines des Gardes du Corps, six Chevaliers et un Commandeur du Saint-Esprit, un Chevalier de la Toison d'or et plus de trente Généraux et Gouverneurs de provinces. Le savant Gilles de la Roque a publié, en 1662, en 4 vol. in-fol., la généalogie de la maison DE HARCOURT, à laquelle il donne pour auteur Bernard, surnommé *le Danois*, ou de Danemark, parent du fameux ROLLON, Prince danois, qu'il accompagna dans son expédition en Neustrie.

Une branche de cette famille, établie en Angleterre depuis la conquête de ce royaume par Guillaume le Bâtard, Duc de Normandie, en 1066, est en possession de la Pairie de la Grande-Bretagne; le chef en a été successivement créé Baron en 1711, Vicomte en 1721 et Comte en 1749.

La souche restée en France, et qui reconnaît pour auteur Robert Iᵉʳ, sire DE HARCOURT, lequel vivait au XIᵉ siècle, s'est divisée en plusieurs lignes.

La branche aînée, celle des Comtes de Harcourt, de Brionne, de Lillebonne et d'Aumale, Vicomtes de Châtellerault, Maréchaux héréditaires de Poitou, s'est éteinte au milieu du XVᵉ siècle, et a transmis ses biens par mariage à la maison DE GUISE-LORRAINE.

Les personnages les plus marquants de cette branche ont été :

Richard DE HARCOURT, Chevalier de l'Ordre du Temple, qui prit part à la croisade, et fonda la commanderie de Renneville, en 1150 Philippe DE HARCOURT, son frère, Évêque de Salisbury, puis de Bayeux; Renaud DE HARCOURT, Échanson du roi Philippe le Bel; Raoul DE HARCOURT, Conseiller ordinaire du même Prince, Chanoine de Paris, qui fonda en 1280 le collége d'Harcourt ; Jean DE HARCOURT, Ier du nom, Maréchal de France, mort en 1302 ; Jean IV, premier Comte DE HARCOURT par lettres d'érection de l'année 1238, tué à la bataille de Crécy.

L'illustre famille d'Harcourt n'est plus représentée aujourd'hui que par deux branches, celles de Beuvron et d'Olonde.

La première a pour chef :

François-Eugène-Gabriel, Duc D'HARCOURT, né le 22 août 1786, ancien pair de France, marié, le 14 avril 1807, à mademoiselle Aglaé TERNAY, dont il a eu sept enfants :

1° Henri-Marie-Nicolas D'HARCOURT, marié à mademoiselle Slanie DE CHOISEUL-PRASLIN, mort en 1846, laissant :

    A. Charles-François-Marie, Marquis D'HARCOURT, né en 1835, marié le 27 mai 1862 à mademoiselle Marie DE MERCY-ARGENTEAN ;

    B. Louis, Jeanne et Pierre D'HARCOURT ;

2° Bruno-Jean-Marie D'HARCOURT, né le 14 octobre 1813, capitaine dans la marine impériale, marié, le 11 décembre 1856, à mademoiselle Marie-Caroline-Juliette D'ANDIGNÉ DE LA CHASSE ;

3° Richard D'HARCOURT, sous-lieutenant aux zouaves, tué en Algérie en 1840 ;

4° Robert D'HARCOURT, officier de marine, mort à Saint-Hélène, le 30 avril 1840;

5° Bernard-Hippolyte-Marie D'HARCOURT, marié, le 12 mai 1851, à Élisabeth-Marie-Casimir DE SAINT-PRIEST ;

6° Sophie D'HARCOURT, morte le 30 mars 1842 ;

7° Henriette-Marie D'HARCOURT, née le 8 octobre 1828, mariée, le 6 octobre 1847, au comte Léon D'URSEL, devenu Duc depuis son mariage.

BRANCHE D'OLONDE.

Cette branche charge les armes de la famille d'un écu posé en abîme : *D'azur, à une fleur de lis d'or.* Elle a pour chef :

Georges-Trévor-Douglas-Bernard, Marquis D'HARCOURT, né le 4 novembre 1809, marié le 5 août 1841 à mademoiselle Jeanne-Paule DE BEAUPOIL DE SAINT-AULAIRE, fille du Comte de Saint-Aulaire, ancien Pair de France, dont il a eu quatre fils et trois filles.

William-Bernard, Marquis D'HARCOURT, frère du précédent, marié en 1837 à Élisabeth-Georgina-Henriette CAVENDISH, est mort en 1847, laissant trois filles.

DU MERLE

ARMES · *De gueules, à trois quintefeuilles d'argent, posées 2 et 1.* — Couronne : *De Comte.* — Supports : *Deux sauvages.*

'ancienne et illustre maison DU MERLE, qu'il ne faut pas confondre avec la famille des seigneurs de Grand-Champ (1), fournit un exemple des révolutions qui arrivent dans les maisons les plus anciennes et les plus distinguées ; en effet, cette maison qui compte un Maréchal de France dès le commencement du XIVe siècle, et qu'une telle illustration, jointe à une égale ancienneté, rend aussi recommandable qu'aucune famille de France, est à peine connue aujourd'hui hors des lieux qu'elle habite.

Elle s'est divisée en sept branches, savoir :

1° La branche-mère, qui eut pour premier auteur Melloc DU MERLE, vivant en 1250, seigneur du Merle-Raoul, baron de Messel, de Saint-Julien, de Foulcon, de Couvrigny, etc., marié à damoiselle Marie NOLLENT DE TANCARVILLE ;

2° La branche des seigneurs de Préaux, issue de la précédente, qui eut pour auteur Augustin DU MERLE, vivant en 1662 (éteinte) ;

3° Celle des seigneurs de Fourneaux, issue également de la première, qui eut pour auteur Ravend DU MERLE, marié en 1620 ;

4° Celle des seigneurs d'Orbec, du Bois-Barbot, etc., issue de la première, qui eut pour auteur Jean DU MERLE, Écuyer, seigneur du Bois-Barbot, vivant en 1474 ;

---

(1) Nous connaissons en effet une famille de Grandchamp dont les armes sont peu différentes de celles de la maison du Merle, qui eut pour auteur Jean LE MERLE, sieur de Grandchamp, anobli par lettres patentes du mois de juillet 1651.

5° Celle des seigneurs d'Auval, issue de la précédente, qui eut pour auteur Jean DU MERLE, seigneur d'Auval et de Blanc-Buisson, maintenu dans sa noblesse par ordonnance de M. de Marle, commissaire départi dans la généralité d'Alençon, datée du 1ᵉʳ novembre 1667 ;

6° Celle des seigneurs de Laurigny et de La Salle, issue aussi de la quatrième branche, qui eut pour auteur Charles DU MERLE, Chevalier, seigneur de Bois-Barbot, du Plessis, d'Orbec, de Laurigny, etc., né en 1604.

Son arrière-petit-fils, François-Annibal DU MERLE, né le 3 juin 1726, fut reçu Page du Roi, en sa petite écurie, le 17 mars 1739 ;

7° Enfin, celle des seigneurs du Plessis et de Saint-Germain, issue de la précédente, qui eut pour auteur Pierre DU MERLE, Écuyer, second fils de Charles DU MERLE et de dame Catherine FEYDEAU.

Cette branche est représentée par :

XVII. — Louis DU MERLE, né en 1797, qui a servi dans les Gardes du corps du Roi, puis aux 13ᵉ et 16ᵉ régiments de chasseurs. Il a épousé, en 1826, mademoiselle Isaure DE GOMER. De ce mariage sont nés les enfants ci-après :

1° Charles DU MERLE, né en 1827, marié à demoiselle Octavie DE FRIBOIS (1), dont trois fils et une fille ;
2° Camille DU MERLE, né en 1828 ;
3° Joseph DU MERLE, né en 1822, officier de marine, marié, le 10 septembre 1861, à mademoiselle Marie-Jeanne-Honorine DE CHIRÉE ;
4° Xavier DU MERLE, né en 1839 ;
5° Octavie DU MERLE, née en 1829 ;
6° Gabrielle DU MERLE, née en 1834, sœur de charité de Saint-Vincent-de-Paul ;
7° Marie DU MERLE, née en 1840.

---

(1) La famille DU MERLE s'était déjà alliée à celle de FRIBOIS, en 1651, en la personne de Jean DU MERLE, seigneur de Couvrigny, qui épousa Charlotte de Fribois.

DU MESNIL DU BUISSON

ARMES : *De sable, à un lion coupé d'or et d'argent, armé et lampassé de gueules.* — Couronne : *De Comte.* — Supports : *Deux lions.*

a famille **DU MESNIL**, dont l'origine remonte au XIVe siècle, a eu pour berceau la seigneurie du Mesnil-Saint-Denis, citée dans l'*Histoire de l'Abbaye de Saint-Denis*, par Félibien, folio 176.

Cette maison a formé un grand nombre de branches, parmi lesquelles celle des DU MESNIL DU BUISSON est incontestablement la plus ancienne comme la plus distinguée par ses alliances ainsi que par l'importance des fiefs qu'elle a possédés et des emplois élevés qu'ont occupés divers de ses membres.

Elle a été maintenue dans sa noblesse d'extraction, en 1467, lors de la recherche de Montfaut, et par jugement du 12 novembre 1666, par M. de Marle, Intendant départi par le roi dans la généralité d'Alençon.

Jean DU MESNIL DU BUISSON a fait enregistrer ses armoiries à l'Armorial général, établi en vertu de l'édit royal du 20 novembre 1696 (*Bibliothèque impériale*).

Un certificat délivré en 1781 par d'Hozier, juge d'Armes de la noblesse de France (*Manuscrits de la Bibliothèque impériale*), constate que Jacques DU MESNIL DU BUISSON avait la noblesse nécessaire pour être nommé Écuyer de S. A. R. Madame, sœur du roi. Il a fait ses preuves de noblesse d'extraction depuis l'année 1449.

Parmi les fiefs que cette maison a possédés, nous citerons ceux de Saint-Denis-sur-Sarthon, de Beaulieu, du Pré, de Buhéru, de Bellay, du Mollant, de Villiers, de Saint-Remy, de Colombel, de Saint-Clair, etc., etc.

Le premier auteur connu de cette maison est Taupin DU MESNIL, qui servit au siége du Pont-Audemer, sous les ordres de Jean de Vienne, amiral de France, ainsi qu'il appert d'une quittance délivrée par lui en 1380 (*Titre original*).

Gervais DU MESNIL, en 1386, était Vicomte de Beaumont-le-Roger (*Titre original aux archives de la famille*, daté du 23 novembre).

Le 3 novembre 1396, Jean DU MESNIL, Écuyer, dit *Le Sénéchal*, fit notifier à Hector DE CHARTRES, Chevalier, Maître et enquêteur des eaux et forêts du roi en Normandie, la vente d'une pièce de terre (*Titre original aux archives de la famille*).

En 1408, Guillaume DU MESNIL était seigneur châtelain de Montfort, ainsi qu'il appert des lettres de mandement, en date du 12 décembre de ladite année, données par Pierre MAUTERNE, lieutenant du bailli du Maine.

En 1424, la terre et seigneurie appartenant à Bertrand DU MESNIL fut confisquée par les Anglais, qui occupaient alors la province, à cause de la part que ce seigneur avait prise à la défense du pays; le duc de Bedford, Régent du royaume pour le Roi d'Angleterre, fit don de ce fief à David ÉLYE, Chevalier anglais.

En 1442, Jean DU MESNIL, Écuyer, était lieutenant pour le roi à Alençon, et élu de cette ville (*Titre original aux archives de famille*).

En 1447, le 28 août, Guillemette D'AUPHERNET, veuve de Jean DU MESNIL, adressa une requête aux gens des comptes du Roi, à Rouen. On voit par cette charte qu'ils avaient eu de leur union un fils :

Pierre DU MESNIL, qui épousa noble damoiselle Jeanne LE CHAMBELLEYNE ; de cette alliance sont nés trois fils : Jean, Pierre, et Guillet DU MESNIL, Écuyers (*Titre original*).

La branche DU MESNIL DU BUISSON, seigneurs de Clair-Noé, de Saint-Pé, de Villiers, de Mollant et autres lieux, la plus considérable de la famille, a pour premier auteur :

Léon DU MESNIL DU BUISSON, Écuyer, troisième fils de François, seigneur de Beaulieu, de Saint-Denis, etc., Conseiller du roi au siège présidial d'Alençon, et de dame Marie LE PAULMIER DE VENDOEUVRE; cette alliance est prouvée par une requête présentée au roi, en l'année 1700, par leur fils, Gabriel, héritier de la seigneurie du Buisson, à la mort de son frère aîné (*Certificats manuscrits déposés au cabinet des titres, à la Bibliothèque impériale*).

Gabriel DU MESNIL DU BUISSON, seigneur de Mellay, s'est marié, le 14 juin 1664, et eut pour fils :

Marc-Antoine DU MESNIL, Chevalier, seigneur du Buisson, de Mellay et autres lieux, qui a rempli les fonctions de lieutenant général à Charleville.

Par lettres patentes de S. A. S. le prince Ferdinand-Charles, duc de Mantoue et de Montferrat, Souverain d'Arches, Charleville et Saint-Menge, datées de Charleville, le second jour des nones de mai 1705, et enregistrées le 2 avril, il a obtenu, en récompense de ses services, le titre DE COMTE pour lui et ses descendants nés ou à naître en ligne directe et en légitime mariage (1). (Voir l'inventaire des titres et enseignements justificatifs de la souveraineté d'Arches et de Charleville, lors de la succession du duc Ferdinand-Charles de Mantoue et de Montferrat, *imprimé déposé à la Bibliothèque impériale.*)

De son mariage avec noble demoiselle Jacqueline DE MANNOURY, il eut entre autres enfants :

Julien, Comte DU MESNIL DU BUISSON, qui suivit comme son père la carrière des armes ; en 1750, il était Capitaine au régiment de Vermandois (infanterie).

Son fils, François, Comte DU MESNIL DU BUISSON, épousa en 1744 noble demoiselle Marguerite SEBIRE, issue d'une ancienne famille de la province. De cette alliance est né le fils qui suit :

Charles, Comte DU MESNIL DU BUISSON, né au château du Buisson en 1747, ancien Officier supérieur aux Gardes, Président du tribunal et de la chambre de commerce de Caen, Chevalier de la Légion d'honneur, membre du conseil-général, etc., marié, en 1765, à demoiselle Anne-Charlotte LE MAISTRE DE LA PLANCHE. Il est mort le 27 décembre 1835, ayant eu de son mariage plusieurs enfants, dont un seul désigné ci-après a laissé postérité :

Victor-Félix, Comte DU MESNIL DU BUISSON, marié, le 15 octobre 1816, à Mademoiselle Émilie CHAUSSON DE LASSALE, dont :

1° Félix-Émile, qui suit ;
2° Victor-Charles, Vicomte DU MESNIL DU BUISSON, marié, le 23 mai 1853, à mademoiselle Marguerite DE FORBIN DES ISSARTS.

Félix-Émile, Comte DU MESNIL DU BUISSON, chef actuel de la famille, né le 2 août 1817, a rempli en France des fonctions importantes, et fut chargé de

---

(1) Lesdits descendants ont été Agrégés à la noblesse de Toscane, avec le même titre, par lettres patentes signées du grand-duc Léopold II, visées à Paris par le Ministre résident de Toscane, et certifiées par le Ministre des affaires étrangères.

missions diverses près le Saint-Siége. Le Pape Pie IX le nomma Chevalier de l'ordre de Saint-Grégoire le Grand, puis Commandeur de l'ordre de Saint-Sylvestre. Il a épousé : 1° par contrat du 15 janvier 1848, mademoiselle Charlotte-Marie-Gabrielle MARETTE DE LA GARENNE, morte en 1852, et en secondes noces, mademoiselle Berthe DE COSTART. De ces deux alliances, sont nés :

1° Étienne-Charles-Marie DU MESNIL DU BUISSON, né le 24 décembre 1848 ;

2° Auguste-Marie-Léon DU MESNIL DU BUISSON, né le 6 juin 1861 ;

3° Marie-Marguerite DU MESNIL DU BUISSON ;

4° Marie-Constance-Isabelle DU MESNIL DU BUISSON.

DE GUITON

Armes : *D'azur, à trois angons* (1) *d'argent posés 2 et 1.* — Couronne : *De Comte.* — Supports : *Deux lions.* — Devise : *Dieu Aie.*

ès le XIe siècle la maison de GUITON figurait parmi les nobles de la province, car Raoul DE GUITON suivit, en 1066, Guillaume le Conquérant à la conquête d'Angleterre, où, en récompense de ses services, il fut gratifié d'importants domaines dans le comté de Devon (*in agro Devoniensi*), suivant une charte de ce temps ; il y fonda la paroisse de son nom, aujourd'hui WITON, dont ses descendants donnèrent le patronage au prieuré de Stoke.

L'ancienneté de cette famille s'appuie sur des chartes authentiques et sur le témoignage des historiens les plus dignes de foi. De temps immémorial, elle possède dans la banlieue de Sainte-James (Élection d'Avranches), le fief *de Haubert* des Guitons, relevant de la couronne ducale de Normandie ; cette terre fut érigée en majorat au titre de VICOMTÉ en 1826 ; elle possédait de plus les seigneuries de Montanel, d'Argouges, de Carnet, de la Villeberge, de Guivray, de Jautée, de Ligeraie, de Sacey, de Blanchelande, de Montaigu, de Guistelle, de Bonne-Fontaine, etc., etc.

---

(1) L'angon était l'ancien fer de lance à deux crochets des guerriers francs, qui devait plus tard devenir la fleur de lis ; CHEVILLARD a donné à tort à la famille de Guiton *trois rocs d'échiquiers.* Le savant HUET dit, en parlant des vitraux de la chapelle Saint-Jean de la cathédrale d'Avranches :

> Là, je vois des Guiton
> Les trois gentils angons.

12

Robert DE GUITON, un des fils de Raoul, cité plus haut, prit part à la conquête des royaumes de Naples et de Sicile, et accompagna aux croisades Robert, duc de Normandie.

Thomas GUITON était, dans la première moitié du XIIᵉ siècle, neuvième Abbé du monastère de Saint-Alban (1), dans le comté d'Herford.

Radulphus GUITON est cité en 1173, dans les rôles de l'Échiquier ;

Jean et Raoul GUITON figurent comme signataires des chartes du Mont-Saint-Michel, l'un en 1192, l'autre en 1218.

Le même Raoul figure aux assises tenues à Avranches en 1216, 1218, 1223 et 1225. Une charte du roi saint Louis de l'année 1226 lui permet de conserver la garde noble de sa nièce et sa pupille, fille de Renouf DE DOIT, jusqu'à l'âge nubile, et lui recommande de ne pas la mésallier.

1254. — Guillaume GUITON, Écuyer, et Raoul, seigneur de Saint-Martin-sur-Beuvron, font une donation considérable à l'abbaye de Montmorel.

1280. — Guillaume GUITON signe une charte du Mont-Saint-Michel.

. 1346. — Raoul GUITON, capitaine de Sainte-James, défend cette place contre les Anglais.

1378. — Jean GUITON, ayant sous sa bannière un chevalier et quatorze écuyers, figure dans une monstre et revue faite à Montebourg.

1388. — Raoul GUITON, Chevalier, épouse noble damoiselle Guillemette AUX ESPAULES, fille de Guillaume Aux Espaules, capitaine de Gavray.

1398. — Gilles GUITON, Chevalier de Rhodes, fut blessé à la bataille de Nicopolis ; il revint mourir dans sa terre de Carnet, où il fut inhumé, en 1402, dans le chœur de l'église.

1423. — Jean GUITON, Écuyer, seigneur de Carnet, l'un des 119 héros qui défendirent victorieusement le château du Mont-Saint-Michel contre 15,000 Anglais, tua en champ clos, sous ses murs, un chevalier de cette nation qui l'avait défié ; il combattit en 1428, à Orléans, sous Jeanne d'Arc, surprit les Anglais en 1438 dans le port de Genets, se distingua au siége du château de Sainte-James, en 1448, et fut nommé capitaine de cette place. Chef des partisans du

_____

(1) A propos de cet abbé, nous lisons : *De pictura presbiterii monasterii supra dicti :*

Octavusque Thomas GUITTON, vir munere parcus
Paupéribus nonus Russel dans æra Ricardus.

L'aïeul de ce IXᵉ abbé, d'une abbaye si illustre, était de la même famille que le fondateur de la paroisse de Guiton, et ce Russel était de la famille des Ducs de Bedford actuels.

roi Charles VII dans le pays d'Avranches, il s'y fit des ennemis parmi les autres seigneurs ; ceux ci le citèrent en réparations et dommages devant le Connétable de France, mais le monarque lui fit expédier, l'année suivante, des lettres de rémissions dans lesquelles il le nomme Écuyer *en son Escurie.*

Gilles GUITON, Chevalier, seigneur des Biards, qui se distingua à la bataille de Ravennes, où il commandait cinquante lances des ordonnances du duc de Nemours, a épousé en 1498 noble damoiselle Catherine D'OESSEY, nièce de haute et puissante dame Catherine d'Harcourt. (Voyez *Histoire de la maison d'Harcourt,* par La Roque.)

Il eut pour fils Jean GUITON, Chevalier, seigneur des Biards, de la Villette et autres lieux, marié en 1505 à damoiselle Anne DE COUVRAN, fille de Gilles de Couvran, Chevalier, seigneur de Sacey, et de dame Marguerite DE BEAUVAU. Son cousin Raoul GUITON, seigneur de Carnet, a épousé en 1529 damoiselle Charlotte DE RONCHEROLLES.

Gilles GUITON, Chevalier, seigneur de la Roussellière, capitaine de cinquante lances, fut chargé en 1535 par François Ier de vérifier l'aveu que lui avait rendu l'évêque d'Avranches.

1591.— Thomas GUITON, Chevalier, seigneur de Carnet et d'autres lieux, est député par la ville d'Avranches pour traiter de la capitulation de cette ville avec le duc de Montpensier.

Jean GUITON, Chevalier, seigneur de la Villeberge, capitaine de cinquante arquebusiers à cheval, se distingua en 1590 à la prise de la ville de Pontorson. Devenu veuf de Jacqueline DE SAINT-GERMAIN, il se maria en secondes noces, en 1607, à demoiselle Radegonde DU HALLAY-COETQUEN. De ce mariage est né un fils unique :

François DE GUITON, Écuyer, né en 1609 ; ayant eu un duel avec Yves BUDES, seigneur de Sacey, qu'il blessa mortellement, il passa en Allemagne, où il servit dans les gardes du roi de Suède, Gustave-Adolphe. Il rentra en France en 1634, servit dans le ban de la noblesse du Cotentin, sous le duc d'Angoulême, et fut congédié au camp de Vic l'année suivante.

Charles DE GUITON, Chevalier, seigneur des Biards, son fils, servait dans le détachement de la noblesse du Cotentin en 1703 ; il fut nommé Chevalier de l'ordre royal et militaire de Saint-Louis à la bataille de Malplaquet. Il a épousé à Dôle, le 25 août 1665, noble demoiselle Julienne DE MELLET, fille de Regnault de Mellet, Écuyer, seigneur de la Veillardière, qui l'a rendu père de trois fils et cinq filles ; l'aîné :

Joseph DE GUITON, Écuyer, seigneur de la Villeberge, après avoir servi en Italie et en Espagne sous le duc de Vendôme, fut nommé capitaine-général des côtes de la Basse-Normandie. Voici un extrait du brevet qui lui fut délivré :

« Estimant nécessaire pour le bien de notre service et le repos de nos su-
« jets de pourvoir plus particulièrement à la garde des côtes de notre
« royaume, et choisissant des personnes de valeur, prud'homie et expérience,
« au fait des armes et de la marine, et sachant que ces qualités se rencon-
« trent dans la personne de notre cher et bien-aimé le sieur Comte DE
« GUITON-VILLEBERGE, pour ces causes et autres considérations à ce nous
« mouvant, nous l'avons commis, ordonné, établi, etc., par ces présentes
« signées de notre main, capitaine, etc.

« Donné à Versailles le 3 décembre 1726.— Signé : LOUIS.

« Plus bas, contresigné Phelippeaux. Et sur le revers, contresigné par
« L. A. de Bourbon, Amiral de France. »

Il avait épousé à Fougères, le 17 mars 1713, noble demoiselle Julienne-Anne DE LA VILLETTE, qui l'a rendu père de deux fils ; l'aîné :

Gilles-François DE GUITON, Chevalier, seigneur de la Villeberge, etc., marié le 19 juin 1745 à noble demoiselle Françoise-Marie DE CLINCHAMP, fille de René de Clinchamp, Chevalier, seigneur de la Pigacière. De ce mariage est né un fils unique :

Gilles-Anne-René, Comte DE GUITON, Chevalier, seigneur de la Villeberge, de Montanel, etc., reçu Page du Roi en sa grande écurie, le 27 avril 1766, en sortit, le 14 avril 1770, pour entrer dans la compagnie de Soubise avec le grade de Lieutenant. Il a épousé, par contrat du 17 mai 1779, demoiselle Anne-Andrée DU QUESNOY, fille du comte du Quesnoy, Aide-major aux gardes françaises, et de noble dame Anne DE VERDUN, dont il eut deux filles et le fils unique qui suit :

Crescent, Comte DE GUITON-VILLEBERGE, chef actuel de sa famille, né le 10 avril 1781, a épousé, par contrat du 23 juillet 1828, mademoiselle Pauline-Étiennette DE CARBONNEL DE CANISY, fille du Comte François de Canisy. De ce mariage est né le fils unique qui suit :

1° François-Anne-René, Vicomte DE GUITON-VILLEBERGE, né au château de Montanel, le 11 juin 1832, marié, par contrat du 14 juin 1857, à mademoiselle Françoise HAY DES NÉTUMIÈRES, fille de Charles, Comte des Nétumières, et de dame Isidore DE MONTBOURCHER.

DE MARESCOT

a famille DE MARESCOT tire son origine des Mares-cotti, *aliàs* Mariscoti d'Italie, ainsi que le prouvent, 1° les lettres de confirmation de noblesse accordées à Pierre DE Marescot, seigneur de Lizores, au mois de février 1697, enregistrées au parlement de Rouen, le 5 juin suivant ; 2° l'enregistrement officiel de ses armoiries par d'Hozier, Juge d'armes de France ; 3° un extrait du registre du conseil d'État, en date du 13 août 1718, où il est bien expliqué que les lettres accordées à Pierre de Marescot, en 1697, n'étaient nullement des lettres d'anoblissement, mais bien des lettres de confirmation dans son ancienne noblesse, comme descendant de la maison italienne.

La souche-mère italienne, dont l'origine ancienne est diversement rappor-tée par plusieurs historiens, s'est divisée en plusieurs branches qui se sont répandues dans la Péninsule, et une d'elles vint se fixer à Paris vers le XV° siècle et est éteinte.

La branche de Normandie a pour premier auteur :

Renault DE Marescot, Écuyer, vivant en 1570, qui eut pour fils :

Pierre DE Marescot, marié à demoiselle Gillette LE Chevallier, dame de Lizores, au diocèse de Lisieux.

Cette maison, qui a fourni plusieurs Conseillers à la chambre des comptes et au parlement de la province, s'est alliée aux familles : des Jardins, du Perrey, de Nollent, Ricœur de Bâmont, d'Andigné de Beauregard, de Bonvoust, du Bois de Tertu, de Graveron, etc.

Elle a pour chef actuel :

Jean-Baptiste-François-Henri-Alfred, Marquis DE Marescot, né le 10 mai 1808, marié le 22 septembre 1834 à mademoiselle Marie-Charlotte-

Hermine Guéan de Gravelle de Reverseaux, sa cousine-germaine, qui l'a rendu père de :

1° Marie-Louise-Gabrielle de Marescot, née en 1835, morte le 8 septembre 1850 ;

2° Georges-Hyacinthe de Marescot, né le 12 mai 1844.

———

Soeurs du chef actuel. — Jeanne-Élisabeth de Marescot, mariée le 2 octobre 1832 à Alexandre-André-Albert du Bois, Comte de Tertu ; 2° Louise-Philippine-Gabrielle-Antonia de Marescot, mariée le 17 octobre 1843 à Gatien-Gustave de Graveron.

DE FITZ-JAMES

ARMES : *Ecartelé: aux 1 et 4 contre-écartelés de FRANCE et d'ANGLETERRE ; au 2, d'ÉCOSSE ; au 3, d'IRLANDE ; les grandes écartelures environnées d'une bordure componée d'azur et de gueules de seize pièces, chaque compon d'azur chargé d'une fleur de lis d'or, et chaque compon de gueules chargé d'un léopard d'or.* — Couronne : *De Duc.* — Supports : *A dextre, une licorne ; à sénestre, un griffon.*

'illustre maison de FITZ-JAMES a pour premier auteur, en France, Jacques FITZ-JAMES, maréchal de Berwick, fils naturel de Jacques II, roi d'Angleterre, et de miss Arabella CHURCHILL, sœur de Marlborough, né en 1670, titré duc de Berwick en 1687. Il suivit son père en France, lorsque ce prince fut détrôné par Guillaume d'Orange, et Louis XIV le créa Lieutenant-général le 30 mars 1695, Maréchal de France en 1706, Duc de Fitz-James-Warty, Pair de France, en 1710.

Il fut tué d'un coup de canon au siége de Philisbourg en 1734, ayant été marié deux fois et laissant de ces deux alliances les huit enfants ci-après :

1° Jacques-François FITZ-JAMES, Duc de Liria et de Xerica, dont la postérité a continué la branche ducale de Berwick, encore existante en Espagne ;

2° Jacques, Duc DE FITZ-JAMES, marié à demoiselle Félicité DE DURFORT-DURAS, mort sans postérité ;

3° François, évêque de Soissons, mort en 1764 ;

4° Charles, qui a continué la descendance ;

5° Édouard FITZ-JAMES, Lieutenant-général, mort en 1748 ;

6° Henriette, mariée, en 1722, au Marquis DE CLERMONT-D'AMBOISE ;

7° Laure, mariée, en 1732, au Marquis DE MONTAIGU ;

8° Émilie, mariée au Marquis D'ESCARS.

Edouard, Duc DE FITZ-JAMES, petit-fils de Charles, ci-dessus, servit à l'armée de Condé. Pair de France en 1814, Chevalier de Saint-Louis, etc., il a épousé, en 1798, mademoiselle DE LA TOUCHE, et en secondes noces, le 6 décembre 1819, madame Sidonie DE CHOISEUL-GOUFFIER, veuve du marquis de Torcy. Il est mort en 1838, laissant deux fils :

1° Jacques, qui suit;

2° Charles-Henri-François, Comte DE FITZ-JAMES, né en 1801, marié à mademoiselle Cécile-Émilie-Charlotte DE POILLY, dont :

  A. Jacques DE FITZ-JAMES, officier d'infanterie;

  B. Charles-Robert DE FITZ-JAMES, enseigne de vaisseau, né le 25 juin 1835;

  C. David-Henri DE FITZ-JAMES, né en 1841, aspirant de marine;

  D. François DE FITZ-JAMES, né en 1843.

Jacques, Duc DE FITZ-JAMES, né en 1799, marié en 1825 à mademoiselle Marguerite DE MARMIER, est mort le 10 juin 1846, laissant de son mariage les cinq enfants ci-après :

1° Édouard-Antoine-Sidoine, qui suit;

2° Jacques-Charles-Édouard DE FITZ-JAMES, né en 1836, officier de cuirassiers;

3° Jacqueline-Arabella DE FITZ-JAMES, mariée, le 10 mai 1847, au prince Scipion-Gaspard BORGHÈSE, DUC DE SALVIATI;

4° Charlotte-Marie DE FITZ-JAMES, mariée, le 8 mai 1849, au Comte Étienne DE GONTAUT-BIRON;

5° Antoinette DE FITZ-JAMES, née en 1837.

Edouard-Antoine-Sidoine, Duc DE FITZ-JAMES, chef actuel de sa famille, est né en 1827; il a épousé, le 17 mai 1851, mademoiselle Marguerite-Augusta DE LOEVENHIELM, fille du comte Gustave-Charles de Lœvenhielm, ministre de Suède en France. De ce mariage sont issus trois enfants :

1° Jacques-Gustave DE FITZ-JAMES, né le 12 février 1852;

2° Françoise DE FITZ-JAMES, née en 1853;

3° N. . . . DE FITZ-JAMES, né en 1855.

DE GRENTE

ARMES : *D'argent, à la fasce d'azur, à une croix ancrée de gueules, brochant sur le tout.* — Couronne : *De Marquis.* — Supports : *Deux lévriers.* — Devise : *Tenons ferme.*

e nom de cette famille d'ancienne chevalerie s'est écrit de différentes manières, GRANTE ou GRENTE-MESNIL (*Grenti-Mansio,* voyez le *Traité de la noblesse,* chapitre des noms, par La Roque).

Différents auteurs font remonter son origine à la conquête de Normandie et aux croisades ; nous citerons seulement, n'ayant pu remonter plus loin, Guillaume GRENTE, marié à damoiselle Marie LORMAIS, en 1240.

Cette maison, divisée en deux branches, dont une s'est éteinte au commencement du XVIIᵉ siècle, dans les familles d'Olliamson et de Longaunay, a fait ses preuves en 1463 et en 1540, et elle a été maintenue dans sa noblesse par jugement du 11 février 1669, dans l'élection de Falaise.

Jean de GRENTE fut reconnu d'ancienne noblesse en la vicomté de Falaise, le 13 mars 1485. (Registres de la cour des aides de Rouen.)

La Chesnaye des Bois, dans son *Dictionnaire de la noblesse,* la dit originaire d'Angleterre, mais nous croyons, au contraire, que ce sont les GRENTE ou GRANT d'Angleterre qui sont issus de l'ancienne famille normande, dont un membre accompagna Guillaume le Conquérant à la conquête (voyez

Histoire de Normandie, par Dumoulin), et ce que nous pouvons affirmer, c'est que tous réclament sa parenté.

Yves de Grente-Mesnil fut un des funambules d'Antioche, et plus tard fait prince d'Antioche et duc de Galilée. (Voyez Dumoulin.)

Dans le même ouvrage on voit que Guillaume Panthou, chevalier normand, alla en Italie sous la bannière de Robert de Grente-Mesnil, offrir ses services à Robert Guiscard, fils du célèbre Tancrède de Hauteville, qui s'était rendu souverain de la Sicile et de la Pouille. Guillaume Grente-Mesnil a épousé Mabille, fille de ce Robert Guiscard. Cette branche de la famille, après s'être illustrée en Palestine, s'éteignit dans sa maison de Sicile.

Il y avait à Caen un ancien hôtel considérable nommé l'hôtel du Grand-Manoir, qui était l'hôtel des Grante, lorsqu'ils étaient vicomtes de Caen.

La filiation suivie et authentique ne peut s'établir qu'à partir de l'année 1240, mais nous voyons, dans l'ouvrage de Guillaume de Jumiéges, que Gilbert Grente épousa, en 985, une nièce de Richard sans Peur, fille de Hugues, seigneur de Montfort-sur-Rille, fief considérable à cette époque, qui est encore habité par le chef actuel de la famille.

N..... de Marguerie (1) épousa, en 1010, une fille de la maison de Grente, et cette alliance l'apparentait aux ducs de Normandie. (Voyez La Chesnaye, tome VII.)

Cette maison a contracté des alliances avec celles : d'Harcourt, d'Espinay Saint-Luc, de Barentin, de Chaumont, de Pressigny, de Montluçon, de Rougemont, de Vipart, de Faulcon de Ris, d'Olliamson, de Radepont, des Bordes de Chalandray, de La Fresnaye d'Escajeuls, de l'Estanville, de Noireville, de Lanquetot, de la Roche-Thulon, d'Estampes, etc.

Jacques de Grente, marié en 1698, eut deux fils :

1° Louis-Anne de Grente, Comte de Grécourt, premier président au parlement de Rouen, marié à demoiselle Louise de la Fresnaye d'Escajeuls ;

2° Charles, qui continue la descendance.

XIV. — Charles de Grente, chevalier, seigneur de Sahurs, capitaine de dragons, né en 1730, s'est marié deux fois : 1° à demoiselle Classe de Belestre, et 2° à demoiselle Adrienne Lucas de l'Estanville ; de ce mariage est né le fils qui suit :

(1) La famille de Marguerie, dont le chef actuel habite la Bourgogne, est une des plus anciennes de la province. (Voir son article.)

XV. — **Félix-Marie DE GRENTE**, chevalier, de Sahurs, né en 1782, marié en 1811 à mademoiselle Suzanne **CHARTIER DE LANQUETOT**, petite-nièce du marquis de Lanquetot, chef d'escadre sous Louis XIV, qui était marié à une demoiselle **DE SAULX-TAVANNES**.

De cette alliance sont nés plusieurs enfants, entre autres :

1° Félix Edmond, qui suit :

2° Claire **DE GRENTE**, mariée en 1838 à M. Roger **ACHARD**, Comte de **BONVOULOIR**, dont une fille :

> A. Henriette de **BONVOULOIR**, qui a épousé en novembre 1861 M. le Vicomte Ludovic d'**ESTAMPES**.

XVI. — **Félix-Edmond**, vicomte **DE GRENTE**, seul représentant de la famille par suite de l'extinction de la branche de *Grécourt*, né en 1812 ; marié, le 18 juin 1835, à mademoiselle **Marie-Octavie DU HAUVEL**, dont une fille unique :

1° Marie-Édith **DE GRENTE**, mariée à M. le comte Emmanuel **DE LA ROCHE-THULON**, fils aîné du Marquis de la Roche-Thulon et de dame Olivie **DE DURFORT DE LORGE**, sœur du Duc actuel.

ROUTIER DE MAISONVILLE

ARMES : *D'argent, à trois sautoirs de gueules, alesés et rangés en fasce;
à la champagne d'or chargée de gueules.*

a famille ROUTIER ou DE ROUTIER est fort ancienne en Normandie, et se trouve mentionnée dans les cartulaires de cette province dès le XIVᵉ siècle.

Sa noblesse d'extraction est attestée par les procès-verbaux des recherches de la noblesse de la généralité de Rouen, de Neufchâtel et du Pont-de-l'Arche, où elle a toujours été maintenue au rang des gentilshommes de la province.

Cette famille a formé quatre branches principales issues de la même souche, savoir :

1° La branche-mère des ROUTIER, seigneurs de Courcelles (éteinte);

2° La branche des ROUTIER, Vicomtes du Pont-de-l'Arche, aussi éteinte ;

3° Celle des ROUTIER DE MAISONVILLE, qui s'est continuée jusqu'à nos jours ;

4° Celle de ROUTIER, de l'Ile-de-France, éteinte également.

Divers membres de cette famille ont été maintenus dans leur noblesse par jugement rendu le 4 août 1668, en l'élection de Neufchâtel, par M. de la Galissionnière; de plus ils ont fait enregistrer leurs armoiries, telles qu'elles sont décrites en tête de la présente notice, à l'*Armorial général, Registre de la généralité de Rouen*, folios 119 et 539.

Le plus ancien personnage connu de cette maison, dont l'existence est constatée authentiquement par les chartes conservées aux archives de la famille, est Jean ROUTIER qui fit, en 1350, une fondation de chapelle dans l'abbaye de Silly, près Argentan.

La branche de ROUTIER DE MAISONVILLE a eu pour premier auteur :

Alexandre ROUTIER, Écuyer, sieur de Maisonville, Conseiller du roi, Contrôleur des Aides et Finances, en 1719; il a eu pour frère, messire Charles ROUTIER, sieur de Taintot, Conseiller du roi, Avocat au parlement de Rouen, etc., et Jean-Claude ROUTIER, Conseiller aux requêtes à Rouen, en 1740.

Cette branche est représentée par :

Ambroise-Eugène ROUTIER DE MAISONVILLE, né le 6 mai 1834, marié le 16 avril 1856 à mademoiselle Rosalie-Justine DE MONCHY.

RIOULT DE NEUVILLE

ARMES : *D'argent, à l'aigle éployée de sable, le vol abaissé ; à la bordure engreslée de même.* — Couronne : *De Marquis.*

lusieurs familles nobles du nom DE RIOULT ont existé en Normandie ; nous citerons, 1° celle de RIOULT, seigneur de Vaudoré, à Bonnebosc, Vicomté d'Auge, dont la filiation remonte à l'année 1290, et qui fut maintenue dans sa noblesse lors de la recherche de Montfaut (Voyez l'*Histoire de la maison d'Harcourt, et la Recherche des élus de Lisieux en 1540,* etc.)

Cette branche s'est éteinte dans la ligne directe, en la personne de Jeanne RIOULT, dame de Vaudoré, mariée à Jacques LE GOUESLIER, sieur du Buisson, sous le règne d'Henri IV.

2° Les RIOULT, sieurs de Haultemaison, originaires d'Hébertot, Vicomté d'Auge, connus depuis le XIII° siècle jusqu'au XV°, où ils se sont éteints. Ils ont joué un rôle assez notable parmi la chevalerie de la province et à la Cour des premiers Valois.

3° Les RIOULT, sieurs d'Ouilly, de Curzay, de Neuville et autres lieux, dont nous donnons la filiation.

4° Les RIOULT, sieurs de Saint-Ouen, Champosoult, le Val et les Champeaux, branche issue de la précédente au XVI° siècle, et qui a obtenu, en 1596, des lettres de confirmation d'ancienne noblesse. Cette branche et celle de Neuville sont les seules qui aient été maintenues lors de la recherche de 1666. Elle vient de s'éteindre en la personne de madame DU MOULIN DE LA BRETÈCHE.

5° Enfin, les RIOULT, sieurs des Vallées, du Breuil, de Victot, de Bois-Hébert, de Bois-Rioult, etc., famille honorablement connue dès le XV° siècle, mais qui n'a tenu une position régulière dans la noblesse que depuis le règne de Louis XV. Elle prétend être issue de la même souche que les RIOULT DE NEUVILLE, et nous croyons que cette origine ne manque pas de probabilité.

Le chef actuel de cette branche est :

M. Auguste RIOULT DE BOIS-RIOULT, cousin-germain par alliance des Rioult de Neuville.

La famille RIOULT DE NEUVILLE, qui a justifié une filiation noble depuis le XVI° siècle, est une branche cadette de la maison de Rioult de Vaudoré (éteinte), dont la noblesse a été reconnue par Montfaut, et dont le premier auteur est Jean RIOULT, seigneur de Vaudoré, vivant en 1290.

FILIATION.

I.— Jacques RIOULT, Écuyer, seigneur d'Ouilly, a épousé en 1620 demoiselle Madeleine PARFAIT, nièce de Guillaume Parfait, Contrôleur général de la maison du roi. Il eut de cette alliance deux fils :

1° Pierre, qui suit;
2° Jacques, dont l'article sera rapporté plus loin.

II. — Pierre RIOULT, Écuyer, seigneur d'Ouilly, père de Séraphin RIOULT, seigneur de Curzay, Colonel d'un régiment d'infanterie, lieutenant du roi en Haut-Poitou, gouverneur de Lusignan. Il a épousé demoiselle N..... dont il eut quatre filles, qui furent mesdames de Mauconseil, d'Ennery, de Polignac, et de Baye, et un fils :

IV. — Nicolas RIOULT, Chevalier, Marquis de Curzay, lieutenant-général des armées du roi, Commandant en Franche-Comté et en Corse, mort en 1766.

SECOND RAMEAU.

II. — Jacques RIOULT, seigneur d'Ouilly et de Neuville, second fils d'autre Jacques et de Madeleine PARFAIT, a épousé en 1665 demoiselle Marie DE FRÉMONT, tante de Geneviève de Frémont, mariée au Maréchal Duc DE LORGE. De son mariage il laissa trois enfants :

1° Pierre-Adrien RIOULT D'OUILLY, Maître des Requêtes, qui n'eut qu'une fille;
2° Nicolas, qui suit;
3° Marie-Geneviève, qui épousa en 1696 Charles-Louis DE MONTMORIN, Marquis DE SAINT-HÉREM, gouverneur de Fontainebleau.

III. — Nicolas RIOULT, Écuyer, seigneur de Neuville, Capitaine de dragons au régiment de Gouffier en 1690, épousa en 1714 demoiselle Cécile-Adrienne DU HOULLEY, dame de Courtonne et de Courson, dont il eut les enfants ci-après :

1° Nicolas-Adrien RIOULT, seigneur de Courson, mort en 1749;

2° Jacques-Adrien RIOULT, qui continue la descendance;

3° Marie-Cécile-Adrienne RIOULT DE NEUVILLE, mariée à Louis-Philippe-Auguste DE LA HOUSSAYE, Brigadier des Gardes du Corps;

4° Paul-Adrien RIOULT, seigneur des Essarts et de Courson, Lieutenant-Colonel d'infanterie et Chevalier de Saint-Louis, mort en 1792;

5° Pierre-Adrien RIOULT, seigneur de Belleau-Vaux-Meslin, Lieutenant au régiment de Forez, tué au siége de Fribourg en 1744;

6° Nicolas-Augustin, dit le Chevalier DE NEUVILLE, officier de marine, mort noyé en 1770.

IV. — Jacques-Adrien RIOULT, Chevalier, seigneur d'Ouilly, de Neuville, de Courtonne, etc., Lieutenant au régiment de la marine, épousa en 1765 Marie-Anne-Catherine-Charlotte DE MAILLOC, et mourut en 1781, laissant trois fils :

1° Jacques-Étienne RIOULT, seigneur de Courtonne, officier au régiment de Bassigny, émigré, Chevalier de Saint-Louis, marié à demoiselle Marie-Hortense-Jeanne DU HAFFOND, mort en 1848, sans postérité;

2° Jacques-François RIOULT DE NEUVILLE, mort en 1784, étant Page du Roi en sa petite écurie;

3° Louis-Philippe-Auguste, qui suit.

V. — Louis-Philippe-Auguste RIOULT, Marquis DE NEUVILLE, Chevalier de Saint-Louis, né en 1770, Page du Roi en sa petite écurie en 1784, Sous-lieutenant au régiment de dragons de Ségur, émigra avec son frère aîné et servit à l'armée des Princes. En 1825 il fut nommé Député par le collége électoral de Lisieux, et élevé à la dignité de Pair de France par ordonnance royale du 5 novembre 1827. Il est mort le 28 mars 1848, laissant de son mariage avec Marie-Cécile RONDEL les deux fils ci-après :

1° Louis-Eugène, qui suit :

2° Léon-Alfred, Comte RIOULT DE NEUVILLE, député du Calvados en 1849, marié à mademoiselle Louise DE VILLÈLE, fille du président du conseil des ministres sous Charles X. De ce mariage sont nés deux fils, tous deux mariés avec postérité.

VI. — Louis-Eugène, Marquis RIOULT DE NEUVILLE, chef actuel de la famille, ancien officier des Hussards de la garde royale, a épousé mademoiselle Ernestine de BULTOT, dont un fils :

Louis-Ernest de RIOULT DE NEUVILLE, marié en 1861 à mademoiselle Valentine BOISTARD DE GLANVILLE.

DE COIGNY

ARMES : *De gueules, à la fasce d'or, chargée de trois étoiles d'azur et accompagnée de trois croissants du même métal.* — Couronne : *De Duc.*

ette maison a pour auteur Thomas DE FRANQUETOT, vivant en 1582, qui acheta la seigneurie de Franquetot à un membre de la famille d'Auxais.

Ses illustrations peuvent se résumer ainsi :

François DE COIGNY, Maréchal de France en 1745 ;

Henry DE COIGNY, Lieutenant-général en 1780, Maréchal de France en 1816 ; ses titres sont ceux de : Comte en 1650 ; Duc en 1747, Pair de France en 1787.

Messire DE FRANQUETOT, Duc DE COIGNY, Pair de France, Grand-Bailli de Caen, présida la séance de MM. les gentilshommes de cette généralité, qui prirent part à l'assemblée de la noblesse, en 1789, à l'effet d'élire des députés pour les États généraux.

Cette famille a pour chef actuel :

Augustin-Louis-Joseph-Casimir-Gustave DE FRANQUETOT, Duc DE COIGNY, ancien Pair de France, ex-Chevalier d'honneur de S. A. R. Madame la Duchesse d'Orléans, Général de brigade, né le 4 septembre 1788, marié le 16 juin 1822 à mademoiselle Henriette DUNDAS, fille unique de sir Hew-John DALRYMPLE-HAMILTON. De cette alliance sont issues :

1° Jeanne-Henriette-Louise DE FRANQUETOT DE COIGNY, née en 1824, mariée en 1847 à John DALRYMPLE-HAMILTON, Esquire, membre de la Chambre des Communes ;

2° Georgina de FRANQUETOT DE COIGNY, née en 1828, mariée en 1850 à Lord NEWART ;

3° Évelina DE FRANQUETOT DE COIGNY, née en 1838 ;

4° Marie DE FRANQUETOT DE COIGNY, née en 1840.

D'AVESGO DE COULONGES.

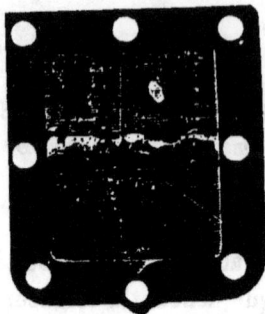

ARMES : *D'azur, à un bâton d'or écoté, posé en fasce, accompagné de trois gerbes de blé de même, posées deux en chef et l'autre en pointe, et une bordure de gueules chargée de huit besants d'argent.* — Couronne : *De comte.* — Supports : *Deux lions.*

a noblesse d'ancienne chevalerie de la maison d'AVESGO est suffisamment attestée par la mention qui en est faite dans la recherche de Montfaut, en 1463, ce qui constate authentiquement son origine jusqu'au XIIIᵉ siècle ; mais les traditions conservées dans la famille, la font remonter beaucoup plus haut. En effet, les chroniques de la province signalent, dès la fin du XIᵉ siècle, plusieurs gentils-hommes du nom d'AVESGO, dont quelques-uns furent élevés aux plus hautes dignités ecclésiastiques.

Dans l'histoire de l'illustre maison d'HARCOURT, *La Roque* dit, page 849, « que, en 1484, il fut présenté un appointement fait devant Philippot d'AVESGO, à Escouché, dans l'échiquier du terme de la Saint-Michel, » et *Le Laboureur* cite une demoiselle Hélène d'AVESGO, mariée en 1450 à Gilles DE MATHAN.

Cette ancienne famille a été maintenue dans sa noblesse d'*ancienne extraction* par jugement de M. de Marle, commissaire départi par le Roi, en date du 25 décembre 1666, et s'est constamment alliée aux maisons les plus distinguées de la province, parmi lesquelles nous citerons celles : d'Argennes, de Mathan, d'Alençon, de Droullin, de Bunel, de Rupières, de Bernard de Marigny, de Bonvoust, de Riantz, de Brossier, le Paulmier de

13

Cherisey, de Saint-Simon de Courtomer, de Rosnyvinen, de Puisaye, de Louvencourt, de Bois-D'Effre, etc.

Elle est divisée en quatre branches bien distinctes : celles de Beaufour; du Valheureux; d'Ouilly et de Coulonges. Les deux dernières ont seules aujourd'hui des représentants mâles.

Nous ne donnons ici que la généalogie de la branche de Coulonges, justifiée par titres, et telle qu'elle a été établie en 1731, par Charles d'Hozier de Sérigny, juge d'armes de France, pour Pierre-Louis d'Avesgo de Coulonges, reçu page du roi en sa grande écurie, le 23 mars 1732, et par le président d'Hozier, aussi juge d'armes de France, pour Louis-Charles d'Avesgo de Coulonges, chevalier, reçu page du roi en sa petite écurie, en 1777.

La filiation suivie et authentique commence à :

I. — Philippe-André d'Avesgo, écuyer, seigneur de Champosoult, de Beaufour et de Saint-Jacques, élection d'Argentan, marié en 1398 à damoiselle Guillemette d'Argennes, fille de Pierre d'Argennes, écuyer, demeurant au diocèse de Séez. Suivant un acte de partage, passé entre ledit Philippe-André d'Avesgo et Anne, sa sœur, devant le tabellion royal d'Escouché, le 15 mars 1402, ils eurent pour père Guillaume d'Avesgo, écuyer, seigneur de Beaufour et de Saint-Jacques. De cette alliance sont nés deux enfants :

1° André, qui suit;
2° Guillaume d'Avesgo, qui mourut sans enfants et se trouve mentionné dans la Monstre et Revue de la compagnie de cent lances des ordonnances du Roi, commandée par le comte de Dunois, faite à Harfleur le 14 janvier 1461.

II. — André d'Avesgo, écuyer, seigneur de Champosoult et de Beaufour, procureur général à la Cour souveraine de l'échiquier d'Alençon, épousa, en 1430, noble damoiselle Claudine Chopin. De ce mariage sont issus les quatre enfants ci-après :

1° Jean, qui suit;
2° Guy d'Avesgo, entré dans les ordres;
3° Hélène d'Avesgo, mariée à Gilles de Mathan en 1449;
4° Jeanne d'Avesgo, mariée en 1454 à Royer d'Alençon, écuyer, seigneur de Sacy.

III. — Jean d'Avesgo, écuyer, seigneur de Champosoult et de Beaufour, lieutenant général du bailli d'Alençon, épousa noble demoiselle Michelette de Droullin, fille de Jean de Droullin, écuyer, seigneur de Ménilglaise, qui l'a rendu père de :

1° Michel, qui suit;
2° Charles D'Avesgo, écuyer;
3° André D'Avesgo, écuyer, seigneur de Beaufour, auteur de la branche de Beaufour. (Éteinte.)

IV. — Michel D'Avesgo, écuyer, seigneur de Champosoult, de Saint-Jacques et autres lieux, épousa, en 1515, noble demoiselle Anne DU BOUILLONNÉ, dont il eut quatre enfants, savoir :

1° Jeanne D'Avesgo, mariée à Jean Le Viel, écuyer, seigneur de la Fauvelière;
2° Jean D'Avesgo, écuyer, seigneur de Saint-Loyer, marié à noble demoiselle DU BOURG, fille de noble Jean DU BOURG, baron de Meslé, mort sans postérité;
3° Michel, qui continue la descendance;
4° Maurice D'Avesgo, écuyer, marié à noble demoiselle Jeanne Le Viel, dame du Valheureux, auteur de la branche du Valheureux. Il était gouverneur de la ville et château d'Argentan, en 1568, lorsque les calvinistes, commandés par Gabriel de Montgommery, tentèrent de s'en emparer; il les repoussa à la tête des habitants.

Un membre de cette branche, Jacques D'Avesgo, écuyer, seigneur d'Issy, fut député aux États de la province en 1609 par les gentilshommes des bailliages d'Argentan et d'Exmes.

V. — Michel D'Avesgo, II° du nom, écuyer, seigneur de Saint-Jacques et de Nonantel, enseigne dans la légion de Normandie, puis conseiller du roi en l'échiquier d'Alençon, épousa en 1560 noble demoiselle Marquise DE BUNEL, dame d'Ouilly. De ce mariage sont issus :

1° Henry D'Avesgo, écuyer, mort célibataire;
2° Christophe, qui suit.

VI. — Christophe D'Avesgo, chevalier, seigneur d'Ouilly, né le 2 janvier 1562, fut capitaine dans le régiment de Saint-Simon Courtomer (infanterie). Il a épousé noble demoiselle Françoise DE RUPIÈRES, fille de N..... de Rupières, baron de Survie, qui l'a rendu père de :

1° Emmanuel D'Avesgo, chevalier, seigneur de la Bretonnière, tué au siège de la Rochelle en 1628;

2° Pierre, qui suit;

3° François D'AVESGO, chevalier, seigneur d'Ouilly, né en 1618, marié à noble demoiselle Marie DE BERNARD DE MARIGNY, fille de Gaspard DE BERNARD, chevalier, seigneur de Marigny, et de Françoise LE PAULMIER; il est l'auteur de la branche d'Ouilly.

VII. — Pierre D'AVESGO, chevalier, seigneur de la Bretonnière et de Nonantel, chevalier de l'ordre du roi, épousa, en 1649, noble dame Françoise LE PAULMIER, veuve de Gaspard de Bernard, chevalier, seigneur de Marigny. De ce mariage est né le fils unique qui suit :

VIII. — Christophe-Pierre D'AVESGO, chevalier, seigneur, patron et haut justicier de Coulonges, seigneur d'Apeney, Courpotin, la Bretonnière, Cérisy, Haranvilliers, le Pommier, le Mesnil et autres lieux, marié : 1° en 1676, à demoiselle Marie DE BONVOUST, fille de Jean-Baptiste de Bonvoust, chevalier, seigneur de Courgeont, chevalier de l'ordre du Roi, et de dame Françoise DE VILLEREAU; et, en secondes noces, le 20 novembre 1692, à demoiselle Marie-Louise DE RIANTZ, fille de Odet de Riantz, marquis de Villeroy, et de dame Françoise D'ANGENNES, fille du marquis de Maintenon.

Du premier lit sont issus deux fils :

1° Pierre-Christophe, qui suit;

2° Nicolas-François D'AVESGO, chevalier, seigneur d'Apeney, marié en 1729 à demoiselle N.... DE GUÉROULT DE BOISCLÉREAU.

IX. — Pierre-Christophe D'AVESGO, chevalier, seigneur patron haut justicier de Coulonges et des tenures roturières de la baronnie de Laleu, seigneur de Cerisy, Haranvilliers, le Mesnil, etc. Il fut, en 1703, Cornette dans le régiment d'Orléans, commandé par le marquis de Silly, son parent, et a épousé, en 1710, demoiselle Jeanne-Françoise BROSSIER, fille de Jean-Ferdinand Brossier, sieur de la Rouillière, écuyer, conseiller du roi et lieutenant général civil de Belesme. De ce mariage sont issus :

1° Pierre-Louis, qui suit;

2° Jean-Baptiste D'AVESGO DE COULONGES, docteur en Sorbonne, mort en 1753.

X. — Pierre-Louis D'AVESGO, comte DE COULONGES, chevalier, seigneur patron de Montchevrel, la Bretonnière, Cérisy, Haranvilliers, le Mesnil, etc., reçu page en la grande écurie du roi, en 1733, fut nommé capitaine au régiment Royal-cavalerie, en 1742, et chevalier de l'ordre royal et militaire de Saint-Louis. Il épousa, par contrat du 6 mars 1747, demoiselle Marie-Louise-Thérèse DE SAINT-SIMON DE COURTOMER, fille de Guy-Antoine de Saint-Simon, chevalier, marquis de Courtomer, comte de Montreuil-Bonnin, mestre de camp de cavalerie, capitaine des gardes de feu Madame la duchesse de Berry, et de dame Marie-Madeleine DE COSSÉ DE SAINT-RÉMY. De ce mariage sont issus plusieurs enfants, entre autres :

1° Louis-François, qui suit ;
2° Louis-Charles D'AVESGO DE COULONGES, chevalier, page de S. M. le roi Louis XVI, chevalier de Saint-Louis, a servi à l'armée de Condé pendant l'émigration. De son mariage avec mademoiselle LE PAULMIER DE LA LIVARDERIE il n'eut pas d'enfants mâles.

XI. — Louis-François D'AVESGO, comte de COULONGES, chevalier, né en 1755, colonel de cavalerie, chevalier de Saint-Louis, a épousé, en 1777, demoiselle Marie-Magdeleine DE ROSNYVINEN DE CHAMBOY, fille unique de Messire Pierre-Charles-Philippe, marquis de Rosnyvinen de Chamboy, et de dame Madeleine DE NEVEU. Madame la comtesse de Coulonges est morte le 18 août 1844 ; avec elle s'est éteinte la branche de sa famille, une des plus anciennes de la Bretagne, établie en Normandie en 1454, qui eut pour premier auteur Olivier de Rosnyvinen, gouverneur de Lagny-sur-Marne et maître-d'hôtel du roi Louis XI, marié à damoiselle Marie DE TILLY, dame de Chamboy.

Louis-François D'AVESGO DE COULONGES eut pour fils unique :

XII. — Louis-Achille D'AVESGO, comte DE COULONGES, né en 1785, chef d'escadrons de dragons, Brigadier aux gardes du corps du roi (Compagnie de Raguse), chevalier de l'ordre du Saint-Sépulcre de Jérusalem, a épousé, en 1818, Mademoiselle Louise-Ulphrane-Félicité DE PUISAYE, fille d'Antoine-René, marquis de Puisaye (1), ancien grand-bailli d'Épée de la province du Perche, maréchal des camps et armées du roi, chevalier des ordres de Saint-Louis, de Charles III d'Espagne et du Saint-Sépulcre de Jérusalem, et de dame Marie LE PAULMIER DE CHERISEY. De cette alliance est né le fils qui suit :

_____

(1) Le marquis DE PUISAYE, mort en 1849, était le frère aîné du comte Joseph DE PUISAYE, lieutenant général, commandant en chef l'armée catholique et royale en Bretagne, qui figura avec distinction au combat de Quiberon. Il n'eut pas d'héritier mâle, et en lui sa famille et son titre se sont éteints.

XIII. — Louis-Antoine-Marie d'Avesgo, comte de Coulonges, chef de nom et d'armes de sa famille, né en 1820, a épousé, par contrat du 11 avril 1853, Mademoiselle Hélène-Charlotte de Louvencourt, fille du marquis Maximilien-Adolphe de Louvencourt, et de dame Sidonie de Flines du Fresnoy, qui l'a rendu père des trois enfants ci-après :

1° Jeanne d'Avesgo de Coulonges, née le 21 février 1854 ;
2° Louise d'Avesgo de Coulonges, née le 11 août 1855 ;
3° Marie d'Avesgo de Coulonges, née le 1er mars 1857.

BRANCHE DES SEIGNEURS D'OUILLY.

Cette branche, issue au VIIe degré de : François d'Avesgo, chevalier, seigneur d'Ouilly, né en 1618, a pour chef actuel :

Le comte d'Avesgo d'Ouilly, né en 1782, commandeur de l'ordre de Saint-Grégoire-le-Grand, marié à mademoiselle le Mouton de Bois-d'Effre, dont une fille morte sans postérité.

CAVELIER

DE MOCOMBLE, DE CUVERVILLE ET DE MONTGEON.

ARMES : *D'azur, à trois croissants d'or posés 2 et 1. — L'écu sommé d'un casque de Chevalier orné de ses lambrequins.*

On voit figurer la famille CAVELIER, en Normandie, dès le XIVᵉ siècle; cependant quelques historiens ont parlé d'un chevalier de ce nom, compagnon de Guillaume le Conquérant, mais ce fait n'est pas prouvé d'une manière authentique, or nous ne le rapportons que pour mémoire.

Plusieurs jugements d'intendants ont confirmé la maison DE CAVELIER dans toutes les prérogatives de noblesse chevaleresque ; en effet, Jean CAVELIER, écuyer, produisit sa généalogie en 1540, devant les Commissaires députés pour connaître des usurpateurs du fait de noblesse, et sur le vu de ses titres, il fut reconnu Noble par les commissaires aux Francs-fiefs en 1556.

Antoine CAVELIER, écuyer, fit aussi ses preuves de noblesse de six degrés devant MM. Pâris et Pascal, Commissaires du Roi pour les Francs-fiefs et obtint la mainlevée de la Vavassorie noble du Bocage, comme noble *d'ancienne extraction*, par jugement du 8 mars 1642.

La généalogie détaillée que nous donnons ci-dessous a été dressée sur pièces authentiques, dont l'original est déposé au Cabinet des titres de la Bibliothèque impériale.

Cette maison, divisée en deux branches principales, a pris ses alliances parmi les premières familles de la province, entr'autres, celles : de Bouquetot, de Bailleul, de Folleville, de Beaumer, de Saint-Ouen d'Ernemont, Goujon de Gasville, des Champs du Buterval, Grenier de Cauville, du Crotay de Blainville, Le Neuf de Tourneville, Mahé de Kerouan (en Bretagne), etc...

Elle a possédé plusieurs fiefs considérables, entr'autres la Vavassorie noble du Bocage, et les seigneuries de : de Maucomble, de Carville, les Mesnils de Cuverville, etc.

La filiation suivie et non interrompue de cette famille commence à :

I. — Raoul CAVELIER, écuyer, vivant en 1382, dénommé dans un acte de donation fait à l'abbaye de Saint-Wandrille, avec sa femme damoiselle Marguerite de BOUQUETOT. Il eut pour fils :

II. — Richard CAVELIER, écuyer, qui obtint une procuration de sa mère en l'année 1419.

III. — Jean CAVELIER, écuyer, son fils aîné, figure dans divers actes et contrats des années 1454, 1461, 1474, 1480, 1486 et 1497. D'une alliance dont le nom nous est inconnu, il eut pour fils :

IV. — Jean CAVELIER, IIᵉ du nom, écuyer, dénommé dans deux contrats des années 1501 et 1513, marié le 7 mars 1519 à noble demoiselle Jacqueline LE FRANÇOIS. En 1540, il produisit sa généalogie devant les Commissaires députés pour connaître des usurpations de noblesse; il habitait alors la paroisse d'Ecrainville, Élection de Montivilliers, et était seigneur de Saint-Romain, au bailliage de Caen; de plus il fut reconnu noble, sur le vu de ses titres, par les Commissaires aux Francs-fiefs en 1556. De son mariage sont nés plusieurs enfants, entr'autres :

> 1° Guillaume CAVELIER, écuyer, marié en 1550 à noble demoiselle Adrienne DE SAINT-SILVESTRE. Le Roi lui donna commission pour lever des gens de pied pour son service en 1567, 1569, 1577 et 1581;
> 2° Hector, qui suit.

V. — Hector CAVELIER, écuyer, est cité dans un contrat de l'année 1560, et rendit aveu à Madame la Duchesse de Longueville en 1573;

VI. — Antoine CAVELIER, son fils, écuyer, seigneur de Maucomble (1) et de la Vavassorie noble du Bocage, rendit aveu d'héritage à Madame la Duchesse de Longueville en 1573, fut mis sous la tutelle de sa mère par acte passé au siége de Montivilliers en ladite année, et fut reconnu majeur en 1583. Il a épousé, par contrat du 15 décembre 1586, noble demoiselle Jeanne-Joachim DE BAILLEUL.

Suivant acte dressé au bailliage de Montivilliers, en 1607, il se présenta pour assister aux États de Normandie et fit faire son service au ban et arrière-ban de la noblesse, à cause de son grand âge, depuis 1635 jusqu'en l'année 1640.

Cité à comparaître devant MM. Pâris et Pascal, Commissaires du Roi pour les Francs-fiefs, il fit ses preuves de noblesse des Six degrés ci-dessus, et obtint mainlevée de la Vavassorie noble du Bocage, comme *noble d'extraction*, par jugement du 8 mars 1642. Il vivait encore en 1652, puisqu'il a signé au contrat de mariage de Jacques, son petit-fils, rapporté plus loin.

De son mariage sont nés deux enfants :

1° Pierre, qui continue la descendance;

2° Marie DE CAVELIER, mariée par contrat du 16 février 1614 à noble Robert DE FOLLEVILLE.

VII. — Pierre DE CAVELIER, écuyer, seigneur de Maucomble, Conseiller du Roi et Maître ordinaire en sa chambre des Comptes de Normandie, fut reçu dans cette charge le 10 mars 1617. Il a épousé noble demoiselle Marie DE BEAUMER, qui l'a rendu père des trois enfants ci-après :

1° Antoine DE CAVELIER, écuyer, qui rendit aveu de la seigneurie de Piscat, au sieur Jean ROUSSEL, seigneur de Clercy, le 23 juillet 1660;

2° Jacques, qui suit;

3° Marie DE CAVELIER, mariée à Jean ESCHARD, écuyer.

VIII. — Jacques DE CAVELIER, écuyer, seigneur de Maucomble, Conseiller du Roi et Trésorier-général de France au bureau des finances de la Généralité de Rouen, par lettres de provision du 3 mai 1652, a épousé par contrat signé à Rouen, le 8 août de la même année, noble demoiselle Madeleine DE SAINT-OUEN, fille de Jean de Saint-Ouen, écuyer, seigneur d'Ernemont, Conseiller du Roi et Maître ordinaire en la chambre des Comptes de Normandie, et de

_____

(1) Dans les chartes et contrats que nous avons compulsés, ce nom est écrit de deux manières, MAUCOMBLE et MOCOMBLE; c'est cette dernière orthographe qui a prévalu.

dame Marie Hallé. Il rendit aveu à Madame la Duchesse de Longueville au mois d'avril 1669 et résigna son office de Trésorier de France, le 4 juillet 1698, en faveur de son fils aîné. De son mariage sont nés trois enfants :

1° Jacques-Philippe, qui suit :

2° Jean DE CAVELIER, auteur de la branche de Cuverville, rapportée plus loin;

3° Barthélemy DE CAVELIER, écuyer, seigneur de Maucomble, baptisé le 2 avril 1655, Capitaine au régiment de la Marine. En 1715, il fut assigné pour prouver sa noblesse, et ses frères étant intervenus, ils furent tous maintenus par jugement de M. Jean-Prosper GOUJON, Chevalier, seigneur DE GASVILLE, Intendant de la généralité de Rouen.

IX. — Jacques-Philippe DE CAVELIER, écuyer, seigneur de Maucomble, fut promu à la charge de Trésorier de France en Normandie sur la résignation qu'en fit son père le 25 juillet 1698, et fut reçu en la chambre des Comptes le 19 août suivant. Il a épousé le 20 juin 1706 demoiselle Francisse DE SAINT-HELLIER, morte sans enfants ; et 2°, le 9 août 1712, noble demoiselle Marie-Barbe LE BAS DU COUDRAY, qui l'a rendu père de :

1° Barthélemy-Philippe, dont l'article suit ;

2° Barbe-Geneviève DE CAVELIER, mariée à Jean-Nicolas DE PARDIEU ;

3° Charles DE CAVELIER, écuyer, mort sans postérité.

X. — Barthélemy-Philippe DE CAVELIER, Chevalier, seigneur de Mocomble, succéda à son père dans la charge de Trésorier en la chambre des Comptes de Normandie; il a épousé le 24 septembre 1749 demoiselle Catherine-Adam LE NEUF LE TOURNEVILLE, dont il eut deux fils :

1° Jean-Barthélemy, qui suit :

2° Adam-Eutèche DE CAVELIER, Chevalier DE MOCOMBLE, Officier au Régiment-Royal Lorraine (cavalerie), marié à demoiselle Marie-Anne DE COMBLES, dame de Plichancourt, qui l'a rendu père de :

    A. Marie-Monique-Antoinette DE CAVELIER, mariée le 21 août 1810 à Charles-Joseph Baron DE COSTER.

XI. — Jean-Barthélemy DE CAVELIER, Chevalier, seigneur de Mocomble, naquit en 1750; il a épousé demoiselle Marie-Clotilde LE BAILLY DE LA FALAISE, dont il eut six enfants, savoir :

1° Philippe-Auguste, qui continue la descendance ;

2° Victorine DE CAVELIER, religieuse ;

3° Justine DE CAVELIER ;

4° Antoine DE CAVELIER DE MOCOMBLE, marié à mademoiselle N. . . . POULTIER.

5° Joséphine DE CAVELIER DE MOCOMBLE ;

6° Adrien DE CAVELIER DE MOCOMBLE, marié à mademoiselle Marie DE SAINT-MAURICE.

XII. — Philippe-Auguste DE CAVELIER DE MOCOMBLE, né en 1789, a épousé par contrat du 7 septembre 1819 mademoiselle Pauline BARROIS, fille de Jean-Charles Barrois, juge au tribunal civil de Dieppe. De ce mariage sont nés six enfants :

1° Paul-Auguste, qui suit ;

2° Marie-Antoinette-Herminie DE CAVELIER DE MOCOMBLE, née le 14 juillet 1822, mariée le 22 avril 1851 à Aymard-Jacques-Amand GUÉRIN DE TOURVILLE, ancien officier ;

3° Antoine-Jules-Alfred DE CAVELIER DE MOCOMBLE, né le 7 avril 1824, marié le 10 octobre 1838, à mademoiselle Amélina-MAHÉ DE KEROUAN ;

4° Marie-Charles Waldemar DE CAVELIER DE MOCOMBLE, né le 24 juillet 1826 ;

5° Marie-Honorine-Élisabeth DE CAVELIER DE MOCOMBLE, née le 27 août 1828, mariée le 28 octobre 1852 à Isidore-Hippolyte GUÉRIN DE TOURVILLE, Officier de la Légion d'honneur, Commissaire impérial près le Conseil de guerre siégeant à Rouen ;

6° Marie-Amédée-Ludovic DE CAVELIER DE MOCOMBLE, né le 30 juillet 1832.

XIII. — Paul-Auguste DE CAVELIER DE MOCOMBLE, chef actuel de la famille, est en ce moment Juge au tribunal de Neufchâtel ; il est né le 26 juin 1820 et a épousé le 12 juillet 1860, mademoiselle Marie WALLACE-OGLE, veuve du Contre-Amiral Courtenay-Bogle, chambellan de Sa Majesté la Reine d'Angleterre.

DEUXIÈME BRANCHE.

Cette branche, qui s'est divisée en trois rameaux, a pour premier auteur :

Jean DE CAVELIER, Chevalier, second fils de Jacques DE CAVELIER, seigneur de Maucomble, et de dame Madeleine DE SAINT-OUEN D'ERNEMONT, baptisé le 8 février 1654, seigneur du Bocage et Patron haut Justicier de Cuverville, est ainsi qualifié dans un acte passé le 20 juin 1712 devant Me Jean Féron, notaire royal en la Vicomté de Montivilliers. Il fut maintenu dans sa noblesse avec ses frères, par jugement rendu par M. de Gasville, intendant départi par le Roi en la Généralité de Rouen. En 1706 il a épousé demoiselle Marie-Anne-Louise DES CHAMPS DE BUTTERVAL.

Elle est représentée par :

Alphonse DE CAVELIER DE CUVERVILLE, ancien Garde du corps du Roi, marié le 10 mai 1837 à mademoiselle Louise-Emma DU CROTAY DE BLAINVILLE. De ce mariage sont nés cinq enfants :

1° Adélaïde-Alice DE CUVERVILLE, née le 3 février 1838, mariée le 10 mars 1859 à M. Achille DU HECQUET.

2° Louis-Hippolyte-Henri DE CUVERVILLE, né le 23 octobre 1839 ;

3° Désiré-Adhémar DE CUVERVILLE, né le 25 juillet 1840, mort en 1857 ;

4° Abel-René DE CUVERVILLE, né le 23 octobre 1841 ;

5° Julie-Blanche DE CUVERVILLE, née le 26 mai 1843.

Le second rameau a pour premier auteur :

Hyacinthe-Louis-Marie DE CAVELIER DE CUVERVILLE, né en 1741, qui servit dans la marine sous les ordres du Bailli de Suffren, a fait toutes les campagnes des Indes et commandait à Brest à l'époque de la Révolution.

Ce rameau a pour chef actuel :

— Louis-Marie-Paul DE CAVELIER DE CUVERVILLE, né en 1803 ; entré au service de bonne heure, il fit la campagne d'Espagne en 1823, comme officier au 39e Régiment d'infanterie de ligne, et donna sa démission en 1830 pour refus de serment. Il est actuellement Député du département des Côtes-du-Nord au Corps législatif. De son mariage avec mademoiselle Marie-Rose SUASSE DE KERVÉGAN sont nés trois fils et deux filles :

1° Louis-Marie DE CAVELIER DE CUVERVILLE, né en 1833, marié en 1860 à mademoiselle Marie DE LESGUERN, dont un fils :
A. Louis-Marie-Albert DE CUVERVILLE ;

2° Jules-Marie-Armand DE CAVELIER DE CUVERVILLE, Lieutenant de Vaisseau, Chevalier de la Légion d'honneur, blessé en Crimée, marié à mademoiselle Cécile DE CLÉSIEUX, dont une fille ;

3° Paul-Marie-Aimé DE CAVELIER DE CUVERVILLE, né le 13 juillet 1838 ;

4° Marie-Geneviève DE CAVELIER DE CUVERVILLE ;

5° Louise-Marie-Armande DE CAVELIER DE CUVERVILLE.

Le troisième rameau est représenté par :

Eugène DE CAVELIER DE MONTGEON, marié le 22 avril 1847 à mademoiselle Alice BOSCARY DE ROMAINE.

DE COURTILLOLES

ARMES : *D'or, au lion de sinople, au chef de gueules, chargé de trois besants d'argent.* — *L'écu sommé d'un casque de chevalier orné de ses lambrequins.* — Devise : *Non nobis nascimur.*

ette famille, qui depuis plusieurs siècles possède les seigneuries des Orgeries et de la Renaudière, sises en la paroisse de Saint-Germain de Clairfeuille, Généralité d'Alençon, a d'abord porté le nom de CHAUSSON. Outre ces deux seigneuries elle a encore possédé celles de : Livet, de Vaubezon, de Courtilloles, de Saint-Rigomer-des-Bois, de Monlieux, de la Chevalerie, de Lormois, de la Livardière, etc., situées tant en Normandie que dans le Maine.

En 1458, Jean *dit* Chausson rendit aveu pour la Vavassorie des Orgeries, relevant en partie du fief de la Renaudière.

Un des membres de cette maison, Jacques CHAUSSON, né le 29 août 1646, pourvu en 1698 de la charge de Commensal du Roi en sa grande fauconnerie, avec le titre de *Piqueur au premier vol pour la corneille*, charge qui conférait les priviléges attachés à la noblesse, y joignit celle de Conseiller Secrétaire du Roi, maison, couronne de France près le Parlement de Rouen en 1718 ; il est mort dans l'exercice de ses fonctions le 11 janvier 1720. De son mariage avec noble demoiselle Françoise GRAVELLE, sont issus trois enfants, savoir :

1º Pierre, qui suit ;

2º Jacques-Paul, né le 20 août 1682, Lieutenant général au bailliage d'Exmes ; auteur de la branche des CHAUSSON DU SAUSSAY ;

3º Georges-François, né le 20 août 1682, mort un mois après.

II. — Pierre CHAUSSON, écuyer, seigneur des Orgeries, de Saint-Rigomer, de Courtilloles, etc., né le 11 avril 1679, a épousé demoiselle Marie-Magdeleine HÉBERT et mourut le 1er août 1721. De cette alliance est né un fils unique :

III. — François-Louis CHAUSSON, écuyer, seigneur de Courtilloles, des Orgeries, de Saint-Rigomer, de Monlioux et autres lieux, né le 28 septembre 1717, fut Président au siége présidial d'Alençon. Destinant ses enfants puînés au service militaire, et craignant que le nom de CHAUSSON ne donnât lieu à de fâcheuses équivoques, il demanda au Roi Louis XV l'autorisation de le changer en celui DE COURTILLOLES, nom de la principale terre qu'il possédait. Cette autorisation lui fut accordée dans les termes les plus honorables par Lettres patentes délivrées à Versailles au mois d'avril 1766, enregistrées le mois suivant au parlement de Rouen.

Sous le même règne, de nouvelles lettres confirmatives de noblesse furent données le 9 mai 1772 aux deux branches de la famille, représentées par François-Louis DE COURTILLOLES et Marie-Louis Jacques CHAUSSON DU SAUSSAY, Conseiller du Roi, Lieutenant civil et criminel au bailliage d'Alençon pour les Vicomtés d'Argentan, d'Exmes et de Trun ; c'est en lui que s'éteignit, le 26 avril 1782, la branche DU SAUSSAY, dont les biens retournèrent à la branche aînée.

En 1789, François-Louis DE COURTILLOLES fut représenté par son fils Alexandre, à l'assemblée convoquée dans la province du Maine pour élire des députés aux États Généraux, et à l'assemblée du bailliage d'Alençon, par M. de l'Escalles, qui avait reçu de lui une procuration en date du 14 mars de ladite année.

François-Louis DE COURTILLOLES, mort le 14 mars 1791, avait épousé noble demoiselle Françoise-Magdeleine DE FLEURIEL, qui l'a rendu père des trois enfants ci-après :

1° François-Louis, qui suit ;
2° Pierre-Jacques-François DE COURTILLOLES, né le 25 avril 1751, Mousquetaire gris dans la première compagnie du Roi, mort le 1er août 1785, sans postérité ;
3° Alexandre-François-Louis DE COURTILLOLES, né le 18 octobre 1754, Officier au Régiment de Condé (infanterie), auteur de la branche cadette qui habite actuellement les Orgeries sous le nom DE COURTILLOLES D'ANGLEVILLE.

IV. — François-Louis DE COURTILLOLES, né le 21 décembre 1747, fut nommé en 1780 Lieutenant-général du bailliage d'Alençon ; il a épousé demoiselle Marie-Victoire-Antoinette DE VAUCELLES DE RAVIGNY, et faillit périr victime de la fureur révolutionnaire.

En 1820, il fit la demande au Roi du titre de Baron, avec une institution de majorat ; cette demande lui fut accordée par Ordonnance royale du 8 octobre 1821, mais comme il mourut le 29 mai 1822, avant l'accomplissement des formalités de publication de l'acte indicatif au greffe du tribunal de première instance de l'arrondissement de Mamers (Sarthe), où était situé ledit majorat, et sur les réclamations de ses enfants puînés, la Commission du Sceau des Titres, par décision du 28 juin 1822, décida qu'il n'y avait plus lieu à délivrer les lettres patentes collatives du titre de Baron à M. François-Louis DE COURTILLOLES, parce qu'il était décédé avant l'accomplissement des formalités d'institution.

De son mariage sont issus quatre enfants :

   1° Louis-Victor-Auguste DE COURTILLOLES, né le 4 février 1785, Officier au 13e régiment de Cuirassiers, marié à mademoiselle Marie-Françoise-Eugénie PICHON, veuve de M. DUCHESNE DE CHÉDOUET, est mort sans postérité le 28 février 1835 ;

   2° Emmanuel-Alexandre DE COURTILLOLES, né le 25 février 1786, Officier aux Chasseurs à pied de la Garde impériale, puis au 36e Régiment d'Infanterie légère, est mort aussi sans enfants, le 11 août 1821 ;

   3° Emmanuel-Alexandre, qui suit ;

   4° Victorine-Julie DE COURTILLOLES, née le 10 mars 1790, a épousé M. Narcisse GUESDON DE BEAUCHESNE, ancien inspecteur général de l'administration des domaines, Chevalier de la Légion d'honneur.

V. — Emmanuel-Alexandre DE COURTILLOLES, chef actuel de la branche aînée, né le 7 octobre 1788, Lieutenant de Voltigeurs au 56e régiment d'infanterie, Chevalier de l'Ordre de la Légion d'honneur, fut mis à la retraite à la suite de blessures graves reçues à la bataille d'Essling. Il a épousé le 13 octobre 1828 mademoiselle Thaïs-Maria ESNAUT, petite-fille de M. Vital, général du génie ; de cette alliance sont nés trois enfants :

   1° Ernest-François-Louis DE COURTILLOLES, né le 21 décembre 1834 ;

   2° Élisabeth-Clémentine DE COURTILLOLES, mariée à M. Augustin-Georges DE JOURDAN ;

   3° Pierre DE COURTILLOLES, né le 25 avril 1839, mort en bas âge.

COSNE DE CARDANVILLE

Originaire de la province du Dauphiné, où elle figurait dès le commencement du XIe siècle, la branche aînée de la famille COSNE DE CARDANVILLE est venue s'établir en Normandie en 1453. Martial DE COSNE, damoiseau, fit le voyage de la terre sainte avec Godefroy de Bouillon, et y mourut en 1095.

Pierre DE COSNE, un de ses descendants, après s'être signalé lorsque le prince d'Orange voulut entrer en Dauphiné avec trois cents lances du duc de Savoie, passa en France et vint offrir ses services au roi pour guerroyer contre les Anglais. Il s'établit alors dans le pays chartrain, et s'y maria.

Antoine DE COSNE, Seigneur de Meigneville et de Lux, son fils unique, a épousé, le 5 avril 1460, demoiselle Georgette DU PORT, dont il eut :

Charles DE COSNE, Écuyer, Seigneur du Houssay, père de :

Pasquier DE COSNE, Seigneur du Houssay et de Chavernay, marié le 14 mai 1536 à demoiselle Luce DE CHARTRES, eut de cette alliance quatre enfants, qui formèrent chacun des rameaux différents.

Daniel DE COSNE, Écuyer, issu de l'un d'eux, est l'auteur de la branche existant aujourd'hui, qui a pris, au commencement du siècle dernier, le surnom de Cardanville, d'une terre qu'elle y possédait.

Cette ancienne maison, dont parlent d'Hozier et La Chesnaye-des-Bois, a été maintenue dans sa noblesse à différentes époques, et trois de ses membres firent des preuves pour l'Ordre de Malte en 1578, 1624 et 1671. Elle est représentée de nos jours par :

François-Alexandre DE COSNE DE CARDANVILLE, marié le 6 février 1839 à mademoiselle Alexandrine-Églé RENOUARD DE SAINTE-CROIX. De ce mariage sont nés :

1º Octave-Alexandre-Marie-Philibert-Ernest DE COSNE DE CARDANVILLE, né le 12 août 1840, mort jeune;

2º Marie-Sophie-Élisabeth DE COSNE DE CARDANVILLE, née le 31 juillet 1844;

3º Marie-Frédéric-Arthur DE COSNE DE CARDANVILLE, né le 2 septembre 1845.

DU BOIS DE TERTU

ARMES : *D'azur, à trois trèfles d'argent.* — *L'écu sommé d'un casque de profil orné d'une Couronne de Comte.* — Tenant : *Un lion léopardé, la tête tournée vers l'écu, soutenant de la patte dextre une bannière aux armes* DE JUPILLES (1), qui sont : *Parti émanché d'hermines et de gueules.* — Cimier : *Un cygne essorant et portant sur son aile, la Devise :* UTINAM.

lusieurs familles nobles du nom de **DU BOIS** ont existé dans la province, mais elles n'ont ensemble aucun lien de parenté et ont même des armoiries différentes.

Celle qui nous occupe était, dès le XIVe siècle, en possession de toutes les prérogatives de la noblesse ; elle habitait LE HOULME, pays de la basse Normandie, qui s'étendait dans les élections de Falaise, Domfront et Mortain. Elle se divisa en plusieurs branches qui possédèrent les seigneuries : de Saint-Léo-

---

(1) La famille DE JUPILLES, originaire du Maine, était une des plus anciennes et des plus distinguées de cette province. Lors de son extinction, par la mort d'Alexandre-Bon, vicomte DE JUPILLES, décédé en 1827, le chef actuel de la maison de Tertu, son petit-fils, pour conserver la mémoire de sa famille maternelle, dont l'ancienneté remonte aux croisades (voir la salle des Croisades, au musée de Versailles), adopta comme Devise le premier mot de celle des Jupilles, et plaça une bannière à leurs armes dans la patte du lion qui sert de support à son écu.

nard, de Monthulé, du Bois-Tesselin, du Mesnil, de la Fosse, du Clos-Léger, de la Drouardière, etc. ; et la branche qui fait principalement l'objet de cette notice, celles : du Mottey, de Tessé, de Geneslay, de la Chapelle-Moche, et de Tertu.

Guillaume DU BOIS, seigneur des Yveteaux, premier auteur de cette maison, habitant la sergenterie du Houlme, en l'élection de Falaise, en 1463, est mentionné comme ancien noble dans la recherche de Montfaut ; c'est à lui que commence d'une manière incontestable, et par des titres conservés à la bibliothèque impériale, la filiation rapportée ci-après et dressée tant sur les dits titres que sur les jugements de maintenue de noblesse rendus en 1598, par M. de Mesme de Roissy, intendant de la généralité de Caen ; en 1666, par M. de Marle, intendant de la généralité d'Alençon, et par M. de Chamillart, intendant de la généralité de Caen.

Elle s'est alliée avec les premières familles du pays, parmi lesquelles nous citerons celles : de Marescot, de Tiremois, de la Haye du Tertre, de Thibout des Ventes, de Lonlay, de Jupilles, Le Maire de Courtemanche, de Merlin de Tessonville, de Chennevières, des Chapelles, de la Joyère, des Loges, de Souvray, de Biars, de Bernières, etc.

FILIATION.

I. — Guillaume DU BOIS, écuyer, seigneur des Yveteaux, maintenu lors de la recherche de Montfaut, en 1463, ainsi qu'il est dit plus haut, eut, d'une alliance dont le nom ne nous est pas parvenu, plusieurs enfants, entre autres :

II. — René DU BOIS, écuyer, seigneur du Mottey, habitant la paroisse de Saint-Georges d'Asnebecq, dans la sergenterie du Houlme, obtint, le 28 juillet 1532, un arrêt contradictoire de la cour des Aides, contre les paroissiens dudit lieu de Saint-Georges et le procureur général, fait rapporté dans la maintenue de M. de Mesme. Il avait épousé noble damoiselle Ambroise DE LA JOYÈRE, dont il eut le fils qui suit :

III. — Michel DU BOIS, écuyer, seigneur du Mottey; marié en 1530 à

Puisque nous parlons de la salle des Croisades, nous allons relever une erreur qui y existe ; les armes des JUPILLES sont figurées : *De gueules au chef émanché d'hermines,* ce qui est faux ; la description que nous en donnons en tête est la seule exacte.

demoiselle Michelle DES LOGES, fille de noble Jean des Loges, sieur du Parc. Il est mort avant le 11 mai 1575, laissant de son mariage quatre enfants, savoir :

> 1° Thomas DU BOIS, écuyer, seigneur de Saint-Léonard, marié en 1574 à Marguerite DE SOUVRAY, dont il eut aussi quatre enfants qui formèrent diverses branches, entre autres celles de Mouthulé et celle du Bois-Tesselin, dont descendait M. le chevalier DU BOIS-TESSELIN, à Beauvain, près la Ferté-Macé, et à laquelle appartenait également M. DU BOIS DU BEL, cousin germain du précédent, mort en 1750;
>
> 2° René, qui suit;
>
> 3° Léonard DU BOIS, écuyer, seigneur du Mesnil et autres lieux, marié en 1592 à demoiselle Marguerite DE BIARS;
>
> 4° Jacques DU BOIS, écuyer, seigneur de la Fosse et de Clos-Léger, marié en 1577 à Françoise DE BERNIÈRES DE VILLIERS, dont les petits-fils, Gaspard et Claude, furent maintenus par jugement de M. de Marle, intendant de la généralité d'Alençon.

IV. — René DU BOIS, écuyer, seigneur du Mottey, épousa en 1577 demoiselle Isabeau DES CHAPELLES, fille de noble Guillaume des Chapelles, et mourut avant le 24 avril 1598. — De ce mariage sont issus les trois enfants ci-après :

> 1° Guillaume, dont l'article suit;
>
> 2° Jacques DU BOIS, écuyer, seigneur des Barres (*Archives de famille de la branche de Tesselin*);
>
> 3° Guillemine DU BOIS.

V. — Guillaume DU BOIS, II° du nom, écuyer, seigneur du Mottey, a servi dans la compagnie des Cent hommes d'armes du maréchal de Bois-Dauphin; il a épousé en 1610 demoiselle Cécile DE CHENNEVIÈRES, fille de messire Louis de Chennevières, écuyer, seigneur du Parc, qui l'a rendu père de :

> 1° Gaspard, qui a continué la descendance;
>
> 2° Jacques DU BOIS, prêtre, chanoine prébendé, grand-vicaire au diocèse du Mans, et archidiacre de Passais, près Domfront.

VI. — Gaspard DU BOIS, écuyer, seigneur du Mottey, gentilhomme ordinaire de la chambre du Roi, capitaine-lieutenant de la compagnie royale de Gandelu, gentilhomme de Henri de Lorraine, duc de Guise, gouverneur de la ville et château de Dreux, fut maintenu dans sa noblesse par M. de Marle, intendant de la généralité d'Alençon, le 12 mai 1666. Il a épousé en 1650 noble demoiselle Marie DE MERLIN, fille d'Antoine de Merlin, seigneur de Tessonville, dont il eut :

1° Jacques, qui suit;
2° Gaspard DU BOIS, né en 1658 ;
3° Gabriel DU BOIS, né en 1661, curé de la Chapelle-Moche;
4° Charles DU BOIS, né en 1662, prêtre, curé de Montenay;
5° Jacques DU BOIS, né en 1664, prieur de Ronfeugeray;
6° Julien-Claude DU BOIS, lieutenant dans la compagnie de son frère aîné, mort au service du roi avant le 24 janvier 1695.

VII. — Jacques DU BOIS, chevalier, seigneur du Motté, né en 1655, capitaine d'une compagnie de milice en la géneralité de Tours, épousa en 1689 demoiselle Anne LE MAIRE, fille de René le Maire, sieur de Courtemanche, gouverneur du Château-Trompette, à Bordeaux. De cette alliance sont nés deux fils :

1° Jacques, qui suit;
2° Charles DU BOIS-MOTTÉ, écuyer, dénommé dans un acte déposé aux archives de la famille daté du 12 septembre 1728.

VIII. — Jacques DU BOIS, II° du nom, écuyer, seigneur du Motté ou du Bois-Motté, né en 1690, épousa en 1728 demoiselle Marie-Anne DE LONLAY, fille de François de Lonlay, seigneur de Vilpail, dont il eut un fils unique :

IX. — Jacques-Charles DU BOIS, écuyer, sieur du Bois-Motté, marié en 1753 à demoiselle Marie-Catherine-Louise-Françoise DE LA HAYE, fille de noble François de la Haye, seigneur du Tertre et de la Lande. il acquit, en l'année 1778, la seigneurie de Tessé, au Maine, dont son fils aîné porta le nom. Il mourut en 1804, laissant de son mariage six enfants, savoir :

1° Jacques-Charles-François, qui suit;
2° Louis-Jacques-François, dit le chevalier DU BOIS-MOTTÉ, officier de dragons en 1789, servit à l'armée des Princes pendant l'émigration, puis entra comme Major au régiment des gardes de S. M. l'empereur d'Autriche, et mourut en Hongrie en 1819;
3° Gabriel-Gaspard DU BOIS-MOTTÉ, prêtre, mort en Angleterre en 1818;
4° Marguerite-Élisabeth-Geneviève DU BOIS-MOTTÉ, religieuse aux Bénédictines d'Alençon, morte en 1821 ;
5° Marie-Anne-Pétronille DU BOIS-MOTTÉ, mariée à Antoine-Joseph DE THIBOUT, écuyer, seigneur des Ventes, morte en Angleterre pendant l'émigration, en 1809;
6° Aimée DU BOIS-MOTTÉ, morte sans alliance.

X. — Jacques-Charles-François DU BOIS, chevalier, seigneur de Tessé, de Geneslay, de la Chapelle-Moche et autres lieux, épousa en 1781 demoiselle Marie-Anne-Monique-Françoise-Victoire DE TIREMOIS, fille d'Emmanuel-Marie-Christophe-Louis de Tiremois, chevalier, comte DE TERTU. Il mourut en 1807, laissant le fils qui suit :

XI. — Emmanuel-Marie-Jacques-Célestin DU BOIS DE TESSÉ, comte DE TERTU, par héritage de son aïeul maternel; il a épousé le 4 mars 1807 mademoiselle Marie-Antoinette DE JUPILLES, fille du vicomte Alexandre Bon de Jupilles et de dame Andrinette-Félicité DE LA PORTE RYANTZ, et est mort en 1809. De cette alliance sont issus :

1° Alexandre-André-Albert, dont l'article suit;
2° Marie-Geneviève-Victorine-Françoise DU BOIS DE TERTU, née posthume, morte en bas âge.

XII. — Alexandre-André-Albert DU BOIS comte DE TERTU, chef de nom et d'armes de sa maison, né le 3 décembre 1807, a épousé le 2 novembre 1832 mademoiselle Jeanne-Élisabeth DE MARESCOT, fille du marquis Louis-Stanislas-Xavier-Jean de Marescot (voir l'article de cette famille, page 167), et de dame Henriette-Augustine DE BONVOUST. De ce mariage sont nés deux enfants :

1° Hyacinthe-Jacques-Christian-Céleste-Albert DU BOIS, vicomte DE TERTU, né le 30 avril 1837;
2° Marie-Jacqueline-Louise-Berthe-Élia DU BOIS DE TERTU.

LE VANIER DES VAUVIERS

a famille LE VANIER DES VAUVIERS est redevable de
sa noblesse à la belle conduite d'un de ses membres,
Michel LE VANIER, Gendarme du roi. Un jour de l'année 1709, qu'il était en faction sur les bords du Rhin, où
son corps d'armée avait pris ses cantonnements, il aper-
çut sur l'autre rive le prince de Soubise, qui était aux
prises avec trois cavaliers ennemis. Le prince allait infailliblement succom-
ber dans cette lutte inégale, lorsque Michel LE VANIER, n'écoutant que son
courage, abandonne son poste, se précipite dans le fleuve avec son cheval,
et arrive assez à temps pour délivrer le prince du péril imminent qui le me-
nace, en tuant de sa main deux des assaillants. Le prince de Soubise, ne
sachant comment reconnaître un si grand service et récompenser une aussi
belle action, détache de sa poitrine la croix de Saint-Louis et la place sur
celle de son sauveur; puis, quelque temps après, il sollicita et obtint du Roi
Louis XIV des lettres de noblesse en faveur de Michel LE VANIER, de son
frère Pierre LE VANIER, et de leurs enfants.

Cette famille est représentée par :

1° Eugène LE VANIER DES VAUVIERS, né le 2 novembre 1801, marié en 1830 à
mademoiselle Stéphanie-Pauline LE CELLIER;

2° Alfred LE VANIER DES VAUVIERS, né en 1806;

3° Alexandrine LE VANIER DES VAUVIERS, mariée en 1830 à Jules DE CORDAY DU
RENOUARD;

4° Césarine LE VANIER DES VAUVIERS, mariée en 1834 à Emmanuel GAUTIER
DE SAVIGNAC.

ACHARD

DES HAUTES-NOËS, DE VACOGNES, DE LE LUARDIÈRE ET DE BONVOULOIR.

ARMES : *D'azur, au lion d'argent, armé et lampassé de gueules, chargé de deux fasces de gueules alésées, brochant sur le tout.* — Couronne : *De Marquis.* — Supports : *Deux licornes.*

'après des traditions, relatées par divers généalogistes et des actes très-anciens, la maison ACHARD, de Normandie, est issue, comme celles d'Angoumois et de Provence, d'une même famille établie primitivement en Poitou et que l'on voit figurer dans l'histoire de cette province dès les temps les plus reculés. La séparation de ces diverses branches remonte si loin que l'on ne peut en retrouver la trace dans les documents contemporains.

Les ACHARD, dont nous nous occupons, étaient déjà établis dans le *Passais-Normand*, au commencement du XI° siècle ; en effet, le premier châtelain connu de la ville de Domfront en l'année 1020, était un ACHARD, qui souscrivit comme témoin la charte de fondation de l'Abbaye de Lonlay, en 1026.

(Voyez : Caillebotte, *Essai sur la ville de Domfront*, page 113 ; La Neutria Pia, page 425, et *Recherches sur le Domesday*, par MM. Léchaudé d'Anisy et de Sainte-Marie, page 48.)

D'après la notice de M. Passy, sur l'ancien prieuré du Bourg-Achard (Bibliothèque de l'École des chartes, tome XXII), on croit que ce fut lui qui donna son nom au Bosc-Achard, appelé depuis Bourg-Achard, près Rouen.

Cet ACHARD, surnommé d'Ambrières, selon quelques auteurs, se distingua au siége des châteaux de Mayenne et d'Ambrières, dont les habitants s'étaient révoltés contre le Duc Guillaume; deux années après, c'est-à-dire en 1066, ACHARD D'AMBRIÈRES, Henri DE DOMFRONT et Mathieu DE LA FERTÉ-MACÉ, amenèrent à ce prince, quatre-vingts hommes d'armes du Passais-Normand et l'accompagnèrent à la conquête d'Angleterre (1).

Suivant la liste des Châtelains de Domfront, Guillaume ACHARD fut gouverneur de cette ville depuis l'an 1091 jusqu'en 1102, époque présumée de sa mort; il rendit de grands services à Henri Comte du Cotentin, lors du siége de Domfront et lui conserva cette place; aussi dès que ce Prince fut monté sur le trône d'Angleterre, sous le nom d'Henri II, il le récompensa par la donation de sept manoirs dans le Berkshire. (*Cambden Britannia*, édition anglaise, tome 1er, page 167, dit que cette donation a été faite à un Robert ACHARD; cette donation est donc bien réelle, il y a seulement une différence de prénoms.)

Cet ACHARD s'établit en Angleterre et y forma une branche qui s'éteignit au XIVe siècle sous le règne d'Édouard III et dont les biens passèrent par les femmes aux De la Mare, puis aux Forster.

Guillaume ACHARD, IIe du nom, abbé de Saint-Victor à Paris, Evêque de Séez en 1157 et d'Avranches en 1161 (2) mourut le 29 mars 1172, laissant plusieurs ouvrages encore fort estimés de nos jours. Il jouissait d'un grand crédit auprès du Roi Henri II d'Angleterre, et tint sur les fonts de baptême à Domfront, sa fille ÉLÉONORE, devenue Reine de Castille.

Dans les manuscrits de la fameuse Abbaye de Saint-Victor (3), il est désigné sous le nom de Perthus-Achard, le plus ancien fief des ACHARDS de Normandie, qui est resté entre leurs mains jusqu'à la révolution de 1789.

Rainaud, Comte de Boulogne, seigneur de Domfront, régla l'ordre du service divin dans l'Hôtel-Dieu de cette ville, par une charte de 1206, que Robert ACHARD signa comme témoin (4).

Nous ne donnerons pas ici toute la filiation de cette maison, car elle serait fort longue en raison des différentes branches qu'elle a formées et dont trois

---

(1) Domesday (Sussex, folio 25 b; Buckinghamshire, folio 148 b, Worcestershire, folio 177). Recherches sur le Domesday, page 48, et Augustin Thierry, t. II, p. 395.
(2) Moreri, édition de 1759.
(3) *Annales de Saint-Victor* (n° 432), par Jean de Thoulouze, t. Ier, première partie, p. 783.
(4) Caillebotte, *Essai sur la ville de Domfront*, p. 60.

existent encore de nos jours, nous allons seulement mentionner les divers personnages auxquels se rattachent les faits les plus importants.

Yves ACHARD, seigneur du Perthus-Achard et de Saint-Auvieu, vivait en l'an 1200, ainsi qu'il appert d'une généalogie établie vers 1600 par Jean ACHARD, seigneur de Saint-Auvieu (1).

Guillaume ACHARD, Chevalier, petit-fils d'Yves qui précède, fut témoin d'un emprunt de 25 livres, contracté par Jean Babin, varlet, devant Damiette, au mois de novembre 1249.

Robert ACHARD, fut témoin de deux emprunts de 20 livres et de 25 livres contractés devant Damiette par Guillaume Alard et Guillaume de la Chaussée, au mois de novembre 1249. — Ces différents prêts sont faits par Odo Pancia, marchand génois (2).

Jean ACHARD, Chevalier, seigneur du Perthus-Achard et autres lieux, était dans la seconde moitié du XIII° siècle, *Escuyer en l'Écurie du Roi*. Il a épousé damoiselle Jeanne DE TORCÉ, qui lui apporta en dot le fief de la Corbellière, qui est resté près de 400 ans dans la famille et dénommé dans les diverses chartes du temps, le Fief-Achard. (Généalogie de Jean ACHARD, Seigneur de Saint-Auvieu — Lots, de l'année 1600).

En 1295 — Léon ACHARD, Chevalier, seigneur du Perthus-Achard, de Saint-Auvieu et ses dépendances(3), épousa damoiselle Barbe DE TORCHAMPS.

Guillaume ACHARD, Chevalier, seigneur du Perthus-Achard, et autres lieux, épousa vers 1325 damoiselle Catherine DE BRÉCÉ. Il figure au premier degré d'une généalogie prouvée devant les Élus de Domfront en 1540. (Dossier de la famille déposé au Cabinet des Titres de la Bibliothèque impériale.)

En 1454 Jean et Macé ACHARD, fils de Jean ACHARD, seigneur du Perthus-Achard, de la Corbellière, de Saint-Auvieu, etc., et de dame Collete DE CRINAIS, firent un acte de partage pour les biens de leurs père et mère. (*Titre aux Archives de la famille.*)

Jean, l'aîné, eut pour sa part le fief du Perthuis-Achard et forma la branche des seigneurs de ce nom, dont les aînés s'éteignirent au commencement du XVII° siècle. La dernière héritière vendit le fief du Perthus-Achard à Julien ACHARD, seigneur de Bonvouloir, son cousin ; les cadets de cette branche formèrent plusieurs rameaux éteints aussi aujourd'hui à l'exception

_____

(1) L'ancien titre nous a été représenté.
(2) Titres originaux possédés par la famille.
(3) Le château de Saint-Auvieu et une portion de la terre sont passés par alliance, en 1710, dans la maison DE VAUBOREL ; l'autre portion, appelée le *Pas de la Vente*, n'est jamais sortie de la famille et appartient encore aujourd'hui à madame la Vicomtesse D'ESTAMPES, née Henriette DE BONVOULOIR.

de ceux des Hautes-Noës, de la Vente et de le Luardière, maintenus dans leur noblesse, par jugement du 2 août 1666. — Nous reparlerons plus loin de cette branche, qui subsiste encore de nos jours.

Macé ACHARD, second fils de Jean ACHARD et de Colette DE CRINAIS eut en partage les seigneuries de la Corbellière et de Saint-Auvieu ; il a épousé en 1450 damoiselle Jeanne DOYNEL DE LA SAISSERIE et DE MONTÉCOT, et fut l'auteur de la branche de Saint-Auvieu et du Pas de la Vente, qui se divisa aussi en plusieurs rameaux, savoir ceux : de Vacognes ; de la Haye ; de Saint-Manvieu et de Bonvouloir.

François ACHARD, seigneur de Saint-Auvieu et de la Corbellière ou Fief-Achard, épousa en 1513 noble demoiselle Françoise DE COURTARVEL (1), héritière par sa mère, Françoise ESSIRARD, de la seigneurie de Bonvouloir (2) et Loyauté, fief de Haubert, donné par Réné, Duc d'Alençon, à Guyon Essirard, son Maître d'Hôtel. De cette alliance sont nés plusieurs fils, entr'autres : Christophe et François ACHARD, tués pendant les guerres d'Italie, sous François 1er, et Richard ACHARD, tué à la bataille de Gravelines.

Guy ACHARD, Chevalier, seigneur de Beauregard, Chevalier de l'Ordre du Roi, était gouverneur de Domfront en 1580 (3).

Jean ACHARD, seigneur de Saint-Auvieu et du Pin, Gentilhomme ordinaire de la maison des Rois Henri III et Henri IV, Capitaine d'une compagnie de cent Chevau-Légers, fut député de la noblesse de l'Élection de Domfront, aux États de Normandie en 1618. Il a épousé noble demoiselle Marguerite DE LA FERRIÈRE et fut l'auteur des branches de la Haye (éteinte) et de Vacognes, dont il est fait mention plus loin.

François ACHARD, Chevalier, seigneur du Pin, Gentilhomme ordinaire du Roi Louis XIII, et Chevalier de son Ordre, épousa en 1617 demoiselle Madeleine DE MAILLOC, fille de François de Mailloc, Baron de Cailly-en-Caux.

Julien ACHARD, Chevalier, seigneur du Perthus-Achard, de Bonvouloir, du Pas de la Vente, etc., Chevalier de l'Ordre du Roi et gentilhomme de sa chambre, fut Lieutenant d'une compagnie de Chevau-Légers, puis d'une compagnie des Dragons du cardinal de Richelieu, et député de la noblesse de l'élection de Domfront aux États de Normandie en 1624. Il avait épousé en 1614 demoiselle Anne DE WEMBEZ, fille de Réné de Wembez, Marquis de Saint-Arnoul, seigneur de Saint-Manvieu.

Guy ACHARD, Marquis DE BONVOULOIR, Lieutenant des Carabiniers de

---

(1) De Courcelles, Dict. de la Noblesse, t. XIII, art. COURTARVEL.
(2) La terre de Bonvouloir, depuis cette époque, n'est pas sortie de la famille.
(3) Caillebotte, Essai sur la ville de Domfront, p. 114.

France, fut maintenu dans sa noblesse en 1666, ainsi qu'Alexandre son frère, par jugement de M. de Marle, intendant de la généralité d'Alençon. (*Dossier de la famille déposé au Cabinet des Titres, Bibliothèque impériale.*)

BRANCHE DES HAUTES-NOËS, DE LA VENTE ET DE LE LUARDIÈRE.

Cette branche a pour auteur le fils aîné de Jean ACHARD, Seigneur du Per-thus-Achard et de Saint-Auvieu, et de dame Colette DE CRINAIS; elle a été maintenue dans sa noblesse par jugement du 2 août 1666.

Elle s'est divisée en trois rameaux encore existants de nos jours :

Le premier rameau DES HAUTES-NOËS a eu pour auteur :

Jacques-Louis ACHARD, seigneur des Hautes-Noës et de la Regellerie, fils aîné de Pierre, et de dame Hélène RUAULT DU PLESSIS, fut Garde du Roi et a épousé demoiselle Françoise-Louise DE BAILLEUL. De cette alliance est né :

Jacques-Louis ACHARD DES HAUTES-NOËS, chef de division dans l'armée royale de Basse-Normandie, Chevalier de Saint-Louis en 1799, marié à demoiselle Françoise DE PONTAVICE, dont il eut :

Jean-André-Louis ACHARD DES HAUTES-NOËS, capitaine d'infanterie, Che-valier de la Légion d'honneur, qui épousa en 1813 mademoiselle Clémen-tine-Marie DE BILLEHEUST-DU-CHAMP-DU-BOULT ; de cette alliance est né :

Louis-Ange ACHARD DES HAUTES-NOËS, chef actuel de ce rameau, marié le 16 juillet 1849 à demoiselle Marie DU PERCHE; dont :

1° Robert-Louis Achard DES HAUTES-NOËS, né le 11 juin 1850.

Le second rameau, celui DE LE LUARDIÈRE, a pour auteur André-Thomas ACHARD, écuyer, seigneur de le Luardière, petit-fils de Pierre ACHARD et d'Hélène RUAULT DU PLESSIS, qui a épousé le 2 septembre 1767 demoiselle Madeleine-Charlotte COUSIN DE LA CRUCHÈRE. De ce mariage est issu :

Pierre-André-Réné ACHARD DE LE LUARDIÈRE, né le 23 novembre 1768, chef de bataillon et Chevalier de Saint-Louis ; il émigra en 1792, fit partie de l'expédition de Quiberon et fut fait prisonnier avec le général de Sombreuil. Il eut pour fils le chef actuel de ce rameau :

Pierre-André-Marie-Godefroi ACHARD DE LE LUARDIÈRE, retiré du service en 1830 pour refus de serment, marié le 19 juillet 1842 à mademoiselle Caroline-Suzaine-Thérèse Le Comte de Montmartin. De cette alliance sont issus les quatre enfants ci-après :

1° Henri-Désiré-Marie-Dieudonné Achard de le Luardière, né le 27 août 1846;
2° Louis-Marie-André Achard de le Luardière, né le 21 novembre 1847;
3° Stéphène-Marie-Pierre-Adrien Achard de le Luardière, né le 18 juillet 1849;
4° Ernestine-Marie-Françoise Achard de le Luardière, née le 15 janvier 1853.

———

Le troisième rameau, celui de la Vente, a pour auteur Pierre-Siméon Achard, écuyer, seigneur de la Vente, second fils d'André et de Renée-Yvonne Lévèque du Vergé ; il eut pour fils :

Victor-Pierre-Jean-Baptiste Achard de la Vente, marié à demoiselle Madeleine-Sophie-Françoise Achard de le Luardière, sa cousine, dont il eut :

Victor-Jacques-Marie Achard de la Vente, marié à mademoiselle Sydonie de Beausse, sans postérité.

BRANCHE DE VACOGNES.

A cette branche appartenait Charles Achard, Baron du Pin et Seigneur de Vacognes, maintenu dans sa noblesse d'ancienne extraction, en 1667, par jugement de M. de Marle, Intendant de la généralité d'Alençon, avec François Achard, Seigneur du Pin, son frère, lequel avait été reçu Chevalier de Saint-Jean de Jérusalem, sur preuves faites en 1647; dans ces preuves on a rappelé sa descendance directe de N. . . . Achard, signataire de la fondation de Lonlay, en 1026.

Jean-Thomas-Antoine Achard de Vacognes, Capitaine d'infanterie et Chevalier de Saint-Louis, fit toutes les campagnes de l'armée de Condé. Il avait épousé en 1778 demoiselle Marie-Henriette-Julienne de Banville.

Son petit-fils, Amédée Achard de Vacognes, est aujourd'hui le chef de sa branche. Il a épousé mademoiselle Athénaïs de Bonvouloir, sa cousine.

BRANCHE DE LA HAYE
(ÉTEINTE).

A cette branche appartenait Antoine-Charles Achard, Marquis de la Haye, Page du duc d'Orléans en 1753, Capitaine de cavalerie, Chevalier de Saint-Louis, puis Maréchal des Camps et Armées du Roi, qui a épousé en 1767 demoiselle Bénigne-Modeste de la Motte-Baracé. Il fit les campagnes de l'émigration en qualité d'Aide-Major général de l'Armée des Princes, et mourut en 1816.

Elle s'est éteinte en la personne de Camille ACHARD, son petit-fils, mort en 1837.

BRANCHE DE SAINT-MANVIEU

(ÉTEINTE).

Jean-Louis ACHARD DE SAINT-MANVIEU, mort en Pologne pendant l'émigragration, après avoir fait toutes les campagnes de l'armée de Condé. appartenait à cette branche; elle s'est éteinte en la personne d'Henri ACHARD DE SAINT-MANVIEU, son fils, qui se fit prêtre et fonda un établissement religieux à Vire.

BRANCHE DE BONVOULOIR.

Luc-René-Charles ACHARD, Comte DE BONVOULOIR (1), seigneur du Perthus-Achard, etc., appartenait à cette branche. Il fut successivement Page du roi Louis XV, Capitaine de cavalerie, Chevalier de Saint-Louis, Lieutenant des maréchaux de France au bailliage d'Alençon, député à l'Assemblée de la moyenne Normandie en 1787 (2), et premier député de la noblesse du Cotentin aux États généraux en 1789. La même année, il fit ses preuves pour jouir des honneurs de la Cour, mais la présentation n'a pas eu lieu à cause des troubles révolutionnaires (3). Il avait épousé en 1772 demoiselle Marie Anne-Jeanne DE SAINT-DENIS (4), dame de Vervaines; son fils Charles-François-Auguste ACHARD DE BONVOULOIR, fut reçu Chevalier de Malte de minorité en 1790; les preuves qu'il fit rappellent sa descendance directe de N. . . ACHARD, signataire de la Charte de fondation de Lonlay en 1026.

Cette branche a pour chef actuel :

Eugène-François-Charles ACHARD, comte DE BONVOULOIR, né en 1776, ancien Capitaine de frégate et Chevalier de Saint-Louis, qui émigra et servit à l'armée des Princes. Il a épousé en 1803 mademoiselle Françoise-Julie DE LA TOUR-DU-PIN, fille du Baron de la Tour-du-Pin, Maréchal des Camps et Armées du Roi. De cette alliance sont nés deux fils et une fille, qui ont eux-mêmes des enfants aujourd'hui.

---

(1) *États militaires*, années 1773, page 347, et 1774, page 336.
(2) Procès-verbal des séances de la moyenne Normandie, Lisieux, 1787 (Bibliothèque Impériale).
(3) Une copie de ses preuves, signées par Benigne CHÉRIN, nous a été présentée.
(4) Issue de l'ancienne maison des SAINT-DENIS, Barons de Hertray.

LE CHEVALIER DE LA MARTRE

ARMES : *D'or, à une martre de sable, armée et couronnée du même, surmontée d'une épée de gueules en pal, la pointe en haut. — L'écu timbré d'un casque orné de ses lambrequins.*

lusieurs familles LE CHEVALIER existent ou ont existé en Normandie, et toutes dans différentes généralités ont été maintenues dans leur noblesse en l'année 1666 et suivantes, par divers jugements des intendants commissaires départis par le Roi à cet effet.

Celle qui nous occupe tient un rang distingué parmi la noblesse ; son nom figure dans des actes authentiques du Parlement de Rouen et de l'élection d'Avranches, avec le titre d'Écuyer, et ses armoiries ont été constatées par d'Hozier de Sérigny, juge d'armes de France.

Plusieurs de ses membres, anciennement passés en Amérique, pour aller servir dans les Régiments coloniaux, restèrent pendant près d'un siècle dispersés par les événements et sans communications entre eux ; ils perdirent même souvent leurs liens de parenté (1) jusqu'à la fin de la guerre d'Amérique (1785), époque à laquelle le bisaïeul du dernier représentant rentra en France, et où il fit confirmer sa noblesse par D'HOZIER DE SÉRIGNY, juge d'armes de France, qui lui délivra un certificat d'Armoiries, daté du 29 août 1787. (Cette pièce originale, comprise dans les registres dudit juge d'armes, scellée et paraphée par lui, existe aux Archives de la famille et nous a été représentée.)

La famille LE CHEVALIER DE LA MARTRE s'est alliée aux principales maisons de la province, parmi lesquelles nous citerons celles: de Clinchamp, de Guiton, d'Osmont, de Launay, Picault des Dorides, etc.

---

(1) En 1835, divers journaux anglais et français publièrent la nouvelle reçue de Calcutta, de la mort d'un général « Comte DE LA MARTRE, » décédé intestat et sans héritiers connus. Il laissait une fortune considérable, qu'il avait acquise à la cour d'un Radjah indien, dont il avait organisé l'armée. Les papiers et notes de ce général, suivant les journaux de l'Inde, indiquaient qu'il était originaire du département de la Manche, sans autres renseignements sur sa famille, qui vraisemblablement devait être celle dont nous donnons l'historique, et qui n'a pas cru, faute de preuves certaines, pouvoir disputer cet opulent héritage au gouvernement anglais, qui s'en est emparé.

Elle a produit des Officiers distingués, dont plusieurs Chevaliers de l'Ordre Royal et militaire de Saint-Louis.

Pierre LE CHEVALIER DE LA MARTRE, écuyer, ancien Lieutenant de Dragons, Chevalier de Saint-Louis, commanda pendant longtemps, comme Major-Géné·ral, les troupes et milices du Cap (Ile de Saint-Domingue); il avait épousé dans cette colonie noble demoiselle Suzanne-Françoise DE LAUNAY, issue d'une ancienne famille de Normandie.

L'un et l'autre furent incarcérés comme aristocrates pendant la terreur; envoyés de leur province devant le tribunal révolutionnaire de Paris, ils n'échappèrent à la mort que par la chute de Robespierre. A cette époque, en même temps que leur fortune était spoliée par suite de deux révolutions en France et à Saint-Domingue, la majeure partie des papiers de famille furent brûlés, mais cependant il existe aux archives du ministère de la marine divers actes de l'État civil que nous avons consultés.

De leur mariage est issu un fils unique : Bon-Pierre-Gabriel LE CHEVALIER DE LA MARTRE, né le 26 octobre 1775, qui émigra en 1791, servit dans le Régiment noble d'Angoulême, puis au premier escadron des Chevaliers de la Couronne, et fit toutes les campagnes de l'armée des Princes. (Voyez : L'Histoire de l'Armée de Condé, par Th. Muret.) Au combat de Schüssenried, le 30 septembre 1796, une action d'éclat lui valut, à l'âge de vingt-deux ans, la croix de Chevalier de Saint-Louis.

Ce fait d'armes (1) est constaté par deux certificats des Princes, et par diverses pièces signées par le Prince de Broglie, le Duc d'Harcourt, le Comte de Béthisy, etc., témoins oculaires. (Archives de la famille.)

---

(1) Voici l'extrait d'une lettre écrite du château de Rannes, le 22 juin 1847, par M. le prince Amédée DE BROGLI., à madame DE LA MARTRE à l'occasion de la perte de son mari et surtout à propos d'un article nécrologique publié par le journal d'Avranches, dans lequel était signalé ce fait d'armes : « Madame, j'ai lu avec un bien vif intérêt l'article du journal d'Avranches concer-« nant M. de la Martre, votre époux; il est bien rare que l'on n'ait à reprocher à ces derniers « hommages quelques écarts échappés à l'amitié; mais icy tout est vray, Madame, je me plais à « en rendre le témoignage, mes relations avec M. de la Martre remontant au commencement de « sa carrière, et son amitié pour moy ne les ayant pas interrompues depuis. J'aime à reporter « mes souvenirs sur ces temps déjà bien anciens, où il commença à donner des preuves de ce « courage, qui brilla dans cette action dont on rappelle le souvenir, et où je le vis, ayant perdu « son cheval tué sous luy, venir se ranger dans les rangs de l'infanterie, chercher de nouveaux dan-« gers, auxquels son uniforme si différent, son casque brillant, semblait l'exposer plus que tous « les autres; j'aime à me rappeler les applaudissements universels qui saluèrent son retour, et « qui ne trouvèrent en luy que l'expression d'un simple devoir accompli.... » (Textuel.)
Signé : Le prince Amédée DE BROGLIE.

Il a épousé, le 28 messidor an XIII, mademoiselle Flavie Constance DE CLINCHAMP, fille de Léonor-Pierre-Marie de Clinchamp, Chevalier, seigneur de Juvigny, ancien officier au Régiment de Briqueville, et de dame Louise-Marie DE GUITON ; il fut Maire de la ville de Brest sous Charles X et est mort le 6 juin 1847. De cette alliance sont nés les trois enfants ci-après :

1° Bon-Louis, qui suit;

2° Albert-Ambroise LE CHEVALIER DE LA MARTRE, mort en 1848, laissant un fils :

    A. Caliste-Albert LE CHEVALIER DE LA MARTRE,

3° Antoinette-Marie-Flavie LE CHEVALIER DE LA MARTRE, mariée à M. le Comte Mâlo PICAULT DES DORIDES, ancien capitaine d'état-major, aide de camp du général Walhubert, à Austerlitz, Officier de la Légion d'honneur, qui reçut à son baptême le prénom de *Mâlo*, comme filleul de la ville de Saint-Mâlo, dont son père, Colonel commandant le régiment de la Reine, était Gouverneur pour le Roi en 1783.

Cette maison a pour chef actuel :

Bon-Louis LE CHEVALIER DE LA MARTRE, ancien attaché aux affaires étrangères, qui a pour fils :

1° Hugues-Bon-Auguste LE CHEVALIER DE LA MARTRE, né le 7 avril 1840, Attaché d'ambassade.

MALET
DE GRAVILLE, DE COUPIGNY, ETC., ETC.

ARMES : *De gueules, à trois fermaux d'or.* — Couronne : *De Marquis.*

'illustre maison de **MALET** apparaît, dès l'année 1066, à la bataille d'Hastings, dans la personne de Guillaume MALET, dont le courage et l'ardeur sont mentionnés par tous les chroniqueurs de cette grande époque qui vit tomber le règne des Anglo-Saxons, et où se leva l'étendard de Guillaume le Conquérant, qui comptait au nombre de ses glorieux chevaliers Robert et Durant MALET.

Ainsi trois chevaliers de cette noble maison coopérèrent au grand acte de la conquête d'Angleterre, et leurs noms figuraient dans l'abbaye du Mont-Saint-Michel dans la glorieuse série des conquérants du royaume d'Harold.

Le petit-fils de Guillaume MALET, Guillaume II° du nom, fut l'un des seigneurs qui accompagnèrent à la première croisade, en 1096, Godefroy de Bouillon ; aucune illustration n'a donc manqué à cette maison dans ces temps empreints d'une grandeur épique.

Guillaume II° du nom, fut père d'Ernest MALET, celui que le P. Anselme met en tête de la généalogie qu'il donne sur cette famille.

Son fils Robert, qualifié Comte, est désigné comme témoin dans l'acte d'alliance intervenu, le 18 août 1199, entre le roi d'Angleterre et le Comte de Boulogne.

A la glorieuse bataille de Bouvines, en 1214, figure parmi les chevaliers bannerets le même Comte Robert MALET.

Le Sire de Joinville signale Jean MALET I°ʳ du nom, comme Chevalier de l'Ostel du roy à la croisade malheureuse entreprise par ce pieux monarque, en 1270.

Cette maison se divisa en cinq branches dont plusieurs sont encore représentées de nos jours :

1° La branche des seigneurs DE PLANES, éteinte vers la fin du XIV° siècle.

2° La branche des Sires DE GRAVILLE, qui produisit un grand pannetier de France, un grand fauconnier, et un grand maître des arbalétriers.

Une parenté réelle avec les rois de France donnait aux Sires de Graville le titre de cousins de nos souverains.

15

Cette branche eut pour auteur Guillaume MALET, sire de Graville, Baron normand, croisé en 1096, et s'éteignit en la personne de Louis, sire de Graville, Amiral de France, Gouverneur de Normandie, mort en 1516, ne laissant que des filles.

3° La branche des seigneurs DE LA JORIE, dont le premier auteur vivant en 1344, quitta la Normandie, et s'établit en Périgord. Elle a formé de nombreux rameaux, savoir :

A. Le rameau de la Garde, représenté par Henri-Auguste-Olivier, Marquis DE MALET, né le 25 mai 1809.

B. Celui des seigneurs de Dousac, qui a pour chef actuel le Comte MALET DE GLANE.

C. Le rameau de la Garde du Pont-Saint-Vincent, représenté par François-César DE MALET DE CHENAU.

E. Le rameau de Puyvalier, dont le chef est Jean-François-Maxime, Comte DE MALET DE LA FARGE.

F. Le rameau de Roquefort, représenté par Ernest, Baron DE MALET, marié avec sa cousine, fille de Jean-Alexandre, Baron de Malet, dont un fils : Camille-Jean-Alexandre, né en 1833.

G. Le rameau de la Borie et de Rivière, représenté par Félix MALET DE RIVIÈRE.

4° La branche DE BREVAUX et DU BOIS, dont l'auteur Jean MALET, écuyer, vivant en 1450, s'établit dans la Vicomté d'Argentan.

5° La branche DE COUPIGNY (en Artois, en Flandres et en Espagne); premier auteur, Eustache MALET, fils de Jean, sire de Graville, vivant à la fin du XIII° siècle; cette branche est encore représentée de nos jours.

6° Enfin la branche DE CRAMESNIL et DE DRUBEC.

De toutes les branches de la maison de MALET, la branche des seigneurs de Cramesnil et de Drubec est celle dont l'origine commune avec la souche de Graville est la plus incontestable. Dans le dénombrement des fiefs fait à différentes époques, depuis 1204 jusqu'en 1242, on voit Guillaume MALET avoir des fiefs à Breteuil, Cramesnil, Estable et Abetot, à cause desquels il devait service au Duc.

La filiation suivie et authentique de cette branche commence à :

I. — Guillaume MALET DE CRAMESNIL, Chevalier, seigneur d'Auchtal; il plaidait avec sa femme en l'Échiquier de Rouen contre le Comte d'Harcourt, en 1370. Il fut Chevalier, Chambellan du roi en 1405, et maître des Arbalétriers en 1415. De son mariage avec Jeanne d'YVETOT, il eut deux fils :

1° Guillaume MALET, auteur de la branche des Marquis DE VALSEMÉ, éteinte en 1776;

2° Pierre, qui suit.

II.— Pierre MALET, Chevalier, seigneur de Cramesnil, rendit hommage au roi pour le fief de Cramesnil, le 15 décembre 1456. Il eut pour femme Guillemette DE BETTEVILLE, qui l'a rendu père de :

III.— Jacques MALET, seigneur de Cramesnil, qui fit hommage au roi pour ce fief le 9 juillet 1509, marié à Jeanne DU QUESNAY, dont il eut une fille et le fils qui suit :

IV. — Nicolas MALET, seigneur de Cramesnil ; marié le 1er juillet 1555 à Marie LE LIEUR, dont il eut :

    1º Nicolas, qui suit ;
    2º Jean MALET, Écuyer, seigneur de Saint-Ouen.

V.— Nicolas MALET, écuyer, seigneur de Cramesnil et d'Oudale, rendit hommage au roi pour le fief de Cramesnil, le 1er février 1582. Par contrat du 23 avril 1578, il épousa demoiselle Perrette DE LIMBEUF, d'où est issu :

VI.— Louis MALET, écuyer, seigneur de Cramesnil, d'Oudale et d'autres lieux ; il fut député de la noblesse du bailliage de Caux aux États de Normandie en 1631, et a épousé le 22 mars 1623 demoiselle Renée DE CALAIS, qui l'a rendu père de sept enfants : dont l'aîné :

VII.— François MALET, Chevalier, seigneur et patron de Cramesnil, d'Oudale et de Saint-Denis, demeurait en son château de Cramesnil, Élection de Montivilliers, lorsqu'il fut maintenu dans sa noblesse par jugement de Barrin de la Galissonnière, intendant de Rouen, le 9 février 1667. Il a épousé : 1º le 15 février 1648, demoiselle Marie DE MILLIBUSC, et 2º, en 1654, Louise DE BRESDOUL. Il eut pour fils aîné :

VIII.— Charles MALET, Chevalier, seigneur de Cramesnil, d'Oudale et de Saint-Denis, marié le 28 avril 1683 à demoiselle Louise DU FAY, fille de Gille du Fay, Mestre de Camp des armées du roi, et de dame Madeleine DE FOUILLEUSE DE FLAVECOURT. Il eut de son alliance deux filles et un fils :

IX. — Alexandre-Robert-Louis MALET DE CRAMESNIL, Chevalier, né le 1er novembre 1680, reçu page de la grande écurie du roi le 24 janvier 1706. De son mariage avec demoiselle Nicole-Charlotte DE MONT, il eut :

    1º Louis-Robert, qui suit ;
    2º Charlotte MALET, mariée en 1739.

X. — Louis-Charles-Robert MALET, Chevalier, marquis DE GRAVILLE, seigneur de Cramesnil, né le 26 avril 1720, Officier aux gendarmes de Bourgogne, a épousé en 1753 mademoiselle SURIREY DE SAINT-RÉMY, et en secondes noces, en 1774, demoiselle Jacqueline Duhamel de Criquetot. Il mourut en 1793, laissant trois fils :

1º Robert Malet de Graville, né en 1775, mort sans postérité en 1809 ;
2º Charles Malet, Marquis de Graville, né au mois de juillet 1777, qui n'eut qu'une fille :
    A. — Louisa-Rosa-Mathilde Malet de Graville, mariée en août 1828 à Ordorphe Lesnault de Fauville ;
3º Louis-Georges-Adrien qui suit.

XI. — Louis-Georges-Adrien Malet, Comte de Graville, Chevalier de Saint-Louis, né le 29 janvier 1779, marié le 15 octobre 1804 à mademoiselle Caroline-Joséphine Alexandre de Montlambert, est mort le 23 juin 1860. De son alliance sont nés cinq enfants :

1º Louis-Charles, qui suit ;
2º Louise-Clémence-Gabrielle Malet de Graville, née le 5 janvier 1807, morte en 1825 ;
3º Louis-Charles-Robert Malet, Comte de Graville, né le 12 avril 1809 ;
4º Louise-Caroline-Esther Malet de Graville, née le 14 août 1811, mariée, le 20 avril 1830, à Eugène Le Vaillant du Douet, dont postérité ;
5º Guillaume-Louis-Eustache Malet, Vicomte de Graville, né le 13 septembre 1816.

XII. — Louis-Charles-Marie-Gaston Malet, Marquis de Graville, chef actuel de cette branche, né le 23 août 1805, a servi dans la Garde royale jusqu'en 1830. Il est marié et n'a pas d'enfants.

———

Une branche de la famille de Malet est établie en Angleterre, elle porte pour armes : *D'azur à trois coquilles d'or.* Cimier : *Une tête de griffon sortant d'une couronne ducale.* — Devise : *Ma force d'en haut.*

Le premier auteur de cette branche, Guillaume Malet, qui apparaît pour la première fois en 1194, tenait plusieurs fiefs, entr'autres Curry-Malet, dans le Somersetshire.

Cette famille a pour chef actuel :

Sir Alexandre Malet, Baronnet de Wilbury-House, descendant au XIXᵉ degré de Guillaume Malet, compagnon de Guillaume le Conquérant ; il a épousé le 22 décembre 1834 Miss Marie-Anne Dora-Spaldind, dont deux fils.

(Voyez : *Debret's Baronetage.* — Londres, 1850, page 370.)

———

FOLLIOT

DE FIERVILLE, D'ARGENCE ET D'URVILLE

ARMES : *D'argent, au sautoir de gueules ; à l'aigle d'or à deux têtes, le vol éployé, brochant sur le tout. — L'écu timbré d'un casque de Chevalier, orné de ses lambrequins.*

 ette famille a pour premier auteur JEAN FOLLIOT, sieur des Carreaux, avocat au parlement, dont le petit-fils obtint des lettres de noblesse en 1654, en récompense de ses services militaires et de ceux de son frère.

En 1697, des lettres de maintenue furent données également à Jean-Jacques FOLLIOT, sieur des Carreaux, Conseiller du roi, Président à l'élection de Valogne, les premières ayant été brûlées dans un incendie qui détruisit le château de sa famille. Par ces lettres, en forme de charte, signées à Versailles au mois d'avril de ladite année, et scellées du grand sceau de l'État, Sa Majesté confirme le sieur Jean-Jacques FOLLIOT, en la qualité de *Noble* et d'*Écuyer*, qui avait été accordée à son père en 1654, et l'anoblit de nouveau en tant que besoin, ainsi que ses descendants nés ou à naître en ligne directe et légitime mariage, et lui permet de porter les armoiries qui ont été octroyées à sa famille. Sur le vu des susdites lettres, Charles d'Hozier, juge d'armes de France, en vertu de la commission qui lui fut donnée par Sa Majesté, le 18 décembre 1696, a blasonné les Armoiries de la famille FOLLIOT, ainsi qu'elles sont décrites en tête de cette notice (1).

Jean-Jacques FOLLIOT, Écuyer, sieur des Carreaux, ayant acquis, au mois d'avril 1714, de haut et puissant seigneur le comte d'Harcourt, les fiefs nobles de Fierville, des Moitiers, d'Argence, et la Vavassorie de Charlemagne, élection de Valogne, obtint par lettres patentes du mois d'août 1720, que ces fiefs, terres et seigneuries, ainsi que celles de Ribet, de Saint-Gilles, l'enclos de Sainte-Suzanne, etc., fussent réunis en un seul *fief noble*, sous le nom de Fierville. Ces lettres furent enregistrées en la grande chambre du parlement de Rouen, le 20 décembre 1721, et à la Cour des comptes, aides et finances de Normandie, le 10 janvier 1722. Il prit alors le nom de FOLLIOT DE FIERVILLE, comme seigneur et patron de cette paroisse.

La filiation de cette famille qui a formé deux branches principales et divers rameaux commence à :

I. — Jean FOLLIOT, sieur des Carreaux, avocat au parlement, marié en 1585 à demoiselle Michelle MARTIN, qui l'a rendu père de :

II. — Jean FOLLIOT, sieur des Carreaux, Conseiller au parlement, marié en 1630 à noble demoiselle Suzanne DE PIERREPONT D'ÉTIENVILLE. Il est mort en 1649, laissant de son mariage les deux fils qui suivent :

1° Jean-François, qui continua la descendance;

2° Laurent FOLLIOT, Écuyer, né en 1634, servit sous les ordres de Turenne, mort sans postérité.

III. — Jean-François FOLLIOT, seigneur des Carreaux, d'Anneville, etc., né en 1632, Procureur du roi au bailliage et vicomté de Saint-Sauveur-le-Vicomte, reçut en 1654 des lettres de confirmation de noblesse, en récompense de ses services et de ceux de son frère Laurent; ces lettres furent brûlées en 1677. Il a épousé noble demoiselle Gillonne JALLOT DE BEAUMONT, dont il eut trois enfants :

1° Jean-Jacques, qui suit;

2° François FOLLIOT, Écuyer, mousquetaire du Roi;

3° Anne FOLLIOT, mariée à N.... GIGAULT DE BELLEFONDS.

IV. — Jean-Jacques FOLLIOT, Écuyer, Seigneur et Patron de Fierville, d'Anneville, d'Argence, des Moitiers, etc., Conseiller du roi et Président en

_____

(1) Les originaux de ces lettres patentes royales de l'année 1654 et 1697, ainsi que le Règlement d'Armoiries, fait par d'Hozier, juge d'armes de France, existent aux archives de la famille.

l'élection de Valogne, a épousé le 30 juillet 1695 noble demoiselle Louise BLANCHARD, fille de Thomas Blanchard, écuyer, Sieur de Longueville, de Garencières, etc., Président trésorier de France en la généralité de Caen. Il est mort le 2 mai 1743, laissant de cette alliance :

1° Jean-Thomas, qui suit ;

2° Jean-Adrien FOLLIOT, Écuyer, sieur de Presle, seigneur et patron d'Urville, auteur d'une branche rapportée plus loin ;

3° Marie-Nicole DE FOLLIOT, née en 1705, mariée à M. HECQUET DE RAUVILLE ;

4° Françoise-Suzanne DE FOLLIOT, mariée à N..... DOUCET DE LA CONTÉ ;

5° Françoise DE FOLLIOT, épouse de N..... LUCAS DE COUVILLE.

V. — Jean-Thomas FOLLIOT DE FIERVILLE Écuyer, Seigneur et Patron de Fierville, des Moitiers, d'Argence, etc., né le 13 mars 1699, fut nommé Capitaine-général des canonniers gardes-côtes de Portbail et de Carteret, Chevalier de Saint-Louis, et mourut le 26 février 1754. Il avait épousé en 1734 demoiselle Madeleine JALLOT DE BEAUMONT, fille de Charles-Pierre Jallot de Beaumont, écuyer, Seigneur de Rautot et d'Igulleville ; de ce mariage sont issus sept enfants, entre autres :

1° Jean-Adrien-Félix, qui suit ;

2° Pierre-Nicolas FOLLIOT DES MOITIERS, dont l'article viendra plus loin ;

3° Jean-Adrien FOLLIOT D'ARGENCE, rapporté aussi plus loin ;

4° Thomas-Hyacinthe FOLLIOT, Chevalier DE FIERVILLE, dont la postérité est éteinte ;

5° Madeleine-Jeanne-Françoise FOLLIOT DE FIERVILLE, née en 1746, mariée à Pierre-Charles-Rémond, Marquis DE PIERREPONT.

VI. — Jean-Adrien-Félix FOLLIOT DE FIERVILLE, né en 1735, Capitaine-général et Lieutenant-colonel des canonniers gardes-côtes de Portbail et de Carteret, Chevalier de Saint-Louis, a épousé le 9 janvier 1759 mademoiselle Catherine DE CLAMORGAN-TAILLEFER. Il est mort le 22 décembre 1819, laissant de son mariage les enfants ci-après :

1° Pierre-Désiré-Félix FOLLIOT DE FIERVILLE, né en 1766, a servi dans le régiment des gendarmes de Lunéville, Chevalier de Saint-Louis, lieutenant-colonel pendant l'émigration, mort le 13 octobre 1802, sans postérité ;

2° Félix-Bon-François, qui suit ;

3° Jeanne-Madeleine FOLLIOT DE FIERVILLE, mariée à Saint-Domingue, en 1787, à M. DE TUFFET DE LA RAVINE ;

4° Louise-Hyacinthe-Félicité FOLLIOT DE FIERVILLE, née en 1775, mariée à son cousin M. Charles-Luc-Théodose FOLLIOT D'URVILLE.

VII. — Félix-Bon-François FOLLIOT DE FIERVILLE, Capitaine d'infanterie,

Chevalier de Saint-Louis et de la Légion d'Honneur, né le 22 avril 1770, est mort le 15 mars 1842. Il avait épousé le 16 août 1814 mademoiselle Louise-Charlotte-Scholastique FOLLIOT DES MOITIERS, sa cousine, qui l'a rendu père de trois fils et deux filles :

1° Charles-Louis-Victor, qui suit ;
2° Henri-François-Louis FOLLIOT DE FIERVILLE, né le 29 juillet 1826 ;
3° Félix-Théodose-Louis FOLLIOT DE FIERVILLE, né le 10 décembre 1827 ;
4° Aménaïde-Élisabeth-Eugénie FOLLIOT DE FIERVILLE ;
5° Mathilde-Adrienne FOLLIOT DE FIERVILLE, mariée à M. Maurice GROS.

VIII. — Charles-Louis-Victor FOLLIOT DE FIERVILLE, chef actuel de sa branche, né le 18 mars 1819, est Capitaine au 72e régiment d'infanterie de ligne et Chevalier de la Légion d'Honneur. Il a épousé le 19 décembre 1851 mademoiselle Palmyre-Josèphe GOSSART, fille de Philippe-Dominique GOSSART, Chevalier de la Légion d'Honneur, Maire de la ville d'Avesnes. De cette alliance sont issus :

1° Louise-Palmyre-Henriette FOLLIOT DE FIERVILLE, née le 11 février 1853 ;
2° Raoul-Philippe-Charles FOLLIOT DE FIERVILLE, né le 7 février 1861.

VI. — Pierre-Nicolas FOLLIOT DES MOITIERS, auteur du deuxième rameau, né en 1736, Chevalier de Saint-Louis, Lieutenant-colonel commandant pour le roi les places des Cayes et de Saint-Louis (île Saint-Domingue), a épousé mademoiselle Louise DE L'ABBAYE DE MAISONNEUVE, dont :

VII. — Pierre-Vincent-Louis FOLLIOT DES MOITIERS, né en 1780, Commissaire de la marine et Chevalier de la Légion d'Honneur, marié en 1812 à mademoiselle Rose BISON. Il est mort en 1854, laissant de son mariage une fille, Thaïs FOLLIOT, et le fils qui suit :

VIII. — Maurice FOLLIOT DE FIERVILLE, né en 1819, Commissaire de la marine impériale.

Le troisième rameau a eu pour auteur :

VI. — Jean-Adrien FOLLIOT D'ARGENCE, né en 1738, troisième fils de Jean Thomas et de dame Adrienne JALLOT DE BEAUMONT, était Capitaine de la compagnie d'ouvriers d'artillerie au régiment d'Auxonne.

Il a épousé en 1770 mademoiselle Claudine BERTRAND DE LA TESSONE, qui l'a rendu père des deux fils ci-après :

1° Claude-Louis-Jean-Adrien FOLLIOT D'ARGENCE, lieutenant-colonel d'artillerie, Chevalier de Saint-Louis, mort le 24 mai 1804, sans postérité;

2° Félix-Ursule, qui suit.

VII. — Félix-Ursule FOLLIOT D'ARGENCE, né le 7 janvier 1773, Capitaine d'artillerie, Chevalier de Saint-Louis, mort en 1820, avait épousé mademoiselle Louise-Caroline D'YVETOT, dont il a eu deux fils :

1° Alexandre FOLLIOT D'ARGENCE, mort sans postérité ;

2° Louis-Bonaventure, qui continue la descendance.

VIII. — Louis-Bonaventure FOLLIOT D'ARGENCE, né le 19 mai 1811, maire à Tréauville (Manche), marié le 2 février 1841 à mademoiselle Félicie-Eugénie GOSSELIN DES LONGCHAMPS, qui l'a rendu père de :

Marie-Auguste-Henri-René FOLLIOT D'ARGENCE, né le 5 décembre 1848.

DEUXIÈME BRANCHE.

Cette branche, issue de la première au VI° degré, a formé deux rameaux principaux dont un s'est fixé en Autriche, où plusieurs de ses descendants existent encore.

V. — Jean-Adrien FOLLIOT, Écuyer, Seigneur et Patron d'Urville, second fils de Jean-Jacques, et de dame Marie BLANCHARD, né en 1706, fut Lieutenant civil et criminel au bailliage de Valogne. Il a épousé en 1733 demoiselle Charlotte DE HAUCHEMAIL, et mourut le 25 juin 1767, laissant de cette union deux fils :

1° Jean-Charles-Adrien, qui suit ; .

2° François-Médéric FOLLIOT DE CRENNEVILLE, dont l'article viendra.

VI. — Jean-Charles-Adrien FOLLIOT, Écuyer, Seigneur et Patron d'Urville, né le 9 juin 1734, a épousé demoiselle Anne-Marie-Eulalie GIGAULT DE BRANVILLE, qui l'a rendu père de plusieurs enfants, entre autres :

1° Jean-Adrien FOLLIOT D'URVILLE, né le 11 janvier 1762, mort sans postérité;

2° Adrien-Médéric FOLLIOT D'URVILLE, né le 28 août 1764, mort aussi sans postérité;

3° Bernardin FOLLIOT D'URVILLE, mort en émigration;

4° Bon-Charles-François, qui continue la descendance;

5° Charles-Luc-Théodose FOLLIOT D'URVILLE, né le 18 août 1775, marié à demoiselle Louise-Hyacinthe-Félicité FOLLIOT DE FIERVILLE, mort en 1849, laissant un fils :

A. Charles-Gustave-Amédée FOLLIOT D'URVILLE, chef de bataillon en retraite, Officier de la Légion d'Honneur, marié en 1840 à mademoiselle Amélie LEFÈVRE DE VIRANDEVILLE, dont trois fils.

VII. — Bon-Charles-François FOLLIOT D'URVILLE, a épousé en 1805 mademoiselle Louise LE BAS DE GOLLEVILLE; de ce mariage sont nés deux enfants :

1° Émile FOLLIOT D'URVILLE; né en 1807, marié à mademoiselle LE CONTE D'YMOUVILLE;

2° Édouard FOLLIOT D'URVILLE, marié à mademoiselle Charlotte DU LONGBOIS.

SECOND RAMEAU DE LA DEUXIÈME BRANCHE
Établi en Autriche.

VI. — François-Médéric FOLLIOT DE CRENNEVILLE, seigneur de Presle, du Buisson et autres lieux, né en 1735, Chevalier de Saint-Louis et Maréchal de Camp, a épousé en 1764 demoiselle Anne-Pierrette-Charlotte DU POUTET, et en secondes noces, Milady Marie HAY. Il est mort le 16 février 1800, laissant du premier lit :

1° Louis-Charles, qui suit;

2° Luc FOLLIOT DE CRENNEVILLE, mort à Vienne (Autriche), le 16 mai 1798;

3° Victorine - Pauline-Pierrette FOLLIOT, Comtesse DE CRENNEVILLE, née le 14 août 1766, Dame de la Croix-Étoilée et Dame d'honneur de S. A. S. Marie-Louise d'Autriche, mariée en premières noces à messire François-Charles, Baron DU POUTET, colonel de hussards; en deuxièmes noces, à Haut et puissant seigneur François-de-Paul, Comte DE COLLOREDO, Conseiller intime et Ministre d'État de S. M. l'Empereur d'Autriche; et en troisièmes noces, au Prince DE LAMBESC.

III. — Louis-Charles DE FOLLIOT, comte DE CRENNEVILLE, Colonel et Chambellan de S. M. l'empereur d'Allemagne en 1805, Aide de Camp de S. A. I. l'archiduc Charles d'Autriche.

Sa postérité existe encore dans ce pays.

MACÉ DE GASTINES

ARMES : *D'argent, au chevron d'azur, accompagné de trois roses du même, rangées en chef, et d'un lion de gueules, en pointe.* — Couronne : *De Marquis.* — Supports : *Deux lions.*

a maison MACÉ DE GASTINES occupait un rang distingué dans la province dès le XIIe siècle. Elle a possédé les seigneuries de Herses, les Noyers, Courboyer, Saint-Germain de Corbie, Choisel, de Valframbert, etc., et les Baronnies de la Ferté-Macé, de Chauvigny et de la Tillière.

Parmi les principales illustrations de cette maison nous citerons :

Le Sire DE MASCÉ, qui suivit Robert-Courte-Heuze à la terre sainte en 1096. (Dumoulin, *Histoire de Normandie.*)

N....... MACÉ, Chevalier, se croisa en 1248.

Perrin MACÉ, était surintendant des finances du Royaume en 1358.

Simon DE MACÉ, Gentilhomme du Duc d'Alençon, était en 1451 son trésorier et receveur général des finances.

Antoine DE MACÉ, a épousé en 1514 demoiselle Marie FILSDEFAME, issu d'une des familles les plus distinguées de Touraine, qui lui apporta en dot la terre de Gastines, dont les aînés ont toujours porté le nom.

Guillaume DE MACÉ, Chevalier, seigneur de Gastines, fit plusieurs levées d'hommes d'armes à ses frais, sous Henri IV ; ce Prince, en récompense de ses nombreux services, le nomma Secrétaire de sa Chambre et Élu d'Alençon. Le 24 avril 1592, il fut nommé Contrôleur extraordinaire des gens de guerre tenant garnison à Alençon, Falaise, Argentan et Belesme. Plus tard il fut nommé Capitaine du château d'Alençon et fut député vers le Roi le 7 août 1611.

Par contrat du 28 décembre 1586, il a épousé demoiselle Anne DU PONT, qui l'a rendu père de deux fils,

    1° David, qui suit ;
    2° Nicolas MACÉ DE GASTINES, auteur de la branche de Provence, éteinte depuis un siècle.

David DE MACÉ DE GASTINES, né le 4 octobre 1587, épousa le 6 avril 1612 demoiselle Marie BRICHARD DE LA TILLIÈRE, fille de Jean Brichard (1), Baron de la Tillière et de Cauvigny.

François DE MACÉ DE GASTINES, un de ses fils cadets, Chevalier de l'Ordre de Malte, Commandeur de Corval, servit sur les galères de S. M. et mourut en 1696 ; il fut inhumé dans l'Église de Saint-André de Planquery, diocèse de Bayeux.

Parmi les descendants de David DE MACÉ DE GASTINES, nous citerons : Jean DE MACÉ DE GASTINES, Baron de la Tillière et Chauvigny ; François-Henri DE MACÉ, Capitaine au régiment de Hersan en 1751 ; Joseph DE MACÉ, Garde du corps du Roi, Brigadier des Gens d'armes du Dauphin (Compagnie d'Harcourt) ; Jean-Baptiste DE MACÉ DE CHOISEUL, Chevalier de Saint-Louis ; Pierre-Antoine-Alexis DE MACÉ, Chevalier DE GASTINES, Garde du Corps de Monseigneur le Comte de Provence, en 1761, et enfin Charles-Antoine-Marie DE MACÉ DE GASTINES, Brigadier des Gardes du Corps du Roi, qui suivit S. M. à Gand en 1815. Il a épousé le 22 décembre 1800 mademoiselle Michelle-Françoise DE BLANCHARDON et mourut le 19 mai 1831.

De ce mariage est né un fils unique :

Charles-Louis-François DE MACÉ DE GASTINES, chef actuel de sa famille, né en 1801, marié le 25 novembre 1828 à mademoiselle Marie-Louise PINON DE SAINT-GEORGES, fille du Marquis de Saint-Georges et de dame Marie-Alexandrine-Élisabeth DE MOROGUES, dont deux enfants :

1° Marie-Charles-Albert-Léonce DE MACÉ DE GASTINES, né le 5 septembre 1829 ;

2° Louise-Françoise-Alix DE MACÉ DE GASTINES, née le 10 août 1832.

---

(1) Renaud BRICHARD, Vicomte de Bayeux, était Chevalier banneret sous Philippe-Auguste.

DE RONCHEROLLES

Armes : *D'argent, à deux fasces de gueules.* — Couronne : *De Marquis*

ne des plus anciennes familles de la province est, sans contredit, la maison DE RONCHEROLLES, qui tire son nom d'une seigneurie située à six lieues de Rouen. De très-vieux manuscrits et des traditions de famille nous apprennent qu'Aimard DE RONCHEROLLES, Chevalier, accompagna Charlemagne à Rome, lorsqu'il y alla se faire couronner Empereur d'Occident, et que son fils défendit l'entrée de la Seine aux Normands en 845.

Louis d'Outremer envoya, en 938, un sire DE RONCHEROLLES demander en son nom la main de la sœur de l'Empereur OTHON. (Voyez *Moréri* et *La Chesnaye-des-Bois.*)

Cette maison, qui a joui plusieurs fois des honneurs de la Cour, en 1756 et 1785, s'est divisée en plusieurs branches :

1° Celle des Barons, puis Marquis de Pont-Saint-Pierre, Comtes de Cizey, Marquis de Montreuil, Comtes de Dampierre et du Plessis, premiers Barons de Normandie et Conseillers d'honneur de l'Échiquier ; elle s'est éteinte en 1839, en la personne de Théodore-Gaspard-Louis, Marquis DE RONCHEROLLES, marié à Delphine DE LÉVIS-MIREPOIX ;

2° Celle des Marquis de Mainneville, éteinte à la fin du XVII° siècle ;

3° Celle des seigneurs de Planquery, existante ;

4° Celle des seigneurs de Roncherolles-d'Aubeuf, éteinte également en 1835.

Ces diverses branches ont produit des Chevaliers bannerets, des Chambellans, des Gentilshommes ordinaires et des Conseillers de nos Rois, des Gouverneurs et Sénéchaux de province, des Lieutenants généraux et Mestres de camp des Armées du roi, une foule d'officiers de tous grades, et enfin des Chevaliers de Malte, de Saint-Michel et de Saint-Louis.

La filiation de cette famille s'établit d'une manière authentique depuis Pierre DE RONCHEROLLES, Chevalier, mort au mois d'août 990, et enterré au prieuré des Deux-Amants (1), auquel son fils Roger donna, en 1050, un acre de terre pour la fondation d'une messe anniversaire.

Geoffroy DE RONCHEROLLES suivit Guillaume le Conquérant en Angleterre, où sa postérité conserve encore les armes de la famille, bien qu'elle porte le nom de VILLERS.

Le chef de la famille portait héréditairement le titre de *Premier Baron de Normandie*, et était Conseiller d'honneur au Parlement de la province, comme l'Archevêque de Rouen ; il y siégeait immédiatement après le président, comme les Pairs de France au Parlement de Paris.

La maison de RONCHEROLLES jouissait déjà au temps de l'Échiquier de cette prérogative, lorsqu'elle lui fut confirmée par lettres patentes du roi Henri III, accordées en 1577 à Pierre DE RONCHEROLLES, Baron de Hugleville et Pont-Saint-Pierre, puis par lettres patentes du roi Louis XIII, en 1623, et enfin par autres de Louis XIV, en 1692. Ces dernières furent enregistrées au Parlement, le 17 avril 1692.

La terre de Roncherolles fut érigée en MARQUISAT, par lettres patentes du mois de janvier 1652, en faveur de Pierre DE RONCHEROLLES, Seigneur de Cuverville, la Roquette, Jouy et autres lieux, Lieutenant général des Armées du roi.

La branche aînée des Marquis de Pont Saint-Pierre n'est plus représentée que par les deux filles du Marquis DE RONCHEROLLES et de dame Delphine DE LÉVIS-MIREPOIX, qui sont :

1° Berthe-Camille-Louise-Marie DE RONCHEROLLES, mariée en 1839 au Marquis Charles DE SALIGNAC DE FÉNELON ;

2° Alix DE RONCHEROLLES, mariée à André-Henri, Comte DU HAMEL.

Quant à la seule branche de cette illustre maison, encore existante, elle a pour chef :

Louis-Charles-Adolphe, Marquis DE RONCHEROLLES, marié à mademoiselle Mélanie DE LA ROQUE, dont il n'a pas d'enfants.

---

(1) Ce prieuré était situé à deux lieues de la terre de Roncherolles.

SAINT-OUEN

P armi les plus anciennes familles de la province nous compterons celle DE SAINT-OUEN, qui a pris son nom d'un fief *de Haubert*, situé près de Saint-Evremond.

Un membre de cette famille suivit Guillaume le Bâtard à la conquête d'Angleterre, car dès l'année 1080 plusieurs actes passés dans les comtés d'York, d'Hereford, etc., en font mention; ces actes sont nombreux dans les siècles suivants et la famille en a fait relever récemment des extraits authentiques aux Archives de la Tour de Londres.

Gilbert DE SAINT-OUEN fut témoin dans un acte du 13 janvier 1103, passé entre Guillaume, abbé de Fécamp, et Philippe de Briouse.

Henri V, Roi d'Angleterre, concéda en 1420 à Philippe DE SAINT-OUEN divers héritages (Inventaire des rôles français conservés à la Tour de Londres, tome Ier, page 334).

Nicolas DE SAINT-OUEN, seigneur de Melleville, mort en 1504, fut enterré dans la cathédrale d'Eu, où son tombeau existe encore.

La maison DE SAINT-OUEN s'est alliée aux principales familles de la province, parmi lesquelles nous citerons celles : de Bailleul, de Briqueville, de Coligny, d'Harcourt, de Dampierre, de Mailly d'Haucourt, de Manneville, de Mannoury, de Vassy, de Riancourt, Le Roux d'Ignauville, etc.; elle a formé plusieurs branches, dont deux seulement subsistent encore :

I. Celle des seigneurs d'Ernemont, qui a pour chef actuel :

Ernest DE SAINT-OUEN D'ERNEMONT, marié à mademoiselle MAUDUIT DE CARANTONNE, fille du Marquis de ce nom.

II. Celle des seigneurs DE PIERRECOURT et DE GOURCHELLES, maintenue dans sa noblesse le 1er décembre 1667; elle a pour chef :

Alexandre-Louis DE SAINT-OUEN DE PIERRECOURT, né le 6 février 1819, marié en 1838 à mademoiselle Alexandrine-Antoinette LE ROUX D'IGNAUVILLE, sa cousine germaine.

———————————

BOISTARD
DE PRÉMAGNY ET DE GLANVILLE

ARMES : *D'azur, à trois aiglettes d'argent, au vol éployé; au chef d'or chargé de trois molettes de sable.*

ette famille a pour premier auteur Guillaume BOISTARD, seigneur des Portes, qui fut anobli par le roi Henri IV en 1590 pour services rendus étant capitaine de la ville de Caen et particulièrement au siége de Dreux, à la bataille d'Ivry, etc... Les lettres patentes de cet anoblissement, données à Mantes au mois de mars 1590, furent enregistrées en la Chambre des Comptes le 20 octobre suivant et à la Cour des Aides de Normandie le 30 novembre 1605.

Guillaume BOISTARD, Écuyer, seigneur des Portes, étant mort sans postérité, de nouvelles lettres furent accordées par le roi Louis XV à Guillaume-François BOISTARD DE PRÉMAGNY pour de longs et loyaux services rendus sous le règne du feu Roi et pour reconnaître le zèle et l'intégrité dont il fit preuve soit dans la charge de Procureur au bailliage et vicomté d'Auge, soit dans celle de Conseiller-correcteur en la Chambre des Comptes, etc.

Ces nouvelles lettres confirmatives rapportent tout au long les motifs qui avaient fait délivrer les précédentes. Elles sont datées de Paris, et ont été enregistrées au parlement de Rouen le 8 janvier 1720.

Sur le règlement d'armoiries joint à ces lettres de noblesse, le blason est exactement le même que dans les lettres patentes accordées en 1590 à Guillaume BOISTARD, sieur des Portes, et tel que nous l'avons décrit plus haut.

La dernière illustration de cette famille fut Guillaume-François BOISTARD DE PRÉMAGNY, Écuyer, seigneur de Glanville, de Vauville, de Beuseval, etc., mort en 1822, le dernier des anciens conseillers du parlement de Normandie.

Son fils, Guillaume-François BOISTARD DE PRÉMAGNY DE GLANVILLE, est mort en 1855, laissant de son mariage une fille et un fils :

Louis-Guillaume-Léonce BOISTARD DE GLANVILLE, né en 1807; il a épousé le 28 mai 1838 mademoiselle Louise-Aléxine ANDRÉ DE LA FRESNAYE, dont il n'a qu'une fille :

Marie-Valentine-Isaure BOISTARD DE GLANVILLE, mariée le 4 juin 1861 à M. Ernest RIOULT, Comte de NEUVILLE.

DE BAILLEUL

ARMES : *Parti d'hermine et de gueules.* — Couronne : *De Marquis.* — Supports : *Deux sauvages.*

a haute ancienneté de la maison **DE BAILLEUL**, la quantité de ses branches, le nombre et l'étendue de ses possessions, ses services, ses emplois élevés, et enfin ses alliances, font qu'elle peut être placée au premier rang de la noblesse de Normandie.

Cette illustre maison tire son origine d'un BAILLOL ou BAILLEUL, compagnon de Rollon, tige de différentes branches habituées en Normandie, en Angleterre et en Écosse.

Outre Jean DE BAILLEUL, ROI D'ÉCOSSE en 1292, elle compte un grand nombre de prélats élevés aux premières dignités de l'Eglise, des Grands Chambellans, des Amiraux, des Gouverneurs de Province, etc., et dans les derniers siècles, cette maison a produit des Ambassadeurs, des Lieutenants généraux et Mestres de Camp, des Gardes du Corps du roi, des Gentilshommes de la chambre et enfin des dignitaires des Ordres de Malte, de Saint-Louis, etc.

A l'aide des documents originaux conservés aux archives de la famille, et d'accord sur les points essentiels avec différents auteurs, tels que Léon Fallue : *Histoire de la ville et du cartulaire de l'abbaye de Fécamp;* Gilles-André de la Roque, *Traité de la Noblesse;* Gabriel du Moulin, *Histoire de Normandie;* Orderic Vital; le *Domesday-Book;* Moréri, de Courcelles, La Chesnaye-des-Bois, etc., nous allons faire connaître les principales illustrations, la filiation et l'état actuel de la famille :

N. . . Bailleul, suivant *Masseville*, accompagna Robert le Magnifique, VIe Duc de Normandie, à la conquête de la Terre-Sainte en 1028.

On trouve dans l'histoire manuscrite de Normandie par du Chesne, et dans du Moulin, que Pierre de Bailleul, sire de Fécamp, fut un des compagnons de Guillaume le Conquérant en 1066.

Paul ou Raoul de Bailleul vivait en 1082, suivant La Roque.

Dans les catalogues dressés par du Moulin et Masseville, on trouve Bailleul, sire de Fécamp, Coullard de Bailleul, Pierre, Geoffroy et Guillaume de Bailleul, vivant de 1087 à 1134.

Le cartulaire de Saint-Gilles cite Hugues de Bailleul et Guillaume de Bailleul, témoins d'une charte signée par Henri de Neubourg, en faveur de l'abbaye de Préaux, en l'année 1135.

En 1180, Eudes de Bailleul figurait dans le rôle de l'Échiquier. On voit par les comptes de Williaume Grihal, receveur pour le Roi-duc, qu'il a payé 40 sols (*Domesday*).

Vers 1190, Gilles de Bailleul donne à l'abbaye de Saint-André-en-Gouffern, pour le salut de son âme et de ses prédécesseurs, deux acres de terre à Bailleul, près des Essarts. (Cette charte, sans date, est revêtue de son sceau en cire rouge.)

Henri de Bailleul figure comme témoin dans une charte faite au monastère de Moutons en 1200, avec Henri de la Motte et beaucoup d'autres seigneurs (*Domesday*).

On lit dans l'Abbé de la Rue :

« Thomas de Bailleul était de la famille de ce nom, si ancienne en Nor-
« mandie, si renommée en Angleterre et si illustre en Écosse. Il vivait à la
« fin du XIIe siècle; nous trouvons des Lettres patentes de Jean sans Terre,
« qui lui donne en fief, en 1205, une des rentes payables à l'Échiquier de
« Londres. »

En 1212, parmi les Conseillers provinciaux du Roi Jean, on trouve Hugues et Bernard de Bailleul.

Henri de Bailleul figure dans le catalogue des seigneurs de la Comté de Mortain qui jurèrent fidélité au roi Philippe-Auguste (1220).

Raoul de Bailleul figure parmi les bienfaiteurs du Mont-aux-Malades en 1230.

Gilles DE BAILLEUL, Chevalier, donne en 1256, au prieuré de Sainte-Marguerite, deux gerbes de la dîme de son *fief-laie* de Mesnil-Renouard.

Josselin DE BAILLEUL vivait du temps de saint-Louis en 1269 et l'accompagna à la Terre-Sainte (voyez *La Roque*, sur l'ancienneté de cette maison).

Parmi les seigneurs qui accompagnèrent saint Louis en 1270, dans son expédition contre Tunis, figurent Jean ou Josselin DE BAILLEUL, Enguerrand DE BAILLEUL, son frère, Amiral de France, et Guillaume DE BAILLEUL. Celui-ci était père de Jean, qui est devenu ROI D'ÉCOSSE en 1292, d'Enguerrand, Amiral en 1285, et de Gilles, seigneur de Renouard, d'où descend la famille existante de nos jours. (Voyez *Michaud* et *Masseville*.)

Pierre DE BAILLEUL épousa, en 1280, Blanche DE HARCOURT, sœur de Jean de Harcourt, un des guerriers les plus célèbres de son temps.

En 1297, Jean DE BAILLEUL, Roi d'Écosse, épousa DORNAGILLE, dame de Gallway, petite-fille de David, comte de Huntingdon, dont il eut : Édouard DE BAILLEUL, qui succéda à son père, après la bataille de Dupplin, livrée le 12 août 1332. Ce dernier rendit hommage au Roi d'Angleterre, en foi de quoi il lui présenta une poignée de terre écossaise et une couronne d'or, guerroya pendant tout le temps contre les compétiteurs de Robert Bruce, et enfin se retira des affaires publiques et abdiqua en 1356. Il avait épousé en 1322 haute et puissante damoiselle Christine d'Artois, fille de Robert d'Artois III° du nom, Comte de Beaumont-le-Roger.

On lit dans les mémoires chronologiques de Desmarquets que Jean DE BAILLEUL, Roi d'Écosse, ayant été chassé par les Anglais, se retira dans sa terre de Bailleul située dans la vallée d'Yaulne, près Dieppe. Il fut inhumé avec sa femme au milieu du chœur de Saint-Waast-de-Bailleul-sur-Eaulne (Dictionnaire de Moréri).

En 1346, Jean DE BAILLEUL, Chevalier, faisait partie de l'Échiquier tenu à Rouen.

L'année suivante Jeanne DE BAILLEUL épousa Jean de Vendôme.

Jean DE BAILLEUL figure à la bataille d'Azincourt, 25 octobre 1415.

R. . . DE BAILLEUL figure dans le catalogue des 119 défenseurs du Mont Saint-Michel en 1423.

Jean DE BAILLEUL, seigneur du Renouard, et le Marquis d'Elbeuf, défendaient le château de Caen en 1563, contre l'Amiral de Coligny, qui les attaquait avec des forces considérables; ils capitulèrent le 2 mars 1563.

Robert DE BAILLEUL, Capitaine du fort Sainte-Catherine à Rouen, fut tué au siége de cette villle en 1591.

Magdeleine DE BAILLEUL, fille de Maximilien, Comte de Bailleul, épousa en 1607 Philippe-François DE CROY, Comte de Chini, Vicomte de Langle, Chevalier de la Toison-d'Or.

François DE BAILLEUL obtint commission le 25 juin 1643 pour lever une compagnie de cent hommes de pied, et commandait la noblesse dans le pays de Caux.

Charles DE BAILLEUL, et son fils Nicolas, furent l'un et l'autre Grand Louvetier de France en 1655 et 1683.

Enfin Charles-Pierre DE BAILLEUL, né en 1707, fut Président à mortier au parlement de Normandie.

FILIATION.

La filiation de cette ancienne famille n'a cependant pu être commencée qu'à partir de :

I. — Pierre DE BAILLEUL (1), Chevalier, est l'auteur des différentes branches de Saussegouët, de Sainte-Marie de Vattetot et d'Angerville. D'une alliance dont le nom ne nous est pas parvenu il eut pour fils :

II. — Robert DE BAILLEUL, Chevalier, seigneur de Saussegouët, qui eut trois enfants, Richard, Guillaume et Jacques, qui suit :

III. — Jacques DE BAILLEUL, Chevalier, seigneur de Saussegouët, de Bailleul et d'Angerville, a épousé haute et puissante dame Jeanne DE DREUX, dont il eut entre autres enfants :

IV. — Pierre DE BAILLEUL, IIe du nom, Chevalier, seigneur de Saussegouët, d'Anserville, de Mauville, etc., marié, le 17 juillet 1476, à damoiselle Guillemette DE HARENC (2). Il rendit aveu, le 16 février 1507, des fiefs et ténements qu'il possédait en la paroisse de Bretteville, dépendant de la Baronnie du Bec-Crépin. De ce mariage est né le fils unique qui suit :

---

(1) Ce Pierre de Bailleul était fils de Gilles, frère de Jean de Bailleul, devenu roi d'Écosse en 1292, ainsi qu'il a été dit plus haut.

(2) Nous connaissons deux familles de Harenc encore existantes de nos jours, et ayant toutes deux une origine danoise : la famille du Marquis HARENC DE LA CONDAMINE et celle du Marquis DE GAUVILLE, dont le nom primitif était Harenc.

V. — Jean DE BAILLEUL, Chevalier, seigneur d'Anserville, de Mauville, de Sainte-Marie de Vattetot, etc., lequel rendit aveu pour ses fiefs, le 17 juillet 1515, et reconnut tenir, comme *fief de Haubert*, la seigneurie de Sainte-Marie de Vattetot. Il a épousé noble damoiselle Jeanne OLIVIER, dont il eut :

1° Pierre DE BAILLEUL, Écuyer, seigneur de Sainte-Marie de Vattetot, d'Anserville, etc., qui fit le 5 août 1530 acte de foi et hommage pour le fief de Vattetot, et se trouva en 1536 à la revue de l'arrière-ban du bailliage de Caux ; mort sans postérité ;

2° Nicolas, qui suit ;

3° Deux filles.

VI. — Nicolas DE BAILLEUL, Chevalier, seigneur de Sainte-Marie de Vattetot sous Beaumont, etc., fut héritier de son frère, le 12 septembre 1551, et rendit aveu pour le fief *de Haubert* de Sainte-Marie, le 1er juillet 1553. Il avait épousé, par contrat du 15 août 1534, noble demoiselle Marie HERVIEU, dame des Ifs, qui l'a rendu père, entre autres enfants, de :

VII. — Robert DE BAILLEUL, Chevalier, seigneur d'Angerville, de Sainte-Marie de Vattetot, de Blangues, etc., lequel rendit hommage au Roi, le 30 juin 1568, pour les fiefs du Donjon et de Villemesnil. Il avait épousé, le 6 octobre 1560, demoiselle Catherine DE BALLUE, fille de Jean de Ballüe et de dame Isabeau de DRAQUEVILLE. De ce mariage sont issus deux fils :

1° Charles, qui suit ;

2° Nicolas DE BAILLEUL, auteur de la branche de Ruffos, éteinte.

VIII. — Charles DE BAILLEUL, Chevalier, seigneur et patron d'Angerville et de Villemesnil, né en 1573, rendit hommage le 8 juillet 1607, pour les fiefs de Villemesnil et du Donjon. Il avait épousé, le 27 janvier de la même année, par contrat passé devant Jacques d'Aubeuf et Jean de Launay, notaires royaux en la baronnie de Fécamp, demoiselle Marie MARTEL, fille de Charles Martel, Écuyer, seigneur de Montpinçon, et de dame Françoise ISNEL. De ce mariage sont nés dix enfants, entre autres :

1° Charles DE BAILLEUL, né en 1614, mort sans postérité ;

2° François, qui continue la descendance ;

3° Nicolas DE BAILLEUL, seigneur de Vattetot sous Beaumont, marié en 1647 à demoiselle Marie LE ROUX DE TOUFFREVILLE, et ayant eu pour enfants :

A. Alexandre DE BAILLEUL, seigneur de Vattetot sous Beaumont et du Mesnil, né en 1656, marié à Marie-Françoise DE LA BARRE, dont une fille unique ;

B. Charles DE BAILLEUL, né en 1659, mort en 1672 ;

C. Françoise DE BAILLEUL, morte en 1679;

D. Suzanne DE BAILLEUL, mariée en 1696 à Antoine CAREL, Écuyer, sieur de Mésonval;

E. Thérèse-Madeleine DE BAILLEUL, mariée en premières noces à Isaac LE VILLAIN, Écuyer, sieur du Ronceray, et en secondes noces en 1710 à François DE SAINT-OUEN, Écuyer;

F. Diane-Madeleine DE BAILLEUL, morte en 1750 à Montivilliers, âgée de soixante-quinze ans;

G. Marie-Anne DE BAILLEUL, femme de Jean-Baptiste DE RÉAUTÉ, Écuyer, sieur de Valsemont;

4° Alexandre DE BAILLEUL, auteur de la branche des seigneurs de Vattetot et de Fontenay, rappórtée plus loin;

5° Marie DE BAILLEUL, mariée en 1625 à François DE PARDIEU, Chevalier, seigneur et patron d'Avremesnil;

6° Françoise DE BAILLEUL, née en 1612, mariée en 1630 à André DE BEAUNAY DU TOT, Écuyer, seigneur d'Ausseville;

7° Marguerite DE BAILLEUL, née en 1628, mariée en 1652 à Guillaume DE MAHIEL, Écuyer, seigneur de Saint-Cler.

IX. — François DE BAILLEUL, Chevalier, seigneur et patron d'Angerville, Villeménil, seigneur du Donjon, Croismare et autres lieux, né en 1618, a épousé en 1655 demoiselle Françoise SÉCART, fille d'Adrien Sécart, Écuyer, et de dame Jacqueline de PÉVEREL. De cette alliance sont issus :

1° Adrien DE BAILLEUL, mort célibataire en 1699 ;

2° Charles, dont l'article suit;

3° Françoise DE BAILLEUL, religieuse à Dieppe;

4° Jacqueline DE BAILLEUL, morte sans alliance en 1675;

5° Adrienne-Françoise DE BAILLEUL, morte sans alliance à Angerville en 1728.

X. — Charles DE BAILLEUL, Chevalier, seigneur d'Angerville, de Villeménil, de Baigneville, du Donjon, de Croismare, de Boisbourdin et autres lieux, marié en 1703 à demoiselle Élisabeth HALLÉ D'ORGEVILLE, fille de Gilles Hallé, Chevalier, seigneur d'Orgeville, et de Françoise GROULLARD. Il est mort en 1724, laissant de ce mariage :

1° Charles-François DE BAILLEUL, né en 1704, mort jeune;

2° Charles-Pierre, qui suit;

3° Marie-Louis-Bruno-Emmanuel DE BAILLEUL, mort sans postérité;

4° Françoise-Élisabeth DE BAILLEUL, née en 1712, mariée en premières noces en 1740 à François-Amand LE CORNIER DE SAINTE-HÉLÈNE, Baron d'Angerville-la-Martel, Écuyer, et en secondes noces à Henri-Jacques DU MONCEL, Marquis DE TORCY, Chevalier de Saint-Louis, ancien officier d'artillerie.

XI. — Charles-Pierre DE BAILLEUL, Chevalier, seigneur et patron de

Bailleul, Angerville, Croismare, Saint-Arnoult, Villeménil, Bénarville, Gon-
freville, Baigneville, du Donjon, de Croismare, du Boisbourdin et autres
lieux, Conseiller du roi en tous ses conseils, Président à mortier au parlement de Normandie, marié à demoiselle Marie-Charlotte-Rénée DE BRINON,
dame de Formoville, de la Lande, de Long Fresnay, etc., est mort
en 1775, âgé de 70 ans, et fut inhumé sous le chœur de l'église d'Angerville. De ce mariage sont nés deux fils :

1° Nicolas-Charles-Amand, qui suit;
2° Claude-Charles-Emmanuel DE BAILLEUL, Chevalier de Malte de minorité,
mort en 1754.

XII. — Nicolas-Charles-Amand, Chevalier, Marquis DE BAILLEUL, héritier
des terres et seigneuries que possédait son père, a épousé demoiselle Louise-
Félicité-Alphonse DE CIVILE DE RAMES, fille d'Isaac-Alphonse de Civile, Chevalier, seigneur de Saint-Mards, et de Louise-Suzanne DE BONISSENT DE
BUCHY. De cette alliance sont nés les quatre enfants ci-après :

1° Charles-Pierre-Alphonse, Marquis DE BAILLEUL, mort sans avoir été marié;
2° Alphonse-Jérôme, qui continue la descendance;
3° Marie-Charlotte-Alphonse, Comtesse DE BAILLEUL, chanoinesse de Malte;
4° Louise-Sophie DE BAILLEUL, mariée à Antoine-Alexandre DE SAINT-OUEN,
Marquis DE PIERRECOURT.

XIII. — Alphonse-Jérôme, Comte, puis Marquis DE BAILLEUL à la mort
de son frère, marié à demoiselle Marie-Judith DE PAIX DE CŒUR, de laquelle
il eut :

1° Achille-Raymond, qui suit;
2° Nicolas-Henri-Maximilien DE BAILLEUL, mort en 1854 au château de Saint-Denis d'Héricourt.

XIV. — Achille-Raymond, Marquis DE BAILLEUL, chef de nom et d'armes
de la famille, a épousé : 1° mademoiselle Zaïde-Armande MARCIAN DE
SOLIERS; et 2° en 1855, mademoiselle DE SAINT-VICTOR. De ces deux
alliances sont nés : une fille et un fils.

DEUXIÈME BRANCHE.

IX. — Alexandre DE BAILLEUL, quatrième fils de Charles et de dame Marie
MARTEL, né à Angerville en 1624, seigneur et patron de Vattetot sous Beaumont et du Fontenay, a épousé en 1659 demoiselle Claude PUCHOT DE GER-
PONVILLE, fille d'Antoine Puchot, Chevalier, seigneur et patron de Gerponville, et de dame Charlotte D'ESPINAY BOISGUÉROUT. De ce mariage est né le
fils unique qui suit :

X. — Adrien DE BAILLEUL, Écuyer, seigneur et patron de Vattetot et du

Fontenay, marié à Marie-Madeleine D'ACHÉ DE MARBEUF, fille de Gabriel d'Aché, Chevalier, seigneur de Marbeuf et de Saint-Aubin, et de dame Catherine BAUDRY DE PIANCOURT. De cette alliance sont nés onze enfants :

1° Adrien DE BAILLEUL, né en 1704, Commandeur des ordres de Jérusalem et de Saint-Lazare, seigneur de Vattetot et du Fontenay, décédé sans alliance en 1749;

2° Jacob, dont l'article suit;

3° Alexandre DE BAILLEUL, né en 1710, Garde du corps du Roi, marié en 1739 à demoiselle Marie-Anne DE CARBONNIÈRES;

4° Charles-Alexandre DE BAILLEUL, Lieutenant d'une compagnie franche de marine, marié à demoiselle Marie-Anne DE CHATENOY, dont un fils :

    A. Charles-Alexandre DE BAILLEUL, né en 1737;

5° François DE BAILLEUL, curé de Sainte-Marie de Vattetot;

6° Jean-Nicolas DE BAILLEUL;

7° François-Maximin-Casimir DE BAILLEUL;

8° Madeleine-Claude-Gabrielle DE BAILLEUL, mariée en 1718 à Nicolas DE BEAUNAY DU TOT, Chevalier, seigneur d'Ausseville;

9° Catherine DE BAILLEUL, religieuse à Montivilliers;

10° Madeleine DE BAILLEUL, mariée à Noël-Samuel-Daniel DE BROSSARD, Écuyer, seigneur de Royville, morte en 1785;

11° Madeleine-Françoise DE BAILLEUL, mariée en 1740 à Jacques-Charles DE GRIEU, Écuyer, sieur de Laillet.

XI. — Jacob DE BAILLEUL, Écuyer, seigneur et patron de Vattetot et du Fontenay, Commandeur par droit successif des ordres de Saint-Lazare et de Notre-Dame du Mont-Carmel, a épousé à la Martinique, demoiselle Adélaïde DE DAMPIERRE MIANCOURT. Il est mort en 1754, laissant un fils unique :

XII. — Jean-Louis DE BAILLEUL, Chevalier, seigneur et patron de Sainte-Marie de Vattetot sous Beaumont et du Fontenay, Commandeur par droit successif des ordres de Saint-Lazare et de Notre-Dame du Mont-Carmel, marié, en 1773, à demoiselle Françoise-Henriette-Désirée LE CHARTIER DE BEUZEVILLETTE. De son mariage sont nés huit enfants, savoir :

1° Alexandrine-Adélaïde-Désirée DE BAILLEUL, morte sans avoir été mariée;

2° François-Louis-Désiré DE BAILLEUL, né le 25 août 1776, marié à mademoiselle DE LA LONDE, mort sans enfants;

3° Armand-François DE BAILLEUL, mort célibataire;

4° Charles-Louis-Désiré DE BAILLEUL, idem;

5° Alphonse-Charles DE BAILLEUL, idem;

6° Charles-Édouard, qui suit :

7° Hortense-Louise-Charlotte DE BAILLEUL, mariée le 26 avril 1808 à Alexandre-Louis-César, Marquis DE HOUDETOT;

8° Louise-Julie DE BAILLEUL, morte sans avoir été mariée.

XIII. — Charles-Édouard DE BAILLEUL, chef actuel de cette branche, est né le 28 mai 1787; il n'est pas marié.

DE TOUSTAIN

DE FRONTEBOSC, DE RICHEBOURG, ETC.

ARMES : *D'or, à une bande échiquetée d'or et d'azur de deux traits.* — Couronne : *De Marquis.* — Devise : *Toustains de sang* (1).

Parmi les grandes familles de la province, peu de noms ont jeté plus d'éclat et ont brillé d'un plus grand lustre que celui de TOUSTAIN; cette maison a figuré avec la plus grande distinction à la cour des Rois de France, où ses membres ont été revêtus des plus hautes charges et dignités; du reste, l'antique illustration de la famille se voit dans les Lettres patentes accordées à Nicolas DE TOUSTAIN, en 1665, pour l'érection du Marquisat de la terre de Carency. D'autres lettres patentes ont été également accordées à la famille en 1756 et 1758.

Un TOUSTAIN, vivant au pays de Caux en 960 (2), est dénommé dans les annales bénédictines (*Vir nobilis et præpotens Torstingus nomine*).

Goz TOUSTAIN, Comte d'Hyesmes, auteur des Comtes de Cestre, fut Chambellan du duc Robert II, en 1034, puis gouverneur de Falaise.

Eudes TOUSTAIN, Sénéchal et Connétable de Normandie, vivait en 1064.

Guillaume TOUSTAIN, Baron du Bec, était Grand enseigne de Normandie à la bataille d'Hastings en 1066.

Autre Guillaume TOUSTAIN, accompagna l'amiral d'Harcourt en son voyage d'outremer, en 1295.

Adrien TOUSTAIN, Chevalier de l'ordre, Gentilhomme de la chambre, Colonel d'un régiment d'Infanterie avant la création des Brigadiers des Armées du Roi, se signala au siège d'Amiens en 1597.

François DE TOUSTAIN, son petit-fils, fut Colonel d'un Régiment de son nom en 1702.

(1) De vieux mémoires font remonter cette devise à Guillaume TOUSTAIN, qui portait la bannière de Normandie à la bataille d'Hastings en 1066. (Voy. *Histoire de la Conquête*, par A. Thierry.)

(2) Ce TOUSTAIN, suivant divers auteurs, commence la filiation; nous renvoyons, pour cette filiation, à La Chesnaye des Bois, t. XII et XV; à Saint-Allais, t. III, et à un ouvrage en trois volumes in-8° publié à la fin du siècle dernier par le père du chef actuel.

Guillaume Toustain, à la fois Homme d'Armes et Conseiller de l'Échiquier, ruiné par les guerres d'invasion des Anglais, épousa en 1456 damoiselle Jeanne Gouel, dame de Frontebosc, et apporta cette seigneurie dans la famille.

Guillaume Toustain, II° du nom, son fils, hérita de la terre de Frontebosc(1); il a épousé en 1508 demoiselle Anne de Croismare ; il est l'auteur des Branches : de Limesy, de Richebourg, de Carency, d'Écrennes, et de Viray.

La branche de Limesy, l'aînée, s'est éteinte dans la personne du Marquis de Toustain, décédé sans alliance le 8 janvier 1860 ;

2° La branche de Richebourg existe encore de nos jours, elle a pour chef :

François-Joseph-Tobie-Machabée Vicomte de Toustain-Richebourg, né le 6 février 1780, fils de Charles-Gaspard, et de dame Angélique-Émilie-Perrine du Bot. Il a épousé le 17 juin 1817 mademoiselle Marthe-Marie Duval de Grenonville, dont il a deux fils :

1° Henri-Tobie-Marie de Toustain-Richebourg, né le 3 avril 1818, marié le 4 juillet 1844 à sa cousine demoiselle Marie-Antoinette-Joséphine-Valentine de Riquet de Caraman. De cette alliance sont nés trois enfants :

A. Christian-Tobie-Marie de Toustain-Richebourg, né le 12 décembre 1846;

B. Joséphine-Marie de Toustain-Richebourg, née le 13 décembre 1849;

C. Adolphine-Alice de Toustain-Richebourg, née le 19 décembre 1852;

2° Jules de Toustain-Richebourg, né le 2 décembre 1819, marié en 1843 à mademoiselle Marie-Louise Delamarre, dont une fille.

3° La branche de Carency, éteinte en la personne de François-Joseph de Toustain, Marquis de Carency, reçu page du Roi en sa petite Écurie le 1er septembre 1695, mort sans postérité en 1727.

4° La branche d'Écrennes, représentée de nos jours par M. de Toustain-Baudrevilliers, qui n'a que deux filles.

5° Enfin la branche de Viray, éteinte en la personne du Marquis de Toustain-Viray, mort le 5 juin 1804.

(1) La terre de Frontebosc, le plus ancien des fiefs possédés par la famille encore de nos jours, a donné son nom à la maison de Toustain. Quelques rejetons de cette illustre race ont possédé des terres du nom du Manoir, et ce surnom terrien a été porté par quelques membres de la branche de Richebourg, à cause de la seigneurie de *Saint-Martin du Manoir*.

DE GRAINDORGE

a famille GRAINDORGE, maintenue dans sa noblesse par jugement du 23 mars 1667, en l'élection de Falaise, a possédé les terres et seigneuries du Rocher, des Hays, du Theil, d'Orgeville, de Mesnil-Durand, etc.

La filiation suivie et authentique commence à :

I. — Richard GRAINDORGE, sieur du Rocher, qui a reçu du Roi Henri III des lettres de noblesse, enregistrées à la cour des aides de Normandie, le 5 août 1577. — Il fut père de :

II. — Jean GRAINDORGE, Écuyer, sieur du Rocher, né en 1584, fils de Richard, lequel a épousé en l'année 1606 noble demoiselle Marie BONNET, fille de Robert BONNET, sieur de Néauphé, dont :

III. — Paul DE GRAINDORGE, Écuyer, sieur des Hays, Officier supérieur au service de l'Électeur de Brandebourg, marié en 1634 à demoiselle Marie DES CHAMPS, fille de Louis des Champs, Écuyer, et de dame Anne DE GRIEU. De cette alliance sont nés plusieurs enfants, entre autres :

IV. — François DE GRAINDORGE, Écuyer, sieur du Theil, Capitaine de

Cavalerie au siége de Graves en 1674 ; il a épousé en 1683 demoiselle Charlotte POLLIN, fille de Charles Pollin, Écuyer, sieur de la Frémondière, et de
dame Isabelle MORIN ; de ce mariage est issu :

V. — François-Nicolas DE GRAINDORGE, Écuyer, seigneur d'Orgeville, et
patron de Mesnil-Durand, Conseiller du Roi en son parlement de Normandie. Il a épousé le 9 janvier 1729 demoiselle Marguerite LEFÉVRE, qui l'a
rendu père de :

VI. — François-Jean DE GRAINDORGE D'ORGEVILLE, Baron de Mesnil-Durand,
reçu Page du Roi en sa petite Écurie, fit la campagne de 1747, fut nommé
Maréchal de Camp en 1784 et Chevalier de Saint-Louis. Il avait épousé en
1759 demoiselle Louise-Élisabeth-Nicolle DE LIVAROT, fille de César Marquis
de Livarot et de dame Jeanne-Françoise DAVY DE VESINS ; et est mort à
Londres pendant l'émigration, en 1799, laissant de son mariage deux fils,
l'un d'eux :

VII. — Louis-César-Adolphe DE GRAINDORGE D'ORGEVILLE, Baron de Mesnil-
Durand, capitaine de cavalerie au régiment de Lorraine, Chevalier de Saint-
Louis, né en 1762, a épousé en 1806 mademoiselle Henriette-Adèle THIBAUD
DE LA CARTE, fille du Marquis de la Ferté-Senecterre et de dame Marie AMELOT
DE CHAILLOU ; il est mort en 1844. De son mariage est issu :

VIII. — Louis-Marie-Gaston DE GRAINDORGE D'ORGEVILLE, Baron DE MÉNIL-
DURAND, Chef de nom et d'armes de sa famille, né en 1814, marié par contrat du 10 novembre 1839 à mademoiselle Laure-Émilie DE SADE, fille du
comte de Sade-Mazan et de dame Laure DE SADE-D'AYGUIÈRES. De cette
alliance sont nés les quatre enfants ci-après :

1° Marie-Thérèse DE GRAINDORGE DE MÉNIL-DURAND ;
2° Louise-Marie DE GRAINDORGE DE MÉNIL-DURAND ;
3° Paul-Edmond DE GRAINDORGE DE MÉNIL-DURAND, né le 30 janvier 1846 ;
4° Louis-Faustin-Marie DE GRAINDORGE DE MÉNIL-DURAND, né le 13 septembre 1853.

DE POMEREU

Armes : *D'azur, au chevron d'argent, accompagné de trois pommes d'or tigées et feuillées du même, 2 et 1.* — Couronne : *De Marquis.* — Supports : *Deux griffons.* — Devise : *Pereat nomen cum peribit honor.* — Cimier : *Un heaume à sept branches, surmonté d'un vol mi-parti d'or et d'azur.*

Placée dès le commencement du XIII° siècle au nombre des meilleures maisons de la noblesse, la famille DE POMEREU s'est constamment distinguée par ses services dans l'armée et dans la magistrature. Dans deux cartulaires de l'Abbaye de Gomerfontaine, l'un de 1209 et l'autre de 1266, Robert DE POMEREU et Guillaume son fils sont qualifiés *Chevalier* et *Damoiseau*; cette famille n'a pas cessé depuis lors de servir dans les armées ou les conseils de nos Rois.

On compte parmi ses membres un Chanoine de la Sainte-Chapelle de Paris, un Chambellan du roi en 1526, cinq Chevaliers de Malte, dont le premier en 1529, un Lieutenant général des armées du roi, Chevalier de Saint-Louis et Gouverneur de Douai, un Bailli de la ville de Sens, un Contrôleur général de la maison du roi Antoine de Navarre, un grand Audiencier de France, cinq Conseillers au parlement de Paris, un Président à mortier au parlement de Rouen, un Conseiller avocat général, et deux Présidents au grand Conseil, deux Maîtres des Comptes, deux Maîtres d'Hôtel du Roi dont un d'Henri IV, deux Conseillers d'État, un Prévôt des Marchands de Paris, un Commissaire aux requêtes du Palais, six Maîtres des requêtes de l'Hôtel du Roi, un premier Commissaire du roi Louis XIV aux assemblées du clergé, etc., des Intendants de Picardie, de Normandie, d'Auvergne, du Berry, de Champagne, deux Intendants d'Alençon, un **Offi-**cier qui a servi aux Gardes françaises après avoir été aux chevau-légers de la garde du roi.

Outre la baronnie des Riceys, en Bourgogne, qui fut érigée en Marquisat par Lettres patentes de l'année 1718, cette maison a possédé les terres et seigneuries de Bleuré, de Saint-Piat, de la Balue, de Chambry de la Bretesche, de Saint-Nom, de Valmartin, de Malvoisine, du Héron, etc.

Cette dernière terre (1), une des plus belles et des plus considérables de la province, appartient encore à la famille.

Ses alliances ont été constamment prises dans les premières maisons de la noblesse, parmi lesquelles on peut citer celles de : La Balue, d'Herbelot, de Bourbon-Combault, du Chardonnay, de Coignet, de Saluces, d'Aubonne, de Brion de Marolles, de Bossut (au pays de Liége), le Boulanger d'Hacqueville, Bouvard de Fourqueux, de Gourgue d'Aulnay, Le Roux d'Esneval, d'Aligre, de Préaulx, de Luppé, de Talleyrand-Périgord, Le Gendre d'Onsenbray, etc.

Dans l'impossibilité d'énumérer ici tous les personnages éminents descendants de Robert DE POMEREU, en 1209 (2), nous nous bornerons à signaler quelques brevets originaux délivrés à plusieurs d'entre eux :

1441. — Regnault DE POMEREU fut nommé Échanson de Jean, duc d'Alençon, par Brevet accordé en 1441.

1442. — Autre Brevet accordé par François de Bretagne à son bien amé Regnault DE POMEREU, pour être son Escuyer d'Écurie.

1467. — Brevet accordé le 30 septembre, signé par le roi Louis XI à Paris, au même Regnault DE POMEREU pour être son Écuyer.

1484. — Jean III, DÉ POMEREU, Chevalier, seigneur de la Neuville, né le 23 octobre 1430, servit le Roi dignement dans les différentes guerres qu'il eut à soutenir contre l'Angleterre, la Neustrie et autres provinces; le Roi Charles VIII, pour le récompenser, le nomma Gentilhomme de son hôtel le 1er novembre de ladite année.

1521. — Brevet accordé le 5 juin par le Roi François Ier à son cher et

---

(1) Le château du Héron, par son élégance et ses vastes proportions, acquiert l'importance d'un monument dont le pays s'enorgueillit à juste titre.

(2) Pour l'authenticité de l'état de la maison DE POMEREU, *voyez* le Dictionnaire de Moréri (édition de 1759), La Chesnaye-des-Bois, tome X, Armorial de la chambre des comptes de 1506 à 1780, la France chevaleresque et différents autres auteurs. — Il existe aux Archives de la famille, au château du Héron, un gros livre où est réunie la correspondance des rois Louis XIV et de ses ministres avec Auguste-Robert DE POMEREU.

bien amé Jacques DE POMEREU, pour être l'un des Cent Gentilshommes de son hôtel.

1530. — Robert DE POMEREU, né le 18 août 1495, fut premier Écuyer de l'Écurie de François 1er et Grand-Maître des Eaux et Forêts en Normandie et en Picardie.

1568. — Brevet accordé le 14 septembre par le Roi Charles IX portant :

« Qu'ayant égard et considération aux bons et agréables services qu'a ci-
« devant rendus au Roi notre très-honoré seigneur et frère, au fait de ses
« guerres, fait et continue chaque jour notre amé et féal, le seigneur DE
« POMEREU, Enseigne de la Compagnie d'Armes, et pour l'approcher de nous
« avec qualité répondante à ses vertus, mérites et sens nobles, l'avons re-
« tenu à l'état de Gentilhomme ordinaire de notre chambre, etc. »

1575. — Autre Brevet donné au même par le Roi Henri III, qui le nomme gouverneur des deux châteaux de Rouen.

1578. — Guillaume DE POMEREU, fils de Robert cité plus haut, Chevalier, Seigneur de la Bretesche, eut la survivance de son père dans la charge de Grand-Maître des Eaux et Forêts.

1645. — Louis DE POMEREU, Chevalier, seigneur de la Bretesche, fut maître de la garde-robe du Roi, suivant brevet du 15 octobre.

1667. — Charles DE POMEREU, Maître d'hôtel ordinaire du Roi, fut envoyé par Sa Majesté à Madrid pour complimenter le Roi et la Reine d'Espagne sur la naissance du Prince des Asturies.

Après avoir relaté les faits ci-dessus, tirés d'un manuscrit conservé depuis longtemps par la famille et qui nous a été communiqué, il suffit maintenant d'établir sa filiation, qui commence d'une manière suivie et authentique à :

I. — Jean DE POMEREU, Écuyer, seigneur de Bleuré, de Saint-Piat et autres lieux, qui se rendit recommandable au fait des guerres pour le service du Roi et de Monseigneur le Duc d'Orléans; il se défit d'une partie de ses biens et fut dépouillé du surplus par Henri VI, Roi de France et d'Angleterre, suivant des Lettres Royales données au château de Caen le 14 mai 1418 à Jean Clifford, écuyer anglais. Il a épousé damoiselle Jeanne DE LA BALUE, tante du Cardinal de ce nom, Évêque d'Angers, et est mort en 1455, laissant de son mariage :

II. — Jean DE POMEREU, IIe du nom, Écuyer, seigneur de Bleuré et de Saint-Piat, marié à noble damoiselle Jeanne CHESNARD, fille de Henri Chesnard,

Auditeur des Comptes et de dame Ida PONCHER, veuve en 1493. De cette alliance sont nés :

    1° N..... DE POMEREU, seigneur de la Balue, qui eut d'une alliance inconnue un fils :

        A. Jean DE POMEREU DE LA BALUE, mort sans postérité;

    2° Jean, qui suit;

    3° Pierre DE POMEREU, Chanoine de la Sainte-Chapelle de Paris.

III. — Jean DE POMEREU, III° du nom, Écuyer, seigneur de Bleuré, de Chambry, de Chacrise, de Saint-Piat, etc., Chambellan du Roi, Maître en sa chambre des Comptes de Paris par Lettres de provisions du 2 juillet 1526, épousa noble demoiselle Catherine PONCHER (1), fille de Jean Poncher, seigneur de Chantreau, Secrétaire et Argentier des Rois Charles VIII et Louis XII, et de dame Alix GEORGET. Il mourut le 31 décembre 1549 et laissa de son mariage :

    1° Guillaume, qui suit;

    2° Pierre DE POMEREU, reçu Chevalier de l'ordre de Saint-Jean-de-Jérusalem en 1529;

    3° Jeanne DE POMEREU, mariée le 16 octobre 1536 à Nicolas DE HERBELOT, seigneur de Ferrières, Maître des Comptes à Paris.

IV. — Guillaume DE POMEREU, Écuyer, seigneur de Bleuré, de la Bretesche, Saint-Nom, Valmartin et autres lieux, Conseiller du Roi, maître ordinaire en sa chambre des Comptes, mort en 1557, avait épousé avant l'année 1521 demoiselle Marie LE MASSON, fille de Pierre Le Masson, seigneur de la Neuville, et de dame Gillette DE VITRY. De ce mariage sont nés quatre enfants, savoir :

    1° Jean DE POMEREU, IV° du nom, Licencié-ès-lois, seigneur de la Bretesche, qui céda son droit d'aînesse à son frère Michel;

    2° Michel, qui continue la descendance;

    3° Claude DE POMEREU, Bailli de la ville de Sens;

    4° Marguerite DE POMEREU, mariée au sieur N..... DE PORTE.

V. — Michel DE POMEREU, Chevalier, seigneur de la Bretesche, Saint-Nom, Valmartin, etc., fut Contrôleur général de la maison d'Antoine, Roi de Navarre, puis Conseiller Maître d'Hôtel du roi Henri IV, ainsi qu'il appert d'un Brevet de l'année 1594, par lequel ce monarque le confirme dans sa charge, en considération des longs et recommandables services rendus par lui à la

---

(1) Elle était nièce d'Étienne PONCHER, Évêque de Paris, puis Archevêque de Sens et Garde des Sceaux de France, mort le 24 février 1524, cousine germaine de François Poncher, Évêque de Paris, après son oncle, et tante d'Étienne Poncher, Évêque de Bayonne, puis Archevêque de Tours.

maison de Navarre. Il est mort en 1598 et avait épousé, en l'année 1552, haute et puissante dame Marie GUIBERT, Gouvernante, puis Dame d'honneur de Catherine de Bourbon, Duchesse de Bar, sœur de Henri IV. De cette alliance sont nés plusieurs enfants, entre autres :

1° Jacques, dont l'article suit ;

2° Marie DE POMEREU, mariée à messire Gilbert DE BOURBON-COMBAULT, gouverneur d'Aigueperse, seigneur des Clayes et du Pointet, morte en 1581 à Blois, et enterrée dans le chœur de l'église des Cordeliers de cette ville ;

3° Madeleine DE POMEREU, mariée à Raoul COIGNET, seigneur de Saint-Aubin, fils de Mathieu Coignet, Maître des requêtes de l'Hôtel et Ambassadeur en Suisse ;

4° Marthe DE POMEREU, femme de Laureut DE BOSSUT, issu du pays de Liége ;

5° Françoise DE POMEREU, mariée à Abraham RIBIER, écuyer, seigneur de Clerbourg, homme d'armes de la compagnie d'ordonnance de S. A. le Prince de Conti ;

6° Gillette DE POMEREU, femme de Louis DU CHARDONNAY, seigneur de Bescherel, Lieutenant d'une compagnie de Gens-d'Armes ;

7° Anne DE POMEREU, mariée en 1600 à Olivier RIBIER DE VILLEBROSSE, frère du précédent ;

8° Claude DE POMEREU, gouvernante des enfants de Monseigneur le Duc de Savoie, mariée à messire Gabriel DE SALUCES, Gentilhomme ordinaire de la Chambre du Roi, fils d'Auguste, Marquis de Saluces.

VI. — Jacques DE POMEREU, né en 1563, Chevalier, seigneur de la Bretesche, Saint-Nom et Valmartin, Conseiller du Roi en tous ses conseils, Maître de l'Hôtel, Grand-Audiencier de France, etc., servit comme son frère et assista aux batailles d'Arques et d'Ivry, comme on le voit dans les preuves de réception de son petit-fils dans l'ordre de Malte. Il a épousé, par contrat du 23 juillet 1593, demoiselle Geneviève MIRON, fille de Gabriel Miron, Lieutenant civil, et mourut en 1639, laissant de cette alliance le fils unique qui suit :

VII. — François DE POMEREU, Chevalier, Baron des Riceys, seigneur de la Bretesche, Saint-Nom, etc., successivement Conseiller au Parlement de Paris, le 19 juin 1617, Commissaire aux requêtes du Palais, Maître des requêtes de l'hôtel du Roi le 23 mai 1624, et Président au Grand-Conseil et en la chambre de justice établie à l'Arsenal, Intendant de la province de Picardie et de Normandie, Conseiller d'État en 1637, etc., mort le 21 novembre 1661. Il avait épousé : 1° le 2 juillet 1617 demoiselle Marie BARON, fille d'un Conseiller au Parlement, et en secondes noces, le 4 décembre 1633, demoiselle Denise DE BORDEAUX, fille de Guillaume, Conseiller d'État et Intendant des finances, et de dame Marie CANAYE. De ces deux alliances sont issus six enfants :

17

1° Auguste-Robert, qui suit ;

2° Alexandre-Jacques DE POMEREU, Capitaine au régiment des Gardes françaises en 1667, Chevalier de Saint-Louis, Maréchal de camp en 1683 et Lieutenant général des armées du Roi, Gouverneur de la ville de Douai, etc. Pendant le siége de cette ville par le Prince Eugène, il vendit sa vaisselle d'argent et emprunta à la ville 40,000 livres en son nom, pour payer les troupes. Il est mort sans postérité le 29 septembre 1718;

3° François DE POMEREU, Chevalier de Malte (1) le 1ᵉʳ avril 1640, tué au siége de Candie ;

4° N..... DE POMEREU, aussi Chevalier de Malte, tué à côté de son frère au siége de Candie ;

5° Catherine DE POMEREU, mariée à messire Pierre BOUTET DE MARIVAT, premier écuyer du duc d'Orléans;

6° Louise DE POMEREU, religieuse à l'abbaye de Longchamps, morte en odeur de sainteté.

VIII. — Auguste-Robert DE POMEREU, né en 1627, Chevalier, Baron des Riceys, seigneur de la Bretesche, de Valmartin, etc., Conseiller au Grand-Conseil le 18 janvier 1651, Intendant de la province du Bourbonnais en 1661, Président au Grand-Conseil en mars 1662, Intendant en Auvergne en 1663, Conseiller d'État, Prévôt des Marchands de Paris en 1676, Intendant de Bretagne en 1689, Premier Commissaire du Roi aux assemblées du Clergé, etc., etc., est mort le 7 septembre 1702. Il avait épousé par contrat du 19 décembre 1634 demoiselle Agnès LESNÉ, fille d'Aubin Lesné, Conseiller Maître des Comptes, qui l'a rendu père de quatre enfants, savoir :

1° Jean-Baptiste, qui continue la descendance;

2° Agnès-Catherine DE POMEREU, mariée le 5 août 1680 à Gervais LE FÈVRE D'AUBONNE;

3° Michelle DE POMEREU, mariée le 7 juillet 1674 à Bonaventure ROSSIGNOL, seigneur de Juvisy, Président de la Chambre des Comptes;

4° Françoise-Catherine DE POMEREU, religieuse.

IX. — Jean-Baptiste DE POMEREU, Chevalier, Baron des Riceys, seigneur de la Bretesche, Conseiller au Parlement de Paris le 30 décembre 1678, Maître des requêtes, Intendant d'Alençon en 1697 et de Champagne en 1701, mourut le 13 février 1732 à l'âge de 76 ans. Ce fut en sa faveur que la Baronnie des Riceys fut érigée en MARQUISAT en 1718. Il a épousé, le 18 décembre 1682, demoiselle Marie-Michelle BERNARD, fille de Jacques

---

(1) On voit dans le procès-verbal de sa réception dans l'Ordre, le droit qu'a la maison DE POMEREU de porter un heaume à sept branches, surmonté d'un vol mi-parti d'or et d'azur, droit fondé sur une possession immémoriale (*La Chesnaye-des-Bois*, t. X).

Bernard, Maître des Comptes à Dijon et de dame Louise Aunebay. De cette alliance sont issus :

1° Michel-Gervais-Robert de Pomereu, Marquis de Riceys, né le 25 octobre 1685, Conseiller au Parlement de Paris, Maître des Requêtes sur la démission de son père et Intendant d'Alençon en 1720. Il est mort le 27 décembre 1734, ayant épousé demoiselle Catherine Oursin, fille de Jean Oursin, Secrétaire du Roi et Receveur Général des finances à Caen, dont il eut un fils :

  A. Auguste-Michel de Pomereu, mort en bas âge;

2° Jean-André, qui suit;

3° Alexandre-Jacques, dont l'article est rapporté plus loin;

4° Marie-Agnès de Pomereu, mariée le 22 août 1714 à Noël-François de Brion, Marquis de Marolles et de Combronde, en Auvergne.

X. — Jean-André de Pomereu, Marquis des Riceys, fut reçu Conseiller au Parlement le 1er février 1713. Il a épousé, par contrat du 15 mai 1732, demoiselle Élisabeth de Gourgue, fille de Jean-François de Gourgue, Marquis d'Aulnay, et de dame Catherine Le Marchand de Bardouville. De ce mariage sont issus :

1° François-Joseph de Pomereu, mort jeune;

2° Armand-Michel, qui suit;

3° Clair-Marie-Joseph de Pomereu, né en 1741, Officier aux Gardes françaises en 1757, mort au mois d'août 1769;

4° Catherine de Pomereu, mariée en 1755 à Isidore-Louis Le Boulanger, seigneur d'Hacqueville, Conseiller au Parlement.

XI. — Armand-Michel de Pomereu, Marquis des Riceys, né le 19 juin 1734, Chevalier de Malte de minorité, a quitté la Croix, et fut Conseiller au Parlement de Paris en 1759, puis Président à Mortier au Parlement de Rouen en 1762 (1). Il a épousé demoiselle Anne-Marie-Françoise Le Roux d'Esneval, fille de Pierre-Robert Le Roux d'Esneval, Vidame de Normandie, Baron d'Acquigny, d'Esneval, de Pavilly, Marquis de Gremonville, etc., et de dame Françoise-Catherine Clérel de Rempan, Baronne de Bois-Normand. De cette alliance sont issus :

1° Armand-Robert de Pomereu, Marquis des Riceys, né en 1764, mort sans postérité;

2° Armand-Pierre-Marie de Pomereu, né en 1765;

3° Marie-Élisabeth de Pomereu, née en 1768;

---

(1) Dans un acte de l'année 1771, il est qualifié ainsi : Haut et puissant seigneur messire Armand-Michel de Pomereu, Conseiller du Roi en tous ses conseils, Président à mortier au Parlement de Rouen, Conseiller honoraire à celui de Paris, Chevalier de Malte, seigneur châtelain et patron de Malvoisine, du Héron, de Saint-Côme, Marquis des Riceys, La Rouillère et autres lieux.

4° André-Louis-Marie DE POMEREU, né en 1769 ;

5° Louise-Marie-Élisabeth DE POMEREU, née en 1772 ;

6° Marie-Éléonore-Angélique DE POMEREU, née en 1775 ;

7° Michel-Marie, qui continue la descendance, né à Rouen le 25 novembre 1779.

XII. — Michel-Marie, Marquis DE POMEREU, chef de nom et d'armes de sa maison, né le 25 novembre 1779, fut reçu au berceau Chevalier de Malte de minorité, ancien membre du conseil général de la Seine-Inférieure, a épousé le 21 juin 1810 mademoiselle Étiennette D'ALIGRE, fille d'Étienne, Marquis d'Aligre, Pair de France, Commandeur de la Légion d'honneur, et de dame Marie-Charlotte GODEFROY DE SENNEVILLE. De ce mariage sont nés les quatre enfants ci-après :

1° Michel-Étienne-Alexis, Comte DE POMEREU, né en août 1811, célibataire ;

2° Étienne-Marie-Charles DE POMEREU, Marquis d'Aligre, né en 1813, substitué aux nom et titres de son aïeul maternel par ordonnances royales des 11 et 21 décembre 1825, membre du conseil général de Maine-et-Loire, a épousé en mars 1857 mademoiselle Marie DE PRÉAULX, fille du Marquis de Préaulx ;

3° Armand-Michel-Étienne, Vicomte DE POMEREU, ancien officier supérieur commandant les gardes nationales de la circonscription de Ry (Seine-Inférieure), né le 6 octobre 1817, marié le 27 avril 1858 à mademoiselle Marie DE LUPPÉ, issue d'une des plus anciennes familles de la Gascogne, petite-fille de M. le Marquis D'ANGOSSE, pair de France, grand officier de la Légion d'honneur, dont :

A. Robert DE POMEREU, né le 6 février 1860 ;

B. Gaston DE POMEREU, né le 10 juillet 1861 ;

4° Stéphanie DE POMEREU, née en 1819, mariée le 23 mai 1839, au château du Héron (1), au Vicomte Louis DE TALLEYRAND-PÉRIGORD, ancien Officier de marine ; elle est morte au château de Breuilpont, en 1855, laissant un fils.

SECONDE BRANCHE.

(ÉTEINTE).

X. — Alexandre-Jacques DE POMEREU, III° fils de Jean-Baptiste et de Marie Bernard, né le 10 février 1697, Capitaine au Régiment du Roi, a épousé par

(1) Outre le magnifique château du Héron, dont nous avons déjà parlé plus haut, la famille DE POMEREU possède les châteaux de Daubeuf, près Fécamp ; de Cressenville et de Senneville, en Vexin ; du Mesnil-Vénéron, près Saint-Lô et plusieurs autres terres, soit dans la haute, soit dans la basse Normandie ; nous n'avons pas à nous occuper ici des autres possessions de cette famille dans les autres parties de la France, nous ne mentionnerons simplement que le fameux château de la Rivière, au Perche, ancienne résidence des chanceliers D'ALIGRE, dont la descendante, petite-fille du premier président du parlement de Paris, s'est alliée, en 1810, au marquis DE POMEREU, ainsi qu'il est dit plus haut.

contrat du 18 janvier 1735 demoiselle Agnès Bouvard de Fourqueux, fille de Michel, Procureur général en la Chambre des Comptes, dont une fille et le fils qui suit :

XI. — Alexandre-Michel de Pomereu, né le 14 juin 1736, Conseiller au Grand-Conseil le 2 septembre 1755, Maître des requêtes ordinaire de l'hôtel du Roi, etc., est mort le 12 juillet 1764. Il avait épousé en 1761, le 8 juin, demoiselle Anne-Marie Le Gendre d'Onsenbray, nièce de Léon-François Le Gendre, comte d'Onsenbray, Lieutenant général des armées du roi, et fille de Paul-Gaspard-François, Président de la Chambre des Comptes de Paris, et de dame Marie-Élisabeth Roslin. De ce mariage sont nés deux fils morts en bas âge.

DE CAHOUET

ARMES : *D'azur, à un sautoir dentelé d'or, accompagné de quatre besants du même, au chef d'or, chargé d'un chevron de nueules renversé. — L'écu timbré d'un casque de Chevalier orné de ses lambrequins.*

Antoine CAHOUET, sieur de la Giraudière, Lieutenant de la compagnie des Chevau-légers du Comté de Nanteuil, fut anobli par Lettres patentes du Roi Henri II, en date du 5 mai 1559, pour récompense de ses services militaires. Ces Lettres d'anoblissement furent représentées en 1788 par Claude-Gaspard DE CAHOUET, Écuyer, seigneur de Combre, Officier au régiment de Bourgogne.

Marc-Louis DE CAHOUET, Écuyer, seigneur de la Bibardière, a épousé noble demoiselle Marie SAVATTIER DE CHAMBON, et est mort le 8 novembre 1783, laissant de son mariage plusieurs enfants, entre autres :

  1° Claude-Gaspard DE CAHOUET, cité plus haut, mort sans postérité ;
  2° Alexandre, qui a continué la descendance.

Alexandre DE CAHOUET, né le 19 février 1750, obtint des Lettres d'anoblissement sous le premier Empire, le 20 août 1809, avec le titre héréditaire de Chevalier. (Ces nouvelles lettres d'anoblissement, ainsi que celles de l'année 1559, sont aux Archives de la famille.) Il fut Inspecteur général des ponts et chaussées et mourut en 1838. De son mariage avec mademoiselle N . . . DU MESNILDOT, veuve en premières noces de Jacques DE FEUARDENT D'ÉCULLEVILLE, est issu le fils unique qui suit :

Jean-François DE CAHOUET, né le 16 octobre 1782, Préfet sous Napoléon Ier et sous Louis-Philippe, marié le 19 juillet 1808 à mademoiselle LOUVEL DE CONTRIÈRES, est mort en 1836. De cette alliance sont nés les trois enfants ci-après :

  1° Ernest-Hippolyte, qui suit ;
  2° Aglaé-Charlotte DE CAHOUET ;
  3° Alexandrine-Clotilde DE CAHOUET, mariée à M. COMBE, préfet du département du Cher, veuve en 1856.

Ernest-Hippolyte DE CAHOUET, Chef actuel de sa famille, né le 29 juillet 1820, est Maire de la commune de Contrières (Manche). Il a épousé par contrat du 23 septembre 1845 mademoiselle N . . . POUSSIN DU BOURGNEUF.

DOYNEL

DE LA SAUSSERIE ET DE MONTÉCOT

ARMES : *D'argent, à un chevron de gueules, accompagné de trois merlettes de sable, deux en chef et une en pointe.* — Couronne : *De Marquis.* — Supports : *Deux Centaures.*

Aussi distinguée par ses services militaires que par ses alliances avec les plus nobles maisons de France, la famille DOYNEL ou DOISNEL, connue en Normandie depuis le XIᵉ siècle, a constamment joui des priviléges attribués à la noblesse d'extraction chevaleresque.

Un auteur moderne qui a parlé de cette famille, a commis une grave erreur en prétendant qu'elle descendait des O'DONNEL d'Irlande, tandis qu'au contraire la famille anglaise descend sans contredit de N... DOISNEL, compagnon de Guillaume le Conquérant en 1066.

Cette maison a été confirmée dans sa noblesse d'ancienne extraction, lors de la recherche de Montfaut en 1463, par divers jugements des années 1540, 1621, 1667 et autres ; plusieurs de ses membres ont fait leurs preuves pour Malte, et enfin elle a fait ses preuves de Cour devant Chérin, généalogiste des Ordres du Roi en 1786, pour monter dans les Carrosses du Roi (1).

(1) D'après un certificat signé, qui nous a été représenté, M. le comte DE MONTÉCOT est monté dans les carrosses du roi le 31 mars 1786. — Ce certificat, délivré par Chérin, est accordé collectivement à MM. DOYNEL DE MONTÉCOT, DE LA SAUSSERIE, DE SAINT-QUENTIN et DE QUINCEY.

Parmi les seigneuries nombreuses que la famille DOYNEL a possédées, nous nous bornerons à citer celles : de la Doynellière, de Montécot, de Rue-Besnard, de la Sausserie, du Hamel, de Montigny, de Lenqueville, de Vergoncey, de Beaumanoir, de Saint-Quentin, de Boucéel, de Quincey, de la Graverie.

Les terres de Montécot, de Montigny, d'Husson, de Vergoncey, de Beaumanoir et de Boucéel (1) furent réunies ensemble et érigées en MARQUISAT, par Lettres patentes du mois de mai 1695, en faveur de René-François DOYNEL DE MONTÉCOT.

Les noms les plus anciens et les plus distingués de la noblesse de Normandie et du Maine se rencontrent parmi les alliances de cette maison; nous citerons entre autres ceux de : La Ferté-Senecterre, de Carbonnel, de Villaines de Boves (2), de Poillé, de Héricy, de Cairon, Achard de Bonvouloir et de Saint-Auvieu, d'Osmond, de Torchamps, de Pertuis, de Moges, de Camprond, Davy d'Amfreville, du Bois de Saint-Quentin, Pasquier de Franclieu, Thibaut de la Carte, etc.

Le plus ancien personnage de cette famille qui soit connu d'une manière certaine par les documents historiques, est Robert DOISNEL, qui figure avec plusieurs autres dans une charte de Robert, duc des Normands, en faveur de l'église de Saint-Étienne de Caen, en 1089.

Les rôles de l'Échiquier nous font connaître dans la baillie de Caux Williaume DOISNEL en 1195; ils nous font connaître aussi Robert DOISNEL, dans la baillie de Caen, qui, en 1198, payait « de vadio disvadiato, » et Rannulf DOISNEL payant 20 sols « pro clamore dissimo (3). »

Renaud de Saint-Valery, Chevalier, du consentement de l'abbé et des religieux de Saint-Étienne de Caen, donne en 1228, à Raoul DOISNEL, pour raison de son service, et pour cent livres tournois, toute la culture poisson entre Grouchy et Rots, et Richard DE FONTENAY vend en 1247, à l'abbaye de Fontaine-Daniel, neuf deniers tournois et autres redevances qui lui étaient dus par Jean DOISNEL, sur quatre acres de terre, situés à Fontenay(4).

Une charte de Montmorel fait aussi mention des DOISNEL et de leurs droits sur l'église de Terregâte et de la terre de la Doisnelière (5).

Par suite de la perte des papiers de la famille lors des guerres qui ont

---

(1) La terre de Boucéel, résidence habituelle de la branche de Montécot, y a été apportée par le mariage d'Anne-Angélique D'AMFERNET avec René-François, Marquis DE MONTÉCOT.
(2) Par cette alliance, la maison de Montécot s'est trouvée apparentée à la maison DE DREUX, issue de la maison royale de France.
(3) *Annales du pays d'Avranches*, par l'abbé Desroches.
(4) *Idem.*
(5) *Idem.*

dévasté la province au XV° siècle, la filiation authentique et suivie n'a pu être établie qu'à partir de : Richard DOYNEL, vivant en 1353, et les principaux faits que nous relatons ci-dessous ont été puisés par nous dans un Extrait du Cabinet de l'Ordre du Saint-Esprit (tome V, série M, n° 1143), dont une copie collationnée délivrée à Paris par le Garde général des Archives du royaume, le 20 février 1815, nous a été représentée.

Richard DOYNEL, vivant en 1353 (1), ainsi que sa femme Agnès DE HOTOT, eurent plusieurs enfants, entre autres :

    1° Bertrand, qui suit ;
    2° Raoul DOYNEL, lequel était en 1419 un des délibérants pour le partage et douaire de damoiselle Jeanne DE VASSY, veuve de messire Henri de Hotot, chevalier.

II. — Bertrand DOYNEL, Chevalier, seigneur de la Doynellière et de la Graverie, fut fait Chevalier en 1391, en considération de ses services. Son alliance nous est inconnue, mais il est certain qu'il a eu pour fils :

III. — Jean DOYNEL, Écuyer, seigneur de la Doynellière, de la Graverie, du grand et du petit Montécot au comté de Mortain, fit aveu de cette première terre en 1413. Il se maria avec damoiselle Perrelle DOISSÉ, qui lui apporta en dot la terre et seigneurie de Montécot, que ses descendants possèdent encore. De cette alliance sont issus plusieurs enfants parmi lesquels nous citerons :

    1° Jacques, qui suit ;
    2° Jeanne DOYNEL, mariée en 1450 à messire Macé ACHARD, écuyer, seigneur de la Palu et de Saint-Auvieu (2).

IV. — Jacques DOYNEL, Écuyer, seigneur de la Graverie et de Montécot, partagea les autres terres que son père avait possédées avec ses frères et sœurs. Il fut marié trois fois, la première avec une demoiselle DE CARBONNEL-D'AUXAIS, dont il n'eut pas d'enfants ; la seconde avec une demoiselle DE LA TOUCHE-COUVÉ, d'une ancienne famille du comté de Mortain, et enfin en troisièmes noces, en 1450, à noble damoiselle Guillemette DE VILLAINES, fille de Pierre de Villaines, Chevalier, seigneur de la Sausserie, de Rue-Bes-

---

(1) A la même époque vivait Jean DOYNEL, seigneur de Lenqueville, qui était peut-être son frère ou son cousin ; le défaut de titres antérieurs nous empêche de nous prononcer.
(2) Voyez la Notice de cette famille, page 204.

nard etc., et de dame Florence du Burel. Cette dame figure dans un acte
de partage qu'elle fit avec ses sœurs le 10 avril 1466 à propos de la succession de leur père, leur frère unique Pierre de Villaines étant mort sans
postérité. De cette troisième alliance est né le fils qui suit :

V. — Gilles Doynel, Écuyer, seigneur de la Sausserie et de Montécot, de
Rue-Besnard, était mineur sous la garde noble de Nicolas Doynel, son oncle, en 1466, et servit dans les guerres de Picardie et de Bretagne à la tête
de cinq cents hommes de pied. Il a épousé noble damoiselle Guillemette
Pitard et ne vivait plus le 10 octobre 1509. De cette alliance sont nés deux
fils :

    1° Gilles, qui suit ;
    2° François Doynel, écuyer, dénommé dans l'acte de partage de la succession
        de leur père du 10 octobre 1509.

VI. — Gilles Doynel, II° du nom, Écuyer, seigneur de la Sausserie, *fief
de Haubert*, de Montécot, de Rue-Besnard, de Veauce et autres lieux, reçut
le 21 janvier 1533 un aveu de divers tenanciers pour des terres relevantes
de son fief de la Sausserie, et reconnut le 16 avril 1537 être sujet au ban
et à l'arrière-ban de la noblesse du duché d'Alençon appartenant alors au roi
et à la reine de Navarre. De plus il comparut en 1540 devant le commissaire député par le Roi pour la recherche de noblesse, à Domfront, et fut
reconnu noble d'*ancienne extraction*.

Gilles Doynel fut député de la noblesse aux États tenus à Rouen en 1548,
et fut nommé commissaire du ban et arrière-ban du bailliage d'Alençon
en 1551. Il a épousé noble demoiselle Marie Le Moyant, sœur de Jacques
Le Moyant, seigneur de la Mangeantière, Bailli de Mortain et Porte-Enseigne
de la compagnie de Messire de Chandon. De cette alliance sont nés quatre
enfants ; l'aîné :

VII. — Jean Doynel, II° du nom, Écuyer, seigneur de la Sausserie, de
Montécot, de Ruebesnard, du Hamel, etc., prit le parti de la robe et fut
pourvu d'un office de Conseiller au parlement de Normandie. Il épousa, par
contrat du 27 août 1548, demoiselle Jeanne de la Berterie, fille de Guillaume de la Berterie, seigneur du Hamel, et de dame Jacqueline de Malart.
De cette alliance sont issus les enfants ci-après :

    1° Claude, qui a continué la descendance;
    2° Pierre Doynel, écuyer, sieur de la Mangeantière, vivant en 1586;
    3° Nicolas Doynel, sieur de la Mauvoisinière, qui obtint mainlevée de ce fief
        en 1606, après avoir prouvé sa noblesse devant le commissaire du roi,

servit en 1611 dans la compagnie de cent chevau-légers de la garde du
roi;

4° Charles DOYNEL, écuyer, vivant encore en 1641, dont le fils Claude Doynel,
chevau-léger au régiment de Roquelaure en ladite année, a formé une
branche à laquelle appartenait Jean-François DOYNEL, chevau-léger de la
garde du roi, qui se distingua à la bataille de Ramillies en 1706, où il eut
un cheval tué sous lui.

VIII. — Claude DOYNEL, Chevalier, seigneur de Montécot, de la Sausserie,
de Ruebesnard, etc., fut successivement Enseigne, puis Lieutenant d'une
compagnie de cinquante hommes d'armes des Ordonnances du Roi, député de la noblesse du bailliage d'Alençon aux États de Normandie en 1598,
et nommé la même année Maître-d'Hôtel du roi Henri IV en considération
des services rendus à ce monarque dans les troubles de la Ligue; il était en
1618 Chevalier de l'ordre de Saint-Michel. De l'alliance qu'il avait contrac-
tée le 13 février 1589 avec demoiselle Charlotte DE BOVES, fille de Charles
de Boves, Chevalier de l'ordre du Roi, Maréchal de Camp et Gouverneur du
Vexin français, sont issus cinq enfants, entre autres :

1° Anne, qui suit ;
2° François, chef de la deuxième branche rapportée plus loin.

IX. — Anne DOYNEL, Chevalier, seigneur de la Sausserie, etc., Gentilhomme ordinaire de la chambre du roi et Chevalier de son ordre, a épousé
par contrat du 10 novembre 1618 damoiselle Marie DE POILLÉ, fille de Messire Jean de Poillé, seigneur et Baron dudit lieu, Gouverneur de Mortain.
De cette alliance sont nés :

1° François DOYNEL, écuyer, seigneur de la Sausserie, mort sans postérité ;
2° Charles, qui suit ;
3° Jean DOYNEL, appelé le chevalier DE LA SAUSSERIE, reçu page du roi en sa
grande écurie.

X. —Charles DOYNEL, Chevalier, seigneur de la Sausserie et de Ruebes-
nard, fut marié deux fois : 1° le 24 décembre 1659 à demoiselle Hélène DE
HÉRICY et 2° le 5 octobre 1663 avec demoiselle Marie-Madeleine LE PETIT-
DES-IFFS. De ces deux alliances sont nés plusieurs enfants, entre autres :

XI. — Jean-Baptiste DOYNEL, Chevalier, seigneur de la Sausserie, de la
Haute-Chapelle, de Rubesnard, etc., a épousé noble demoiselle Marie-Françoise DE CAIRON, qui l'a rendu père de cinq enfants :

1° Jean-Claude, qui suit ;

2° Jacques-François Doynel de la Sausserie, reçu page de madame la duchesse de Berry;

3° Charles Doynel, abbé, prieur de Notre-Dame-sur-l'Eau;

4° Et deux filles.

XII. — Jean-Claude Doynel, Chevalier, seigneur de la Sausserie et de Rubesnard, épousa par contrat du 20 décembre 1718 demoiselle Catherine Guyonne-Jacquette Saliou de Chef-du-Bois, qui l'a rendu père d'une fille et du fils qui suit :

XIII. — René-François-Jean Doynel de la Sausserie, plus communément connu sous le nom de Comte Doynel, né le 18 juillet 1739, reçu Page de madame la Dauphine au mois de février 1753, Chevalier de Saint-Louis, Capitaine au régiment de Noailles (cavalerie), se retira du service avec le brevet de Colonel, et épousa en 1773 noble demoiselle Magdeleine-Marie Lesné de Torchamps, fille de messire Louis-Hector-Magdeleine Lesné, Chevalier seigneur de Torchamps et autres lieux et de noble dame Marie-Françoise-Élisabeth de Villette.

De ce mariage sont issus :

1° François, qui suit ;

2° Magdeleine-Françoise Doynel de la Sausserie, née au mois d'octobre 1777, mariée en 1801 à N. . . . de Courtilloles d'Angleville, ancien officier.

XIV. — François, Comte Doynel de la Sausserie, né le 31 janvier 1780, fut reçu aux Pages du Roi en 1785; il émigra avec son père en 1791 et entra, à l'âge de quatorze ans, dans les chasseurs nobles de l'armée de Condé. Rentré en France en 1797, il servit jusqu'en 1800, en qualité de Capitaine, dans les armées royales de l'Ouest; à cette époque, relevé de son serment par les Princes émigrés, il fut nommé Lieutenant en premier au 1er régiment des gardes d'honneur, fit les campagnes de 1813 et 1814 et quitta le service en 1817. Il fut décoré de l'Ordre royal et militaire de Saint-Louis le 5 décembre 1821, et reçut du Roi Louis XVIII une épée d'honneur, en récompense de ses services dans les armées de l'Ouest. Il a épousé, le 6 avril 1818, mademoiselle Bénonie Doynel de Montécot, fille de Jacques-Charles-Alexandre Doynel, Marquis de Montécot, Colonel, Chevalier de l'Ordre royal et militaire de Saint-Louis, et de dame Jeanne-Henriette Thibault de la Carte de la Ferté-Senecterre. De cette alliance sont nés trois enfants :

1° Olivier-Charles-René, qui suit ;

2° René-Benoît, Vicomte Doynel de la Sausserie, né le 11 juin 1827, marié le

14 mai 1850 à mademoiselle Louise-Ernestine-Léonide DE LA GONNIVIÈRE, fille de Adolphe-René DE LA GONNIVIÈRE et de dame Ida LE COURTOIS DE SAINTE-COLOMBE, dont :

    A. Georges-François-René DOYNEL DE LA SAUSSERIE;

    B. Claudine-Marie-Bénonie DOYNEL DE LA SAUSSERIE.

3° Alix-Marie-Françoise DOYNEL DE LA SAUSSERIE, mariée le 24 juin 1845 à Médéric-Ferdinand, Comte DE CHIVRÉ.

XV. — Olivier-Charles-René, Comte DOYNEL DE LA SAUSSERIE, Chef de nom et d'armes de sa famille, né le 26 décembre 1820, marié le 19 septembre 1842 à mademoiselle Constance-Marie BABIN DE LIGNAC, fille du Comte Adrien Babin de Lignac, ancien Capitaine d'état-major de la garde royale, et de dame Apolline THIBAULT DE LA CARTE DE LA FERTÉ-SENECTERRE. De ce mariage sont nés :

    1° Paul-René-Médéric DOYNEL DE LA SAUSSERIE;

    2° René-François-Gabriel DOYNEL DE LA SAUSSERIE;

    3° François-René DOYNEL DE LA SAUSSERIE;

    4° Marie-Françoise-Bénonie DOYNEL DE LA SAUSSERIE;

    5° Marthe-Marie-Appoline DOYNEL DE LA SAUSSERIE;

    6° Alix-Marie DOYNEL DE LA SAUSSERIE.

DEUXIÈME BRANCHE.

IX. — François DOYNEL, Chevalier, seigneur de Montécot, du Hamel, de la Courbe, de Montigny, etc., second fils de Claude et de dame Charlotte DE BOVES, Chevalier de l'ordre du Roi, l'un de ses Maîtres d'Hôtel ordinaires, assista au siége de la Rochelle étant Capitaine au régiment de Matignon, fut successivement Lieutenant d'ordonnance de M. le Comte de Soissons en 1630, Capitaine-major au régiment de Roquelaure, Gouverneur de Granville en 1550 et Maréchal de Camp. Il fut maintenu dans sa noblesse avec ses parents par jugement de M. DE MARLE, Intendant d'Alençon, en date du 3 août 1667. Par contrat du 17 juillet 1622, il avait épousé noble dame Renée DE LOGÉ, veuve de messire Honoré DE VASSÉ, dont il eut :

    1° René-François, qui suit ;

    2° Augustin DOYNEL, vivant le 19 février 1680 ;

    3° Marie DOYNEL, qui épousa, par contrat du 13 août 1662, messire Gabriel D'OSMOND, chevalier, seigneur de la Frenaye-Fayel et d'Aubry-le-Pantou (1).

---

(1) Voir la généalogie de cette famille, page 265.

X. — Messire René-François Doynel, Chevalier, Marquis de Montécot, seigneur et Patron du Hamel, de Montigny, de la Brière, de Beaumanoir, de Boucéel et autres lieux, fut élevé Page de la Reine Anne d'Autriche, servit ensuite dans la 1ʳᵉ compagnie des Mousquetaires, puis fut Capitaine au régiment de Montagu et obtint au mois de mai 1695 des Lettres patentes portant érection de la terre de Montécot en Marquisat. Il a épousé par contrat du 29 septembre 1670 demoiselle Anne-Angélique d'Amfernet, fille de feu messire René d'Amfernet, président à mortier au parlement de Bretagne, et de dame Anne de Belloy. De cette alliance sont nés plusieurs enfants, savoir :

1° Jacques, qui suit ;

2° Pierre-Ambroise Doynel, comte de Montécot, baptisé le 19 février 1680, reçu chevalier de Malte au grand prieuré de France, le 15 janvier 1704, quitta la croix et épousa demoiselle Marie-Charlotte de Camprond, fille de messire François-Robert de Camprond, marquis de Saint-Germain, et de dame Marie-Charlotte de Barjot de Moussey, dont trois fils morts en bas âge ;

3° Gabriel, auteur du second rameau rapporté plus loin.

XI. — Jacques Doynel, Marquis de Montécot, Chevalier, seigneur de Vergoncey, de Montigny, de Beaumanoir et autres lieux, Lieutenant au régiment du Roi (infanterie), épousa le 11 février 1714 demoiselle Thérèse Olive des Vaux de Lévaré, fille de Gilbert des Vaux, Marquis de Lévaré, et de dame Marie Caille du Fourny. De cette alliance sont issus une fille et un fils :

XII. — Jacques Claude-Thérèse Doynel, Marquis de Montécot, Mousquetaire du Roi en la 1ʳᵉ compagnie, a épousé le 7 janvier 1744 demoiselle Charlotte-Françoise de Pertuis, fille de messire Antonin-Charles, Marquis de Pertuis, Comte de Baons au pays de Caux, et de dame Claude-Louise de Betz de La Harteloire. De ce mariage sont issus six enfants, entre autres :

XIII. — Jacques-Charles-Alexandre Doynel, Marquis de Montécot, ci-devant Page de la Reine, Officier de cavalerie, fut nommé Premier Chambellan de S. A. R. monseigneur le Comte d'Artois, frère du Roi, par brevet du 2 février 1783. Par contrat du 7 août 1776, il avait épousé demoiselle Jeanne-Henriette Thibault de la Carte, fille de messire Louis-Philippe Thibault de Senecterre, Marquis de la Ferté, et de dame Anne-Henriette de Rabodanges. Il fit ses preuves pour monter dans les Carrosses du Roi, ainsi qu'il appert d'un certificat daté du 1er août 1789. De cette alliance sont issus six enfants, entre autres :

1° René-François-Charles-Anne Doynel de Montécot, né le 22 janvier 1784;

2° Charles-Théophile-Alexandre, qui suit :

3° Bénonie Doynel de Montécot, mariée le 6 avril 1818 à François, Comte Doynel de la Sausserie, rapporté plus haut.

XIV. Charles-Théophile-Alexandre Doynel, Marquis de Montécot, reçu Chevalier de Malte en 1787, fut Garde du corps du Roi Louis XVIII et Gentilhomme de la chambre de S. M. Charles X. Il a épousé en 1808 mademoiselle Cécile-Alexandrine Pasquier de Franclieu, qui l'a rendu père de :

1° René-Henri-Antoine Doynel, comte de Montécot, marié par contrat du 26 décembre 1859 à mademoiselle Françoise-Adélaïde Bruce, issue de l'illustre famille des rois d'Écosse de ce nom, dont le représentant actuel est lord Elgin, gouverneur général des Indes;

2° Guy-Charles-Alexandre Doynel de Montécot;

3° Lucie Marie-Alexandrine Doynel de Montécot, mariée à M. Gonzalve de Labbey;

4° Claudine-Zénaïde-Antoinette Doynel de Montécot, morte jeune.

SECOND RAMEAU

DE LA DEUXIÈME BRANCHE.

XI. — Gabriel Doynel, Chevalier, Comte de Montigny, seigneur de Cuves, de la Bazoche, de Quincey, de Saint-Quentin, etc., troisième fils de René-François, Marquis de Montécot, et de dame Anne-Angélique d'Amfernet, né le 23 avril 1682, reçu Chevalier de l'Ordre de Malte de minorité le 15 janvier 1704, épousa le 8 septembre 1736 dame Catherine-Marie-Antoinette du Bois de Saint-Quentin, fille et unique héritière de messire René du Bois, Comte de Saint-Quentin, Capitaine des vaisseaux du Roi, Chevalier de Saint-Louis, et de dame Marie de Kergozon. De cette alliance sont nés cinq enfants :

1° René-Gabriel, qui suit ;

2° René-Charles, dont l'article viendra ;

3° Michel Doynel, né le 14 octobre 1743 ;

4° Et deux filles.

XII. — René-Gabriel Doynel, Comte de Saint-Quentin, né le 7 mars 1738, fut marié trois fois : 1° à mademoiselle DE VOUGÉ ; 2° à N. . . DE RUBERCY ; 3° à N. . . DE GIESSEN. De cette dernière alliance sont issus :

1° René-Louis-Pierre-François DOYNEL, Comte DE SAINT-QUENTIN, marié à mademoiselle Virginie-Élisabeth-Henriette DOYNEL DE QUINCEY, dont :

    A. René-Alfred-Charles DOYNEL DE SAINT-QUENTIN, mort jeune.

    B. Louis-Jules-Eugène DOYNEL DE SAINT-QUENTIN.

2° Caroline DOYNEL DE SAINT-QUENTIN ;

3° Louis-Gabriel DOYNEL DE SAINT-QUENTIN, mort sans postérité.

XII. — René-Charles DOYNEL, Vicomte DE QUINCEY, né à Cuves en 1740, servit fort jeune dans le régiment de Condé (cavalerie), fit la guerre de Sept-Ans et fut chevalier de Saint-Louis ; il a épousé demoiselle Marie DE CHAMPFREMOND, qui l'a rendu père de deux enfants, savoir :

1° Charles DOYNEL, Vicomte DE QUINCEY, marié à Louise THIBAULT DE LA CARTE DE LA FERTÉ-SENECTERRE, dont :

    A. Louis DOYNEL DE QUINCEY, Capitaine d'artillerie, mort célibataire.

    B. Henri DOYNEL DE QUINCEY, marié à demoiselle Louise DE BALLORE DE MONTESSUS, mort sans postérité.

2° Alfred, qui continue la descendance.

XIII. — Alfred DOYNEL DE QUINCEY, marié 1° à mademoiselle Julie-Albertine GROS, sœur du Baron Gros, Sénateur, Grand'Croix de la Légion d'honneur, etc., et en secondes noces à mademoiselle Joséphine THIBAULT DE LA CARTE DE LA FERTÉ-SENECTERRE. De son premier mariage sont nés deux enfants :

1° Agénor-René-Henri, qui suit ;

2° Virginie-Élisabeth-Henriette DOYNEL DE QUINCEY, mariée en 1845 à son cousin Louis-Gabriel DE SAINT-QUENTIN, cité plus haut.

XIV. — Agénor-René-Henri DOYNEL, Vicomte DE QUINCEY, marié en 1854 à mademoiselle Marie-Noémie DUBBUS DE COURCY, qui l'a rendu père des deux enfants ci-après :

1° René-Alfred-Robert DOYNEL DE QUINCEY ;

2° Louis-Jules-Eugène DOYNEL DE QUINCEY.

LE CHARTIER

ARMES : *D'azur, à une fasce alésée d'or, accompagnée en chef de deux perdrix du même, et en pointe d'un tronc d'olivier, feuillé de chaque côté de trois feuilles, auss d'or.* — Couronne : *De Marquis.*

lusieurs familles **LE CHARTIER** ont existé en Normandie; quatre d'entre elles ont été maintenues dans leur noblesse en l'année 1666 et suivantes.

La maison qui nous occupe a été maintenue par un arrêt de la Cour des aides de Rouen en 1621, a obtenu en 1636 des lettres de confirmation de noblesse par S. M. Louis XIII, a été maintenue en l'élection de Vire en 1666, et enfin trois de ses membres : MM. LE CHARTIER DU MESNIL, LE CHARTIER DE THORIGNY et LE CHARTIER DE LA PÉDOYÈRE figurent dans le procès-verbal de l'assemblée tenue en 1789, pour élire des députés aux États généraux.

De plus Jacques LE CHARTIER, Écuyer, seigneur de Saint-Denis, et Guillaume LE CHARTIER, écuyer, seigneur du Mesnil, ont fait enregistrer leurs Armoiries à l'Armorial général établi par l'édit du Roi du 20 novembre 1696. Elles sont telles que nous les avons décrites en tête de cette notice (voyez: Armorial Général, — Registre de la Généralité de Caen, folios 30 et 110. — *Bibliothèque impériale, Section des Manuscrits*).

Une tradition rapporte que cette famille descend de la même souche que celle qui a produit au XIV° siècle Alain CHARTIER et ses deux frères, Guillaume, évêque de Paris, et Jean CHARTIER, auteur des grandes chroniques de Saint-Denis. Cette famille, qui avait pour premier auteur un autre Alain CHARTIER, était alliée à plusieurs grandes familles (1); un de ses descendants Simon CHARTIER, fut avocat au parlement de Paris et eut une nombreuse postérité qui n'est pas encore éteinte. La communauté d'origine est d'autant plus probable que ces deux familles portaient les mêmes armes.

La famille LE CHARTIER a servi avec honneur sous l'ancienne monarchie et sous l'empire. Elle possède dans ses archives : certificats du duc de Montpensier en 1597; du commissaire des guerres Caneau, 1612; de Turenne, 1666; du comte de Torigny, 1666; du gouverneur de Charlemont, 1690; du marquis de Refuge, maréchal de camp, 1691; du marquis de Longaunay, de Dampierre, 1693; du marquis de Bouzolles, mestre de camp de Royal-Piémont-Cavalerie, 1694; du gouverneur des ville et château de Kirc, 1695; sous Louis XVI plusieurs croix de Saint-Louis; sous l'empire certificats très-honorables à M. le Chartier de Sédouy en 1806. États de service du général le Chartier de la Varignière.

La maison LE CHARTIER a formé plusieurs rameaux, savoir ceux : de la Varignière, de Loraille, de Cagny, du Mesnil et de Sédouy.

Le premier personnage apparaissant dans les actes est Pierre LE CHARTIER, Écuyer, seigneur de Benneville, vivant vers 1450, qui eut pour fils :

Jean LE CHARTIER, Écuyer, seigneur de Benneville, marié en 1505 à noble demoiselle Jacqueline DU BOSC, dont :

III. — Jean LE CHARTIER, II° du nom, Écuyer, sieur de Benneville, eut trois enfants :

    1° Robert LE CHARTIER, Écuyer, seigneur de la Hertaudière, mort sans postérité ;

    2° Jacques, dont l'article viendra plus loin ;

    3° Pierre, auteur de la branche de la Varignière, qui suit.

IV. — Pierre LE CHARTIER, Écuyer, seigneur du Haut-Hamel, a épousé noble demoiselle Jeanne BERNARD, qui l'a rendu père de :

V. — Gilles LE CHARTIER, Écuyer, seigneur du Moulin, marié en 1643 à noble demoiselle Françoise LE VAILLANT, dont :

---

(1) La mère du fameux Mathieu MOLÉ était une demoiselle Marie CHARTIER, dame d'Alainville.

VI. — Jacques Le Chartier, Écuyer, seigneur de la Varignière, père de :

VII. — Robert Le Chartier, Conseiller secrétaire du roi, maison et couronne de France, Avocat au grand conseil, mort en 1740. Il avait épousé demoiselle Jeanne Antheaume, dont il eut deux enfants :

1° Jean-Baptiste, qui suit ;

2° Pierre Le Chartier, curé de Franqueville.

VIII. — Jean-Baptiste Le Chartier, Avocat au Parlement de Rouen, a épousé demoiselle N. . . Le Conte de Haut-Quesnay. De cette alliance sont issus plusieurs enfants, entre autres :

IX. — Jacques Le Chartier, Écuyer, seigneur de la Varignière, né en 1750, Capitaine de cavalerie et Chevalier de Saint-Louis, servit avec ses cousins dans la maison du roi, et fut sous le premier Empire Chef de la Légion de la Manche. De son mariage avec demoiselle Hébeat de Mareil sont issus les quatre enfants ci-après :

1° Achille, qui suit ;

2° Antoinette Le Chartier, qui épousa en 1812 Marguerin-Michel Le Chartier de Sédouy, son cousin, rapporté plus loin ;

3° Joséphine Le Chartier, mariée au Général Baron de Colliquet ;

4° Adélaïde Le Chartier, qui épousa M. de Siresme, Chef d'Escadrons.

X. — Achille-Jacques-Louis Le Chartier de la Varignière, Général de brigade, Chevalier de Saint-Louis et Commandeur de la Légion d'honneur, s'engagea à l'âge de seize ans, et entra plus tard à l'École militaire de Fontainebleau, fit les campagnes d'Austerlitz, de Prusse et d'Allemagne, en 1809 celle d'Espagne, où il fut décoré à l'âge de vingt-trois ans; en 1812, la campagne de Russie comme aide de camp du maréchal Gouvion - Saint-Cyr, et il contribua beaucoup, par une heureuse inspiration et un beau fait d'armes, au succès de la bataille de Polotsk; en 1813, la campagne de Saxe. Il a commandé plus tard le département de la Manche et il est actuellement dans le cadre de réserve (1).

---

(1) Il existait une autre branche depuis longtemps établie au Canada et dont nous ignorons le point de jonction avec celles qui précèdent, mais qui portait les mêmes armes. Son dernier représentant Michel Chartier de Lobinière, capitaine d'infanterie, chevalier de Saint-Louis, rendit de grands services sous le marquis de Montcalm. A la reddition de notre colonie, il refusa une belle position du gouvernement anglais et vint en France. Il fut fait marquis par Louis XVI en 1784. Il a laissé plusieurs filles. N'ayant pas de fils il avait promis à M. le Chartier de la Varignière de lui transmettre son titre ; mais la révolution survint et ce projet n'a pas été régularisé depuis.

IV.—Jacques LE CHARTIER, auteur de la deuxième branche, eut d'une alliance inconnue le fils qui suit :

V. — Guillaume LE CHARTIER, Écuyer, sieur de la Hertaudière, père de trois enfants, savoir :

    1° Jacques LE CHARTIER, Écuyer, seigneur de la Hertaudière, qui reçut en 1593 une Commission du Roi pour lever deux cents arquebusiers à pied et cheval; il assista au siége d'Amiens et de Sedan et mourut sans postérité;

    2° Philippe LE CHARTIER, Écuyer, seigneur de la Droutière, homme d'armes dans la compagnie du Comte de Soissons, mort sans postérité;

    3° Marguerin, qui suit.

VI. — Marguerin LE CHARTIER, Écuyer, sieur de Loraille, Homme d'armes dans la compagnie du Comte de Soissons, fit reconnaître sa noblesse et ses armoiries par un arrêt de la Cour des Aides de Rouen en 1621 ; de plus il obtint en 1636 des lettres de confirmation du Roi Louis XIII. De son mariage avec noble demoiselle Guyonne COLLASSE sont nés trois enfants :

    1° Jacques, qui suit;

    2° Charles, auteur du troisième rameau, rapporté plus loin ;

    3° Guillaume, auteur du quatrième rameau, dont l'article viendra.

VII. — Jacques LE CHARTIER, Écuyer, seigneur de Saint-Denis, a épousé dame Roberte DE TOUSTAIN, dont il eut quatre enfants :

    1° Jacques, qui suit ;

    2° Jean-Baptiste LE CHARTIER, Écuyer, seigneur de la Mancelière, qui fit enregistrer ses armoiries à l'Armorial général en 1696 ;

    3° Guillaume LE CHARTIER, prêtre, curé de Saint-Marcouf;

    4° Étienne LE CHARTIER, Écuyer, sieur de Launay.

VIII.—Jacques LE CHARTIER, IVᵉ du nom, Écuyer, Seigneur de Loraille, eut d'une alliance dont le nom nous est inconnu, quatre enfants :

    1° Olivier, qui suit :

    2° Antoinette LE CHARTIER,, qui épousa N..... DU MERLE DE BEAUVOIR ;

    3° Deux autres filles, l'une mariée à M. D'ALAINCOURT, l'autre, à M. D'ALAINVILLE.

IX. — Olivier LE CHARTIER, Écuyer, sieur de Loraille, de la Briquesardière et autres lieux. épousa noble demoiselle N..... DE MONTREUIL.

De cette alliance, sont issus trois fils :

    1° Nicolas-Ambroise LE CHARTIER, ancien colonel, chevalier de Saint-Louis, mort en 1819, marié à demoiselle Louise DE LA SUZIÈRE, dont un fils :

        A. Alain LE CHARTIER, marquis de Lorailles, chef actuel de la branche, qui n'a qu'une fille.

2° Louis-Henri LE CHARTIER, ancien officier de marine, mort en 1816, avait épousé noble demoiselle DE MARTIGNY. De ce mariage sont issus :

    A. Antoinette LE CHARTIER, célibataire;

    B. Prosper LE CHARTIER, entré en 1807 à l'École militaire de Fontainebleau, tué à la bataille de Lutzen en 1813;

    C. Émilie LE CHARTIER, mariée à M. CAULIER DE LA CHENAYE.

3° Jean-Olivier LE CHARTIER, prêtre abbé de Valasse, mort en 1820.

Le troisième rameau a eu pour premier auteur :

VII. — Charles LE CHARTIER, Écuyer, seigneur de la Hertaudière, II° fils de Marguerin Le Chartier et de dame Guyonne COLLASSE, a épousé noble demoiselle Françoise DE GUERNON, dont il eut :

VIII. — Jean-Baptiste LE CHARTIER, Écuyer, seigneur de la Hertaudière, marié en 1732 à demoiselle Marie DE MALFILATRE. De ce mariage sont nés plusieurs enfants, entre autres :

IX. — Clément LE CHARTIER, Écuyer, seigneur de la Hertaudière et de Cagny, marié à noble demoiselle GAUTIER DE CARVILLE. De ce mariage sont issus sept enfants, entre autres :

1° N..... LE CHARTIER DU NEUBOURG, marié à demoiselle GAUTIER DE CARVILLE, sa cousine, dont une fille, mariée à M. GIFFARD;

2° Charlotte LE CHARTIER DE CAGNY, mariée à son cousin, Jean-Baptiste-Charles LE CHARTIER DU MESNIL, cité plus loin;

3° Marguerin, qui suit.

X. — Marguerin LE CHARTIER DE CAGNY, chef actuel de sa branche, a épousé mademoiselle N. . . . COURTIN, dont il a eu une fille :

Léa LE CHARTIER DE CAGNY, mariée vers 1837 à M. HUE DE MATHAN.

Le quatrième rameau a eu pour premier auteur :

VII. — Guillaume LE CHARTIER, III° du nom, Écuyer, seigneur de Mesnil, né vers 1638, qui figure dans un acte de partage fait, en 1659, avec ses deux frères Jacques et Charles. Il fit enregistrer ses Armoiries à l'Armorial Général en 1696 (Généralité de Caen, folio 30, *Bibliothèque impériale*). De son mariage avec noble demoiselle Françoise NICOLLE sont issus trois fils :

1° Charles, qui suit;

2° Guillaume LE CHARTIER, prêtre, dit l'abbé DU MESNIL;

3° Jacques LE CHARTIER, mort sans postérité.

VIII. — Charles LE CHARTIER, Écuyer, seigneur du Plessis, a épousé en 1715 demoiselle Jeanne LE CHARTIER, sa cousine, dont il eut :

IX. — Jean-Baptiste LE CHARTIER, Écuyer, seigneur du Plessis, marié en 1740 à noble demoiselle Catherine LE CONTE DE HAUT-QUESNAY, qui l'a rendu père de quatre fils et deux filles :

1° Guillaume LE CHARTIER, Écuyer, sieur du Plessis, mort sans postérité;

2° Jean-Baptiste-Charles LE CHARTIER, Écuyer, sieur du Mesnil, servit dans la maison du Roi et fut ensuite Capitaine de cavalerie et Chevalier de Saint-Louis. Il épousa demoiselle Charlotte LE CHARTIER DE CAGNY, dont une fille :
   A. Esther LE CHARTIER DU MESNIL, mariée à M. DU FOUGERAY;

3° Jean-Baptiste-Paul LE CHARTIER, Écuyer, sieur de la Pédoyère, entré dans la maison du Roi, puis Capitaine de cavalerie et Chevalier de Saint-Louis, mort sans postérité; il a assisté aux assemblées des États généraux en 1789 (voyez le procès-verbal du bailliage de Caen, élection de Thorigny);

4° Michel-Amand, qui suit.

X. — Michel-Amand LE CHARTIER, Chevalier du Mesnil, seigneur de Boisnay, de Sédouy, etc., né en 1749, fit comme volontaire la campagne de Corsé en 1768, puis entra dans la maison du Roi avec ses frères. Il a épousé en 1778 noble demoiselle Anne LE BOUVIER DE L'ÉVEILLERIE, dont il eut trois enfants :

1° François-Olivier LE CHARTIER, Écuyer, seigneur de Boisnay, qui eut deux filles :
   A. Adèle LE CHARTIER, mariée en 1829 à M. Ferdinand DU PONTAVICE;
   B. Zoé LE CHARTIER, mariée en 1836 à M. GANNE DE BEAUCOUDRAY;

2° Anne LE CHARTIER, mariée à M. LE GRAND D'ANERVILLE;

3° Marguerin-Michel, qui continue la descendance.

XI. — Marguerin-Michel LE CHARTIER, chevalier DE SÉDOUY, né en 1786, s'engagea à dix-sept ans, fit plusieurs campagnes, dans lesquelles il eut un cheval tué sous lui, et reçut sept blessures. Il a épousé, en 1812, mademoiselle Antoinette LE CHARTIER DE LA VARIGNIÈRE, sa cousine, qui l'a rendu père d'un fils unique :

XII. — Alain-François-Raoul LE CHARTIER DE SÉDOUY, né le 24 mai 1813, marié par contrat du 30 novembre 1839 à mademoiselle Ernestine GAUTIER DE SAVIGNAC, dont :

Alain LE CHARTIER DE SÉDOUY, né en 1840.

D'OSMOND

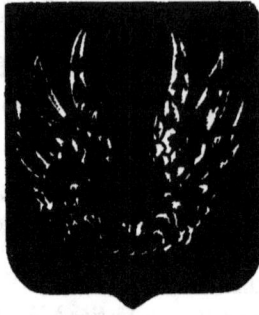

ARMES : *De gueules, à un vol d'argent, semé de mouchetures d'hermines.* — Couronne : *De Marquis.* — Supports : *Deux licornes.* — Devise : NIHIL OBSTAT.

tablie dans la province depuis le Xe siècle, la maison d'OSMOND était renommée dès cette époque pour l'ancienneté de sa noblesse et l'illustration de son origine. En effet, les anciennes chroniques la font descendre d'un OSMOND, Gouverneur de Richard, Duc de Normandie en 943.

Cette famille n'a pas seulement été considérable par les charges et emplois que beaucoup de ses membres ont occupés, mais encore par les alliances qu'elle a contractées, comme celles des Comtes de Dreux, des Laval, des Montmorency et autres, prises dans les premières maisons de Normandie, parmi lesquelles nous citerons celles de : Montgommery, de Bouquetot, d'Hautemer, du Mesnil, de Franqueville, de Mallard, de Goëslier, de Pardieu, de Bures, de la Rivière, de Rouxel de Médavy, de Bernard d'Avernes, de Doynel de Montécot, de Séran, de Cardevacque d'Havraincourt, de Saint-Pierre, de Brécey, Le Veneur de Tillières, de Turgot, de Briges, Gilbert des Voisins, de Maillé, de Malessye, etc.

Les principaux services de la famille D'OSMOND sont relatés dans les lettres patentes par lesquelles le Roi Louis XV érige en MARQUISAT plusieurs domaines qu'elle possédait. Il est indispensable que nous citions ici quelques extraits de cette pièce importante :

« LOUIS, par la grâce de Dieu, Roi de France et de Navarre : A tous présents et à venir, salut. Comme nous ne pouvons donner des marques plus certaines de notre estime à ceux de nos sujets dont l'ancienne noblesse soutenue par leur mérite les distingua du commun, qu'en leur accordant des titres d'honneurs qui puissent faire connaître à la postérité les mérites de ceux à qui nous avons accordé ces grâces, et considérant la haute naissance et les bonnes qualités de notre cher et bien-aimé RENÉ-HENRI D'OSMOND, Brigadier de nos Camps et Armées, Mestre de Camp de Dragons et Chevalier de Saint-Louis, issu d'une des plus anciennes et nobles maisons de notre province de Normandie, dont les ancêtres ont toujours été attachés au service de leurs souverains, et ont toujours servi dans les Armées des Rois nos prédécesseurs, etc...; que ledit D'OSMOND, pour soutenir l'honneur de sa famille, est entré au service dès sa plus tendre enfance, qu'il s'est trouvé à diverses batailles et combats, entre autres celle d'Heidelberg, où il a eu la cuisse emportée, etc...; que nous sommes informé qu'il a des enfants, dont les cadets sont déjà *Chevaliers de Malte ;* sachant aussi qu'il possède dans notre province de Normandie les terres d'Aubry-le-Pantou, de la Fresnaie-Fayel, lesquelles relèvent de nous à cause de notre Comté et châtellenie d'Exmes, celles du Mesnil-Froger et de Royville, lesdites terres avec haute, moyenne et basse justice, sont ensemble un revenu considérable et sont capables de soutenir le titre de MARQUISAT, etc... etc...

A ces causes, voulant favorablement traiter ledit sieur OSMOND, faire connaître à ses descendants l'estime que nous faisons de sa personne et élever sa maison par un nouveau titre d'honneur qui puisse passer à la postérité, avons joint, uni, annexé lesdites terres et seigneuries d'Aubry-le-Pantou, de la Fresnaie-Fayel, du Mesnil-le-Froger et de Royville, avec toutes leurs dépendances, pour ne faire à l'avenir qu'une seule et même terre, laquelle par grâce spéciale, pleine puissance et autorité, créons, érigeons, décorons et instituons en titre, nom et dignité de MARQUISAT, sous le nom D'OSMOND, pour lui et ses enfants, descendants nés et à naître en légitime mariage, voulons et nous plaît qu'il puisse se dire et qualifier Marquis d'Osmond, en tous actes, etc., etc.

Donné à Paris au mois de mars 1719, de notre règne le quatrième.

Signé : Louis.

Lesdites lettres ont été enregistrées à la Cour des Comptes, Aides et Finances de Normandie, le 26 février 1724.

En résumant les illustrations de la maison d'Osmond, on trouve qu'elle a produit un grand nombre de gentilshommes qui se sont distingués dans les armes, et dont plusieurs sont morts au champ d'honneur; un Pair de France, des Lieutenants généraux, des Maréchaux des camps, un Capitaine des vaisseaux du Roi, plusieurs Pages de Sa Majesté, cinq Chevaliers de l'Ordre de Malte, dont un Commandeur, des Commandeurs et Chevaliers de Saint-Louis, etc.

La noblesse chevaleresque de cette famille a été authentiquement constatée à diverses époques, sur production de titres, notamment en 1567 et en 1666.

Ces divers jugements de maintenue font commencer la filiation suivie à partir de :

I. — Richard Osmond, Écuyer, seigneur du Mesnil-Eude et du Castelier, vivant en 1267, marié à noble damoiselle Alix de Guêpré, dont il eut plusieurs enfants, entre autres :

II. — Rodolphe Osmond, Écuyer, seigneur du Mesnil-Eude, de la Roque et autres lieux, lequel a épousé vers 1313 haute et puissante damoiselle Marguerite de Montgommery; de cette alliance sont issus :

1° Louis Osmond, Chevalier, seigneur d'Assy, qui figure dans un acte de partage de l'année 1356, fait entre lui et ses frères au sujet de la succession de Robert Osmond, leur oncle;

2° Jean, qui suit :

III. — Jean Osmond, Écuyer, seigneur du Mesnil-Eude, du Castelier, de Creuilly, etc., né en 1340, a épousé damoiselle Gasparde de la Roque, dont il eut :

IV. — Jean Osmond, II° du nom, Écuyer, seigneur de La Roque, du

Mesnil-Eude, du Castelier, de Creuilly, d'Assy et autres lieux, connu par des Lettres Royaux données à Paris, au mois d'octobre 1361, habitait la Vicomté d'Auge. Il a épousé noble damoiselle Jeanne DE BOUQUETOT, dame de Millouet, qui l'a rendu père de dix enfants, tous dénommés dans un acte de partage qu'ils firent le samedi 15 décembre 1396. Cet acte est signé de Messires Jean Le Bigot, Jean de Merlemont, Martin de Bouquetot, Guyot de Bailleul, Jean de Montfort, Jean de Hautemer et Henri de Querville.

Parmi ces enfants nous citerons :

1° Jean OSMOND, Écuyer, sieur du Mesnil-Eude, mort sans postérité ;

2° Louis OSMOND, sieur du Castelier, mort sans postérité ;

3° Robert, qui suit :

4° Jehannot OSMOND, qui eut en partage le fief d'Assy, curé d'Équaquelon, en 1435 ;

5° Raoul OSMOND, seigneur d'Assy, prêtre qui figure dans un acte du 26 février 1408.

V. — Robert OSMOND, Écuyer, seigneur de Creuilly et de Beuvillers, fief de Chevalier, mouvant de l'Évêque Comte de Lisieux, nommé dans un titre du 4 décembre 1421. Le 1er juillet 1435, il donna à son Sénéchal commission pour confisquer et saisir féodalement tous les fiefs pour lesquels les hommages qu'on lui devait n'avaient pas été faits. Il a épousé damoiselle Alix DE BUNES, dame de Tuissignol, de Conches, qui paraît dans un titre du 17 février 1450 comme veuve et ayant la garde noble de ses enfants, qui étaient :

1° Louis, qui suit :

2° Jean OSMOND, seigneur de la Vallée, tige d'une deuxième branche, qui s'est éteinte au XVe degré en la personne de Jean-François D'OSMOND, fils de François-Michel et de dame Anne-Élisabeth D'OUVILLE.

VI. — Louis OSMOND ou OSMONT, Écuyer, seigneur de Beuvillers, de Millouet, de Malicorne, etc., dénommé dans un acte du 17 février 1450, comme *Atorné* (1) de sa mère, rendit aveu pour le fief de Malicorne, le 26 août 1489, à noble homme Gazeau, seigneur Baron de Pontgoing, dont ce fief relevait. Il a épousé en 1459 noble dame Marguerite DU MESNIL,

---

(1) Un *Atorné* était un fondé de pouvoir ; dans un ancien coutumier de Normandie, voici la description qu'on en donne : « *Cil qui par devant justice est atorné pour aulcung en esche-* « *quier ou en assise où il ait recort, pour poursuivre et défendre sa droicture, et si doic* « *estre reçu en la querelle, comme celluy en est à li atorné.* »

veuve de messire Jean d'Estrehan, Chevalier, qui l'a rendu père du fils
unique qui suit :

VII. — François Osmond, Chevalier, seigneur de Malicorne, de Beuvillers
et de Millouet, fit à la fin de sa vie deux fondations au couvent des Dominicains de Lisieux, les 20 novembre 1528 et 3 juin 1530. Il avait épousé
par contrat du 24 février 1497 noble damoiselle Robine Fortin, dont
il eut :

    1° Jean Osmond, prêtre chanoine de Lisieux ;
    2° Thomas Osmond, seigneur de Beuvillers, marié à Marguerite d'Anisy, mort
        sans postérité ;
    3° Jean, qui suit :
    4° Catherine Osmond, mariée à Nicolas Fouques de Mannetot.

VIII. — Jean Osmond, IIIe du nom, Chevalier, seigneur de Malicorne, de
Beuvillers et de Saint-Germain de Marolles, reçut commission du duc d'Aumale, Lieutenant général, Gouverneur pour le Roi de la province de Normandie, pour : lever et assembler soit à cheval, soit à pied, tel nombre qu'il
jugerait à propos, des manants et habitants des bourgs de la sergenterie de
Saint-Julien de Foulcon, d'en prendre le commandement pour empêcher les
pilleries et saccagements que les rebelles commettaient dans la province.
Cette commission est datée du camp devant Honfleur, le 22 juillet 1562 Par.
contrat du 5 juin 1538 il a épousé demoiselle Catherine de Sabrevois, fille
de Claude de Sabrevois, seigneur des Mousseaux, Gouverneur de la Baronnie
d'Ivry, et de dame Jeanne de Hellenvilliers. De ce mariage sont nés trois
filles et trois fils :

    1° Jacques Osmond, tué à la bataille de Saint-Denis, le 12 novembre 1567 ;
    2° Charles, qui continue la descendance ;
    3° René Osmond, seigneur de Malicorne, homme d'armes dans la compagnie
        d'ordonnance du seigneur de Montmorency, marié à demoiselle Catherine
        de la Rivière, fille de Jacques de la Rivière et de haute et puissante
        dame Marguerite de Dreux (1), est l'auteur de la branche rapportée plus
        loin et seule existante aujourd'hui.

IX. — Charles Osmond, Chevalier, seigneur de Beuvillers et de beaucoup
d'autres lieux, rendit hommage pour cette terre le 18 juin 1582, à messire
Jean de Vassé, Évêque, Comte de Lisieux, de qui elle relevait en plein fief

(1) Suivant l'Histoire généalogique de la maison royale de France, cette Marguerite de Dreux
était une des dernières descendantes de Robert, comte de Dreux, cinquième fils du roi Louis le
Gros.

de Haubert. On voit par des lettres données au camp de Nevers le 14 décembre 1587 et signées : HENRY, qu'il se distingua comme son père dans la profession des armes. De son mariage, contracté avant le 3 juin 1571, avec demoiselle Catherine DE HAUTEMER, sont issus :

1° Antoine, qui suit :

2° Françoise OSMOND, mariée à Louis LE ROI, sieur du Homme;

3° Marguerite OSMOND, morte célibataire.

X. — Antoine OSMOND, Chevalier, seigneur de Beuvillers, d'Aubry-le-Pantou, de Pierrefitte et autres lieux, servit sous les ordres du Comte de Grancey, Chevalier des Ordres du Roi, Capitaine de cinquante hommes d'armes, un de ses Lieutenants généraux en Normandie.

Il a épousé le 4 janvier 1598 demoiselle Françoise ROUXEL DE MÉDAVY, qui l'a rendu père de dix enfants, entre autres :

1° Guillaume, qui continue la descendance;

2° Jean OSMOND, curé de Pretcville;

3° Antoine OSMOND, reçu chevalier de Malte au grand prieuré de France, le 17 mars 1638;

4° Anne OSMOND, mariée à messire Hector DE BERNARD, chevalier, seigneur d'Avernes.

XI. — Guillaume OSMOND Chevalier, seigneur d'Aubry-le-Pantou et de Mesnil-Froger, était Enseigne de la Mestre de Camp du régiment du Comte de Grancey, en 1630; il servit en 1636 sous les ordres de Louis de Bourbon, Grand-maître de France, en 1639 avec le Maréchal de Châtillon, et enfin en 1649 sous les ordres d'Henri de Lorraine, Comte d'Harcourt. Par contrat du 8 juin 1632, il avait épousé haute et puissante dame Charlotte DE LAVAL, fille de messire Thomas de Laval, Baron de Tortigny, issue de l'illustre maison de Montmorency-Laval. De cette haute alliance sont nés treize enfants, entre autres :

1° Gabriel OSMOND, chevalier, seigneur de la Fresnaye-Fayel et d'Aubry-le-Pantou, marié par contrat du 13 août 1662 à demoiselle Marie DOYNEL DE MONTÉCOT, fille de messire François Doynel, chevalier, seigneur du Hamel et de Montécot, chevalier de l'ordre du Roi, maréchal des camps et armées de S. M. De cette alliance sont issus :

A. Charles-François D'OSMOND, reçu Page du Roi en sa grande Écurie, mort en 1687;

B. Eustache-Antoine D'OSMOND, Chevalier de Malte, mort en 1690;

C. Marie-Catherine D'OSMOND, mariée le 25 janvier 1686 à Léonor DE SERAN, baron D'ANDRIEU;

D. Françoise-Jeanne D'OSMOND, qui épousa René-Henri, marquis
D'OSMOND, son cousin, dont il sera parlé plus bas ;

E. Anne-Gabrielle D'OSMOND, élevée à la maison royale de Saint-Cyr,
mariée par le Roi le 10 mars 1705 à François DE CARDEVACQUE,
marquis D'HAVRAINCOURT, colonel de dragons. A l'occasion de ce
mariage elle reçut de madame de Maintenon qui la chérissait un
cadeau de cent mille livres.

2° Jean, qui a continué la descendance ;

3° François OSMOND, archidiacre et trésorier de l'église d'Angoulème ;

4° Jean-Baptiste OSMOND, reçu chevalier de Malte le 12 novembre 1668, capi·
taine des vaisseaux du Roi, commandeur de Chanteraine, mort en 1710 ;

5° Marguerite OSMOND, mariée à Gabriel DE RAVETON, Écuyer, seigneur de Vitré.

XII. — Jean D'OSMOND, Chevalier, seigneur du Mesnil-Froger, de Mé-
davy et de Boitron, a épousé : 1° le 25 mai 1664 demoiselle Anne-
Renée DE SAINT - PIERRE , et 2° le 8 juin 1680 , demoiselle Anne-
MALLART, fille de Léon Mallart, seigneur de Boitron et du Mesnil-Guyon,
Chevalier de l'Ordre du Roi, Lieutenant des Gendarmes du Maréchal de
Grancey, et de dame Jeanne DE NOLLENT. De ces deux alliances sont nés plu-
sieurs enfants, savoir :

1° René-Henri, qui suit :

2° Marie D'OSMOND, religieuse à la Chaise-Dieu, près l'Aigle ;

3° Eustache, dont l'article viendra plus loin ;

4° Charlotte-Victoire D'OSMOND, mariée le 19 juillet 1712 à Sébastien DE LA
RUE, seigneur de Bernière, de Rupierre, de Boisroger, etc.

XIII. — René-Henri, Marquis D'OSMOND, Chevalier, seigneur et Patron
d'Aubry-le-Pantou, de la Fresnaie-Fayel, du Mesnil-Froger, etc., Chevalier
de Saint-Louis, servit d'abord dans les Mousquetaires, puis dans le régiment
du Roi, où il était Capitaine en 1697, et fut retraité le 1er février 1719 étant
Brigadier des armées de Sa Majesté. Au mois de mars de la même année il
obtint des Lettres patentes en forme de charte pour l'érection en MARQUISAT
des terres d'Aubry-le-Pantou, de la Fresnaie-Fayel, du Mesnil-Froger et de
Royville.

De son mariage accordé le 15 mai 1697 avec demoiselle Françoise-Jeanne
D'OSMOND, sa cousine germaine, sont nés six enfants, entre autres :

1° Jean-René, qui suit :

2° Eustache-Louis D'OSMOND, né le 17 septembre 1713, reçu chevalier de Malte de
minorité en 1715 et Page du Roi dans sa grande écurie le 30 décembre
1729 ;

3° Renée-Gabrielle D'Osmond, reçue à Saint-Cyr le 16 novembre 1711 ;

4° Marie-Cécile D'Osmond, reçue aussi à Saint-Cyr le 19 janvier 1726.

XIV. — Jean-René, Marquis D'Osmond, après avoir servi dans le régiment du Roi (infanterie), où il était Lieutenant en 1727, a été nommé Capitaine de cavalerie dans le régiment de S. A. S. le Comte de Clermont, le 1er avril 1734. Il a épousé en 1737 demoiselle Marie-Thérèse Turgot, et est mort sans laisser de postérité.

DEUXIÈME BRANCHE
DES COMTES DE BOITRON.

XIII. — Eustache D'Osmond, Seigneur, Comte de Boïtron, né le 5 novembre 1683, second fils de Jean, et de dame Anne-Renée de Mallart, fut reçu Page du Roi en sa petite Écurie le 4 décembre 1702 et était Aide de Camp du Duc de Vendôme, pendant la guerre d'Espagne. Se trouvant, du chef de sa mère, héritier de la terre de Boitron et de plusieurs autres très-considérables, il en obtint l'érection en Comté par Lettres patentes du mois de janvier 1720. Il avait épousé le 5 janvier 1714 demoiselle Marie-Louise de Pardieu de Maucomble, qui l'a rendu père de quatre enfants, savoir :

1° Gabriel-Barnabé-Louis D'Osmond, Chambellan de Monseigneur le Duc d'Orléans, marié à demoiselle Rose-Thérèse de Thère, n'eut que deux filles ;

2° Louis-Eustache, qui a continué la descendance ;

3° Charles-Gabriel D'Osmond, évêque de Comminges et comte de Lyon;

4° Eustache-Louis D'Osmond, Chevalier de Malte et lieutenant des vaisseaux du Roi.

XIV. — Louis-Eustache D'Osmond, Comte de Boitron, reçu Chevalier de Malte de minorité, fut Capitaine de frégate et a épousé en 1750 mademoiselle Marie-Élisabeth Cavalier de la Garenne. De cette alliance sont nés plusieurs enfants, entre autres :

1° René-Eustache, qui suit :

2° Antoine-Eustache D'Osmond, Chevalier des Ordres de Monsieur, évêque de Comminges;

3° Marie-Joseph-Eustache, Vicomte D'Osmond, lieutenant général des Armées du Roi, commandeur de Saint-Louis, gentilhomme de la chambre, etc., a épousé en 1795 mademoiselle Anne-Marie-Marthe Gilbert des Voisins, dont il eut :

A. Charles-Marie-Eustache D'OSMOND, capitaine de cavalerie, mort sans postérité.

4° Rose D'OSMOND, mariée au Comte D'ARGOUT, fils du gouverneur de Saint-Domingue.

XV. — René-Eustache, Marquis D'OSMOND par suite de la mort du chef de la branche aînée, né le 17 novembre 1751, entra de bonne heure au service militaire, et devint Colonel en second du Régiment d'Orléans (cavalerie) en 1780. Au moment où éclata la Révolution il était Ambassadeur et Ministre plénipotentiaire à la Haye. Rentré en France à la Restauration, il fut promu le 22 juin 1814 au grade de Lieutenant général et chargé de diverses ambassades en Russie, en Piémont et à Londres. En récompense de ses services, Louis XVIII l'éleva à la dignité de Pair de France par ordonnance royale du 17 août 1815. Il est mort à Paris le 22 février 1838, laissant de son mariage avec mademoiselle Hélène DILLON les deux enfants ci-après :

1° Adèle D'OSMOND, mariée au général comte DE BOIGNE;
2° Rainuphe, qui suit :

XVI. — Rainuphe, d'abord Comte, puis Marquis D'OSMOND, Officier de la Légion d'honneur, Chevalier des Ordres Royaux et Militaires de Saint-Louis, de Saint-Ferdinand d'Espagne et des Saints-Maurice-et-Lazare de Sardaigne, fut sous la Restauration Lieutenant-colonel de cavalerie et Menin de monseigneur le Dauphin. Par contrat du 25 novembre 1817 il a épousé mademoiselle Aimée-Marie CAROILLON DES TILLIÈRES. De ce mariage sont issus deux enfants :

1° Jeanne-Eustachine D'OSMOND, mariée le 15 octobre 1845 à Monsieur le Duc DE MAILLÉ;
2° Rainuphe-Eustache, Comte D'OSMOND, marié à mademoiselle Marie DE MALESSYE, dont un fils :
A. N..... D'OSMOND, né le 15 août 1855.

DES ROTOURS

a maison DES ROTOURS, qui a eu pour berceau une paroisse sise au diocèse de Séez, élection de Falaise, généralité d'Alençon, dont le nom latin est *Rotoria*, est d'ancienne chevalerie et tenait un rang distingué parmi la noblesse de Normandie dès le XII⁰ siècle.

Le premier personnage de cette famille connu d'une manière certaine est Guillaume DES ROTOURS (*Willermus des Rotors*), qui prit part à la troisième croisade, ainsi qu'il appert d'une charte de l'année 1191. Cet acte, passé au camp de Saint-Jean d'Acre au mois de juin de ladite année, est un emprunt contracté par Henri DE HANNEVILLE, Guillaume DES ROTOURS, Hugues DE MALLEVILLE et Jourdain D'ENFERNET, Chevaliers, sous la garantie de Richard Cœur-de-Lion, roi d'Angleterre, leur suzerain.

Elle a formé deux branches principales qui ont produit plusieurs rameaux.

La première branche des seigneurs du Sacq, Barons de Chaulieu et des Rotours, a pour chef actuel :

Raoul-Gabriel-Jules DES ROTOURS, Baron de Chaulieu, né le 20 avril 1802.

De cette branche est issu le rameau des seigneurs de la Chaux, représenté de nos jours par :

Alexandre DES ROTOURS, né en 1801, fils de Charles-Henri des Rotours, Chevalier de Saint-Louis, et de dame Agathe-Félicité DE LA PORTE DE LA FERTÉ-FRESNEL.

La seconde branche est représentée par : Léon DES ROTOURS, né le 17 mai 1802, marié le 31 décembre 1832 à demoiselle Louise-Françoise-Alix MASQUIER DE DAMPIERRE, dont il a deux enfants;

Et par son frère, Alexandre-Antonin DES ROTOURS, né le 22 mai 1806, Chevalier de la Légion d'honneur, qui a pour fils :

Robert-Eugène DES ROTOURS, né le 22 octobre 1833, marié à mademoiselle Emma-Joséphine-Colette-Ghislaine VAN DEN HECKE DE LEMBEKE, dont :

A. Raoul-Gabriel-Gislain DES ROTOURS, né le 8 avril 1860.

DE FONTENAY

ARMES : *D'argent, à deux lions léopardés de sable passant l'un au-dessus de l'autre, armés, lampassés et couronnés de gueules.* — Couronne : *De Marquis.*

onnue dans l'histoire de Normandie dès le XIe siècle, la maison DE FONTENAY est originaire du Perche, d'où ses rameaux se sont répandus dans le pays chartrain, le Maine et le Vendômois.

L'ancienneté de son extraction chevaleresque, l'éclat des alliances qu'elle a contractées, les hautes fonctions dont ses membres ont été revêtus, les services constants qu'ils ont rendus dans l'armée et dans les conseils de nos Rois, la placent au nombre des familles les plus distinguées de la noblesse.

Cette maison s'est divisée en vingt branches, qui ont été à diverses fois maintenues dans les priviléges d'extraction, notamment en 1540, 1624, 1641, 1666 et 1667. Elle a fait des preuves pour l'admission de quatre de ses rejetons aux Écoles militaires, pour une Chanoinesse de la maison royale de Saint-Cyr, pour quatre Pages en l'Écurie du Roi, etc.

Trois de ces branches ont perpétué la descendance jusqu'à nos jours; nous en ferons connaître ci-après la filiation et l'état actuel.

Les domaines de cette ancienne famille comprenaient un grand nombre de terres et fiefs nobles parmi lesquels nous citerons : les baronnies de

Langevardière, de la Périère, de Survie, les seigneuries de Piseulx, de la Brennière, du Boistier, de la Noue, de Plainville, de Saint-Aubin, de Courboyer, etc.

Plusieurs membres de cette maison, qualifiés hauts et puissants seigneurs dès le XIV° siècle, étaient seigneurs châtelains hauts-justiciers de Soizay, de Saint-Hilaire, de Maison-Maugis, de Viddé, etc.

Ses alliances ont été constamment dignes du rang qu'elle occupait dans la noblesse; parmi elles on remarque celles qu'elle a contractées avec les familles de :

De Béthune-Sully (1), d'Estampes, d'Aubusson, de Damas, de Faudoas, de Saint-Gelais, de Perrochel, de Barville, de Cochefilet, de Saint-Pol, de Théligny, de Rosnyvinen, de Bailleul, d'Escauville, de Marescot, du Mouchet, d'Érard, d'Allonville, Le Conte de Nonant, de Durcet, du Bois-des-Cours, de Tascher, Le Couturier de Saint-James, de Frémont, de Bonvoust, du Crochet, de Beaulieu, de Droullin, de la Forest-d'Armaillé, de Monthulé, de Marguerie, d'Artus de Boyer, de Ruolz-Montchal, de l'Estoile, de Trémault, Picot de Plédran, etc.

Au milieu d'une foule de personnages distingués que la maison DE FONTENAY a donnés à l'armée, à la diplomatie, à l'église, aux conseils de nos Rois, on distingue particulièrement des Maréchaux de Camp, Mestres de Camp de cavalerie et d'infanterie, Colonels et Officiers supérieurs de toutes armes, dont plusieurs ont péri sur le champ de bataille, des Capitaines des Gardes du Roi, des Capitaines de cent hommes d'armes, des Gentilshommes de la Chambre, plusieurs Gouverneurs de villes et places fortes, un Grand-Bailli de Touraine, des Commandeurs et Chevaliers de l'Ordre du Roi, de Saint-Michel, de Malte, de Saint-Louis et de la Légion d'honneur, etc., etc.

Les limites de cette notice ne nous permettant pas d'énumérer toutes les illustrations qu'ont fournies les nombreuses branches de la maison DE FONTENAY, nous en mentionnerons seulement quelques-unes :

Messire Pierre DE FONTENAY (2), Capitaine de cinquante hommes d'armes

_____

(1) Le fameux duc de Sully a épousé en secondes noces madame veuve Rachel de Cochefilet, née de Fontenay; les armoiries des de Fontenay se voient encore sur le tombeau de Sully, à Nogent-le-Rotrou.

(2) La famille possède dans ses archives seize lettres autographes des Rois Henri IV, etc. L'une d'elles, écrite au camp devant Rouen le 11 mars 1591, lui accorde 10,000 écus pour

et cent arquebusiers à cheval des ordonnances du Roi, Mestre de Camp d'artillerie, Chevalier de l'Ordre, fut Gouverneur de la ville et château de Bellesme (1597), et Gouverneur général du pays de Perche jusqu'à sa mort, arrivée le 18 mai 1610(1).

Étienne DE FONTENAY (2) fut un des compagnons de Guillaume le Conquérant en 1066, et créé par lui Lord et Comte de Tamworth en Lancashire (*Archives de la Tour de Londres*). C'est peut-être un de ses descendants qui fait l'objet du passage suivant du testament de Marie Stuart :

« Je donne à FONTENAY, pour ses services et dépens non récompensés, la « pension de Willi Guillaume Douglas, qui me reviendra. »

Amaury DE FONTENAY était Chevalier banneret sous Guillaume le Roux, roi d'Angleterre en 1105.

Thomas et Robert DE FONTENAY firent partie de la première croisade (1096), et Jordan DE FONTENAY de la troisième.

1212. — Raoul DE FONTENAY est compris dans le catalogue des seigneurs tenant fief dans le bailliage d'Alençon; il prêta serment de fidélité à Philippe-Auguste (*Dictionnaire* de l'abbé d'Expilly et *Histoire* de du Moulin).

Raoul DE FONTENAY, Chevalier, assista à la glorieuse bataille de Bouvines (1214).

1252. — Odart DE FONTENAY, IVᵉ fils de Pierre, Baron DE FONTENAY, Sei-

---

récompenser les gentilshommes et gens de guerre servant sous ses ordres, pour la rançon d'aucuns prisonniers de guerre faits par lui et eux pendant les guerres de la Ligue; il tua de sa main le Comte Pécherays et lui prit sept drapeaux dans les plaines de Mortagne; un de ces glorieux trophées existe encore au château du Vauhernu, près Bellesme, résidence du chef de la famille.

Une autre, écrite au camp devant Dreux le 12 juin 1593, mande à Pierre DE FONTENAY de venir le joindre avec sa compagnie, afin de le servir en l'occasion comme il l'a fait en toutes les autres.

(1) Le cœur de Pierre DE FONTENAY, un des défenseurs les plus zélés d'Henri IV, fut inhumé dans l'église de Saint-Sauveur de Bellesme. Au-dessus du lieu où il reposait fut placé un tableau représentant ce seigneur à genoux, en armures et tête nue; derrière lui est saint Pierre, son patron, qui le pousse vers N. S. Jésus-Christ terrassant le démon. Ce tableau, caché pendant la révolution, devint en 1828 la propriété de M. le Comte Théodore DE FONTENAY, qui le conserve précieusement. Les armoiries des de Fontenay étaient gravées sur les portes des quatre principales villes du Perche : Bellesme, Mortagne, Nogent-le-Rotrou et la Ferté-Bernard; elles furent grattées, il est vrai, à la révolution, mais heureusement on ne peut pas gratter l'histoire.

(2) Quelques auteurs le nomment Marmion.

gneur de Bonne-Busche, et de dame Aramboise DES BARRES, était Conseiller de la Reine Blanche.

1260. — N. . ., Baron DE FONTENAY, était Gouverneur et Grand-Bailli de Touraine.

1312. — Jean DE FONTENAY vendit au chapitre de la ville de Séez la dime qu'il avait à Longuenoë; il fit, en 1347, au Maître des eaux et forêts de l'apanage d'Alençon une déclaration portant que : « ses vassaux « avaient le droit d'usage dans la forêt d'Escoupves, moyennant une rente « à son arbitrage....., qu'il était tenu de visiter la forêt, de juger, avec « les autres francs tenanciers, les contestations qui surviendraient au « sujet de ladite forêt, et qu'il devait quarante jours de garde par lui ou « par ses hommes d'armes à la porte de Lancerel à Alençon, en temps de « guerre, etc....»

Deux Chevaliers du nom DE FONTENAY ont figuré au célèbre combat des Trente (1351). Leurs noms sont inscrits sur la colonne que l'on a érigée près de Ploërmel, à l'endroit où a eu lieu ce fait mémorable.

Amaury DE FONTENAY fut le filleul du Pape Nicolas V, en 1445, à raison des services rendus par sa famille aux chrétiens d'Orient.

1589. — Messire Robert DE FONTENAY était Lieutenant de la compagnie de cent hommes d'armes du Maréchal de Retz.

1604. — Antoine DE FONTENAY, Chevalier, l'un des cent gendarmes de la compagnie du Dauphin, fut nommé gentilhomme de la Chambre du Roi.

Messire Louis DE FONTENAY, son fils, Major des chevau-légers hongrois en 1636, fut nommé gentilhomme de la Chambre du Roi, le 26 mars 1651.

Louis DE FONTENAY, Chevalier, seigneur de Théligny et autres lieux, Lieutenant de cinquante lances des ordonnances du Roi, fut Guidon de la compagnie des gendarmes du Maréchal de Lavardin en 1605.

Anselme DE FONTENAY, Chevalier, Capitaine de cinquante chevau-légers, Mestre de Camp entretenu, Capitaine Gouverneur de la ville et château de

Mortagne , reçut commission pour lever un régiment, le 12 juillet de 1620(1), et nommé Maréchal de Camp en 1624 (2).

Jacques DE FONTENAY, son fils, Capitaine d'une compagnie de cinquante arquebusiers à cheval en 1636, Capitaine au régiment de Mazarin en 1647, était Major du régiment de la Ferté lorsqu'il fut tué en 1651.

Louis DE FONTENAY était Capitaine au régiment du Perche en 1639.

René DE FONTENAY, Gouverneur de la ville et château de Bellesme, Mestre de Camp en 1652, fut chargé de la conduite du corps d'armée en Auvergne, sous le commandement du Duc d'Angoulême.

Jean DE FONTENAY, Capitaine Exempt des gardes du corps de Monsieur en 1669, fut reçu sur preuves Chevalier des Ordres royaux et militaires de Saint-Lazare et du Mont-Carmel.

_____

(1) Extrait d'une ordonnance signée par Louis XIII, à Mortagne, le 27 juillet 1620 :

« A tous nos lieutenants généraux, gouverneurs de nos provinces et villes, baillis, sénéchaux, capitaines gardes-portes, etc.

« Nous vous mandons et ordonnons que vous ayez à laisser sortir et librement passer la quantité d'armes et autres provisions de guerre que le sieur Anselme de Fontenay, sieur de Soizay, fera sortir et transporter de notre ville de Paris et autres villes du royaume, en nos provinces du Maine et du Perche, pour l'armement de cinq compagnies de gens de guerre à pied, etc., etc.

« Donné à Mortagne le 27 juillet 1620.   « Signé : Louis. »

(2) Voici un extrait des lettres patentes royales accordées à Anselme DE FONTENAY en 1624 :

« Louis, par la grâce de Dieu, Roi de France et de Navarre, à tous présents et à venir, salut.

« Voulant reconnoître les bons et agréables services que ceux de la famille de Fontenay ont rendus à la Couronne pendant les guerres civiles de la Ligue en la prise de la ville et château de Bellesme et réduction de toute la province du Perche en l'obéissance du feu Roi notre sire et père, et particulièrement Anselme DE FONTENAY, sieur de Soizay, l'un des Maréchaux de Camp de notre infanterie.....

« A ces causes, ayant été dûment informé que la terre et seigneurie de Soizay est de grande étendue, de grands revenus, relevant de nous à cause de notre comté du Perche, en foi et hommage, en laquelle il vouloit avoir haute justice qui a été discontinuée depuis la réunion du dit comté, après les appanages finis et la minorité de ses successeurs, etc.

« Avons de notre grâce spéciale, pleine puissance et autorité royale créé et créons, érigé et errigeons par ces présentes la dite terre et seigneurie de Soizay *en titre prééminence de chatellenie* pour en jouir le dit de Fontenay ses hoirs ou ayant cause, avec droit de haute, basse et moyenne justice, comme aussi d'y établir des fourches patibulaires, de faire dorer sa maison, etc., et que tous les vassaux, arrière-vassaux et autres tenants, soit noblement ou roturièrement, de la dite seigneurie, feront hommage et bailleront leurs aveux, droits et devoirs au dit sieur de Soizay, etc., etc.

« Donné à Paris, au mois de mars de l'an de grâce mil six cent vingt-quatre et de notre règne le quatorzième.

« Signé : Louis. »

Nicolas DE FONTENAY fut reçu Page du Roi en sa petite Écurie, sur preuves de noblesse, le 11 janvier 1672.

Louis-Anne DE FONTENAY, Lieutenant de grenadiers en 1736, perdit le bras gauche à Prague, le 19 août 1742, fut nommé Aide-major de la Place de Maubeuge en 1744, et Chevalier de Saint-Louis en 1755.

Messire Claude-Pierre-Gabriel DE FONTENAY, Chevalier, reçu Page du Roi en sa grande Écurie le 12 mars 1738, était Chevau-léger de la garde du roi en 1744, et fit en cette qualité les campagnes de Flandres et de Bohême; plus tard il fut nommé Capitaine des chasses du Duché d'Alençon et inspecteur des Haras de la généralité d'Orléans en 1748.

Pierre-Jean, Marquis DE FONTENAY, Capitaine aux grenadiers de France en 1742, Chevalier de Saint-Louis en 1760, se retira comme Major à l'École royale militaire en 1773.

Louis-René DE FONTENAY, Capitaine au régiment de Crillon en 1745, blessé de trois coups de feu près Landau, fut nommé Chevalier de Saint-Louis, par brevet du 26 avril 1746. Ayant perdu un œil à la suite de ses blessures, il se retira Capitaine à l'École royale militaire.

Marie-Jacques-Louis DE FONTENAY, né en 1740, reçu Gentilhomme garde de la marine, sur preuves faites devant d'Hozier en 1757, devint Lieutenant de vaisseau.

Henry, Marquis DE FONTENAY, né le 30 novembre 1753, fut reçu Page du Roi en 1770; il assista avec plusieurs autres membres de sa maison aux Assemblées des États généraux tenues à Bellesme, en 1789.

Par suite de l'incendie des archives de la maison de Fontenay, qui eut lieu en 1793 à Versailles, en la demeure de madame DAVY DE FAUSSERVILLE, femme de Pierre-Claude-Gabriel DE FONTENAY, et chez laquelle ces papiers avaient été déposés, la filiation par actes authentiques n'a pu être complétée qu'à l'aide des actes publics, tels que preuves, jugements de maintenue, hommages, lettres royaux, etc.

Nous ne pouvons en conséquence faire commencer la filiation suivie et authentique qu'à partir de :

Jean DE FONTENAY, Écuyer, seigneur de Piseux, marié en 1460, auteur de toutes les branches de cette maison; vu le grand nombre de ces branches, nous ne donnons que la filiation de celles existantes encore de nos jours.

La première et la deuxième branche se sont éteintes, l'une en 1725, l'autre en 1710.

La troisième branche, dite de Fontenay-la-Noüe, a eu pour auteur :

Anseaume DE FONTENAY, Écuyer, seigneur des Chaponnières, marié le 25 juillet 1568 à demoiselle Marie DU MOUCHET.

Elle s'est éteinte en la personne du Marquis Henry DE FONTENAY, ancien Page du Roi, ancien Officier de dragons, ancien Député, Officier de l'Ordre de la Légion d'honneur à la création, Trésorier de la 15e cohorte, faisant fonctions de Chancelier gouverneur pour l'Ordre du château de Chambord, etc., etc., décédé à Paris le 14 octobre 1834, ne laissant qu'une fille :

1° Madeleine-Henriette DE FONTENAY, mariée le 8 mai 1807 à Philippe-Joseph, Comte DE RUOLZ-MONTCHAL; ledit contrat passé à Paris en présence et de l'agrément de S. M. l'Impératrice JOSÉPHINE, de Pierre-Jean-Alexandre DE TASCHER DE LA PAGERIE, Sénateur, cousin de la future, de S. Exc. le Grand Chancelier de la Légion d'honneur, etc., etc., dont un fils :

    A. Henry-Catherine-Camille, Comte de RUOLZ-FONTENAY, Inspecteur général des chemins de fer, Officier de la Légion d'honneur, Commandeur de l'ordre royal de Charles III d'Espagne, Chevalier-Commandeur (2e classe) de l'ordre de Sainte-Anne de Russie, etc.

CINQUIÈME BRANCHE.

Cette branche, issue de la seconde au Ve degré, a eu pour premier auteur :

VI. — Messire Anselme DE FONTENAY, second fils de Louis de Fontenay, 1er du nom, et de dame Françoise DE MOREL, Chevalier, seigneur châtelain de Soizay, de la Heurtaudière, Capitaine Gouverneur de la ville de Mortagne, Maréchal de Camp d'infanterie en 1624, a épousé par contrat du 3 novembre 1594 demoiselle Marie DE LA MARTELLIÈRE, fille de François de la Martellière, Conseiller du Roi au bailliage du Perche, Chancelier de Navarre, etc., et de dame Claire DE FEILLET. De cette alliance sont nés neuf enfants, entre autres :

    1° Pierre, qui suit ;

2° François DE FONTENAY, Chevalier, seigneur de la Guyardière, de Bellevue, né vers 1604, auteur de la huitième branche, éteinte à la fin du XVII° siècle;

3° Jean DE FONTENAY, seigneur de la Perrière, de Verot, etc., marié le 4 mai 1650 à demoiselle Marie DE BONNIEU, auteur de la neuvième branche éteinte en la personne de Louis-César DE FONTENAY, colonel de cavalerie en retraite, mort au château de la Motte (Sarthe).

VII. — Pierre DE FONTENAY, Chevalier, seigneur de Soizay, de Saint-Hilaire, de Montgaudry et autres lieux, Gentilhomme ordinaire de la Chambre du Roi, maintenu dans sa noblesse par jugements des années 1624 et 1641, a épousé par contrat passé à Bellesme, le 2 décembre 1617, noble demoiselle Marthe DE BONVOUST. De ce mariage sont nés neuf enfants, entre autres :

1° Claude DE FONTENAY, Chevalier, seigneur haut-justicier de Soizay, dont la postérité s'est éteinte en 1720;

2° René, qui suit;

3° François DE FONTENAY, Mousquetaire du Roi en 1666, marié à demoiselle Barbe DU CROCHET, auteur de la onzième branche (éteinte).

VIII. — René DE FONTENAY, Chevalier, seigneur de Saint-Hilaire, du Chesnay et autres lieux, Gendarme de la garde du Roi, fut maintenu dans sa noblesse par jugement de M. de Marle, intendant de la généralité d'Alençon, le 22 mars 1666. Il avait épousé le 28 janvier 1655 demoiselle Marguerite REGNOUST, dont il eut six enfants, entre autres :

1° Louis, qui suit;

2° René DE FONTENAY, Écuyer, seigneur de Survie, auteur de la quatorzième branche, éteinte en la personne de son petit-fils, René-Denis DE FONTENAY, reçu Page du Roi en sa petite écurie le 21 juillet 1730, Lieutenant des Maréchaux de France à Mortagne, en 1752.

IX. — Louis DE FONTENAY, Chevalier, seigneur de Saint-Hilaire, marié le 29 décembre 1718 à noble demoiselle Charlotte-Gabrielle LEVASSEUR, fille de messire Pierre Levasseur, Chevalier, seigneur de Toiré, de la Chapelle, etc., et de dame Renée DE CHATEAUNEUF. De cette alliance sont nés trois enfants :

1° Louis-René DE FONTENAY, Chevalier, baptisé à Bellesme le 3 août 1720, Capitaine au régiment de Berry, blessé de trois coups de feu pendant la campagne de 1743, Chevalier de Saint-Louis en 1746, dont la postérité s'est éteinte à la révolution;

2° Pierre-Jean, qui continue la descendance;

3° Charles DE FONTENAY, sorti à dix-huit ans de l'École royale militaire, assista à la bataille de Fontenoi où il fut décoré. Chargé de la défense d'un poste important et commandant à cinquante hommes, presque tous ses hommes furent tués ou blessés, lui-même reçut trois coups de feu au travers du corps et plusieurs coups de sabre; par cette belle défense le poste resta en notre pouvoir et en récompense il fut décoré de la main du maréchal commandant le corps d'armée. Il mourut quelques années après des suites de ses blessures.

X. — Pierre-Jean, Marquis de Fontenay, né à Bellesme, le 17 août 1721, Enseigne au régiment de Piémont le 1ᵉʳ juillet 1743, Chevalier de Saint-Louis, Capitaine aux grenadiers de France, figura à la bataille de Fontenoy; il a hérité de la terre du Vauhernu à la mort de son neveu Louis-Jean de Fontenay. Il avait épousé le 13 mai 1755 demoiselle Jacqueline-Françoise Billard-de la Heyère, fille de noble Alexandre Billard, Conseiller du roi en l'élection du Perche, et de dame Jacqueline Le Roy. De ce mariage est né le fils unique qui suit :

XI. — Pierre-Louis, Comte de Fontenay, Chevalier, seigneur de la Ravallière, né le 31 août 1760, admis en 1770, sur preuves faites devant Antoine-Marie d'Hozier de Sérigny, Juge d'armes de France, au nombre des Gentilshommes que Sa Majesté fait élever à l'École royale militaire; Lieutenant-colonel de cavalerie, Chevalier de Saint-Louis, mort en février 1854. Il avait épousé par contrat du 14 novembre 1785 demoiselle Marie-Louise-Apollonnie d'Artus, fille d'Antoine-Norbert d'Artus, Comte de Boyer, Lieutenant-colonel du génie, Chevalier de Saint-Louis, etc., et de dame Marie-Dieudonnée-Françoise Thade de Noblat. De ce mariage sont issus deux enfants :

1° Aménaïde-Louise de Fontenay, mariée en 1812 à Michel Picot de Plédran, dont postérité;

2° Pierre-Louis-Antoine-Théodore, qui suit.

XII. — Pierre-Louis-Antoine-Théodore, Comte de Fontenay, Chef actuel de la famille, né le 2 décembre 1790, ancien Garde du corps du Roi, suivit le Roi à Gand le 20 mars 1815; nommé Capitaine-Lieutenant au 6ᵉ régiment d'infanterie de la Garde Royale, il a fait la campagne d'Espagne en 1823, au 19ᵉ régiment d'infanterie de ligne, et y fut nommé Chevalier de l'Ordre royal et militaire de Saint-Ferdinand d'Espagne; il a épousé, le 9 mai 1826, mademoiselle Mélanie-Louise-Virginie de l'Estoile, fille de Louis-Jacques de l'Estoile, Chevalier de Saint-Louis, et de dame

Louise LEFÈVRE DE CHASLES. De ce mariage sont issus les cinq enfants ci-après :

> 1° Anselme-Louis-Marie DE FONTENAY, né le 13 février 1827, ingénieur civil, a épousé le 21 décembre 1858 mademoiselle Marie-Berthe-Sidonie LAFONTAN, fille de Jean-Baptiste Lafontan et de dame Marie-Adeline DE CLAPARÈDE (cette dernière était fille de Marie-Michel, Comte CLAPARÈDE, Lieutenant Général, Grand-Croix de Saint-Louis et de la Légion d'honneur, Pair de France, etc.);
>
> 2° Amaury-Jules-Léon-Marie DE FONTENAY, né en 1830, Lieutenant de vaisseau, Chevalier de la Légion d'honneur;
>
> 3° Louis-Vincent-Marie DE FONTENAY, Ingénieur agronome;
>
> 4° Pierre-Marie-Robert DE FONTENAY, Officier au 6ᵉ régiment de dragons;
>
> 5° Nathalie-Marie DE FONTENAY.

La douzième branche, qui a eu pour auteur :

César DE FONTENAY, Chevalier, seigneur de la Guyardière, né le 28 décembre 1654, est représentée par : Henri DE FONTENAY, né en Russie en 1810, Officier des Hulans, marié et habitant le gouvernement d'Orel (Russie d'Europe).

Le dix-septième rameau a pour chef actuel :

Alexandre-Claude-François-Hippolyte DE FONTENAY, né le 13 août 1811, a épousé le 14 juin 1842 mademoiselle Henriette-Marie-Augustine DE TRÉMAULT DE LA BLOTTINIÈRE, dont il n'a qu'une fille ; cette branche est donc à la veille de s'éteindre.

Le dix-huitième rameau est représenté par :

Marie-Jean-Baptiste-Théobald DE FONTENAY, né le 16 janvier 1813, Supérieur du grand séminaire de Séez, fils de Joseph-Jacques DE FONTENAY, Chevalier de Saint-Louis, et de dame Louise-Charlotte DE CHEVESAILLES.

DE CHAMBRAY

ARMES : *D'hermines, à trois tourteaux de gueules.* — Couronne : *De Marquis.* —
Supports : *Deux anges de carnation.* — Cimier : *Un aigle éployé.*

itée dans l'Histoire de la province, dès le XIIᵉ siècle,
et en possession depuis cette époque de tous les honneurs et priviléges attachés à une extraction chevaleresque, la maison DE CHAMBRAY peut, à juste titre, revendiquer l'un des premiers rangs parmi la noblesse
normande, puisque, suivant le témoignage de plusieurs
historiens, appuyés d'actes authentiques incontestables, il est constant
qu'elle est issue de l'illustre famille des anciens Barons DE LA FERTÉ-FRESNEL,
lesquels avaient conservé sur elle le droit d'aînesse ou de *Parage par lignage,*
usité dans la province du temps de l'ancienne coutume jusqu'en 1528.

La terre et seigneurie de Chambray, qui faisait partie des domaines des
Barons de la Ferté-Fresnel, est située sur la rivière d'Yton (au bailliage d'É-
vreux). Ces seigneurs l'ayant donnée en apanage à leurs puînés, ceux-ci en
ont pris le nom, ainsi que c'était l'usage.

Cette famille a formé plusieurs branches : 1° celle qui nous occupe;
2° celle de Blandé, issue de la précédente, éteinte; 3° celle de Ponssay,
éteinte en 1538; 4° enfin celle du Breuil ou du Morsent, éteinte également.

On rencontre, parmi ses alliances, les noms des familles les plus considérables de la noblesse normande, entre autres, dans la branche principale,
ceux : de Laigle, de Grantviler, Lombelon des Essars, de Sommère, de
Ménilles, de Prunelé, Le Picard de Radeval, d'Angennes, d'Ailly de Pecqui-
gny, de Baignard, Le Doulx de Melleville, de Folleville, des Mousseaux, de
Saint-Phalle, de la Chambre de Vauborel, etc. ; et dans les autres branches,
ceux : de Mésenge, de Bigars, de Bailleul, des Feugerets, de Caillebot,
d'Allonville, de Thiville, de Durcet, Le Pelerin de Morsent, Le Bœuf
d'Osmoy, de Mélicourt, de Canouville, de la Haye d'Amfreville, de Gues-
pray, du Fresne, de Bernard, de Tillay, etc.

L'ancienneté de la noblesse de la maison DE CHAMBRAY fut constatée d'a-
bord lors de la recherche de Montfaut, en 1463, par le jugement de main-

tenue du 16 février 1668, et enfin par les preuves de Cour faites devant Chérin, généalogiste des Ordres du roi, en 1762 et en 1782, pour monter dans les Carrosses du Roi.

Pour abréger cette notice, nous ne rapporterons pas la filiation suivie de cette famille; nous nous contenterons de mentionner les personnages les plus importants qu'elle a produits :

Amaury I, sire DE CHAMBRAY, suivit en 1099 Robert, duc de Normandie, en Terre Sainte et y mourut, laissant une fille qui porta la terre de Chambray à Ginoldus DE GRANTVILER. (*Hist. de Normandie* par Masseville, t. Ier.)

Richard III, Baron DE LA FERTÉ-FRESNEL, fils de Richard II, baron de La Ferté-Fresnel, et d'Emmeline DE LAIGLE, épousa vers 1150 Isabelle DE GRANTVILER, dame de Chambray, fille de Godefroy de Grantviler, seigneur de Chambray, et eut pour second fils :

Simon, Chevalier seigneur DE CHAMBRAY, qui eut cette terre en apanage, et en prit le nom (une charte de l'année 1239, conservée longtemps en original en l'abbaye de Lyre, et par copie collationnée au chartrier de Chambray, mentionne ce fait).

Jean DE CHAMBRAY, son petit-fils, a figuré à l'Échiquier de Normandie en 1305; il était Chambellan du Roi Charles le Bel en 1323 (voyez *Histoire du comté d'Évreux*, page 259, par l'abbé Le Brasseur).

Jean DE CHAMBRAY, second fils de Simon, eut en apanage la terre de Blandé, et en prit le nom. Il vendit au chapitre d'Évreux huit livres de rente, le samedi après la Saint-Martin d'hiver 1288 (1).

Il est l'auteur de la branche de Blandé, qui s'est éteinte en 1532; Jacqueline, dame du Cormier et des Houlles, dernière héritière de cette branche, porta la terre du Cormier dans une autre maison; mais en 1739 elle fut acquise par Louis, Marquis DE CHAMBRAY, qui l'a fait rentrer dans sa famille.

Robert DE CHAMBRAY, abbé de Saint-Étienne de Caen en 1368, reçoit le 21 juin 1383 du pape Clément VII une bulle (conservée au chartrier de Chambray) qui l'autorise à porter les ornements pontificaux même en présence de l'évêque et d'autres prélats.

François de CHAMBRAY était Bailli et capitaine d'Évreux en 1379 (*Hist. du comté d'Évreux*, p. 259).

---

(1) Acte conservé jusqu'à la révolution au chartrier de la cathédrale d'Évreux.

Jean DE CHAMBRAY, III° du nom, Chevalier, était attaché au service du roi Charles VII; il préféra laisser confisquer ses biens que de se soumettre à la domination anglaise; aussi ce monarque le rétablit en tous ses fiefs et baronnies en 1450.

Jacques DE CHAMBRAY, Bailli d'Évreux, Chambellan du roi Louis XII, fut Ambassadeur en 1499, pour ratifier la paix d'Estaples, et Chevalier de l'Ordre de Saint-Michel.

Jean DE CHAMBRAY, Baron de la Roche-Turpin, seigneur de Varennes, de Thevray et autres lieux, l'un des cent Gentilshommes de la maison du roi, fut créé Chevalier de Saint-Michel en 1500.

Charles, l'un de ses fils, Chanoine de Laon, Prieur de Bezen, Grand-chambrier du cardinal de Lorraine, fut Aumônier du roi en 1547.

Gabriel DE CHAMBRAY, Chevalier, seigneur de Thevray, Baron d'Auffay, nommé par le roi Henri III, Gentilhomme ordinaire de la chambre, le 17 mai 1585, et Chevalier de son ordre, fut Député de la noblesse du Bailliage d'Évreux, aux États généraux du royaume, tenus à Blois en 1576 ; pannetier du roi en 1580 et capitaine de cinquante hommes d'armes des ordonnances du roi le 15 mars 1590.

Tanneguy, son fils, Chevalier de l'ordre, était Mestre de Camp des armées du roi en 1620.

Nicolas, Chevalier, seigneur et Baron DE CHAMBRAY, fut Capitaine des armées navales de Sa Majesté, par brevet du 31 décembre 1662.

Jacques-François DE CHAMBRAY, Chevalier Grand-Croix et Vice-Amiral de l'ordre de Malte, combattit les infidèles pendant longtemps, et leur prit un grand nombre de vaisseaux. Il mourut le 8 avril 1755 avec le grade de Lieutenant général commandant les troupes de terre et de mer de la religion et la réputation d'un des plus grands hommes de mer de son temps.

François-Nicolas, Chevalier, seigneur et Marquis DE CHAMBRAY, était colonel d'infanterie en 1702.

Louis DE CHAMBRAY, son fils, reçu Page du roi en sa grande écurie en 1730, fut Aide de Camp du prince Charles de Lorraine à l'armée d'Italie ; il servit ensuite aux Gardes-françaises.

Louis-François, Marquis DE CHAMBRAY, né le 23 mai 1737, Aide de camp du maréchal prince de Soubise à la bataille de Rosbach, Chevalier de Saint-Louis, Mestre de Camp de cavalerie, et enfin Brigadier des armées du roi, à la promotion du 3 janvier 1770, fut Député aux États généraux par le bailliage d'Évreux en 1789. Il a épousé, le 25 avril 1762, demoiselle Marie-

Angélique ROUILLÉ DE FONTAINE, et fut admis la même année à monter dans les carrosses du roi. Il est mort à Vienne, pendant l'émigration, en 1807, sans postérité.

François-Nicolas, comte DE CHAMBRAY, son frère, né en 1742, est mort aussi sans enfants.

Jacques-François, cadet des deux précédents, né le 21 août 1754, chevalier de Malte, quitta la croix et épousa, le 1er mars 1780, demoiselle Marie-Antonine GOUGENOT DES MOUSSEAUX, fit, en 1782, ses preuves devant Chérin, généalogiste du roi, et fut admis à monter dans les càrrosses de Sa Majesté. Émigré en 1792, il fit la campagne comme Lieutenant de Chevau-Légers, débarqua à Quiberon, servit sous les ordres du comte de Frotté, fut nommé Chevalier de Saint-Louis en 1795, et Maréchal de Camp à la Restauration. De son mariage sont issus :

1° Georges, qui suit;

2° Édouard, Comte DE CHAMBRAY, né le 15 septembre 1786, marié à demoiselle Madeleine DE CRÈS. Il est mort en 1849, laissant de ce mariage quatre enfants ;

3° Sophie DE CHAMBRAY, mariée à Henri DES ROTOURS ;

4° Adèle DE CHAMBRAY, mariée au Comte DE L'ESPINASSE-LANGEAC, dont deux fils.

Georges, Marquis DE CHAMBRAY, né le 24 octobre 1783, Général d'Artillerie, officier de la Légion d'honneur et chevalier de Saint-Louis, auteur de l'Histoire de l'expédition de Russie, de la Philosophie de la guerre et de plusieurs autres ouvrages estimés, est mort le 7 août 1848. Il avait épousé, le 20 novembre 1826, mademoiselle Hermine DE SAINT-PHALLE, dont un fils unique :

Jacques-François, Marquis DE CHAMBRAY, Chef de nom et d'armes de sa maison, né le 24 avril 1828, marié, le 15 novembre 1852, à mademoiselle Berthe DE LA CHAMBRE DE VAUBOREL.

DE LA CHAMBRE DE VAUBOREL

ARMES : *De sable, à la fasce d'or, fretté de gueules et accompagné de trois roses d'or.*

riginaire de la Vicomté de Maurienne, la famille DE LA CHAMBRE était, par elle-même et par ses alliances, l'une des plus anciennes et des plus considérables de la Savoie ; on trouve en effet un Sire de la Chambre à la première croisade (*Manuscrits de la bibliothèque impériale*).

Louis DE LA CHAMBRE était gouverneur de la Savoie et du Piémont en 1478 (*Bibliographie universelle de Michaud*, t. VIII) et Philippe DE LA CHAMBRE fut nommé cardinal en 1533.

Connue dans la province de Normandie depuis le XIVᵉ siècle, elle a fait ses preuves de Cour devant Chérin, généalogiste des Ordres du Roi, au mois de juin 1781, pour être admise à monter dans les carrosses de Sa Majesté.

Jean DE LA CHAMBRE, Écuyer, sieur du Ménil-Bacon, vint en Normandie en 1367 avec Pierre de Navarre, comte de Mortain ; il épousa en 1369 noble damoiselle N... de SAINT-MANVIEU et est rappelé dans une enquête juridique faite le 18 mai 1449, par laquelle Richard DE LA CHAMBRE, son petit-fils, fit constater sa noblesse d'ancienne extraction.

Ledit Richard, seigneur de Saint-Manvieu et autres lieux, a épousé damoiselle Michelle DE LA BROISE.

Guillaume DE LA CHAMBRE, fils du précédent, seigneur de Saint-Manvieu, du Vauborel, de la Clérelière, etc., obtint la main-levée de la saisie faite sur son fief de Vauborel par ordonnance des commissaires des Francs-fiefs, en date du 30 décembre 1460, et en fit hommage au roi, le 16 juin 1485. Il avait épousé en l'année 1453 noble damoiselle Julienne DU VAUBOREL OU DU VALBOREL, héritière des seigneurs de ce nom, qui possédaient ce fief important depuis le Xᵉ siècle (voyez la *Liste des seigneurs renommés en Normandie*, par G. du Moulin).

La maison DE LA CHAMBRE, qui a été maintenue dans sa noblesse les 13 avril 1499, 21 septembre 1515 et 1ᵉʳ avril 1670, s'est alliée aux meilleures familles de la province ; parmi elles nous citerons celles de la Broise, de

Bacon, Carbonnel de Canisy, de Bailleul, du Vauborel, de Réfuveille, de Malherbe, du Mesnil-Adlée, de Camprond, de Tesson, Mahéas de Vassy, de Marsbodin, de Guéroult, le Harivel de Fresne, le Veneur de Carrouges, de Chambray, etc.

Jacques DE LA CHAMBRE, sieur DU VAUBOREL, Vicomte de Sainte-James, fut inscrit le 18 décembre 1746 sur la liste des gentilshommes aux États de Bretagne.

Mathieu DE LA CHAMBRE, son fils, Chevalier, seigneur du Vauborel, du Mesnil-Ciboult, etc., a épousé demoiselle Marie-René LE HARIVEL DE FRESNE, servit à l'armée du prince de Condé et mourut en émigration, laissant les trois enfants ci-après :

1° Frédéric-Auguste DE LA CHAMBRE DE VAUBOREL, né le 15 octobre 1779, servit dans l'armée Royale de Normandie sous les ordres du Comte de Frotté, mort sans postérité;

2° Charles-Louis-Alexandre, qui suit ;

3° Amaranthe-Élisabeth DE LA CHAMBRE DE VAUBOREL, chanoinesse du chapitre de Sainte-Anne de Bavière.

Charles-Louis-Alexandre-Henri DE LA CHAMBRE DE VAUBOREL, né le 11 mars 1782, Chevalier de Malte, fut d'abord Capitaine dans l'armée royale de Basse-Normandie, puis Garde du Corps du roi et Chevalier de Saint-Louis, par brevet du 4 novembre 1814. Il a épousé mademoiselle Aménaïde LE VENEUR DE CARROUGES, et est mort le 23 mars 1852 ne laissant qu'une fille :

Berthe DE LA CHAMBRE DE VAUBOREL, mariée le 15 novembre 1852 à M. le Marquis DE CHAMBRAY.

RÉVÉREND

DE BOUGY ET DU MESNIL

ARMES : *Ecartelé : aux 1 et 4, de sinople, à trois mouches d'or, posées 2 et 1; aux 2 et 3, de guenules, à l'aigle d'argent, au vol éployé.* — Couronne : *De Comte.* — Supports : *Deux moines ou révérends.*

a famille RÉVÉREND, dont le nom s'est écrit LE RÉ-VÉREND, REVERANT et plus communément RÉVÉREND, dans presque tous les historiens, est originaire de la basse Normandie ; nous croyons qu'elle a une souche commune avec les RÉVÉREND existant en Flandres. Quoi qu'il en soit, cette maison est très-ancienne dans la province; en effet, le premier personnage dont on voit l'existence authentique, était un des clercs-royaux (notaires) du Roi Charles VI, qui signe avec ses collègues une ordonnance de ce monarque concernant leur corporation, le 1er avril 1407.

François RÉVÉREND était avocat général du Roi en la Cour des Monnaies de Paris en l'année 1485. (*Almanach royal*, 1776, page 583.)

La généalogie de cette famille, qui s'est partagée en deux branches prin-cipales, ayant été donnée d'une manière inexacte et incomplète dans plu-sieurs ouvrages publiés récemment, nous allons en donner la filiation au-thentique établie sur pièces déposées au cabinet des titres de la Bibliothèque impériale (section des manuscrits, dossier de la famille).

Outre ce dossier, on peut consulter :

Mézerai, *Histoire de France;* — Masseville, *Histoire de Normandie;* — Bayle, *Dictionnaire critique,* — P. Anselme, *Histoire des grands officiers de la couronne;* — Moréri, *Dictionnaire historique;* — Manuscrits de la Biblio-thèque de Caen; — *Anecdotes de Caen,* XVIIe siècle; — De Queus, XVIIIe siè-cle; — et enfin les Archives de la préfecture du Calvados.

BRANCHE AINÉE.

Cette branche a eu pour premier auteur :

Guillaume LE RÉVÉREND, Écuyer, seigneur du Parc et de Bougy, terre qu'il acquit d'un des membres de la famille des Bernard d'Avernes, né à Caen, était, en 1570, Échevin de cette ville et la défendit pendant la révolte. *Mézerai* le cite parmi les seigneurs qui se joignirent au Duc de Montpensier, que le Roi Henri III avait envoyés en Normandie pour empêcher que la ligue ne s'étendît dans toute la province. Il mourut sans postérité mâle de son mariage avec Jeanne GAUDOUEN, et son frère Pasquet continua la descendance.

I. — Pasquet LE RÉVÉREND, désigné sous le nom de Jacques, dans un manuscrit pamphlétaire du XVII° siècle, conservé à la Bibliothèque de Caen, eut d'une alliance dont le nom nous est inconnu, deux filles et le fils qui suit :

II. — Olivier LE RÉVÉREND obtint en 1594 des lettres de confirmation de noblesse, enregistrées à la Cour des comptes, aides et finances, le 10 février 1595. Il sauva la ville de Caen d'une surprise des ligueurs commandés par M. de la Motte-Corbinière. « Le Roi rendit ce témoignage à Bougy, que « sa fidélité, qu'il avait déjà éprouvée en d'autres occasions, lui avait, en « celle-ci, sauvé toute la Basse-Normandie. » (Mézerai, *Histoire de France,* tome III, page 1061.)

Il fut marié deux fois : 1° à demoiselle Anne GONDARIN, et 2° à demoiselle N. . . DE CASAIGNES. Du premier lit sont issus :

1° Michel, qui continue la descendance ;
2° François LE RÉVÉREND, sieur de Calix, l'un des Capitaines de la ville de Caen, Commissaire ordinaire des guerres, Receveur général des tailles et l'un des fondateurs de la chapelle des Cordeliers (1). Les Archives de la préfecture du Calvados possèdent trois ordres de recette par lui délivrés en ladite qualité les 6, 20 février et 17 novembre 1632 ;
3° Louis LE RÉVÉREND, mentionné avec ses frères en un registre conservé aux Archives de l'Empire, mais qui ne figure pas au dossier du Cabinet des titres. (Bibliothèque impériale.)

---

(1) HUET, dans son ouvrage *Les origines de la ville de Caen,* rapporte : La chapelle des Deux-Amis, qui fait un des principaux ornements de cette église (les Cordeliers), fut bâtie en 1613 par Pierre LE MARCHAND, sieur de Saint-Manvieu, et François LE RÉVÉREND, sieur de Calix ; ils voulurent qu'elle leur servît de sépulture commune après leur mort.

III. Michel LE RÉVÉREND, Écuyer, seigneur de Bougy, né en 1570, Échevin de la ville de Caen, figure dans un acte original du 26 février 1640 (passé devant Delalonde et Chrestien, tabellions royaux); il hérita de la charge de Receveur général des tailles qu'avait remplie son frère, mais, n'entendant rien aux finances, il céda ladite charge à son fils aîné. De son mariage avec noble demoiselle Judith LE GABILLEUR il eut seize enfants (1), entre autres :

1° Thomas LE RÉVÉREND, seigneur de Basly, né en 1601, traduisit en français l'*Octavius* de *Minutius Félix*, et fut reçu avocat à Paris; rentré à Caen pour le partage de la succession de son père, il y mourut le 20 mai 1672;

2° François LE RÉVÉREND, sieur de la Comté, mort en Hollande, où il servait;

3° Michel LE RÉVÉREND, sieur de Caligny, appelé l'abbé DE BOUGY;

4° Marie LE RÉVÉREND, mariée 1° à Thobie BARBERIE, sieur de Saint-Contest, Trésorier extraordinaire des guerres, et 2° à Jacques DE MONTGOMMERY, sieur de Lorges;

5° Jean, auteur de la branche des RÉVÉREND DU MESNIL, rapportée plus loin;

6° Laurent LE RÉVÉREND, reçu Conseiller du Roi le 2 août 1655, mort en 1692;

7° Jean, qui continue la descendance.

IV. — Jean LE RÉVÉREND, sieur de Bougy, né en 1618, le plus jeune des seize enfants de Michel, mentionné dans un acte du 8 avril 1651, qui existe aux Archives du Calvados, et où il est dit : « Michel DE BOUGY LE RÉVÉREND, « Escuier, sieur de Callix, Conseiller Aumosnier ordinaire du Roi, et Jean « DE BOUGY LE RÉVÉREND, Escuier, seigneur de Bougy, Maréchal des Camps « et Armées de Sa Majesté, logés rue Saint-Honoré, propriétaires des offi- « ces de Receveurs généraux des tailles de la généralité de Caen, donnant « pouvoir, etc., etc. »

Ce Jean LE RÉVÉREND fut successivement Cadet au régiment des Gardes, Cornette-capitaine de chevau-légers, Mestre de camp, etc...; après avoir commandé en chef au siége de Château-Porcien, il se signala à la prise du Mas-d'Agenais et dans bien d'autres occasions, ce qui le fit nommer Lieutenant-général. (Moréri, dans son *Dictionnaire historique*, lui a consacré un très-long article, auquel nous renvoyons.)

Il avait épousé en Guienne, en 1654, noble demoiselle Marie DE LA CHAUSSADE DE CALONGE, et il mourut en 1658 laissant un fils unique :

V. — Jean-Jacques LE RÉVÉREND, Marquis DE BOUGY, Baron de Callonge, né en 1655, fut Brigadier des Armées du Roi et Mestre de Camp du Régi-

---

(1) Ces seize enfants sont cités par Moréri (*Dictionnaire historique*, tome V, page 487).

ment-Colonel, et habitait le Quercy lors de la révocation de l'édit de Nantes. Par suite des persécutions contre les protestants, il aima mieux s'exiler que d'abjurer la religion de ses pères, et il s'expatria à Aix-la-Chapelle où il mourut en 1744. De son mariage avec demoiselle Élisabeth DE BAR DE COMPARNAUD, issue d'une très-ancienne famille de Montauban, sont nés les trois enfants ci-après :

1° N. . . LE RÉVÉREND, mort en Hollande sans postérité ;
2° Judith-Élisabeth LE RÉVÉREND DE BOUGY, mariée le 10 janvier 1714 à messire Charles-Antoine-Armand-Odet D'AYDIE, Comte DE RIBÉRAC, Colonel d'un régiment d'infanterie (*P. Anselme*);
3° Et une autre fille, qui s'allia à un membre de la maison HUE DE CARPIQUET, auquel elle apporta en dot la seigneurie de Bougy. (*États de la noblesse*, année 1782, tome II.)

Ainsi s'éteignit la branche aînée des marquis de Bougy.

DEUXIÈME BRANCHE.

Pendant que la branche aînée de la famille occupait les charges et emplois les plus élevés, les cadets vivaient obscurément à Bayeux, à Falaise et à Alençon, ayant perdu presque tous leurs biens dans les guerres civiles du XVII° siècle ; la branche établie à Falaise a eu pour premier auteur :

IV. — Jean LE RÉVÉREND, II° du nom, huitième fils de Michel et de Judith le Gabilleur, qui était Bourgeois de Falaise en 1648, et dut, à l'exemple de l'abbé DE BOUGY et de François LE RÉVÉREND DE CALIX, abjurer la religion protestante pour rester en France. Lui et ses descendants sont qualifiés du titre d'honneur de *Bourgeois*, qualité qui ne faisait pas déroger à la noblesse dans les villes franches(1). Il a épousé noble demoiselle Jacqueline DU PONT, issue d'une ancienne famille de l'élection de Bayeux. De cette alliance sont nés deux enfants :

1° Philippe LE RÉVÉREND, né à Falaise le 15 août 1648, dont on ignore la destinée ;
2° Jacques, qui suit :

(1) LOYSEAU, chap. IX des Ordres, page 121, dit : « Les nobles, ores qu'ils fassent leurs demeures dans les villes, ne se qualifient pas de Bourgeois, pour ce que la noblesse est un ordre du tout séparé du Tiers-État auquel la bourgeoisie convient. »
Dom Caffiaux, dans son ouvrage intitulé : *Trésor généalogique*, constate également que des personnes de noblesse bien constatée, tout en portant le titre de *Chevalier* ou d'*Écuyer*, prenaient celui de *Bourgeois*, qualification obligatoire dans les actes publics dans certaines villes.

V. — Jacques Révérend, né à Falaise le 19 mai 1655, ainsi qu'il appert des registres paroissiaux de cette ville, a épousé le 10 juin 1680 demoiselle Anne Coustures. Bien que l'on trouve encore quelques actes dans lesquels le nom patronymique est écrit LE Révérend, c'est à partir de lui que l'article LE disparaît, et depuis cette époque ce fait a été consacré par l'usage. Il est mort le 21 juillet 1706, laissant de son mariage les quatre enfants ci-après :

1° Jacques, qui continue la descendance ;

2° Laurent Révérend, Curé de Fleurey, Doyen de Macé et syndic du clergé de Séez. Par son testament en date du 19 septembre 1743, signé par Monseigneur Louis-François Néel de Christot, Évêque de Séez, il fit divers legs importants aux curés ses successeurs ;

3° Louis Révérend, mentionné dans l'acte de partage du 24 septembre 1746, des biens de Jacques, son frère ;

4° Jacques Révérend, bourgeois de la ville de Falaise, lequel acheta la terre DU Mesnil, suivant actes des 12 février 1694 et 6 février 1699.

VI. — Jacques Révérend, II° du nom, né le 18 mars 1682, acheta le 3 juin 1719, des seigneurs de Pierrepont, la terre de la Croix en la commune de Villy. Il épousa le 26 avril 1707 demoiselle Françoise Dupont, qui l'a rendu père de cinq enfants, savoir :

1° Louis, dont l'article suit ;

2° Marie-Jacqueline Révérend, née le 15 avril 1717 ;

3° Jacques Révérend, Officier au régiment de Limousin, mort invalide à Nantes ;

4° Jeanne-Françoise Révérend, mariée le 18 avril 1736 à Denis Rossignol, Procureur au bailliage et vicomté de Falaise ;

5° N. . . Révérend, mariée à Nicolas Libert, sieur de Longchamps, Conseiller du Roi, Sénéchal royal et Juge conservateur des foires et priviléges de la ville de Guibray.

VII. — Louis Révérend, sieur DU Mesnil, baptisé à Falaise le 4 décembre 1714, ajouta à son nom celui de sa terre, ainsi que cela se faisait à cette époque.

Des actes originaux des années 1770, 1772 et suivantes attestent que le nom DU Mesnil était devenu partie intégrante du nom primordial. Il a épousé le 3 juin 1748 demoiselle Marie Guillaume, fille de Léonard Guillaume, Collecteur des tailles, et mourut le 15 septembre 1762 laissant quatre enfants mineurs, lesquels, par décision du 30 mars 1763, rendue par messire d'Escajeul, Lieutenant au bailliage de Falaise, furent mis sous la tutelle du sieur Étienne de Vienne, leur parent du côté maternel. Ces enfants étaient :

1° Jacques-Léonard, qui suit ;

2° Louis-François Révérend, né le 28 septembre 1756, mort célibataire le 3 septembre 1778 ;

3° Marie RÉVÉREND, mariée à Louis-Philippe GRANDIN DE LA GAILLONNIÈRE, descendant d'une très-ancienne famille de la province ;

4° Et une autre fille appelée Suzanne.

VIII. — Jacques-Léonard RÉVÉREND DU MESNIL, né le 26 octobre 1749, reçu docteur médecin le 7 octobre 1778, sut mériter par son zèle infatigagable et son désintéressement l'estime de ses concitoyens, et est mort à Falaise le 9 juin 1814, victime de son généreux dévouement pendant l'épidémie qui désola cette ville. Il avait épousé le 20 prairial an VII (8 juin 1799) demoiselle Henriette-Jacqueline-Laurence COLLAS DE LA GRILLIÈRE, fille de Jacques Laurent, Avocat, et de dame Rosalie-Marie-Perrine BELZAIS DE COURMESNIL. De cette alliance sont nés deux fils :

1° Louis-Gustave, qui suit ;

2° Charles-Edmond RÉVÉREND DU MESNIL, né le 3 juillet 1803, Receveur des hospices à Alençon, marié le 5 septembre 1836 à mademoiselle Victoire-Joséphine PERRINET, dont :

A. Léon-Joseph RÉVÉREND DU MESNIL, né le 8 janvier 1838 ;

B. Mathilde-Henriette RÉVÉREND DU MESNIL, mariée le 17 septembre 1860 à Albert Constantin LETOURNEUR-DUBREUIL, Receveur de l'enregistrement et des domaines.

IX. — Louis-Gustave RÉVÉREND DU MESNIL, né le 20 juin 1801, ancien employé supérieur de l'administration des domaines, Conservateur des hypothèques à Argentan, a épousé le 23 mai 1830 mademoiselle Louise-Aline GUYON DE VAULOGER, fille de Louis Guyon de Vauloger, ancien Officier, Chevalier de Saint-Louis, et de dame Louise-Julie GOUHIER DE SAINT-CENERY, qui l'a rendu père des trois fils ci-après :

1° Clément-Edmond, rapporté ci-dessous ;

2° Laurent-Adrien RÉVÉREND DU MESNIL, né le 23 juin 1834, Lieutenant de vaisseau et Chevalier de la Légion d'honneur (1) ;

3° Louis-Henri RÉVÉREND DU MESNIL, né le 6 mai 1840.

X. — Clément-Edmond RÉVÉREND DU MESNIL, né le 26 janvier 1832, Receveur de l'administration de l'enregistrement et des domaines, s'est marié le 21 avril 1857 avec mademoiselle Xavérine-Hortense HÜE DE LA BLANCHE, fille de Claude-Victor Hüe de la Blanche et de dame Irma-Pierrette COURTIN DE NEUFBOURG. De cette union sont nés :

1° Victor-Henri RÉVÉREND DU MESNIL, le 6 avril 1858 ;

2° Claude-Nicolas-Gustave RÉVÉREND DU MESNIL, le 2 mars 1860 ;

3° Marie-Ernestine-Victoire RÉVÉREND DU MESNIL, le 14 juin 1861.

---

(1) Entré à l'École navale avec le n° 1, ce jeune officier fit la campagne de Crimée et y fut blessé d'un éclat d'obus ; envoyé sur les côtes occidentales d'Afrique, où il commanda la corvette l'Oise, il se distingua à l'affaire de Casamance, ce qui lui valut la croix de la Légion d'honneur. A peine rentré en France, il repartit pour l'expédition de Chine et était Officier d'Ordonnance du contre-amiral Protet, lorsque cet officier général fut tué sous les murs de Nékio.

GAULTIER

DE LA FERRIÈRE ET DE CARVILLE

Armes : *De sable, à une fasce d'argent, accompagnée en chef de trois trèfles de même, et en pointe, de trois besants aussi d'argent, posés 2 et 1. — L'Écu timbré d'un casque de Chevalier orné de ses lambrequins.*

lusieurs familles du nom de GAULTIER ont été maintenues dans leur noblesse, en l'année 1666 et suivantes, par les divers intendants départis par le Roi à cet effet; parmi elles, la maison GAULTIER DE CARVILLE, qui nous occupe, est sans contredit une des plus anciennes.

Dans les différents actes du temps son nom s'est écrit indifféremment GAULTIER ou GAUTIER, c'est ce qui a rendu nos recherches assez difficiles et assez longues, car la confusion était bien possible; cependant nous pouvons citer comme appartenant à cette maison :

Jean GAUTIER (du diocèse de Coutances), archidiacre de Rouen en 1191, et plus tard archevêque de cette ville, mort en 1198, et Philippe GAULTIER, Écuyer, un des principaux seigneurs de cour d'Édouard III, Roi d'Angleterre, lors du siége de Calais; divers auteurs disent qu'il descendait d'un des compagnons de Guillaume le Conquérant. Sans vouloir donner à la maison GAULTIER DE CARVILLE une origine plus ancienne qu'elle ne l'a réellement, nous dirons cependant que sa noblesse d'ancienne extraction est amplement justifiée: 1° par un jugement des Commissaires ordonnés par le Roi sur le fait des

francs-fiefs, rendu le 4 mars 1481 en faveur de Jean GAULTIER, Écuyer, seigneur de Lespinguerie ; 2° Michel GAULTIER, sieur de la Chesnaye, fut
maintenu dans sa noblesse par arrêt de la Cour des Aides de Rouen en date
du 10 janvier 1606, et enfin 3° Charles GAULTIER, Écuyer, sieur de Durand,
de la Ferrière et autres lieux, fut maintenu par jugement de M. de Chamillart,
en date du 30 avril 1666.

Parmi les fiefs et seigneuries nobles que cette maison a possédés, nous
citerons ceux : de Lespinguerie, de Tournières, de la Chesnaye, de Durand,
de la Ferrière, du Bois-Malherbe, de Grandchamp, de Longparts, de la Comterie, de Carville, etc., et parmi les familles dans lesquelles elle a pris ses alliances nous citerons entre autres celles : de Moisson de Précorbin, de
Champion, du Moncel, de la Gonnivière, de Malherbe, de la Varde, Le
Chartier de Cagny, de Gournay, de Nollent, de Verdun, de Lespinasse, de
Grimouville, etc.

La filiation suivie et authentique a été copiée par nous sur un dossier de
famille déposé au Cabinet des titres de la Bibliothèque impériale (section
des manuscrits), dossier établi par M. D'HOZIER DE SÉRIGNY, Juge d'armes de
France, pour la réception d'un des fils de cette maison à l'École Royale et
Militaire. Elle commence à :

I. — Simon GAULTIER, Écuyer, seigneur des Tournières, vivant en 1430,
qui abandonna ses biens pendant la domination anglaise pour suivre le parti
du Roi. D'une alliance inconnue il eut deux fils, Pierre, mort sans postérité, et :

II. — Jean GAULTIER, Écuyer, sieur de Lespinguerie, demeurant en la
paroisse de Trézols (Élection de Coutances), lequel figure dans plusieurs
actes, et entre autres dans un contrat du 3 mars 1472, par lequel le sieur
Olivier Vallée reconnaît lui devoir plusieurs rentes. Il fut maintenu dans sa
noblesse par arrêt des Commissaires royaux départis aux francs-fiefs, le
4 mars 1481. De son mariage avec noble demoiselle Clémence CHAMPION il
eut trois fils :

    1° Pierre, qui suit ;
    2° Marie GAULTIER, Écuyer, mentionné dans un acte de partage du 29 juil-
        let 1484 ;
    3° Guillaume GAULTIER, Écuyer, vivant encore en 1502.

III. — Pierre GAULTIER, Écuyer, sieur de Lespinguerie, servit dans l'arrière-ban en 1543. Il avait épousé le 31 mars 1526 demoiselle Jeanne MOISSON DE PRÉCORBIN (1), dont il eut quatre enfants :

1° Jean GAULTIER, Écuyer, partagea avec ses frères la succession de son père en 1560;

2° Jacques, qui suit ;

3° Raoul GAULTIER, Chanoine de l'abbaye de Saint-Lô, Prieur de Meslai, en 1596;

4° Adrienne GAULTIER, marié le 4 février 1560 à noble Guillaume AUBERT, Écuyer, sieur de Cormollain.

IV. — Jacques GAULTIER, Écuyer, seigneur de Lespinguerie, épousa le 12 mai 1564 demoiselle Françoise LE ROI, fille de noble homme Guillaume Le Roi, sieur d'Amigny, et de dame Jacqueline DU MESNIL-URRY. Il testa le 3 janvier 1599 laissant de son mariage six enfants, entre autres :

1° Jean GAULTIER, Écuyer, seigneur de la Faverie, lequel servait en 1591 à l'arrière-ban du bailliage du Cotentin et commanda en 1597 une compagnie de 50 arquebusiers, dans le château d'Avranches. Il a épousé en 1601 noble demoiselle Jeanne DU MONCEL, dont postérité. Cette branche (l'aînée) s'est éteinte à la fin du XVIIIᵉ siècle en la personne de : Bernardin GAULTIER DE LESPAIGNERIE, Chanoine Prémontré et Abbé de la Luzerne.

2° Michel, qui suit :

V. — Michel GAULTIER, Écuyer, seigneur de la Chesnaie, épousa le 18 juillet 1596 demoiselle Anne FROLLET, fille de noble Philippe Frollet, sieur de la Vacquerie, enquesteur pour le Roi au bailliage de Thorigny, et de dame Rénée DE BOISYNON. Il fut maintenu dans sa noblesse par arrêt de la Cour des Aides en date du 10 janvier 1606. De son mariage sont issus deux fils :

1° Pierre, qui continue la descendance ;

2° Jacques GAULTIER, Écuyer, sieur du Bu, marié en 1631 à noble demoiselle Françoise DU PONT, dont un fils mort sans postérité.

VI. — Pierre GAULTIER, Écuyer, seigneur de Durand, épousa le 12 août 1621 dame Madeleine DE MALHERBE, veuve de Louis de Grimonville et fille de Gabriel de Malherbe, Écuyer, sieur de la Ferrière et de dame Catherine LE VALOIS. Il est mort le 27 février 1627 avant son père, laissant un fils unique :

---

(1) La descendante de cette ancienne maison était Procureuse générale des nouvelles catholiques au couvent de l'Assomption en 1787; mademoiselle Jeanne-Charlotte DE CARVILLE fit ses preuves de noblesse pour être reçue dans la maison royale de l'Enfant-Jésus (certificat original, signé : d'Hozier, Cabinet des titres).

VII. — Charles GAULTIER, Écuyer, seigneur de Durand et de la Ferrière, marié par contrat du 8 octobre 1654, passé devant Bertrand Eudes et Arthur Houel, notaires royaux, à noble demoiselle Marie LE ROUSSEL, fille de Jean Le Roussel, sieur de la Masurerie, Conseiller du roi, et de dame Anne DU DÉSERT, fut maintenu dans sa noblesse par jugement rendu le 30 avril 1666 par M. de Chamillart, Intendant de la Généralité de Caen. De son alliance sont nés plusieurs enfants, l'aîné :

VIII. — Jean-Baptiste GAULTIER, Écuyer, seigneur de la Ferrière, épousa, par contrat du 22 avril 1671, noble demoiselle Anne DE LA VARDE, fille de Jacques de la Varde, sieur du Domaine, et de dame Catherine BARBÉ; il en eut plusieurs enfants, entre autres :

1° Jean-Baptiste GAULTIER, Écuyer, sieur des Longparts, baptisé le 27 novembre 1672, marié le 4 mars 1715 à demoiselle Marie LE VAILLANT, dont deux filles :

    A. Catherine GAULTIER DE LA FERRIÈRE, née le 7 janvier 1716 ;

    B. Anne GAULTIER DE LA FERRIÈRE, née le 17 février 1717, reçue sur preuves de noblesse à la Maison Royale de Saint-Cyr au mois de septembre 1726.

2° Roland-François GAULTIER, Écuyer, sieur du Bois-Malherbe, mort sans postérité;

3° Michel, qui suit;

4° François GAULTIER, prêtre;

5° Catherine GAULTIER, qui fut marraine de sa nièce citée plus haut.

X. — Michel GAULTIER, Écuyer, seigneur de Grandchamp de Carville, etc., cité dans l'acte de partage des biens de son père, fait le 25 septembre 1730, a épousé, par contrat du 10 janvier 1721, noble demoiselle Jeanne LE CHARTIER, fille de Jean-Baptiste Le Chartier, sieur de la Mancellière, et de dame Charlotte BOURDON. De cette alliance sont issus plusieurs enfants, entre autres :

XI. — Pierre-Jean-Michel GAULTIER, Écuyer, seigneur et patron de Carville, lequel reçut le 12 mai 1759, de la Chancellerie de Rouen, des lettres par lesquelles il lui fut permis de se pourvoir contre un contrat de vente de la terre de la Bésardière qu'on lui avait fait passer n'ayant que dix-huit ans. Par contrat du 12 février 1743, il a épousé demoiselle Jacqueline Françoise DE GOURNAY, fille de feu François de Gournay, sieur de Valore, Conseiller du roi, Lieutenant-général et particulier au bailliage de Saint-Lô, et de dame Charlotte DE LAUBRIE. De ce mariage sont issus :

1° Jean-Jacques-François-Robert, qui suit;

2° Charles GAULTIER, sieur de la Ferrière, prêtre.

XII. — Jean-Jacques-François Robert GAULTIER DE CARVILLE, Écuyer, seigneur de la Comterie, Lieutenant de Grenadiers au Régiment de Caen, puis Lieutenant de MM. les Maréchaux de France au bailliage de Vire, a épousé le 19 janvier 1773 noble demoiselle Gabrielle Perrine DE MOISSON, fille de feu messire Georges-Charles de Moisson, sieur de Tirgray, et de noble dame Léonore-Jacqueline DE NOLLENT. De cette alliance sont nés :

1° Jacques - Alexandre GAULTIER, chevalier DE CARVILLE, fusillé à Caen au moment de la Révolution ;

2° Léonard-Louis-Gabriel GAULTIER DE CARVILLE, Officier d'état-major de M. le Comte de Frotté, tué aux environs de Tinchebray ;

3° Jeanne-Charlotte GAULTIER DE CARVILLE, née le 14 juillet 1776, reçue sur preuves au nombre des demoiselles qui étaient élevées dans la maison royale de l'Enfant-Jésus, le 7 novembre 1787. (Preuves faites devant d'Hozier, dont l'original signé existe au dossier de la famille, au Cabinet des titres.)

4° Ange-Maurice, dont l'article suit ;

5° Jacques-Charles GAULTIER DE CARVILLE, qui n'eut de son mariage que deux filles, dont l'une a épousé, le 17 juin 1851, Maurice-Alfred ACHARD DE VACOGNES ;

6° Adélaïde GAULTIER DE CARVILLE, assassinée au château de Carville au commencement de la Révolution.

XIII. — Ange-Maurice GAULTIER DE CARVILLE, Chef actuel de sa famille, né le 26 juillet 1788, est Maire de la commune de Bois-Yvon et Membre du Conseil d'arrondissement de Saint-Pois ; il a épousé par contrat du 1er juillet 1811 mademoiselle Louise-Charlotte DE VERDUN, qui l'a rendu père de :

1° Charles-Gabriel-Louis GAULTIER DE CARVILLE, né le 4 juillet 1818, marié en 1847 à mademoiselle Ernestine-Caroline DE GRIMOUVILLE-LARCHANT, dont deux fils ;

2° Ernest-Maurice-Eugène GAULTIER DE CARVILLE, né le 1er avril 1824, marié en 1858 à mademoiselle Marie-Angèle DE L'ESPINASSE, dont postérité.

D'ÉRARD

ARMES : *D'azur, à trois pieds de griffon d'or, perchés chacun sur un tronc d'arbre d'argent.* — Couronne : *De Marquis.* — Supports : *Deux lions.*

P armi les plus anciennes familles de la province, nous devons placer la maison D'ÉRARD, dont le premier auteur connu dans les chartes est Étienne ÉRARD, l'un des compagnons de Guillaume à la conquête d'Angleterre en 1066, et fils de N . . . ÉRARD, commandant un corps de troupes danoises venù au secours de Richard Iᵉʳ, troisième Duc de Normandie. (*Histoire de France*, tome V, par Robert Daguin.)

Ce fait est confirmé par une charte de Réné, Roi de Sicile, d'Aragon et de Jérusalem, Duc d'Anjou et de Bar, accordée à Pierson ÉRARD, le 18 janvier 1486, et aussi par les Lettres patentes du Roi Louis XIV, pour l'érection en MARQUISAT des Baronnies de Montreuil et d'Échauffour, délivrées à Paris au mois de février 1648 et enregistrées par le parlement de Normandie en 1676 seulement.

Nous ne donnerons pas ici la filiation complète de cette ancienne famille, nous renvoyons aux différents auteurs qui l'ont établie avant nous, entre autres : *La Chesnaye-des-Bois* et *Saint-Allais;* nous dirons seulement que la descendance en fut nombreuse et qu'au commencement du XVIIIᵉ siècle elle était divisée en sept branches, dont une seule, celle d'Hellenvilliers, s'est continuée jusqu'à nos jours.

1º Celle des ÉRARD-LE-GRIS, Marquis de Montreuil et d'Échauffour, dont un membre obtint en 1645 des Lettres patentes Royales pour unir le nom d'ÉRARD à celui de LE GRIS; elle a eu pour dernière héritière Marie-Dorothée D'ÉRARD, mariée au commencement du siècle dernier à Louis-Auguste DE RONCHEROLLES, Marquis de Pont-Saint-Pierre;

2º Celle des ÉRARD, Barons de Ray, par lettres d'érection de l'année 1661, éteinte en 1802;

3º La branche des seigneurs de Chamboy, dont la dernière héritière, Marie-Henriette D'ÉRARD, épousa le 25 juin 1743 Charles DE GRAVERON, Chevalier, seigneur d'Heudreville;

4° Celle d'Hellenvilliers rapportée plus loin ;

5° Celle des Érard, seigneur des Ventes et de Bretel, n'ayant produit en dernier lieu que deux filles, dont l'une a épousé N. . . . de Cissay et l'autre Hugues de l'Hermitte ;

6° Celle des Érard, seigneurs de Sonnel, dont la dernière héritière a épousé le 18 février 1696 messire Charles de Pilliers ;

7° Enfin la branche des seigneurs du Tertre et de Chalenge, éteinte en 1752, par suite du mariage de Marguerite d'Érard avec François de Nollent de Fatouville.

Toute cette nombreuse famille n'était représentée à l'époque de la Révolution que par :

Louis-Augustin d'Érard, Marquis de Ray, Lieutenant général des Armées du Roi et Grand-Croix de l'Ordre royal et militaire de Saint-Louis, mort sans postérité ; et par :

Amand-Aimé, Comte d'Érard, seigneur d'Hellenvilliers, Colonel du Régiment d'Artillerie d'Auxonne, puis Maréchal de Camp, lequel de son mariage avec mademoiselle Éléonore de Mauger eut trois enfants :

1° Alexandre-Augustin-Amand-Désiré, qui suit ;

2° Augustine d'Érard, mariée à Florentin - Anselme Pasquier, Baron de Franclieu.

3° Aglaé d'Érard, mariée au Comte de Bernard de Marigny.

Alexandre-Augustin-Amand-Désiré, Comte d'Érard, émigra avec son père et a épousé le 7 avril 1806 mademoiselle Marie-Caroline de Ruffo, des Comtes de la Ric (famille originaire du royaume de Naples). De ce mariage sont nés trois enfants, savoir :

1° Aimée - Marie - Désirée d'Érard, mariée à Édouard Lambert, Baron de Chamerolles, dont une fille mariée à M. le Comte de Brossard ;

2° Amand-Aimé, qui suit ;

3° Alexandrine d'Érard, mariée à Gustave Badereau de Saint-Martin, dont deux fils et une fille, mariée au Baron Albert de Wangen.

Amand-Aimé, Comte d'Érard, Chef actuel de nom et d'armes de cette ancienne famille, né au château de la Ric le 30 septembre 1808, ancien Capitaine d'État-Major, a épousé par contrat du 22 octobre 1838 mademoiselle Louise de Boissière. De cette alliance sont issus deux enfants :

1° Georges, Vicomte d'Érard, né le 13 juillet 1849 ;

2° Marie-Caroline d'Érard, mariée le 19 novembre 1861 à Henry, Comte Destut d'Assay.

LIOULT DE CHÊNEDOLLÉ.

ARMES : *D'azur, au lion d'argent, armé et lampassé de gueules. — L'Écu timbré d'un casque orné de ses lambrequins.*

a maison LIOULT ou LYOULT, originaire du pays de Vire, est d'ancienne noblesse de robe; ses membres ont porté à diverses époques les surnoms terriens de plusieurs seigneuries importantes qu'ils possédaient, tels que : de la Durandière, de la Giraudière, de Saint-Martindon, de Sourdeval, de Chênedollé, etc. Ce dernier a prévalu et est resté dans la famille.

Nos recherches ne nous ont point appris à quel moment cette maison fut investie la première fois de charges de magistrature, ni même à quelle époque précise il faut faire remonter sa noblesse ; seulement des actes authentiques nous ont révélé une longue possession d'état, ainsi que des alliances de nature à caractériser nettement sa condition.

Le 22 mai 1650, au contrat de mariage de noble homme Jean DU DÉSERT avec noble demoiselle Anne JOUENNE DE LA BASSETIÈRE, acte reçu par Bertrand Eudes et Arthur Houël, tabellions royaux à Vire, nous voyons figurer comme témoins : Jean LYOULT DE LAUNEY et Guillaume LYOULT DE LA DURANDIÈRE, Conseillers du Roi et Jean DE BANVILLE, aussi Conseiller du Roi, Patron de Bretteville, Lieutenant général au siége de Vire et Maître des requêtes de Monseigneur le Duc d'Orléans (parents et amis du futur).

En 1680, noble Michel LYOULT DES MOULINS a épousé noble demoiselle Julienne DES MONTS, fille de Gilles-Paul des Monts, Écuyer, seigneur et Patron de Pierrepont.

Guillaume LYOULT DE LA DURANDIÈRE (oncle du précédent) est mort en 1682. De son mariage avec noble demoiselle Catherine ASSELIN, naquirent trois enfants :

1° Pierre, qui suit ;

2° Anne LYOULT, mariée le 19 août 1683 à François LE ROUSSEL DE LA NANTERIE, fils de Gilles Le Roussel, seigneur de la Nanterie, et de noble dame Catherine RUAULT;

3° Guillaume LIOULT DE LA DURANDIÈRE, mort le 12 février 1746, à l'âge de 73 ans, étant le Doyen des Conseillers du Roi du bailliage de Vire, fut enterré dans le chœur de l'église Notre-Dame de cette ville. C'est le dernier qui ait porté le nom de la Durandière.

Pierre LYOULT DE LA GIRAUDIÈRE, Conseiller du roi et Président en l'élection de Vire, a épousé par contrat du 23 septembre 1686 demoiselle Jeanne DE THOURY, fille de Louis de Thoury, Écuyer, seigneur de la Corderie. De cette alliance est né un fils :

Tanneguy-Pierre LYOULT DE LA GIRAUDIÈRE, qui succéda à son père dans l'exercice de sa charge ; il épousa le 26 avril 1719 noble demoiselle Marie-Claude DU LAURENT, fille de Julien du Laurent de la Rousselinière, dont il n'eut que des filles, entre autres :

Jeanne-Marie LYOULT, mariée en 1740 à noble Guillaume-Charles BROUARD, Écuyer, seigneur de Clermont, Conseiller du Roi, Lieutenant particulier au bailliage de Vire, Maire, Lieutenant général de police, etc.

———

Jean-Antoine LIOULT DE SOURDEVAL, seigneur et Patron de Saint-Martindon, fils de Guillaume Lioult de la Durandière, mort en 1746 et rapporté plus haut, naquit dans les premières années du XVIIIe siècle. Il épousa demoiselle Louise LE FRANC DE BOIS-LE-FRANC, fille de Michel Lefranc, seigneur de Bois-le-Franc, Conseiller du Roi au bailliage de Vire. De cette union sont issus trois enfants :

1° Charles, qui suit ;
2° Anne LIOULT, mariée à messire Charles-François DE MORANT, Chevalier, Capitaine au régiment des Dragons de la Reine ;
3° Louise-Élisabeth LIOULT, épouse de messire Jacques DES ROTOURS.

Charles LIOULT, Écuyer, seigneur et patron de Saint-Martindon, d'Avaucour, de Beaumanoir, de Mesnil-Thézard, de Chênedollé, etc., Conseiller du Roi et son Correcteur en la Cour des comptes, aides et finances de Normandie, a épousé en 1766 noble demoiselle Suzanne-Julienne-Marie-Charlotte DES LANDES, qui lui a apporté en mariage le fief de Chênedollé. De ce mariage est né le fils qui suit :

Charles-Julien LIOULT DE CHÊNEDOLLÉ (1), auteur du *Génie de l'homme ;* des

___

(1) M. de Sainte-Beuve a publié dans la *Revue des Deux-Mondes* (livraison du 1er juin 1849) une étude sur M. DE CHÊNEDOLLÉ ; nous en extrayons quelques lignes, qui sont un hommage éclatant rendu aux sentiments du poëte et à ceux de sa famille.

« Les événements de juillet 1830 avaient été une douleur pour ce cœur ami du passé. Il avait

Études poétiques, etc., une des plus grandes illustrations littéraires du Bocage normand, est né le 4 novembre 1769. Le nom de CHÊNEDOLLÉ, porté dès sa jeunesse par ce poëte, selon l'usage de l'époque et pour se distinguer de son père, appelé M. DE SAINT-MARTINDON, a été immortalisé par ses beaux vers que madame de Staël se plaisait à proclamer « *hauts comme les cèdres du Liban.* » Il est le seul porté aujourd'hui par ses descendants. Quelques années après son retour de l'émigration, et déjà bien connu dans le monde des lettres par la publication du *Génie de l'homme*, par sa collaboration au *Spectateur du Nord*, et ses relations avec Chateaubriand, Rivarol, madame de Staël, Klopstock, Fontanes, Benjamin Constant, etc., il épousa le 4 juin 1810 mademoiselle Aimée-Françoise-Antoinette DE BANVILLE, issue d'une des plus anciennes familles de Normandie. Il est mort le 2 décembre 1833, laissant de son mariage les cinq enfants ci-après :

1° Charles-Marie, qui suit ;

2° Marie-Corinne LIOULT DE CHÊNEDOLLÉ, non mariée ;

3° Zénaïde-Victoire LIOULT DE CHÊNEDOLLÉ, idem ;

4° Aurélie-Henriette LIOULT DE CHÊNEDOLLÉ, mariée le 1ᵉʳ avril 1845 à M. Raoul LE PELLETIER D'ANGOVILLE ;

5° Léon-Étienne LIOULT DE CHÊNEDOLLÉ, Inspecteur des forêts, célibataire.

Charles-Marie LIOULT DE CHÊNEDOLLÉ, Chef actuel de la famille, est né le 4 août 1811 ; il n'est pas marié.

---

demandé bien peu à la Restauration ; il la regretta beaucoup. Quand Charles X, dans son voyage de Paris à Cherbourg, passa à Vassy, CHÊNEDOLLÉ fut présent sur son passage ; mais laissons parler un historien :

« Le second Stuart, traversant l'île de Wight après la perte d'une couronne et à la veille « du supplice, une jeune fille lui vint offrir une fleur. Ce genre de consolation ne manqua pas « au frère de Louis XVI ; au val de Vire, des femmes, des vieillards, des enfants, sortis de « la maison de CHÊNEDOLLÉ, accoururent sur le chemin, tenant des branches de lis qu'ils donnè- « rent aux fugitifs. Famille d'un poëte saluant celle d'un Roi sur la route de l'exil ! » (Louis Blanc, *Histoire de dix ans*, tome I.) Ainsi que je l'ai assez remarqué, Chênedollé, dans le cours de sa vie, en venant trop tard et le lendemain, manqua souvent l'occasion ; qu'on n'aille pas dire que cette fois il la manqua encore : noble poëte, il l'avait trouvée ! »

TARDIF

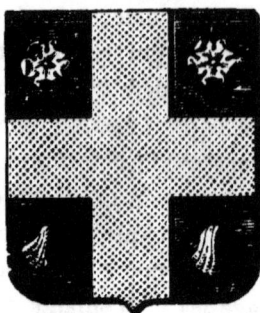

ARMES : *D'azur, à la croix d'or, cantonnée en chef de deux roses, et en pointe de deux coquilles, le tout d'argent.* — Couronne : *De marquis.* — Supports : *Deux griffons.* — Devise : *Tardif haste-toi.*

es recherches que nous avons faites sur l'origine de cette famille nous portent à penser qu'elle eut son berceau dans l'élection d'Avranches; cependant nous voyons son nom figurer dans d'autres provinces; ainsi Guillaume TARDIF, lecteur du Roi Charles VIII, né au Puy en Velay, était d'une famille encore réputée normande au commencement du XVe siècle. Ce lecteur du Roi, qui vécut quinze ans à la Cour de France, et devint le familier le madame de Beaujeu, nous a laissé plusieurs écrits fort curieux et devenus très-rares (1).

Nos recherches nous ont fait constater, en outre, que des membres de cette maison (ainsi qu'il est arrivé pour plusieurs autres familles normandes) se sont établis en Angleterre à différentes époques. C'est vers la fin du règne de Henri II (1185) que nous voyons, pour la première fois, apparaître dans le pays de Galles et le Clamorgan, le nom de TARDIF, qui comme celui

---

(1) Nous citerons seulement : 1° un vol. de satires latines intitulé : *Tardiviana:* 2° l'*Art de la faulconnerie et deduyt des chiens de chasse,* Paris, Verard, 1492, in-4° gothique (rarissime), réimprimé en 1567 avec le traité de Jean Francière. La dernière édition est de Paris, 1628, in-4° avec figures.

de Russell prend sa lettre de naturalisation en doublant la consonne finale :
Tardiff ; voilà l'origine de la branche anglaise proprement dite, laquelle avait
encore des représentants en 1820.

Quatre siècles plus tard, à l'époque det guerres de religion, nous
voyons encore des membres de cette famille s'établir dans le Comté de
Sussex ; ceux-là gardent l'orthographe du nom français. Au temps de
Cromwell, plusieurs personnages du nom de Tardif figurent sur les rôles
de la milice avec cette annotation : *Family came originally from Normandy*.
Une troisième fois, pendant le trouble que les séditions des *pieds-nus* jetèrent
dans tout le Cotentin (1638-39), nous voyons encore un membre de cette
famille s'expatrier, mais cette fois pour ne former sur le sol anglais qu'un
établissement passager, et pour reparaître quinze ou vingt ans plus tard dans
son pays natal.

L'émigration française de 93 a bien connu l'ancien Shériff du Comté de
Sussex, vieillard octogénaire retiré avec sa famille à Londres (quartier de
White-Hall). M. Samuel Tardif esq. et son fils Stéphen prouvèrent noblement aux gentilshommes normands que, dans leur seconde patrie d'adoption,
ils n'avaient pas oublié leur origine.

Nous lisons dans le savant ouvrage de l'abbé Des Roches (*Annales du
pays d'Avranches*):Un manuscrit comprenant les rentes appartenant aux *hers*
(Hoirs) de feu Jehan Guiton, en son vivant Escuier, nous apprend que Pierre
Tardif fut témoin d'un acte passé, en 1224, entre Jehan Toubon et les hoirs
de Guillaume de la Paluelle.

Un chanoine d'Avranches, nommé Jolis (*Custos fabrice Abrincensis*), fait
paraitre, dans ses comptes de l'année 1292, rendus au doyen Ase, les dîmes de Boucey, et 15 livres 10 sols 6 deniers, donnés à Guillaume Tardif
pour l'achat de sa dîme de Boucey.

En 1297, le même Guillaume Tardif avait, en Boucey, une dîme en fief de
l'abbaye du Mont : *In parrochia de Boucelo a Guillelmo dicto Tardif* (1) *qui
per suum homagium illam tenebat in feodum a religiosis* (même ouvrage,
p. 279).

Nous pourrions ainsi citer une foule d'actes constatant l'ancienneté de cette
maison, mais les bornes de cette notice nous en empêchent ; toujours est-il

(1) Il est à remarquer que dans toutes les chartes du moyen âge et même du XVIe siècle on voit
Tardifus ou *dictus Tardivus*, ce qui fait que nous sommes disposé à croire que plusieurs pa-
léologues prenant, dans quelques vieilles chartes des XIIe et XIIIe siècles, l'if de Tardifus pour un
y, ont lu *Tardyus* et attribué à la famille Tardy ce qui revenait de droit à la famille Tardif ; notamment dans le procès-verbal de la séance de l'échiquier, tenue à Caen (en 1210), manuscrit de
Nigel ou Néel, fils de Robert.

que les nombreux documents que nous avons réunis ne nous laissent aucun doute sur la communauté d'origine qui existe entre les branches Anglaises et les branches Normandes.

Avant de donner la filiation de ces diverses branches, nous ne pouvons passer sous silence un épisode qui a inscrit en caractères ineffaçables le nom d'un des membres de la famille TARDIF dans l'histoire de France.

Jean TARDIF, Conseiller du Roi au Châtelet de Paris, en 1578, était originaire de la Basse-Normandie ; le 22 février 1580, nous le voyons, en compagnie de Nicolas de Bragelonne, signer le procès-verbal de la nouvelle coutume de Paris. — Il signe : *de Tardif.*

A l'époque de la Ligue, le premier Président Brisson, le Conseiller Tardif, et Larcher, le plus ancien des Présidents de la Grand'Chambre, arrêtés par le Comité des Seize, dont Bussi était le chef, furent jugés par une commission dite des Dix, et pendus séance tenante dans l'intérieur du Petit-Châtelet. Le lendemain, leurs cadavres, encore attachés au gibet, furent exposés en Grève.

Quoi qu'il en soit de tous les personnages que nous venons de citer, la filiation suivie de cette ancienne famille établie sur pièces authentiques commence à :

I. — N. . . TARDIF, Écuyer, sieur de la Rochelle, lequel eut trois fils :

1° Jean, qui suit ;
2° Jacques TARDIF, mort en 1469 ;
3° Thomas TARDIF, sieur de la L... (*illisible sur l'acte*).

II. — Jehan TARDIF, Écuyer, seigneur de la Rochelle, accepta, le 17 octobre 1474, la tutelle des enfants de son frère Thomas. (Dans cet acte son frère Jacques est dénommé.) Il était mort avant le 8 juin 1498, laissant, d'une alliance dont le nom ne nous est pas parvenu, les cinq enfants ci-après :

1° Philippe, auteur de la branche de la Rochelle, qui suit ;

2° Richard TARDIF, prêtre ;

3° Pierre TARDIF, auteur de la branche de la Vertemare, mentionnée plus loin ;

4° Jehan TARDIF, auteur de la branche des seigneurs de Moidrey, dont l'article viendra ;

5° Rogier TARDIF, Écuyer, figure dans un acte de partage fait avec ses frères, et dans un autre du 2 juin 1521 ; il était mort avant le 17 septembre 1531 et de son mariage avec damoiselle Jeanne LEFEBVRE, il n'eut qu'un fils mort sans postérité.

PREMIÈRE BRANCHE

DES SEIGNEURS DE LA ROCHELLE.

III. — Philippe Tardif, Écuyer, sieur de la Rochelle et de la Meselière, épousa demoiselle Guillemette de Pitray. Ses descendants furent maintenus dans leur noblesse *d'ancienne extraction* par Roissy en 1599, d'Aligre en 1634 (1), et Chamillart en 1666. Ses quatre fils figurent dans différents actes des années 1531 et 1533, et y sont dénommés : *dits* Tardif. Son arrière-petit-fils Pierre Tardif, Écuyer, sieur de la Rochelle, épousa demoiselle Marie Davy, sœur du Cardinal Davy du Perron.

DEUXIÈME BRANCHE

DES SEIGNEURS DE VERTEMARE.

III. — Pierre Tardif, Écuyer, troisième fils de Jehan, sieur de la Rochelle, paraît dans les mêmes actes que ses frères, et est l'auteur de cette branche qui a été maintenue dans sa noblesse en 1666, et dont les armes ont été enregistrées à l'Armorial général en 1696.

N'ayant reçu aucun mémoire pour cette branche, nous ne pouvons en donner la filiation.

Pierre Tardif, Écuyer, mort à Millières, au commencement de ce siècle, a eu un fils dont nous ignorons l'existence.

TROISIÈME BRANCHE

DES SEIGNEURS DE MOIDREY, DE VAUCLAIR, ETC.

Cette branche, qui s'est divisée en deux rameaux principaux encore existants de nos jours, a eu pour auteur :

III. — Jean Tardif, II° du nom, Écuyer, quatrième fils de Jean, sieur de

(1) D'Aligre, dans sa maintenue du 27 septembre 1634, le désigne seulement sous le nom de « sire de la Roche. »

la Rochelle, paraît le 8 juin 1498 au partage de la succession de son père, à Saint-Sauveur-Landelin. Il mourut avant le 2 juin 1521, laissant un fils mineur :

IV. — Enguerrand ou Guerran Tardif, ou *dit* Tardif, né de l'année 1500 à 1510, seigneur de Vertemare en Vaudrimesnil, figure au partage de la succession de Jean son cousin, fils de Rogier, dénommé plus haut, le 15 juillet 1533, et ne vivait plus en 1574. De son alliance avec damoiselle Marie Sanxon, fille de noble homme Jean Sanxon, sieur de Grouchy, sont nés deux enfants :

1° Gilles, qui suit ;
2° Michelle Tardif, mariée par contrat du 24 septembre 1548 avec messire Pierre Davy de la Monnerie, Écuyer, fils et unique héritier de Regnauld Davy, sieur de Vierville et du Boys, lieutenant du Bailli en la Vicomté de Carentan.

V. — Gilles Tardif, Écuyer, seigneur du Mouton, de Moidré (1), de Vauclair et autres lieux, fut Gendarme dans la compagnie de haut et puissant seigneur Gabriel de Montgommery, Comte de Lorges, Capitaine de cinquante hommes d'armes des Ordonnances du Roi. Il épousa à Pontorson, par contrat du 27 août 1583, demoiselle Sébastienne le Prévost, fille de Jacques Le Prévost, Écuyer, sieur de Teuille ; un des témoins de ce mariage était le sire de Montgommery. Il était mort avant le 18 décembre 1619, laissant quatre enfants mineurs :

1° Gabriel, qui continue la descendance ;
2° Suzanne Tardif, mariée à Isaac de Camprond, Écuyer, seigneur de la Bretaigne, assista, avec son mari, le 18 décembre 1619, au contrat de mariage de son frère ;
3° Autre Suzanne Tardif, mariée à Jacques d'Alibert, Écuyer, seigneur du Désert ;
4° Françoise Tardif, qui a épousé François de Marbodin, Écuyer, seigneur de la Boullaye, conseiller du Roi.

VI. — Gabriel Tardif, Écuyer, sieur de Moidré, de Vauclair, le Passaubœuf, etc., abjura le 12 juillet 1615 la religion prétendue réformée, entre

---

(1) Ce nom de fief, qui est porté actuellement par la famille, est écrit indifféremment dans les actes : *Moidré, Maidré, Mouadré, Moidrey*; cette dernière orthographe a prévalu. — Joseph Tardif, fils de Louis, fut reconnu noble de race (*Annales de l'Avranchin*, par l'abbé Des Roches, page 361). Moidrey, fief *de haubert*, dépendait des religieux du mont Saint-Michel à cause de leur baronnie d'Ardevon.

les mains des RR. PP. Capucins d'Angers. On voit par divers actes et sen-
tences (*aux archives de la famille*) qu'il était Conseiller du Roi, Lieutenant
à Courte-Robe de M. le Grand-Prévot de Normandie au Bailliage du Cotentin. Il a épousé à Fougères, le 18 décembre 1617, demoiselle Julienne GUÉ-
RIN, fille de feu Gilles Guérin, Écuyer, Conseiller du Roi en la Cour du
parlement de Bretagne, et de feu dame Hélène JARIEL, en leur vivant sieur
et dame de la Grasserie. De ce mariage est né le fils unique qui suit :

VII. — Louis TARDIF, Écuyer, seigneur de Moidré et de Vauclair, Conseiller du Roi, Vice-Bailli du Cotentin, Mortain et anciens ressorts, était
mineur à la mort de son père, et fut confié à la garde noble de Louis BODIN,
Écuyer, sieur de Vauvert. Il fut maintenu dans sa noblesse par M. de Marle,
le 6 mars 1657 et le 29 décembre 1666, par arrêt du Conseil du Roi; il
avait épousé, par contrat du 25 novembre 1654, reçu à Fougères, demoiselle Françoise BRUNET, fille de feu messire Toussaint Brunet, sieur du Moulin-
Tizon. On voit figurer à ce contrat comme parents et témoins : Gilles Hu-
chet, Chevalier, seigneur de la Bédoyère, Regnault de Sevigney, Jean
Botrel, seigneur de Conruyer, Jehan Geslin, etc.

Il mourut le 10 mai 1678, et fut inhumé en l'église de Moidrey, où l'on
voit encore son tombeau. De son mariage sont nés cinq enfants, entre
autres :

1° Joseph TARDIF, Écuyer, seigneur et patron honoraire de Moidré et de Vauclair, conseiller du Roi, vice-bailli héréditaire du Cotentin, lieutenant de
Robe-Courte de M. le Grand-Prévot de Normandie, mort sans alliance le
1er septembre 1711 ;

2° Gilles, qui a continué la descendance ;

3° Charlotte-Louise TARDIF, mariée le 23 novembre 1696 à messire Antoine
D'AURAY, chevalier, seigneur du Moustier.

VIII. — Gilles TARDIF, IIe du nom, Écuyer, seigneur de Vauclair, puis de
Moidrey, à la mort de son frère aîné, né le 22 juillet 1665, fut Mousquetaire
à cheval de la garde du Roi, Lieutenant de Cavalerie au régiment de Pracomtal, puis Conseiller du Roi, Vice-Bailli du Cotentin, etc., charges qu'occupait son frère. Par contrat du 12 mai 1705, il a épousé demoiselle Jeanne
LEVESQUE, fille de feu Jean Levesque, Écuyer, sieur de Beaubriant, et de
dame Jeanne BAILLON, et il est mort le 2 janvier 1716, laissant les cinq enfants
ci-après :

1° Joseph TARDIF, né en 1706, mort en 1717 ;

2° Louis-André TARDIF, chevalier, seigneur de Moidrey et de Vauclair, né en
décembre 1706, capitaine au régiment de Souvré (infanterie), mort le 29

avril 1733, à Guastalla (diocèse de Parme), par suite de ses blessures, et inhumé dans ladite ville.

3° Gilles-François-Pierre, qui suit;

4° Françoise-Anne TARDIF, morte sans alliance;

5° Jeanne-Antoine tte TARDIF, mariée le 27 février 1745 à Nicolas LE ROY (1), Écuyer, seigneur de Brée.

IX. — Gilles-François-Pierre TARDIF, Chevalier, seigneur et patron de Moidrey et de Vauclair, seigneur du Bois-Durand, le Désert, la Juillerie et autres lieux, né le 28 mai 1711, entra comme cadet dans le régiment de Royal-Artillerie en 1729, puis au régiment de Souvré (infanterie), où il était Capitaine en 1734 par suite de la mort de son frère aîné. Il a épousé à Fougères, le 2 mai 1738, demoiselle Anne-Jeanne GUILLIER, dame des Illes (2), fille de feu noble homme Raoul Guillier, seigneur des Illes, et de dame Gillette LE BON ; il mourut à Paris, le 25 août 1787. De son mariage sont issus onze enfants, entre autres :

1° Anne-Marie TARDIF, dite mademoiselle DE MOIDREY, née le 20 janvier 1741, qui a épousé en 1791 M. Jean LE SACHER, et est morte en 1827;

2° Charles-François, tige du rameau aîné, rapporté ci-dessous;

3° Gervais-Gilles-François TARDIF, dit le chevalier DE MOIDREY, né en 1744, capitaine de cavalerie, chevalier de Saint-Louis, rentra d'émigration en 1812 et mourut à Pontorson en 1827 sans avoir été marié;

4° Marie-Jeanne TARDIF, dite mademoiselle DE VAUCLAIR, née le 31 octobre 1746, morte sans alliance en 1833;

5° Jacques, auteur du deuxième rameau établi en Lorraine, rapporté plus loin.

PREMIER RAMEAU.

X. — Charles-François TARDIF, Chevalier, seigneur de Moidrey, de Vauclair, la Motte en Bricqueville et autres lieux, né le 21 janvier 1743, fut Officier au régiment du Limousin. Par contrat du 26 juin 1766, il a épousé demoiselle Esprit-Modeste-Mélanie LE BRETON DE CLIVONNÉ, et est mort à Moidrey en 1807, ayant eu de son mariage deux fils, qui firent leurs preuves devant Chérin, Généalogiste des Ordres du Roi, en 1784, à l'effet d'être

(1) De ce mariage est né Jean-Baptiste Le Roy, marié à Sophie DE SAINT-GENYS, d'où: Frédéric LE ROY DE BRÉE, encore vivant, capitaine de douanes à Granville.

(2) Anne-Jeanne GUILLIER était la tante de l'héroïque GUILLIER DES ILLES, tué aux troubles de Nancy en 1790.

reçus Sous-Lieutenants dans un des Régiments de Sa Majesté. (Dans ces deux certificats il est appelé M. DE VAUCLAIR.) Ces deux fils sont :

1° Victor-Pierre, qui suit ;

2° Constant-Anne TARDIF DE VAUCLAIR, chevalier, marié : 1°, en 1797, à demoiselle Françoise-Thérèse DE BORDES, et en secondes noces, à mademoiselle Madeleine-Françoise LE NORMAND DE GARAT, est mort à Avranches le 6 novembre 1852, laissant du premier lit une fille :

   A. Thérèse-Allyre TARDIF DE VAUCLAIR, née en 1798, mariée en 1817 à Alexandre DE VERDUN DE LA CRENNE.

XI. — Victor-Pierre TARDIF, Chevalier, seigneur de Vauclair, appelé depuis M. DE MOIDREY, né le 5 mars 1768 à Coutances, Officier d'artillerie au régiment de Strasbourg en 1787, émigra à la Révolution et mourut à Moidrey en 1831. Il avait épousé en 1807 mademoiselle Agathe-Françoise BRISEBARRE DES JARDINS, qui l'a rendu père du fils qui suit :

XII. — Victor-François TARDIF DE MOIDREY, né le 29 juillet 1808, mort le 15 octobre 1855, avait épousé en 1837 mademoiselle Clémentine MAGON DE LA VIEUVILLE, fille d'Auguste et de dame Marthe LE GODIEN, qui l'a rendu père des cinq enfants ci-après :

1° Victor-Marie, qui suit ;

2° Henri-Marie TARDIF DE MOIDREY, né le 18 août 1839 ;

3° Berthe-Marie TARDIF DE MOIDREY ;

4° Georges-Marie TARDIF DE MOIDREY, né le 17 septembre 1850 ;

5° René-Paul-Yves-Marie TARDIF DE MOIDREY, né le 21 août 1855.

XIII. — Victor-Marie TARDIF DE MOIDREY, Chef de nom et d'armes de cette ancienne maison, est né le 19 janvier 1838, et n'est pas encore marié.

DEUXIÈME RAMEAU

(ÉTABLI EN LORRAINE).

X. — Jacques TARDIF DE MOIDREY, Chevalier, seigneur du Désert, la Juillerie, le Bois-Durand, etc., dixième enfant de Gilles-François-Pierre Tardif et de dame Jeanne GUILLIER, né à Moidrey le 11 juillet 1750, Capitaine d'artillerie au Corps royal des Mineurs, et Chevalier de Saint-Louis, a épousé par contrat du 3 janvier 1782 (dans la ville et évêché de Verdun), demoiselle Agnès-Henriette Le Bourgeois du Cherray, fille de Jacques-Dominique-Laurent Le Bourgeois du Cherray, Écuyer, Chevalier de Saint-Louis, ancien Garde du Corps du Roi et Capitaine de cavalerie, et de dame Barbe-Scholastique des Androuins. Il est mort à Metz le 13 mars 1822, ayant eu de son mariage :

XI. — Jean-Alexandre Tardif de Moidrey, Chevalier de Saint-Louis et de la Légion d'honneur, Chef d'escadron d'Artillerie, retiré du service en 1830, né à Dugny près Verdun le 26 février 1786, mort à Metz le 2 août 1860, lequel a épousé à Metz, le 24 février 1821, mademoiselle Frédéricque-Louis-Auguste Gerard d'Hannoncelles, fille de Jean-François Gilbert, baron Gerard d'Hannoncelles, Conseiller au parlement de Nancy, Secrétaire de l'Assemblée des parlements à Manheim pendant l'émigration, puis premier Président à la Cour royale de Metz, Officier de la Légion d'honneur, démissionnaire en 1830, et de dame Charlotte-Thérèse Symon de la Treyche. De cette alliance sont issus :

1° François-Marie-Adrien, qui suit ;

2° Jacques-Marie-Paul Tardif de Moidrey, né à Metz le 29 janvier 1826, capitaine d'artillerie, marié le 9 février 1858 à mademoiselle Martha-Catherine-Maria Wilson, fille de Melvil Wilson, Esquire, et de dame Louisa-Éléonora Stephenson, dont :

    A. Jean-Marie-Joseph Tardif de Moidrey, né le 3 décembre 1858 ;

    B. François-Marie-Joseph Tardif de Moidrey, né le 26 mai 1860 ;

    C. Étienne-Marie-Joseph Tardif de Moidrey, né le 6 mai 1861 ;

3° Louis-Marie-René Tardif de Moidrey, né à Metz le 9 août 1832, prêtre ;

4° Jean-Marie-Léon Tardif de Moidrey, né le 10 mai 1833, aujourd'hui Substitut du Procureur impérial à Lisieux, a épousé, le 31 janvier 1861, mademoiselle Charlotte-Laure Urguet de Saint-Ouen, fille de Charles-Ernest Urguet de Saint-Ouen, administrateur des forêts, et de dame Thérèse-Élisabeth Vaultrin ; de ce mariage est né un fils :

    A. François-Marie-Raymond Tardif de Moidrey, né à Lisieux le 11 février 1862.

XII. — François-Marie-Adrien Tardif de Moidrey, Chef de sa branche, né à Metz le 7 octobre 1824, aujourd'hui Capitaine d'artillerie en mission en Chine, Chevalier de la Légion d'honneur, n'est pas encore marié.

BRANCHE DE PETIVILLE.

Cette branche porte pour armes : *Écartelé : aux 1 et 4, d'azur, à la croix d'or, can-tonnée en chef de deux roses, et en pointe de deux coquilles, le tout d'argent; aux 2 et 3, d'argent, au lion passant de gueules, accompagné de trois roses de même, 2 en chef et 1 en pointe.*

Issue de celle de la Rochelle, mentionnée plus haut, elle eut pour auteur Jacques TARDIF, ou *dit* Tardif, sieur de la Cavée, qui vivait en 1595, et passa en Angleterre au temps de la Ligue.

Sa filiation suivie et authentique s'établit à partir de :

III. — Jean TARDIF (1), sieur de la Cavée, de la Roche, etc., vivant en 1635, était petit-neveu de Jean Tardif, conseiller Secrétaire du Roi au Châtelet de Paris en 1580. Très-jeune encore, Jean Tardif ou *dit* Tardif (ainsi dénommé dans plusieurs actes) quitta le Cotentin pour suivre un de ses parents en Angleterre, où il habita plusieurs années les Comtés de Kent et de Sussex et la ville de Londres ; à partir de l'année 1650, nous le voyons fréquemment reparaître sur le sol natal. Il épousa, en 1656 dans la Vicomté de Saint-Silvin, élection de Falaise, demoiselle Marie-Madeleine ÉDELINE, fille de noble Jean Édeline, sieur de la Croyx, seigneur et patron du Bois-Hubert. De 1666 à 1668, il céda et délaissa, pour une modique somme, la partie d'héritage qui lui restait dans le Cotentin, et mourut à Escoville-l'Abbaye en 1693, laissant les cinq enfants qui suivent :

> 1° Marie-Anne TARDIF, qui eut pour marraine mademoiselle DE COURTRAINVILLE, et pour parrain messire François-Gabriel-Aimé DU MOUTIER DE CANCHY, Écuyer, seigneur de la Motte, Lieutenant général au bailliage de Caen; elle est morte au commencement du XVIII° siècle, sans enfants;

(1, Par suite de lacunes (nombreuses au XVII° siècle, ainsi que nous l'avons constaté nous-même) dans les registres des paroisses des ressorts de Valognes et de Coutances, il n'a pas été possible à cette branche de relever l'extrait baptistaire de ce personnage. Des notes privées du temps, pièces de comptabilités et autres qui nous ont été représentées, nous paraissent indiquer suffisamment que Jean TARDIF était fils de Jacques *dit* Tardif, sieur de la Cavée ; mais ces pièces manquant du caractère authentique que nous exigeons toujours en pareil cas, nous nous bornons à énoncer ce fait sous toutes réserves, en affirmant toutefois que la communauté d'origine avec les Tardif de la Rochelle et de Vertemare nous paraît hors de doute.

2° Charles **Tardif**, Écuyer, sieur de la Croix, a épousé demoiselle Julienne **Le Sueur**, dame de Petiville (1). Il fut, en 1693, secrétaire de monseigneur le connétable de Gacé, Lieutenant général des armées de Sa Majesté. Plus tard, Officier dans le corps des Ingénieurs ordinaires du Roi, il servit de 1715 à 1720 sous les ordres de son parent, René de Tardif, Maréchal de camp et Chevalier de Saint-Louis. Il est mort en activité de service, en 1728, à Paris. De son mariage est né un fils mort en bas âge;

3° Anne **Tardif**, morte sans alliance chez sa marraine, madame **du Touchet de Beneauville**, fille du Capitaine des Gardes de la Reine-Mère Marie de Médicis;

4° Madeleine **Tardif**, mariée à N. . . **Daniel d'Auverne**, Écuyer;

5° Guillaume, qui suit :

IV. — Guillaume **Tardif**, Écuyer, qualifié d'abord sieur de la Roche, puis de Petiville et d'Amayé, fut Officier de l'Université de Caen, Échevin de ladite ville et Conseiller honoraire du Bailliage. Il a épousé en premières noces, en 1697 (en la sergenterie de Pont-l'Évêque), demoiselle Lucy **Fergan** (issue d'une famille irlandaise), fille de noble homme Jacques Fergant (2); et en secondes noces, demoiselle Jeanne **d'Amayé**, fille et héritière par moitié de messire Nicolas d'Amayé, Président au Parlement, seigneur de Rupierre, de Marchanville et autres lieux. De ces deux alliances sont issus les enfants ci-après :

1° Louis-Gabriel-Hercule, qui continue la descendance ;

2° Jacques-Charles **Tardif**, Prêtre de l'Oratoire, abbé de Cabourg, Conseiller du Roi, Président Trésorier de France au bureau des aides et finances de Caen, le 18 décembre 1732. Après 21 ans d'exercice, il résigna sa charge le 11 février 1754, en faveur de Michel-Julien **de la Mare**, seigneur et patron de Tilly-la-Campagne, et mourut à Caen vers 1769;

---

(1) Le nom du fief de Petiville (*Parvavilla*) remonte au XIIe siècle, dans l'histoire de Normandie. En effet, on voit dans les rôles de l'Échiquier, années 1180 et 1198, *Radulphus et Godefredus de Parvavilla*. — Le nom de Guillaume **de Petiville**, résidant à Caen au XIVe siècle, figure dans les Archives du Calvados.

Petiville, fief *de Haubert*, avait le chef assis en la paroisse de ce nom, avec extension en celle de Varaville, près Caen; plus tard, il fut tenu par la famille **Le Sueur de Petiville**. Au mois de mars 1699, une partie de ce fief, vendue à un sieur de Launay, fut clamée et retirée *à droit de sang et ligne* (résultant d'une alliance mentionnée plus loin) par un des membres de la famille **Tardif**. Les autres parties de ce fief, y compris ses mouvances en Varaville, lui furent transmises vers 1720 par transactions amiables entre la famille **Le Sueur** et cette branche de la maison **Tardif**.

(2) Le nom de cette famille, venue en France à la suite de Jacques II, s'est écrit indifféremment : **Fergan, Fergant** et **Fergand**. Cette maison s'est éteinte en la personne de Pierre **Fergant**, Conseiller du Roi, mort à la fin du règne de Louis XIV.

3° Marie-Madeleine Tardif, mariée à François-Pierre-Jean-Baptiste de Beauchef, Chevalier, seigneur de Valjouas, Baron de Servigny, etc.

Et du deuxième lit :

4° Charles-Louis Tardif, Chevalier d'Amayé, seigneur de Marchanville, Officier de dragons en 1745, lequel a épousé en 1761 demoiselle Jeanne-Françoise de Saint-Roman, dame d'Hérouvillette, fille et unique héritière de N. . . de Saint-Roman, Major au régiment de Chaillou (infanterie), et Chevalier de Saint-Louis. Après son mariage, le Chevalier d'Amayé se pourvut d'une charge de Maître des comptes à Rouen, et la conserva jusqu'en l'année 1782. Il est mort au couvent des Minimes de Vincennes, en 1791, sans postérité, et sa femme est morte au château d'Hérouvillette en 1825.

V. — Louis-Gabriel-Hercule Tardif, Écuyer, seigneur de Petiville, né en 1701, eut pour parrain messire Louis-Hercule de Vauquelin, marquis d'Hermanville, et pour marraine demoiselle Gabrielle Morant de Rupierre. Après avoir été Secrétaire de M. Romé de Fréquienne, Président à mortier au parlement de Rouen, il fut, comme son père, Échevin de la ville de Caen en 1742, et ensuite Conseiller Secrétaire du Roi en sa chancellerie établie près le parlement de Normandie. Il avait épousé, en 1734, noble demoiselle Jeanne-Madeleine Filleul, fille de Michel Filleul, Écuyer, seigneur patron haut-justicier de Maisy et autres lieux, et il mourut en 1774 laissant de son mariage :

1° Michel-Guillaume Tardif, Écuyer, mort sans postérité à Caen, le 1er avril 1783;
2° Jean-Jacques, qui suit :

VI. — Jean-Jacques Tardif, Écuyer, seigneur de Petiville et d'Amayé, né à Rouen en 1737, Capitaine au régiment de Poitou et Chevalier de Saint-Louis, a épousé le 6 février 1775 à Verdun, où son régiment tenait alors garnison, mademoiselle Élisabeth-Henriette Jehannot de Beaumont, fille aînée de Robert Jehannot de Beaumont, Conseiller du Roi au parlement de Metz, Lieutenant général au bailliage et siége présidial de Verdun. De ce mariage sont issus plusieurs enfants, entre autres :

1° Marie-Anne Tardif de Petiville, née en 1777, mariée à Metz le 11 octobre 1797 à Jean-Baptiste-Albert-Thomas Goullet de Rugy, Colonel commandant l'École des Mineurs au corps Royal de l'Artillerie, dont postérité;
2° Michel-Guillaume Tardif de Petiville, sieur de Courcelles, né à Verdun le 31 juillet 1778, mort célibataire à Neuilly près Paris, en 1842;
3° Louis-Charles, qui continue la descendance ;
4° Charles-Louis Tardif de Petiville, né le 23 mai 1782, mort jeune ;

5° Charles-Louis, tige d'un autre rameau dont l'article vient après;

6° Marie-Madeleine TARDIF DE PETIVILLE, née à Caen le 22 janvier 1792, mariée le 12 mai 1811 à M. le Baron Claude DE BEINE (1), qui fut, à la Restauraration, Officier supérieur de la maison du Roi Louis XVIII.

VII. — Louis-Charles TARDIF DE PETIVILLE, né à Verdun le 25 juin 1780, Garde d'Honneur à cheval de S. A. R. le Duc de Berry, a épousé au château de la Bazoge, le 28 octobre 1806, mademoiselle Marie-Constance DE SAINT-GERMAIN, fille de Jean-Félix-Samson de Saint-Germain (2), ancien Capitaine au régiment de Hanovre, Chevalier, seigneur de la Bazoge, de Trénon en Bretagne, etc., et de dame Victoire-Marie-Constance DE FRÉVAL, dame d'Estry. Il est mort à Paris en 1845, et de son mariage sont nés trois enfants :

1° Jeanne-Zénaïde TARDIF DE PETIVILLE, dame de Saint-Louis de Gonzague, Religieuse au couvent de la Charité à Bayeux;

2° Stephen-Charles, qui suit ;

3° Léon-Victor TARDIF DE PETIVILLE, né au château de Tallevende le 22 septembre 1812.

VIII. — Stéphen-Charles TARDIF DE PETIVILLE, Chef de nom et d'armes de sa branche, né au château de Tallevende, près Vire, le 26 juillet 1811, a hérité du chef de sa mère de la terre d'Estry (ancien fief seigneurial).

SECOND RAMEAU.

VII. — Charles-Louis TARDIF DE PETIVILLE, cinquième enfant de Jean-Jacques et de dame Élisabeth-Henriette JEHANNOT DE BEAUMONT, né à Verdun, le 2 avril 1788, a épousé à Vire, en 1817, mademoiselle Louise-Bonne-Céleste TESNIÈRES DE BRÉMENIL, fille de Jean-Victor TESNIÈRES, Baron de Brémenil (3), et de dame DE LANCESSEUR. De cette alliance sont nés sept enfants, savoir :

1° Guillaume-Charles SOSTHÈNES, dont l'article suit ;

2° Léonie TARDIF DE PETIVILLE, mariée en 1841 à M. Isidore DE LA HUPPE DE LARTURIÈRE, Maire de la ville de Vire, dont postérité ;

3° Alexandre-Louis TARDIF DE PETIVILLE, né au château de Fontenermont le 16 juillet 1822, lequel a épousé à Alençon, le 28 août 1847, mademoiselle Léonie-Aurélie-Antoinette DE COUESPEL, dont une fille :

A. Marie-Georgette TARDIF DE PETIVILLE, née le 16 juillet 1850.

---

(1) De ce mariage est né un fils : Nicolas-Auguste Baron DE BEINE, qui est devenu, en épousant la fille du Comte DU BOUEXIC DE PINIEUC, le beau-frère de mademoiselle TARDIF D'HAMONVILLE, fille du Comte de ce nom.

(2) Cette maison compte deux alliances avec la maison d'Harcourt. (Voyez d'Hozier.)

(3) Il était fils de : Anne-Jeanne-Louise LE ROY DE MACÉ. (Voir d'Hozier, art. Le Roy.)

4° Augustine-Marie Tardif de Petiville, mariée en 1844 à M. Louis Élie de Tréprel, morte sans postérité en 1861 ;

5° Donatien Tardif de Petiville, né le 22 avril 1826, mort sans allia. le 4 mars 1854 ;

6° Ernest-Marie Tardif de Petiville, né le 3 juin 1828, qui a épousé au château de Bons près Falaise, le 15 juin 1852, mademoiselle Aline-Louise-Hermance Wastelier d'Haillicourt, fille de M. Wastelier d'Haillicourt et de madame Léonie de Couillibeuf de Blocqueville, sœur du Général Comte de ce nom ; de cette alliance sont issus :

    A. Marguerite-Marie-Aline Tardif de Petiville, née le 21 mars 1853 ;

    B. Jeanne-Marie-Angèle Tardif de Petiville, née le 7 décembre 1854 ;

7° Constance-Marie Tardif de Petiville, mariée le 20 avril 1855 à M. Gaston-Anatole-Henry, Comte de Caqueray, dont cinq enfants.

VIII. — Guillaume-Charles-Sosthènes Tardif de Petiville, né à Vire, le 15 mai 1819, Membre du Conseil général du Calvados, Lieutenant de louveterie, Maire de Saint-Séver, a épousé à Paris, le 8 octobre 1844, mademoiselle Clémence de Gauthier de Savignac, morte en 1861, après l'avoir rendu père des deux enfants ci-après :

1° Charles-Raoul-Sosthènes Tardif de Petiville, né le 13 novembre 1845 ;
2° Henry-Louis-Marie Tardif de Petiville, né le 24 décembre 1849.

LE CLERC DE PULLIGNY

ARMES : *D'azur, à deux épées d'argent garnies d'or et passées en sautoir ; au chef de gueules, chargé d'un lion de Saint-Marc tenant un livre ouvert, au naturel.*

ette famille est originaire de Lorraine et figurait ancienne-ment parmi la noblesse de cette province.

Claude LE CLERC, Écuyer, seigneur de Pulligny, vivant en 1530, est le premier auteur de cette maison à partir duquel la filiation peut être établie ; il a épousé noble de-moiselle Catherine DE TRÈVES. Son fils :

Claude LE CLERC, IIᵉ du nom, Écuyer, seigneur de Pulligny, fut secré-taire de la Princesse de Tarente, et épousa demoiselle Anne THIÉRION. Il embrassa la religion protestante, et par ce fait perdit sa noblesse ; ayant été obligé de s'expatrier, ses biens furent confisqués. Ses fils, Jean et Alexan-dre, se distinguèrent dans la carrière des armes et furent réhabilités par Lettres patentes du duc Henri de Lorraine en date du 28 mai 1623.

Le descendant de cette famille, établie en Normandie depuis trente ans, Chef actuel de sa maison, est M. Félix-Augustin LE CLERC DE PULLIGNY, né le 14 février 1821 ; il a épousé, par contrat du 7 juillet 1849, mademoiselle Sophie HUVÉ DE GAREL (1), et a obtenu, sur sa requête, par décret impérial

---

(1) La famille Huvé de Garel porte pour armes : *D'argent, au chevron d'azur, accompagné de trois merlettes de même, 2 et 1.*

du 25 juin 1860, le droit de conserver le nom DE PULLIGNY, porté par ses ancêtres. De son mariage sont nés les trois enfants ci-après :

1° Henriette LE CLERC DE PULLIGNY ;

2° Jeanne LE CLERC DE PULLIGNY ;

3° Jean LE CLERC DE PULLIGNY.

LARTOIS DE SAINT-LUC

ARMES : *Parti, au 1, d'azur au chevron accompagné de trois gerbes de blé surmontées chacune d'une étoile, le tout d'or ; au 2, d'azur, à trois besants d'or surmontés d'un lambel à trois pendants d'argent.* — *L'écu timbré d'un casque de Chevalier orné de ses lambrequins.*

cette maison, originaire du diocèse d'Evreux, appartenait :

François LARTOIS, Écuyer, seigneur de Saint-Luc, Conseiller Secrétaire du Roi, maison, couronne de France et des finances, par lettres patentes Royales signées à Versailles, et enregistrées en la Cour des Aides de Rouen, en 1715. Il fut nommé en 1735 gouverneur des Pages de Mme la Duchesse d'Orléans. De son mariage avec demoiselle Charlotte DE FRESNE il eut pour fils :

Antoine LARTOIS DE SAINT-LUC, Écuyer, Maire de la ville d'Évreux, de 1770 à 1778, année de sa mort.

Il a laissé plusieurs enfants qui ont des descendants de nos jours en Normandie.

DE PORLIER DE RUBELLES

ARMES : *D'azur, à une aigle éployée d'or, surmontée d'une trangle d'argent, chargée de trois hermines de sable et trois hures de sanglier, d'or, en chef.* — Couronne : *De Marquis.* — Supports : *Deux lions.*

Originaire du Rouergue, la famille DE PORLIER ou POLIER, établie dans le haut Languedoc au XIVᵉ siècle, est d'extraction chevaleresque, et jouit depuis une époque très-reculée de tous les privilèges réservés à la noblesse. Suivant des recherches qui ont été faites dans les archives de la maison de ville, par les Consuls de Villefranche, dont ils ont donné leur certificat le 2 novembre 1644, collationné par deux notaires le 27 avril 1768, et légalisé par le Lieutenant principal en la Sénéchaussée et Présidial de ladite ville, on voit que cette maison est très-ancienne. Lesdits Consuls attestent qu'il y a une tour du nom de POLIER, bâtie en 1091, que dans la banlieue de Villefranche est un terroir appelé : *La Ribe de Polier*, à l'extrémité duquel est plantée une croix fort ancienne, que l'on nomme la croix de Polier ; ce qui prouve, avec d'anciens titres, que cette famille y possédait tout ce terrain, d'autant plus que sur la croix élevée et bâtie en grand relief, au milieu du carrefour et terroir de Polier, et sur une ancienne tombe de ceux de ce nom, comme dans beaucoup d'autres endroits, on voit leurs armes.

On lit dans le même certificat, qu'après la mort du Roi Jean, Édouard, Roi d'Angleterre en 1364, étant maître de toute la Guyenne et du Rouergue,

22

fit sommer les Consuls de Villefranche de venir lui prêter serment, et que Pierre DE POLIER, premier Consul de ladite ville, le refusa hardiment, et aurait péri sans le seigneur d'Arpajon qui obtint sa grâce, et la permission pour lui de retourner vers ses compatriotes pour les engager à se soumettre ; mais ceux-ci, encouragés par la généreuse réponse de leur premier magistrat, et suivant son exemple, se défendirent vaillamment contre les Anglais.

Claude DE POLIER, vivant dès le commencement du XIVᵉ siècle, est le premier personnage connu dans les documents historiques qui ait illustré sa famille ; en effet, dans une bataille contre les Anglais, où commandait Louis, Comte de Toulouse, sous le règne de Philippe le Hardi, il délivra le Dauphin d'un grand péril ; c'est pourquoi ce Prince, en reconnaissance de ce service, institua l'Ordre de Chevalerie *du Coq*, et en décora, le premier, Claude DE POLIER (1).

M. de Bezons, intendant du Languedoc, par jugement du 23 novembre 1669, a maintenu cette maison dans les prérogatives des anciens Gentilshommes, « *comme issue de noble Race et lignée.* »

Elle s'est divisée en trois branches principales ; la première est restée en Languedoc : un de ses rameaux est allé se fixer en Espagne, et existait encore aux Colonies à l'époque de la révolution de 1789 ; la seconde est allée s'établir en Normandie, vers 1380 ; et enfin la troisième, par suite des guerres de religion, est allée se réfugier en Suisse, où ses descendants tiennent encore un rang distingué parmi les familles les plus nobles du pays.

Parmi les personnages importants de cette ancienne famille, nous citerons :

Claude DE POLIER ou PORLIER (2), cité plus haut, vivant sous Philippe le Hardi.

Pierre DE PORLIER, député vers Édouard, Roi d'Angleterre, en 1364.

Jean PORLIER, Écuyer, était homme d'armes du Sire de Coëtquen, en 1420.

Autre Jean PORLIER, Chevalier banneret, servit dans l'armée du Duc de Bourgogne en 1459.

Noble Jean DE PORLIER était Consul de Villefranche en 1456 ; plusieurs de ses descendants occupèrent aussi cette charge pendant les années 1504, 1525, 1553, et suivantes.

François PORLIER, l'un des 195 Archers des Ordonnances du Roi, servait dans la compagnie du Comte de Villars, suivant la Montre et Revue qui en

---

(1) Ce fait est rapporté tout au long dans le Dictionnaire historique de *Moréri*.
(2) Cette dernière orthographe ayant prévalu, nous la conservons.

fut faite au Camp de Turbigo (Italie), au mois de septembre 1516. (*Titres scellés*, V° 243, f° 725, *citation de Chérin*) (1).

François PORLIER, Chevalier, Trésorier de l'épargne, fut surintendant des finances en 1524, et Maître-d'Hôtel du Roi en 1554.

Pierre PORLIER était Capitaine de cinquante hommes d'armes en 1550.

Jean DE PORLIER, Chevalier, seigneur de plusieurs fiefs nobles en Rouergue, Secrétaire du Roi, fut Ambassadeur en Suisse en 1553.

Jean DE PORLIER était Gentilhomme ordinaire de la Chambre du Roi, en 1567.

Claude DE PORLIER, Chevalier, seigneur de Goupillières, fut Capitaine au régiment de Royal-Infanterie en 1639. Un article tiré du Journal de la Maison du Roi, en 1692 (cité par Chérin), mentionne comme faisant partie des troupes montant à l'assaut au siége de Namur, la brigade commandée par le sieur DE PORLIER (2).

Pierre-Claude DE PORLIER fut Maître des Comptes, Conseiller du Roi, en 1720, Bailli général du Grand Prieuré du temple, Chancelier de Malte au Grand Prieuré de France, Gouverneur d'Enghien, etc.

Jonathan DE PORLIER, ci-devant Officier au régiment suisse de Jenner, était Capitaine des Grenadiers de France, en 1761.

Luc DE PORLIER DE SAINT-GERMAIN était Lieutenant au régiment des Gardes suisses, en 1769.

Auguste-Louis DE PORLIER servit d'abord dans la marine, sous les ordres du Comte de Grasse, fut ensuite Mousquetaire du Roi, et enfin Colonel d'artillerie et Chevalier de Saint-Louis.

Enfin Charles DE PORLIER DE GOUPILLIÈRES fut massacré à la prison de l'Abbaye, en 1792, d'après les ordres du citoyen Maillard.

Cette ancienne famille, tant en France qu'en Suisse et en Espagne, s'est alliée aux premières maisons de la noblesse; nous citerons, entre autres, celles : d'Illiers, de la Guiche, de Montigny, de Braque, de la Bothière, D'Aillez de Caussade, de Chandieu de Corselles, de Saulssure, de Clères, de Tourzelles, de Bordeaux, André de Champfernet, de Castellane, Lauris(3), Danier de Mouron, de Caqueray, Le Prestre de Jaucourt, etc., etc.

(1) *Chérin* dit encore : « Dans l'église de l'abbaye de Chaunes (ordre de Cluny, diocèse de Sens), on voit l'épitaphe suivante :
Claudius Clopet hic jacet, omnium retro adolescentùm optimus, nobilissimis parentibus, clarissimo viro Guilielmo Clopet Regi a consiliis in oppido quod *Brie-Comte-Robert* vulgo dicitur regii salis distribuendi cameræ preside, illustrique domina anna PORLIER carissima conjuge natus, obiit XV septembris anno salutis MDCCXXV.
(2) Le Pipre : *Maison du Roi et Troupes de France*, in-4°, vol. III, fol. 53.
(3) Cette alliance apparentait la famille DE PORLIER avec Louis XV, par la Maison de Savoie.

Les bornes de cette notice nous empêchent de donner ici la filiation des différentes branches; nous allons nous occuper seulement de celle habituée en Normandie. Cette filiation a été établie par nous sur une généalogie dressée et signée par Chérin, Généalogiste des Ordres du Roi (*Bibliothèque Impériale, Cabinet des Titres*) (1), commençant en 1399.

FILIATION.

La branche établie en Normandie, encore existante de nos jours, a eu pour premier auteur :

I. — Henry Porlier, Écuyer, troisième fils de Pierre, mentionné plus haut, premier Consul de Villefranche (en Rouergue), lequel servit en 1364, sous Charles de Blois, et en 1370, sous Robert de Guitry. Il a épousé en 1378 noble damoiselle Marguerite du Pont, dont il eut deux fils :

1° Jean, qui suit ;
2° Louis Porlier, Damoiseau, auteur d'une branche qui alla se fixer en Espagne et existait encore aux colonies à l'époque de la révolution.

II. — Jean Porlier, Écuyer, figure dans le rôle de Montre et Revue des hommes d'armes du Sire de Coëtquen, passée le 22 juin 1420. Il avait épousé en 1406 noble damoiselle Denise de Clère, dame de Goupillières, fief qu'elle lui apporta en dot. De ce mariage sont issus huit enfants, entre autres :

III. — Noble homme Robert Porlier, Écuyer, lequel comparut à la Montre des nobles du bailliage d'Alençon, faite le 23 mars 1469. Un acte scellé de son sceau, en 1463, existait avant la révolution au chartrier de la famille.
Il a épousé en 1416 damoiselle Élisabeth d'Illiers, dont il eut :

IV. — Jean Porlier, II° du nom, qui était sous la garde noble de sa mère en 1432, et servit en qualité de Banneret dans l'armée du duc de Bourgogne. Il testa en 1479, et avait épousé en 1456 noble damoiselle Adélaïde de la Guiche, fille de Gérard de la Guiche, grand Bailli de Mâcon. De cette alliance est issu, entre autres enfants :

V. — Jean Porlier, III° du nom, Écuyer, seigneur de Goupillières, marié le 25 juin 1488 à noble damoiselle Marguerite de Seran, dont :

---

(1) Seulement ce généalogiste ne cite, ainsi que cela se faisait du reste à cette époque, que le chef de chaque degré.

VI. — François PORLIER, Chevalier, successivement Trésorier de France et de l'épargne, fut nommé Surintendant des finances le 4 août 1524, Surintendant de la maison de la Reine en 1534, Maître de l'Hôtel du Roi en 1554 et Conseiller du Conseil privé. Il a épousé damoiselle Gabrielle DE MONTIGNY et est mort en 1557, laissant de son mariage quatre filles et deux fils :

> 1° Jean, qui suit ;
>
> 2° Pierre PORLIER, capitaine de cinquante hommes des ordonnances du Roi, marié, en 1550, à noble damoiselle Geneviève DE BRAQUE, et auteur de la branche des seigneurs de Bretigny, éteinte à la fin du siècle dernier.

VII. — Jean PORLIER, IVe du nom, Chevalier, seigneur de Gumont-le-Châtel, de Goupillières et autres lieux, Gentilhomme ordinaire de la chambre du Roi, marié en 1548 à noble damoiselle Jeanne LE BRETON, eut pour fils :

VIII. — Claude PORLIER, Chevalier, Capitaine des vaisseaux du Roi, lequel se distingua dans plusieurs affaires et fut fait Chevalier de l'Ordre. De son alliance avec damoiselle Élisabeth LE FERRAND, fille d'Étienne Le Ferrand, Baron de Caumont, et de dame Marguerite DE BEAUNE, sont nés deux fils :

> 1° Louis, qui suit ;
>
> 2° Auguste de PORLIER, auteur de la branche passée en Espagne et qui y existait encore peu de temps avant la révolution.

IX. — Louis DE PORLIER, Écuyer, épousa en 1598 noble damoiselle Françoise DE LA MOTHE, dont il eut six enfants, entre autres :

X. — Claude DE PORLIER, Chevalier, Capitaine au régiment Royal-Infanterie, lequel a épousé, en 1625, noble demoiselle Antoine FILLERIN, dont :

XI. — Henri DE PORLIER, Chevalier, né le 11 juin 1632, baptisé en l'église de Saint-André-d'Enghien, diocèse de Paris, Officier au régiment de Salis, a épousé, en 1673, demoiselle Marguerite DE BORDEAUX, morte au mois de novembre 1717. De cette alliance sont nés plusieurs enfants; l'un d'eux :

XII. — Pierre-Claude DE PORLIER, Chevalier, seigneur de Goupillières, de Rubelles, de Fréville, etc., né en 1681, Conseiller Secrétaire du Roi, Maître des Comptes en la Chambre des Aides et finances, Bailli général et Chancelier de Malte au Grand-Prieuré de France, Gouverneur d'Enghien, etc., auquel le Grand-Maître envoya la Croix de Malte en récompense des services importants qu'il rendit à l'Ordre. Il a épousé en premières noces, le 7 août 1712, sa cousine Henriette DE PORLIER, morte en 1721, et en secondes noces, en 1724, demoiselle Angélique DE LA SALLE. Il est mort en 1764, laissant de son mariage le fils unique qui suit :

XIII. — Antoine-Henri DE PORLIER DE RUBELLES, Chevalier, seigneur dudit lieu, de Goupillières, de Fréville, de Pommereuil, etc., a épousé en 1733 demoiselle Élisabeth ANDRÉ, fille de noble Pierre André, seigneur de Champfernet. De cette alliance sont nés cinq enfants, savoir :

1° Charles DE PORLIER, dit le Chevalier DE GOUPILLIÈRES, officier aux chevau-légers de la garde du Roi, chevalier de Saint-Louis, mort victime de la révolution;

2° Marie DE PORLIER DE RUBELLES, mariée au Vicomte ADINE DE VILLESAVIN;

3° Julie-Adélaïde de PORLIER DE RUBELLES a épousé le Marquis de CASTELLANE-LAURIS;

4° Auguste-Louis, qui continue la descendance;

5° N... DE PORLIER, dit le Chevalier DE POMMEREUIL, mort au commencement de ce siècle sans postérité.

XIV. — Auguste-Louis DE PORLIER Marquis DE RUBELLES, chevalier; seigneur de Goupillières, de Fréville et autres lieux, fut d'abord Garde-marine et fut blessé très-grièvement en 1765, combattant sous les ordres de l'Amiral Comte de Grasse. La faveur de Monsieur, frère du Roi, le fit passer aux Mousquetaires Noirs, et à la dissolution de ce corps, il fut nommé Colonel d'artillerie et Chevalier de Saint-Louis. Il a épousé mademoiselle DANIER DE MOURON, fille d'un Conseiller au Parlement. De cette alliance sont issus deux enfants :

1° Auguste-Guy, qui suit;

2° Pauline DE PORLIER DE RUBELLES, mariée à M. le Comte DE CHAMISSOT.

XV. — Auguste-Guy DE PORLIER, Comte DE RUBELLES, Chef d'escadron d'État-Major, quitta le service après la campagne de 1812. Il avait épousé l'année précédente mademoiselle Caroline DE CAQUERAY, issue d'une très-ancienne famille de la province. De son mariage sont nés quatre enfants :

1° Henri, qui suit;

2° Charles DE PORLIER DE RUBELLES, mort jeune sans enfants;

3° Hippolyte DE PORLIER DE RUBELLES, mort aussi sans postérité;

4° Anatole DE PORLIER, Vicomte DE RUBELLES, marié, en 1841, à mademoiselle Clorinde ANDRIEU, issue d'une ancienne famille d'Auvergne. De ce mariage sont nés :

A. Auguste-Albert DE PORLIER DE RUBELLES, né en 1843 ;

B. René DE PORLIER DE RUBELLES, né en 1845, mort en bas âge ;

C. Marcel DE PORLIER DE RUBELLES, né en 1847 ;

D. Georges DE PORLIER DE RUBELLES, né en 1852 ;

E. Marguerite DE PORLIER DE RUBELLES, née en 1858.

XVI.—Henri DE PORLIER, Comte DE RUBELLES, chef de nom et d'armes de sa famille, a épousé, en 1838, mademoiselle Louise LE PRESTRE DE JAUCOURT, dont il a eu deux filles :

1° Henriette DE PORLIER DE RUBELLES, mariée à M. Auguste DE CAQUERAY ;

2° Caroline DE PORLIER DE RUBELLES, mariée à M. Herman DE CAQUERAY.

MIETTE DE LAUBRIE

ARMES : *De gueules, à trois moutons d'or, 2 et 1.* — Couronne : *De Marquis.* — Supports : *Deux lions léopardés.*

ne des plus anciennes familles de la province est sans contredit la maison MIETTE DE LAUBRIE, puisqu'elle est connue dès le XIIᵉ siècle ; de plus, elle s'est alliée aux principales maisons normandes, entre autres aux : de La Hire, de Chantilly, de Chanteloup, du Lude, Pottier de Courcy, etc. Ses membres étaient Seigneurs de Grouchy (1586), châtelains et patrons de la terre et seigneurie de Troisgots, ainsi qu'il appert d'un aveu qu'ils rendirent le 25 février 1625, pour ladite seigneurie tenue à foi et hommage, et pour un plein fief et demi *de Haubert*, le tout relevant du Roi à cause de la châtellenie de Gavray. Dans cet aveu, qui existe encore dans les registres de la cour des Comptes, il est dit, que le sieur DE LAUBRIE a droit de patronage et de présenter au bénéfice-cure de Troisgots et à la chapelle de Notre-Dame sur Vire, dépendant dudit bénéfice, alternativement avec le Baron DE RENTY, *son puîné.*

Les MIETTE possédaient, de plus, les châteaux de Troisgots et de Gavray, qui étaient très-fortifiés ; ils étaient en outre seigneurs et patrons de Mesnil-Rault, où ils possèdent encore de nos jours des propriétés considérables. Ils jouèrent un rôle important dans le pays lors des guerres de religion, et furent à la tête du parti protestant avec le comte de Montgommery.

On voit dans une charte datée du 4 juin 1600, que noble homme Jean MIETTE, Écuyer, seigneur de Grouchy, a fait édifier sur son fief de Grouchy un des premiers temples protestants, et qu'il y avait recueilli et établi le général de la religion réformée.

Cette noble et ancienne famille est représentée de nos jours par :

Georges MIETTE DE LAUBRIE, lequel a épousé, le 23 novembre 1853, mademoiselle Léa DU QUESNE. De ce mariage sont issus deux enfants : Georges et Berthe.

Et par sa sœur, mademoiselle Marie-Sidonie DE LAUBRIE, mariée à Gustave-Alfred REGNAULT DE BOUTTEMONT.

ADDITIONS ET CORRECTIONS

SUPPLÉMENT

A LA

NOTICE ACHARD

Nous avons omis, dans la description des armoiries, de dire que l'Écu de cotte famille est posé sur cinq haches d'armes, quatre passées en sautoir 2 à 2, et une en pal. — Devise : *Bon vouloir et loyauté*, ou, *Bon renom et loyauté*. — Cri : *Achard Hache*.

BRANCHE DE LA VENTE. — (Page 206.)

Victor-Pierre-Jean-Baptiste ACHARD DE LA VENTE, né en 1780, a épousé mademoiselle Sophie-Françoise ACHARD DE LE LUARDIÈRE, sa cousine germaine. De ce mariage sont issus quatre enfants :

1° Victor-Jacques-Marie ACHARD DE LA VENTE, né le 27 juin 1810, marié le 6 juillet 1846 à mademoiselle Sydonie DE BEAUSSE, fille de Jean-Baptiste de Beausse, Officier au régiment d'Enghien, ancien Émigré, Chevalier de Saint-Louis, sans postérité ;

2° Hippolyte-Marie-Pierre ACHARD DE LA VENTE, né le 25 février 1812, a épousé le 11 février 1851 mademoiselle Vitaline BOUSSIN DU COQUEREL, qui l'a rendu père de :

    A. Hippolyte-Marie-Joseph, né le 13 novembre 1851 ;
    B. Vitaline-Marie-Louise, née le 12 mars 1854 ;
    C. André-Pierre-Marie, né le 28 avril 1862 ;

3° Louis-Marie-Adolphe ACHARD DE LA VENTE, né le 1er juin 1814, marié en septembre 1839 à mademoiselle Louise DE BOIS-TESSELIN, dont :

    A. Marie-Louise, née le 25 août 1840, Religieuse au couvent de Barenton (Manche) ;
    B. Charles-Louis, né en 1841, engagé volontaire au 6e régiment de Hussards ;

4° Victorine-Marie-Madeleine ACHARD DE LA VENTE, née en 1817, Religieuse au couvent des Dames Augustines de Barenton.

Branche de Vacognes. — (Page 206.)

Jean-Thomas-Antoine ACHARD DE VACOGNES, marié en 1778 à Marie-Hen-riette-Julienne DE BANVILLE, eut deux fils :

1° Adrien-Michel, père d'Amédée Achard de Vacognes, que nous avons désigné comme chef de sa branche (page 206) ;

2° Jacques-Marie-Henri ACHARD DE VACOGNES, marié à demoiselle Caroline DE MOISSAY. De cette alliance sont issus une fille et deux fils :

> A. Adrien-Ernest, marié le 12 juin 1852 à mademoiselle Esther DU FOUGERAY, dont trois enfants ;
>
> B. Maurice-Alfred, marié le 17 juin 1851 à mademoiselle N. . . . . GAULTIER DE CARVILLE, dont deux filles.

Branche de Bonvouloir. — (Page 207), ajoutez à la ligne 24 :

Charles, Comte DE BONVOULOIR, Chevalier de la Légion d'honneur, a épousé, en 1805, mademoiselle Marie-Rose DE THIBOUTOT, fille du Marquis Léon de Thiboutot, Lieutenant général des armées du Roi et Commandeur de l'Ordre Royal de Saint-Louis. De cette alliance sont nés huit enfants, entre autres :

1° Marie-Charles-Eugène, mort sans alliance ;

2° Charles-Léon-Roger ACHARD DE BONVOULOIR, qui a épousé en 1838 mademoiselle Claire DE GRENTE DE SAHURS, mort en laissant une fille :

> A. Henriette DE BONVOULOIR, mariée en 1861 à M. le Vicomte Ludovic D'ESTAMPES ;

3° et 4° Anastasie et Léontine DE BONVOULOIR, mariées à messieurs DE MONS DE CARANTILLY.

(333)

ERRATA.

PREMIÈRE PARTIE.

Page 10 — ligne 4, *lisez* : Haute-Noês, *au lieu de* Hautenoc.

» 15 — » 2, *lisez* : d'Auray, Écuyer, seigneur de Saint-Pois, *au lieu* de d'Auvray.

» 30 — » 20, *lisez* : une merlette, *au lieu* d'une molette.

» 63 — » 7 (la description des armoiries doit être ainsi) : *D'azur, au lion d'or, à la tierce en fasce du même, brochante sur le lion et au franc-canton d'or, brochant sur la première de la tierce.*

» 82 — » 17 (armes de la maison Hauteville) : *D'argent, à trois fasces de sable, chargées chacune d'un sautoir de gueules à la bordure de même.*

» 89 — » 3, *lisez* : trois glands d'or, *au lieu* de gueules.

DEUXIÈME PARTIE.

Art. DE BANVILLE, page 35 — ligne 23, *lisez :* du Breil de Landal, *au lieu de* Du Breuil de Landal.

Art. DE MARESCOT, page 168 — ligne 1, *lisez* : GUÉAU DE GRAVILLE, *au lieu de* GUÉAN.

Art. CAVELIER, page 190 (branche de Montgeon). — M. Eugène de Montgeon, que nous mettons Chef de sa branche, est mort il y a quelques années, et, cette branche ne nous ayant pas fourni de documents, nous ne pouvons donner le nom du Chef actuel.

Art. MALET, page 212 — ligne 3, *lisez* : Grand-Amiral de France, *au lieu* d'Amiral.
Page 214 — ligne 6, *lisez* : Mathilda, *au lieu de* Mathilde.
» » — » 7, *lisez* : Lénaut, *au lieu de* Lesnault.

Art. DOYNEL (branche de Quincey), page 258 — ligne 24, *lisez* : Virginie-Élisabeth DOYNEL DE QUINCEY, mariée en 1845 à son cousin René-Louis-Pierre, Comte de Saint-Quentin, *au lieu de* Louis-Gabriel de Saint-Quentin.

SOUS PRESSE:

VOLUME SUPPLÉMENTAIRE

DU

NOBILIAIRE DE NORMANDIE

NOTICES GÉNÉALOGIQUES EN COURS D'EXÉCUTION.

ADOUBEBEN DE ROUVILLE.
AMONVILLE (D').
AUXAIS (D').
BOUCHER D'HÉROUVILLE (LE).
CLINCHAMPS (DE).
COUTEULX DE CANTELEU (LE).
GENDRE DE MONTENOL ET D'ONSENBRAY (LE).
GOUJON DE GASVILLE.
GROSSIN DE BOUVILLE.
GUERIN D'AGON.
GUYON DE GUERCHEVILLE.

HELLOUIN DE MÉNILBUS ET DE CENIVAL.
HERBELINE DE RUBERCY.
JOLIS DE VILLIERS (LE).
MALLARD DE LA VARENDE (DE).
MOGES (DE).
MALORTIE (DE).
MORANT (DE).
MORIN D'AUVERS.
ORGLANDES (D').
PELLERIN DE GAUVILLE (LE).
PERCY (DE).

PICQUOT DE MAGNY (DE).
PIGACHE DE SAINTE-MARIE (DE).
PIGEON DE VIERVILLE (LE).
PLESSIS D'ARGENTRÉ (DU).
ROBILLARD DE BEAUREPAIRE.
RUEL DE BELLE-ISLE.
SENS DE MORBAN ET DE FOLLEVILLE (LE).
TITAIRE DE GLATIGNY.
TOURNEBU (DE).
VAUQUELIN (DE).

LISTE DES FAMILLES

SUR LESQUELLES NOUS AVONS DES DOCUMENTS GÉNÉALOGIQUES
ET QUI NE NOUS ONT PAS ENCORE COMMUNIQUÉ LEUR FILIATION.

ABÔT DES CHAMPS.
ACRES (DES).
ACHÉ DE MARBEUF.
ADAM D'ORVILLE.
APONVILLE.
AGIS DE SAINT-DENIS.
ALBON (D').
ALLARD DE LA HOUSSAYE.
ALLEAUME DE TREFOREST.
ALESCOURT (D').
ANDRAY (D').
ANCEL DE QUINEVILLE (D').
ANDRAY DE FONTENAY.
ANDRIEU DE LA HOUSSAYE.
ANDRÉ DE CHAULIEU.
ANGOT DES ROTOURS.
ANGLEVILLE (D').
ANNOVILLE (D').
ANQUETIL.
ANSART (D').

ANTHENAISE DE ROUILLI (D').
ARCLAIS (D').
ARCHER.
ARDRES DE COURTEVILLE.
ARGENNES DE MONTHIBEL (D').
ARRENTIÈRES (D').
ARTAUD DE LA FERRIÈRE.
ASSELIN DE VILLEQUIER.
ASSONVILLES DE ROUGEMONT (D').
AUBERMESNIL (D').
AUBER DE VERTOT.
AUBRY DE LA NOË.
AUFFAT (D').
AUMONT DE VILLEQUIER.
AURAY DE SAINT-POIX (D').
AUXOIS (D').
AVANNES (D').
AVENEL.

BACHELIER DES VIGNERIES.

BAGNEUX (DE).
BAGUENAULT (DE).
BAILLARD (DE).
BAILLACHE (DE).
BAILLY DE BARBEREY.
BARBERIE DE COURTEILLE.
BARON DE TREBOUVILLE.
BARRE (DE LA).
BARRÉ DES AUTIEUX.
BARTILLAT (DE).
BARVILLE (DE).
BASIRE (DE).
BASTIER DU QUESNOY (LE).
BAUDOIRE DE PUISAYE.
BAUDOT (DE).
BAUDOUIN DE GRANDBOUIT.
BAUDOULT D'HAUTEFEUILLE.
BAUDRY DE PIENCOURT.
BAVRUX (DE).
BEAUCHÊNE (DE).

GAUGY (DE).
GESTART DE VALVILLE.
GIGAULT DE BELLEFONT.
GILLAIN DE BÉNOUVILLE.
GILLEBERT DE LA JAMINIÈRE.
GISLAIN (DE).
GIVERVILLE (DE).
GODERVILLE (ROUSSEL DE).
GOGUÉ (DE).
GONNIVIÈRE (DE LA).
GORGEU DE GIRANCOURT.
GOUBERVILLE (DE).
GOULHOT DE SAINT-GERMAIN.
GOUPIL DU MESNILDOT (LE).
GOURMONT (DE).
GRAND DE PLAINVILLE (LE).
GRANDIN DE RAIMBOUVILLE.
GRANT DU SOUCHEY.
GRANVAL (DE).
GRAVERON (DE).
GRENIER D'ERNEMONT ET DE
    CAUVILLE.
GRIMONIÈRE (DE LA).
GRIMOUVILLE (LARCHANT DE).
GRIPIÈRE (DE).
GROMARD (DE).
GROSOURDY DE SAINT-PIERRE.
GROUCHY (DE).
GROULARD DE TORCY.
GROULT DE BEAUFORT.
GRUEL (DE).
GUERCHOIS (DE).
GUÉRIN D'AMBLEVILLE.
GUERNON DE RANVILLE (DE).
GUERNY (DE).
GUESNON DE MONTHUCHON (DE).
GUILLAUMEAU DE SAINT-SOUPLET.
GUILLERVILLE (DE).
GUYON DE VAULOGER.

HALLEBOUT DE TOURVILLE.
HALLÉ DE FRETTEVILLE.
HAIS DE FORVAL (DES).
HALLOT DE BEAULIEU.
HAMEL DE MILLY (DU).
HAMELIN D'ECTOT.
HANIVEL DE MANNEVILLETTE (DE).
HARDELAY (LE).
HARDIVILLIERS (D').
HARDOUIN DE BEAUMONT.
HARENC DE GAUVILLE.
HAUSSAY (DE).
HAYE (DE LA).
HAYS DU MESNIL (DU).
HAYES DE GASSART (DES).
HAZÉ (DU).
HÉBERT DE BEAUVOIR.
HÉBERT DE MARIGNY.
HÉBERTS (DES).
HALLOT DE BONNEMARE.
HÉLY D'OISSEL.
HÉMERY (D').
HÉRICY (D').
HÉRAULT DE SÉCHELLES.
HERBOUVILLE (D').
HERCÉ (DE).
HÉRON DE VILLEFOSSE.
HERVAL DE VASOUY.
HERVEY DE SAINT-DENIS.
HEUDELINE.
HEURTAULT DE LAMMERVILLE.

HOMMET (DU).
HOUDEMARE (D').
HOUDETOT (D').
HOUEL.
HOULBEC (DU).
HOUSSAYE (DE LA).
HUBERT DE VILLETTES.
HUE DE CARPIQUET DE GROSMÉNIL.
HUE DE MATHAN.
HUET D'AMBRUN.
HUGLEVILLE (DE).
HUGUET DE MONTHABAN.
HUMIÈRES (D').
HYERVILLE (D').

JALLOT DE BEAUMONT.
JANZÉ (DE).
JUBERT DE BOUVILLE.
JUCHEREAU DE SAINT-DENYS.

LABORDE (DE).
LAGRANGE (DE).
LAISNÉ DE TORCHAMPS.
LALANDE (DE).
LANGLOIS DE CRIQUEBEUF.
LANGLOIS DE SEPTENVILLE.
LANNOY (DE).
LATTRE DE MERCASTEL (DE).
LEMPEREUR DE SAINT-PIERRE.
LE POITEVIN DE LA CROIX-VAUBOIS.
LESCAUDEY DE MANNEVILLE.
LIVET DE BARVILLE.
LOMBELON DES ESSARS.
LONGUEIL (DE).
LORCHIER DE COURCELLES.
LOUBERT DE MARTAINVILLE (DE).
LUCAS DE L'ESTANVILLE ET
    DE COUVILLE.

MAHÉAS (DE).
MAHEUT (DE).
MAIGNARD DE LA VAUPALIÈRE (DE).
MAILLOT (DE).
MAISONNEUVE (DE).
MAISTRE (DE).
MALHERBE (DE).
MALLEVILLE (DE).
MANNEVILLE (DE).
MANNOURY (DE).
MARAIS DE BEAUCHAMPS.
MARAIZE (DE).
MARC DE SAINT-PIERRE.
MARE DE LA LONDE (DE LA).
MARETTE DE LA GARENNE.
MARETS DE MAILLEBOIS (DES).
MARGUERIE (DE).
MARGUERIT (DE).
MAROIS (LE).
MARSEUL (DE).
MARTELIÈRE (DE LA).
MASSIEU DE CLERVAL.
MASSIF DES CARREAUX.
MATHAN (DE).
MATINEL DE SAINT-GERMAIN.
MAZIS (DES).
MAZURES (DES).
MELLEVILLE (DE).
MERCIER D'HAUSSEY (LE).
MESENGE (DE).
MESNIL DU SOMMERY (DU).
MÉZANGE DE SAINT-ANDRÉ (DE).

MICHEL DE CAMBERNON.
MILLEVILLE (DE).
MIRVILLE (DE).
MOINET DE BOIS-D'AUFFRAY.
MONCEL (DU).
MONNIER DE GOUVILLE (LE).
MONTAGU (DE).
MONTAIGU (DE).
MONTAULT (DE).
MONTFORT (MARIE DE).
MONTIER DE MERIXVILLE (DE).
MONTREUIL (DE).
MONVILLE (LE BON DE).
MORAND DE COURSEULLES.
MOREL DE COURCY.
MOREL DE GLASVILLE.
MORICE DE LA RUE.
MORLAINCOURT (DE).
MORSANT (DE).
MOTTE D'ANNEBAUT (DE LA).
MOUTON DE BOIS-D'EFFRE (LE).
MOYNE (LE).
MUTEL (DU).
MYRE (DE LA).

NAGUET DE SAINT-WULFRAN.
NÉEL DE SAINTE-MARIE.
NOINVILLE (DE).
NOLLET DE MALVOUE.
NOLLENT (DE).
NORMAND DE BRETTEVILLE (LE).
NEVEU (DE).

OLLIAMPSON (D').
ONFROY DE TRACY.
ORCEAU DE FONTETTE.
ORGEVAL (D').
ORVILLE D'ANGLURE (D').
ORVILLIERS (D').
OUTREQUIN DE MONTARCY.

PANTHOU (DE).
PARC (DU).
PARRIN DE SEMAINVILLE.
PASQUIER DE FRANLIEU.
PATU DE SAINT-VINCENT.
PAULE DE BOISLAVILLE (DE).
PAYEN DE CHAVOY ET DE NOYANT.
PEINTEUR DE LA MARCHÈRE (LE).
PELLETIER DES RAVINIÈRES (LE).
PELLIER DE LA ROIRIE.
PERRIER (DE).
PESANT DE BOIS-GUILBERT (LE).
PETIT DE LEUDEVILLE.
PEZET DE CORVAL.
PILLAULT DU HOMME.
PINON DE SAINT-GEORGES.
POIRIER DE FRANQUEVILLE (DU).
POITTEVIN DE LA CROIX-VAUBOIS (LE).
POLINIÈRE (DE).
PONTAVICE (DE).
PONTBELLANGER (DE).
PORET DE BLOSSEVILLE.
PORQUET DE LA FERONNIÈRE (DE).
PORTE (DE LA).
PORTE DE LA LANNE (DE LA).
POSTEL (DE).
POUPÉ DE SAINT-AUBIN (LE).
PRÉCAIRE (LE).
PRÉCOMTAL (DE).
PRÉVOST DE FOURCHES (LE).

PRUDHOMME DE LA BOUSSINIÈRE.

QUÉNAULT DE LA GRONDIÈRE.
QUÉRAN (DE).
QUESNAY (DU).
QUESNOY (DU).

RAGEOT DE LA ROCHE.
RAMFREVILLE (DE).
REBOURS (LE).
RENOUARD DE SAINTE-CROIX.
RICHER DES FORGES.
RICHIER DE CÉRISY.
RIOULT DE BOIS-RIOULT.
RIVIÈRE (DE LA).
RIVIÈRE DE MISSI (DE LA).
ROBILLARD (DE).
ROGER DE CAMPAGNOLLE.
ROCQUIGNY (DE).
ROUVERAYE DE SAPANDRÉ (DE LA).
ROUX D'ACQUIGNY (LE).
ROUX D'ESNEVAL (LE).
ROUX D'IGNAUVILLE (LE).
ROY DE LA POTERIE (LE).
ROYER DE LA TOURNERIE (LE).
RUAULT DE LA BONNERIE.
RUPIERRE (DE).

SAINT-AIGNAN (DE).
SAINT-ALBON (DE).
SAINT-ANDRÉ (DE).
SAINT-DENIS (DE).
SAINT-GERMAIN (DE).
SAINT-GILLES (DE).
SAINT-HILAIRE (DE).
SAINT-LÉGER (DE).
SAINT-OPPORTUNE (DE).
SAINT-PHILBERT (DE).
SAINT-PIERRE (DE).

SAINT-PRIEST (DE).
SAINTE-SUZANNE (DE).
SAINT-VICTOR (DE).
SAUVAGE (LE).
SEIGNEUR (LE).
SÉGUIN (DE).
SÉMALLÉ (DE).
SÉMALLÉ DE BONNEVAL (DE).
SÉMERVILLE (DE).
SÉNARPONT (DE).
SÉRAINCOURT (DE).
SÉRAN (DE).
SESMAISONS (DE).
SÉZEVILLE (DE).
SIMON DE VAUDIVILLE.
SIVART DE BEAULIEU.
SOUILLARD DE SAINT-VALERY.

TARBÉ DE SAINT-HARDOUIN.
TELLIER DE VAUBADON (LE).
TENDRE DE TOURVILLE (LE).
TESSON (DE).
TESSON DE LA MANCELLIÈRE.
TEXIER D'HAUTEFEUILLE.
TIRCUY DE CORCELLE.
THIEUVILLE (DE).
THILLAYE DU BOULAY.
TOCQUEVILLE (DE).
TORCHU DE MORIGNY (LE).
TOT DE VILLEFORT (DU).
TOURDONNET (DE).
TRACY (DE).
TRAVANT (DE).
TRÉBONS (DE).
TRESOR DE FONTENAY (DU).
TRIQUEVILLE (DE).
THYE (DE).
TURGOT (DE).

TURQUIER DE CARDONVILLE.

VACHER (LE).
VAILLANT DU DOURT ET DE FISSE (LE)
VAILLANT DE SAINT-DENIS ET DE BRÉCY.
VAL DU PERRON (DU).
VAL DE LESCAUDE (DU).
VAL DE BEAUMONTEL (DU).
VAL DE DAMPIERRE (DU).
VALETTE (DE).
VALLET DE VILLENEUVE.
VALLERAND DE LA FOSSE.
VALLES (DE).
VALON (DE).
VALPINÇON (DE).
VANEMBRAS (DE).
VARIN (DE).
VARIN DE PRÉTREVILLE (DE).
VATISMESNIL (DE).
VAUCELLES (DE).
VAUQUELIN DE SASSY.
VAVASSEUR (LE).
VAVASSEUR D'HIESVILLE (LE).
VENEUR DE BEAUVAIS (LE).
VENEUR DE CAROUGES (LE).
VERTON (DE).
VICOMTE DE BLANGY (LE).
VIEILLES (DE).
VIEUX (DE).
VIGAN (DE).
VIRANDEVILLE (DE).
VOIZE (DE).
VOSSEAUX (DE).

YON DE LAUNAY.
YVER DE SAINT-AUBIN.

TABLE

DES FAMILLES

DONT LES ARTICLES SONT CONTENUS

DANS CE VOLUME (1).

(1) Puisque nous avons déjà commencé un volume supplémentaire, nous donnerons, à la fin de ce SUPPLÉMENT, la table générale de tous les *Noms de personnes* contenus dans l'ouvrage.

www.ingramcontent.com/pod-product-compliance
Lightning Source LLC
Chambersburg PA
CBHW070623270326
41926CB00011B/1789